対話 韓国民主化運動の歴史

行動する知識人・李泳禧の回想

世界人権問題叢書 101

李泳禧《リヨンヒ》・任軒永《イムホニョン》 著
舘野晳・二瓶喜久江 訳

明石書店

대화 : 한 지식인의 삶과 사상
리여희 · 임헌영

本書の出版にあたっては、韓国文学翻訳院から翻訳・出版助成の支援をいただいた。

私が文章を書く唯一の目的は「真実」を追求すること、
ただそこに始まり、それに尽きる。
真実とは一人の人間の所有物ではなく、
隣人と分かち合うべきものだから、
そのために私は文章を書かねばならなかった。
文章を書くことは「偶像」に挑戦する行為である。
それはいつもどこでも苦痛を伴わねばならなかった。
かつても、そして今もそうであり、永遠にそうだろう。
しかし、その苦しみなくして人間の解放と幸福、
社会の進歩と栄光はあり得ないのだ

『偶像と理性』（一九七七年）巻頭言

長い歳月にわたる文筆家としての
私の人生最後の著作となるこの自叙伝を、
結婚してから五〇年の間、ひたすら自らを犠牲にして
愛する子どもたちと愚かな夫のために、
あらゆる困難を身を尽くして克服し、
強靱な意志で乗り越えてきた
敬愛する妻、 尹英子に捧げる。

読者のみなさんに

この本は、対話形式で著《あらわ》した、短いとは言えないわが人生の回顧録、あるいは自叙伝である。回顧録の通常の形式である一人称の叙述ではなく、「対話」形式にしたのは、個人史的な事実と生き方の意味と価値の選択を、対話相手との批判的な討論方法で行ったためである。私の人生と絡み合って進行した韓国の状況と時代精神、二〇世紀の人類史的激動の意味と価値を、私の世界観の模索とともに吟味し、批判的に評価する「思想史」的議論が全体の半分を構成する。本のタイトルを『対話——ある知識人の生と思想』（原題）としたゆえんである。

前半部分は個人史的性格を持っている。日本の植民地支配下の少年時代から、李承晩《イスンマン》政権末期までを扱った既刊の『歴程——私の青年時代　李泳禧自伝的エッセイ』（創作と批評社、一九八八）と時代的に重複している。そこで、単純な年代記的内容は大幅に割愛することにした。その時期は、言うなれば「知性人」として成長する、一個人の「前史」にあたる部分である。植民地支配下にあった朝鮮と朝鮮人の生存環境の体験的叙述と言えよう。

単なる機能的な専門家としての「知識人」ではなく、時代の苦悶を自らの苦悩として一体化させるフランス語の知識人 intellectuel(-le)、すなわち「知性人」としての私の人生は、約五〇年間になる。朝鮮戦争を含む、厭《いと》わしい七年間の軍役から解放され、ようやくひとりの自由精神の持ち主として、五〇歳代半ばからジャーナリスト、大学教授、社会批評家、そして国際問題専門家として活動してきた現在までをいう。この長きにわたる私の人生を導いてくれた根本理念は「自由」と「責任」だった。人間は誰でも、ましてや真の

「知識人」は、本質的に「自由人」だから、自分の人生を自ら選択し、その決定に対して「責任」を負うばかりでなく、自身の存在する「社会」に対しても、責任があると私は信じる。

この信念に従い、私はいつも目前にある現実を、黙認したり回避したり、あるいは状況とのかかわりを放棄してごまかす態度を、「知識人」の背信行為と見なして軽蔑し警戒してきた。それは社会に対する背信であるだけでなく、何よりも自らに対する背信にほかならないと考えてきた。こうした信念で生きることは、いつの時代、どの社会でもそうであるように、まさにそれは「刑罰」だった。理性や知性どころか、「常識」さえも犯罪と見なした「大韓民国」にあっては。

二〇代になるまで、私は主に私自身の気質と育った環境のために、社会的・歴史的な問題意識や知識は白紙も同然だった。そうした非主体的存在〔精神〕が成長するにつれ、社会の矛盾に直面して、そのつど実存的選択を迫られるくり返しの過程を通じて、「知識人」としての自身の論理を獲得していった。その人生は社会との不断の緊張関係だけでなく、自分自身との絶え間ない内面的闘争だった。大小の失敗と試行錯誤が行く手に待ち構えていた。

私が生きてきた七五年という歳月〔原著刊行は二〇〇五年〕は、最近の数年を除いて、一言でいえば「野蛮な時代」だった。植民地支配時代と「解放」後五〇余年の反人間的な生存環境だった。この過酷な時代に、「知識人」としての己の責任として、そして人間らしく生きる権利のために闘う高潔な精神の持ち主を支援するために、多くの文章を書き、様々な発言をしてきた。これによって私に加えられた苦悩と不利益は、言葉に尽くせないほど苛烈なものだった。その長い期間に、一方からは、人間らしく生きられる社会の実現のために闘う、善良ではあるが力のない人々の熱い愛と尊敬を受けた。そうなればなるほど、他方からは支配権力を手放すまいとする残忍な者たちが、歯ぎしりをして悔しがり、私は彼らの憎悪と呪詛の対象になった。本書は愛と憎しみの、二つの極端な時代の狭間で生きてきた、ひとりの知識人の苦悩する姿の記録である。

ひと頃、多くの青年・学生・知識人らによって、私は過分にも「思想の恩師」と呼ばれた。そして、野蛮な権力は私を「意識化の元凶」として束縛し、強く手綱を引き締めた。この時期に、虚偽で覆われた真っ暗な韓国の空に、微かではあるが一筋の真実と理性の光を照らそうとした私の文章と思想が、「野蛮な支配」を追い払おうとする善良な人々の涙ぐましい闘いの力になったのか、この時代の韓国史の前進にどんな寄与をしたのか、知ることはできない。いずれにせよ、九〇年代に入り明るい光が射すようになると、虚弱な一介の知識人として、微々たるものではあるが、私なりに社会的責任と時代的責務を果たしたと自らを慰めた。同時に疲れも覚えた。そして人間らしい社会のための、新たな闘いの雄叫びを聞きながら、時代が要請する変革運動の第一線から身を退いた。折しも定年退職で、大学の教職からも退くことになった。

こうして「知識人」の社会的責任を返上し、老後の暮らしを少しは平穏に、個人的省察の中で生きていこうとする私に、これまでの人生の軌跡と思想の遍歴を書いてほしいという要請が、多くの方々から寄せられた。私の人生と思想が、自分自身の人生の志向を変えるほど影響を受けたと告白する人々からであり、また、多くの出版社からだった。これは新たな悩みと言えなくもなかった。私の時代的役割はすでに終わりを告げ、大勢の有能な後学・後輩らが社会の各分野において、指導者としての役割を目覚ましく果たしているのを見ながら、私は静かな存在として満足していたからだ。

そんな二〇〇〇年の末、私は突然、脳出血という客人の訪問によって倒れてしまった。まさに七〇歳を越えようとする時だった。脳の中枢神経の損傷（梗塞）で、身体の右半身が麻痺し、思考は混乱し言語障害を起こした。いまや私の意志とは関係なく、知的活動と執筆は永遠に終わるかと思われた。私は運命の宣告と悟り、事態を素直に受け入れた。ところが、運命の神の予定をどうして人間が測ることができようか！　四年が経過すると、身体と精神の麻痺が徐々に、そして着実に回復していった。いまだに治癒していないのは、右手の震えと手の指の麻痺である。今でも葉書一枚の短い文章を書くのがやっとだが、口述による著述はかなり可能になった。知的活動を断念し永遠に放棄しなければならないと思っていたさなかに、あたかも運命の神の秘めたる意志を悟ったようだった。取るに足らない人生と思想だったとしても、今もなお忘れずに愛と敬愛の念を寄せてくださる感謝すべき人々の要請に最後に応えよという意味と解釈することにした。

　私のこうした運命的な状況を知ったハンギル社の金彦鎬《キムオノ》社長から、誠意と情熱を尽くした根気強い説得を受けた。「対話形式ならできる」という言葉に私は屈した。まだ、脳の思考能力や記憶力は完全というには程遠い状態である。それには思考と記憶を助けてくれる対談相手が必要だった。この仕事を任軒永《イムホニョン》さんが快く引き受けてくださった。完全とはいえない私の記憶力を、七〇年の生涯の主な局面ごとに呼び起こし、主要な歴史的・同時代的問題にとどまらず、国際的事件と状況についても、歴史意識に透徹した鋭利で理性的な批判的談論を可能にしてくれた。親愛なる後輩であり、情の篤い友人である任軒永さんに深く感謝したい。優れた文学評論家であり、解放後の歴史の冷徹な政治的・思想的分析家である任軒永さんの、質問兼対談者としての役割がこの本の内容を豊かにし、談論全体の品格を高めるのに大きく寄与してくれた。

　私が自分の意のままに自ら内容を整え、文章を書くことができないために、多くの方々の協力と、様々な技術的なサポートを必要とした。とりわけ、幾度にもわたる口述筆記の過程でご苦労をかけた、学生のチョン・ソクウさん、チャン・ハンスンさんの尽力に深く感謝する。原稿を口述し、推敲し、訂正し、また口述してその全体を新たに見直して記録・整理するという根気のいる作業には、二年近くを費やした。これは当初、仕事を始めた時点では予想できなかったことである。私が自分で書くことができないために避けられない作業だった。そしてここに、多くの人々の声援と援助によって、不十分ではあるが、私の半生を文字で残すことができた。原稿作成の仕上げを担当されたハンギル社編集部のパク・チョンヒョンさん、製作の全般的な指導を担当してくれた姜玉順《カンオクスン》主幹のご尽力も忘れられない。

　記録すべき事柄なのに、脱落したり、省略したりしたことも少なくないと思われる。しかしながら、私の現在の条件と状況を考えれば、これでも十二分の成果というのが率直な気持ちである。うれしくもあり、恥ずかしくもある。

　最後に、ひとつ重ねてお願いがある。いまは過ぎ去りしあの時代を、人間的苦痛と憤怒、満身創痍になり体当たりで生きてきた既成世代と先輩たちが植え育てた果実を、当たり前の権利として考えもなく享受する、いまの幸福な世代の読者にお願いしたい。本書を読みながらともに悩み、自分がそのような状況に直面したり置かれた時に、「知識人」としていかなる価値判断をし、いかに行動するかを考えてほしい。そして、この自伝で対話者二人が展開したように、自己批判的な対話の機会にしていただきたい。そして願わくば、私との批判的対話にも臨んでほしいと考えている。

二〇〇五年二月

軍浦市山本、修理山の麓で

李泳禧

日本語版に寄せて――東アジアの平和への踏み石となることを願って

任軒永《イムホニヨン》

最初に、この本が出版されるまでに尽力されたすべての方々に、『対話』に関わった者として深く感謝のご挨拶を申し上げます。この『対話』の主人公である李泳禧《リヨンヒ》先生が存命であったら、このご挨拶も先生の希代の名文によって日本の読者の皆さまの心を打ったはずなのに、と残念な思いが先立ちます。

この本で李泳禧先生と私が拠るべき規範と見なしたのは、エッカーマンの『ゲーテとの対話』でした。したがって本のタイトルも少し平凡ですが、そのまま『対話』としました。もともと李泳禧先生のエッセイは、魯迅の雑感文に触発されて生まれた「芸術的散文（Kunstprosa）」でした。「芸術的散文」とは、日本のドイツ文学者伊東勉先生が、マルクスの『ルイ・ボナパルトのブリュメール一八日』を評して使われた言葉です。『対話』は対話形式でありながらも、李泳禧先生らしい情感のこもったものであると私は自負しています。社会科学的な内容が能う限り最高の芸術的形式で表現されているからです。

二〇一〇年に逝去された李泳禧先生は、韓国における思想の恩師であるとともに、分断時代の知性史の羅針盤、実践的な良心の灯台、歴史の証人であり、また現場に臨む論争家として疲れを知らないプロメテウスでした。少し誇張するなら、二〇世紀における韓国のヴォルテールとも呼ぶべき、燦然たる知性の北極星のような方で、日本ではそうした例を見出すことは難しいかもしれません。

『対話』は、分断された韓国史の紆余曲折に加えて、李泳禧先生自身の体験が織り込まれた小説よりはるかに興味深い回顧録であり、東アジア史の縮約版というべき記録です。

現代人は誰しも、見せかけの民主主義という旗幟の下に、政治の桎梏に操られる運命を避けることができません。ここでいう運命とは、日本ファシズムの帝国主義的侵奪によって被った苦痛から、李承晩―朴正熙―全斗煥などの分断独裁体制による束縛まで、広く含んでいます。いかなる賢者であっても避けられないこうした状況は、ついには「政治すなわちわが運命」の命題を全面的に肯定するようになってしまいました。ある偏狭な政治指導者が自分の国だけではなく、全世界にまで災いを及ぼすことになる現在のような国際情勢を、李泳禧先生は破壊すべき「偶像」と規定されました。

その偶像、弱小国である韓国が仕えるように強要された偶像の帝国の目録には、まず、アメリカと日本が挙がっています。李泳禧先生に五回にわたる拘束と四回に及んだ解雇の苦痛を与えた主犯は、まさに偶像の暴力、よくいわれる、国家暴力（State terrorism）でした。そこで先生は、偶像の破壊を終生のテーマにされましたが、二一世紀になると、かえって偶像の怪力は強力になりました。特に東アジアにおいて、偶像の呪詛が最も危険に高まっています。

まさに東アジアを、二一世紀版バルカンの火薬庫に駆り立てようとする陰謀が広がっているのです。トランプ大統領がトランペットを吹き、安倍首相が太鼓を打ち鳴らし、幾つかの国々は無責任に傍観して、おこぼれにあずかろうとしています。両大国はすでに戦争捏造国としての「名声」を轟かせ、これを激化させているので、不安はいっそう高まっています。

アメリカはキューバのハバナ湾で、巡洋艦メイン号を自作自演で爆発させ（一八九八年二月一五日）、スペインに嫌疑をかけてアメリカとスペインの戦争を誘発し、スペインが支配したカリブ海と太平洋を占有しました。ベトナムではマドックス号がベトミン〔ベトナム独立同盟会〕によって攻撃されたとの創作劇のトンキン湾事件（一九六四年八月二日）で、インドシナ戦争に本格的に介入した過去の事例があります。日本の場合も、これに後れを取ることはありません。柳条湖事件（一九三一年九月一八日）を捏造し、満州侵略戦争を起こしたのに続き、盧溝橋事件（一九三七年七月七日）を捏造して中日戦争を引き起こしています。米日同盟の強化に伴い、朝鮮半島がさらに不安定になったのは、あの悪名高い桂・タフト協定（一九〇五年七月二九日）を想起させるからであると、敢えて指摘しなければならないのです。なぜ隣国同士がこれほど不信感を抱くようになってしまったのか、もどかしくてなりません。

日本はいち早く「脱亜入欧」をして東アジアを苦しめましたが、敗戦後には「脱亜入米」に舵を切り換え、太平洋戦争時代に抱いた大いなる野望を再現しようとしています。もしも日本が、近代化の初期に「興亜論」（アジア主義）の純粋な理念を変質することなく「連亜入欧」し、敗戦後には「盟亜入米」していたら、今頃はたぶん、東アジアはEUにひけを取らない平和と繁栄を享受しているのではないでしょうか？

こうした歴史的な省察と反省を基にした東アジアの新秩序の模索がない限り、そして、あのファシズム時代の迷夢から目覚めない限り、日本はいつまでもアメリカの影響圏から自由にはなれないでしょう。

平和は、戦争や暴力あるいは占領や武力によって手にすることはできません。平和は平和的方法でのみ達成することができます。そして、平和とは一方的な独占物ではなく、相対的な共同の所有物です。ともに享受することが平和なのです。

良心的な知識人には偏狭な愛国主義や偏頗な歴史認識はありません。韓日両国には、かつての不幸で最悪な時代状況においても、国境を越えた人類愛が溢れる同志的な絆を堅く誓った綺羅星のような人々が大勢いました。

いまや、私たち両国の知識人の前途には、東アジアにおける平和の定着という重大な課題が控えています。李泳禧先生が存命であったなら、おそらく、この歴史的な課題に全力投球されていたでしょう。日本語版『対話』の読者の皆さまが、この点を思い起こしながら読んでくださることを期待しています。

この『対話』が、韓日両国間の対話疎通の一助となることを切に願っています。

目次

読者のみなさんに（李泳禧）　5
日本語版に寄せて――東アジアの平和への踏み石となることを願って（任軒永）　11

第1章　植民地朝鮮の少年……17
植民地朝鮮の少年――星雲の志を抱いて京城へ　18
解放、歓喜、そして分断――親日派の世の中で方向を見失った民族　53

第2章　戦争の中の人間を見つめて……97
戦争の中の人間1――同族相争う現場で泣く青年　98
戦争の中の人間2――火炎に焼かれる平和主義者　119
ジャーナリストに天職を求めて――偶像破壊者に生まれ変わる　144

第3章　闘うジャーナリストとして……193
希望の烽火が消えた後の暗黒——四・一九の戦列から血を流して得た成果とは　194
再び味わう悪夢——戦車が支配する社会　214
隠された真実に光をあてながら——国際部記者としての苦行　243
戦車の道をふさぐカマキリ——ベトナム人民と共に泣くジャーナリスト　264
論壇追放——インテリはしょせん観念論者！　298
第4章　学究の道へ——現代中国研究の開拓……331
現代中国研究の開拓　332
預言者は故郷で迫害される　362
無神論者の人間観と社会理念　386
第5章　一九八〇年、裏切られた「ソウルの春」……409
裏切られた「ソウルの春」　410
二三年ぶりに得た「自由の翼」　436
東洋と西洋のはざまに生きる　461

民衆の意志と希望の象徴『ハンギョレ』 491

第6章　アメリカ的資本主義の克服――ペンで闘った半世紀……521

二一世紀、人類幸福の条件――アメリカ的資本主義の克服は可能か 522

ペンで闘った半世紀の総括 543

訳者あとがき（舘野晳） 562

李泳禧年譜 570

人名索引 578

第1章　植民地朝鮮の少年

平安道では、「男女七歳にして席を同じくせず」といった男女の差別や、どこどこの金さん、李さんといった門閥の格差など知らずに暮らしました。

植民地朝鮮の少年――星雲の志を抱いて京城へ

大金鉱の地、雲山

任軒永　韓国人は「故郷はどちらですか?」と尋ねることから話を始める習慣があります。

ところで先生と同年輩の方々の郷愁は、そのほとんどが貧しい気配を漂わせていますね。「火鉢の灰が冷めると／荒れた畑に　夜風の音　馬を駆けさせ」とか、「年中　はだしの妻が／暖かい日の光を背に　落ち穂を拾った所」〔邦訳、『鄭芝溶詩選』花神社〕など詩の一節が、それを象徴しています。

さらに、先生の故郷は朝鮮半島を虎にたとえた胸元のあたり、「北の方は故郷／その北の方は女が売られて行った国」(李庸岳《イヨンアク》「北方」)にあたる地域ですから、印象からして普通ではありません。もちろん、李庸岳(一九一四～七一)は咸鏡北道鏡城《ハムギョンブットキョンソン》出身ですが、以南〔休戦ラインより南の地域〕の人々にとっては、平安《ピョンア》道《ンド》であれ、咸鏡道であれ、そこは同じ虎の上部にあたるようです。平安北道定州《ピョンアンブットチョンジュ》出身の詩人、白石《ペクソク》(一九一二～九五)の詩にも随所に貧しさが感じられます。

ところが、先生の故郷はとてもスマートに美化されています。李先生は一九二九年一二月二日に、埋蔵量の豊富な金鉱として有名な平安北道雲山《ウンサン》郡の北鎮《プクチン》でお生まれになりました。とりわけ、北鎮は「朝鮮版カリフォルニア」と称され、まさに金鉱の本場だったのですね。

李泳禧　じつに美しい詩の一節ですね。植民地朝鮮の農村の季節と暮らしの情緒が豊かに漂っています。しかし、あまりにも哀れな暮らしでした。私自身はあの詩人たちが詠んだような暮らしではなかったのですが、当時の朝鮮人の胸に秘められていた、そうした情感を、私も抱いて育ちました。私は、父親が平安北道雲山郡北鎮に勤務していた一九二九年に生まれ、そこで四歳まで両親と暮らしました。五歳になると、父親が朔《サク》州《ジュ》郡大館《テグァン》の営林署に転勤になったので、そこで幼稚園と国民学校（小学校）を終える一四歳まで過ごしました。故郷という概念を「誕生の地」とするなら、それは雲山郡北鎮であり、少年期の長い歳月と成長後の生涯の重要な部分を占める「幼い頃の記憶」を語るとすれば、朔州郡大館が故郷といえるでしょう。私は現在八〇に近い年齢ですが、いつも私の記憶に蘇ってくる、幸せにあふれていた朔州郡大館を故郷と思っています。大館は鴨緑江《アムノッカン》から南方に四〇キロ、黄海《ファンヘ》から東方に六〇キロの地点にあります。特に平安北道から見れば西海岸にとても近いところです。

　いずれにしても、生まれた雲山郡といえば、その当時もそうでしたが、その後も世界で一、二を争うほどの埋蔵量を有する雲山金鉱があります。歴史的にいうと、一八九五年一〇月に、日本人による明成《ミョンソン》皇后殺害事件〔朝鮮王朝第二六代高宗の妃・閔妃が日本公使三浦梧楼の指揮する日本軍人と大陸浪人に殺害された〕の直前に、高宗皇帝はアメリカ公使館書記官のH・アレンに金鉱の採掘権を与えました。その採掘権は李完用《イワンヨン》〔大韓帝国末期・植民地期の親日派官僚〕の力を借りて、アメリカの貿易商社社長のJ・R・モースの手に移りました。

　その後、再びハントというアメリカ人に、三万ドルで売却され運用されます。一九三七年に起きた蘆溝橋事件で、日本と中国の軍隊が衝突し、これが日中戦争の発端となって、日本は中国への戦争を開始しました。アメリカとの太平洋戦争を構想した段階で、金鉱の採掘権は日本政府が買収することになります。雲山金鉱の所有権が朝鮮王朝から大勢の外国人資本家の手に渡っていく過程は、まさに大韓帝国末期、わが民族の運命が他国によって籠絡され牛耳られていく、悲しい民族史の一面を物語っています。

任　一九〇〇年代の初期に、雲山金鉱だけで一年に二〇〇～五〇〇万ウォンも採掘しています。一九〇一年の朝鮮政府の年間予算、六〇〇万ウォンと比較すると、とてつもない金額になります。

李　こうして雲山金鉱は百年にわたり莫大な金を採掘しましたが、現在も埋蔵量は一〇〇〇トンで、一つの金鉱山としては世界で首位を争っているとの記事を見たことがあります。昔の記録によると、光武《クァンム》六年（一九〇二年）の一年間だけで、日本への輸出額が実に一三〇万ウォンの巨額に達しました。実際、その年の雲山金鉱の年間総生産は一五〇万ウォン程度と見込まれています。H・アレンによれば、雲山金鉱の選鉱石はトン当たり七五〇ドルの利益を出しながらも、朝鮮人の鉱山労働者には職種による差はありますが、アメリカ貨幣で一日に五～一〇セントしか支払っていなかったといいます。まさしく朝鮮王朝を籠絡し、外国と外国人が、莫大な価値を持つ雲山金鉱を「ただでせしめた」ことになります。

一八九八年当時の雲山金鉱には、アメリカ人経営者が四〇名もいて、朝鮮人鉱夫と各種職種の労働者は一二〇〇名だったという記録（震檀学会編『韓国史』現代篇）を見ると、雲山金鉱の埋蔵量は想像を超える規模ですね。いずれにせよ、この驚くべき金の大部分が、韓国併合後、日本に買収されて日本帝国主義と軍国主義の資金蓄積の大きな柱になったのです。日本はこれを基礎に、それまでの銀本位制から金本位制に転換しました。これを土台に急速な軍事化と工業化を成し遂げ、世界の一流国家に飛躍する足がかりを得ることになるのです。支払いの大部分は、雲山金鉱から産出された金だったことが知られています。現在の金価格に換算すれば、それがいかほどのものか、想像もつかない莫大な金額といえるでしょう。

ですから、平安北道のその地域では「道を歩いていて黄色い石を見つけたら、そのままポケットに入れろ！」と言い伝えられるほどでした。金鉱石かもしれないからです。そんなに金鉱石が各地に転がっていたのでしょうか。私は子どもの頃に、大人がそんな話をしているのをよく聞きました。幼かった私は、大人の語るそのような話の意味がよく分からなかったのですが……。

今の人たちはあまり知らないでしょうが、植民地時代には朝鮮に三人の富豪がいると言われました。親日派の巨頭だった韓相龍《ハンサンリョン》と朴興植《パクフンシク》、そして崔昌学《チェチャンハク》でした。崔昌学は亀城《クソン》郡出身で、この地域で金鉱を掘って「にわか成金」になった人物です。彼は文盲で行商人（ロバに雑多な品物を積んで道内各地の市場を往来した）でしたが、そうして歩き回るうちに、偶然、金鉱脈を発見し、思いがけない財運に恵まれました。それからは金を貯めて、ついには朝鮮の鉱山王になったのです。彼は解放直後まで生きていました。金九《キムグ》先生が解放後に帰国して住んだ、西大門《ソデムン》の西洋式石造建物の京橋荘《キョンギョジャン》が、まさに崔昌学の京城（ソウル）の邸宅でした。もう一人の鉱山王は方応謨《パンウンモ》ですが、彼も平安北道の金鉱山で富豪になり、一九三二年に朝鮮日報社を買収してオーナーになったのです。

平等な社会だった故郷、平安道朔州

任軒永　先生は平昌《ピョンチャン》李氏と言われましたが、一般には殉教者の李承薫《リスンフン》を想起させる姓氏（苗字）ですね。平昌李氏が先祖代々住んだのは、ほとんど江原道《カンウォンド》地方です。平安道に行ったのは、朝鮮時代〔一三九二〜一九一〇年。李氏王朝ともいう〕の初・中期に流配されたからではないでしょうか。先生の実家ではおじいさまは面長を、父上は営林署に勤務されているので、ある意味で反逆の地、平安道なのに、比較的穏健な体制側だったようですね。朝鮮時代に楚山《チョサン》も、もともと女真族が暮らした豆木里《トモクリ》に流配された先祖が、その一帯に住居を構えられたようですが、もしや、その辺りの事情について聴いたり、記憶していることはありませんか？

李泳禧　平安北道の平昌李氏一門の族譜を見ると、私は、平安道に移住した中始祖〔衰退した家門を再興した祖先〕の二二代目になります。一つの世代を一五年から二〇年ほどと見れば、およそ五百年前になる計算ですが、世宗《セジョン》大王の四民政策〔両班、中人、常人、賤民〕が実施された時期と一致します。高麗中葉にはすでに領土に編入されましたが、朝鮮時代になると世宗大王が豆満江《トマンガン》と鴨緑江《アムノッカン》の辺境一帯に、金宗瑞《キムジョンソ》に命じて六鎮四郡〔六鎮＝世宗の時代に東北の国境を守った鍾城、穏城、会寧、慶源、慶興、富寧の六カ所の鎮。四郡＝世宗の時代に国防のために鴨緑江の上流に置いた閭延、慈城、茂昌、虞芮の四カ所の郡〕を設置し、漢江《ハンガン》以南の農民を北方の辺境地帯に移住させ、人口が少ないその地域を本格的に開拓させた、まさにその時期です。

　解放前まで楚山郡は平昌李氏の集姓村〔同じ姓を持った人が集まっている集落〕でした。楚山に定着してからの平昌李氏の二四代までを見ると、仕官をしたのはせいぜい一二六名です。それもほとんどが武官で、文官は一六名のみと記録されています。辺境の武官職となれば、高い地位にはみな中央から赴任してくるので、現地の者がつける官職は、現在の軍隊の階級でいうと、せいぜい中隊長程度かと思われます。それでも平昌李氏は、その地域で武官職と文官職の大部分を占めた一族でした。

高祖父〔祖父母の祖父〕は大院君《テウォングン》〔高宗の父・興宣大院君〕の時代に、官職に就くためにロバに銭束をぶら下げて上京し、大した官職ではありませんが、景福宮《キョンボックン》の繕営官という官職を買って帰宅しました。言うなれば「買官」で、それは、「大院君が景福宮を改修するために、必要な平安道の特産物・木材・朝鮮人参・動物の毛皮の類いを上納する」仕事でした。いまなら、地方の政府需要物資を、中央に上納する調達官みたいなものでしょう。曾祖父は楚山地域では学識者として名高く、李監役という官職名で呼ばれましたが、監役〔土木、建築などの工事を監督すること〕は、やはり繕営官のひとつの官職だったようです。

成長期の私は、身分的階層とか階級的な差異、「両班《ヤンバン》」〔特権的身分階層〕や「常民《サンノム》」〔両班でない一般庶民〕などの身分関係を知らずに育ちました。わが平安道だけでなく咸鏡道《ハムギョンド》もそうでしょうが、朝鮮時代にも、都から遠く離れた辺境だったせいか、高官大爵〔地位が高く立派な職、またその職についている者〕、名門勢道家〔政治上の権勢を握っている者、その家門〕らは、いずれにせよ、この辺境に定着しなかったため、職業的・社会的・政治的格差などのない平等な社会でした。南側の社会に来てみると日常生活でさえ、さらには二一世紀の現在でさえも、人々が集まれば老論・小論・東人・西人〔朝鮮時代の政治家の四大党派〕などの権勢系統で自慢したり誹謗したりするのを見かけますが、私はこうしたことがまったく理解できません。

また、平安道では、「男女七歳にして席を同じくせず」といった男女の差別や、どこの金さん、李さんといった門閥の格差など知らずに暮らしました。私は若い頃もそうでしたが、いまでも厨房で妻の仕事を手伝うのは当たり前のように思っています。南部、特に慶尚道《キョンサンド》での男女の区別と身分の差別意識、さらには、同じ家族なのにお膳を別にする女性蔑視の習慣があるのを見て、とても驚きました。平安道では人間的・社会的に平等な生活が習慣になっていたからです。ひと言でいえば、かなり進歩的だったと言えるでしょう。まさに洪景来《ホンギョンネ》の乱〔朝鮮時代後期の反乱。没落官人洪景来は、不平官僚と結び窮民を扇動して一八一一年に定州を中心に挙兵。半年後に鎮圧され洪氏は戦死した〕が、このような南部の社会での不平等に対する反乱だったと思います。

解放後、北部で社会主義革命が比較的順調に進んだ理由も、こうした背景から理解できるでしょう。もし、南部で解放後の北部のような社会革命をしようとしたら、先ほど述べたような、あらゆる不平等な制度と思想と習慣に染まっている保守勢力の強い抵抗を受けたでしょう。事実、韓国で実施された、ほんのわずかな改革政策でさえも、彼らは抵抗したのです。幸いにも、私はこうした北部の思想的・社会的現実の中で育ったため、少年の頃から平等思想と社会的な平等意識が身についていたのかもしれません。これが、私の成長する過程で、さらに進歩的理念を持つようにさせた原初的な要因でしょうね。

父は旧韓末〔大韓帝国末期のこと〕に、平安北道の義州《ウイジュ》に設立された新式の教育制度である農林学校に入りました。当時は義州が道庁の所在地でした。平安北道は主に山林と鉱物の産地だったので、最初の新式教育機関である農林学校が義州に設立されたのです。もちろん父は、先代から続く家風に従って漢学をきちんと身につけていました。農林学校を卒業すると平安北道の営林署に公務員として勤務し、解放二年目の一九四七年の初めまで在職してから南下しました。

学者肌だった父・李根国と地主の娘だった母・崔晞姐。

任　父上の兄弟や親戚の方々が大勢いたのではありませんか?

李　兄弟は三人でしたが、近代的な教育を受けたのは私の父親だけで、二人の叔父は故郷に残り、主に農業をやりました。父は営林署傘下の各地の山林保護区の責任者で、しばしば転勤したので、楚山に帰って祖父母とともに暮らしたことはなかったのです。私は頻繁に転勤する父とともに他郷暮らしをしたので、解放まで親の故郷を訪ねたことはなく、一四歳で国民学校を卒業して京城に行って学んだため、故郷の親戚の方々に会ったこともなかった。解放後に楚山の平昌李氏が大挙して越南したので、初めて親戚と会うことになるのです。

社会主義者の伯父と作男ハクビンが与えた影響

任軒永　先生の文章を読みますと、母上の実家に遊びに行かれた話がほとんど出てきません。当時は母親の実家で出産することが多かったのに、母上はそうされなかったようですね。

李泳禧　先ほども触れたように、私は父方の祖父母と一緒に暮らしたことも、母方で暮らしたこともありません。母の実家は碧潼《ビョクドン》郡でしたが、私が生まれた頃には、外祖父（母方の祖父）の家はすでに離散していました。その話をするには、一九二〇年代の鴨緑江流域で暮らした植民地下の、朝鮮民族のあの悲しい歴史に立ち戻らなければならない。でもこの話は後回しにして、まず語るべきことがあります。

父と母の婚姻は、当時、楚山郡の名門である平昌李氏と、碧潼郡で一番の富豪だった崔氏との政略結婚だったのです。父の実家は鴨緑江流域ではかなり名の知られたソンビ（官職に就かない儒学者）の家門でしたが、経済的には貧しいほうで、母の実家は碧潼郡で千石地主として知られた地方の富豪でした。母方の外祖父の崔鳳鶴《チェボンハク》は一代で小作農から自力で財を築きましたが、まったくの文盲でした。家柄は良いが貧しい平昌李氏と、富豪ではあるが文盲の崔氏が、その息子と娘を添わせて、家柄と富を一緒にした政略結婚といえるでしょう。

「千石地主」とはいうものの、韓国の基準でいうなら、湖南《ホナム》平野のような米作中心の千石地主ではなく、その地方の地勢から推測すると、半分ほどは畑作の千石地主でした。それでも、平安北道の朔州・昌城・楚山・碧潼・渭原《ウィウォン》郡などでは、「碧潼の崔富豪」といえば、千石地主として名を馳せた金持ちだったことは間違いありません。外祖父が小作人の身からそこまで富を築くには、血の汗を流すような生涯だったことでしょう。よくいわれるように、「食べもせず、使いもせず、ひたすら守銭奴のように貯め込んだ」のです。母の話によれば、外祖父はそんな金持ちになってからも、田畑の見回りに家を出る時には、村の中だけはチプシン〔わらじに似た藁で編んだ履物〕を履き、村の外に出るとそれを脱ぎ腰にぶら下げ裸足で歩いたそうです。そうして「千石地主」になった外祖父は、後日、鴨緑江を渡ってきた独立軍に撃たれて亡くなるという悲運に遭いました。ここにも日本統治下の北の地、鴨緑江流域の朝鮮民族の悲劇を見ることができるでしょう。

任　地図で見ると、雲山から少し北寄りに北鎮があり、そこからさらに北に向かうと碧潼に着きますね。

李　鴨緑江流域はほぼそんな地形になっています。母の故郷の碧潼は鴨緑江を挟んで対岸の「満州」を見渡す地域です。この地にまつわる母の実家の胸の痛む民衆の歴史を話さねばなりませんね。母には生涯を通じて「不倶戴天の敵」のように憎んだ二人の人物がいました。一人は、まさに実兄のインモであり、もう一人は父親の崔富豪が貧しい小作農から大地主になるのに協力したが、後には独立軍に入り、父親を銃殺した作男のムン・ハクビンでした。

母の長兄インモはあの僻地では珍しいことに、一九二〇年代初頭に日本に留学しましたが、数年後に故郷に帰ってくると、いきなり一種の農地改革を行った人物です。伯父が日本留学をした時期は、日本近代史の一大転換点として知られる、いわゆる大正デモクラシーの時代でした。まさに日本社会が西洋の自由主義・民権思想・民主主義・社会主義・アナーキズム・共産主義などを受け入れる一方、政治改革とともに大多数の農業人口への過酷な搾取制度を足場にし、財閥が独占資本主義に踏み出した時期でした。さらに、一九一七年のロシア革命の思想的衝撃が、日本の知識人、農民、労働者の間に、社会変革の時代的エネルギーを触発した時期でした。これによって農民解放運動と土地改革、産業労働者のプロレタリア運動などのほかに、共産主義階級革命への機運が訪れました。伯父が留学した安城《あんじょう》農業学校〔愛知県〕は、その当時、日本でも革新的思想と実践的行動でリードする教育機関として知られていたのです。

伯父はこうした政治・思想的変革の洗礼を受けて帰郷すると、自分の父親が節約して守銭奴のようにかき集めた農地の相当部分を、小作人に土地の権利証とともに分け与えてしまいました。植民地朝鮮の状況では数十年先を行く思想を、行動に移したのです。母親の言葉を借りるなら、その頃、その地方の地主たちは、「あいつ、殺してやるぞ!」と大騒ぎになったとか。お分かりでしょうか。私の母親は「お父さんが言葉にできないほどの苦労をして蓄えた財産を兄さんは根こそぎ取り上げてしまうつもりですか!」と、生涯、伯父を恨んでいました。私は伯父がしたことを幼い頃から聞かされ、深い感動を抱きながら育ちました。

成長してからは、母が伯父への憎しみを口にするたびに、私は母に伯父は立派な先覚者だったと反論し、その行動を称賛しました。わが民族が当時必要としたのが、まさに伯父のような革命的知識人だということを理解させせようとしたのです。しかし、母親がそのような次元の話を理解できるはずもなく、たとえ理解したとしても、自分の父が生涯を賭けて苦労して手に入れた財産を一挙に失ってしまったことに対する恨みは、拭いがたいものでした。伯父は日本から帰国した時にはすでに結核を患っており、自分の思想と信念を実践すると間もなく亡くなりました。私の親戚の中に特に尊敬に値する人物はいないので、私はことさらこの伯父を誇りに思っていました。幼い頃から母に何度も聞かされた伯父の生き方が、私の思想の原初的な潜在意識になっているのかもしれません。

任 ソ連、中国など海外で、朝鮮人の社会主義運動が起こったのは一九一八年以降ですが、これが国内に入ってくるのは二一年前後です。さらに国内の社会主義勢力が加わって広がった階級解放運動は、二五年から二八年までに朝鮮共産党員が四回にわたって検挙される事件を引き起こすことになります。こうした激変する社会状況を念頭に置くと、伯父さんの行動も理解できるように思われます。

李 時代的な背景とともにいうなら、あらましそうなるでしょう。二〇世紀初頭の「時代精神」とは、そのようなものでしたから。私の伯父だけでなく日本へ行った多くの留学生が、時代の要求するインテリゲンチヤ（社会意識を持った知識人）として、その時期を生きてきたのです。

私の母親の記憶の中には、もうひとりの思想的転身を遂げた人物、しかしインテリゲンチャではなく、文盲の作男が革命家に生まれ変わった事件があります。そして、その翻身したかつての作男によって、彼の主人だった母方の祖父は撃たれて死ぬのです。植民地における朝鮮民族の下層・被搾取階級が社会変革を起こそうともがく姿を象徴する、ムン・ハクビンという人物の物語です。

碧潼は鴨緑江流域なので、対岸の満州から渡ってくる独立軍の隠密行動が多発しました。我々は彼らを「独立団」と呼びました。一一月になると鴨緑江は凍結します。独立団は徒歩で鴨緑江を渡り、日本の警察署、駐在所、金融組合、郵便局などを襲撃し、日本人巡査を殺傷し、金品を略奪して満州に逃亡する事件が頻発しました。国内から満州に逃避した愛国志士、独立軍部隊から送り込まれた思想家らが、ひそかに地方住民を独立運動家として抱き込むのですが、当然、下層階級であるほど早く感化されることになります。朝鮮総督府の統計によれば、まさに私が生まれた一九三一年から三六年までの間に、独立軍は二万三九二八回も鴨緑江を渡河し、その延べ人数は一三六万九〇二七名になったといいます。日本側のこの報告書には、日本軍と警察が独立団に奪われた銃の数は三一七九丁と記録されています。こうした記録からも、私の故郷である鴨緑江に近い平安北道地域の反日独立闘争が、どれほど激しかったかを推測できるでしょう。ハクビンという作男は、そんな状況の中で、ある日突然、主人に一言も告げることなく姿を消してしまいました。後日に判明したところでは、彼は満州に渡り独立団の一員になっていました。そして次に現れた時は同志とともに銃を手にし、かつての自分の主人である私の外祖父を脅迫し、二度にわたって独立団のために資金を奪っていきました。

一九二九年の初冬、ちょうど母親が実家にいた日の夜半、ハクビンと仲間が押しかけてくると、再び資金を出せと脅迫しました。ちょうどその時、母親は私を出産するために実家に戻っていたのです。母親の回想によると、いつもなら足音を聞くと二頭の土佐犬が激しく吠え立てるのに、その夜に限っては、声を立てなかったそうです。そしてハクビンと二人の「同志」が物音もたてずに塀を乗り越えて侵入し、外祖父の胸に銃を突きつけました。隣の部屋で寝ていた母はとても恐ろしくて、布団を被ってただ震えていたそうです。

外祖父が「独立も良いが、私が苦労してやっと稼いだお金なのに、二度はともかく、三度も出せと言うのか！」と抗議し、しばらくけんか腰の言い争いが続いたのですが、空が白んでも金を出さなかったので、いきなり撃ったそうです。母親がぱっと布団をはいで出て行くと、外祖父は銃で撃たれて血まみれになり、手足をぶるぶる震わせていました。ハクビンと外で見張っていた独立団兵士は、すでに風のように消えていました。犬が吠える間もない、一瞬のうちに起きた事件だったのです。

そして、私の母は、恨《ハン》〔内にこもって、しこりをなす情緒の状態をいう。怨恨、痛恨、悔恨、悲哀とも重なる〕を抱えたまま亡くなりました。その原因となった二人の人物、一人は父親の全財産を失ってしまった、いわば新思想に「誤って染まった」伯父であり、もう一人はハクビンなのですが、これは「人間革命」と言えるのではないでしょうか？　ハクビンは、勇猛の名を馳せた朝鮮独立運動団体の統義府と正義府の呉東振《オトンジン》（一八八九～一九三〇）将軍指揮下の部隊で、とても勇敢な人物だったという記録が残っています。

しかし、彼は三〇年代半ばに日本軍に逮捕され、残念ながら転向しました。激しい拷問に耐えられなかったのでしょう。苦労を重ねて独立闘士にまでなったのに、その名誉に泥を塗ってしまったのです。無学な作男出身の革命家で、独立闘士としての階級的覚醒と社会革命を、身をもって実践した人物だったのに、残念と言わざるを得ません。

私はすでに母親の胎内で、朝鮮のあの貧しい作男が転身し、思想的革命をなし遂げ、独立軍兵士に脱皮する過程を「目撃」したと言えるかもしれません。ドイツの心理学者ユングの理論によれば、これが私の生涯において、自分が意識できない「無意識の歴史」になったと言えるのではないでしょうか。いうなれば、私自身の内部に母の実家の不幸にまつわる一種の精神的「内面の原初時代」があり、それが「無意識の根拠」になったのかもしれません。確信はありませんが、そうした血筋が伯父の先進改革的な思想と精神につながり、それがまたフロイト心理学的にいうなら、私の無意識を支配したのではないか、時折、そんな風に考えたりしています。

任　母上の話をうかがうと、小説家の金東仁《キムドンイン》（一九〇〇～五一）の最初の妻のことが思い浮かびます。平壌《ピョンヤン》の水産物問屋の娘で、闊達な性格の西北《ソブク》気質の女性でしたが、金東仁と生涯添い遂げることはできませんでした。先生の母上とまったく同じではありませんが、韓国の伝統的な女性像からは外れている点で、通じる面がありそうです。社会的制度と経済的特権に関しては保守的でありながらも、男尊女卑の側面においては、多分に反骨的だったのではないでしょうか。興味深いですね。

心のふるさと、朔州の大館

李泳禧　それは面白い話ですね。初めて聞きました。私の母親は社会的制度や文化的価値については、特筆すべきことはありません。母親の個人的かつ人間的な側面を語ろうとすれば、むしろ欠点ばかり目立つと言わねばなりません。母親は父親との暮らしで、いつも自分は「碧潼で、最も金持ちの娘」で、「幼い頃から作男の背中に負ぶさって育ち、父親の土地以外に、他人が所有する土地など踏んだこともないまま大きくなった」と自慢していました。自分が嫁ぐ時は、馬二頭と橇《そり》にぎっしり絹織物を積んで、二人の召使いを従えて嫁いできたことが自慢でした。

そうして、いつも貧しい学識者の父を無視するような言動をしていました。学ぶ機会がなかった自分の負い目を、金持ちということで慰め、気持ちのバランスを保とうとしたのでしょうか。ただ学識はないものの身体は頑強で、誰にも負けないほど強い性格の持ち主でした。鴨緑江河畔の碧潼と昌城産の黄牛は、力が強く性質が頑固なので、「碧昌牛《ピョクチャンウ》」と言われていました。だからそんなタイプの人間に対しても「碧昌牛」〔我が強くて愚鈍な者の比喩〕と呼ぶようになったのでしょう。私の母親がまさにそれでした。解放直後に南下して田舎に食品調達に出かけると、米を半叺（俵）も背負って八キロもの道を休むこともなく楽々と歩くほど、丈夫でたくましい人でした。

任軒永　父上は北鎮に近い朔州郡の外南面《ウェナムミョン》大館洞《テグアンドン》に転勤されましたが、その時には家族が揃って行かれたのですか？

李　兄と私は一三、四歳ほど離れていて、私が物心ついた頃には、すでに京城《けいじょう》に出て学び始めていました。兄は京城法学専門学校を終えると、日本の明治大学に進みました。やがて親からの学費の送金が絶えると、留学を中断して帰国しました。兄は最後までそれを無念に思い、寝込んでしまったそうです。私が国民学校に入り、物心ついた頃には、兄はすでに結婚していたので、一緒に暮らしたことはありません。二人の姉とは一緒に暮らしたことはあります。大館では弟の明禧《ミョンヒ》が生まれて、二人の姉が嫁いでからは、両親と私と弟の四人で暮らしました。

任　その頃から、大館洞の思い出が始まるのですね。幼稚園に通ったそうですが、当時、幼稚園に入るのはかなり珍しかったのではないでしょうか？　その幼稚園は張俊河《チャンジュナ》〔一九一八～七五〕〔ジャーナリスト、良心的ジャーナリストとして民主化運動の先頭に立ち逮捕された。雑誌『思想界』の主幹〕先生の父上の張錫仁《チャンソクイン》牧師が建てられたようです。資料によれば、家庭が貧しく独学した張錫仁牧師は、義州《ウィジュ》で三・一運動〔一九一九年三月一日に始まった全国的・全民族的な抗日独立運動〕の際に、第一教会の信徒から太極旗の制作と配布を頼まれたのですが、新義州《シニジュ》での臨時雇いの仕事から追い出されて、父上の斡旋で朔州郡外南面の清渓洞に身を隠すことになります。こうした縁で、張俊河先生と李先生は同窓で、大館国民学校の卒業生となられたのですね。

李　そのことは、七〇年代になって知りました。

任　韓半島にキリスト教が入ってきて、最も気勢のあがったのは平安道ですが、その理由を一八六六年の「シャーマン号事件」〔アメリカの武装商船が大同江を遡上し軍と衝突して焼打ちに遭い、二〇余名全員が死亡した〕以後に湧き起こった外国勢力への対抗意識に基づくものと見ることができます。あまりにもこうした意識が強くなると、それを口実に、貪官汚吏らが宣教師やキリスト教徒に対して、ゆすったり、たかったりすることが多くなりました。これに外国からの抗議が相次ぎ、キリスト教徒を刺激しないようにするだけでなく、土地を持つ人々が、その土地を奪われないようにと宣教師に委託し、自分の土地さえ守ってくれれば、キリスト教を信じるという風潮が生まれたようです。

さらに、日清戦争（一八九四～九五年）の混乱のなかで、教会だけは治外法権でした。平安道はかつて流配の地であり、歴史的に正六品《チョンユックプム》（朝鮮時代の中級官職）程度の官吏以上には昇進できなかった地域的事情も、信者の増加に一役を買いました。また、平安道は交易と商業の発展によって住民の社会移動が活発で、自立的な中産層の増加などの条件から、アメリカの北長老会が最も有力な宣教地に選定したそうです。こうしたなか、一九〇七年の大復興会が平壌で始まり、名実ともにキリスト教の平安道支配が始まったと見ています。

ところで、李先生は平安道出身の越南者で、私が知る限りでは、おそらく唯一の非キリスト教徒です。先生からキリスト教に関する思い出をうかがうことはほとんどなく、キリスト教の経験やその影響もないように見受けられるのですが。

李　まず、「越南者」や「失郷民」（故郷を失い異郷に暮らす人々）の意味を、厳格にすべきですね。私は解放以前に京城に出て学び、その後もずっとソウルで暮らしてきましたから、解放後や朝鮮戦争の勃発以後に北側からやってきた、いわゆる「避難民」や「越南民」ではありません。また、思想・理念や行動様式においても彼らと異なります。私の人生は時間的にも、経験・記憶の上でも、八割方が韓国です。私よりも長くソウルで暮らした方々は、私たちの世代ではかなり少数になりました。ソウルの人口一千万人のうち、解放以前からずっと住んでいる人は数万人にも満たないでしょう。

先ほど任さんが言われたように、私が通った大館の幼稚園は、七〇年代に朴正熙《パクチョンヒ》軍部独裁政権に対抗して民主化の言論を導いた張俊河先生の父上が、三〇年代の初めに教会に併設した施設でした。それで張俊河先生は、故郷の国民学校の先輩にあたり、大館の名を韓国に広く知らしめた方で、私は張先生の弟と同じクラスでした。

　幼稚園は赤煉瓦造りの三階建てで、その当時は都会でなければ見られない、とても大きくて近代的な建物でした。三階が礼拝堂で、こんなに大きな幼稚園と礼拝堂は珍しかったですね。それで、幼い頃にはキリスト教的な雰囲気のなかで育ちました。いや、そうでなくても、その地方の住民の三分の一くらいは、キリスト教の信者だったと記憶しています。私の園児仲間の父母もキリスト教徒で、もちろん幼稚園の雰囲気もキリスト教的でした。そのため、私はキリスト教の礼拝の仕方や讃美歌、聖書について随分教わりました。数十年が過ぎた今でも、聖書の一節や讃美歌は幼稚園時代に覚えたので、かなりの曲を歌うことができます。

　しかしながら、わが一族の家風は儒教的で、また、国民学校を卒業して京城に留学した頃には、すでに日本の植民地支配が末期を迎えていたこともあり、キリスト教的な雰囲気は遠ざかっていきました。さらに解放後になると、占領軍のアメリカ軍と軍政の後ろ盾で、潮が満ちるように韓国社会を覆ったキリスト教の政治的関与と西洋崇拝の風潮を、私はとても不満に思いました。また、飢えた人々にパンを与える代わりに、キリスト教を宣伝するアメリカの教会と韓国の教会に嫌悪感を覚え、ことごとく背を向けるようになったのです。あたかも、アフリカやラテンアメリカの先住民にパンと聖書を分け与え、その代わりに先住民の土地を騙し取った、近代西洋のキリスト教の姿が重なって見えるように思えました。

　李承晩《イスンマン》大統領の統治下の、政治的暴力、政権の「社会的堕落」、弱肉強食の人間関係が深刻化するにつれ、いっそう背を向けるようになりました。大学に入ってからは、次第に無神論思想、唯物論的人生観と世界観を持つようになり、また、韓国社会の極端な腐敗・搾取・非人間化と貧富の格差、そして分断された民族の平和的共存の必要性などには目をつむり、狂信的な反共主義と極右暴力を擁護する韓国キリスト教に対して、反感を持つようになったのです。

　こうした宗教忌避ないしは反宗教的人生に続いて、朝鮮戦争当時の軍隊生活で味わった同族が相争う経験と、その後の新聞記者としての職業生活の過程で、社会改革の必要性を痛感するようになり、宗教に対する否定的な意識がいっそう強くなりました。そして、宗教を通じて個人と社会を「救う」というキリスト教の教えが信じられなくなったのです。私も人生で山ほどさまざまな経験をして、かなり後になって、人間存在の霊的側面と宗教の信仰心を多少は理解するようになりましたが、それでも相変わらず無神論者であり、宗教には「精神的阿片性」があると認識しています。

先ほど、北朝鮮から来た人の大部分がキリスト教徒で、唯一、私が信者ではないことに疑問を示されましたが、私は解放後、北朝鮮から南下してきた人々が属する社会階層について否定的であるだけでなく、彼らの人間的な誠実さや民族的良心に対しても、かなり懐疑的です。解放後、韓国の様々な分野で行われた否定すべき、糾弾されるべき事件の共謀者の相当部分が、解放後または朝鮮戦争以後に北朝鮮からやってきた人たちなのです。そして、そうした人々のほとんど全員が、キリスト教徒であると自慢げに語るのです。こうした一般的な否定的側面と、以北出身のキリスト教徒の特殊な事情が相まって、私はその集団の一員となることを拒否し続けてきました。

特に、韓国社会の歴代暴力政権のもとで、アメリカの韓国政策を無条件に容認・美化しながら、理性も知性も喪失した狂信的な反共主義と極右集団の暴力体制を擁護してきたのが、まさに越南したキリスト者であるという現実を常に考えるのです。以北からやってきた失郷民の社会では、「北進統一」を遂げて北朝鮮を占領すれば、自分の故郷の道や郡の行政権を掌握することになる「〇〇道民会」と、その下の「〇〇郡民会」が組織されます。これらの総合行政機構が「以北五道庁」ですが、その組織は現在の韓国の道と郡の行政組織とまったく同じで、多くの機構が整っています。そして、その多くに、道知事、道議会議長、郡守、郡議会議長、面長などのポストが設けられるのです。

越南民の第一世代と第二世代のなかでは、いつ与えられるか分からない、こうした韓国における「〇〇知事」「〇〇長」といった官職に就くためにすさまじい権力闘争が展開されました。先に述べたように、私はこうした機構の理念自体に同意しませんが、とりわけ官職を巡ってくり広げられる争いは見るに堪えません。

さらに私は、第一にキリスト教徒ではなく、第二に私はそもそも越南民ではなく、また越南民であることを自慢したり、そのように振る舞うことを拒否しており、第三に、そうした越南民のアメリカ崇拝・反平和主義を一貫して無視してきました。とりわけ、韓国における地域間の葛藤と対立、反文化の極致でもあるマッカーシズム的な「赤狩り」を嫌悪しているので、彼らとそれらの組織だけでなく、そのような生活文化にも距離を置いて生きてきました。今でもそうです。もう何年も余生は残されていませんが、死ぬ日まできっとそうでしょう。

水豊発電所のおかげで三〇年代に電灯が点く

任軒永　詩人の金素月《キムソウォル》が最期を迎えたのが亀城ですが、先生の故郷に近いですね。

李泳禧　大館《テグァン》は隣にある亀城郡とともに「朔州亀城」と通称されてきました。素月は日本とソウルでの挫折の果てに、彼の妻の実家のある南市《ナムシ》にきて東亜日報の販売所を経営するのですが、一九三四年に、焼酎に阿片を混ぜて飲んだのが原因で亡くなりました。南市と大館との距離は六キロ程度で、まさに隣町です。大館国民学校と南市国民学校との間では、年に二回、春と秋に学校対抗運動会を開いていました。その頃の私は、素月について理解できるほどの年齢ではなかったのですが、南市国民学校の正門の向かい側、右手の丘の急な坂にあった東亜日報の販売所の前の道を登りながら、国民学校の朝鮮人の先生が素月の生涯と死について語ってくれたことを覚えています。

素月は挫折し失意のうちに、一九二四年二二歳の頃から、妻の実家の近くに引っ越して暮らしました。そこが有名な詩「朔州亀城」の舞台です。「水路で三日《みっか》舟三日《みっか》／遠く三千里／ましてや歩いて越える遠く三千里／朔州亀城は山を越える六千里／……／朔州亀城は山を越え／遠く六千里／ときどき夢には四五千里／行き来する帰りの道でしょう」（邦訳、『キム・ソウォル詩集　つつじの花』書肆青樹社）。おそらくこの詩を覚えている方は、この地域を山奥の僻地と錯覚するかもしれませんが、実際はそうではありません。ソウルに向かって咲いたヒマワリのように、気持ちは文化的な郷愁に浸って暮らしながらも、身体は平安道の田舎を離れることはできなかったのですから、素月の胸中は都落ちとも感じたことでしょう。

　けれども、朔州亀城はなにしろ金鉱が多いので、比較的暮らしやすいところでした。大館は他の地方に比べてかなり生活水準が高かったようです。私が小学校四年生だった三九年に、当時では世界第二の大きさの水豊《スプン》ダム発電所を建設するために定朔《チョンサク》線が開通し、発電所が完成すると面（村）の各家庭に電気が通じました。それだけではなく、南韓の人々は驚くかもしれませんが、地方の面なのに電話線まで敷設され、少し豊かな家庭には電話が設置されていたのです。


任　フランスに次いで日本が大陸侵略のために強制的に労働者を動員して建設した京義《キョンウィ》線が、一九〇六年に全区間〔京城―新義州〕開通しました。そして定州から朔州までの平北《ピョンブク》線ができるのですが、それがたぶん先生がおっしゃる鉄道のようです。

　こうして、鉄道を完成させた日本は、野口遵《したがう》〔一八七三〜一九四四、実業家。「朝鮮半島の事業王」などと称された〕系列の水力発電関連会社を設立し、赴戦江《プチョンガン》・長津江《チャンジンガン》水力発電所を完成〔それぞれ一九三二、一九三八年〕させ、その余勢を駆って、一九三七年に朝鮮鴨緑江水力株式会社と満州鴨緑江株式会社を設立し、朔州郡水豊里の水豊《スプン》ダムの建設に着工し、四四年に完工させました。ダムに設置された水豊発電所には一〇万ＫＷの発電機が七基〔東芝製五基・シーメンス製二基〕が備えられ、合計七〇万ＫＷの発電能力を持ち、現在は北朝鮮と中国に半分ずつ送電しています。

　このような時期に文学者は何をしていたのでしょうか？　長津・赴戦発電所の工事が終わると、ここは名勝地になったようです。それで李光洙《イグァンス》などの有名な文学者が見物に来ることになったのでしょう。詩人毛允《モユン》淑《スク》の回顧録によれば、春園《チュンウォン》・李光洙は、この観光地への道中、山の頂きは雲のようでつかまえることができないという意味の、嶺雲《リョンウン》という自分の雅号をつけました。

李　さきほどお話ししたように、私が小学校二年生だった三七年頃、鴨緑江の水豊では巨大な水力発電所の建設が開始され、三九年には平安北道《ピョンアンブット》の定州《チョンジュ》（平安北道では「トンジュ」と発音する）から水豊まで、八〇キロに及ぶ鉄道が敷設されました。その当時、日本の植民地収奪のための産業政策は、朝鮮の南部は農業を中心とし、北部は鉱業・工業・林業を主力とするものでした。この違いは、解放後の「南」と「北」の社会を理解するうえでも重要なポイントになります。そして日本の満州工業化政策のために、朝鮮と満州の双方に、莫大な電力を供給する必要があったのです。そこで日本の工業系財閥の野口遵が水豊発電所と鉄道の建設を受け持つことになりました。

この鉄道が大館まで敷設されたある日のこと、私たち小学生は、授業が終わるやいなや、教科書を入れた風呂敷包みを背負ったまま、大挙して汽車見物に出かけました。その時、建設資材を積んだ貨車を引っ張ってきた機関車が、子どもたちの前を通り過ぎながら、突然、蒸気を噴き出し、「ピーッ！」と空が張り裂けそうな音をあげました。真っ黒で仰天するほど大きな機関車を初めて見て、そのうえ、あの天地が震えるような音を間近に聞いた私たちは、心底肝をつぶしました。驚いてその場にひっくり返った友だちもいたほどです。あの六五年前の私と大館の友だちの姿が、いまでも目の前に浮かんでくるように思われます。

水豊発電所の発電量は七〇万KWという、当時世界第二位の規模でした。第一位の発電所はソ連です。ルーズベルト大統領が大恐慌を克服するための土木事業としてテネシー渓谷に建設したアメリカ最大の水力発電所のフーバーダムよりも、もっと大きくて新しい発電所でした。日本人の胸中が並々ならぬものだったことが分かります。

こうして、工業、林業、鉱業の大規模な開発が行われたために、三〇年代の半ばに大館に送電されるようになりました。また豊かな人々は電話まで架設しました。韓国では六〇年代になって、ようやく朴正熙大統領が北朝鮮での工業発展に驚き、あたふたと農村開発政策「セマウル運動」（一九七〇年代の新しい村づくり運動）を開始しました。そうして、やっと面単位で電灯が点くようになりました。これに比較すると、北朝鮮、特に私の故郷は三〇年も先行していたと言えるかもしれません。こうした事実を韓国の人々はまったく知りません。現在、韓国の人々は、まるで北朝鮮が昔から韓国よりも貧しかったように錯覚していますが、事実はまったく逆なのです。

ひとりで旅立った京城「留学」

任軒永　先生は小学生時代、学業優秀で「いつも一、二番を争っていたのに、級長になったことは一度もない」と書いておられる文章を読みました。

李泳禧　当時は韓国でも以北でも、小さな田舎ではよく天才が出たとか、秀才が出たなどと騒いだものです。考えてみれば、田舎では誰でも「秀才」だったということです。私が常に一、二番だったのは事実です。少し照れくさいのですが、学校での成績は大館国民学校創立以来の、最も優れた秀才の一人という評判でした。ところが、おそらくそのせいで、私の性格は相当傲慢になったのではないかという気がします。さもなければ、私の人間性によるものなのか、とにかくとがっていたようです。そのためか、先生方から愛される生徒ではなく、成績とは関係なく、一度も級長になることができなかったのでしょう。「なったことはない」ではなく、「なれなかった」のです。

私が入学した頃は、石段を百段以上も登った丘の上に山を背にして建てられた、昔の郷校《ヒャンギョ》〔高麗・朝鮮時代にかけて地方郡県ごとに設けられた国立の儒学学校〕の建物でした。郷校の柱は、生徒二人が両手を伸ばしてやっとつなげるくらいの太さで、上下に溝が彫られた古い柱でした。とてもどっしりとした存在感のある建物でしたが、二年生が終わる頃に日本の朝鮮文化抹殺政策によって、この貴重な郷校は破壊され、その跡地には何とも貧相ないかにも植民地小学校然とした日本式の木造校舎が建ちました。おそらく、そうした日本人の行動を批難する心情から生まれたのでしょうが、郷校を取り壊した際に、床の下から胴まわり一尺を超える青大将が出てきて裏山に消えていったと、大人たちの間でひとしきり噂になりました。

そして、国民学校に続く丘の中腹には、日本の天皇崇拝の拠点である神社が建てられました。それから私たちは、週に一度、神社参拝を強要されました。ところが韓国に来てみると、同じ植民地時代でも、あちこちに郷校がそのまま残っていたのです。どうして北側では取り壊し、南側では存続したのか、いまだによく分かりません。

任 私の故郷の慶尚北道義城《ウィソン》の場合は、日本の指示で郷校を取り壊して、学校を建てることはなかったようです。別に敷地を用意して建てていました。もちろん、例外はあったでしょうが、大部分は別の土地を均《なら》して建てたり、歴史的遺跡のようなものを壊して建てたりしていました。平安道は儒教よりも、キリスト教や開化派の勢力が強かったからかもしれませんね。キリスト教が優勢だったので破壊されるケースが多かったのではないでしょうか。キリスト教と日本当局が、郷校抹殺において思惑が一致したのでしょう。

李 そうですね。そう言えるかもしれません。以北には朝鮮時代の確たる国家権力制度や、社会・経済・学問・文化的遺産と伝統がなかったから、それで大きな反対や抵抗もなしに破壊されてしまったのではないかとも考えられます。

任 東学農民戦争〔一八九四年に東学の信徒が主導した農民戦争。朝鮮は清に出兵を求め、日本はそれに対抗し、在朝日本人保護の名目で出兵して日清戦争の契機になった〕の当時、東学信徒の処罰に最も多くの手を貸したのが、キリスト教徒だったそうです。日本の植民地政策は農地を手当たり次第に奪ったのですが、一方で所有権を宣教師名義に登記しておけば、奪い取ることはできなかったようです。

李 そうでしょうね。日本が一九一〇年に韓国を併合して地盤を固めていくには、相当の時間が必要でした。過渡期の朝鮮社会にキリスト教が流入し、社会・文化・経済のあらゆる面で変化が起こりました。西洋の宣教師勢力は、一九〇五年から一〇年、三・一運動が勃発するまでは、むしろ官吏よりも強力だった。私が四歳まで暮らした北鎮での記憶では、父親の月給日には、いつも母親が私の手を引いて郵便局に貯金しに行きました。近くの町角に病院があったこと、その病院の医師の顔を今でも覚えています。母親の話では名前はミスター・パゥオでした。彼は背がとても高くてがっしりした体格で、幼い私にとってはとても恐ろしかったことを覚えています。当時は金鉱山に勤務する西洋人が羽振りをきかせていました。

　私の姉たちは北鎮国民学校に通っていましたが、学校の先生は後に、解放後、女性の国家試験合格者第一号で、家庭法律相談所を創立し、女性の権利拡張運動の母となった、あの李兌栄《イテヨン》女史でした。

任　小学校卒業後に、李先生は新義州師範学校と京城《キョンソン》公立工業学校の両方に合格されましたね。不思議なのは、先生のような家系で才能を認められたならほとんどの場合、新義州師範学校に行けるはずなのに、京城公立工業学校を選択されましたね。先生に特別な意思があったのですか、それとも、父上の判断に従ったのですか？

李　現在のように各種情報システムが発達し、幼稚園の頃から子どもたちがコンピュータ、インターネット、または課外学習をするなどの、そんな時代ではありませんでした。もっぱら学校の授業だけの時代で、そのうえ田舎だったので、ただ六年生の担任教師と父親が相談して決めました。当時はみんなそうでした。

　その当時、平安北道《ピョンアンプット》では、新義州にある東中学校が朝鮮人学生の行く最高のエリート中学校だった。もちろん、私が東中学校の試験を受けていたら合格したでしょうが。

任　ソウル、その当時は京城ですね。ひとりで京城に受験に行かれたのですか？

李　ひとりで行きました。その当時は大館から汽車に乗り、定州駅で京義線に乗り換えて京城まで、一四歳の少年がひとりで試験を受けに行くのは、現在ならロンドン、パリ、ニューヨークに行くよりも難しいことでした。私のクラスから新義州や平壌の中学校にはかなりの生徒が行きましたが、京城の「公立五年制甲種中学校」に通学するのは、大館では極めて稀なことで、その年には私ひとりだけでした。朝鮮人青少年教育の背景を理解するには、まず、植民地時代の教育制度について触れなければならないでしょうね。

　京城公立工業学校は、いわゆる「内鮮共学」校で、一クラスに日本人は三〇名、朝鮮人は一〇名ほどでした。入学試験は日本人生徒には比較的やさしいものでしたが、朝鮮人生徒にとってはかなり難しかった。植民地時代の学校制度は、日本人中学校、内鮮共学、朝鮮人中学校の三種類があり、それぞれの中学校には等

1942年4月、植民地時代末期の中学校入学式写真、前列右側から4人目が著者。

級がつけられていた。上位校は天皇が任命する校長、すなわち勅任官校長のいる中学校、次は、朝鮮総督が任命する高等官校長の中学校、さらに朝鮮人主体の私立中学校に区分されていました。朝鮮では京城公立中学、京城師範学校、そして京城公立工業学校、この三つが勅任官中学校だった。多分、私が公立工業に行くようになったのは、自分の学校の卒業生が新義州や平壌ではなく京城の、それも勅任官校長の中学校に入るという、大館国民学校の校長と六年担当の日本人教師の自己顕示欲、そして自負心によるものでしょう。

　また、植民地朝鮮の中学校の学制は、甲種中学校と乙種学校の二種類の等級に区分されており、甲種は五年制、乙種は「学院」で二年制だった。勅任官校長の甲種中学校というのは、当時の朝鮮全域ではとても少なかったので、高い権威を認められていた。全中学校の正装だった丸帽が、戦争末期になると見るのも忌まわしい日本陸軍の戦闘帽に替わったが、唯一、私の通った学校のように勅任官校長の三校（京城師範、京城中学、京城工業）だけは、最後まで丸帽が認められていました。それで、私は解放になるまでは「丸帽」だったので、ほかの中学生から羨望の眼で見られました。

　当時は日本が満州、中国、東南アジアに進出していました。父親はどのみち、田舎の下級公務員のわずかな経済力では、私を大学にやるのは難しいと考えて、そのような選択をしたのでしょう。父親がもう少し恵まれた職場に勤務していたら、勅任官校長の学校でなくても、朝鮮人の私立甲種中学校に通わせて、息子の将来を特別に考えたのでしょうが、その当時の大部分の朝鮮人は、すぐに解放になるとは思っていませんでした。

任　平安道のキリスト教文化圏からアメリカと日本への留学生の専攻分野を調査した論文によると、平安道出身者の大部分は理工系、あるいは経済・商業系でした。人文系はほとんど南部地域の出身者が占めていたようです。朝鮮時代五百年の地域的特性もあったようですが、北部にはキリスト教が先に入ってゆき、資本主義的実用文化が速やかに受容されたのではないかと思います。その学校は、文学評論家の金炳傑《キムビョンゴル》先生が在職された京畿《キョンギ》工専のあった場所ですか?

李　いいえ。麻浦《マポ》にある京畿工専は、植民地時代には「乙種二年制」の京城職業学校でした。ほかにもソウルには、様々な職業技術や農業などの朝鮮人生徒の専修機関として、いくつかの乙種二年制学校と学院がありました。それらが解放後に中学校、または専門学校になったのです。五年制の甲種中学校と二年制の乙種学校の格は、まったく比較にならないほどでした。

任　学科はどちらでしたか?

李　電気科です。甲種中学実業学校は、現在の中学校と高等学校を合わせた教育システムでした。私たちの学校を卒業すれば三種電気技師の資格証を、高等工業学校の卒業生は二種、そして京城帝国大学理工学部と日本の大学の工学部卒業生は、一種の資格証が与えられる仕組みだった。京城公立工業学校、京城高等工業学校、京城帝国大学理工学部、これが朝鮮での工業関係の教育システムでした。もちろん、受験の機会は誰にも与えられていました。

日本人も尊敬した金敬琢・李徽載先生

任軒永　当時の殺伐とした軍国主義の気配が高まっていくなかで、印象深い教師として漢文担当の金敬琢《キムギョンタク》先生の名前を挙げておられますが、当時、漢文の比重は大きかったのですか?

李泳禧　まず、学科目の配列を確かめてみましょう。そうすれば、植民地時代の中学校の教科内容が理解できるでしょう。学科の配列は、他の甲種五年制人文中学校とは少し異なり、三年生までは人文系中学校と同じで、四年生からは全面的に専攻科目に移ります。人文系科目には修身（修身または倫理、公民）・国語（日本語）・歴史・英語・地理・漢文・中国語・物理・化学・代数（数学）・幾何・博物（植物、動物、鉱物）・書道（書芸）・音楽・体操（体育）の一五科目が基本で、これに柔道と剣道が一時間ずつありました。ほかに軍事教練が週に二時間ですが、私の学校は格が高かったために、教官団長は大佐（大領）でした。他の中学校は中佐（中領）が担当していました。一週間に四〇時間ある授業のうち、こうした一般科目は約三〇時間、残りの時間は専攻予備科目、すなわち、用器画〔製図器具を使用して幾何学的に製図する技法〕、製図などでした。四、五年生になると人文科目は一〇時間以内になり、大部分が電気学専攻科目に変わりました。

当時、中学校の国語（日本語）教育は、日本の古文まで学習するもので、日本の学生とほとんど差のないほど、日本語の読み・書き・会話を完璧に学ぶ仕組みになっていました。これが私の日本語能力の基礎になっていました。解放後、韓国内では韓国語で書かれた高水準の学術書と教養書籍が皆無だったので、どうしても日本語の書籍に頼り、また、国際関係の研究をするために、日本語の各種論文、資料、書籍を読み漁ったので、今でも私の日本語能力は、韓国語に比べてもほとんど遜色がないと言われます。

太平洋戦争が激化した三年生の末期からは、英語は敵性言語との理由で廃止され、その代わりに中国語が一時間増えました。中国大陸進出のための、中堅技術者養成政策のひとつだったのでしょう。戦争という命を賭けた戦いのためには、交戦相手の言語と文化をより深く、より広く学ばねばならない。ところが、あまりにも偏った国粋主義的な陸軍が支配力を持ったため、英米に関連するものは言語だけでなく、科学技術、文化などのすべてを排斥の対象にしてしまった。完全に現代版の「焚書坑儒《ふんしょこうじゅ》」政策だった。こんな世界観をもってして戦争に勝てるものでしょうか？

教育課程で、英米に関する知識を学んでも勝てるかどうか分からないのに、先進的な欧米などのあらゆる事物を自国民の頭の中から追放してしまって、どうして戦争に勝てますか？　こうした文化的な偏狭さは、解放から現在まで続く韓国社会の狂信的な反共主義と極右閉鎖思想に通じるものです。それがどれほど多くの文明的・文化的後退をもたらしたかという社会経験の見本にもなります。共産主義諸国も知識・思想・文化の面では同じでした。共産主義も反共主義も、いずれも思想を殺す「自殺主義」であることに変わりはありません。

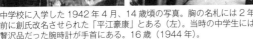

当時の教育制度で知っておかねばならないのは、男子の甲種中学校は五年制で、女子の甲種中学校は高等女学校で四年制でした。おそらく甲種五年制中学生は、朝鮮全体で多くても三万名はいなかったでしょう。現在、韓国の四年制大学の学生は百数十万名ですから、それから考えると大変なエリートでした。羽目を外した中学生がひどいいたずらをしたりしても、日本の警察官でさえ「学生さんだから」と、朝鮮語の〝ニム（様）〟に相当する尊称の〝さん〟をつけて呼び、見過ごしてくれたものです。面白いですね。植民地時代に甲種中学生の社会文化的地位や評価がいかに高かったか、ということがよく分かります。

中学校に入学した1942年４月、14歳頃の写真。胸の名札には２年前に創氏改名させられた「平江豪康」とある（左）。当時の中学生には贅沢品だった腕時計が手首にある。16歳（1944年）。

今でも忘れられない二人の朝鮮人教師がいました。一人は金《キム》敬琢《キョンタク》先生で、もう一人は李徽載《イフィジェ》先生でした。金敬琢先生は解放後、高麗《コリョ》大学で漢文学の教授をされました。金敬琢先生は植民地時代に、『現代韓中辞典』の編纂・出版をされた方です。当時は、朝鮮語と中国語の辞典としてはこれが唯一のものだったでしょう。学究肌でとても高潔な方でした。李徽載先生は博物科担任でしたが、解放後はすぐにソウル大学の教授になり、農学部の学長もされた方です。金敬琢先生の小柄な体型とは対照的に、李徽載先生はとても大柄な方でした。のっしのっしと歩く姿は、威厳と風格がありました。私たちは「カバ」とあだ名で呼びました。

お二人とも、あの険悪な戦争末期でも創氏改名をしていません。当時、創氏改名をせずに、天皇の任命する校長がいる学校の教師として勤めるのは、日本に反抗する思想の持ち主と見なされたことを考えれば、剛毅な心の持ち主でした。校長は日本人で、ベルリン工科大学出身の博士号をもつ「勅任官」でした。校長ですら、廊下で李徽載先生や金敬琢先生に出会うと道を譲るほどで、お二人は日本人教師からも尊敬される人格者でした。約三〇名の日本人教師はもちろん、創氏改名をした約二〇名の朝鮮人正教員のうち、断然、〝群鶏一鶴〟ならぬ〝群鶏二鶴〟的な存在だったのです。金敬琢先生は「キン・ケイタク」先生、李徽載先生は「リ・キサイ」先生で通しました。

私は、このような立派な同胞の先生から教えを受けたことに、大きな誇りを感じています。その人格と学風から多くの影響を受けたのは確かです。

任　その頃も成績は良かったですか？

李　成績は良い方でしたね。私だけでなく、朝鮮人の生徒はみんな厳しい競争を突破して好成績で入学しているので、学業成績の上位はほとんど朝鮮人学生が占めていました。しかし、私は中学校ではついに一番や二番にはなれませんでした。田舎の国民学校で秀才とされても、大海に泳ぎ出てみれば、大したことではありませんからね。みんな私よりも秀才でした。

その中でも特に優秀な人物に、解放後、ソウル大学の社会学科を出て、社会学分野の第一世代の学者になった高永復《コヨンボク》がいます。私と同じ学年で、彼は化学科の生徒でした。三年生の時には、いち早く高等学校の教科書をひとりで勉強していました。黒石洞《フクソクドン》の薄暗い下宿で、毎日、本ばかり読んでいたので、いつも顔が青白くて血の気がないように見えました。時々遊びに行くと、当時の私には理解できない専門学校や大学レベルの本を高く積み上げ、机の脚の一本が壊れているのをひもで無理やりに縛って、勉強に集中していました。結局、彼は化学者から社会学者になりました。私の人生も同じです。植民地時代の勉強を、解放後もそのまま続けた者は稀です。天と地がひっくり返り、人生の視野が一気に広がってしまったからです。

中学校時代、世界文学選集を読んで

任軒永　李先生、少し話が逸れるかもしれませんが、植民地教育という問題は別にして、教育の社会的影響力や、教育者に対する国民の意識に関して、少しお話しください。李炳注《イビョンジュ》先生の大河小説『智異山《チリサン》』〔邦訳、東方出版〕には、主人公の朴泰英《パクテヨン》がゴーリキの随筆集を読んだという理由で警察署に連行された際に、原田という校長が警察署長に頼んで釈放される場面が出てきます。その校長は学生運動に理解を示したため、結局、辞職勧告を受け、この噂を聞いた教え子と父兄らが募金をして中国の吉林に朝鮮人中学校を設立し、初代校長として招かれるという感動的なエピソードが出てきます。植民地時代に学生だった作家の作品のなかには、悪質な日本人教師だけでなく、このような教師が登場することもありますが、先生もこうした体験をされましたか?

李泳禧　大正時代に教育を受けた日本人教師のなかには、自由主義的・進歩的思想、さらには社会主義や共産主義思想の洗礼を受けた方もいたように思います。この日本人教師もそんな方だったのでしょう。李炳注氏は私よりも一〇歳近く年配の方です。また、私の中学生時代は李炳注氏の頃よりはもっと後で、日本統治の末期に近く、民族を超越した思想的共感を示すことは難しかったように思います。しかし、時局と思想の問題は別にして、中学校内外の日常生活では、日本人教師のなかにも民族差別を表に出さない教師が確かにいました。しばしば解放後の世代が先入観を持って断定するように、日本人だからみんな「悪質」だったわけではありません。とにかく、当時の中学校の先生といえば、今の大学教授よりはるかに高い職業的・社会的・文化的、そして人格的に厚遇されていたのは事実です。

私たち中学生は違いましたが、専門学校、大学予科、あるいは日本の高等学校に入ると、すぐに学生らは、いわゆる「デカンショ節」〔学生たちの粗野な服装や振る舞いを指す。「デカンショ」を彼らが好んで歌った〕をやりました。彼らはその時から、事実上「雲の上の存在」としての扱いを受けたのです。わざと汚れて破れた学生服を着て、むさ苦しい格好で羽目を外した行動をし、豪放磊落の浩然たる気分を誇示していました。
彼らはグリースを塗ってテカテカにした角帽を被り、腰には醬油の樽から取り出したような薄汚れた手拭いをぶら下げ、それを地べたに引きずりながら、素足に下駄を履き、カランコロンと音を立てて京城市内を歩き回っていました。髪は伸び放題でぼさぼさ、服は汚れてみすぼらしいことこの上ない。高校生の顔がすっきりしていたり、最近の大学生のようにめかし込んだりしていると、男としては認められなかった！　こぎれいな学生は「妓生《キーセン》の兄」〔伊達男《だておとこ》〕などとやゆされました。ともかく、その時代は浩然の気が学生にとって価値あるものと見なされていました。そんな格好で京城市内を闊歩し、交番の前で小便をすることもありました。蛮勇ですね。羽目を外すのです。それでも周囲は彼らを羨望の眼で見ていたのです。実際、「学生の天国」を謳歌することのできた時代でした。なにしろ、学生は希少価値だったのです。
任　ある意味では、当時の軍国主義が青少年の英雄主義を育てた、と分析することもできるのではありませんか？　軍国主義が隠然と彼らを煽ったとは思われませんでしたか？
李　それだけではないでしょう。英雄主義というよりは、浩然の気を煽ったというのがより真実に近いと思います。軍国主義とは直接関係はないと思います。むしろ、軍国主義が強化されて猛威を振るうようになると、そうした風潮は排斥され取り締まりが強化されています。やはり、人材を大切にすることを知っていた明治維新や大正デモクラシーの時代から始まり、一九三〇年代半ばまでの時期に日本社会を席巻した、男子尊重、または知識人の指導者としての教育的見地から、と言えるのではないでしょうか？
任　西蔵高原（チベット）で小便すれば、ゴビの砂漠（モンゴル）に虹が立つというたぐいのものですか？
李　そうです。当時の学生たちは、豪気だとか浩然の気とかで、「万里の長城から小便すれば、ゴビの砂漠に虹が立つ」」、こうした歌を高唱していました。そうして「デカンショ、デカンショ……」をくり返しながら、みすぼらしい格好でドシン、ドシンと両足で、交互に地面を踏みつけるのです。「デカンショ」というのは哲学者のデカルト、カント、ショーペンハウアーの頭文字をつないだものです。日本は漢学の伝統があるうえに、近代の高等学校では漢学と西洋哲学など、人文系の教育を重視したので、哲学と文学の教養水準がかなり高かったのです。

任　大陸侵略のための思想的武装ではありませんか？　いつでしたか、徐廷柱《ソジョンジュ》〔詩人。一九一五〜二〇〇〇。ソラボル芸術大教授、東国大学教授を歴任。芸術院会員〕先生からその歌を聞いた記憶があります。京城帝大の学生が、それを歌いながら大通りを闊歩するのを羨望のまなざしで見つめたと言われました。

李　「思想的武装」というよりは、日本社会での男子尊重の伝統の一つの表現と解釈すべきでしょう。男性のそんな気風を「バンカラ」と称しました。大人しくて「妓生の兄」のような男子を蔑視し、野性味を尊重したのです。女子学生もそんな男子学生に惹かれました。本格的な大陸侵略は二〇年代からですが、学生社会のそのような気風は明治時代から続く風潮でしたから、大陸侵略のための思想的武装とばかりは言えないでしょう。後になってみると、そうした政策的意図が皆無とは言えないでしょうが、そんな風潮は日本人学生だけに許されたとか、彼らだけが楽しんだのではなく、朝鮮人学生も望むならば同様に、そうした特権（？）を享受できました。ただ、朝鮮人の学生には似合わなかっただけです。

中学校でも漢文教育に力を入れていました。私も唐詩のたぐいを相当読みました。かなり水準は高かったですね。ひょっとすると、浩然の気というものも漢詩の影響だったのかもしれません。明治維新まで遡って、日本の青年が社会と国家の運命を担って進むのは、男児として生まれたら野心をもって滅私奉公すべしという、時代精神の表現ではなかったか、と見ることもできるでしょう。だが戦時中には、そうした気風は排斥され、すっかり軍国調になってしまいました。

その頃には、朝鮮人の高等教育の場合、普成《ポソン》専門学校〔現在の高麗《コリョ》大学校の前身〕は「京城拓殖経済専門学校」に、延禧《ヨニ》専門（解放後の延禧大学校、その後、セブランス医学専門学校を合併し、現在の延世《ヨンセ》大学校になる）は「工業経営専門学校」に、そして日本人の真意は知りませんが、梨花《イファ》女専（梨花女子大学校）と、淑明《スンミョン》女専（淑明女子大学校）は意外なことに「農業指導員養成所」に校名を変更します。そして、朝鮮人の高等教育機能を剝奪してしまったのです。こうして学生の浩然の気というものに戦時中は出くわす機会がなくなりました。

任 先生のその頃の読書遍歴は特異なことで知られています。海洋大学時代に、英語の詩をたくさん読んだと言われましたね。中学時代の読書はいかがでしたか？

李 特異だったわけではありません。中学時代には多くの中学生がそうだったように、日本語をほぼ完璧にマスターしたので、主に日本の小説と詩を読み、日本語に翻訳された世界文学全集をかなり読みました。『三国志』をはじめとする中国の古典小説や西洋文学も、やはり日本語で読みました。日本は、明治時代から導入した西洋文学と社会思想の学問的蓄積が非常に深くて広かったので、日本語版翻訳書の読書はとても盛んでした。振り返ってみると、恥ずかしいことこの上ないのですが、私の中学校の頃は戦争末期だったこともあり、また、日本人中心の学校に通っていたために、朝鮮語による文学作品はほとんど読んだ記憶がありません。京畿《キョンギ》、中央《チュンアン》、培材《ベジェ》、養精《ヤンジョン》などの朝鮮人中学校に通っていたら一、二冊くらいは読んだかもしれません。けれども、そんな朝鮮人中学校の学生と下宿も一緒で、また近所には朝鮮人中学校に通う学生も大勢住んでいましたが、彼らの部屋でも朝鮮語の文学作品や書籍を見た記憶はないのです。私が中学校に入った当時は、すでに朝鮮語の使用が完全に禁止され、出版物の刊行もできない状態になっていました。

南京虫とくり広げた夜の戦い

任軒永 京城では下宿をされたのですか？

李泳禧 青雲の志を抱いて進学した一年生の初め、同じ境遇の多くの中学生がそうだったように、文机の前に貼られた、先人の勉学を促す墨書が朝な夕な私を見下ろし、私の怠惰な心を無言のうちに鞭打ってくれました。

男児立志出郷關〔男児志を立て郷関を出ず〕〔幼くして志を抱き故郷を出て来た〕
學若不成死不帰〔学若し成ら無くんば死すとも帰らず〕
〔学問を達成することができなければ死んでも帰ることなく〕
埋骨豈期墳墓地〔骨を埋むるなんぞ墳墓の地を期せん〕〔骨を埋めるところがどうして先祖の墓だけであろうか〕
人間到処有青山〔人間到る処に青山あり〕〔志のあるところには世の中どこにでも自分を生かす場所がある〕

高学年になると勉学の言葉も変わります。私は下宿の部屋に掲げた訓戒文を替えました。こんどは朱熹《しゅき》の有名な詩の『勧学問』でした。

少年易老学難成〔少年老い易く学成り難し〕〔若いうちはたちまち歳を取るが学問の達成は難しい〕
一寸光陰不可軽〔一寸の光陰軽んずべからず〕〔わずかな時間も無駄にしてはならない〕
未覚池塘春草夢〔未だ覚めず池塘春草の夢〕〔早春の池のほとりで遊んだ夢がまだ覚めないうちに〕
階前梧葉已秋聲〔階前の梧葉已に秋の声〕〔家の階段の前にある桐の木の葉からはすでに秋の音が聞こえてくる〕

日本の植民地時代の中学生はエリートだっただけに、勉強の覚悟も真剣勝負でした。
二年生までは黒石洞に下宿をしましたが、その頃はすでに食糧が完全に配給制になり、三度の食事もままならなくなりました。二年生の終わり、すなわち四三年頃からは、油を搾って残った豆粕《まめかす》とか、トウモロコシを半分くらい混ぜたものを朝食に茶碗半分ほど食べました。昼の弁当だけは米でしたが、学校に着く頃にはご飯は一方に片寄り、弁当箱の半分もありませんでした。食べ盛りのうえ朝食が粗末でしたからいつも空腹で、その弁当さえも二時間目が終わると、みんなこっそり食べてしまったものです。

　空腹に耐えて暮らしていた当時の私たち一〇代の、飢えで気力の尽きた状態を想像できますか？　その頃は、朝鮮のすべての人々がそうだったのですが、まして成長期の中学生にとっては我慢するのは辛かった。一週間に一食、黒石洞にある中華食堂で、うどんや餃子などの特別配給がありました。その一食をもらって食べるために、二時間も並んで待つことすらあったのです。ところが、途中で配給量が無くなるのもしょっちゅうでした。二時間も待ったのに、何も食べられずに立ち去らねばならない時の様子がどんなだったか、想像してみてください。

　植民地時代の京城での下宿生活には空腹に加えて、もう一つの受難がありました。南京虫とシラミです。朝鮮家屋はたいてい昔風で古びていたので、南京虫がうようよいました。壁、天井、壁紙だけでなく、文机の引出しにまで南京虫が棲み着いていたのです。灯りを消すと四方から攻撃してくる南京虫のせいで、いつも安心して休むことができなかった。シラミはどうしてあんなに多かったのか。風呂の設備がない上、洗濯が困難な冬になると、下着の縫い目はシラミだらけになりました。まったくの「お手上げ」状態だった。植民地時代にはシラミと南京虫を退治する駆除薬は皆無でした。ＤＤＴは解放後に占領軍が持ってきたもので、それまでは夜ごとに、人間と南京虫の「夜間戦闘」がくり広げられていました。満足に食べることもできないのに、毎晩、南京虫とシラミに血を吸われる幼い中学生の暮らしは、どんなにみじめなものだったか。いまの若い人には想像もできないでしょうね。

任　黒石洞に下宿されたとのことですが、学校へはどのように通われたのですか？

李　長スンベキ〔上道洞・鷺梁津一帯の旧名、地区の入口に守り神として男女一対の木像（チャンスン）があったので、そう呼ばれた〕を越えて通いました。四キロほど歩いて学校に行くのです。乙支路《ウルチロ》二街の清渓川《チョンゲチョン》近くに下宿を移してからは、そこから電車に乗って終点の鷺梁津《ノリャンジン》まで行き、そこから歩いて通いました。後になると大方洞《テバンドン》まで電車の路線が延びました。

学校の授業は三学年末に事実上中断され、四年生からは「戦時学徒動員令」によって、最初から軍関係の労働に徴発されるようになりました。朝鮮の全中学校の三年生以上は、その後、再び学校に戻ることはできずに、四五年八月一五日に戦争が終わるまで、あらゆる種類の労働をして毎日を送りました。飛行場建設、砲弾や小銃弾の切削、軍需品の製造、アメリカ軍の爆撃に備えた京城の藁葺き家屋の取り壊しと撤去など、様々な仕事をしました。家屋の撤去は現在の阿峴洞《アヒョンドン》、孔徳洞《コンドクドン》、麻浦《マポ》、中林洞《チュンニムドン》、清涼里《チョンニャンニ》、往十里《ワンシムニ》などで、貧しい朝鮮人の居住地でした。戦争末期に家を破壊された朝鮮人の生活はとても悲惨でした。数万人の貧しい朝鮮人は散り散りになり、田舎の縁故を頼って、戦争が終わるまで命をつないだのです。

ああ、忘れていました。植民地時代の中学校は公立学校だったので、月謝は私立の朝鮮人中学校よりはかなり安かった。月額三ウォン程度だったか。その当時の三ウォンは、今の価値に換算するとどれほどになるかな？　ちょっと見当もつきません。中学生の下宿代は二人で一部屋を使うと、大体二三ウォンだった。その他の生活費は、あれこれ合わせてもせいぜい一〇ウォンだった。正確ではないが、私が一カ月に必要な額は四〇ウォン足らずだったと思います。私は両親が送ってくれる、月額四〇ウォンのお金を考えながら、自分の生活を維持するために、絶対に必要なもの以外には一ウォンも無駄遣いをしないように気をつけたものです。

当時、営林署の主事だった父親の月給が、多分八〇ウォン程度だったでしょう。ですから、朝鮮人が地方から京城に子どもを進学させることが、どれほど大変なことだったか推測できるでしょう。遊び盛りでありながら、当時、京城市民に最も人気があった仁川月尾島《インチョンウォルミド》の遊園地でさえ、一度しか行ったことはありません。そのほかには遊びに行った記憶はないですね。経済的理由だけでなく、男らしい大胆さや積極性・冒険心のようなものが乏しい少年だった。わざと羽目を外してみるとか、社会的常識からすれば無謀な欲望を追求するといったたぐいの冒険心が希薄でした。学校と下宿を往復しながら、ただ自分に求められた勉強以外には関心を持たずに過ごしました。まるで「勉強の虫」の典型でしたね。

任　戦争末期に、通行の自由が制限されることはなかったですか？

李　長距離旅行は学生もそうですが、誰でも旅行証がなければ汽車に乗ることはできなかった。一般の人は主に職場の責任者から、学生は学校から旅行証の発給を受けないと、列車に乗ることはできませんでした。私は休暇で家に帰るために、釜山《プサン》と奉天《ほうてん》（現在の瀋陽）を結んでいる「大陸」という特急列車に乗りました。名前は特急ですが、実際は時速五〇キロ程度で走る蒸気機関車でした。京城駅から京義線《キョンウィ》の開城《ケソン》、平壌《ピョンヤン》を経由して定州《チョンジュ》まで、まる一〇時間もかかりました。今のセマウル号の速さの半分にも及びません。「シュッシュッ、ポッポッポ……ピーッ！」と音を立てて走る列車で、いまでは懐かしんでロマンチックに語られていますが、客車の椅子とか、内部の設備はお粗末なもので、戦争末期になるにつれ、中国と日本を往来する労働者や軍人のために、数時間も立って行かなければなりませんでした。

勉強ができなくなり、空腹で気力が尽き、毎日、勤労動員で労働ばかりしなければならない。うんざりした毎日に耐えられなくなり、故郷に手紙を出しました。家で急用が起きたので帰ってこいという電報を打ってほしいと頼みました。そうして「チチ　キトク」の電報を受け取ったのが、広島に原子爆弾が投下される八月六日の数日前でした。その一〇日ほど後に戦争が終わるとは、想像もできなかったのです。とにかく、その電報を持って学校に行き、担任の先生に報告し、帰省許可証をもらって八月十日に京城を出発しました。その間に、広島に続いて長崎にも原子爆弾が投下されました。

新聞には、これまでの爆弾とは質的にまったく異なる「新型爆弾」という説明とともに、原子爆弾投下の事実が報道されました。日本政府や軍部はまだ「原子爆弾」という名称を知らなかったので、その名称を使わなかったようです。広島が甚大な被害を受けたという内容で、日本の新聞の一面がびっしり埋まっていました。人々は新聞を持って集まり、不安な表情でひそひそと話をしていました。当時、新聞を購読する家は、多分、百軒に一軒くらいだったでしょう。新聞が配達されると道端に持って行き、しゃがみ込み一緒に見たものです。私は勤労動員に行く途中、通りすがりに彼らの肩越しに見えた記事の内容が、戦争の終わりを予告する重大事であることを知りました。京城を出発して帰宅し、その五日後に戦争は終わりを告げ解放の日を迎えました。

解放、歓喜、そして分断――親日派の世の中で方向を見失った民族

故郷で迎えた解放

任軒永　八・一五解放のニュースは、故郷で聞かれたのですね？

李泳禧　そうです。戦争があんなに急に終わると思っていた人はほとんどいなかったので、そのニュースは極めて衝撃的でした。ただ、私は何となく気配らしきものを感じてはいました。

勤労動員に私たち学生を引率する京城電気株式会社（韓国電力公社の前身）の専任電気工に崔《チェ》という方がいましたが、その人が不思議な話をしていたのです。電気会社では班長に過ぎないのに、戦争末期まで〝崔〟姓を堅守していたのです。これは並大抵のことではありません。間違いなく、崔班長はどこかの思想家か地下運動や独立運動の人脈に連なっていたのです。姓が崔ですから、普段は日本語で「サイさん」と呼んでいました。

職場では、昼食に小麦粉のホットック〔小麦粉をこねて中に餡を入れ平らにし、焼いたもの〕がひとりに二個ずつ配給されました。昼食時になると朝鮮人学生と日本人学生が、示し合わせたわけでもなく車座になるのが習わしでした。当時、朝鮮人学生と日本人学生は、数年間一緒に学んでいるうちに、争うこともありましたが、普段は気安く付き合い、日本人とか朝鮮人とかいう意識を持たずに過ごしていました。解放後の世代が想像するように、共通の場で不倶戴天の敵のごとく一日中こぶしを振り上げて喧嘩をしていたわけでは

植民地時代末期には、授業の代わりに勤労動員に出かける日が多かった。梨泰院の川辺で暑さをしのぐ作業班一同。

ないのです。韓国語に「愛憎入り混じった情」という言葉がありますが、まさに、そのような心情関係でした。あるいは「不可近不可遠（近からず遠からず）」という言葉が最もふさわしいかもしれません。

いつものようにパンを食べていたある日、崔班長が日本人学生のところで何か話してから、私たち朝鮮人学生たちの方にやってきました。そして地面に足を投げ出して座り、私たちに声をひそめた朝鮮語で語ってくれました。

「日本はもう持たないだろう。新聞やラジオが伝えていることは全部嘘なのだ。おそらく、学生の勤労動員も近々に終わるだろう」

勤労動員が終わるとは、戦争が終わるということではないか。「日本はもう持たない」ということは、つまり日本が戦争に負けることを意味するが、これは思いもよらないことではないか。広島と長崎に原子爆弾が投下されるかなり前のことでしたので、私たちはとても信じることができませんでした。戦争が始まって以来、日本の新聞やラジオは、日本軍の快進撃だけを報じていました。沖縄戦が迫った頃でさえ、正確な情報は伝えられなかったのです。

崔班長の話はそれで終わりました。あの時期に戦争に関して正確に予言ができたということは、その電気工が間違いなく左翼の地下運動とつながっていたことを意味します。共産主義者、あるいは社会主義者だったのでしょう。当時の朝鮮人で、そうした情報や知識を持ち、戦争の状況を的確に判断できたのは、まず、右翼ではないと言ってもよいでしょう。日本統治の末期になるにつれ、抗日地下運動や民族解放闘争の主力は、共産主義者や社会主義者になっていたのです。ヒトラーのナチスドイツ占領下のヨーロッパ諸国でも、右翼は早々に屈服したり、ナチスの協力者になったりしましたが、左翼と共産主義者は、ほとんどが命を賭けて反ナチ抵抗運動に身を投じています。それはどこの国でも同じだったのです。この事実から何かを学ぶことができるのではないでしょうか？　この電気工の話によって、私は戦争が終わる前から、日本の敗色が濃くなり、報道が完全にねつ造されたものであり、戦争が終わる日はそう遠くないだろうと、おぼろげに感じるようになったのです。

その崔さんは、背がとても高くて堂々とした湖南《ホナム》男児（〝南男北女〟ともいわれ、目立つ男性のタイプは南部出身が多いという）でした。解放後の民族自主の政局のなかで何らかの活躍をすると思われる人物なのに、ついにその名前に出会うことはなく、残念に思いました。ぜひ会ってみたい人物だったのですが……。おそらく左翼系の活動家だったのでしょうね。

任　日本敗北のニュースは、大都市やいくつかの郡を除くと、ほとんどは二日目に知ったそうです。ラジオ放送を聴いても、しばらくは何の意味なのか理解できなかったのでしょう。作家李光洙《イグァンス》（一八九二～一九五〇）も、まったく知らなかったと語っています。彼は太平洋戦争が終盤に入り、都市部が米軍の爆撃で危険になると、四四年三月に京畿道楊州《ヤンジュ》郡の真乾面思陵里《チンゴンサヌン》に瓦屋根の家を買って疎開しながら、一一月一二日から一四日に開催された南京での「大東亜文学者第三回大会」に金八峰《キムパルポン》とともに参加したのですが、帰国後も引き続き親日行脚を行い、八月一五日正午の天皇の降伏受託の放送は聞くことができずに翌日を迎えたようです。

金東仁《キムドンイン》（作家、一九〇〇～五一）はもっと悲惨なもので、まさに、八月一五日の午前一〇時に総督府の情報課長兼検閲課長阿部達一と会い、効果的な親日行脚ができるように新しい作家団体を作るので許可してほしいと陳情しています。無名の電気工でさえ予想していた日本の敗北を、なぜ、こうした著名な文化人や知識人が知らなかったのか、というのが疑問ですが、いずれにせよ、当時の知識人は歴史の行方に盲目だったのではないかと思います。咸錫憲《ハムソクホン》先生も「解放が泥棒のようにやってきた！」という有名な表現を使っています。八月一五日に万歳を叫んだというのはほとんどが偽りで、実はその翌日からだったというのが事実のようです。

李　先ほども言いましたが、朝鮮では右翼的思想の知識人は、李光洙、金東仁、徐廷柱だけでなく、ほとんど全員が親日派だったのです。ですから左翼系の人々が抗日と独立運動の主軸でした。解放後の世代はこの事実を知っておくべきで、それの意味するものを正しく理解しなければなりません。

任　一つだけ補足します。徐廷柱は四四年一二月九日付の『毎日新報』に、「松井伍長頌歌」を発表しました。すでにこの年の六月にサイパンが陥落し、日本の敗色が濃厚になっていましたが、御用言論の報道だけを信じていたようです。後に徐廷柱は日本の統治がさらに二百年は続くと信じていたと吐露していますが、先生は解放の報道を聞いてどう思われましたか？

李　解放を迎えた時の私は一七歳でした。実は戦争が終結したとの知らせは昌城《チャンソン》郡青山《チョンサン》面のわが家で聞きました。私が京城へ進学する直前に父親が再び転勤命令を受け、そこに移っていたのです。とにかく「チチ　キトク」の電報をもらって帰郷した数日後に解放を迎えたことは、やはり驚きました。この青山面は、国務総理をした姜英勲《カンヨンフン》氏の一家を中心に、姜氏一族が集まって暮らしていました。姜英勲《カンヨンフン》は満州の新京（「満州国」の首都）にある、日本の満州統治のための官吏養成機関の建国大学を卒業し、解放後には故郷に帰っていました。

ここは大館よりはるかに山奥ですから、住民は終戦の情報をまったく知りませんでした。ところが一六日の早朝から、村の端にある派出所で巡査の出入りがあわただしくなり、何かを燃やす煙が立ち昇ったのです。その時になってやっと、住民は何か大変なことが起こったと直観し、派出所に押しかけました。そこで初めて、日本が戦争に負け我々は解放されたことを知ったのです。

任　本当に大変でしたね。南側では万歳を叫んだだけで、派出所などへの放火はなかったようです。

李　いや、朝鮮人が派出所に火をつけたのではなく、日本の警察官が書類を持ち出して燃やし始めたのです。村にはラジオがなかったので、一五日正午の降伏受託の放送を聴いた者はいませんでした。解放後しばらくしてから、やっと面の有力者が粗末な日本製ラジオをどこからか手に入れて、京城の様子を聴き始めましたが、これはあまりにもひどい代物でよく聞こえなかったようです。そのうえ京城放送局の出力が、五キロワット程度だったので、鴨緑江《アムノッカン》に近い山深い昌城郡青山には、電波がよく届かなかったのでしょう。

感激と喜びで歌った愛国歌

任軒永　中学生で八・一五を迎えた先生と同年輩で名前を聞けば誰もが知っている高名な方から、戦争終結の報を聞いて、声を上げて泣いたという話をうかがったことがあります。いまや、国が滅んだと思ったというのです。解放されたとの知らせを聞いてもそうだったのでしょうか。

李泳禧　そうですか？　きっと、そういう方もいたのでしょうね。あるいは、多かったのかもしれません。統計的に正確に知ることはできませんが、解放された当時、少なくとも朝鮮人の半分くらいは、日本人になっていたというのが正しいでしょう。ですから、天皇のラジオ放送を聴いて涙を流したりした者も、決して少なくはなかったと思います。それらの人々は、完全に日本人になった李光洙《イグァンス》や、積極的な親日派であった上層階級の朝鮮人のほかに、下層の朝鮮人のなかにも大勢いました。

勤労動員に通っていた頃、まったく予想していなかったわけではありませんが、そんなに早く解放を迎えたのは、私にとっては予想外のことでした。なぜなら、太平洋戦争の総指揮をとる日本の最高司令部「大本営」がすべての情報を掌握していて、その発表というのがほとんど偽りだったからです。もちろん、沖縄が危険だとか、フィリピン戦線から後退したとか、こうした重大発表はしばらく遅れて聞かされましたが、詳しい内容はまったく報じられることはありませんでした。戦争は勝ち続けているという作り話の発表だけだった。みんながこうした嘘に騙され、まだ大丈夫という気持ちで毎日を送っていたのです。その頃に日本の

中学校５年の頃、解放後、日本のカーキ色の学生服を脱ぎ、黒い冬服を着たことが１年前とは大きく違う。

敗北を知る者は稀だったと思います。

私は翌一六日、面（村）の人々が集まって祝祭をしている渦に巻き込まれました。今後の状況がどうなるか予測する能力はなかったのですが、いずれにせよ、勤労奉仕のために学校に戻る必要はなくなり、これからは飢えることもなく思う存分食べられるという期待で、うれしくてたまらなかったのが率直な気持ちでした。民族解放だとか、独立国家建設などの大きな未来への状況判断は、私にはまだできませんでした。むしろ農民は穀物の供出をしなくてもよくなり、若い男女は徴兵や徴用に引っ張られることもなくなるという、そんな喜ばしい変化がみんなを興奮させ、一斉に万歳を叫ぶようになったのです。

私も毎日、国民学校の校庭で開かれる祝賀集会で愛国歌を歌いました。解放後の数年間、愛国歌の歌詞はだいたい現在と同じですが、曲は違いました。集会が解散する時には、よくスコットランド民謡の「オールド・ラング・サイン」（『蛍の光』）の曲で歌いました。その曲がキリスト教の賛美歌になり、そしてわが民族の愛国歌の歌詞が付けられたのです。近頃でも卒業式に歌う、あの曲です。悲しい別れの曲でしょう。安《アン》益泰《イクテ》氏が数年後、正式に現在の愛国歌を作曲して公式化されるまでは、その曲に歌詞を付けて歌いました。

とにかく、私たちは感激と喜びに浸り愛国歌を歌いました。八月一六日になって面の住民が白い紙に絵具で適当に描いた太極旗を持ってくると、この曲に合わせて旗を振りながら、新しい時代の開幕を喜び合いました。

ああ、忘れるところだった！ 解放前に、朝鮮人でもごく少数の民族主義者や独立運動家でなければ見ることもできず、作られた経緯も知ることもできなかった太極旗を、私は中学の頃に見たことがあります。中学校に入学して初めての夏休みに帰宅すると、父親が簞笥を開けて衣類の下をめくり、なにやら絵本のようなものを取り出してきました。そして私を小部屋に呼ぶと、目の前で開いて見せてくれました。それは日清戦争と日露戦争で日本軍が清軍とロシア軍を殲滅する、日本の従軍画家の絵を集めた画集でした。父親がそのなかの一枚を開くと、ある部分を指差して「これは朝鮮の太極旗というものだ」と教えてくれたのです。日本軍とロシア軍の大激戦で銃弾や砲弾が飛び交う、阿鼻叫喚の戦場画でしたが、そこから逃げて行く白い服を着た人々の一人が太極旗を担いでいました。父親はそれが「朝鮮の国旗」だと説明してから、「これを見たことは絶対に口外してはならない」と強く念を押しました。私はその時に何か恐ろしいもの、見てはいけないものを見たような不安を覚えました。

もちろん、そのことは解放まで誰にも話したことはなく、また、勤労動員だの何だのという京城の生活の中で忘れていました。そんな太極旗を八・一五の翌日に見ることになり、それ以前はまったく知らなかった同胞たちが、紙に描いた大極旗を手にして飛び出してきたのです。

堂々とした朝鮮人学生

任軒永　中学校に通われた頃に、日本人の親しい友だちはいましたか？

李泳禧　親しい日本人？　そうですねえ、いなかったですね。先ほども話したように、日本人の学生とは「近からず遠からず」の関係だったから、特別に親しくなることはありませんでした。

任　いずれにせよ、本能的な民族意識のようなものを持っておられたのでしょうね。

李　そう言えるでしょう。その理由は何かというと、純日本人学校に通う日本人の学生は朝鮮人とつき合う機会がなく、同様に、当時の私立朝鮮人中学校に通う学生は日本人の学生とつき合うことはほとんどありませんでした。学生たちはそれぞれ日本人に対して、また、朝鮮人に対して固定観念を持っていたのです。ところが私のように日本人が圧倒的に多い内鮮共学の中学校に通う朝鮮人学生は、日本人学生との関係が少し異なります。

植民地朝鮮で、日本人が朝鮮人を「二等国民」と見なし、それとなく民族差別があったのは事実です。しかし、私たちのような「内鮮共学」の学校では、そうした民族感情が日常的に現れるとか、そのために互いの間で敬遠し合うといったことはなかった。隠れた差別意識はありましたが、日本人学生がことさら朝鮮人学生を見下すことはありませんでした。むしろ、私たち朝鮮人学生は、人数では四分の一にも満たなかったのに、日本人学生を散々にやり込めることもありました。日本人学生は朝鮮人の学生に比べて入学の際の成績が劣り、私たちよりも低い成績で入学してきたのです。朝鮮人学生は、かなり優秀な成績でなければ入学することはできなかったのです。だから彼らは在学中の成績も常にずば抜けていて、日本人学生に引け目を感じることはなかった。かえって、堂々としていました。

日本統治下の日本人と朝鮮人との間にはただ敵対的な関係しかなかったと考えるなら、それは誤解です。実際私たちの場合、数年間を一緒に過ごさなければならず、また、実際にそうでしたから、たまに喧嘩をすることはあったにせよ、普段は互いにいがみ合ったり、民族感情を露わにすることもなく過ごしました。一〇代はじめの、いたずら盛りの年頃で、私も一度殴り合いをして相手と教室の床でもみ合ったことはありますが、その学生は例外で、ほかの日本人学生に対して、それほどひどい悪感情を持ってはいなかった。先ほど話したように「不可近不可遠」、そのようなものだったのです。

実は私も少し気になるのですが、かつてフランスに編入されたアルジェリア先住民の学生と、フランス人学生との間はどんな関係だったのか？　また、ベトナム人学生とフランス人学生の関係はどうだったのか？フランツ・ファノンのような、すでに成長したアルジェリアの知性人がフランス人に対して抱いた感情や知的態度は、一〇代の中学生にはそのまま適用されなかったのではないか、そんなことも考えるのです。とにかく私や私の学校の朝鮮人学生は、むしろ日本人学生に対して「あいつら笑わせるぜ」というように、少しばかり見くびっていました。

任　当時、どんな本をお読みになりましたか？

李　中学校の頃には、ハングルの本はまったく出版されていなかったので、私が読んだ本はすべて日本語です。学校の教科書や日常生活の会話は全部日本語だったので、私の日本語のレベルは、日本の上代文学や古典まで含めて、日本で最高の知識人の読書レベルと遜色がありませんでした。実際、私は国民学校高学年の頃には、父親が定期購読していた雑誌、『中央公論』『改造』『雄辯』などの時事教養雑誌を、完全とは言えないまでも、ほぼ理解して読んでいました。私には多少語学の才能があったのかもしれません。ですから、中学四年の学力で、日本語・日本文学・日本史、さらには日本の古典文学作品のようなものも、日本人学生よりも読みこなすことができました。

日本近代文学の祖である夏目漱石から、明治・大正・昭和の少なからぬ現代小説、歴史小説、そして中学生たちが夜を徹して読みふけった剣豪小説などを随分読みました。もちろん、有名な石川啄木や西條八十などの詩、芭蕉の俳句、そのほか翻訳された西洋の詩なども随分読みました。また、いちいち覚えてはいませんが、流麗な日本語に翻訳された『三国志』をはじめとする中国の古典もいろいろ読んでいます。コナン・ドイルの「シャーロック・ホームズ」、エドガー・アラン・ポーの短編、ヴィクトル・ユーゴーの『レ・ミゼラブル』、デュマの『モンテ・クリスト伯』など西洋の作品も、胸をわくわくさせながら熱心に読みました。

もっとも、戦争がもう数年続いていたら、これらの作品は読めなかったでしょう。本を印刷する紙も底をつき、また、西洋文学や西洋の言葉を敵視する軍国主義者の偏狭な思想のために、西洋文学だけでなく日本の小説もほとんど出版が禁止されたからです。出版が認められるのは、もっぱら国策に沿った戦争物だけになりました。その時代は、主にソ連と国内の共産主義を抹殺するために、日本、ドイツ、イタリアの反共軍国主義のファシズム勢力が「日独伊三国協定」を締結し、ヨーロッパとアジアで同時に世界制覇を目論んでいました。そして私たち学生にも、天皇思想、武士道精神、軍国主義的国体などを喧伝する書物、ムッソリーニとヒトラーのファシスト思想を植えつけるための読書が強要されたのです。

そんなわけで、ヒトラーの『わが闘争』が必読書として推奨されました。日本語版の『わが闘争』が、学生たちの世界観確立のための教科書の役割を果たしたのです。私はそれを読んで、哲学的・思想的に感動した記憶は特にありませんが、彼のユダヤ人に対する憎悪心というか、蔑視感情のようなものを強く感じました。その頃は、ヒトラーが数百万名のユダヤ人、社会主義者、共産主義者を大量虐殺した事実はまったく知らされていませんでした。当時の学生は、ヒトラーが一九三六年のベルリンオリンピックを最大の規模で華麗かつ勇壮に開催したことと、オリンピックの競技場面を映画技術を駆使して最高の芸術作品に仕上げた記録映画「美の祭典」を通して、ファシスト哲学である弱肉強食・自然淘汰・適者生存・力の礼賛などの思想、「社会的ダーウィニズム」的世界観に接することになったのです。

初めて学んだ自国の歴史

任軒永　光復（日本の植民地支配からの解放）を一六日に知り、すぐにソウルに行かれたのですか？

李泳禧　いいえ、すぐに行くことはできませんでした。時局があまりにも混乱していたからです。ソウルで何が起きているのか、平安北道《ピョンアンプット》に留まっていてはまったくわからず、やっと伝えられる情報といえば、予想もつかないほど混乱しているということだけでした。ようやくその頃、郵便局長の家から持ってきた古いラジオから流れる情報では、ソウルで起きていることや、解放直後の全国の混乱に満ちた情勢を予想することはできませんでした。そうこうしているうちに一一月頃になって、ソウルで学校が再開されたと伝わってきたのです。そこでようやくソウルに行かなければと思いました。そんな数カ月の間にハングルにも慣れて、面《ミョン》（村）でただ一人の専門学校卒業生のいる家で開かれた、新しい時代に関する討論会や座談会などに出席しながら時を過ごしました。

任　ソウルに行く時には、家族と生き別れになるとはまったく考えておられなかったのですか？

李　私はその年の一一月にソウルに行き、アメリカ式に六年制になった高等学校に編入しましたが、翌四六年の春に再び故郷に帰りました。その頃はまだ三八度線が固定されておらず、人々は南と北を比較的自由に往き来していました。六年制に改編された高等学校の五年生に編入する手続きを終えて、状況などを調べて再び故郷に帰ったのです。そして三八度線が国境のように固定され、南北間の往来が次第に難しくなった四六年の夏に、再びソウルに向かいました。両親は昌城《チャンソン》郡の営林所で、新しく誕生した人民委員会からその分野の行政職員と技術者養成の委嘱を受け、その職務に没頭していましたが、四七年の春に末息子の明禧《ミョンヒ》を連れて南下しました。両親は植民地時代に母親の小作地として買い求めておいた忠清北道《チュンチョンブット》の丹陽《タニャン》にある農地を当てにしていたのです。

任　先生は前に住んでいた下宿を訪ねて行かれたのですか？

李　アメリカの軍隊が学校を占領していましたが、ソウルに残っていた学生が寄宿舎で健気にも自炊をしていたので、そこに入ったのです。学校は大きいので、米軍が本館を占有していても、各学科の実験室は何カ所か残っていました。そこでしばらくの間、適当ににわか作りの授業をしました。もちろん日本人教師と学生は姿を消し、朝鮮人学生だけでした。植民地時代にあれほど大変な思いをして入学したかつての学生はほとんどおらず、見知らぬ編入生ばかりでした。解放前には二年制の乙種学校や学院、田舎の中学校に通っていた学生たちが解放とともに編入してきたのですが、正直なところ私は不快でした。もともと、格の高い学校に難しい試験を突破して入学した少数精鋭の朝鮮人学生は、とてもエリート意識が強かったのです。ところが新しく入ってきた学生は、率直に言うとレベルが低すぎたのです。だから私はそんな学校に通うのが嫌になり、どこかに逃避しようと、突破口を求めるようになりました。

任　それは何年生の時ですか？

李　五年生です。その時に初めて私は自分の国の歴史を学ぶことになり、小学校四年生の一学期から使われなくなった朝鮮語を、数年ぶりに学ぶことになりました。まだ国定教科書がなくて、教材も担任の国語の先生が臨時に作成したものでした。教科書は謄写版で刷られて一科目ずつ講義を受けましたが、そのなかで今でも忘れられない文章が、作者不詳の祭針を取り上げた文章です（純祖時代、針を折ってしまった女性の悲しい真情を綴ったもの」。ある女性が、いつも使っていて折れた針に感謝しながら、まるで生き物に祭祀を執り行うようにお供えを捧げて祭文を読む内容で、女性の温かい心が優しく伝わる文章でした。とても新鮮で心を揺さぶられる、ハングルの美しさを初めて知りました。

日本は人的資源が不足すると、一九四四年に甲種中学校の五年制を短縮して四年制にしていました。日本と朝鮮のすべての中学校がそうなったのです。四年制になったときに四年生だった学生が、一九四五年の春に五年制最後の学生とともに卒業し、翌年に私たちが四年制として卒業する予定でしたが、そこで八・一五を迎えたのです。それで解放後に六年制の五年生になりました。

無法地帯だった解放後の韓国社会

任軒永　八・一五以後、しばらくのあいだ、「北」の体制を経験されたのですね。「南」の状況と比較していかがでしたか?

李泳禧　私が二度目に北に行ってからソウルに出てきた一九四六年の夏に、北側では人民委員会が設立されて、すさまじい改革の風が吹き荒れていました。すでに土地改革が開始され、日本に協力した者、地主、そして小金持ちで威張り散らした者、キリスト教信者などが、いち早く南に逃げ出しました。植民地時代に総督府傘下の各種機関で公務員として働いていた人々は言うまでもないでしょう。彼らに対して人民委員会からは公式の追放命令は発動されていなかったものの、ほとんど革命に近い社会変革によって、過去に日本に協力したり同胞を虐げた連中は先を競って逃亡したのです。ですから、北では共産政権が入ってきて公式に社会革命が本格化する前に、そうした「分子」はすでに去ってしまっていたのです。北朝鮮革命政権の立場では、社会革命に対し妨害ないし抵抗する植民地時代の恩恵を受けた階層、いわゆる「不純分子」は、一九四六年の半ばには自然に一掃されたというわけです。

そうした間にも、毎日、民衆集会が開かれ、「ソ連解放軍」に対する歓迎行事が続きました。人民委員会は急激に組織を改編して、住民に対する行政業務を始めたのです。日本統治下の知識人層や行政の経験者はほとんど南に逃げた後だったので、行政業務を担当する者の教育水準は、大部分が国民学校卒の小作農と少数の自作農でした。なすすべがない状況の変化の中でも、人々は新しい時代、新しい社会、新しい制度が創造されるのではないか、という期待で落ち着かない状態でした。私も青山面《チョンサン》で中学生の集まりを組織し、新しい時代に対する知識人（中学生といえども知識人でした）の使命と役割などを討論し、集会にも出て毎日を過ごしました。この時、青山面全体で、中学生以上のインテリや中学校の在校生は、およそ一〇名程度だったでしょうか。専門学校以上の学歴があるのは、姜英勳ともうひとりの二名だけでした。

当時、「北」の社会情勢はあまりに激しく変化し、その変化の振り幅が大きく衝撃的で、私はしばらく戻っていたものの、その全貌を把握することはできず、変革の方向をはっきりと推測することもできませんでした。

任　わが民族の大移動が敢行された混乱期でした。解放後、世界各地から帰国した同胞は、アメリカ国務省の推定では二百万名だといいますから、とてつもない数です。時期を見ると、北から来た人がどんな階層に属していたのか、大体分かるといいます。解放直後、いち早く越南した階層は大ブルジョアです。ソ連軍の進駐、それ自体にすでに不安を感じた敏感な人々で、いわゆる「越南第一世代」です。続いて、一九四六年三月五日の土地改革法の発表と六月三〇日の農業現物税制の発表、一二月一〇日の愛国米献納運動などで、相当数の中産層が南下しましたが、彼らは「越南第二世代」に該当します。作家黄順元《ファンスンウォン》の「カインの後裔」（一九五五年）はこうした状況を反共的視点から描いた作品です。そして朝鮮戦争前後にやってきた「越南第三世代」がいます。北の土地改革を見てからふたたび訪れたソウルは、とても混乱していたと思いますが？

李　一言でいうと、気が抜けない混乱の極みと、暴力がばっこする弱肉強食の社会でしたね。人間の行動と生存様式のあらゆる不正が現れたのが、解放直後の韓国社会だった。その当時の韓国社会は汚職、暴力、犯罪、詐欺、略奪、不正、堕落が無秩序に広がり、力のない者はどこにも訴えるところのない、実に反人間的な社会でした。民族は植民地から解放されたといっても、日本の権力に媚びて生きてきた親日派と民族反逆者たちがひとりも粛清されずに、そっくりそのまま残って韓国社会を支配したのです。彼らが、力のないわが同族を食い物にしようと支配し、権勢を振るったのです。そんな民族の害虫や雑草どもが、日本の植民地権力に代わって新たに君臨したアメリカ軍の統治、すなわち米軍政に抱き込まれて、国のあらゆる権力をほしいままにした、そんな社会にどんな道徳があり、倫理や正義や同胞愛が芽生えますか? ただ「ジャングルの掟」のみが社会規範でした。力のある者は生き延び、力のない者は死ぬ、そんな社会になったのです。有名なA・ケストラーの『真昼の暗黒』状態、ジョージ・オーウェルの『一九八四年』が描いた凶悪で不道徳な社会が、まさに解放後の南朝鮮の現実だったと考えればよろしいでしょう。

　米軍政が親日派と民族反逆者たちを、あらゆる分野で権力の代理人として登用する一方で、植民統治のもとで民族解放と光復のために闘って血を流した愛国者と独立の志士は、むしろ冷遇され虐げられました。解放されたというのに、とうてい納得できる状況ではないでしょう。そして、過去に南朝鮮に残っていた悪質な民族反逆者と親日派が、北から逃避してきた同じような悪質分子と結託し、南朝鮮社会を掌握してしまったのです。北から逃げてきたそうした系統の青年らが、西北青年団〔平安道中心の青年たちにより、一九四六年一一月に南で組織された反共青年運動団体。反共政策の先頭に立った〕を結成し、米軍政と警察の庇護のもとに、様々なテロと不法行為、暴力をほしいままにしていました。もっぱら力の強い者、米軍政にへつらう者、悪辣な政商、小賢しい輩、こうした反社会的で非良心的な面々が、南朝鮮社会を支配していたのです。

　そのため、南朝鮮社会の至る所で民衆の反乱が起こり、ストライキが頻発し、言うなれば無政府状態になりました。以北では新しい国の建設と社会革命の熱気が天を衝《つ》き、植民地時代の親日派をはじめ、贅沢三昧にふけり権勢を極めた連中が一掃されたのですが、同じ民族の地、以南で展開されている事態に涙とため息が出るばかりでした。以北では新しい国の建設のために、「新しい酒を新しい革袋に」に入れようと民族の精気があふれていたのに、同時代の南朝鮮では「腐った酒を古い革袋」にそのまま入れている状態でした。解放後の世代は当時の社会状況を想像することは難しいでしょう。

その実情を具体的に理解するために、ちょっと記録を見てみましょう。南朝鮮の警察全体を管掌する警察総監は一人ですが、日本の警察に奉職した者がその仕事に就きました。つまり警察のトップの一〇〇パーセントが親日派と反逆者だったということです。どれほど嘆かわしいことでしょうか。その下に総警が三〇名いました。植民地時代に警察官だった者が二五名、八三パーセントです。とんでもないでしょう！　また、警監は全部で一三九名で、やはり日本に忠誠を誓った警察官が一〇四名で七五パーセントになります。さらに下位の警衛は九六九名で、これも、植民地時代に警察官をした者が八〇六名になります。八三パーセントですね。これが、植民地から解放された当時の警察の実情です。民族の精気というものは露ほどもなく、むしろ、民族反逆者、親日派が、国家権力を独占していたことが如実に分かります。これが、米軍政が南朝鮮で解放された民族を治めた哲学と思想と行政の実態です。私たちはこうした事実を、ありのままに知らなければなりません。さらに、一九六〇年の五月七日、つまり独立政府が一九四八年に樹立されてから一二年、解放されて一五年が過ぎてもなお、日本警察に奉職した経歴のある総警の比率は七〇パーセント、警監が四〇パーセント、警衛が一五パーセントでした。これが解放後の南北朝鮮を比較する時に、私たちが考えなければならない重大な相違点なのです。

私は解放直後には、ソウルで生活していくためにどうするかで精一杯でした。南朝鮮がそんな状況であっても、政治・思想的に、まだ自分の立場をはっきりと整理することができない状態でした。少し傍観者的な態度だったと記憶しています。ただ一つ、私が立場をはっきり表明したのは、信託統治に反対したことです。この信託統治とは、一九四五年一二月に開催された米・ソ・英の三国外相によるモスクワ会談で決められたものです。アメリカは、朝鮮人は自治能力がないという日本人の示唆をそのまま信じて、ソ連と中国が主張した即時独立ではなく、二〇年ないし三〇年間の連合三カ国による「信託統治」を主張しました。結局は五年間で妥協しました。ところがある日突然、右翼新聞は長期信託統治の提案者がアメリカではなくソ連であると、事実とは異なる報道を始めました。東亜日報などの右翼新聞が、右翼とアメリカに隷属した政治勢力と共謀して、解放後の政局の正しい行方を逆転させてしまったのです。南北に分けられた民族は、これによって統一の機会を永遠に失ってしまいました。

中国の蔣介石総統とソ連のスターリン首相は、第二次世界大戦中にカイロ宣言とポツダム協定で、日本の敗戦後、その植民地である朝鮮民族の即時独立を提案しました。しかし、イギリスのチャーチル首相は徹底した帝国主義の信奉者だったため、朝鮮人の自治能力を認めず、アメリカのルーズベルト大統領は、朝鮮人をアメリカの植民地であるフィリピンと同等の水準と見なして、少なくとも三〇年間は信託統治をした後に、自主独立を認めるとの主張でした。こうした事実を今でも知らない韓国人が多いようです。

一九四五年末に信託統治問題が出てくると、南朝鮮の米軍政当局と米軍政に取り入った過去の親日派政党と言論機関が、左翼を打倒する絶好のチャンスと見なし、ソ連のスターリンが信託統治を主張したかのように偽って扇動しました。このために、それまでは右翼勢力とアメリカに向かっていた南朝鮮の大衆の批判と弾劾が、突如、南労党〔南朝鮮労働党〕をはじめとする進歩的左翼勢力とソ連に向けられるようになりました。米軍政と南朝鮮の右翼反共勢力の、巧妙な政治的陰謀と見ることができます。このために南朝鮮におけるイデオロギー的葛藤は想像もつかないほど陰険かつ巧妙で、長く深刻な後遺症を残すことになりました。

それはそうとして……。私はその頃、ソウルでタバコを売りました。家からの送金がないので、生活が苦しくてかなり苦労しました。それで葉タバコを買ってきて刻んで紙で巻き、自転車で売り歩きました。その当時、私が部屋を借りていた新堂洞《シンダンドン》の隣の家に三名の若者が住んでいました。彼らの部屋にはベートーベンとゲーテの大きな肖像画が掲げてあり、とても印象的でした。年齢は私より二歳ほど上で、彼らは平壌の裕福な家庭の出身だったようです。遊ぶスタイルが私とはかなり異なっていました。彼らは共産主義初期の状況に対して反旗を翻し、北を捨てて南側にやってきたのです。アメリカが占領した南側が暮らしやすいと考え越南してきたらしい。ところが、数カ月も辛抱できずに北に帰って行きました。発つ前に彼らはこう語ってくれました。

「俺たちはとても暮らせない。こんなに恐ろしくて情けない社会とは思ってもみなかった。むしろ社会的には捨ててきたが、以北の方がはるかにましだ。僕らは北に帰ろうと思う。泳禧は残ってうまくやれよ」

この一つの事実が当時の北朝鮮と南朝鮮の状況を端的に示すのではないでしょうか。解放後の南と北のこうした対照的な姿は、韓国の反共主義的・右翼的な人物や勢力が何と言おうとも否定できない厳然たる事実であり、韓国の人々は好むと好まざるとにかかわらず、この事実から教訓を得なければなりません。気分が悪いからと追い払うだけでは、永遠に発展することはできない、現在でも同じでしょう。

魯迅とよく似た学校遍歴

任軒永　随分苦労をされたのですね。そんな渦中に、学費の負担をしなくても大学に通うことのできる道を求めて、海洋大学を選択されたのですか?

李泳禧　ええ、そういうことです。また、避けられない事情もありました。南大門《ナムデムン》市場に座り込んで手製のタバコを売っていると、私服警察がやってきて、それを根こそぎ奪っていくので、とうてい生活することができなかったのです。

次にはマッチを売りました。植民地時代に砲弾を作った日本陸軍の造兵廠が富平《プピョン》にありました。権力と結託した政商の輩が造兵廠を掌握し、そこにある火薬を持ち出してマッチを作り、暴利を得ていました。その当時のマッチは今のタバコの箱の半分くらいの大きさです。それを持ってきて自転車に積んで雑貨屋を回りながら一カートン（小さいマッチ箱一〇個）ずつ小売りするのです。自転車で富平からソウルまで運んできて、翌朝から一日中、ハコ房（雑貨屋）を訪ねながら売っても、数カートン売るのがやっとでした。そんな商売をするのは私一人ではなかったからです。ある日、前日に売れ残ったマッチの包みを持って回ったのですが、最初の店で全部くれというのです。思いがけない儲けに気を良くして帰ってくると、あろうことか、すでにその前夜にマッチの値段が一挙に上がっていたのでした。そんなことを経験しながら、どうも私には生まれつき商才がないということを自覚しました。雑貨店の主人が全部くれといった時、マッチを渡す前に、ぴんと来るものがなくてはいけません。しかし、私の頭には何も浮かびませんでした。私が経済問題を扱わないのは、おそらく、この事件が教訓になっているのかもしれません。私はお金や商売、つまり経済や商業、金融といわれる経済活動とはどうも縁がないようです。私は貧しく生きる運命を背負って生まれてきたのでしょう。

　とにかく、そのように悲惨な生活を送りながら、国費で入学できるうえに、食べさせてくれ、勉強までさせてくれる大学の新入生募集を見て、もはや考える余地はありませんでした。

任　海洋大学の一期生として航海科を選択されました。仁川《インチョン》で入学して一九四七年の春に大学が郡山《グンサン》に移転しましたね。

李　解放になり、国家の機能を急速に整えるため、あらゆる活動分野で養成所や学校が急増した時期です。海洋大学は最初仁川に創設され、創設時の所管は交通部でした。植民地時代には、慶尚南道鎮海《キョンサンナムドチネ》に朝鮮人高級船員を養成する二年制の「高等船員養成所」という施設がありました。この養成所が解放直後に、「高等商船学校」に改称されたのですが、四六年の夏に、仁川に創立された「国立海洋大学校」に統合されました。鎮海の高等船員養成所は、解放後に米軍政が創設した「海洋警備隊士官学校」に強制的に接収されました。軍隊が高等商船学校を追い出してしまったのです。この海洋警備隊士官学校が「海軍士官学校」の前身なのです。

　こうした経過をたどり、一緒になった二つの学校が「国立海洋大学校」になり、一年後にはまた、全羅北《チョンラブッ》道《ト》の群山に移転しました。私は一九五〇年三月にその群山で卒業しました。私は草創期の在学生だったので、残念ながら立派なキャンパスで学ぶことはできませんでした。その後、大学は朝鮮戦争が休戦した後に、ユネスコの援助で大きく新築された釜山影島《プサンヨンド》の現代的なキャンパスに移りました。

任　先生の学校遍歴は魯迅にとても似ていますね。魯迅が初めて新しい学問に接したのは南京の「江南水師学堂」で、その海軍の学校の機関科に授業料なしで入学しています。もちろん、すぐに自主退学し、科挙試験も受けたり彷徨してから「鉱務鉄路学堂」を卒業しました。人文系ではなく理工系という点でも先生と同じですね。

李　魯迅のそうした学校遍歴と似ていることもあって、私は彼に格別な親近感を抱いています。彼も民族の混乱・変革期に道を求めるひとりの若者として、様々な経験を経て紆余曲折を体験しています。私は彼を中国語の発音の「ルスィン」と呼ばずに、数十年前に彼の作品に初めて接した時に馴れ親しんだ、漢字の発音どおりの「ノシン」と呼びます。ノシンと呼ぶと私の心と頭には、その人物、ノシン（魯迅）が生き生きと浮かび上がってくるのです。名前というものがイメージにとても重要な作用をすることが、分かるような気がします。

　魯迅は中国の開明期に理工系の学校などを遍歴した後に、中国人の心身の病を直さねばならないと考えて、「仙台医学専門学校」に留学します。ところが日清戦争、日露戦争で中国民族の嘆かわしい現実を目の当たりにすると、「肉体がどんなに健康でも、精神が堕落した民族に未来はない」と確信するようになります。真に民族を生かす道は、人間の精神を変えることのできる文筆だと覚り医学の道を放棄したのは有名な話です。私はその人生にとても共感しています。適切かどうかは分かりませんが、私も植民地時代の工業学校と解放後の海洋大学の道をそのまま進んでいたら、おそらく立派な船長になり、物質的には豊かになったかもしれません。しかし、私がその道を捨てて、文筆によって思想を表現し社会に奉仕する、意識改革の使命と人生を選んだ結果、韓国社会のこれまでの変化と発展にある程度の貢献をしたのではないかと考えています。

任　魯迅とまったく同じ運命であるように思います。私は先生の文章からも魯迅を感じています。

李　時代状況が似ているせいもあるでしょう。ひょっとしたら私と魯迅とは、人間のタイプと気質がかなり似通っているのかもしれませんね。

植民地時代に警察官だった義兄の思想的転身

任軒永　海洋大学に通われた一九四七年初頭に、以北におられた父上とご家族全員が南下されましたね？　いわば「越南二・五世代」に当たるわけですが、それまで北に留まることができたのは、父上がその地で比較的人望を失わずに、立派に勤務されたためですか？　父上から北に対する恨みの言葉を聞かされたことはありませんか？

李泳禧　私たちは解放後に以北からきた越南民の世代を、そういう概念で区分はしません。解放直後にきた人々を第一世代と呼び、彼らが南に定着した後に生まれた世代を第二世代、続いて第三世代と称しています。私たちはそれとは大きく異なります。解放直後に南下した人々には、老人も若者もいたでしょうが、その若者も第一世代というのです。ただ、まだ物心がつかない子どもについては第二世代として扱います。ですから、我々の父母は越南第一世代となり、朝鮮戦争中に南にやってきた人々は第二世代になります。

私の父は漢学と近代性を身につけた、温厚なソンビ〔在野の学者〕タイプでした。もともと、性格が穏やかで実直な人柄で、解放前は営林署の地方責任者でしたが、人々にきつく当たることもなく、貧しい人々にとても同情的でした。解放後に人民委員会の山林行政を担当した営林署で、新しく入ってきた人々の教育訓練を担当し、一年半ほど勤務してから越南しました。だから父親は以北の革命によって変貌することにも、それによって自分の境遇が変わることに対しても、何ら悪い感情は持っていなかったようです。

父の一家は以北に引っ越す前には、忠清北道丹陽《タニャン》で暮らしていました。そこには、母が嫁にきた時にもらった若干の田畑がありました。解放当時、以北には兄と下の姉が暮らしていましたが、両親はその土地を当てにして、二番目の息子である私と暮らそうと、末子の明禧《ミョンヒ》を連れて南下しました。両親はその小作地から小作料を受け取り、解放前まで私の学費に充てていたのです。ところが、両親が南下する前に、植民地時代に警察官だった私の義兄が先に越南し、この田畑を売り払ってしまったのです。義兄は、私の父母が北側の体制の信任を得て、そのまま以北に永住するか、さもなければ、いずれ三八度線が閉鎖され越南ができなくなると考えていたようです。以北では解放直後に土地改革を断行したため、南朝鮮の農民もそれを要求し、また日本を占領したアメリカ占領軍も日本で農地改革に着手していました。南朝鮮でもすぐに実施されるというわさが広まっていたのです。

義兄は解放前に鴨緑江流域の昌城と朔州《サクジュ》で、日本人警察署長の下で朝鮮人警察官が昇進できる最高位である司法主任の警部補になりました。しかし、世の中が変わったので辛い体験をしました。警察官の経験者は解放後の北で暮らすことは不可能でした。解放されると、義兄は当然ながら越南しました。義兄が丹陽の義母の田畑を処分したため、後に南下した両親は頼りにする拠点がなくなり、とても苦労をしました。

ところで、義兄の警察の先輩や後輩、同期だった者は、解放後の南朝鮮の米軍政のもとで、憲兵副司令官、道知事、警察の最高位などに就いていたのです。解放された以南では、かつての親日派が完全に勢力を持っていたのです。ところが義兄はどういう考えからなのか、日本統治下での警察の先輩・後輩や同期たちが立身出世するのを見ながらも、そこには近づかなかったのです。彼はソウル付岩洞《プアムドン》で、ゴム靴や運動靴を原始的な釜で練って南大門市場に出荷して売ったり、その商売がうまくいかなくなると、麹《こうじ》を醸して売ったりして暮らしました。今でも覚えていますが、海洋大学の一年生の休みにソウルに行き、義兄の家の運動靴を作る仕事を手伝った時のことです。その当時、私は南の社会の腐敗と堕落と反民族的正体について認識を深めた頃でしたが、ある日、義兄にこう言いました。

「どんなに暮らしが困難でも、以前の職業には決して戻らないで下さい。いま派手に権勢を極めている昔の警察の仲間が、一緒に働こうと誘ってくるのは分かりきっていますが、新しい国ではどんなに苦しくても、あのような仕事には戻らないで下さい」

父も義兄に、二度と警察のような所で仕事をしないようにと頼みました。そのためかどうかは分かりませんが、義兄はその後、多くの誘惑を振り払い、貧しい生活の中で亡くなりました。ですから、私の姉は大変な苦労をし、四人の子どもに、まともに教育を受けさせることもできなかった。どうにか大学を出たのはただ一人でした。その子どもたちは、数十年が経過したいまでも、生活がままならない状態です。義兄は私の忠告というか、私が頼んだためにそのような精神的・思想的な変節をしたわけではないでしょうが、姉や家族の長い苦労を考えると、私にも責任の一端があるように思い、いまでも胸が痛むのです。

甲板で英詩を作る楽しみ

任軒永　大学はいかがでしたか？　私はなぜか、先生は海洋大学では成績が良くなかったのではないかと思うのですが……。

李泳禧　実はその通りです。専攻科目に特に興味が湧かなかったからです。卒業したのは一九五〇年の春ですが、当時、韓国には大きな船舶は二〇隻ほどしかなかったので、航海科と機関科の卒業生を受け入れるほどのポストはなく、成績順に乗船命令が出たのですが、私は第一回の名簿には登載されなかったのです。加えて専攻科とはまったく違う趣味を持つようになりました。英米の小説に心酔して専攻科目を疎かにしたため、成績は中位に留まっていました。

任　中学校では、中国語を第二外国語として学んだとうかがいましたが、海洋大学では第二外国語は何でしたか？

李　フランス語でした。当時、申相楚《シンサンチョ》氏がフランス語の先生でした。教材もなかったですね。申相楚教授は平安道《ピョンアンド》の出身で、解放前まで東京帝国大学仏文学科に通っていましたが、解放になるとすぐに帰国して、海洋大学の教授に在職していたのです。申相楚氏は、私が海洋大学を卒業してからも数年間、そのまま残っていましたが、六〇年代の初めに、もっと広い活動分野を求めて上京されました。彼はソウルで幾つかの大学の教授職に就いて、各紙、特に『中央日報』の有力な論説委員を務めました。文壇と政界で活躍し、そのかたわら、中国革命と中国近現代史に関する発言などで華やかな生涯を送られました。

第二外国語とは無関係なことですが、不思議なことに海洋大学には平安道出身者が大勢いました。植民地時代に平安道出身で、東京高等商船学校を卒業した船長と機関長が多かったからでしょう。そのなかの一人に、やはり東京帝大の造船学科に在籍された金在瑾《キムジェグン》先生がいて、造船学科の教授をしていました。朝鮮戦争が終わると、金在瑾教授はソウル大学に移られ、そこに初めて造船学科を開設した韓国造船学界の大先輩であり、パイオニアです。

任　海洋大学で学んだ実習についてお話し下さい。

李　海洋大学の課程は講義と実習で構成されていますが、一、二年生では主に理論が中心で、三年生の一年間が実習です。実習期間は各自が船舶に配置され、航海士や機関士の現場実習をやります。それが終わり四年生になると一年間の総合講義を受けます。私は航海科だったので、一等航海士とともに天文航法（月や星の諸元を測定して船舶の正確な位置と航路を判断すること）と、気象・船舶の運用全般に関する実務、貨物の船積みと荷役業務、そして入出港事務と税関関係の業務などを学びました。それなりに海の生活は楽しかったですよ。

実習のない時には、英語の小説と詩を読んで過ごしました。かなり英詩読解の実力がついて、のどかな日には甲板に出て、海や島や陸地を眺めながら本を読み、英語の詩を作ったりして、楽しく過ごしました。もちろん、詩作の厳格なルールに即したものではありませんが、それでもそれなりに趣きを表わそうとしたのです。私が一九歳の時でした。

実習が終わる頃に、我々の船が上海に行くことになりました。この間、たくさんの船が主に香港や日本を往来しましたが、不運にも私が乗った船はそれまで外国に行けなかったのが、やっと上海に行くことになったのです。すると船員たちはありとあらゆる品物を風呂敷に包んで船に持ち込み、上海から密輸品を運んできて大儲けをする一獲千金の機会がやってきたと、興奮の極に達しました。私は資金もまったくないし、そんなことに特段の興味もなかったので、何ひとつ買う気はありません。ただ、私が植民地時代にいろいろな本で読んだ華やかな上海、また映画で見た東洋の真珠、上海をひと目見るだけで十分だったのです。ところが運が悪いというか、船が出港する直前に、上海が中国共産党の軍隊によって陥落直前といううわさが飛び込んできました。そろって成金になれる期待に胸を膨らませていた船員たちの失望がいかほどだったか、想像してみて下さい。一獲千金の夢は一本の電話で露と消え去り、残ったのは借金だけでした。そんな顛末を見ながら、私はただ笑っていました。

任　当時中国は、国民党と共産党が内戦をしていました。一九四九年の五月といえば、上海にはすでに共産党が進駐していました。本当に残念でしたね。そして中国はその五カ月後の一〇月一日に新国家の樹立を宣言するのですね。

李　そうです。中国革命が大きな峠を越えたのです。

死屍累々たる学校の運動場

任軒永　韓国は親日派が勢力を得て、一九四八年五月一〇日に単独政府樹立のための総選挙を実施しました。金九《キムグ》先生をはじめとする、統一のための南北協商派が不参加のなかで実施された国会議員選挙です。この単独政府樹立に反対した運動の一つが、済州島《チェジュド》の四・三抗争の発端になりますが、直接、関与はされなかったのですね？

李泳禧　済州島四・三抗争には関係してはいません。その代わり「麗水《ヨス》・順天《スンチョン》反乱事件」を直接体験しました。ある日、釜山《プサン》港で石炭を積み、仁川に運搬せよとの指示を受け、巨済島《コジェド》近くを航海していると無線が入りました。急いで釜山に帰れというのです。釜山の中央埠頭に船を着けると、重武装した陸軍一個大隊がばたばたと乗り込み、麗水に行けというのです。その大隊長は白仁燁《ペクイニョプ》〔朝鮮戦争時、甕津半島で防御戦闘を指揮し、仁川上陸作戦にも参加〕大佐だったと記憶するのですが、何はともあれ、麗水の沖合に達すると、大隊長がブリッジに上がってきて、船長に「突山《トルサン》の背後から麗水の旧市街地に行け」と命じました。船長がそこは水深が浅くて入れないと答えると、大隊長は持っていた日本刀を抜き、「つべこべ言わずに、命令どおりに船を走らせろ！」と声を荒げたのです。本当に無知蒙昧な奴でした。

実際、それは無謀なことです。船が座礁する危険があるので、再び船を回して梧桐島《オドンド》の横を抜けて新市街地に接近すると、陸地から雨霰のように迫撃砲、機関銃、小銃などの銃弾が飛んできました。我々の船に乗っていた部隊も、甲板に迫撃砲をずらりと並べ、猛砲撃を浴びせかけました。私はその時、なぜかは分かりませんが、銃弾が飛び交う実戦に特に恐ろしさを感じませんでした。軍人の鉄兜を借りて被り、甲板の遮蔽物の背後から戦闘を見物していました。そうしてしばらく戦闘が続いていましたが、麗水の海辺の鉄道の駅に布陣した一四連隊所属の「反乱軍」が、機関車に乗り込み煙を吐き出しながら、順天に向かって退却したのでした。それで大隊長の命令通りに船を埠頭に着けると、船内の部隊が彼らを追撃して、麗水市内に突入して行きました。こちら側は砲弾の威力がとても強力なので、市内に無差別攻撃を加えたのです。船の部隊が上陸した翌日の午前、私も他の船員とともに麗水市内に上陸してみました。これが思いがけない、私の人生で初めての実戦体験になりました。

任　一九四八年一〇月二〇日から二七日までの一週間の出来事で、麗水・順天事件は、女流作家田炳淳《チョンビョンスン》先生の『絶望の後に来るもの』や、趙廷來《チョジョンレ》先生の『太白山脈《テベクサンメク》』（邦訳、ホーム社）にも詳細に描かれています。まさしく分断の悲劇的象徴でした。

李　私は当時、同胞同士のこの戦争についてほとんど知りませんでした。ずっと船の中にいて、本を読む日々を過ごしていました。ただ、私はあのとき生まれて初めて数え切れないほどの遺体を見ました。麗水女子中学校の運動場は遺体で埋め尽くされていました。制服を着た女学生の手首から時計がなくなり、白い跡だけ残っていた情景が目に焼きついています。これが私の実習期間中に初めて遭遇した、凄惨な民族相殘〔同じ民族の殺し合い〕の現場でした。その後の数日間は、麗水市内と周辺地域で銃声が止むことはありませんでした。どれほど多くの無辜の人々が虐殺されたのかと思うと、本当に胸が痛みます。

任　そうした経験から、戦争や軍人に対する恐怖やある種の嫌悪感を持つようになられたのでしょうか？

李　戦争の残忍さ、とりわけ同族同士の争いの残虐さに戦慄しました。国軍第一四連隊の反乱は、済州島で熾烈だった「四・三済州民衆抗争」を鎮圧するために、麗水駐屯部隊を済州島に送ろうとした派兵命令を拒否したことから起きた事件でした。「四・三済州民衆抗争」は、済州島民が李承晩《イスンマン》政権の南朝鮮単独政府樹立に反対し、選挙を拒否して決起した事件です。警察と反共青年団、西北青年団などによる、済州島民への弾圧に対する決起でした。

ところで、私は海洋大学、特に一年間の演習船での海上勤務で、世の中の変化とは無関係に暮らしていたため、済州島での同族が激しく争う凄絶な事件や、麗水・順天事件の発端などについてほとんど知らずにいました。実習が終了し大学に復帰するまでは、麗順反乱事件の事実とその後に生じた思想的な葛藤と闘争、また建国を目の前にして展開された南側政府の権力・イデオロギー闘争、相次いだ暴力、そうした現象の意味を正確に知ることはできなかったのです。

韓国文学よりは外国文学に心酔

任軒永　若い頃は船乗りが夢だったとか、船に乗ることがお好きだったのですね。

李泳禧　大きなロマンがあったわけではありませんが、学校や寄宿舎の息苦しい生活と雰囲気から自由になれるのはうれしかったですね。あちこち回りながら、広々とした世界を見て、甲板に出て小説を読んで、英語の詩を書きとめて……。あれから何十年にもなりますが、いま思い出しても、あの一年間は本当にたくさんの本を読みました。

任　海洋大学の寄宿舎はいかがでしたか？

李　その寄宿舎というのが、現在のような寄宿舎ではありません。植民地時代の群山《グンサン》は、穀倉地帯の湖南平《ホナム》野の穀物を日本内地に輸送する港として栄えていました。今の人々はほとんど知りませんが、解放前の群山は、朝鮮全体で四番目に大きな都市でした。解放後、日本との貿易が途絶えたので、まもなく衰退してしまったのです。そんな群山の景気を回復させたいということで、群山市が仁川《インチョン》の海洋大学を誘致したのですが、満足な校舎がなかったので、錦江《クムガン》下流の巨大な米の倉庫を改造して寄宿舎にしました。今の大学生にそんな状態の寄宿舎に入れといったら、おそらくみんな逃げ出すでしょう。個室なんてものはなく、一階も二階も一つの大部屋でした。しかし、我々は解放前に飢餓状態を経験した世代ですから、学生はみんな、そんな劣悪な居住環境を問題とも思わずに耐え抜きました。

任　その頃に、シェークスピアなどの英語の詩に心酔したとうかがいましたが、現実に対する不満からそうなったのか、あるいは純粋に文学に引き込まれたのでしょうか?

李　心酔したというよりは、専攻科目に関心が薄いために、文学方面に私の興味が広がったというべきでしょう。現実に対する不満といえば、当時、南朝鮮の各地で起きていた社会的葛藤と理念の対立、左右の勢力の勢力争いなどの現実から断絶されていた海洋大学の学生は、社会状況に対して敏感になれなかったことがあります。

任　突然訪れた解放は、我々の社会に多様な側面をもたらしましたが、その当時は読みたい本をどのようにして入手されましたか?

李　解放後、帰国する日本人の蔵書が、市場に山のように溢れ出ていました。京城帝国大学など、各級学校と図書館、総督府傘下の研究機関などのものは米軍が接収しましたが、それでも多くの蔵書が放出され、ただ同然で売りに出されていました。

海洋大学の図書館を新しく作るに際して、一気に溢れ出た植民地時代に出版された良書・基本図書を多数購入しました。ですから私は、主に大学の図書館を利用しました。大学図書館で私が初めて見る日本、イギリス、アメリカ、フランスなどの原書と、その他の水準の高い本を、喉の渇いた旅人が泉を求めるように無

国立海洋大学２年生当時（1947年）。大学の制服を着ている。

我夢中で読みました。

任　心酔した作家や詩人を教えてください。

李　朝鮮語の小説では、偶然、金来成《キムネソン》の探偵小説『白仮面』〔邦訳、論創社〕と『魔道の香』を読みましたが、よりによって、なぜ最初にこんな作品に接したのか、私自身も分かりません。一般的には読者の年齢と専攻科目によって、文学作品の好みが決まってくるのが普通なのですが、私の場合は、韓国の文学作品よりは、英語で書かれた作品を数多く読みました。韓国文学では金来成以外では、李光洙《イグァンス》の『無情』〔邦訳、平凡社〕と『有情』〔邦訳、髙麗書林〕、朴啓周《パクケジュ》の『殉愛譜』、李箱《イサン》、李孝石《イヒョソク》など何人かの作家の作品を読んだだけです。

英米文学は、主に一九世紀の詩人と作家ですが、思い出す作家としては、サミュエル・テイラー・コールリッジ、ロバート・ブラウニング、ジョン・キーツ、ウィリアム・バトラー・イェイツ、アルフレッド・テニスンなどのビクトリア朝詩人と、トマス・カーライル、ジョゼフ・コンラッド、チャールズ・ディケンズ、ラルフ・ワルド・エマーソン、ジョージ・ギッシング、トーマス・ハーディなどで、こうした作家の作品を手当たり次第に読みました。アメリカの作家の作品はむしろ少なくて、ロバート・フロスト、ワシントン・アーヴィング、エドガー・アラン・ポー、ヘンリー・D・ソローなどを思いだす程度です。アメリカの文学者の作品をそれほど多く読んでいないのは、なにか特別な理由があったからではなく、その当時、海洋大学の図書館の英文の蔵書は、ほとんど一九世紀末から二〇世紀初期の作品に限られていたので、そうなっただけです。日本の研究機関や知識人の蔵書はほぼその時期のものでした。こうした偶然の理由のために、私の英語力はアメリカ式英語よりもイギリス式英語に近くなりました。英文学という範疇からではなく、ただ関心の赴くままに、ある本から次の本へと移っただけの話です。

解放から三、四年後のその頃には、アメリカの援助物資としてアメリカの出版物なども少しずつ入ってきましたが、海洋大学図書館の蔵書は、先ほど申し上げたように、植民地時代の各級学校・研究所・図書館などと日本人所蔵のもので、アメリカではなくイギリスで出版された書籍でした。世界的な海洋文学の第一人者であるコンラッドの『青春』など、有名作家の作品は大学の英語教材だったので、そこから出発してたくさんの作品を渉猟しました。英文学の良質の入門書として、イギリス文学者ラフカディオ・ハーンの英文学史が最初に手に入れた書物です。英文学を理解するのにこの上ない本格的な入門書で、とても助けられました。

任　当時の教授陣はいかがでしたか？

李　海洋大学は分野が分野ですから、人文学の教授のなかに、一般の大学でよく見られるような著名な教授はいなかったですね。なにせ、解放直後の初期段階でしたから。唯一記憶に残っているのは、私が好きな分野で格別に親しかった英文学者の黄燦鎬《ファンチャンホ》先生だけです。

海洋大学は、大韓民国が建国される前の解放直後の米軍政下で創設されたため、初期の数年間は文教部ではなく交通部に属していました。大学が文教部所属ではなかったので、卒業の際には学位が与えられなかったとです。正式に文教部所属の大学として文教部長官の学位が授与されたのは、私が卒業した一九五〇年の後のことです。私は海洋大学を卒業してから安東《アンドン》中学校の教師になり、しばらくして軍に入隊しましたが、その間に文教部から正式認可が出て、文教部から学位証を受け取ることになりました。それも個々人の申請を待って学位を与えていたようです。私は朝鮮戦争の際には前線の戦闘地域ばかりに行っていたので、それを知るすべもなく、申請できなかったのです。相当長い間、学位のない状態でしたが、後に確かめてみると理学士の学位を与えたと処理されていました。ソウル大学の金世均《キムセギュン》教授が、私のある本を紹介する際に「彼は大学を卒業したのに学位がない」と文章に書いていますが、それにはこうした事情があったのです。

任　大学卒業後、海洋関係の仕事ではなく教職に就かれましたが、どうしてそうなったのですか？

李　先ほども話したように、その当時は船舶の数が少なかったので、成績順に船舶関係の仕事に就くことになっていました。私は成績が芳しくなかったので、すぐに船に乗ることはできなかった。だから当座の糊口を凌《しの》ぐ方法を考えました。ちょうど前の年に実習に行って、以北に拉致された同級生の父上が安東中学校の校長だったのです。権淳赫《クオンスンヒョク》という友人ですが、船員の中にいた南労党のメンバーが海上で反乱を起こして船長を監禁し、船を操縦して北に向かった際に、一緒に連行されました。有名な事件です。三五〇〇トン級の船舶でしたが、一九四八年当時の韓国で最も大きい貨物船でした。

その友人の父上の権校長に「教師の仕事を紹介して下さい」と手紙を差し上げたところ、「英語教師として学校に来なさい」との返事が届きました。その当時、中学校は六年制で三年生までが初級中学、四年生からが高級中学校という構成になっていました。

強盗になった中学校教師

任軒永　すぐに朝鮮戦争が勃発したので、教師生活は短くならざるを得なかったのですね。

李泳禧　三カ月で終わりました。二一歳の年齢で生徒を教えるのは、それなりに面白かったですね。生徒のなかには私と同じ年齢の者もいました。私は安東中学校の準教師の発令を受け、新参教師としては過分にも、赴任と同時に五年生の英語を担当しました。教え方はまったく白紙状態でしたが、英語の実力には自信があったので、別に難しいこともなく、五年生の上級班に英文法と英文読解を教えました。初任給は二〇〇〇ウォンだったと記憶しています。

さらに、権校長は老父母が丹陽にいることを知ると、先任の教師にも与えなかった瓦屋根の家を私に提供し、両親を迎えなさいと特別の配慮をしてくれました。本当にありがたいことで、自分の息子への思いから私に特別待遇をしてくださったのです。新任教師に立派な住宅を与えることは大きな恩恵でした。他の教師からは少し妬まれてしまいました。とにかくそのおかげで、丹陽の竹林の中で他人のリンゴ畑を守りながら苦労していた両親を呼んで、私の人生で初めてささやかな親孝行をすることができました。ところが、思いがけず朝鮮戦争が勃発しました。両親とともに避難する途中、大邱《テグ》で軍隊に入ることになり、教師生活は三カ月で終わりを告げたのです。

任　洛東江《ナクトンガン》の近くの安東《アンドン》は落ちついた良い環境だったのに残念でしたね。ところで朝鮮戦争が起きた直後、教師たちが校長に、避難しなければならないので金を出せと迫ったという逸話がありますね。いきさつはどうだったのでしょうか？

李　戦争が起きると、人々は茫然自失となりました。人民軍の前線がすでに慶北栄州《キョンブクヨンジュ》の近くまで迫り、大砲の音がズドン、ズドンと響き始めました。戦争直後にソウルを発った避難民はすでに安東に押し寄せており、いずれ人民軍が安東にやって来るのは火を見るよりも明らかでした。そんな危険な状況で、誰もが避難準備をしたのですが、教師たちは避難すべきかどうか、迷っていました。避難するのに十分なお金もありません。しかも校長は、「いまは作戦上、後退しているだけだ。数日経ったらアメリカ軍と韓国軍が大反撃作戦を開始するだろうから安心しなさい」と楽観的でした。そう言う一方で、校長はすでに荷物を自宅から全部ほかの場所に移してしまったのです。

地元出身の教師は、すでに出勤していなかったので、どこに行ったのか消息は分かりません。こんなに緊迫した局面で、どうにもこうにもならなくなり、ぽつんと残った五、六人の他地域出身の教師だけが、学校を守っていました。なすすべのない教師たちは、給料さえもらったら、避難しなければならない緊迫した状況であることを知っていましたが、校長は自分が生き残る算段ばかりをして金庫を開けることはなかったのです。怒った教師たちが押し寄せ、鉄製のキャビネットを探し出してハンマーで壊して開けました。

任　先生はその時にどうされましたか？

李　もちろん私も同じでした。生き残るために、ほかに方法がありますか？　老いた両親の面倒を見ながら避難しなければならないのに、無一文でどこに行けますか。そこで私たち教師は権校長を訪ねて行きました。

「お金を下さい」と頼んだのですが、「ない」と断られました。その時、誰かが、学生から受け取り道庁に送るべき授業料を、おそらくまだ送っていないだろうと言いました。しかし、校長はシラを切るばかりなので、キャビネットを壊してしまいました。中には札束がありました。日頃、健康が優れずに三度の食事を豆スープだけで済ませていた数学の先生が、その札束を「数学的に」公平に分配し、私たちは一束ずつポケットにねじ込みました。月給の三、四倍の分厚い札束でした。教師としての品位のようなものはすでに失われていたのです。戦争は教師という知識人を一挙に、強盗に変えてしまったのです。

任　そして、直ちに安東を出発されたのですか？

李　それから散り散りに別れました。「数日したらまた会おう」と言いながらです。その時私たちは、誰もみんなそうでしたが、戦争がすぐ終結すると思っていました。まさか、外国と戦争をしているわけでもないのに、永く続く理由がどこにあるのかという気持ちでした。だから教師たちは、しばらくすれば、また帰ってきて教師の仕事に復帰できると思っていました。帰ってきた時に、校長とどんな顔をして会うかということを、その場で話し合う余裕はありませんでした。私はまだ二一歳で、ほかの教師たちも、みんな三〇歳以下の血気盛んな若者でした。

任　どうして入隊することになったのですか？

李　両親と一緒に荷物を背負い、二〇日近く歩いたり休んだりしながら、義城《ウィソン》を経由して大邱にたどりついた頃は、八公山《パルコンサン》戦闘がたけなわでした。大邱市内に砲弾が落下する、そんな状況でした。道の教育庁を訪ねてみると「国連軍連絡将校団」の募集広告が貼ってあり、特に英語教師を優先的に選抜するとありました。その時は「通訳将校」ではなく、「国連軍連絡将校」となっていました。第二次世界大戦の際に、連合軍の間を諸言語で作戦連絡をする「Liaison Officer」という兵科があり、銃を担ぐ歩兵兵科よりは華やかに見えました。それであまり深く考えもせずに志願し、そのまま訓練所に入ったのです。

任　訓練所ではどうでしたか？　軍事訓練をきちんと受けることができましたか？

李　差し迫った状況だから、じっくり軍事訓練を受ける時間などありません。小銃の分解と制式訓練（集団で統一性が必要な軍人に、節度と規律に慣れさせる訓練）程度でした。

任　軍隊で英語はいかがでしたか？

李　連絡将校団に入って来た人々は、当時の社会・文化水準からいうと、間違いなく全員が高度な知識人でした。けれども、彼らが大学で学んだ英語とは、伝統的な語学教育の「本を読む英語」だったので、実際に会話をする連絡将校の場合には、ほとんど役に立たなかった。連絡将校の仕事は、第一線で実際の作戦事項を英語で伝えることですが、それに必要な会話がそう簡単にできるものではないでしょう？　私も随分苦労しました。本ばかり読んでいたので、その罰かもしれません。「英会話とはこんなに難しいものだったのだなあ！」と言いながら、昼夜を分かたず真剣に取り組みました。

訓練期間中、朝鮮人民軍の攻勢によって、訓練所は釜山《プサン》へ追いやられました。人間は切羽詰まると、教師が強盗に変身するように、あらゆる可能性を持つ動物ですね。知識人という集団は、英国などであれば「ノブレス・オブリージュ」（一般的に財産・権力・社会的地位の保持には責任が伴うこと）の伝統からくる紳士的とか、騎士道精神、すなわち「いかなるのっぴきならぬ状況においても、乱れることのない、一定の品位と行動規範を維持する戒律」のようなものを持ち合わせています。しかし、韓国の知識人にはそのような洗練された精神や意識を持っていない事実が、こうした非常時において露見しました。

当時、韓国人の連絡将校の大部分は、大卒者か大学の上級生だったので、かなりのインテリといえるでしょう。後年、経済・政治・社会・文化界のリーダーとなった人々の、ほとんどは連絡将校の出身なのです。ところで、その当時の三度の食事といえば、水っぽい豆もやしスープに麦飯一杯でした。それを釜山の大新国民学校の教室で食べるのですが、配膳が始まると、少しでもたくさんもらおうと人々の目つきが変わります。塩水と変わらないような豆もやしスープの量を争ったあげく、教室の床はこぼれた豆もやしスープで水浸しになり、しかも殴り合いさえするのです。ひどく幻滅を感じましたね。人間が畜生のような本能をむき出しにする状況に染まりたくないと、歯を食いしばって耐えたことを覚えています。

任　弟さんが亡くなったのはその頃ですか？

李　いいえ、その少し後でしたね。私が入隊してほぼ一年後の一九五一年の秋、江原道《カンウォンド》の乾鳳山《コンボンサン》の戦闘に参加していた時でした。弟明禧《ミョンヒ》は私の代わりに両親の世話をしながら、小白山《ソベクサン》にある竹嶺《チクリョン》の道路拡張工事の現場で働いていました。アメリカ軍がくれる精麦と小麦粉などを食べて暮らしていたのですが、盲腸が破裂したまま仕事をしていて、治療を受けられずに腹膜炎で亡くなりました。大きな戦闘が終わってから、東海岸の美しい港、我也津《アヤジン》を部隊の将校らとともに訪ね、一杯飲んで帰ってくると部隊に電報が届いていました。

　父親からのもので弟が危篤という電報でした。ところが日付を見ると、丹陽からこの最前線部隊に電報が届くまで一一日もかかっていました。私は医務隊長に事情を話して、当時「万病治療薬」と称されていた粉末ペニシリンを数本、荷物に入れて急いで丹陽に向かいました。当時は現在のようなオイルペニシリンはなく、またマイシンはまだ出回っていなかったので、手に入るのは薬の効果がはるかに低い粉末ペニシリンだけだったのです。家に帰ってみると、弟はすでに父が電報を打った前日に亡くなっていました。亡くなった翌日に父は電報を打ったのです。両親に仕えた弟が私の代わりに死んだことは間違いありません。弟は一七歳でした。

朝鮮をまったく知らなかったアメリカ

任軒永　しばしば朝鮮戦争以後、韓国に入ってきたアメリカ軍は朝鮮のことをまったく知らなかった。知らなかったので試行錯誤を重ねたという話が、今も一部の学者によって主張されています。実際にアメリカはそんな国だったのですか？　私はそうだとは思いませんが、占領目的は非常に明確で、その目的を達成するための方法論では試行錯誤を重ねましたが、やはり超大国らしく、彼らなりの目標は達成したと見られるのですが？

李泳禧　その命題に関して、私は二つの側面に分けて考えています。日米の戦争が開始された初期は、事実、アメリカの為政者の、日本の植民地である朝鮮に対する知識は質・量ともに粗末なものでした。アメリカの宣教師はどの教派であれ、朝鮮での宣教が目的だったから霊魂の救済に力を入れる一方で、これに影響を及ぼす社会現象などには特に関心を持ちませんでした。ですから、安重根《アンジュングン》義士〔カトリック信者。一九〇九年にハルビン駅で初代韓国統監の伊藤博文を殺害した〕が日本によって死刑宣告を受け、平壌のカトリック司教に最後のミサの執行を懇請した時も、「殺人者にミサを執り行うことはできない」と拒絶した司教がいました。新教と旧教、アメリカとヨーロッパを問わず、宣教師の朝鮮に関する知識や、朝鮮民族の人種・文化・資質・能力などに関する知識は、極めて歪曲されているか、嘆かわしい水準にあったことは確かです。その一方で、アメリカにとって潜在的な戦争対象国である日本に関しては、戦略的な次元から相当に深く研究していました。それ以前の数十年間でも、強大国間の諸般の関係に基づく研究は深かったのです。

本当の話です。日本敗戦の後に植民地朝鮮を解放・独立させようという提案は、アメリカが唱えたものではなく、中国の蔣介石総統とソ連のスターリンが提起したのです。

その証拠として、アメリカの最高指導者たちが、朝鮮に関していかに無知だったかを物語る興味深い話があります。日本の真珠湾攻撃が開始され、日本との太平洋戦争が予想された段階で、ルーズベルト大統領が政治・文化・社会・産業分野の軍のトップクラスの参謀に、コリアに関する情報が載った書物を探してくるように命じました。すると二冊の本が届いたというのですが、そのうちの一冊が有名なニム・ウェールズの『アリランの歌』〔邦訳、みすず書房、岩波文庫〕でした。もう一冊は、大韓帝国末期にアメリカの宣教師が書いた朝鮮に関する本だったようですが、その宣教師の名前と本のタイトルは忘れて思い出せません。とにかく、ルーズベルト大統領が対日戦争後の日本の植民地処理問題を構想して、その参考資料としたのが、たかだかこの程度のものだったのです。

朝鮮に対する無知とは対照的に、ルーズベルト大統領とアメリカの政治・軍事政策決定者たちは、日本に関しては豊富な知識と情報を持っていました。一九四〇年代当時の日本に関してはもちろんのこと、明治にまでさかのぼる過去百年近くの日本民族の基本的な政治・文化・芸術・慣習・道徳・生活面まで、広範囲に研究していました。それも、日本民族の優れた資質と文化的水準の高さに関することでしたから、アメリカは日本に対して相当に精神的・文化的な畏敬の念を抱いており、その反面、朝鮮民族と朝鮮の歴史、文化などに関しては、ほとんど未開拓のレベルにあったのです。

実際、ルーズベルト大統領は、日本の知識人である新渡戸稲造の『武士道』、岡倉天心の『東洋の理想』と『日本の覚醒』、そして鈴木大拙の『禅と日本文化』など多くの日本文化に関する著書を読んだといいます。この事実からも我々は、第二次世界大戦とその前後にわたり、朝鮮民族の資質が、アメリカの最高政策決定者によってとんでもない評価を受けた背景が分かるのではありませんか？ それに比べて朝鮮を強制的に占領した日本民族は、朝鮮を支配するのが当たり前であるかのように優れた資質と能力を備えていると認識されていたのが事実です。ある民族がいち早く世界の文明に開眼し、そのうちの数人の卓越した先覚者的な知識人が、自民族の長所を文章によって世界に知らせることがどんなに重要であるかを、私たちは実感するのです。

ですから、アメリカが朝鮮に関して多岐にわたり完全に把握し、緻密な計画と思惑をもって終戦を迎えたというのは半分は当たっていると考えられます。しかし、アメリカがすべてを完璧に知って計画を立て遂行する能力を当然持っていたはずだと、アメリカを「万能」視するのは、逆にアメリカは万事におおらかで利他的であり、善意の国家だという前提のもとで判断することと同様に、非現実的だと考えます。終戦後に公開された各種のアメリカ政府の文書や記録によれば、アメリカが日本の植民地である朝鮮の問題に関して、それなりに研究を開始したのは、一九四五年二月のヤルタ会談で、蔣介石とスターリンが朝鮮の即時解放と独立を提案してからだったようです。

それに、アメリカは朝鮮に軍隊を進駐させるために、日本の降伏直後から朝鮮に関する情報を、日本の軍部、特に朝鮮総督府と朝鮮軍司令部に要求したのです。彼らが朝鮮に進駐する二四師団長のホッジ中将のもとに送った多数の情報電文が公開されていますが、それによると、アメリカがいかに朝鮮人と朝鮮事情に疎かったかが分かります。そして日本人が提供した情報は、朝鮮民族がいかに無能で、日本軍の継続的な支配なしには朝鮮の治安は相対的に乱れてしまうというたぐいの、極めて悪質な内容だったというのです。日本軍が提示したこうした虚偽情報に基づいた、マッカーサー司令官の朝鮮軍政統治のための「米陸軍太平洋部隊布告第一号」は、朝鮮民族にはことごとく屈辱的な内容でした。相当の期間、日本の植民地軍隊がそのまま行政と治安維持を担当すると宣言し、朝鮮民族には日本の行政・軍事権力の指示に服従するように命じたのです。なんと慨嘆すべき内容でしょうか！

これとは反対に、三八度線以北に進駐したソ連軍司令官シュスティコフ大将の布告第一号は、朝鮮人民の自主行政権を認定しつつ、日本植民地統治権力の即刻終息を宣言しました。そして、朝鮮人民の即時独立のための権利と資格を認めながら、解放された朝鮮人民の未来に祝福があることを祈るものでした。この二つの布告は極めて対照的なものでした。

このようなことから、アメリカは一九四五年一二月、モスクワで開かれた、アメリカ・イギリス・ソ連の三国外相会議で、朝鮮人は自治能力がないからと、かつて自分たちが支配したフィリピン程度と評価し、三〇年間の信託統治を提案しました。この三〇年の信託統治の提案が、それでも五年に短縮されたのは、スターリンと蔣介石のおかげでした。先ほども話したように、蔣介石とスターリンは朝鮮について、はるかに多くの情報と深い知識を持っていました。朝鮮人民の自治能力を認めて、日本の敗戦と同時に即時独立を認めることをカイロ会談とポツダム会談を通じて主張しました。アメリカはさらに、三八度線を設けて韓半島を分断しようとしたのですが、ソ連が日本の敗戦直前に北朝鮮に進撃したため、まだ沖縄から南朝鮮に進軍する余力がなかったアメリカは急遽、スターリンに三八度線を境界とする米・ソ両国の軍隊による分割占領統治を提案したのです。スターリンがそれに同意した結果、朝鮮の国土と民族の分断が始まりました。

アメリカは南朝鮮を占領する前に、「南」に関するあらゆる情報を保有し、すべてを完全に準備してから、その計画通りに朝鮮戦争に臨んだと断定する任軒永さんの論理は、アメリカの意図や能力の過大評価ではないかと思います。その反対と断定するのも、やはり真実からは遠いでしょう。私はそのどちらの断定も危険な推理だと思います。

アメリカの東北アジア防御線から除外された韓国

任軒永　事実、米軍政は一九四六年から南労党を非合法化し、弾圧して党員の逮捕を始めました。ところで、なぜ四九年に米軍が撤収したその翌年に朝鮮戦争が勃発したのでしょうか。

李泳禧　その問題の焦点となる一九四九年の米軍の撤収に関しては、任軒永さんが主張するように、北朝鮮を戦争に誘引しようとしたという見解と、アメリカのアジア政策・戦略の調整期だったという、二つの説があります。事実、戦争勃発の時点から見ると、当時、北進統一ができる武器や装備を米軍が支援しなかったことは確かです。そして一九五〇年一月一二日に「アチソン声明」〔アメリカの国務長官アチソンがアジア・太平洋地域におけるアメリカが責任を持つ範囲をアリューシャン列島から日本、沖縄、フィリピンへと伸びるラインと表明〕が発表されました。日本はアメリカの東北アジア防御圏内に入っていたのですが、南朝鮮は除外されました。しかし、私は北朝鮮を誘引するためにそうしたとは考えられません。なぜならば、それまでにもアメリカの戦争・政策・戦略の主導者である国防省と、アジア地域の総体的な政治戦略に責任を負う国務省の間には、意見の対立が確然としてあったからです。第二次世界大戦以後のアメリカの最高政策決定者の間には、縮小志向の国務省と拡大志向の国防省とに根強い意見の対立がありました。

最も重要な要因は、中国大陸でアメリカが支援した蔣介石反共右翼政権が敗北し、左翼政権である毛沢東の革命が成功したことです。第二次世界大戦が終わった直後でも、アメリカは中国大陸の情勢がそのような結果を迎えるとは夢にも思わなかったのです。事態がそうなると、アメリカはソ連、中国、北朝鮮を含めた極東共産勢力圏の形成に対抗して、未来の強力な同盟国家として日本だけは確保しなければならないという最終的な政策が決定されました。まさにその時期に、アメリカ政府の中では韓国を防御できるとか、防御すべきだという見解よりも、韓国を含む極東は、ひとまずソ連と中国の影響圏に入ることを前提にして、日本を確保することに力を集中したのです。

一九四九年の蔣介石政権の敗北とともに、アメリカが中国本土から完全に撤退するまでの、すべての政策決定に関する極秘文書だけを扱った、いわゆる『中国白書（China White Paper）』にも、韓国防衛の可能性に関する疑問が数多く提起されています。また解放直後、朝鮮半島の将来の問題について総合的な政策・戦略をルーズベルト大統領の指示で調査して提示した「ウェデマイヤー政策建議書」も、韓国の保護と維持は難しいという立場でした。そして、アメリカの国家利益を最大限に確保する方法として、南北を含む「コリア中立化」政策を提案しました。

そのほかにも、この三〇～四〇年間に多数の情報が機密解除されて出てきました。総括的にまとめますと、アメリカとしては中国の共産化という思いも寄らない衝撃に直面して、韓国を含むアジア戦略を見直し、再構成しなければならない窮地に追い込まれたと思われます。そこで、韓国でのアメリカの軍事的負担を最小化するために軍隊を撤収し、その代わりに日本を軸とした日本からフィリピンへと伸びるアメリカの軍事防衛最前線を確立するのです。これが「アチソン・ライン」発表の背景だと思います。

また、ゴルバチョフ政権の後に、ソ連の朝鮮戦争関係の機密文書が大量に機密解除されて、誰でも見ることができるようになりました。鄧小平以後の中国政府も、スターリン、金日成《キムイルソン》、毛沢東との間でやり取りした膨大な量の極秘電文と資料を公開しました。十数年前には見ることができなかったこのような極秘資料が、朝鮮戦争の研究者に大量に提供されることで、朝鮮戦争が北朝鮮によって、アチソン声明のはるか以前の一九四八年末頃から緻密に準備されていたことは、いまや疑問の余地がありません。ソ連共産党のフルシチョフ書記長の有名な回想録は、金日成がアチソン声明以前の一九四九年末にモスクワを訪問し、スターリンに語った「すべての準備を全部終えた。南朝鮮は最初の一撃で倒れるだろう。最初の一撃で南朝鮮人民の暴動が起きて、戦争は数日で終わるだろう」という言葉を記録しています。そのほかにも、大量の中国・ソ連側の極秘文書と、北朝鮮内部で戦争を準備した政策決定者と軍の指揮官との、実際の戦争準備に関する回顧録などを検討すると、任軒永さんが現在も信じているような朝鮮戦争開始に関する北朝鮮の免責論は、すでに否定されて久しいと言わなければなりません。ああ、ちょっと待って下さい。あの文献を書斎から持ってきましょう。……これらの資料がそうした極秘電文と文書を整理したものですが、この内容を見ると、北朝鮮がアチソン声明のかなり以前に戦争の計画と準備をほとんど完了していたことが、実感をもってわかります。

太平洋戦争の発端となった一九四一年の日本軍の真珠湾奇襲攻撃も、アメリカは事前にすべて知っていながら、日本を戦争へと駆り出すために黙認したとの説さえもあります。言うなれば「戦争陰謀説」です。果たしてアメリカが日本を戦争に引き込むために、意図的かつ計画的に、あの膨大な軍事施設と強大な太平洋艦隊の戦力をそっくり生贄として差し出したかどうかは、永遠に解けない謎として残るでしょう。そうした観点から見ると、朝鮮戦争の場合も同じと言えるのです。

任　私にはよくはわかりませんが、文学的な直観で言えば、アメリカというあの冷血とも言える支配構造を持った国家が、果たしてそんないい加減なことをするのかと疑問に思います。三八度線での分断さえ維持できるのであれば、それなりに安定を図ろうという意図だったと言えるのではありませんか? そんな状況で起きた戦争ですから、再び介入したのは、分断自体がどちら側からも破壊されてはならないという、ソ連とアメリカの相互牽制と見るべきなのではないのでしょうか?

李　北朝鮮側の主張は度外視しても、韓国内部でも左翼陣営やその系統の研究者の間で、そうした見解が非常に多かったことは事実です。私自身もこの問題の研究過程で、そうしたアメリカ側の戦争流布説まで含めて、双方すべての意図や必要性を科学的に確かめようと努力してきました。しかし、この問題はそれを、特定のイデオロギー、または政治的傾向から見ようとする観点とは関係なく、ソ連のゴルバチョフ政権と中国の鄧小平政権の改革開放政策以後、この十年余りの研究によって明らかにすべき秘密情報は、ほとんどすべて公開されました。私はこうした問題に対して、韓国の少なからぬ人々が主張した戦争責任論について、真実が明らかにされた後にも自分の願望や先入観に固執するのは、知識人の態度として科学的ではないと思います。いずれにせよ、李承晩《イスンマン》は、分断された民族を統一するために統一戦争を始めようとしたができなかったのであり、金日成は同じ目的の戦争を、はるかに綿密な計画と準備のもとに強行した、その違いなのです。

そして一九四九年に、アメリカは韓国から一方的に撤収したのではありません。次のような全般的状況から考えてみる必要があります。まず、アメリカの徴収は三八度線以北のソ連軍の撤収と関連して、同時並行的に行われたものです。一九四八年一二月の国連総会で、いわゆる「南朝鮮単独政府の樹立」と「大韓民国の国家樹立」を承認した決議は、これと同時に、米・ソの両軍隊の撤収を規定しました。そして、ソ連軍もその時期に軍隊を引き揚げました。次の「アチソン声明」も、韓国を見捨てると断定したものではなく、ただ、韓国を日本に比べて「副次的」な防御対象としつつ、「韓国に対する外部的脅威や攻撃に対しては軍事的責任を尽くす」と付け加えています。第三に、これによって、五〇年一月にアメリカは、韓国の軍事戦略的保護の法的根拠である「韓米相互防衛援助協定」を締結し、韓国の軍隊に武器と装備、財政支援を約束しました。以上のようなアメリカ軍の意図や計画を併せて考えるとどうでしょうか。

任　言うならば、第二次世界大戦で苦労して闘った結果が、共産圏に有利になったということですね。

李　アジア全体がひとまず欺かれたということです。そのために、北朝鮮の韓国攻撃（統一戦争）は、アメリカに日本確保のための橋頭堡として韓国維持の軍事的行動を行う正当性を付与したものです。なによりも、韓半島全体が共産化されればアメリカの主要拠点である日本が危ない立場になるとの判断からでした。

決してロマンチックには語れない戦争

任軒永　伴野朗《とものろう》という作家が書いた小説『Ｋファイル38』（徳間文庫）を興味深く読みました。Ｋファイル

38とはGHQにあったマッカーサーのファイルナンバーです。朝日新聞外信部出身の作家が、朝鮮戦争の原因を追跡した推理小説仕立ての作品でした。序文で「自分はすべて証拠を持っていて、全部、事実であるが、小説の形式で書いただけだ」と書いています。日本の財閥が朝鮮戦争を起こすようにマッカーサーと接触し、次期大統領になろうとするマッカーサーの野望と日本経済界の特需という、二つの目標が一致した結果、戦争が勃発したと主張しています。また、マッカーサーを英雄として盛り立て引き立てるためには、戦争で悲劇的な後退を繰り返し、抜き差しならない状態になってから、劇的な反撃勝利を収める必要がある。それが仁川《インチョン》上陸作戦なのだといいます。ある意味では漫画のようであり、一方ではかなり衝撃的な内容です。日本の役割はどうだったのでしょうか？ 当時、日本経済はどん底にあり、特需がなければ生き残る道はなかったのですが、事実、朝鮮戦争で復興しました。少し前、ある日本の知識人が「今、わが国では朝鮮半島の戦争を既成事実化している」そして、「今日の日本経済の沈滞から抜け出すチャンスは朝鮮戦争のような、朝鮮半島の危機以外にはない」と発言していたので、とても驚きました。

李泳禧　私は、その推理作家の作品を読んでいないので何とも言えませんが、日本の財閥がアメリカをそそのかして、朝鮮戦争をアメリカが起こすように働きかけたと言われましたが、朝鮮戦争前の時期は、日本の財閥はすべて解体された状態でした。戦犯者の死刑も行われ、戦争に負けた日本との講和条約も朝鮮戦争勃発後に締結されたため、政治も経済も混沌とした状態でした。そうした現実に則して、その記者の架空小説にどれだけ「根拠」があるのか、私はよく分かりません。特に解放後、朝鮮半島情勢に関する修正主義の歴史家ブルース・カミングス教授、それ以前に朝鮮戦争のアメリカ責任論という観点から接近したI・F・ストーンをはじめとする人々の見解は、先ほど話したスターリン、金日成、毛沢東の間の戦争準備過程と戦争遂行過程に関する決定的な機密文書が明らかにされるはるか以前の段階の論考です。いまではカミングスも、そうした主張をかなり修正した新たな側面の論文を発表しています。とにかく、この一五年間に明らかにされた、客観的証拠に立脚した歴史的事実は、先ほどお話ししたとおりです。

実際の状況は、①人民軍の戦力が韓国軍の戦力に比べて格段の差があり、②韓国に最も近い日本に駐屯したアメリカ軍の戦力は、事実上、治安維持の水準に凝縮されていて、③人民軍の戦力に対抗できるほどの戦力の投入には、本土戦力の移動と装備の準備に時間を要し、④ソ連、中国との戦争の可能性を含む全世界規模で評価の複雑な協議・調節段階を経なければならない、⑤大規模な上陸作戦には、第二次世界大戦中のノルマンディ上陸作戦のような物的・人的・科学的及び技術的な事前調査、予測作業が先行されねばならず、⑥朝鮮戦争に参戦した一〇余カ国の政府との政策・軍事的合意が伴わねばならず、⑦ノルマンディ上陸作戦の場合と同様に、もし作戦が失敗した場合の広範囲な緊急対応策を整えなければならず、⑧国連における国際政治の場での政治・外交的対策を連合国政府と協議しなければならない、などの問題が伴うものなのです。

「抜き差しならない状態になってから」だの、「悲劇的な後退」だの、「劇的な勝利」のために、さらには「自分が大統領になるスケジュールに合わせて」といった類いの話を、そのまま信じるのですか？　戦争や軍事とはそんなにロマンチックなものではありません。アメリカの意図が不純だという先入観のために、そのような途方もない小説を真実だと思い込むのは、いかがなものでしょうか。もっと慎重に、もっと科学的であらねばなりませんね。

第2章　戦争の中の人間を見つめて

全世界の被抑圧人民の白人資本主義に対する闘争に、私は熱情的な共感を覚えた。

そのような全地球的で、全人類的な世界史的大変革に関するニュースを書いて知らせる外信記者としての仕事に、私は全身全霊を捧げた。

戦争の中の人間1——同族相争う現場で泣く青年

弟の死がもたらした意識の転換

任軒永　先生の回顧録『歴程』（一九八八年）を読みますと、「弟の死のために、休暇でわが家に帰ったときの私と、再び前線に戻ってきたときの私は、人間が大きく変わっていた」との一節が、実に詩的に現れてきます。何がそのような変化をもたらしたのでしょうか？

李泳禧　その休暇での出来事が契機となって、私という人間の内面が変わったのは決して嘘ではありません。むしろ軍に入隊し、最前線での激戦を体験する間に目撃したあまりにも悲惨で否定的な事実と、一方では、戦争とかけ離れた後方地域での歓楽、奢侈、極端な利己主義的な現実を目撃するなかで、純真だった二三歳の青年の心に大きな変化が生まれたのです。まず、当時の大韓民国の軍隊というものの実体を正しく知る必要があります。そうすれば私が経験した精神的動揺の背景について理解することができるでしょう。

第一は、大韓民国の軍隊は日本帝国主義の軍隊をそのまま引き継いだものでした。少数の独立軍出身者はいましたが、韓国軍の上・中層部の指揮官の大部分は、日本の天皇に忠誠を誓った将校と、みずから銃を担ぎ日本軍になった下士官志願者の出身でした。彼らが往時に命を賭け忠誠を尽くした、あの野蛮な日本軍隊の思想と暴力主義を、そのまま新しい国の軍隊である「国軍」に再現させていたのです。

何かにつけて中尉は少尉を殴り、少尉は下士官を殴り、下士官は兵士をあたかも犬でも扱うように殴りつけるのが常でした。暴力を行使する何らかの理由があったわけではない。ただ、相手を殴打し苦痛を与えて快楽を味わうサディズム集団だった。そのサディズム・システムの末端である底辺にいる大韓民国軍の兵士は、まったく人間扱いされることはなかった。

第二は、将校、下士官、そして兵士のなかには、これとは異なる性格の軍人がいました。彼らは解放以後、朝鮮戦争が勃発するまでに、全国各地で新たに生まれた社会改革運動に飛び込んだ「改革思想・共産主義・社会主義的傾向の持ち主」、言うなれば左翼活動の経験者でした。アメリカ軍占領時代の統制権限を継承したのも同然の李承晩《イスンマン》政権の弾圧と追及を避けるために、軍隊を避難場所に選び、軍隊を保身の場に選んだ人々でした。その当時の軍隊は、唯一、警察と西北青年団など多数の右翼暴力団体の上に君臨する、また別の暴力集団だった。だから全国で警察と右翼暴力集団の迫害を受け追われた若者たちが、彼らに復讐するために入隊する場合もあったのです。

第三は、無知・無学で社会的下層に属する都市貧民や、農村の無為徒食の青年たちが糊口を凌ぐために軍隊に入るケースもあった。軍服と階級章で装われた外面、そして銃を担ぐ「権力」の標識に眩惑され、「運が良ければ出世できるだろう」と夢想して集まってきた者、こうした人々が当時の国軍を構成していました。

もちろん、新生独立国家の柱である軍隊の存在理由を正しく理解し、自分の使命と責任を果たそうと努力する青年将校がいなかったわけではありません。しかし、その数は微々たるものでした。だから、このような性格と気質、背景と人脈の者を集めて構成された大韓民国の軍隊が、どんなものかは想像できるでしょう？　大韓民国の軍隊には何の理念もなかった。少なくとも一国の軍隊であれば、その軍隊が何をすべきか、精神的姿勢はどうあらねばならないか、日常的にいかに行動しなければならないかなどの存在理由がなければなりません。しかし、わが軍隊にはそのようなものはまったくなかった。若い人たちは、解放以後、朝鮮戦争、そして休戦以降かなりの期間のわが国の軍隊の本質と真の姿がどうだったかを、よく知らないと思います。一言でいうなら、それは国民の生命と財産を保護し、国家を防衛するという、軍隊の崇高な使命感や行動上の信念を持たない集団でした。

私は休戦協定が締結される一九五三年七月までの三年半近くを、最前線の戦闘地域で過ごしました。その間に、俗離山《ソンニサン》・智異山《チリサン》・雪岳山《ソラクサン》・乾鳳山《コンボンサン》・香炉峰《ヒャンノボン》など多くの激戦地を、部隊とともに駆け巡りました。特に

陸軍中尉だった1952年10月26日、江原道杆城郡乾鳳山（911メートル）の指揮所で（左）、同僚とともに。

江原道《カンウォンド》の最前線では、戦いのたびに多数の兵士が犠牲になりました。そうして師団本部から補充兵が、M1小銃を逆さに下げて八八四高地や香炉峰などに投入されてきました。戦死、あるいは負傷で不足した部隊の兵力を補充するためでした。彼らの大部分は農村出身か、都市の富や権力とは縁のない親をもつ息子たちでした。

ある時、八八四高地の戦闘が終わると、土砂降りの中をずぶ濡れになりながら、百名ほどの補充兵が力なく登ってきました。いつも私が心を痛めているこの国の社会と軍隊の不義（injustice）に対する感情のために、私はその日も雨に打たれて登ってくる彼らをポイントで出迎え、そして尋ねてみました。「君たちのなかで中学校以上に通ったことのある者は?」、すると約百名のうち三名だけが手を上げました。このように、韓国社会で力も金もなく、「バックもない」都市労働者や農村出身の無学な息子だけが、死地に追いやられていたのです。

そうかと思うと、まさにその頃、山の頂上に設けられたわが連隊のOP（連隊前方指揮所）に、「ひよっこ少尉」が配属命令を受け、それを申告するために登ってきました。童顔で苦労知らずの若者でした。この新任少尉は最初から将校らしからぬ、横柄でふざけた態度でした。我々のように血まみれで戦ってきた将校の目にはまったく癪に障わる存在で、呆れて見ていました。ところがOPにやってきて一、二日ほど過ごすと、明日は師団本部に降りて行くと言い出したのです。陸軍本部から電報が届いたという説明でした。そして陸軍本部への転属命令を受けて立ち去ってしまいました。もちろん、こんなことがすべてではないにしても、命を賭けている現場で、こんなことが何度かありました。まったく血が煮えくり返るような憤りを記憶しています。

こんな軍隊とともに無意味と思われる戦争を体験しただけに、私が弟の危篤の知らせを聞いて前線から駆けつけて、まだ生きているだろうと思っていた弟がすでに十二日前に亡くなったことを知ると、私は理性を失ってしまいました。私がほかの将校のように要領よく行動し、最前線の戦闘から抜け出して後方勤務をしていたら、両親に苦労させることもなく親孝行もできたでしょう。弟も「私の代わりに労働現場で苦労し、あっけなく死んでしまうこともなかったろうに」と思うと、何のためにこの国に忠誠を捧げねばならないのかという疑念と、軍隊に対する激しい反感が込み上げてきたのです。こうした変化が、まさに私の国家観と戦争観、そしてこの社会で生きていく、それ以後の心の持ち方に対して、決定的な転換をもたらすことになりました。

狂気漂う集団の無慈悲な虐殺

任軒永　弟さんの死は、先生の心に消せない傷を負わせた最初の事件だったのですね。現在の先生を拝見すると、軍隊体験が大きな影響を与えたと思われてなりません。「居昌《コチャン》良民虐殺事件」の現場にも立ち会われ、晋州《チンジュ》妓生《キーセン》の件で経験されたエピソードもあり、また、晋州から移動する際には、他人が代わりに死ぬ運命的な事件にも遭遇されています。まず、順番にうかがっていきましょう。

一九五一年二月九日から一一日までの「居昌良民虐殺事件」は、先生に計り知れない衝撃を与えました。後方の共匪〔共産ゲリラ〕討伐を口実に、五〇年一〇月に陸軍第一一師団が創設され、居昌郡神院《シンウォン》面で警官三〇名が戦死した事件の発生は同年一二月五日のことでした。そして翌年二月七日に、第一一師団九連隊三大隊の八〇〇余名が神院面に進駐します。この事件を要約したインターネットサイト「居昌事件」(http://www.llcace.geoehang.go.kr/) は、次のような説明をしています。

「一五歳以下の男女の児童が三五九名、一六〜六〇歳が三〇〇名、六〇歳を超える老人が六〇名、無辜の良民七一九名（男子三二七名、女子三九二名）が、当時の一一師団（師団長、崔徳新《チェドクシン》准将）第九連隊（連隊長・呉益慶《オイッギョン》大領）三大隊（大隊長・韓東錫《ハンドンソク》少領）の銃剣によって無慈悲にも殺害された。凄惨な遺体に薪と油を散布し、火を点けて焼き尽くすという、天も地も憤怒する許しがたい事件が発生した。韓東錫は後患を恐れて神院面一帯に戒厳令を布告し、他地区からの出入りを制限した。幼児の遺体は虐殺現場から約二キロ離れた渓谷に運び、ひそかに埋葬し事件を隠蔽した。彼らは「共匪」との戦闘で犠牲者が出たと事件を歪曲して伝えたが、同年三月二九日に居昌出身の愼重穆《シンジュンモク》国会議員により国会で暴露され、三月三〇日に国会と内務・法務・国防部の合同真相調査団が構成された」

事件が物議をかもすと、申性模《シンソンモ》国防部長官は「良民ではなく共匪の討伐だった」と言い張りましたが、このような事件の現場に李先生の属する部隊が訪れたのですね？

李泳禧　私が配属された歩兵第九連隊本部は晋州農林学校に駐屯し、衛戍《えいじゅ》司令部を設置してから、山清《サンチョン》・咸陽《ハムヤン》・居昌《コチャン》・河東《ハドン》・泗川《サチョン》などに連隊兵力を分散配置しました。第九連隊の第三大隊が犯した天も地も許さない、あの居昌良民虐殺事件を私が知ったのは、事件発生後しばらく過ぎてからでした。この話を聞くと、人々はおそらく「九連隊に属する三大隊がとんでもない事件を起こしたのに、なぜ連隊本部は事件を知ることができなかったのか」と疑問を抱くでしょう。

九連隊指揮部隊の作戦地域を視察した顧問官メイスン少佐は、その前年の晩秋に連隊本部の参謀とともに南原《ナムウォン》で開かれる師団作戦会議に行く途中、「共匪」の急襲を受けて亡くなりました。その後に顧問官三名が赴任してきましたが、首席顧問官には「私兵」のように連れ歩く民間人の通訳官がいました。ほかの顧問官は私の後任者とともに業務に当たったため、私は直接業務を担当する顧問官がいなくなり、戦闘現場とは離れて過ごしていました。良民虐殺事件は、新任顧問官が赴任した直後に起きました。私が居昌で第三大隊が思いもよらぬ事件を引き起こしたことを知ったのは、釜山にいる戒厳司令部の金宗元《キムジョンウォン》大領が、あろうことか指揮下の部隊の兵士に共匪の服を着せて待ち伏せさせ、現地視察のために居昌に来た国会調査団の車を道の要所で攻撃して国会の調査の妨害をした事実が公開された後でした。この事実はいつまでも私の胸を締めつける出来事になりました。

智異山の戦闘ではパルチザンを捕まえると直ちに処断したようです。負傷したまま山裾の急斜面に放置されたりして、傷口を洗うこともできずに腐敗がひどい状態だったので、体がシラミだらけでした。食器などでかき出しました。シラミを箒で掃き集め、かますを被せて揮発油を撒いて焼却するのですが、体からは大量のシラミが出てきました。こうしたすさまじい戦争の非人間性・反人間性・反生命性を、居昌良民虐殺事件のような集団的狂気を通じて知ったのです。私の内面には、戦争と軍隊、そうした残忍非道な事件を犯す軍隊という人間集団に対する、形容しがたい憎悪心と嫌悪が、本性のように根づいたのです。

今なお、空を飛び回る霊魂たち

任軒永　先生は居昌良民虐殺事件について、メイスン少佐がいたら事態は変わっていたかも知れないと言われましたが、当時、メイスン少佐の後任者の怠惰と不誠実さのために、この虐殺事件が防げなかった、と思われたのではありませんか？

李泳禧　居昌事件の発生は五一年二月で、メイスン少佐が智異山《チリサン》でパルチザンの攻撃を受け戦死したのは、その前年の秋です。だから連隊の首席顧問官だったメイスン少佐が事件当時に生きていたら、という仮定の質問に回答するのはかなり難しい。後任として赴任してきた顧問官が居昌事件を事前に知っていたのか、あるいは知っていたら防ぐことができたのか、さらに、それらの事実を事前に知ることがなく事後的に認めることになったのかについても、何らかの可能性を引き出す回答をすることはできません。

そうした仮定の質問に対する回答の参考に、関連要因を考えることはできるでしょう。朝鮮戦争当時、戦闘部隊に配属されたアメリカ軍顧問官と韓国軍部隊との業務分担には境界があったこと、命令系統が異なっていた事実、この二つを理解する必要があります。まず、業務分担のことですが、顧問官は一般的な作戦計画に関して連隊長の説明を聞いて、アメリカ軍の軍需物資、例えば武器、弾薬、ガソリンなどの供給などに関わりました。けれども、韓国軍自体の軍需物資、すなわち各種食料、被服調達、給与などに顧問官は介入してはいません。部隊の作戦計画に関しては、アメリカ側の支援が必要な場合には事前協議をしますが、アメリカ側の関与や物質的協力を必要としない韓国部隊の一般作戦においては、たいてい事後通知を受けて協議することになっていました。要するに、国軍部隊の諸般の活動や作戦に関して、顧問官がそのつど干渉するとか、協議するとか、すべて把握しているとかの、言うなれば「二身一体的」な関係ではなかったのです。

だから、第九連隊第三大隊が、あの虐殺事件のような恥知らずの事態を引き起こした際に、連隊長が連隊顧問官と事前協議をしたとか、同意を要請したとは考えられません。このような思いがけない事件は、師団と指揮下の第九連隊第三大隊の作戦計画の執行過程で、最高レベルの極秘に属する行動だったので、直接関連する指揮官級だけが事前に知っていたかもしれない。師団長の崔徳新少将と連隊長の呉益慶大佐は、こうした事件がもたらす事後反応の重大性を予測できたはずなので、事後、徹底的に事実を隠蔽しようとしたのは確かです。こうした関連状況から推察すると、事件が国際問題化するのは明らかなので、アメリカ軍顧問官に事前協議や通知をしたとは考えられないのです。

メイスン少佐がいたとしても事態は同じだったでしょう。顧問官が配属された九連隊の連隊長が、自分の指揮する部隊が犯した、こうした恐るべき大量虐殺事件に関して事前に顧問官に知らせるはずはなく、だから顧問官がこうした事実をすぐに知ることはできなかった。したがってメイスン少佐がどんなに誠実に勤務したとしても、そうした状況においては力にはなれなかったでしょう。

任　アメリカは顧問官を通じて、これを事前に知る機会はなかったのでしょうか？

李　私と新任の顧問官は、まったく対話の必要や機会がなかった。また、通訳将校は、顧問官のすべての業務を知り得る立場でもなかった。顧問官と通訳将校が業務上の情報を共有する範囲は、連隊長が顧問官に知らせる事項と、顧問官が連隊長に要求する情報に限定されていました。南原にいる崔徳新師団長が師団首席顧問官に知らせた情報が、師団顧問官を通じて連隊顧問官に伝達される可能性は当然ありました。当時の状況証拠から推察すると、崔徳新師団長が、韓国軍と韓国政府に重大な打撃を与えることが明らかな居昌虐殺事件関連の情報を、みずから師団顧問官に提供したとは考えられません。つまり、連隊顧問官もほかに知る手だてはなかったのです。

任　居昌ではいつもアメリカ軍と一緒に行動したのですか？

李　いいえ違います。居昌にはアメリカ軍がいなくて、韓国軍だけがいました。朝鮮戦争当時の韓国軍とアメリカ軍軍事顧問団との関係については、韓国軍に配属されたアメリカ人顧問官と韓国軍部隊長、そして、その間には韓国軍将校として勤務する連絡将校、すなわち、この通訳将校の仕事や機能を詳しく知る必要があります。一つの連隊には原則的に顧問官が一名、多くの場合、領官級一名と尉官級一名がいました。あるときは二名とも領官級将校だったこともあった。通訳将校はあくまでも「大韓民国陸軍将校」なので、所属する部隊、すなわち韓国軍指揮官の命令系統に入ります。業務上、韓国軍部隊の指揮官がアメリカ軍顧問官との連絡・通訳業務にあたり、顧問官の命令やアメリカ軍の指揮系統とは何の関係も持たない。食事も部隊の将校食堂でとり、宿舎も原則的には所属部隊と同じです。

ただ、そうした施設が不足、または顧問官の宿舎が部隊の外部にあって、必要上、通訳将校の宿舎を提供する場合に限って一緒になるのです。戦闘部隊では、日常的に顧問官が通訳将校に接する必要性があるため、例外的に野戦テントやバンカーという洞窟や野戦壕、または民家を入手してともに過ごすことになります。後方では、主に昼の勤務時間だけは、部隊長室の傍に配置されるテントや部屋で顧問官とともに勤務します。機能的には顧問団と関連しますが、身分上では何の関連もなかった。私の場合は「大韓民国陸軍歩兵第一一師団第九連隊所属、軍番二一二三八四八陸軍中尉李泳禧、特技通訳」でした。だからアメリカの軍隊とは何ら関係がありません。

任　資料を見ると国会調査団は、「共匪掃討」の過程で二〇〇名もの犠牲者が出たが、児童や老人は含まれていないという調査結果を発表しました。詩人の慎達子《シンダルジャ》〔居昌出身《コチャン》〕が書いた追慕詩「魂よ　まだ　眠りは訪れていないのか」の「どうしてこうした嘘のような歳月があったのか」という一節が思い出されます。歴史歪曲の典型的な例でしょうね。この事件は九六年に名誉回復されましたが、いまだに類似事件の犠牲者があの世に行けずに霊魂となり、国の山河をさまよっています。聖公会《ソンコンフェ》大学の金東椿《キムトンチュン》教授が中心になって活動している「朝鮮戦争前後の民間人虐殺真相究明汎国民委員会」が、こうした事件を扱っていますが、いまだに霧に包まれた部分が多いようです。

李　金東椿教授はその活動の過程でわが家にも訪ねてこられたので、色々と意見交換をしました。彼は私の自叙伝『歴程』に収めた「戦場と人間」からも多くの引用をしています。居昌良民虐殺事件は、軍隊が完全に秘密事項扱いとし、一切の情報流出を封鎖したので、韓国の新聞では報道されなかった。どのような経緯でそうなったのかは不明で、あるいはその後に公開されたのかもしれませんが、私の記憶では外信が暴露したとなっています。この事件が明らかになると、国連総会でソ連代表がアメリカ軍と韓国軍の残虐性を糾弾し、イギリス議会では「朝鮮戦争に参戦しているイギリス軍隊を撤収させよ！」と強硬な要求まで出しました。李承晩《イスンマン》大統領と大韓民国政府に対する厳しい批判が噴出したのですが、イギリスの『タイムズ』紙が「韓国で民主主義が実現するのを待つことは、あたかもゴミ箱にバラの花が咲くのを待つようなものだ」と論評し、その言葉が全世界に広がるきっかけになりました。

ついでに言うと、「居昌良民虐殺事件」を引き起こした第一一師団はその責任を負い、五一年初頭に智異山作戦を第六師団に譲り渡し、江原道《カンウォンド》前線での戦闘任務を命じられます。雪岳山《ソラクサン》戦線のために部隊が北上している途中、事件の責任者に対する軍事裁判が開かれ宣告が下されました。崔徳新師団長は解任、呉益慶連隊長は無期懲役、虐殺の直接責任を負う韓東錫大隊長は懲役一〇年、そして事件を隠蔽するために国軍を人民軍に偽装させ、国会調査団の現地調査を惑わした金宗元慶南戒厳司令官には懲役三年が宣告された。

しかし、彼らは刑務所暮らしを一年もすることなく、翌五二年三月に大統領特赦で全員釈放されました。

そのあげく金宗元大領は、全羅南道《チョルラナムド》警察局長を経て治安局長にまで昇進しています。これが「大韓民国国軍」なのです。刑務所に入っていても、大統領の特別指示で、彼らはまるでホテル暮らしのように恵まれた生活をした事実が明らかになりました。極右反共しか知らない残忍非道な独裁政権と、韓国軍隊の本質を物語るものにほかなりません。

拳銃の前でも堂々としていた晋州妓生

任軒永　居昌《コチャン》事件以外にも、李先生は軍隊でその後の人生に大きな影響を与える体験をされています。これらについてもお話しください。

李泳禧　昼夜を問わず命を賭けて戦う戦場では、闘う軍人としての経験だけでなく、ひとりの人間としても特異で貴重な経験をする機会がよくあります。一般社会とは異なる極限状況なので特異な事件が多いのでしょう。私は畏敬の念、深い羞恥心のなかで、貴重な教えを受けた経験が三回ほどあります。不思議なことに、そのすべてが軍隊での体験でした。その最初が晋州妓生《チンジュキーセン》に関するものです。

智異山《チリサン》戦闘の渦中に、私は一つの運命のような体験をしました。何度かの戦闘が終わってから、呉益慶連隊長が将校をねぎらうために、晋州市内の飲み屋に集まり宴会を催しました。有名な晋州妓生は戦争の最中なので残っているはずはないのですが、とにかく「晋州妓生」なる女性を集めて宴会を開きました。

その日の宴会で、私はいつものように連隊長の隣の席に座ることになりました。連隊長と私との関係は、他の歩兵将校とは異なっていました。私は厳然たる軍人でありながらも、職業軍人ではないので「半軍人・半民間人」のように見られたのか、連隊長も心やすく接してくれました。そしていつも宴会では自分の隣に座らせたのです。連隊の参謀や大隊指揮官らは、連隊長の隣に座るのは気詰まりを感じるのでしょうか、いつもその席を私に譲ってくれました。その日も連隊長と私は、晋州妓生と称するかなり年配の女性を、それぞれ占有することになりました。もちろん、一〇名ほどの他の将校も、久しぶりに白粉の匂いのする女性を、ひとりずつ隣に座らせていました。

そうしてしばらく飲んでいたのですが、いつしか意識が薄れました。私はそれまであまり酒を飲まない方でした。目覚めてみると女性は姿を消していました。酔いが回っていた頃に、この女性に席が終わったら二人でどこかに行こうと約束していたのに、いつの間にかいなくなっていたのです。戦闘地域では尉官将校はあたかも将軍のように、羽振りを利かせていました。幼稚ですがその当時はそんな風でした。だからその時は、その妓生が何かしら言ったとしても、私は相手が応じるものと信じ切っていたのです。

腹が立ったので、住まいはどの辺りかと確かめて、自分でジープを走らせました。南江《ナムガン》を見下ろす坂の上の粗末な藁葺きの家でした。しおり戸を開けて入り、最初は丁寧に女性の名前を呼んだのですが、何の気配もしない。私は無礼だと思い少し声を荒げて「出てこい！」と叫びました。それでも姿を見せないので「約束しながら、なぜ何も言わずに消えたのか！」と大声で問い糾すと、ようやく留め金を外す音がして、戸がぎぃと開きました。三、四尺の高さの土台の上の縁側に現れた女性は、何も言わずに私を見下ろしながら、身じろぎもしません。ちょうどその日は満月で、中天に浮かんだ月が煌々《こうこう》と女性の面に降り注いでいました。黙然とその月光を正面に受けて立っている女性は、形容できないほど気高く見えました。

やがて私は女性に圧倒されました。相手との関係が逆転する恐ろしさに、一挙に酔いが覚めるほどでした。相手の姿があまりにも堂々として、近づきがたい存在に思われるほどでした。妓生のただ「お酌をする女性」ではなく威厳に包まれた存在の気迫に圧倒された私は、その瞬間、腰の拳銃を抜いて庭の外に向けて一発を放ちました。寂寞とした深夜に、その音は南江の川面に遠くこだまして広がりました。私はその女性に向かって「降りて来い！」と声を荒げました。当時、智異山のパルチザン討伐に出た衛戍司令部の将校といえば、少尉の階級章を下げただけで李舜臣《イスンシン》将軍くらいにはなったと思い上がる、そんな時代でした。さらに弾丸を一発放ったのですから、私は、論介《ノンゲ》〔豊臣秀吉の第一次出兵の折に、日本の武将を抱きかかえて南江に身を投じた義妓〕でもない一介の妓生なら足袋はだしで駆け降りてきて、膝を屈して「お助けください」と願うのかと思いました。

ところがそうではなかった。女性はそんな場面でも姿勢を崩さずに、静かに胸を張って立ち、私を見降ろしながら戒めるのでした。

「そのように、銃で人を脅して思いのままにできると思ってはなりません。若い将校さんは、これから立派になられるのですから、他人にそのように接してはなりません。晋州妓生は無理強いされても、ついて行ったりはしませんよ」

私はその戒めの言葉に気持ちが挫けました。大学を卒業したばかりの青年だったので、気持ちが純粋だったのでしょう。

自分がどんなにちっぽけな人間であるか！　取るに足らない一介の酌婦と侮った相手の、その堂々とした気迫が人間的にどれほど偉大であることか！　私はその妓生の存在に立ち直れないほど圧倒されました。私は丁寧に礼をして「失礼いたしました」という言葉を残し、うなだれて静かに引き下がり、ジープを走らせて帰営しました。そして、妓生の人間的な大きさの前で、自分がどんなにちっぽけな存在であるかを身をもって自覚しました。初めて人間の大きさ、道義的な大きさを悟らせてくれる事件でした。私にとっては本当に貴重で、ある意味では高貴ともいえる悟りの機会だったと思います。

任　じつに印象的な逸話ですね。人間の価値は職業や身分、財産や学歴ではない、存在そのものの本質が問われるということですね。

入れ替わった生と死の場所

李泳禧　私がひどく嫌悪した軍隊生活で、もうひとつ貴重な体験というか、認識の転換を迫られる事件がありました。メイスン少佐が首席顧問官として赴任していたある日、南原《ナムウォン》で師団本部の作戦会議があり、連隊長、首席顧問官、連隊参謀らが、早朝、南原に向けて出発しました。こういう場合、私は当然、連隊長と首席顧問官に同行することになっていました。

ところでその数日前に、メイスン少佐はわが部隊がパルチザンから分捕ったソ連製拳銃を贈り物として受け取りました。そして、それまで自前の拳銃を持っていなかった私に、彼は自分の拳銃「フォティファイブ」（〇・四五インチ口径）」をくれると言いだしたのです。ソ連製の拳銃は、真っ黒いアメリカ製の「フォティファイブ」とは異なり、銀色で大きさは手のなかにすっぽり収まるほどの小型です。さらにデザインが野暮ったいフォティファイブとは違って、細身で軽いのが特徴でした。朝鮮戦争に参加したアメリカ将校が、帰国する際に最も人気のある記念品でした。ところが、それには条件がありました。それは「自分と今後一週間、南江《ナムガン》の河原で射撃練習をしてから」というものでした。アメリカ製拳銃は、東側を狙って撃つと銃弾は西側に飛ぶほど反動が強く、訓練していない者が射撃すると、傍らの者を殺傷しかねないほどだったからです。メイスン少佐は「五体満足な状態で、妻と息子たちのところに帰りたい」からだと言い、一週間の訓練が終わったらくれると約束したのです。

しかし、作戦が続いたため射撃練習はできなくなり、私は拳銃を持っていないので、カービン銃を肩にして師団の作戦会議に行くことにしました。他の将校や兵士は戦闘で分捕ったり、釜山の闇市場で買い求めた自前の拳銃を持っていましたが、私だけはカービン銃だったのです。けれども結局、それが嫌で病気を口実に「今日は行かない」と断りました。

折しも部隊には遅れて赴任してきた通訳将校がいました。朴《パク》中尉といい慶北《キョンブク》大学国文科の出身で、優秀な成績で卒業し、大統領賞まで授与されたそうです。その彼が「自分は天涯孤独の孤児として育ったが、叔母が南原にいると聞いている、一度訪ねて無事を確かめてみたい。ぜひ自分を行かせてほしい」と頼み込んできました。もっとも、私が行かなければ後任将校が行くことになるので、願ってもないことでした。それで私は数日前に支給され、まだ袖を通してない新品のパーカーを着せてやり、「元気で行ってこい！」と送り出しました。参謀には「朴中尉をよろしくお願いします」と頼み、連隊指揮本部は一個小隊の警備兵と憲兵の車両に前後を警護されて出動したのです。

そうして出かけて三時間ほどすると非常召集がありました。智異山の奥まった渓谷で、連隊長以下、首席顧問官や連隊本部の参謀らが、パルチザンの攻撃を受けたとの報告でした。谷間の両側で待ち伏せしていた人民軍が攻撃を仕掛けてきて、気丈にも連隊長とほか数名だけが逃げ帰ってきた。緊急出動の際には、いつも乗っていたジープの私の席で、朴中尉が胸に銃弾三発を受け、血まみれになって倒れ、靴も銃も残されていませんでした。共産ゲリラがみんな持ち去ってしまったのです。首席顧問官はフロントガラスを貫通した二発で、まるで飛び出たように、片足を車に引っ掛けたまま、身体は地面に倒れており、顧問官のソ連製拳銃も失われたあっけない結末でした。

それまで、私は人間とは科学的で緻密な合理的論理、自分の意志で左右できる法則のようなものに基づいて生きていると考えていました。ところが、実際に生と死の場が入れ替わる奇妙な状況になると、死というものは、人間のそうした理性や計算を完全に超越した神の意思で、「偶然のいたずら」ではないか、という気持ちになりました。「生命は天の定めるものであり、人間万事塞翁が馬」という言葉が頭をよぎりました。

もし、私が拳銃をもらっていたら、得意になってジープに乗っていたでしょう。そして、その席で死んでしまったはずなのに、拳銃が無いからと仮病を使って同行しなかったため、私に代わって朴中尉が死んでしまったのです。あらゆることが、何らかの運命や偶然の連鎖のなかでくり広げられる「塞翁が馬」みたいなものなのだ。偶然という大きな力、一つひとつの現象だけでは、因果関係の大きな意味を推し量ることはできない。こうした非科学的な考えをするようになったのです。この経験によって、それからは「人の生命というものは、自分の意のままになるものではない」という、一種の運命論を信じるようになりました。

任軒永　そして、もうひとつの事件とは何ですか？

李　思い上がった私が、人間的な悟りをくり返すなかで、謙遜という徳目の大切さを切実に感じた事件がありました。江原道の最前線である乾鳳寺《コンボンサ》攻撃作戦の後のことです。乾鳳寺はもともと九九間もある大寺刹なのですが、アメリカ軍の爆撃で完全に灰燼に帰していました。智異山で亡くなったメイスン少佐の後任の首席顧問官パトナム少佐と私は、戦闘が終わったばかりの乾鳳寺に入って行きました。人っ子ひとりいないことを確認し、あちこち探し回っていると、奥まったところに庵がありました。その前で声をかけると、扉が開いてひとりの僧侶が現れました。年齢は四〇歳くらいでしょうか。びっくりした私と顧問官は、反射的に石垣に身を隠し拳銃を抜きました。庵から出てきて私たちの頭の高さにある庭の端に立った僧侶は、丁寧にお辞儀をしました。そして庭の傍らにある小さな蔵を指して話し始めました。

「ほんの数日前まで、蔵には僧侶たちが育てて乾燥させたトウモロコシ・豆・アワ・ジャガイモ・大根・白菜・青菜などがいっぱい積まれていました。宗教を憎む人民共和国の軍隊も、ここで五、六名の僧侶が栽培した野菜やカボチャなどを乾燥させて自給自足で暮らしている我々に、これまで口出しをしたことはありませんでした。ところが昨日、韓国軍の捜索中隊は、有無を言わさず蔵の扉を壊して乱入し、食糧を全部運び出して行きました」……。宗教を尊ぶという韓国の軍隊が、僧侶を保護するどころか、侵入してひと言の断りもなく蔵の食糧を運び出すのを見て、残った僧侶は軍隊に裏切られたと思ったのか、どこかに消えてしまいました。しかし、一人でも残って寺を守らねばならないので、自分が残っていると言うのでした。そして「お二人は偉い方のようですから、あの食糧をぜひ取り戻して下さい」と頼み込むのです。我々は精一杯「そのように努力いたします」と答えて帰ってきたのですが、それをどこで探し出せるのでしょうか？

我々二人に拳銃を突きつけられても、毅然とした態度で静かに向き合う姿は、まさに生と死を超越しているように思えました。すばらしい方でした。数日後に行ってみると、僧侶の姿は消えていました。大韓民国の軍隊とはそんな集団だったのです。じつに嘆かわしいものです。何の武器も持たない素手の僧侶は、血なまぐさい戦場を駆け巡ってきた二人の将校の拳銃が自分を的にしているのに、泰然と、あたかも我々をたしなめるように屹立し、恐れることなく私たちに向き合っていた、その仏の弟子にふさわしい姿に感服しました。そして、喩えようもない恥ずかしさと自己嫌悪に陥りました。私はここでまたしても、晋州の妓生から受けた時のような新しい悟りに満ちた感動と喜びを味わったのです。

開封するのが恥ずかしかったクリスマスカード

任軒永　そのほかにも、軍隊に服務していた当時のエピソードがありますね。

李泳禧　そうですね。七年という長い期間でしたから。最後の事件は同じ師団の二〇連隊に転属になった際に、連隊の次席顧問官ソロシー少佐との間に起きたことです。当時、彼の任期は一カ月ほどしか残っていなかった。しかしどういうわけか、彼は上司の信用を失って憎まれ、前線部隊に配置されたとぼやいていました。首席顧問官は連隊本部の山の麓にある古い農家で、不細工でかなり老けて見える女性とともに暮らしていました。ソロシー少佐が乾鳳山ＯＰから下りてきて、首席顧問官と一緒にその家を使う時には、隣の部屋で毎晩眠れない状態が続いていたのです。そうするうちに、少佐は昼も夜もウィスキーを浴びるように飲み、カレンダーの日付をごしごし消して毎日を送っていました。

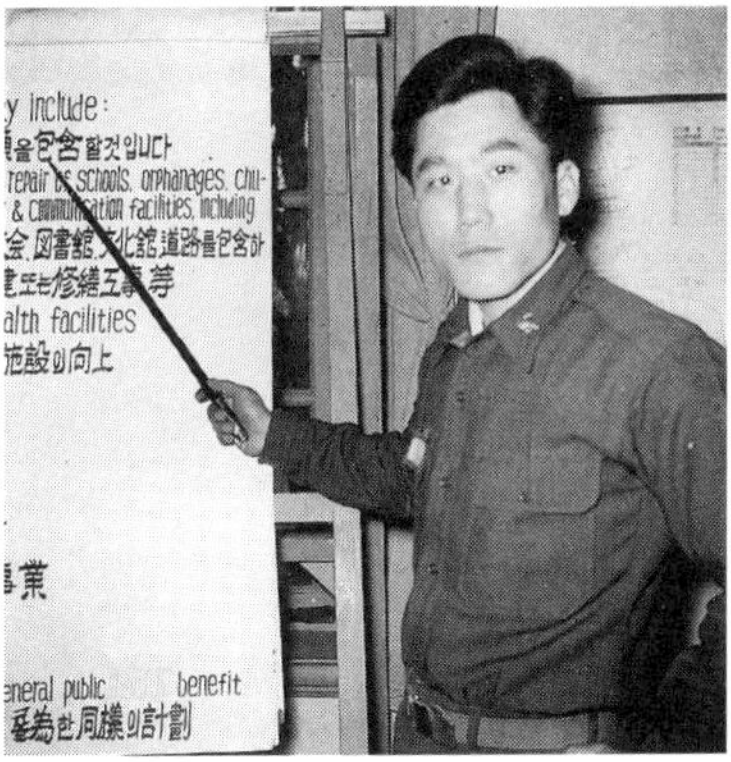

1953年秋、馬山の陸軍軍医学校で説明しているところ。

戦闘が終わると、連隊の恤兵《しゅっぺい》（戦地の兵士に金銭や品物を送って慰問すること）将校が連隊長のために、後方からアンビュランス（傷病兵救急輸送車）で怪しげな女性を連れてくる慣行がありました。その任務を帯びた李恤兵将校が車を走らせて顧問官室の前に来ると、私に一緒に束草《ソクチョ》に出かけて一杯やらないかと誘うのです。見ると、数日前に戦闘を終えた中隊長が数名乗っていました。私が「それは、いいね！」と乗ろうとすると、次席顧問官がどこに行くのかと尋ねるのです。彼は恤兵将校が帰り道に、一人の女性を連れてこようとしているのを知ると、恤兵将校に一五ドルを渡して自分にも女性を連れてきてくれと頼み込むのでした。

われわれが酒を飲んでいるあいだに、恤兵将校が二人の女性を連れてやってくると、韓国兵のむさ苦しい冬用の刺し子の服を着せ鉄兜をかぶらせて、アンビュランスの後方座席に座らせ部隊に向かって出発しました。その当時は東草湖の中央が、戦闘地域と後方地域の境界でした。検問所から現れた米軍憲兵が車を停めてサーチライトで車内を点検したので、二人の女性は国軍兵士に偽装しているのがバレて、車から引きずり降ろされてしまった。つまり女性と預かった金は、横取りされた形になってしまったのです。

それまで、次席顧問官はウィスキー一本を空けて、女性の肌を想像しながら待っていたらしい。ところが帰ってきた救急車には女性がいなかったので、騒動になりました。恤兵将校が拙い英語でいくら説明をしても納得してもらえない。私が説明しても頑として聞き入れない。そのあげく、私に「お前が金を着服し女も横取りしたのだろう！」と言いがかりをつけ当たり散らすのです。「どうか、そんなことを言わずに、少し落ち着いて下さい」となだめても、いくら説明しても納得してくれない。さらに怒りを募らせて、ひどい侮辱的な言辞を吐く始末。こうした言いがかりをつけられている最中に、隣に座っていた顧問官の通信兵が「Dirty Korean Officers!」と言い放ったのです。その一言は私にもはっきり聞こえました。「卑劣な韓国将校め！」だと。しかも蔑《さげす》むような口調で、一介の兵卒が言い放った言葉に、それまで我慢していた私の堪忍袋の緒が、その瞬間にプツンと切れました。

私は少佐に向かって叫びました。

「貴様、よくも言ったな。五体満足なまま妻子のもとに帰りたいなら謝れ！」

この表現は、晋州でメイスン少佐が自分の拳銃を私に渡してくれる前に、正式な射撃練習をしなければ、「自分が撃った銃で死傷することがあるかもしれない」との意味で使ったセリフでした。私は英語が流暢な方なので、感情が激しくなってくると、むしろこうした表現が自然に口に出てくるのです。そして、私は「謝ることができないなら、紳士らしく拳銃で決着をつけよう！」と声を荒げました。私は腰から自分の拳銃を抜くと彼に投げつけ、「お前の拳銃をここに出せ！」と叫びました。

当の顧問少佐は中庭でしばらくふてくされていましたが、次第に顔が青白くなりました。ハアハアと荒い息をついてから、やおら私に近づいて手をさし出しました。

「Lieutenants Ri, I am Sorry!」（李中尉、許してくれ。私が悪かった）

その日の事件はこうして終わりを告げました。それからは「穢《けが》れたヤンキー将校野郎」のことは、見ても見ない振りをしました。実際、私は七年間の軍隊生活で軍隊の恩恵に預かったことを挙げるとすれば、師団を代表する拳銃の射手になれるほど優れた、射撃の腕前になったことです。その当時、私は正式の拳銃射撃の標的があまりに大きすぎるので、ビールの空き缶を標的にして練習をしました。それでも大きすぎるので、江原道の農村の廃屋から取り外した電線用の碍子《がいし》を的にしたこともありました。しかし、それすらも命中させるほどの腕前でした。酒に酔った次席顧問官が漆黒の夜半に、とても私に勝てないと思ったのも当然でしょう。彼は私の射撃の腕前をよく知っていたからです。とにかくこの一件はこうして終わりを告げました。

ちょうど、その場には後任の通訳将校がいたようです。私は忘れていたのですが、その彼と四五年も過ぎた九七年でしたか、ソウル市内で偶然に顔を合わせ、かつての戦場での話が出ました。話の途中に「やあ、君！　あの時、顧問官少佐に拳銃を投げつけながら、真っ暗な夜中に決闘しようと叫んだな。僕は本当に二人のうちどちらかは死ぬと思って、すごく震えたよ」と言われました。その彼が、あの次席顧問官の業務上のパートナーだったのです。

そして、一カ月ほど過ぎたクリスマス直前に、ソロシー少佐は帰国しました。年が改まり勤務に忙殺され、その事件も私の記憶から薄れてしまった頃、前線の私あてにアメリカから一通の手紙が届きました。送り主はソロシーでした。私が決闘しようとプレッシャーを与えて屈服させ、私に謝罪を強要されて屈辱的な思いをしたはずなのに、彼は「五体満足で妻子のもとに帰りました」と、忘れずにクリスマスカードを送ってくれたのでした。私は恥ずかしくなり、数日ほど放置してから丁寧に読むと、「前線ではきみに色々と申し訳ないことをした。きみも私の気持ちや事情を理解してくれるだろう」と書いてありました。

そして結末には「God bless you!（神の祝福を！）」と結んでありました。さらに、自分の家族からの挨拶まで入っていました。彼がこのカードに挨拶の言葉を書きながら、家族に韓国の戦場でわれわれの間に、どのようなことが起きたのか、話をしたかどうかを知ることはできません。けれども、私はその手紙を受け取り、「ああ、俺はまた人間的に大きな外国人に負けたなあ！」と敗北感に包まれました。軍隊で経験したこうした悟りによって、私の内面は少しずつ偏狭と驕慢の殻を脱ぎ捨て、人間的に成長を遂げたのかもしれません。

朝鮮戦争勃発の翌月、すなわち五〇年七月に入隊し、満三年に及んだ最前線での日々は、無駄なことばかりではありません。射撃の名手になったことは、その後の私の人生に何の役にも立っていませんが、ひとつ、ほかの将校と異なる点は、戦争中でもこつこつ読書したことでしょう。同族が殺し合う意味について考えながら、戦争がいかに人間を破壊するかという問題については、いつも頭から離れることはなかったのです。そして、アメリカの顧問官が六カ月に一回、休暇で日本に行く時には、購入希望図書のリストを渡し、買ってきてもらいました。

そうして読んだ本のすべてを思い出すことはできませんが、『アンネの日記』、トルストイの『戦争と平和』などの日本語版、そして、数点の英語版ドストエフスキー作品などでした。『戦争と平和』は岩波文庫で全八巻（現在は全六巻）ですが、戦闘が途絶えることはなかったので、全八巻を読み終えるのに、一年ほどを費やしたように思います。休戦になると後方勤務になり、釜山、大邱《テグ》などで、さらに三年ほど勤務しました。軍服を脱いでから、軍隊生活に関係するすべての品物を廃棄しようとした際に、かつて読んだ本が出てきました。私は今でもそうですが、本を読み終えると巻末に読後感を書くようにしています。江原道の最前線の洞窟で読み終えた『戦争と平和』の末尾には、「戦闘の連続の中で、時間を見つけて八巻を読み終えるのに、こんなに時間がかかった。読む楽しみよりも義務感で読んだ」と書いてありました。

三〇年間苦しめられたお化けの恐怖

任軒永　先生は幼い頃の平安道《ピョンアンド》の言葉で、「オドゥクソニ（暗闇おばけ）」の恐ろしさを語っていますね。どこの地方でも大人たちは実際にそれを見たと言い、子どもたちは見ていなくても恐ろしさに怯えています。私も幼い頃「トッケビ（小鬼、鬼）だ！」と言われると逃げ出したものですが、先生も同じような体験をされたようですね。

今でも時々「暗闇お化け」の夢を見ると言われましたが、幼い頃に鏡に映ったひとつの映像が心に刻まれると、その人の一生を支配することもあると言われます。「暗闇お化け」のように映像と恐怖から安定を求めようとして、それが他人よりも強く作用したことが、先生の民主主義的意識と、平和への心理的な基礎にあるのではないかと考えてみました。フロイト的な解釈かもしれませんが、人間は誰でも成長期に形成されたイメージに直接・間接的な支配を受けるのではないでしょうか。

李泳禧　その観察と解釈に同感します。「夢の精神分析学」、または「夢の解析」というフロイト理論は、私の半生にもほぼ完璧に適用されそうです。彼は精神分析において、無意識の概念によって、覚めている時の精神活動と睡眠中の夢が無意識に連結されて表出される現象を、潜在意識の映像化と呼んでいます。私も何回かの獄中生活で、フロイト理論について興味深く読みました。彼の理論に沿って私の夢を類型化したこともあります。

私の夢の中には、単純な過去の体験が潜在していてそれが夢の中で再現されるパターンと、私の人生で経験した深い「欠乏感」が、その充足を求める表現として現れる夢など、ほぼ、四、五種のパターンに整理することができます。第一は、少年期の充足と幸せが意識のはるか底辺に沈殿していて、成年になってから、再びフロイト的な夢になるというのですが、平安北道《ピョンアンブット》の大館《テグアン》にいた頃のことです。野原や山や渓谷で、少年の欲求と追求が余すところなく充足された、幸せなすべての生が再現されるのです。ただし、先ほど話された「暗闇お化け」の夢は少し異質なのですが、これは少年期より少し前の幼年期の潜在意識でしょう。平安北道の大人たちが幼い子どもを脅かす際に使った「卵のおばけ」や「暗闇お化け」などの、とても恐ろしいまぼろしに追われて、全身が汗びっしょりになって目が覚める、そんな夢も見ました。

第二のパターンは、中学校と海洋大学で学んだ時代の人間としての動物的な必要性、つまり腹いっぱい食べることができなかった、欠乏の極だったそんな時期の苦しみ、大学を卒業し就職のために経験した苦痛などが再現されるものです。

第三のパターンは、朝鮮戦争の最中で、感受性が鋭い二〇代の青年の魂が傷を負っていく、その七年間の凄惨な事件の回想です。

第四のパターンは、ジャーナリストと大学教授時代、これは三〇代から六〇代までの長い期間にわたります。この期間の夢は、さらに二つの種類に分けることができます。まず、ジャーナリストだった五〇代から七〇代初頭まで、国家権力の圧力と弾圧によって、朝鮮日報社と合同通信社〔現在の『聯合ニュース』。八〇年一二月に、二大通信社だった合同通信社と東洋通信社の統廃合によって聯合通信社が発足。九八年一二月に社名変更〕から追われ、家族の暮らしを支えるために、卑屈に仕事を求めてさまよう夢です。「食べるため」に語り尽くせない屈辱と苦しみを味わったその頃のこと、具体的には朴正熙《パクチョンヒ》政権のもとでのわが人生の全過程が、多様な形の夢として現われてきます。

最後のパターンは、二〇年余りの漢陽《ハニャン》大学に在職当時の再現ですが、数え切れないほど多くの国家権力の弾圧が、生々しい夢になり登場してきます。どうかすると、すぐに中央情報部（ＫＣＩＡ）・安企部（国家安全企画部）・対共班・警察に追跡されて、一睡もできずに身ひとつで垣根を飛び越えて、奥まった穴を見つけて身を隠す。そうこうするうちに、ついにその凶悪な集団の手に捕らえられ、縛られて連行されて行く、そんな内容の夢なのです。まったく、こんな夢を見るのなら、そして終わりのない苦悩をくり返さねばならないのなら、いっそ自殺しようとさえ思い、身もだえしたあげくに目が覚める、というようなこともよくありました。

　こうした夢の背景になる時期は、朴正熙政権末期から全斗煥《チョンドファン》政権の時期にあたります。しかも興味深いのは、そんな夢を昼寝で見ても、夢の中ではかつてのあの独裁権力の血まみれの手が私を捕まえようとして押し寄せてくるのは、いつも深夜であることです。これはおそらく朴正熙と全斗煥の恐怖統治のもとで、二〇～三〇年間も、いつも安眠できなかった実体験が潜在化しているのでしょう。

　私は朴正熙政権の末期と、特に八〇年の全斗煥集団の光州《クァンジュ》大虐殺があった当時は、単なるレトリックではなく、生理的にも窒息しそうになりました。そして心理的・精神的に、今後さらに暗澹とした明日を耐えねばならないという感覚に押しひしがれ絶望しながら、みずからの人生を終えねばならないのかと、そんな重圧感に悩まされました。その時の私は「人は自殺できる」ことを実感しました。世界の有名な思想家・芸術家、そして知識人が、外から見ると華麗な生涯なのに、みずから生命を絶って生涯を締めくくるケースが多いようです。彼らの内面的葛藤と出口のない苦悩という徹底した絶望感に沈みこむ実存的境地に共感しました。「自殺」を考えることが唯一の救いだった。それが軍人政権三〇年を生きてきた結果だったのでしょう。

戦争の中の人間２――火炎に焼かれる平和主義者

いい加減な野戦医療教本を作った罪責感

任軒永　私が知るところでは、朝鮮戦争に参戦した将校は、ほとんど三年か三年半で除隊しています。先生は韓国軍隊の体質とはあまりにもかけ離れていられるのに、休戦以後さらに三年余りも勤務され、合計七年もの長い歳月を軍隊で過ごされています。希望して三年も長く服務されたのか、それとも何らかの理由があ

休戦後、釜山市民大会に参席した前国連軍司令官ヴァン・フリート米陸軍大将の演説を通訳（当時は大尉）

ったのでしょうか？

李泳禧　私が休戦協定締結後も、さらに三年半も服務したのは、まったく強要によるものです。私にどうして軍隊に長く留まるべき理由があるでしょうか？　五三年七月二七日に休戦となったので、私は当然のように除隊になると信じていました。ところが意外にも、それまでの三年半、命を賭けて最前線で過ごした私に、いわゆる「前後方交流」の第一次対象者として、後方地域の部隊での勤務が発令されたのです。

　こうして、馬山《マサン》の陸軍軍医学校英語教官と、野戦医療教本翻訳官を兼任することになりました。軍医学校の医政将校（病院行政担当の将校）と看護将校の英語教官の任務はまだ理解することができます。しかし、アメリカ陸軍の『野戦医療教本』を翻訳し、『韓国陸軍野戦医療教本』を編纂せよとの指示は、まったく荒唐無稽としか言えないものでした。私と同様に、前線勤務から軍医学校への転勤命令を受けた通訳将校は六名でしたが、みんなそれぞれ大学で哲学・電気工学・国文学など、医学とは縁遠い分野を専攻していました。そうした将校が、どうしてあのように専門性の高い軍医療教本の翻訳ができましょうか？

　とんでもないことです。われわれは各種医学用語をコンサイス辞典で引きながら、思いきり想像力を発揮して翻訳をしました。こうして翻訳されたものが、後日、大韓民国の『陸軍野戦医療教本』になりました。

この医療教本のために、助かるはずの負傷兵が死んだのではないか？　それはどれほど犯罪的なことか、想像してみてください。このように、わが韓国軍の人員配置、適性評価、能率評価には、科学的で合理的な思考がまったく欠けていました。単なる数合わせばかりしていたのですから、嘆かわしい限りですね。

休戦後、さらに三年半勤務をしたのは、通訳将校のほかに法務将校、医務将校、通信将校などもそうでした。戦争は終わったのに、韓国の軍隊は引き続き拡大強化しなければならない。これら特殊分野の専門知識と資格を持つ将校の数は大幅に不足していた。そこで通訳将校を含む四兵科の将校は、休戦とともに軍隊服務を終えて、それぞれ民間人として職業生活をしたかったのに、全員、強制的に引き留められたのです。

ついでに、この時期の私のことですが、部隊が集中的に配置されていた大邱以南と釜山地域に、アメリカ第八軍のヴァン・フリート司令官が視察に見えた際には、私が大勢の通訳将校から選ばれて通訳を担当しました。こうして上達した英語の実力が、七年間の嫌悪すべき軍隊服務からの贈り物だったとすれば、あまりにも高い代価を支払ったことになります。

こうした経歴を持つ李泳禧が、軍服を脱いでから五〇年も経って、徹底したアメリカ批判者になったことを、いぶかしく思われるかもしれません。しかしながら、私はアメリカの軍隊とアメリカの自国中心主義、そして完全に隷属的な韓米関係の本質を見抜いていたので、そうならざるを得なかったのです。

任　李先生は北朝鮮から越南されて、植民地末期に工業学校という比較的安全な道に進み、また解放後の混乱期には海洋大学に進学され、朝鮮戦争の期間には連絡将校、さらに人々がうらやむ大学教授にまで歩まれました。最近の言葉で言えば「特別課外」（家庭教師）でも付けなければ進めないコースです。戦時中には、最も熾烈な戦争の現場に入って行かれましたが、選択されたわけでもないのに、「よくぞ無事にやってこられましたね」と思われてなりません。

李　これまで話してきた多くのことからも、私が過ごした人生は決して平穏かつ安定したものではなく、波乱万丈なものだったことは理解していただきたいですね。

戦闘部隊に勤務した際に、私は通訳将校の一般的な役割以上に、文字どおり「連絡将校」として、江原道《カンウォンド》の最前線の外国軍隊に、通信兵とともに派遣されました。砲弾や銃弾が雨霰《あめあられ》と降り注ぐなかを、作戦連絡をするために何度も死線を越えました。私が死ぬはずだった場所で代わりに亡くなった朴中尉のこと、米軍海兵隊として経験した危機一髪の戦闘経験、東海岸の前線で中国軍の攻撃を受け、わが連隊が数日の飢えと厳寒の東海岸に後退した過程の悲惨さとか、そうした前線での体験は、戦争を知らない世代には想像もつかないでしょう。私の半生は試練と苦難の連続だったというのが正しいと思います。その後、在野のジャーナリストや大学教授として働いた時期にも、様々な体験をしていますが、私ほど酷い目に遭った者はそう多くはないでしょう。

任　先生、そうした過程で、なぜ、このように戦わなければないのか、同族が憎しみ殺し合うことに心の苦しみを感じられたのではありませんか。その当時、私は小学校（初等学校）の四年生だったので、銃声がするとただ身を隠すだけでした。一世代上の兄が、なぜ戦争をするのかと深刻に話しているのを聞いた記憶があります。私の長兄は一九三一年生まれですから、先生の二歳下で同世代ですね。兄は朝鮮戦争で行方不明になりました。先生が越南されたのとは対照的な出来事です。兄は何人かの証言によると、当時は社会運動をする側にいたと言うよりは、懸命に勉強に励む中学生で、村では各種の啓蒙活動と社会改革の先頭に立っていたようです。

　当時の南北分断の状況を「小川の水に入って両側の土手の草を食む牛」に喩える話を聞いた記憶があります。つまり、牛は人民であり、両側の土手の草は南と北で、一頭の牛に対して、両側の土手が互いに自分の草がうまいと誘うので、牛はどちら側の草を食べたらいいのか判断に迷う、そんな状況だったというのです。私は物心がつくようになると、それは中道的であいまいな灰色主義理論に近いと思いましたが、分断と対峙するなかで「人民」は選択の瞬間を迎え、真摯に苦悩を強いられる状況を微かに感じるようになりました。おそらく田舎暮らしだったので、そのようなことを考えたのだと思います。見ようによっては、先生は激変する現場におられて、瞬間瞬間の危機状況を生存的本能で耐えようとされたのでしょうが、そうしたことを感じられたのはいつ頃でしたか？

李　いま言われた、解放後の韓国社会内部のイデオロギー的対立、旧親日派と民衆との対立、持つ者と持たざる者との相剋、急激に表面化した共産主義・社会主義勢力の階級革命と、保守勢力間の反革命との間に展開された激しい同族同士の現場体験などに出くわす機会はなかった。私は四七年初頭までは高等学校の学生で、ソウルで展開される左右の闘争や労働者のストライキなどは耳にしていたのですが、自分自身の生存に直結した体験はなかった。また、私は解放以前からソウルに留学しており、解放後のわが国の一般的概念かららすれば「越南避難民」家族の一員だったため、本来、南朝鮮の土着的な社会勢力との深刻な利害対立や、階級的闘争とは縁遠い存在でした。

そして海洋大学に入学してからは、すでにお話したように、特殊な「準軍事的」空気のなかにいたので、日常生活の次元では外部社会と途絶した状態でした。だから、韓国社会でくり広げられた血なまぐさい闘争に関しては、身体で感じる切実感は希薄でした。そして、先ほど質問のなかで「人民の選択の瞬間を迎えた真摯な苦悩」を迫られたかという、青年期の実存的状況に遭遇したことはなかった。ただ、私の一般的な時代感覚からすると、親日派、極右勢力、李哲承《イチョルスン》〔韓国の右翼学生団体、反共主義の活動家〕を頭目とする全国学生連合会（学連）組織が、群山《グンサン》でやった暴力行為などに反感を持つ程度でした。

ひと言でいうと、解放直後から朝鮮戦争勃発時期までに広がった社会的葛藤構造の中心部から、私の実存的領域は比較的離れていました。例外的に「麗水《ヨス》・順天《スンチョン》反乱事件」を学生として目撃した二四時間の経験と、その後、軍人になり智異山《チリサン》で目撃した同一民族が殺し合う現場体験を通じて、初めてわが民族が経験している運命を知り、問題意識が深まっていったのです。

想像を絶する苦しい新婚生活

任軒永　朝鮮戦争は一九五三年七月の休戦協定の調印で、ひとまず終わりを告げました。ところで、先生は除隊直前の五六年に二八歳で結婚をされますね。下宿屋の主人が仲人だったとうかがいましたが、結婚当時のことをお話しください。

李泳禧　休戦協定の締結で、後方服務になったのは二五歳、結婚は二八（満二七）歳でした。高齢になった両親は、安東《アンドン》中学校の教師のときもそうでしたが、戦争という大きな波乱を経験し、万事に不安な状態だったためか、一日も早く孫を授かるようにとの思いからでしょう、それとなく私に結婚を勧めました。けれども、何しろ軍隊からは数千ウォンの俸給と、米と麦を混合した営外居住米しか支給されていない。まったく無一文状態の将校だったので、結婚話を積極的に進めることはできなかった。結婚を斡旋しようという方もいるにはいましたが……。

ところが、私の考えは少し違いました。理由は二つでした。第一は、収入が軍隊の月給しかない経済的能力の問題であり、第二は、まったく育った環境も違う異性を迎えて、仲睦まじく新生活をすることが、可能とは思えなかったのです。

その当時、徹底的に腐敗していた韓国軍隊の指揮官級の将校ならば、それが尉官であれ領官であれ、国が規定する月給とは別の不正行為によって、家庭生活を維持することは可能だったでしょう。たとえば、自分の部隊への補給品である米を、兵士には支給せずに横領着服するケースがありました。私が勤務した陸軍の印刷工廠の大きな倉庫には、印刷用の紙がぎっしり詰まっていて、工廠所属の参謀級将校は、この紙を持ち出して売り払い、生活費に充て、酒を飲み、湯水のごとく金を使っていました。しかし、通訳将校である私にはそのような権限はなかったし、たとえあったとしても、それまでの五年間の軍隊生活で、私は確固とした人生観と行動規範、言うなれば哲学的な信念が、そのような行為を容認できなくしていた。部隊の食糧は兵士のもので、紙は軍のもの、すなわち国家のものと考えていたので、私はそれらの物品を私物化したことはまったくありません。だから、そうした「経済的能力」を考えると、新しい家族を作って妻に苦労かける気にはなれなかったのです。

ところで、もっと重要な理由が別にありました。私の経済的能力の有無に関する問題よりも、まったく生い立ちと感情の異なる女性を迎えて、理想的な夫婦として幸せな家庭を築いていけるかどうか、ひどく懐疑的だったのです。こうしたためらいの時期がしばらく続きました。この二つの要因が常に存在し、解決の兆しは見えなかった。そんな心境に変化が生じたのは、ちょうど海洋大学当時の下宿先のおばさんが、見合いの話を持ってきてくれたからです。それで私は、自分の人生に迫る変化に直面しなければならないと考えるようになりました。こうした心境の変化のなかで、紹介された女性としばらく手紙のやり取りをし、群山に行って先方と会ってみると気に入りました。私より三歳年下で家庭環境も良かったので、結婚することにしました。

任　結婚したのに除隊にはならなかったのですか？

李　軍隊では結婚と除隊は何の関係もない。先ほども話したように、通訳将校は除隊にならなかった。歩兵科の将校は大勢いるので、三年から三年半で除隊することができました。しかし、人材不足の医務官と医師、法務官、通信将校、そして通訳将校の四兵科の場合は、前述のように引き留められました。

結婚当初は新婚旅行など想像もできない状況でした。しばしば新婚生活を「蜂蜜と乳の流れる」と比喩したりしますが、我々はそれを味わうどころではなかった。妻は八坪の家に嫁いできて、そんな貧しさのなかで義理の父母に仕えねばならないので、その苦労たるや並大抵ではなかった。今では朝鮮戦争直後の新婚生活などは、想像もできないでしょう。私は数年前まで軍隊から抜け出そうと身もだえする悪夢に悩まされました。うんざりするほど苦難と堕落に満ちた軍隊だったからです。

その頃、私はもう一つの辛い経験をしました。このように貧しい暮らしのなかで、父親が還暦を迎えたのです。しかし、還暦のお祝いを準備できる状況ではないので、それが私に父親に申し訳ない思いを募らせ、とても苦しかったのです。解放後に両親が南下して味わった様々な苦労を考えれば、釜山の陸軍印刷工廠の紙を少し持ち出して転売してでも、還暦の祝いの準備をするのが当然だったかもしれません。しかし、私はそれができなかった。父親はついに人生において重要な還暦の宴を、無能な息子を持ったために催すこともなく亡くなりました。理由はどうであれ、このことを考えると、数十年が過ぎた現在でも慚愧の念に堪えません。私のこうした「能力不足」は、いまだに変わりがないようです。

後方勤務になる前に、私は第一一師団長から功労銀星勲章を授与されました。数年間の前線勤務に対する報奨だったのでしょう。けれども、私はこの勲章さえ拒否したいと思いました。そんな気持ちだったので勲章に対して、その後はまったく関心を持ちませんでした。ところが長い歳月が経過し、朴正熙政権と全斗《チョンドフ》煥《アン》政権のもとでの民主化運動と言論活動のために、国家権力から弾圧された時に、国防部に勲章のことを照会したところ、軍の経歴簿にはその勲章さえも「白紙になっている」との回答でした。その勲章授与の事実が経歴簿に残っていたら、私に対する軍部独裁政権の扱いは、少しは手加減されていたかもしれません。結論的に言えば、私は国家権力とは最後まで親しくなれない運命だったようです。

七年の軍隊服務の対価が七〇〇〇ウォン

任軒永　除隊がそんなに難しかったのに、どのようにして除隊されたのですか？

李泳禧　ですから除隊まで、命じられた責務をすべて果たしてから解放されました。七年以上もどうして留め置くことができましょうか？　どんなに無知で粗暴な韓国軍であったとしても……。その当時、軍服を脱ぐ方法は三つありました。第一は、国会議員になること。第二は、高等考試〔司法試験と上級公務員任用試験の一九六三年以前の名称〕に合格すること。第三は、アメリカへの留学です。まず国会議員への出馬は、私が以北〔北朝鮮〕出身者だから、縁故・地盤を持たない韓国では考えられないことでした。第三のアメリカ留学の道は、決心さえすれば行くことができました。私の英語の実力や顧問官との関係を利用すれば可能性はありました。事実、そうした縁で留学した通訳将校は何人かいたようです。ところが、私はこの混乱した社会で高齢の両親の世話をする責任があるので、どうしてもその道を選ぶことはできませんでした。

そこで最後に残った高等考試合格への道を選んで、当時、外交官試験だった「高試三部」の準備を始めました。部隊の通常勤務をしながら、高試の準備をするのは並大抵の苦労ではなかったのですが、軍隊から抜け出たい一心で、気持ちを駆りたて、二年間、試験準備に没頭しました。こうしてやっと除隊命令が出て軍服を脱ぐことになったのです。

任　除隊されて合同通信社の記者になられますが、それまでの経緯はどうでしたか？

李　軍服を脱ぐ前に、釜山楊亭洞《プサンヤンジョンドン》の八坪ほどの家の便所で、偶然にも新聞の片隅に載った「言論社記者募集」という小さな広告を見つけました。すぐそのまま夜間軍用列車に乗ってソウルに行き、合同通信社の外信部記者の試験を受けました。半月後に合格通知が届き、ソウル本社で面接試験を受けたのです。幸いにも面接もうまくいき、最終的に合格通知を受け取り、正式に予備役に編入される前に、一カ月ほどソウルに行き勤務を始めました。そんなある日、七年間の死ぬほどの苦労とうんざりする勤務の代価なのか、除隊費として七〇〇〇ウォンと「予備役編入通知状」が届きました。

当時は戦争が終わってから三年ほどで、釜山に避難していた首都機能がソウルに還って間もない頃でした。ですから、それまでは言論機関ごとに、ただ、伝手《つて》を頼って記者採用をしていたのですが、合同通信社はこの時に初めて新聞広告を出して記者公募をしたのです。五名の募集に二七三名が応募したそうです。合格者のうち私を除いた残りの四名は、みんなソウル大学大学院の在籍者だったとか。私がそこに加わることができたのは、除隊したい一心で高等考試の勉強をしていたことと、前線勤務でほかの将校たちが酒を飲んで騒いでいる時にもこつこつと勉強をしたからではないかと思います。私が前線で本を読んで勉強していたのは、酒を飲み騒ぎ遊びまわるのを見て、それを白眼視する反射的心理がそうさせたのです。そのような生活を送っていたため、メディアへの入社試験でソウル大学の大学院生だけが合格する栄誉に、私も浴することができたのでしょう。

任　私も知識人の一人として感じるのですが、戦時下の軍隊勤務は、精神的な苦悩がとても大きかったと思うのですが……。

李　これまで話したように、毎日が精神的苦悩の連続でした。職業軍人は自分の意思で入隊したかどうかはともかく、好きで軍人になった者は軍隊生活に親しみ、何かとうまく立ち回ることができました。ですから戦争を経験した知識人のほとんどが反戦平和主義者になるというのは言い過ぎです。むしろ民間人だった知識人が、軍服を着て軍隊という特殊な集団生活を体験し、戦争を体験する過程で、力の論理、権力崇拝、一糸乱れぬ統制下の集団的生活になじみ、個々人の自律的思考と自由よりも規律を尊ぶ、反人格・反自律・反自由を好む人物に変身する場合がむしろ多かったように思います。

その実例として、ナチ体制下のドイツの知識人や、ファシスト体制下のイタリアの知識人のケースがあり、スペインのフランコ将軍のカトリック独裁の軍人支配体制下や、スターリンの共産主義体制下のソ連知識人もそうでした。そして私たちがよく知っている日本の天皇制軍国主義支配下の朝鮮の知識人もやはりそうでした。北朝鮮もそうした範疇に入るでしょう。要するに、同じ環境の中で同じ歴史的体験、人間としての暮らしを経験しながらも、結果的に個人の反応は千差万別なのです。人間とはそのように戦争を経験したからといって、必ずしも反戦平和主義者になるわけではない。だからといって、すべてが戦争を好む武力崇拝者になるわけでもない。それぞれ個人の主体的意識がもたらすものでしょう。

私自身については、少し偏屈な性格だったためと言わねばなりませんが、成長するにつれ、どんな集団におっても、いつも窮屈さを感じ、団体行動に同化させられるのに、ひどく辛い思いをしてきました。大学生活でもそうで、軍隊生活ではさらにそれが激しくなりました。そして、その集団が高潔な価値意識や存在の意義、理念や目的を持たずに、ただ力の論理を押し通す集団であればあるほど、私はそれに同化することはできなかった。こんな私に他人よりも長い七年もの歳月を、そんな集団で過ごすように強要されたので、いっそう反戦平和主義者になったのだと思います。

通訳将校は「冷や飯組」

任軒永　通訳将校という特殊な職種だったこととの関係はありませんか?

李泳禧　戦時下の通訳将校という特殊な身分が、そうさせた一つの要因とは言えるでしょう。通訳将校は戦争勃発の時点で、すでに全員漏れなく大学卒業者か大学の高学年に達していました。当時の韓国の社会・文化・経済的水準では、彼らは明らかにエリート層に属していました。そしてほとんど例外なく、自発的に入隊したのではなく、戦争のために自分の意思に反して入隊させられたのです。そうした経緯をたどっているので、職業軍人である兵科将校ではなく、通訳将校になる道を選んだのです。ところが、こうした傾向を持つ通訳将校は、軍隊のなかでは「冷や飯組」的な存在でした。

身分は確かに陸軍中尉か大尉で、陸軍の階級章をつけて陸軍本部の命令を受ける将校ではあっても、将校に与えられる権限などは何もなかった。まず、通訳将校は指揮官ではないので部下がいない。歩兵科の少尉は将校では最下位なのですが、少なくとも三〇名の部下を率いており、中尉や大尉は中隊長として百数十名もの部下がいます。だから兵科将校は、それが歩兵であれ、砲兵であれ、工兵であれ、さらには医師として入ってきた医務将校や法律を学んだ法務将校であっても、直属の部下が数人はいる。こうした兵科将校は命令権を持ち、それぞれの階級に応じて小王国を築いている。だから何らかの権威を持っていました。

ところが、唯一、通訳将校だけは、兵科将校が率いているそんな部下も持たず、命令権もなく、一日に三回の温かい食事をつくって提供してくれる炊事当番兵士もいない。だから、通訳将校はいつも共同食堂に行かねばならなかった。加えて業務上の自分の見解、計画、主張を述べる権限はなく、常に韓国軍指揮官とアメリカ軍顧問官との間で、言語疎通の仲介者の役割を果たすだけでした。言うならば、通訳将校はそれぞれ個人の知識水準や文化生活の背景や個人的な誇りがどうであれ、それらとは無関係に、部隊指揮官と外国人顧問官との間の、ひとつの「言語疎通の手段」でしかない存在でした。

人間として言うならば、自律的思考、自発的行動、創意的構想のようなものは、何ひとつとして認められていなかった。人格の認められない軍人であり、非主体的・非自律的・非実存的な存在だった。私が最高司令官の通訳将校の役割を果たしたと言っても、そうした事情は同じでした。七年間の通訳将校の服務を終えて、「一一三八四八」の軍籍番号を持つ韓国陸軍歩兵少佐（主な特技『通訳』）」として予備役に編入されても、主権のない非主体的人格であることに変わりはなかった。私はこうした自主性を持たない通訳将校であることを最後まで悔やみ、自己侮蔑感のようなものを振り払えない状態で軍隊を去りました。だから、私がどんなに軍隊と戦争に反感を抱いていたかは理解してもらえるでしょう。

任 ようやく「自由人・李泳禧」の歩みが始まったのですね。その後、先生が生涯を賭けられた「平和の意志」と「平和の思想」を、どのように定着させたかについて、お話の焦点を絞って下さい。

李 先ほど同族が殺し合うことについて話しましたが、私はどん詰まりの戦争で、わが部隊が決定的に人間の生命に対して犯す堕落と暴力を嫌になるほど経験し、強い嫌悪感を覚えました。当時の軍隊は暴力と不正と腐敗の天国で、こんな軍隊が果たして戦争に勝つことができるのかと、深い懐疑心を抱くようになりました。また、ある局面では、こんな軍隊がこの戦争で勝たねばならない必要性があるのか、と疑うことさえありました。さらに、李承晩《イスンマン》に象徴される政府と、こんな軍隊が戦争に勝ったなら、北方の地の同胞にまで南側の社会の疾病と恨みの不幸をもたらすのではないか、それは民族の望む統一と言えるのか、その未来がどんな状況になるのかと、強く疑わずにはいられませんでした。

こんなふうに考えを拡大していくと、民族の抗日闘争と光復運動など、抑圧されている貧しい人民大衆の利益を代弁した共産主義、社会主義の地下運動の力量の結合体である北側の勝利が、果たして拒否されねばならないものなのかという、そんな疑問さえ持つほどにもなりました。朝鮮戦争に参戦した最初の日から、前線で命を賭けた日々を含む七年間の軍隊生活を、ひたすら忠実な韓国軍隊の一員として服務した者として、真摯にこうしたことを考えたこともあったのです。

大きな戦闘が終わると、私たちを慰問するために、しばしば仏教の僧侶、カトリックの神父、プロテスタントの牧師たちが前線を訪ねてきました。「不倶戴天の敵」人民軍を撃滅した勇猛なわが軍隊への称賛とともに、「神（仏）の加護があらんことを！」などの言葉で祈りが終わるのは、新教でも旧教でも同じでした。仏教は過激な部分は少ないのですが、「私が宗教を持たない理由」という文章で述べたように、こうした口寄せみたいな話を聞きながら、私は「そもそもキリスト教の神というものは、そんなに偏見を持つものか？同じ民族の一方を呪詛し他方を祝福する差別的な扱いが、普遍的な愛という信仰にふさわしいものなのか？」と、宗教への深い懐疑心さえ持つようになりました。戦争とは、利害関係が異なる人間集団が、対立の最後の手段として決着をつけるための殺戮行為にほかなりません。「差別のない愛」を希求する神という超越者が、そうした行為の一方の肩を持ち他方を呪うという二分法的な行為をするのは、ひどくおかしいと思ったのです。

高度一〇〇〇メートルの雪に覆われた山頂の頬を刺すような寒風が吹きすさぶなかで、隊列を組んで立っていた一人の人間として、僧侶や神父や牧師がぶつぶつつぶやく国軍に対する祝福の祈禱と、人民軍に対する呪詛の言葉を耳にしながら、心の中ではそんなことを考えていました。あらゆる創造物の父という神の前で、国軍の勇士と、不倶戴天の敵の人民軍は異なる存在なのか？　どちらかの軍隊が別の一方の軍隊を殺害する行為は、善であり祝福を受けるものなのか？　宗教というものは、こんな二分法的な考えをするものなのか？　こうした猜疑心にとらわれていたのです。

すべてのものを無に帰した朝鮮戦争

任軒永　ここまでの半生をおうかがいすると、先生はある意味において伝統的で儒教的なヒューマニストではないでしょうか。軍隊で出世することもできたのに、そうすることもなく、常に死や恐怖、残忍性に対する嫌悪、虚偽に対する憤怒の念を持たれ、最後に軍隊を飛び出されました。幼い頃から父上に漢学を教わったのに、宗教的素地はまったくなかったわけですね。ということは、わが国の普通の人々が持つヒューマニズムではありませんか?

李泳禧　軍隊にいる頃、私は自分をヒューマニストだと、思想的な定義をするほど成熟してはいませんでした。韓国軍には、日本帝国主義の軍隊に媚びて反民族的行為をして生き延びた将校が多く、そうした連中とつきあうと、腐敗し堕落し野蛮になると思っていました。兵士に渡す補給物資を横領するかと思えば、百名の兵士に半分だけに食糧伝票を切ってやり、残りは部隊の外に出かけて農民の田植えを手伝って食べ物をもらえと兵士を追い立てる週番将校など、幾多もの犯罪行為を見てきました。本当に許しがたい軍隊でした。

後方勤務が終わる頃、つまり除隊が迫った五七年になると、私は通訳兵科から歩兵兵科に異動を命じられました。兵科は歩兵兵科でも主な仕事はそのまま通訳でした。歩兵将校になると、指揮官ではないが週番将校にもなり、当直勤務も担当することになりました。これまでは当直や日直、または週番将校をすることはなかったのに、日直や週番将校をするようになると、それまで知らなかった軍隊内の隠された不正行為を知るに至りました。週番として一週間、兵士の管理をして食糧伝票を切り、補給品の管理業務をすると、兵士に届けるべき補給品などが途中で大量に消えてしまうことに気づくようになったのです。こうした経験を重ねながら、私の心には腐敗、堕落、そして弱者を人間扱いしない行為に対する怒りが、次第に積み重なっていきました。

任　その単純な正義感は、儒教的ヒューマニズムではないでしょうか?　最も普遍的な人々が感じる正義感、それは言うなればヒューマニズムの第一段階でしょう。軍隊時代には人文社会科学というよりは、その時々の興味と必要に応じて学問に接していらっしゃったのですね。

李　いいえ、学問というほどのものではないでしょう。

任　とにかく、糊口を凌ぐためにどんな仕事でもやるしかないと、そんな状態で生きてこられたようですが、海洋大学を卒業したのだから、専攻を活かした仕事をしたいと考えたことはありませんでしたか?

李　私は七年間の軍隊生活をしたので、五七年の春に軍服を脱いだ頃には、すでにわが国の海運業界は大枠ができ上がり、海洋大学の機構と学制も確定した土台の上に多くの変化が生まれ、発展を遂げていました。七年が経過したので、海洋大学での専攻分野に戻るのは困難なほど、国家社会の各分野は急速に変化を遂げていたのです。

釜山所在陸軍印刷工場で大尉として軍に服務していた頃の尹英子との婚約記念の写真（1956年）。

戦後世代は想像もできないでしょうが、戦争は北朝鮮でもそうでしょうが、わが韓国のすべての人々の願いや人生計画を、ことごとく踏みつぶしました。戦争勃発の前にあった生活様式や韓国人の情緒、習慣、人間関係、世界観などが、ひとつ残らず破壊されたのです。ある人が希望したり計画したりした将来への生活設計を戦後もそのまま維持し、望んだ結果を達成した人は、一万名に一名もいなかったはずです。戦争を経験した世代の人生は、荒れ狂う高波の大海原に投げ込まれた粗末な小舟のようなものでした。その小舟が嵐の最中に転覆もせず七年後にも浮かんでいたら、それだけでも神の加護があったと言わねばなりません。ほとんどの小舟は転覆し、行方不明になってしまったのです。

ひとたび戦争を経験すると、すべてが無に帰し、よじれ、砕け散り、そして消え去ってしまいます。戦場で繰り広げられた人間の悲劇よりも、むしろ銃後の人民大衆の暮らしと、その社会の構造的・機能的な枠の中での破壊がもっと残酷でした。戦争は絶対にしてはなりません。いかなる理由や名分があっても、正当化も合理化することもできません。統一という名分であっても、私は戦争には絶対に反対です。どんなに大きな「善」の目的のためでも、戦争には反対します。戦争は悪にほかならないのです。それが私の信念です。

韓国社会では、狂信的な反共主義者や極右的思考を持つ集団などが、戦争が終わって五〇年が過ぎた現在でも、北朝鮮との戦争ないし軍事的対立を、国家と国民の常時的な基本精神として固守し、強調するのを見てきました。こうした個人や思想集団こそが、わが韓国社会と国民の念願に反するだけでなく、全人類の平和と福祉を破壊する勢力にほかなりません。戦争とは本当に恐ろしいものです。情け容赦のない戦争の残酷さを体験したはずなのに、今もなお戦争を賞賛し、戦争の手段である軍隊を美化し、北に対する憎悪と敵愾心を煽り立てているのを見ると、私は本当に泣き出したくなります。こうしたことから、時々、自分はわが韓国の国民だろうか、ひょっとすると韓国を語るときの民族性のようなものが、冷たくて厳しい遺伝的要素があるのではないか、という疑いを捨て去ることができないのです。

払い下げの将校服を着て偉そうに振る舞う韓国将校

任軒永　休戦協定の成立後にようやく後方に退いて三年半の勤務に就かれるのですが、その当時のことで記憶に残っていることは？

李泳禧　休戦になり、最前線勤務では私が最も古い将校だったので、第一回目の「前後方交流制度」で後方勤務になりました。そして五五年でしたか、韓国軍将校にそれまでにはなかった将校の制服が支給されたのです。米軍将校が第二次世界大戦の際に制服として着用した、廃品を払い下げたのでした。朝鮮戦争になると、すでに米軍将校の制服が変わっていたので、それまで着ていた緑色の制服は不要になったのです。

任　その当時でもそうだったのですか？

李　そう、わが軍隊には自前の制服がなかった。私は釜山の陸軍第五管区司令部にいた時にそれを支給されました。司令部では月曜日の朝の将校朝会で服装検査をするのですが、私は一度もその制服を着て参加したことがありません。すると「なぜ着ないのか」と問題になりました。その次からは、制服を着て出席しなければならない朝会には、しばしば口実を設けて出ないことにしました。アメリカ第八軍のヴァン・フリート司令官が来た時にも、私は作業服を着て出かけました。私は釜山地域に初めてやってきた彼の通訳を担当しましたが、どうしても米軍払い下げの制服には馴染めなかったので、作業服で通したのです。その場面を写した写真がいまも残っています。私の軍服姿の写真はほとんど残っていないのに、この一枚だけは残っていました。

除隊するまで、もっぱら作業服で過ごしました。制服着用がどんなに恥ずかしいことか、米軍の代理戦争をしていることを象徴的に表しているからです。アメリカの古い制服を着用した韓国軍将校が、釜山の光復洞通りを自慢げに歩き回っていました。私はそれが意味するものをとうてい認めることはできなかった。ひどく侮蔑感を感じ、その払い下げされた制服と帽子を行李の奥に突っ込みました。そして除隊し、合同通信社で記者生活をしていた六四年頃、ソウルの祭基洞《チェギドン》に引っ越しをして、偶然に古い包みの中にそれを発見し、そのまま古物商に払い下げました。

先ほど、任さんが朝鮮戦争に参戦した私の戦争観を尋ねられましたね。私は最初、北の軍隊の攻撃で戦争が勃発すると、逃げることなくそのまま入隊し、その後は攻撃を受ける側の立場で、一種の自衛行動として勤務しました。そして、与えられた任務には全力を尽くし誇りを持って遂行するという、そうした行動原則で過ごしました。この戦争がどちら側の立場であっても、義のある戦争なのかどうかを明らかにするよりも、私が置かれたその立場と時間に、個人として最善を尽くすという考えによるものでした。

あの有名なイギリス映画『戦場にかける橋』で、主人公である英国軍大佐が、日本軍の捕虜になった連隊の部下を説得し、日本軍の野蛮な抑圧に抵抗しながらも、同時に英国将校（軍人）の誇りと名誉にかけて、日本軍が要求する鉄橋を完璧に建設する感動的な場面がありました。私はある意味で、あの英国軍大佐の誇りと名誉と人格を連想させる、そんな気持ちで軍の職務を誠実に遂行しました。こうした姿勢が、その後も生涯を通じて堅持してきた私の行動規範なのです。

任　その当時、兵士は自国製の軍服を着用しなかったのですか？

李　戦争初期には兵士たちも、みんな米軍の戦闘服しかなかった。休戦が近づく頃にようやく国産の作業服が出まわりました。その頃には古いアメリカ軍の作業服と国産の作業服を併用している状態でした。兵士用の制服はまだなかった。

任　将校服も作っていなかったのではありませんか？

李　朝鮮戦争の頃は、まだ韓国に紡績産業が未熟だったので自前で作ることができず、国の予算で資材を輸入して将校服を作ることもできなかった。できたとしても、それほど大量に作ることはできなかった。将校も数万名もいたからです。もちろん、第一線にいる将校には着せる必要はないが、しかし、これは、自前の軍服を作れるかどうかという技術的な問題ではなく、結局は大韓民国という国家と軍隊の理念と意識、精神の問題と言えるものでした。

その米軍の制服には、両足で矢の束をつかむ白頭鷲が刻まれ、金色にピカピカ光るアメリカの徽章が付いていました。軍隊で何かの行事のたびに、そんな服装で太極旗に敬礼し、北朝鮮同胞との戦争を讃揚・鼓吹する場面を想像してみてください。これは大韓民国という国家の大統領から末端の国民まで、一切の民族的矜持や誇りや名誉心のかけらもない、嘆かわしい状態であることを立証するものではないでしょうか？ 大韓民国の軍隊が、まさにアメリカという国とその軍隊の傭兵であるという事実以外の何ものでもない、その象徴的な表れにほかなりません。だから私は、それを受け取ると私物の箱に押し込み、除隊するまで一度も着なかったのです。

任　何らかの理由で、韓国将校は米軍が着たお古の軍服を着ていたということですね。

李　いくつかの理由があるでしょう。第一は、それらすべての物資が、アメリカの対韓軍事援助によるものだった。第二は、米軍が第二次世界大戦で使用した制服に代えて新しい制服を採用したので、古い軍服を活用する必要に迫られ、それをフィリピン軍、台湾軍、韓国軍などがありがたく頂戴して着用した。しかも、大韓民国の軍人は米軍が使用したものと言うと、何も考えずに喜んでそのまま使用していた。サイズが合わない場合は仕立て直して身に着けていたのです。

任　その当時、まだ先生は現在のように鋭い政治意識の持ち主ではなかったのに、すべてに敏感だったのですね。

李　私は解放直後の左右の政治理念や、韓国社会の一部の進歩的・左翼的な個人や勢力が追求していた理念としての階級的社会観と価値観についてはあまり関心がなかったたように思います。その代わり、民族全体としての矜持や意識については、かなり敏感な方でした。アメリカとの関係、朝鮮戦争で目覚めた民族の問題に対しては、おのずから鋭敏になりました。特にアメリカとの関係では、そうしたものを強く感じていました

任　入隊当時は状況が逼迫していたので、軍隊に志願されたようですが、身近に軍隊に接するなかで、実態が分かっていく過程において幾多の陣痛を味わうことになったのですね。

李　解放直後と朝鮮戦争が勃発した頃、韓国社会では貧民階層・小作農・労働者の社会改革の要求が噴出し、社会主義・共産主義系統の知識人やインテリが、南労党などの政治勢力と一体化し、各地で様々な形態の反政府・反米闘争を引き起こしていました。ところが、私は解放直後の生活の問題に忙殺され、しばらくすると海洋大学に入り、事実上四年間を実社会とは隔離されて過ごしました。この四年間は海洋大学という特殊な性格と環境、そして学校と学生という比較的閉鎖的な生活のために、韓国社会で起きている民衆的・階級的・思想的闘争に関しては、ほとんど現実的な感覚を持つことはできませんでした。

私の記憶で何かそれに近いことといえば、「金九《キムグ》暗殺事件」と「信託統治問題」くらいでしょう。こうし

た事件は、階級闘争や当時の民衆の政治的要求の問題とはかけ離れていました。そんなわけで、韓国社会が背負った問題とか、南北の民族問題に関しては、朝鮮戦争を体験する過程で急激に認識が深まり、実を結ぶことになったと言えるでしょう。

米軍に命じられてサインするだけ

任軒永 先生は英語が流暢なので、人格的な侮蔑を受けることは少なかったようですね。

李泳禧 そうかもしれません。私が話す英語、日常会話は最初から上手だったわけではなく、語学的な才能が比較的優れていたのか、通訳将校の仕事をしながら、急速にレベルが上達したようです。もちろん、通訳将校として働いていると、英語が上手な者とそうでない者とでは、米軍顧問官や韓国軍部隊長の応対が違うのは確かです。しかし、民族的な自尊心というものは、英語が上手かどうかではなく、個々人の内的意識と精神の問題だろうと思います。私は普通の将校や他の通訳将校とは異なり、アメリカ軍に対する言動が頑固だったことは、軍隊内の同僚将校にもかなり知られていました。

任 休戦後、後方部隊勤務になってもそうでしたか?

李 はい、私の天性の反抗意識というか、正義を貫こうとする信念は変わってはいません。五五年は釜山の第五管区司令部民事部の管財将校でした。民事部管財とは、参戦した外国の軍隊が占有・使用した慶尚南道《キョンサンナムド》と釜山地域の土地・家屋・施設物などの不動産を、韓国陸軍を代表して米軍側から引き継ぐ仕事です。そのような物件が数百件も残っていました。その当時、人民軍の捕虜が全員釈放された後の巨大な巨済《コジェ》捕虜収容所を韓国側に引き取れとの連絡が来ました。数百万坪の農地をつぶし、コンクリートを敷き詰めた収容所の跡地は、韓国政府が接収した後には全部壊して取り除かなければならない、完全に無用の長物でした。ところが、農地として原状回復するためには、大韓民国の資金、労働力、時間が必要だという事実は度外視したまま、アメリカ側はそんなコンクリートの構造物、道路、石の山、腐食した鉄条網、古い電柱などのすべてをアメリカから韓国への軍事援助とし、価格を見積もって引き渡そうとしたのです。さらにソケット、コンセント、電線、碍子、電灯の笠、安全器など、これらの廃品同様の物品に対しても、それぞれ値段をつけて受け取れというのでした。

私は捕虜収容所に山積する物品の引継ぎ・引受け文書を検討して、こんな物の価格は認められないと主張しました。すると、アメリカ側の管財将校は「これを見ろ、この安全器の価格は本来は三ドルだが、たった一ドルにしているじゃないか」と言いながら、サインを迫ってくるのです。コンクリート床の構造物も、一平方フィート当たり本来の費用はいくらなのだが、この引継ぎ文書では数分の一以下になっていると主張し、受領を求めてきた。まったく言語道断の話だった。私が引続き異議を申し立てるので、アメリカの管財将校は立腹し声を荒げるのでした。

巨済捕虜収容所で。使い道のない資産を強制的に引き取らせるのが韓米軍事援助の実態だった。

「キャプテン李！　何を言っているのだ？　これは韓国政府とアメリカ政府との間で、軍事援助の引継ぎ・引受け方式としてすべて合意されたものだ！　キャプテン李はぐずぐず言わずに、ただ文書にサインさえすればよろしい！」

私は呆れ果てて、陸軍本部民事処の管財官に電話をかけて事実を報告し、サインをすべきか否かを尋ねました。すると陸軍本部は「そんな些末な問題は末端の将校があれこれ言うことではない、ただの要式行為として、物品の所在地の担当管財将校がサインをすればいいのだ」と言うのです。だからサインをしました。韓国軍管財将校の米軍使用建物と施設の引継ぎ手続きは、「形式的要件」に過ぎないとなれば、それ以上、私のすることに何がありますか？　米国軍隊がサインせよと言えば、韓国政府はサインするだけなのです。

韓国に対するアメリカの軍事援助の実態、その具体的な姿を、私はこうして知ることができました。これがアメリカと韓国との関係だったということです。それなのに、こうした呆れ果てた問題に対して、わが政府や軍隊は何の異議申し立てもしないだけでなく、先ほどの将校の古い軍服の払い下げのケースのように、軍事援助なるものに対して、韓国政府は何ら発言権を持たなかった。まったくもって無条件の隷属関係としか言えないものでした。

任　韓国将校の人格や能力の面ではどうでしたか？

李　韓国軍の将校は例外なく、将軍から少尉まで相手方の米軍将校の前で、自己主張をしないか、または実際にはできませんでした。

任　それでも李鍾賛《イジョンチャン》のように立派な軍人像もあったようですが、本当に彼はその名声に値する人物でしたか？

李　李鍾賛がどれほどの人物だったのか、私は詳しくは知りません。立派な人物もごくまれにはいたでしょうが、大多数の将軍や将校は、米軍との関係で大きな違いはなかったのです。李鍾賛将軍について言えば、清廉さや日本の武士道のような風貌があったということでしょう。日本の陸軍士官学校出身〔第四九期卒。日中戦争に小隊長として参戦〕ですから、あるいはそうだったのかもしれません。けれども、米軍との関係でどうだったかはよく分かりません〔現在は「親日反民族行為真相糾明委員会」によって「親日行為者」とされている〕。

ただ、李鍾賛は「軍隊は政治に介入してはならない」との基本姿勢を順守したことで知られています。彼が立派な軍人だったとの評価は、おそらく米国軍隊との関係での彼の姿勢や理念というよりも、別の点に求めるべきでしょう。先述のように、六一年に朴正熙《パクチョンヒ》が軍事クーデターを引き起こし、当時、陸軍士官学校の校長だった姜英勲《カンヨンフン》少将に士官学校の生徒のクーデター支持と協力を要請したところ、軍人は政治に介入してはならないとの態度を示した。私はその噂を聞いてメディアの同僚とともに喝采を送ったことを思い出します。けれども事態は三日後に大きく変わってしまいました。

最高の射撃術は不殺生という悟り

任軒永　さきほど、射撃の腕前のことが出ましたが、先生は運動神経がとても優れているのですね。

李泳禧　私の射撃の腕前は有名です。けれども休戦で後方に下がった際に、戦時中に愛用していた拳銃を売り払ってしまいました。だから五三年以降は拳銃を手にしたことはありません。ただ一度だけ例外がありました。八〇年代の中頃に、同僚の教授とともに漣川《ヨンチョン》の軍部隊を訪問しました。この時に連隊長が私たちを案内して射撃場の傍を通り過ぎようとしました。それで、私は連隊長に四五口径の射撃練習をさせて下さいとお願いしました。スーツにネクタイの老教授がそんな依頼をしたものですから、大隊長は驚いて飛び上がり、とんでもないとはっきり拒絶しました。それでもなお頼み込むと、やむなく拳銃を渡してくれました。私が射撃の姿勢で二発の試射をしてから続けざまに標的に命中させると、連隊長はびっくり仰天し、「最初の二、三発が命中した時は、自分の腕前と同じくらいかと思いましたが、弾倉の七発がみんな命中したので、この連隊で最高の射手である私も敵わないことが分かりました」と、何度も感心して言うのです。これは拳銃を持たなくなって三〇年も経ってからの話です。

もう一つ紹介しましょう。九八年に北京に行った際に、郊外の観光地に射撃場がありました。拳銃とライフルが撃てるようになっていて、それぞれ一〇発ずつ撃つことができる仕組みで、賞品も用意されていました。それで最初に拳銃を撃ってみると、一〇発すべてが命中したので、若い中国人の店主は驚いていました。次にライフルを撃とうとすると、顔色を変えて撃つのは止めてくれと言うのです。賞品を二個渡さねばならないからで、貧しい彼にしてみれば困るのでしょう。それで賞品はいらない、撃つだけでいいからと頼んで撃ちました。一〇発中九発が命中です。すると射撃場の主人は「こんな名射手には初めて会った」と本当に驚いていました。しかし、射撃の腕前では、ほとんど最高の境地に達したので、私の内面にある宗教的悟りのような「観」が生まれました。

どんな種類の「技術」であっても、すべての技術は、そこに宗教的昇華の原理が潜在しています。私はこの事実を拳銃射撃によって体得しました。人を殺す武器である拳銃に宗教的昇華を求めるのは、ちょっと不条理かもしれません。私がなぜこのように言うのか、その理由を話さなければなりませんね。

拳銃の場合も、腕が上がるまでは、意味もなくどんな物でも動く物はみんな撃ってみたくなります。武器を持つと生命を軽視する誘惑を振り払うことができません。これが武器を持つ者の危険な心理状態なのです。射撃術とは「技術」の初歩段階で、この段階では誰でも例外なくそうなのです。武器を持つ「軍隊」という集団と、武器を身につけてその集団の中に埋没する「軍人」の心理が、まさしくそういうものなのでしょう。「兵是凶事」（兵は凶器である）ということです。

そうして、技術が一定の高い境地に達すると、初めて「ああ、俺は殺生をすることになるのだなあ」との自覚が生まれます。その境地になると、なんでも手当たり次第に撃ちたくなる行為を反省するようになるのです。それからは前線の戦闘地域でも、拳銃はただ腰に下げるだけで、むやみに撃たないようになります。私の射撃術がその境地に達してからは、北進攻撃の戦闘で人民軍が私の目前に現れないようにと、切に祈る気持ちになりました。人民軍が銃を持って遠い距離から、先に私を発見すれば私が死ぬかもしれませんが、複雑な地形で不意に彼らと間近で遭遇した場合には、人民軍は私の拳銃の犠牲になってしまうでしょう。そんな冷徹な現実を避けたかったのです。このように銃を通じて私は生命の貴さと、尊厳性を深く認識するようになりました。これが朝鮮戦争を経験して得た貴重な精神的悟りと言えるものです。こうして私は反暴力・平和主義者になっていきました。

任　ほかのスポーツでの経験はおありですか？

李　シルム（相撲）がとても好きでした。田舎にいた幼い頃もそうだったし、漢陽《ハニャン》大学の教授時代にも学生と一緒に野外に行くと、芝生で学生に遠慮なく掛かってこいと誘いました。そして二人を倒して、三番目の奴に組み敷かれて肋骨二本にひびが入りました（！）。

サッカーやテニスもして、それなりにスポーツを楽しみました。もっともスポーツに関して、私が自分でするにせよ、他人がやるにせよ、はっきりした原則があります。それはボールか何か、物体を介して人と人が競争する運動や娯楽だけを、私はスポーツと見なしていることです。人間と人間が、または人間と動物が殴り合うとか、刺すとか、血を流したりする形式の格闘技は、スポーツとは見なしていません。それは殺人であり殺生であり、戦争の一つの変形と考えるからです。そうした原則のために、私は人が他人を拳で殴るボクシングやレスリングを好みません。それらの興行で金儲けをする、プロボクシングやプロレスを野蛮な行為と見なしています。さらに、そのたぐいの血を流すような競技を商業主義的な営利行為として運営したり、それに金を出して観覧したりする行為は、人間を商業主義的な闘犬や闘鶏の域に堕落させるばかりか、生命の破壊行為でもあるので私は嫌悪しています。

多くの人々が、スペインに行くと必ず闘牛見物をしますね。あれこそが私のスポーツ精神や原理に真正面から反するものです。人間が牛を剣で刺して殺すその行為のためだけではなく、華麗に着飾った闘牛士マタドールが最後の一撃を加える前に、数名があらかじめ、その牛に剣を差し込むプロセスを見ながら、熱狂する人間の不公平と不義を好まないからです。動物と剣を持った人間が「一対一」で格闘するのも不公平ですが、数名の闘牛士が全員剣を持って一頭の牛を攻撃し、半殺し状態にしておいてから、着飾ったマタドールが最後の一撃を加える行為は、残忍と不義の極致であると思います。とにかく、「血を見る娯楽」や競技は、その形態がどうであれ、名称が何であっても「殺傷」であり、娯楽とは言えません。

私はこうした形の商業主義的スポーツの原理を、アメリカの権力集団やアメリカの資本主義が強力な武力を持ち、これにまったく太刀打ちできない虚弱な民族や国家を侵略し、戦争で抹殺する行為の精神病的表現と見ているのです。
私はこうしたスポーツ哲学観のために、自分の子どもたちにボクシングやレスリングはもちろん、跆拳道《テコンドー》〔韓国の伝統的な武道〕もさせないようにしました。もちろん、跆拳道には防御的な要素もありますが、人が拳と足で他人を蹴って倒すという行為を、私の子どもには覚えさせたくなかったのです。もちろんわが家では、テレビでもそうした生を疎んじるような番組を観ることはありません。

ジャーナリストに天職を求めて——偶像破壊者に生まれ変わる

辛うじて入社した合同通信社

任軒永　合同通信の入社同期には、有名な方が多いですね。入社試験はいかがでしたか?

李泳禧　前にも言いましたが、韓国のメディアとしては最初の公募の採用試験でした。主要新聞がその入社試験問題と合格者のことを記事にしたほどです。

合同通信社は、国内すべての新聞社・放送社・主要企業、そして政府各機関などに国内外の情報とニュースを供給する唯一のメディアでした。現在はそうした機関がそれぞれ独自の情報収集活動をする場合が多いのですが、当時は合同通信社だけがそうした能力と組織と人材を持って活動していたのです。もともとは植民地時代の同盟通信社の社屋を解放と同時に引き継いだものです。ソウル乙支路入口の四つ角に三階建ての社屋がありました。

戦争が終わって、国内の情報、ニュースの需要量の膨張に伴い、合同通信社が記者の増員をすることになったのです。この時、試験に応募した二七三名から五名を選びましたが、私は最下位でした。最下位ではありましたが、応募者の大部分がソウル大学の卒業生だったことを考えると、私の最下位合格もひょっとしたら、予想できないほど良い成績だったのかもしれません。最終合格者の一番から四番まで、全員ソウル大学の大学院政治学科の出身で、ある人は、戦時中に軍隊にも行かずに学業だけに専念できた恵まれた条件と「バック」（縁故）の持ち主でした。そのうちの一人が李相玉《イサンオク》氏で、八〇年代初めに外務部長官に就任しました。私だけが異色大学の卒業生で、七年間も戦争の渦中にいて、その半分は激戦地で過ごし、残りの半分も学問的な知識・情報・言論とはまったく無関係に過ごしてきた人間でした。

　私が合格したのは、それなりの理由があります。軍隊生活の最後の二年間、除隊するための手段として国家試験三部の外交官試験の準備をしていたのですが、その知識がとても役立ちました。筆記試験も標準以上でしたが、面接試験が決定的でした。面接の際に、社長、局長、部長がみんな座っていて、英会話の実力をテストしました。朴京穆《パクキョンモク》国際部長が英語で質問をしました。「なぜ、ジャーナリストになろうとするのか？」「どんなジャーナリストになろうと思うのか？」でした。ところが、その質問は書いてあったものを読むのです。これは後になって知ったことですが、即座に英語で答える私の返事を、その場にいた試験官は一言も聞き取れなかったというのです。質問した国際部長はあらかじめ書き留めて質問をしたのですが、英語がよく分からないのでそうしたのでしょう。私が質問に淀みなく答えたので、誰も聞き取れなかったそうです。

　そして、履歴書にはフランス語もできると書きました。すると私の流暢な英会話に驚いた社長が、フランス語もできるのかと聞くのです。もちろん試験官がフランス語

結婚翌年の1957年4月、釜山東萊の公園で

で何か聞いたら、今度はフランス語で答えるつもりでした。しかし、フランス語が分かる者がいなかったのか、試験官全員がただ驚いた顔をしているだけでした。おそらくこんなことが私の点数に加算されたのでしょう。

任　当時の面々は、林芳鉉《イムバンヒョン》、朴權相《パククォンサン》、趙世衡《チョセヒョン》などジャーナリズムで力のある方々でした。この人たちは一緒に合同通信にいたのですか？　同期入社の面々との関係はいかがでしたか？

李　その方々とは合同通信社で一、二年一緒に勤務しましたが、その後、彼らは新しくできた通信社や他の新聞社に移って活躍しました。ジャーナリストとしての経歴でいうと、私の先輩格に当たります。年齢が上というだけでなく、彼らは軍隊に行かなかったか、行ったとしても二、三年で除隊したからです。だから先輩格になるのです。彼ら以外にも、メディア界に綺羅星のごとく名声を馳せた方が大勢いました。彼らは後日、東亜日報、朝鮮日報、韓国日報、中央日報などに移って行き、それらの新聞の主翼を担うことになります。先ほど申し上げたように、年齢でいうと私と同じか、年下の場合もありましたが、不幸にも私は七年間も軍隊生活を経験していたので、記者生活の経歴としては二、三年ほど少ない計算になります。

任　当時、通信社は合同通信社一つだったのでしょうか？

李　そうです。解放から李承晩《イスンマン》政権の後半期までは合同通信社だけでした〔一九四五年九月に設立した朝鮮通信もあった〕。この合同通信社は、植民地時代の韓国ジャーナリストの反骨的な性格と志士的な職業意識が残っていたために、李承晩時代にも野党的な性格が濃厚でした。それで李承晩政権がこれを倒すために、まず、五〇年代に当時の財閥に、それぞれ親政府的な世界通信、同和通信、東洋通信を作らせて合同通信に対抗させました。そして紆余曲折の果てに、八〇年に全斗煥《チョンドファン》軍部独裁政権になり、言論統制の方法として、それまで残っていた合同通信と東洋通信を統合させて一つの通信社にしたのです。これが現在の聯合通信社になります。

また、「四・一九学生革命」〔一九六〇年三月の大統領選挙での不正に端を発し、学生を中心に四月一九日前後には最大規模のデモに発展。李承晩を退陣に追い込んだ」の後に処刑されたユ・テハをはじめとする李承晩政権の権力者が、合同通信社を潰すためにあらゆる弾圧と術策を駆使しました。合同通信はＡＰ、ロイター、ＡＦＰ、ＵＰ、ＩＮＳなどの世界の主要通信社と契約関係を結んでいましたが、李承晩政権末期に、これらの海外通信社を合同通信社からすべて切り離してしまったのです。国内の通信社は国際通信社に毎月一定のニュース供給契約料を支払わなければならない。ところが、李承晩政権は野党的スタンスの合同通信社を潰すために、この契約料を払うための外貨送金を許可しなかった。当時は外貨が貴重な時で、いちいち政府の許可を受けなければならなかった。その外貨使用許可を出してくれないのです。それで、契約金さえまともに出せない状態になりました。かろうじて、フランスのＡＦＰ通信社一社だけに依存したのですが、四・一九で李承晩政権は倒れてしまいました。

任　合同通信社はどうして政府に対抗することができたのですか？

李　合同通信社は個人所有の通信社ではなく、日本の共同通信社のように、契約者である全国の新聞、放送、企業、政府省庁などから記事の費用を受け取り運営する共用制だったのです。私が入った頃の社長は、初代の公報処長だった金東成《キムトンソン》氏でした。名望家だったので、どんなことでも処理することができましたが、財政的には困難な状況に置かれていました。金東成氏は大韓民国政府発行のパスポート第一号の所有者として有名です。合同通信社の理事陣も植民地時代の独立運動家と民族言論の指導者だったために、親日派と民族反逆者を糾合して政府を構成した李承晩政権とは、理念的に相互排斥的にならざるを得なかった。さらに五〇年代になって、ほとんど病的な性格を露呈した李承晩の弾圧政治に対しては、通信社の理事クラスだけでなく編集局の各級記者と業務分野の職員まで一致団結して、力を尽くして反政府の言論闘争を展開しました。こうして、先ほど申し上げたように、李承晩政権の末期に合同通信社の存立が危うくなり、その財政的基盤が崩壊しそうになった段階で、開城《ケソン》財閥のＯＢ麦酒社長の朴斗秉《パクトビョン》氏が資金を出して社長に就任しました。

任　大変だったのですね。通信社はどこにありましたか？

李　乙支路入口の四つ角に派出所がありました。そこから鍾路《チョンノ》の和信《ファシン》百貨店に向かう途中、左手に市庁に行く道がありますが、その派出所の隣の三階建ての建物でした。現在は合同通信社のあった場所に、故朴斗秉氏所有の斗山《トゥサン》産業の関連企業が入っているビルが建っています。

旧秩序の崩壊に一緒に参加する喜び

任軒永　韓国の近代民族運動史において、記者像は志士に近かったのですが、それが自由党時代に崩壊し、朴正熙長期政権のもとで完全に解体されました。自由党末期の記者の使命感とプライドを、現在と比較してお話し下さい。

李泳禧　基本的な精神としては、相変わらず植民地時代の朝鮮人記者が持っていた職業論理で社会と民族を先導していこうという志士的精神が相当に強かったようです。きちんと勉強して入って来た人々は正しい精神で時局を評価し、国家の明日を考えながら、強い清新の気を抱いていました。李承晩政権の権力に買収されることなく、新聞記者として正道を歩もうと努力する人々が、合同通信の主流を成していたのです。しかしながら、やはり社会のどこにでもあるように、権力と野合し、権力に媚を売りながら私利私欲を求める輩もいました。彼らは、わが国の社会と国民がこんなに苦労して貧しい時に、そして国が絶対権力のもとで明日のことも分からない混乱状態が続いていても、「御用記者」として如才なく権力に取り入っていました。どの時代、どの社会でも変わらない現象でしょう。それでも、今の記者と異なる点があるとすれば、現在はほとんど志士的精神が喪失し、「月給取り」に変わりましたが、当時は月給という物質的対価を考えずに、社会正義に献身しようとする気風が濃厚でした。私の上司だった鄭龍鉉《チョンヨンヒョン》政治部長は、月給は部員の昼食代に使い果たし、家に米がなくなることが多かった。それを知った政治部の記者が金を集めて、米袋を持って行ったことが何回かありました。彼は本当の意味のジャーナリストでしたね。

任　どういう風に仕事をされましたか？

李　私が初めて記者として仕事を始めたのは「外信部」でしたが、今ではほとんど「国際部」の名称に変わりました。この外信部は世界的にも知られた国際通信社から無線で英文記事の供給を受け、それを重要度に応じてすばやく分類・選択し、さらに、韓国語の記事にして新聞社、放送局、政府機関、企業などに迅速に配信する仕事です。海外の通信社から夜半に届く記事の量は膨大で、ソウルと全国各地のニュースは、独自の取材網で取材して供給する中央通信社としての機能も持っていました。

当時は今のように電子工学的通信手段が発達していなかったので、テレタイプで受信したものを先ほどの方法で記事化し、それを「ガリ版」に鉄筆で書き写し、墨とインクで複写し、新聞社に配信する方法でした。この複写機も初期には手動式でしたが、後に機械式に変わりました。そうこうするうちに、孔版タイプライター、つまり漢字とハングルをともに扱う原始的な平版タイプライターが現れ、手で複写する方式から変わりました。海外からのすべての通信記事が英語で入ってくるために、一つひとつの記事の重要性を、特に韓国との関係を一瞬のうちに判断しなければならないので、英語の実力が相当なければ外信部記者の仕事は務まらなかった。

各新聞社は午後一時には第一版を出さねばならないので、明け方七時くらいから、完成した通信記事を次々と新聞社に配信しなければなりません。だから外信部の記者は、ほぼ全員が早朝五時には出勤する決まりでした。真っ暗なうちに出勤し、午前中に仕事を済ませてしまう。それで町内の人々は、通信社の外信部の記者が、毎日夜明け前に家を出るのを見て、「いい大学を出たのに、市場で小売り商売でもしているようだ」と陰口を叩いていたというのです。そんな風に誤解される場合も多く、私たちの間では笑い話になることもありました。

任　その当時、特に関心を持った地域はどこですか？

李　私の世界観も影響しているのですが、五〇年代後半に熾烈に展開されたベトナム民族の反植民地民族解放闘争と社会主義革命の苦闘、中国六億の民衆の人間らしい人生を求めようとする中国共産党の革命戦争、一九五三年に米・英の搾取に反発して石油の国有化を断行したイランのモサディク首相の決断、アフリカのガーナ共和国で独立を導いたエンクルマの反白人植民地闘争、それを起点としたアフリカ一六カ国の、被抑圧民族の白人帝国主義植民地からの解放・独立、そしてアメリカの資本家の支援を受けるキューバの長い傀儡政権と搾取体制を打倒しようとする、カストロとチェ・ゲバラの主導のもとでのキューバ革命闘争とその勝利。キューバの勝利で目覚めたラテン・アメリカ民衆の急激な社会・階級革命の激化、さらに、究極的には全世界の被抑圧人民の、白人資本主義に対する闘争などにも私は熱く共感しました。そのような全地球的で全人類的な世界史的大変革に関するニュースに接して報道するという、外信記者としての役割に完全に没頭しました。私はそうしたテーマの大きなニュースが入ってくるたびに歓喜を感じました。一言でいうと、帝国・植民主義国家が支配する旧秩序に抵抗する各大陸人民の「現状打破」運動が、私の主な関心事でした。全人類を闘争に導きだす「変革の時代精神」に、私は熱い共感を覚えました。

その頃、ソ連ではフルシチョフによる反スターリン運動が起き、ソ連をはじめとする世界の共産党政権の諸国で、次々と独裁体制の修正を求める変化の波が起きていました。モスクワから始まった共産党統治の変化は、東ヨーロッパ共産諸国の体制修正へと続き、世界中の社会主義諸国の政権においても、より民主的な方向へと体質転換が行われていました。八〇年代後半からのこうした変革は、国際関係に地殻変動を起こし、残忍で貪欲な白人帝国主義的支配と、植民地主義的収奪の終末を見るような時代であり、それぞれの大陸で歴史の客体に過ぎなかった「民衆と人民」が、初めて歴史の主体として歴史の舞台に躍り出た感激に満ちた時代でした。私はこのすべての闘争と変革の時代精神にたっぷり浸っている状態で、イラン革命でのイギリス石油資本の国有化、ナセルのスエズ運河国有化宣言、カストロのキューバ革命の成功、国連総会の植民地解放宣言、とりわけ六一年の一年間に、ガーナに続いて植民地統治を拒否して独立したアフリカの一六カ国が、資本主義ではなく、社会主義や少なくとも混合経済体制を採択した人類史的変革は、外信記者である私を興奮させるに十分なものでした。

窮乏する外信記者の日常

任軒永　先生が祭基洞《チェギドン》にお住まいの頃、お宅を訪問し膨大なスクラップブックを拝見したことを記憶しています。いつ頃からスクラップを始めたのですか?

李泳禧　ああ、祭基洞に住んでいた頃に、任さんは来宅されたのでしたか?　祭基洞の家はセリ畑の中にあって、電話をかけるには、清涼里《チョンニャンニ》駅まで出かけねばならない辺鄙なところでした。なにしろ家賃が安いのであそこに引っ越したのですが、バスも通らない、言うなればソウルの僻地みたいなところでした。

おそらくその頃、国際情勢関係の記事を切り取った、私のスクラップの山を見たのでしょう。その頃はいまのような既成のスクラップブックは、まだ商品としては存在していなかった。そこで毛布ほどの大きさの包装紙を買い求め、折ったり切ったりして、苦労して穴を開け、糊で貼ってスクラップブックを作りました。それを作るのがどんなに大変だったか、今でも忘れることができません。その当時作った古いスクラップを、今でも捨てられずにいます。今は何の役にも立たない代物になってしまいましたが、四〇〜五〇年前に苦労して作っただけに捨てることができない。苦労して作ったということだけでなく、それを作り、そこに関係資料を切り抜いて貼った、あの当時の熱に浮かされたように、興奮して夢中になっていた私の人生の一部が、きちんとまとまっているので処分できないのです。今では何の未練もなく捨てる時期になっているのですが……。

任　その当時、ほかの外信記者も、フランスや日本の記事をそんなに参考にしていましたか?

李　我々の世代はほとんど日本語ができたし、外信記者は特に「英語購読」はよくやりました。その当時の大学の第二外国語はドイツ語かフランス語のどちらかを選択しましたが、私のようにいくつもの外国新聞と雑誌を入手して読み、記事をスクラップした人間かいたかどうかは知りません。

任　先生はどこかで、自分の思想的な背景は『ル・モンド』紙だと書かれていたと、誰かが紹介していましたが、それは事実ですか？

李　私の思想的な背景が『ル・モンド』というのは間違いです。私はそう書いたことはありません。もちろん『ニューヨーク・タイムズ』、イギリスの『タイムズ』、『マンチェスター・ガーディアン』、イギリス労働党系列の進歩的評論誌『ニュー・ステイツマン』、そしてフランスの『ル・モンド』を読んで参考にしてはいましたが、それらが私の思想的背景になっているわけではありません。なぜならば、合同通信社で記者生活をするようになり、私の思想的傾向は、資本主義国家のどの新聞とも違う性格、言い換えると、社会革命に同調し、帝国主義と白人人種主義とは反対の方向に突っ走っていました。私は外信記者でありながら、私が接して取り扱い、また解析して価値判断をしなければならない次元の知的行為においては、そうした資本主義諸国の一般的意味での高級誌よりも、むしろ社会主義的世界観と歴史観を土台に現実を認識し、また現実問題を解決するために必要な多くの書籍を読んでいたのです。

　しばらくして八〇年五月に、全斗煥《チョンドファン》政権が光州市民を大量虐殺した「光州民主化抗争」で私が投獄された時に、『ル・モンド』東京特派員のポンス記者が、緊急取材にやってきて、『ル・モンド』パリ発の最初の報道で、私をメートル・ド・パンセ（Maître de Pensee）〔思想の大恩師〕と書きました。韓国の知識人と大学生の思想の恩師である李泳禧が捕まったと書いたのです。

任　合同通信社時代のことでしょうか、生活が苦しくなり、国際情勢を日々評価するアルバイトをされたとか？

李　私たちの暮らしはとても厳しいものでした。現在の里門洞《イムンドン》には韓国外国語大学と慶熙《キョンヒ》大学のキャンパスがあり、すっかり住宅地に変わりましたが、引っ越し当時、住宅はまばらで、慶熙大学の背後の丘陵がそっくり残っていました。新たに手に入れた家は二部屋だけで台所がなく、明け方四時に出勤しなければならない夫のために、新婚の妻は寒い冬も外に出て朝食の準備をしました。言葉にできないほどの苦労をしたようです。こんな貧しさの中で両親に仕え、長男が生まれたのですが、その子は二歳をすぎると不幸にも入院し、生き永らえることができませんでした。こんな貧しさですから、入院費に充てるために、それまでのアルバイトの翻訳の仕事に加えて、もう一つ半固定的なアルバイトをすることにしました。それが韓国軍連合参謀部に日々の「国際情勢分析報告」をまとめる仕事でした。前日の世界情勢を総合的に整理分析し、国軍に必要な情報として提出するものです。

連合軍参謀部は後に中央情報部になる南山の麓にありました。建物は、韓国併合前に伊藤博文が朝鮮統監時代に統監府として建てた、暗青色に塗られた大きな木造建築物でした。私がそこで「報告書」を作成していた頃にも、古くて朽ちた木造建物はそのまま残っていました。通常、朝八時半までに合同通信社外信部の仕事を終わらせ、乙支路入口から南山の中腹にある連合軍参謀部まで小走りし、軍人の出勤時間に合わせて仕事をするのです。私の暮らし向きではタクシーに乗ることはできないので、ひたすら走って行きました。とにかく、冬でも汗がどっと流れるほどで、五〇年も放置されてギシギシ音がする木造建物にたどり着くと、すでに出勤時間をすぎていることもありました。本当に大変な一時期でした。もし私が国際部の外信記者に固執することなく、政府機関や経済部署を取材する外回りの出入り記者を選んでいたら、こんな苦労をしなくても家族を十分に養うことができて、豊かな暮らしを享受できたかもしれません。外回り記者たちはほとんどそうでした。

さらにつけ加えると、それから一〇余年が経過して朝鮮日報の外信部長になってからも、私はアルバイトをしないと生活できませんでした。私が無能な新聞記者だったせいでしょうが、中央官庁の外回り記者になってからも、大新聞社の部長になってからも、私は月給とアルバイト以外の「稼ぎ」なるものを手にしたことはなかった。中学校の同窓生が南大門近くでやっている貿易ブローカーの、英文の手紙を翻訳し作成する仕事を、大新聞社の部長でありながら続けていたのです。

一九六五年当時、新聞社の部長の月給は三万二千ウォンでした。三二万ウォンではありません。私が手にする月給は毎月それだけでした。私がそんな生活をしている時にも、政治部・経済部・文化部・体育部・地方部などの部長は、一流の生活をしていました。それらの部署のほとんどの記者は、毎日酒を飲み、湯水のごとく金を使って過ごすことができたのです。それなのに外信部長の私は、くたくたになるほどアルバイトをしながら生活のやりくりをしていたことを考えると、単に自分の愚かさのせいなのかと考えざるを得ません。

任　意識的な記者は李承晩独裁政治に対して、みんな感じていることは同じだったようですが、当時の現実政治をどのように見ていましたか？

李　政治意識と現実感覚が比較的進んでいた合同通信社の記者も、所属部署によって大きな差がありました。外信部・政治部・文化部の場合はほとんど反李承晩、反自由党政権、反独裁的姿勢を堅持していました。しかし、経済部の多くと社会部の一部の記者はそのような姿勢ではなかったようです。

一つの例として、李承晩政権が四・一九学生革命で倒れた後に樹立された民主党政府は、過去の独裁政権と野合した記者を粛清する計画を立てました。新たに政権の座に就いた政府が直接そうした記者の排除ができないので、各新聞社、通信社が内部で自主的に選び出して淘汰するように仕向けたのです。そして記者を選ぶために編集局内の意向が固まってくると、それに抵触しそうな記者は、生き残るための懐柔工作を展開しました。特に経済部の記者がそうでした。社歴の浅い私のような外信記者に対しても、明洞《ミョンドン》で連日接待の誘いがありました。ある日、仕方なくついて行きました。ビルの地下をくねくね回って行くバーですが、高い洋酒の瓶がずらっと並んでいて、どんどん注文するのです。女性が出てきて、つまみが出され大騒ぎになりました。私は生涯で初めてバーなるところ、現在のルームサロンを体験しました。

本当にびっくり仰天して目を丸くしました。ところが経済部や社会部、時には政治部の記者も、そんな場所をいつも愛用していたようです。しかし、民主党政権は数カ月も経たないうちに、朴正熙のクーデターで崩壊してしまいました。すると彼らはいつ自分が「救命」〔命乞い〕を頼んだ？という態度をとり、その後は私のような者に見向きもしなくなりました。これが李承晩政権末期と、軍事クーデター政権に移行していく六〇年代の新聞記者の自画像で、醜態の一幕だったのです。

任　私の記憶では、大学生時代、海外の新聞の方がわが国の新聞よりも信頼できると思っていたようです。八〇年代になっても、アメリカや日本の新聞の報道内容を見て、ようやく安心したものです。先生はその当時、外国の新聞記事に対する信頼度はどの程度でしたか？　また、五〇年代の末期には外信報道は比較的信頼されていたようですが、いかがでしょうか？

李　そうですね。第一の理由としては、その時期は李承晩政権の末期に当たりますが、その頃になると、世界の主要メディアが韓国政府に対してかなり批判的でした。ほとんどの海外メディアがそうでした。だから韓国人は国内メディアの報道よりも、外信報道を信じるようになったのです。

第二に、海外メディアは国内報道とは異なり、多様な分野を自由に取り扱っていたので、とても活発かつ新鮮で文化的な香りが漂っていました。李承晩独裁政権は国民に対しては抑圧的に君臨したのに、外国のメディア、特にアメリカのメディアに対しては事実上無力だった。そうならざるを得ないのは、李承晩政権自身がアメリカ政府に依存していたからで、アメリカの報道を国内で規制することはできなかった。一、二度は統制する動きはあったのですが、世界に反民主的、抑圧的な独裁政権という印象を強く植えつけただけで、さらに、徹底的に腐敗・堕落した政権という証拠だけを示すことになってしまった。結果的には、韓国のジャーナリストだけでなく知識人一般が、国内のメディアよりも海外メディアの方を信頼するようになったのですが、これは当然のことでしょう。

マルクスを通じて現実体制の矛盾に目覚める

任軒永　合同通信社在職の初期に、先生に影響を与えた人物や本についてお話しください。

李泳禧　いま全部は思い出せませんが、当時、主に読んだ時事雑誌は、まず、英国労働党系の週刊誌『ニュー・ステイツマン』と保守的な『スペクテイター』、アメリカの進歩的週刊誌『ニュー・リパブリック』と、アメリカの左派理論誌を主に発刊するマンスリー・レビュー出版社の出版物と、岩波書店で刊行する自由主義的・進歩的・社会主義的性格の書籍や雑誌でした。ただし、この段階では、政治・思想的ないしはイデオロギー的な深さよりは、資本主義と資本主義社会の特性に対するオルタナティヴな世界観を模索する、水準の高い教養書を数多く耽読しました。その頃は、なにしろ狂信的な反共主義時代だったので、書籍の検閲が厳しく、それらの雑誌は公には販売されていなかった。だから講読は容易ではありませんでした。ソウル駐在のアメリカやイギリスなどの大使館の広報室を経由して入手しました。毎週一回訪ねて一週間遅れの号を手に入れたのです。

そうして読んだ本には、イギリスのH・J・ラスキの『近代国家における自由』を手始めに、彼のほとんどの政治・思想・哲学関係の著書、J・R・ヒックスの『世界経済論』、G・D・H・コールの『社会主義経済学』、そして一時期有名だったM・ドッブの『政治経済学と資本主義』などでした。社会思想史、資本主義と社会主義などに関する書籍を多く読みました。

そのほかにもたくさんの進歩系の政治思想、社会思想分野の書籍を渉猟しましたが、その大部分は、日本の進歩的出版社の岩波書店が刊行した日本の学者の著書や外国人著者の日本語訳の本でした。解放後から七〇年代まで、私を含む韓国の進歩的知識人は、主に知的、思想的源泉を岩波書店の書籍に依拠していたのです。その当時、アメリカの知識社会では、進歩的傾向の書籍はあまり出版されなかったことと、アメリカの学界や知識社会で専門教育を受けた韓国の知識人は九九パーセントまで保守的・反共主義的・資本主義的、そしてアメリカ中心的な思考方式に染まっていました。さらに彼らのうちの多くは、マルクスやエンゲルスなどの思想家の名前さえ知らない状況だったのです。その当時、それでも多少なりともアメリカ社会を階級的に分析した書物といえば、ライト・ミルズの『パワー・エリート』（邦訳、東京大学出版会、一九五八、二〇〇〇）が唯一という状況でした。これはアメリカ社会の階級構造よりも、アメリカ社会を支配する権力集団を分析した本ですが、アメリカで教育を受けた韓国のエリートのうちごく少数が、資本主義社会の階級的、または権力的矛盾構造を多少なりとも認識するようになったとすれば、この本のおかげだったと言えるでしょう。

合同通信社勤務の末期、すなわち、六〇年代初頭に、ある方がサルトル編集の『レ・タン・モデルヌ（現代）』を定期的に送ってくれました。これを通じて、第二次世界大戦以後の世界の新思潮をサルトル的視点で知ることになるのですが、この頃、私のフランス語の能力は英語ほど高くはなく、深い哲学的内容についての理解は困難でした。けれども現実の政治状況、国際関係の具体的問題などに関する見識と幅を広めるにはとても役立ちました。

この頃になると私は、アメリカ式の自由思想や民主思想に関係する書籍にはあまり興味を感じなくなりました。李承晩政権後期と六〇年代になる頃に、韓国知識人社会の知的・思想的指針になった雑誌『思想界《ササンゲ》』があったでしょう。この雑誌が、当時の平均的な知識人にかなり進んだ現実分析や評価の素材を提供した功績を認めねばなりません。特に、咸錫憲《ハムソクホン》の民族愛の精神と汎人類的愛と平和の精神に共感し、彼を尊敬しましたが、張俊河《チャンジュナ》の論旨に関してはあまり賛成はしなかったですね。

もちろん、任さんはこうした『思想界』の時代的役割に関してよくご存知ですね。ところが私は少し生意気だったからか、知的・思想的に傲慢だったのか、彼らが語り、構想し、目標とする人間のタイプや社会組織や政治理念よりも、自分の方が少し前を歩んでいると自負していたのでしょうか、『思想界』が提示するアメリカ式思想に対しては、これは私たちの志向すべき未来像ではなく、むしろ克服すべき理論や価値観であると肝に銘じていました。

そして当時の私の読書分野は、主にこの時期、めまぐるしく世界的にくり広げられた国際情勢と国際関係の現実的変動を、より深く理解して分析するための具体的理論を知ることに追われていました。したがって残念ながら、詩、小説、演劇、映画などに関してはなおざりになったきらいがあります。こうした文化的分野にまで、一様に読書の幅を広げる余力がなかったのです。

合同通信社の頃は、まさに二〇代後半から三〇代になる時期でした。経済的には厳しい貧しさにもがき、長男と父親を続けて亡くしてしまいました。生活を維持するために、いつも二つのアルバイトをしながらの生活上の困難にもかかわらず、その頃に読んだ雑誌・論文・書籍の量は驚くべきもので、そのリストは長大なものになりました。いま振り返って見ても、あの厳しい条件のもとで、どうしてあのように、あんなに多くの書物を読むことができたのかよく分かりません。そうした基礎理論的な読書の段階を経て、次には、マルクス理論を読む段階に移行するのですが、これは六〇年代中盤、朝鮮日報社に入社してからのことです。中国革命、資本主義の代案としての社会主義、または共産主義の可能性、第三世界の左翼革命運動、中ソのイデオロギー紛争などを深く学びたかったのです。もちろん、韓国の社会変革をどうするかという課題のためでもありました。

任　そうした文献は韓国では禁書だったはずですが、どのようにして入手されたのですか？

李　先ほどもお話ししたように、そうしたタイトルや内容の定期刊行物や書籍の入手はかなり困難でしたが、手に入れるための幾つかのルートがありました。第一は、駐韓外国大使館の広報室と図書館、第二は、外務部の外交官に目録を渡し、購入を依頼すること。第三は、私の中学校の同期がアメリカのＡＩＤ（経済援助処）に勤務していたのですが、そこを辞職し退職金で鍾路《チョンノ》に「海外書籍」という図書輸入会社を開業したので、彼に希望する本のリストを渡し購入を依頼することができました。この方法は輸入図書の検閲制度のために、押収される危険もある不安定な方法でした。だから、希望する本が入手できるかどうかは確かではありませんでした。

その友人は検閲で何度もひどい目に遭ったようです。いつかは高麗大学図書館への納品書リストに、日本で発刊した『世界年鑑』が入っていました。『世界年鑑』ですから、当然、世界各国の国旗を掲載しています。ところが、その数十もの国旗のなかに朝鮮民主主義人民共和国の国旗も混じっているのを検閲当局が問題視し、彼は刑務所に行く羽目になり、輸入業務は廃業となりました。まったく無慈悲で野蛮な時代でした。

その結果、このルートを活用する道はしばらく閉ざされてしまいました。

評論が掲載された『ワシントンポスト』を受け取った感激

任軒永　当時、先生は『ワシントンポスト』紙と縁がありましたね？　唯一『ワシントンポスト』を選択された理由は何でしたか？

李泳禧　アメリカの行政部、国会、政界など、最高政策決定者に最も影響力の大きい新聞だったからです。李承晩の政権末期になると、各種の政治的弾圧と不正行為が横行し、そのもとで韓国社会と国民の悩みが耐えがたいほど拡大した段階で、私がそんな李承晩政権の愚行を列挙し、論評した文章を『ワシントンポスト』の編集局長あてに送ったのです。その文章に対してポストの主筆は、とても好意的な反応を示してきました。彼らは李承晩独裁の実態について明るくないことと、『ワシントンポスト』が、アメリカ政府の対韓国政策を正しく批判するためには、私が送った文章に表れている記者精神、公平な状況分析能力と正確な観点、そして総合的な韓国国民大衆の生き生きとした反応などが必要であると書いてありました。そうして引き続き論評を送ってほしいと依頼されました。こうして『ワシントンポスト』との縁が生まれたのです。

一九五九年には、進歩党の党首である曺奉岩《チョボンアム》を北朝鮮のスパイ嫌疑で死刑にするという、とうてい許しがたい李承晩執権のあがきを確認し、国民の反独裁世論を代表した『京郷新聞《キョンヒャンシンムン》』が停刊処分されるのを見ながら、その時々のそうした問題を中心に、李承晩政権の残虐性を告発する論評記事を書いて送りました。私の心の片隅には、アメリカ・メディアの力を借りて韓国の内政に干渉させることに、若干のためらいがないわけではなかった。しかし、李承晩政権の打倒に少しでも力になるのなら、どのような方法でも政治的かつ道徳的に正当化することはできると確信したのです。それで『ワシントンポスト』に、李承晩を告発する文章を書くと約束したのです。

そうこうするうちに、一九五九年に、私はアメリカ上院のフルブライト外交委員長の提案で創設された国外知識人のアメリカへの招請研修計画である「フルブライト奨学計画」のメンバーに選ばれて、ノースウェスタン大学に行くことになりました。それで訪米した折に『ワシントンポスト』社を訪問すると、主筆と編集局長がとても喜んでくれて、これからも続いて記事を書いてほしいと、激励とともに再依頼されました。

任　記事を書くのは、かなり危険が伴ったはずですが……。

李　もちろんです。原稿をそのまま郵送することはできないので、韓国勤務を終えてアメリカに帰国する米軍将校や信頼できる人物を探し出し、アメリカに着いたら投函して下さいと依頼しました。『ワシントンポスト』は、いつも社説と向き合う紙面に、「六〇〇字のコラム」と題する、私の韓国政局に関する論評を掲載してくれました。そしてコラム一篇に一五ドルの原稿料を送ってくれました。当時のレートで一ドルは六五〇ファン〔一九五三年二月、旧ウォンに替えてファンを導入（一〇〇ウォン＝一ファン）〕でしたから、約一万ファンになりました。当時、私の月給は二万ファン程度でした。李承晩政権末期の一九六〇年の経済統計で、国民一人当たりのGNPは一〇〇ドルとなっていました。

『ワシントンポスト』の社説は新聞の二面で、左側の社説と向き合う右側に私の評論記事が掲載されるのですが、その真ん中に、時事漫画家ハーブロックの政治時事漫画があり、その上下にアメリカの政治・社会・経済・軍事分野の著名人の投稿が掲載されるのが常でした。

あるときは、アイゼンハワー大統領を風刺するハーブロックの政治漫画が掲載されましたが、まさにその横に李承晩政権の仁川《インチョン》野党集会弾圧をテーマにして、腐敗と堕落と暴力的実状を実例を挙げながら批評した私の評論が掲載されました。送ってきたその社説面を見ながら、私はアイゼンハワー大統領が自分を描いた漫評を見て、その日の社説とともに、政治漫画の傍らに並んだ李承晩政権の残虐性に関する私の文章を読んだのは間違いないと思いました。それがまさに、四・一九の起きる一年前のことでした。こうして私の論評記事がアメリカの最高政策決定者らに、李承晩独裁政権の堕落と、民主化の破綻の実状を知らせる啓蒙的役割を果たしたと確信しました。

その当時、私の評論は執筆者名を書かずに、ただ「ソウル通信員」となっていました。執筆者の名前を明らかにすると、身辺に危険を招くだけでなく、その記事を送るルートも自動的に封鎖されることを意味します。そのため、主筆と私の合意で匿名記事にしたのです。このコラム欄に私の名前が明記されたのは、一九六〇年の四・一九学生革命で、李承晩政権が崩壊した後のことです。コラムに自分の名前が明示された『ワシントンポスト』紙を手にした時の感動は、喩えようもないほど大きなものでした。私は李承晩政権の崩壊過程において、アメリカ政府と議会が行使した圧力の少なくとも一部分は、私の記事の影響だと自負さえしているのです。

翌六一年一一月に、朴正煕少将が政権に就いた後、ケネディ大統領を訪問した際には、私は同行記者の一員として渡米しました。そして『ワシントンポスト』社に立ち寄りました。同紙のエス・タブルーク主筆は特別ディナーに招待し、これまでの私の寄稿に対して感謝の意を表してくれました。彼は私の文章のおかげで、李承晩大統領個人の権力欲と李承晩政権の本質に関して、『ワシントンポスト』は正確で総合的な評価をすることができたと感謝していました。

しかしながら、『ワシントンポスト』との関係は、その後、長く続くことはなく終わりを告げました。民主党政府時代には続いたのですが、朴正煕政権になってからは、監視と弾圧がいっそう厳しくなったため、これ以上、名前を明かして韓国情勢の論評を寄稿することは不可能になったのです。匿名記事にしても、すでに社説面の韓国関係の情勢分析や論評記事のニュースソースや執筆者については、天下に公開されたのも同然の状況になっていたので、さらなる危険を冒すことはできないと判断しました。朴正煕政権になってから書いた最後の記事は、新しい状況の展開によって「韓国内では平和統一を志向する動きと、さらに一部では中立化統一論を提唱する世論が形成されつつある」という内容の文章でした。

任　当時、韓国の進歩的知識人は、ほとんどソ連志向か中国志向でした。先生はその頃から中国に関心を持たれていたのですか、それとももっと後になって中国を研究されるようになったのですか？

李　当時、私の研究の関心はソ連と中国、どちらに限定したものではありません。理論的研究対象としてはソ連を、情緒的な親近感では中国に傾いた状態でした。すでにお話ししたように、私は大韓民国という、この韓国社会のすべての分野が変わらなければならないと考えていました。李承晩政権下での韓国社会の現実と、それがもたらす暗澹たる未来を考えると、その代案は社会主義的改革を加えた方式だという考えに到達していました。韓国と同じ立場に置かれた植民地国家と弱小諸国において、私が唯一の代案として考えていた世界を実現させるために、人民が総決起していた時代だったのです。

そしてこの時期の私の関心は、第一に、世界の被抑圧人民の解放とその方法としての社会革命への共感であり、第二は、資本主義的資本支配体制に対する代案として、社会主義的要素を備えた理論と思想を理解する仕事でした。ひと言でいうと、私はその時期の大韓民国を、人間が人間らしく生きることができない不正腐敗と弱肉強食がはびこる、醜悪で暗澹とした典型的なディストピア（暗黒社会）と認識していました。その背後に李承晩政権と、韓国のこうした現実を支えているアメリカ資本主義があることを、同時に認識するようになったのです。しかし、私は革命家的な実践を意図していたわけではありません。情熱をもって理論的提示と言論・文筆活動で意識化する作業、言い換えると、主に知的な作業に私の役割・範囲を限定していました。

任　一九五七年に世界史的な激変を予告する変化が現れました。この頃から次々と民族解放運動が世界各地で勃発しました。先生のそうしたお考えを、胸襟を開いて語り合うことができる知識人グループというか、そういった集まりがありましたか？

李　外信部の記者は程度の差こそありますが、大部分がそうした時代精神と人類史的な大変革に賛同する世界観を持つ若者でした。だからナセルの『革命の哲学』を回し読みしながらひどく興奮しました。次長の鄭《チョン》道泳《ドヨン》氏は思慮深くて寡黙な方でしたが、既存の世界秩序の変革と被抑圧民族の闘争に関する記事が飛び込んでくるたびに、そこからその日の重要記事を選び、私たちに記事をまとめさせました。

　こうした空気だったために、合同通信外信部の記者の間では、少なくともそうした時局的な問題について議論をし、意気投合もする一種の友情というか、政治意識の共有基盤が生まれていました。しかし、ほかのメディアではそうした状況はなかったようです。何人かの職場の同僚がいただけです。みだりにそのような意見を口にすることは危険な時代でもありました。合同通信入社の同期で、後に東洋通信の国際部長になる高明植《コミョンシク》もそんな仲間の一人でした。

「李承晩を尊敬」がパスポート発給の条件

任軒永　そうして、ノースウェスタン大学に行くことになったのですね。試験を受けられたのですか、それとも推薦でしたか？

李泳禧　口述試験はありました。崔斗善《チェドゥソン》東亜日報社社長、鄭寛宇《チョングァンウ》編集局長、後に外務部次官と文化広報部長官そして合同通信社社長を歴任した李源京《イウォンギョン》氏ら尊敬するジャーナリストと、米国の文政官で構成された人選委員会で、この年には六名が選ばれました。一九五五年からそれまでに、朴権相《パククォンサン》氏、金寅浩《キムインホ》氏、任芳鉉《イムバンヒョン》氏、趙世鉉《チョセヒョン》氏など、新進気鋭の二〇名ほどのジャーナリストが研修に参加することになりました。私はまだ記者生活二年目だったので、そのような機会があることを知らなかったのですが、合同通信社で入社試験の同期で、東洋通信に転職した友人の高明植が、その情報を知らせてくれ、一緒に行こうと誘ってくれたのです。それで受験願書を提出しました。

　ところが、あまりにも大勢の人が受験するので、合格するには他人とは違う何かが必要でした。私の記者としての経歴が浅いというマイナスもありました。選考の場でアメリカで何の分野を研究し、帰国したらどんな仕事をしたいかと訊ねられたので、私は科学報道をしたいと答えました。韓国のメディアでは政治・経済・文学・社会など基本構造の活動は活発ですが、時代が要求する理工分野・科学技術分野については軽視しているようだ、だから私はその分野に力を入れたいと答えたのです。私の教育経歴もその分野だったので試験官の反応は良かったようです。「フルブライト奨学交流計画」というのは、言うなれば、アメリカが世界の支配構造を構築するために、各国のメディアを先導する有能な記者を選んで教育する、そうした目的を持つものでした。実際にこの奨学プログラムで訪米した有能な専門記者は、その後、大部分が親米的なジャーナリストとして活躍することになります。「寛勲《グァンフン》クラブ」という団体がまさにその関係者が組織したものです。

任　ところが、合同通信社が推薦してくれなかったとか？

李　そうならざるを得ないでしょう。私は入社して二年目に過ぎないし、職場の先輩も多いのに、経験の浅い私が志望したので面倒なことになったのです。それでやむなく辞表を提出してから出発することにしました。

任　その際、パスポート申請書の「尊敬する二人の人物を書く欄」に、金九《キムグ》と洪蘭坡《ホンナンパ》（朝鮮に初めて西洋音楽を導入した作曲家。「鳳仙花」「故郷の春」が有名）と書かれたそうですが、これは意外な人選ですね。金九なら分かりますが、洪蘭坡とは？

李　このエピソードは、私の青春時代の自叙伝である『歴程』にも書きました。その当時の私は、当然のように金九先生を尊敬し、文化・芸術分野では、洪蘭坡の民族的で民衆的な抒情味あふれる歌曲を好んでいたので、彼のことが好きだったのです。

いまでは想像もできませんが、当時は旅券申請書に「尊敬する人物を二人書く」欄がありました。洪蘭坡については、親日行為の枝葉末節まで問題視する最近の気難しい風潮とは異なり（二〇〇八年、民族問題研究所の『親日人名辞典』に親日派として載った）、その当時はそんな批判はなく、洪蘭坡は民族的で民衆的な作家として認められ、敬愛を受けていました。私はいまも洪蘭坡を尊敬しています。植民地末期に支配権力の圧力で、一、二曲、時局関連の作曲をした行為を、なぜ「親日行為」と断定するのかよく分かりません。私は徹底的な民族反逆者と親日派を、民族精気の確立のために明らかにし、また、そのうち罪の重い者に対しては歴史的断罪をすべきだと主張していますが、だからといって、洪蘭坡までその範疇に入れることには疑問を抱いています。

当時は金九先生が、李承晩系と親日派の手により共産主義者として暗殺され、独立運動家が徹底的に弾圧を受けていました。それで「尊敬する人物」の欄に李承晩と書かずに金九と書いて、パスポートが発行されるかどうかということです。私は李承晩政権下の官僚体制の下心を見抜いていました。それで金九と書いてパスポートを入手できなくても、とても李承晩の名前を書くことはできない。立ち会いの警察官が、金九ではなしに別人の名前を書けと言うので、しばらく押し問答をしました。警察官はついに「時局をよく弁《わきま》えているはずの記者が、どうしてそんなに意地を張るのか」と言うので、「そちらでうまく処理してください」と頼みました。おそらく、彼が「尊敬する人物」の欄に、私が書いた金九を消して李承晩と書き入れたのでしょう。とにかく、そんなやり取りがあった後に、パスポートは無事に発行されました。

任　金九と書いたことでさえも、先生にとっては妥協だったのですね。さらに、大変なことに、アメリカ行きの直前にして父上が逝去されました。

李　出国を目前にした八月末に、急逝しました。苦労ばかりかけた父親なので、とても心が痛みました。母親の悲しみは言うまでもなく、家中がひどく暗くなりました。その年の春、悪性の小児癌で最初の息子ヒジュを失いました。父は猛暑の中を、里門洞から忘憂里《マンウリ》の丘の孫の墓まで数十里〔一里＝約四〇〇メートル〕も歩いて往復されたのですが、そのせいか脳出血で倒れました。当時は医療保険制度がなく、私はあまりにも貧しいものですから、大きな病院に入院させてあげることもできずに、亡くなられたのです。もっとも、五〇年代後半の韓国では、脳出血を治療できる医療水準には達していなかったのです。息子への期待を抱いて故郷を後に南下されたのに、還暦のお祝いもできずに、自宅を買い求めることもできないまま、借家で苦労して亡くなったのですから、私はなんと親不孝者でしょうか！

任　両親に対して親不孝者でない息子がどこにいますか。

李　そんなことはありません。先ほどから話しているように、李承晩政権下では不正・腐敗をして小利口に立ち回りさえすれば、父親ひとりくらい世話することは簡単でした。私は息子と父親を相次いで失い、貧しさのなかで合同通信社に退職願いを提出し、俸給を断たれたまま母親と妻を残し、アメリカに旅立ったのです。それはとても気の重い決断でした。

任　不正と腐敗に加担することは孝行の道ではなく、「牛馬に笠をかぶらせて飯を食わせるのとどこが違うか」ということでしょう。先生の誠実な生き方が最も大きな孝行だったと思います。残されたご家族はどのようにして過ごされたのですか？

李　妻からは生活費に窮しているから、あの借家の家賃だけでも少し減らそうと、台所もないひと間の部屋に引っ越したという知らせが届きました。アメリカに滞在する六カ月間に支給される月三六〇ドルの奨学金から、数十ドルずつを手紙に入れて送りました。これは、当然、違法行為になります。けれども、私としては家族の生存のためにほかの方法がなかったのです。

初めて訪れた「新世界」、アメリカ

任軒永　渡米されたのは一九五九年で、先生が二九歳の時ですね。私はその頃、師範学校を卒業して田舎の小学校の教師をしていました。しかし、家庭の雰囲気のせいか、アメリカをそれほど良い国とは思っていませんでした。アメリカ製なら何でも良いと崇める時代でしたが、私は少し変わっていました。先生はその頃、まだ明確な対米観を持たれていたわけではなかったようですが、渡米の前と後でアメリカに対する考えに変化はありましたか？

李泳禧　アメリカという国はなにしろ巨大で、複合的な要素で構成されています。また、とてもダイナミックな社会です。だから書物を通じてどんなにアメリカに関する知識を持っていても、実際にその社会に初めて対面することになると、誰もがとんでもないカルチャーショックに襲われます。初めて見るアメリカはそれこそ、みんなが金持ちで、どこも「乳と蜜の流れる地」だと錯覚するわけです。アメリカ社会の深刻な貧富の格差、経済・社会の不正・腐敗、白人中心社会の人種差別、企業の冷血な人事制度、そして非人間的な生存競争など、人間関係の冷酷な側面は、少なくとも四、五回程度アメリカを訪れ、相当期間滞在してから、やっと微かに目に見えてくるようになります。

そして何度か訪れて、かなりの期間をアメリカで暮らしてみると、アメリカという国家と社会が、その表面的な宣伝や主張とは異なり、無慈悲な弱肉強食の、徹底した利己主義的な資本主義国家だということをようやく悟るようになります。それさえも、冷静な科学的観察力と、社会構成体に対する理論的分析能力を備えた者だけに、アメリカの本質が理解できるようになるのです。ただ漫然と、何ら探究的な分別力と批判的な認識能力を持ち合わせない多くの韓国の知識人は、アメリカの非人間的な本質を知ることができません。こうした認識過程はある程度は私自身にも当てはまるものでした。私がアメリカとアメリカ人のそうした本質を認識するようになったのは、他の韓国知識人に比べると、それでもかなり早いほうでした。合同通信社の外信部に入った五〇年代中盤に、地球上のすべての国際的陰謀工作と弱小諸国の堕落した独裁政権を、アメリカが焚きつけている事実を知るようになったからです。そのせいでアメリカに対する冷静な認識は、かなり早く私の内面世界に確立されたと言えるでしょう。

フルブライト奨学計画の一環だったジャーナリスト米国研修中に訪れたハーバード大学燕京図書館で。

任　アメリカに滞在されたことが、記者としての専門性を身につけ、理論的に見聞を広めるのに役立ったと思いますか？　その時に同行された方々とは息が合いましたか？

李　初めて見るアメリカは、すべてが新しい経験だったので、何もかもが啓蒙的で教訓的でした。シカゴの空港に降りて、ノースウェスタン大学に行こうとタクシーに乗ると、中年の白人運転手が「どこから来たのか？」と尋ねるので、「韓国から来た」と答えると、「アメリカにいる間は、三つのことを話してはいけない」と言うのです。それは何かと問い返すと、彼は「アメリカの政治問題、人種問題、宗教問題だ」。これらを話題にするなと言うのです。もちろん、最初はなぜそうなのか分からなかったのですが、徐々にアメリカを理解するようになると、まさに、これらがアメリカ国家と社会の恥部であり、持病だということが分かるようになりました。

人種問題については貴重な経験もしました。一九五七年は、まだマーティン・ルーサー・キング牧師の黒人解放運動が始まったばかりの段階だった頃で、アメリカのどこに行っても徹底した黒人に対する差別がありました。特にノースウェスタン大学で学部課程を終えて数カ月間、現場実習で行った南部では、かつての南アフリカ連邦の悪名高い人種隔離主義（アパルトヘイト）そのものでした。一言でいうと、黒人はアメリカ市民ではあっても、彼らは国民の一員ではなく、まるで動物みたいな扱いをされていたのです。リンカーンの黒人解放は現実的には無意味に思われました。建物の出入り口が厳格に区別されており、食堂やトイレまで黒人・白人用に分けられていて、バスは、黒人は後部から乗って後部の席に座らなければならず、白人は前方から乗って前の席に座るように分離されていました。映画館も完全に黒人用と白人用に厳格に区別されていました。

ノースウェスタン大学は北部にあるために、黒人の留学生はごく少数でした。そして、アフリカの新生独立諸国から来た黒人学生がいたので、いちどその彼らと南部地方に旅行に出かけました。すると交通警察が我々の車を停止させ、人種混席を禁じた州法に違反するから、黄色人種が降りるか、黒人が降りるか、どちらかにせよと命じるのです。私たちは外国人留学生だ、アメリカ政府の招請で来ていると、いくら抗弁しても無駄でした。警察官は、自分たちは州法に従ってやっているだけだと、頑として聞き入れないのです。実はここで初めて、アメリカという国家には四九の独立国家があるという、アメリカ合衆国の現場検証をすることになりました。結局、黒人学生の立場を考えて、韓国の学生が車から降り彼らを送ってから、我々は別のタクシーに乗って追いかけました。

こうした容赦のない人種差別をする南部地域でも、韓国人学生はいわば「準白人」というか、あるいは「三等白人」というか、とにかく、黒人よりははるかに良い待遇を受けました。この「三等白人」または「三等人種」は、総じてどこに行っても人種的に侮辱されるほどのことはありませんでした。しかし、口を開きさえすれば「自由・平等・人権」を主張し、すべての人間にキリスト教的兄弟愛を信奉すると自慢するアメリカという国の体制と理念、その現実がいかに徹底した人種差別主義であるかを実感しました。私はこの体験をきっかけに、人種差別が激しいことで有名なアラバマ州を訪れ、人種差別主義者であるフォーバス州知事にインタビューをしました。そしてまた、黒人民権運動団体のＮＡＡＣＰ本部を訪問すると、黒人指導者に彼らの苦悩と闘争に関する凄惨な話を聞くことができました。韓国から行った同僚はこうしたことには関心がないので、私がひとりで行ったことを覚えています。

記者としての専門性と理論に役立ったかとの質問に対しては、特にそれはなかったと答えざるを得ないでしょう。そしてアメリカ社会に対する否定的な見聞を広げ、さらに確認するようになったことが、ノースウェスタン大学の留学で得たものだったというのが正しい回答になるでしょう。

一緒に行った韓国人の同僚との相性については、ひとつの例を挙げればよいでしょう。ある日、『シカゴ・トリビューン』紙に、北朝鮮社会と人民生活の豊かさを誇示する写真とともに、全頁にわたる記事が掲載されました。北朝鮮当局による宣伝記事でしたが、どこの国の新聞記者の現地ルポだったかは覚えていません。とにかく、その紙面を見た同僚の留学生数名が、新聞社に行って抗議をしようと言い出したのです。彼らの言い分は、万一、抗議をしたという証拠もなしにソウルに帰ったら、大変なトラブルに引き込まれるかもしれないと言うのでした。

しかし、私はその報道はあくまでも、アメリカの新聞の言論の自由の問題で、外国から来た留学生が新聞社を訪ねて抗議をする根拠はあるのだろうかと考えました。また、国から遠く離れた外国にいながら李承晩政権のような犯罪集団が治める国家とその体制に対して「愛国心」を発揮したいとは、私はまったく思いませんでした。その記事の内容は、明らかに北朝鮮が韓国よりも経済・社会・文化的に進んでいるという内容でした。その当時は実際にそうだったのです。もし、そうではなかったとしても、どんな記事を掲載するかどうかは、新聞社が独自に判断することであり、同じ新聞の世界に生きる私たちが訪ねて行って抗議するというのは、ジャーナリストとしては常識から外れることだと思いました。

それでも、大勢が行かなければならないと興奮しているので、私もついて行きました。誰かが抗議をしました。相手側の回答は分かりきっています。これは「言論の自由に関する問題」ということです。そうして韓国社会でも自慢できる話題や写真があれば、いつでも掲載するから、送ってほしいと頼まれました。そのように面と向かってたしなめられ、しょげて帰ってきました。

古い民族的固定観念から抜け出して

任軒永　研修カリキュラムには、戦後、新しくアメリカの支配権の下に入った開発途上国のジャーナリストが、ひとクラスを構成していたようですが、彼らとの生活や知的交流で得た刺激のようなものはありましたか?

李泳禧　ある日、クラスで各国の学生を招待し、韓国人学生と現地の牧師が主催する焼き肉パーティを開きました。ほかの国の学生はそれぞれ自分の民族固有の衣装を着用し、国旗持参でパーティ会場を飾りました。確か八カ国の学生だったと思いますが、パーティの決まりとして、各国の学生が自国の国旗の前で国歌を歌いました。もちろん、韓国の学生も太極旗の前で愛国歌を歌いました。私はこの一連の過程で、愛国歌と太極旗に対する微妙な感情が湧き上がるのを感じました。

愛国歌と太極旗は歴史の記録によると、一八八七年に朴定陽《パクチョンヤン》を首席代表とする大韓帝国末期の駐米公使団の一行が、アメリカに出発するにあたって急遽作ったものです。その太極旗と愛国歌を携えてサンフランシスコに発つことになった背景にある政治的状況はかなり屈辱的なものです。朝鮮王朝がアメリカに全権公使を派遣する案に対して、清国はアメリカ政府に、朝鮮政府が「清国の属国」であることを前提にし、その条件つきでアメリカは朴定陽一行を受け入れることにしたのです。こうした屈辱的な事実に加えて、当時、朝鮮に来ていたアメリカ人宣教師数人の宣教でキリスト教徒になった何人かの有力者が、キリスト教国でもない朝鮮の愛国歌の歌詞に「神の加護を」という語句を入れて、キリスト教の賛美歌のメロディをつけて歌ったのが、そのまま独立国家である大韓民国の国歌になりました。

他の国の学生が歌う国歌のほとんどが、自分の民族の西欧の帝国主義植民地からの解放闘争の精神とか、建国精神のようなものを込めているのとはあまりにも対照的に、民族的エスプリ（精気）の感じられない国歌でした。また、国旗というものは、ひとつの視覚的象徴です。例を挙げると、英国のユニオンジャックは、英国がキリスト教国だからペアの十字架で、フランスの国旗はフランス革命の精神である自由・平等・博愛を色彩で表現しています。アメリカは独立戦争当時の州の数を星で表示して国旗を作ったものですが、これもなかなかよろしい。カナダは楓の装飾の十字〔一九六四年までのもの。一九三一年にイギリスから独立し、一九六五年に現在の国旗を制定〕で、カナダがイギリス連邦の所属という事実と楓が多い国という事実を表現しています。そうしたもので十分なのです。アフリカのある国からやってきた学生が持ってきた国旗もそうでした。

太極旗は中央の太極が天と地を表現していると、世界の誰もが納得できるでしょう。しかし、その複雑で難しい周易〔易経に記された占術〕の八卦模様を配置したのは問題ではないでしょうか。私たちでも、その正確な哲学的意味を説明できる者が何人いますか？ その上、公休日などに掲揚された国旗の天地が逆さまになっている場合が多々見受けられ、これらすべてのものが、国際行事において外国人には不可思議な一種のパズルに見えるのです。

韓国の国旗もほかの国の国旗のように、韓国人が一言で表現することができ、分かりやすく、外国人にも周易の理論を説明する必要もなく理解させることができる、また、相手も容易に理解できる、そんな国旗であってほしいと思われてなりません。国旗は哲学ではなくシンボルなのです。その視覚的表現は深妙な哲学テキストである必要はありません。もっとも単純化された、いわば記号なのですから、愛国歌の歌詞もそうでしょう。

私は今も、韓国の国歌と国旗に対するこのような思いに変わりはありません。統一されたら変えるべきだと思います。日本統治下で抗日独立運動を闘った方々が、太極旗に宣誓し、大勢の志士が命を捧げた衷情を考えると、もちろんこの問題は容易に結論が出ることはないでしょう。金九先生の前で太極旗を背に、日本帝国主義の撲滅を誓って旅立った尹奉吉《ユンボンギル》義士や李奉昌《イボンチャン》義士の義挙に象徴される崇高な愛国行為を考えるならば、そうした心情も考慮しなければなりません。それでも、一方では、右翼よりはるかに多くの社会主義者・共産主義者・無政府主義者を合わせた左翼系の抗日闘士は、太極旗とは無関係に同じ抵抗運動を展開しました。こうしたことを考えると、わが民族の抗日独立運動を、太極旗だけで象徴しなくてもいいのではないか？ 統一されたこの国は、植民地時代に関連する情緒的遺産を乗り越えて、より高くより広い、そしてよりはるかな未来を考える発想の大転換が必要でしょうね。

こうした愛国歌と太極旗に関してだけではなく、外国文化と無数に接するにつれ、我々の三〇〇ほどしかない姓氏制度についても、変革をしなければならないと考えています。いま、韓国社会でパスポート申請の際に、父母双方の姓を一緒に書く人が増えており、「同姓同本結婚禁止法」〔姓が同じで先祖の発祥地が同じ男女は結婚できない〕に対して改革を要求する声が高くなっているではありませんか？ 私はこうした改革の要求、そして理論に同意します。姓に関して述べるだけでも、解放前、朝鮮の総人口が二千三〇〇万名だった時代に、金氏は約一〇〇万世帯、李氏は約六〇、七〇万世帯、朴氏が五〇万世帯で、個人数にすると、この数の四、五倍ほどになります。このように限られた姓で人口の半分以上を呼ばねばならないことは、明らかに原始的血縁共同体的関係の遺産と言わねばならないでしょう。

実際、今日の私たちの社会的慣行ないしは文化・精神・生活の現実から言うなら、固定的姓氏制度が樹立された原始的、血縁共同体的社会関係はすでにほとんど消え去り、社会的生産関係と財産保有制度も家族単位に変わりました。父母を中心とする小さな血縁単位、すなわち「所帯」が基本になっています。

こうした諸般の要因の変化を勘案すると、一つの姓を数百万名が共有することは、社会の発展に後れを取る矛盾と言わざるを得ません。ですから未来の社会変化までを考慮しつつ、現制度の本貫〔氏族発祥の地名〕よりはるかに小さい集団単位の、個別的姓にすることが必要ではないでしょうか。こうした発想は、この社会の高齢層や儒林〔儒学者の仲間〕勢力から非難されることは明らかですが、私は数百万世帯の人間が一つの姓に束縛される制度に対しては賛成することはできません。

ハワイの独立教会を訪ねて

任軒永　正規課程を終えてから、次の旅行先としてキューバを選択されましたね？　当時のキューバは、世界の耳目を集めていました。独裁者バティスタが一九五九年一月一日の早暁に亡命してから、革命的状況は急展開し、カストロ政権が成立しました。二月一三日にカストロは首相に就任し、四月一五日にアメリカを訪問すると、メディアは大歓迎しましたが、政府は冷淡でした。以後、アメリカとキューバの関係は急激に悪化し、アメリカは年末には経済・軍事などすべての面での封鎖を強化するようになりました。翌年からキューバはその出口をソ連に求めるようになり、アメリカとキューバは関係修復が困難になります。それなのに、なぜ、キューバ行きを希望されたのですか？　もともとの第三世界に対する関心の延長線上だったのでしょうか。マルクス主義に対する関心も関係していましたか？

李泳禧　マルキシズムではありません。キューバ革命が成功した初期段階は、マルクス主義的段階ではなかったのですから。キューバ社会改革のインスピレーションはマルクス理論から得てはいたでしょうが、カストロもその段階ではマルクス主義者とは言えません。また、実際に、その後アメリカの封鎖とキューバ革命圧殺政策によって、革命の保全とキューバ国民の生存のために、やむなくソ連との絆を強化するようになるまではそうでした。キューバを親共路線に転向させた大きな原因は、カストロやその革命同志チェ・ゲバラの意志や構想というよりは、アメリカ資本主義のラテンアメリカ市場への独占の野望と、アメリカ政府の冷戦政策のためと考えるのが正しいでしょう。

その当時、私は外信部記者として、すでにカストロの思想とキューバ革命についてかなりの情報と知識を持っていました。それがアメリカの後押しを受けるバティスタ独裁政権を、打倒しようと立ち上がったキューバ人民大衆の蜂起であることもよく知っていました。そして、第三世界で起きている、こうした人民闘争の一つを、私はキューバの鼻の先のアメリカ自治領のプエルトリコ訪問のついでに、直接見たいと希望したのです。プエルトリコからキューバまでは、韓国の南端と対馬ほどの距離しかないので。キューバ訪問の希望を指導教授に伝えて協力を要請しましたが、しばらくして、アメリカの国務省から不可能という回答が送られてきました。

任　どこでも、革命は似たような経路をたどっていませんか？ ロシアや中国、または東欧でさえも、初期には反封建・反独裁・反帝国主義的な性格から出発しますが、まもなく社会体制の改革が台頭するにつれ、マルクス主義理論に頼らざるを得なくなるのです。キューバの場合も、一九五九年一一月にチェ・ゲバラが国立銀行総裁に就任したことが、それを象徴すると見ることができるでしょう。先生のアメリカ滞在中、私がもっとも衝撃的だったのは、ホノルルで反李承晩系列の団体を訪問されたことでした。

李　植民地やアメリカが後援する中南米の民衆も、最初は抑圧と搾取の解放闘争から出発し、それがアメリカやアメリカと野合する自国の資本家、軍部・右翼支配権力の全面的な弾圧を受けるようになると、その段階からマルクス主義的闘争へと軌道修正や転換をするようになるのが普通です。

当時のハワイには二つの僑民団体がありました。一九〇三年一月、アメリカ移民の初期にサトウキビ畑の労働者として渡米し、わずかな賃金の中から上海臨時政府に独立闘争資金を送った団体は「大韓独立協会」

で、もう一つは、後に李承晩が、自分を大統領に推戴しなかったと言って上海臨時政府を捨ててアメリカに行き、外交運動だとか言っていた当時に組織された分派的団体の「太平洋同志会」です。双方を訪ねて行きました。最初にホノルルの繁華街にある「太平洋同志会」に行ってみると、事務室を運営している様子や、働いている人々はただの商売人でした。民族的情緒を感じさせるものは何もありません。だから訪問の挨拶だけをして帰ってきました。次に「大韓独立協会」に行こうとすると、ホノルル駐在の領事が行くなと言うのです。領事の話では、独立協会の人々は思想が不穏な「反韓団体」だと批判的に見ているのです。領事の口ぶりでは、私がもし独立協会を訪問したら、ソウルに帰ってから「穏やかではない」と強く示唆するのでした。

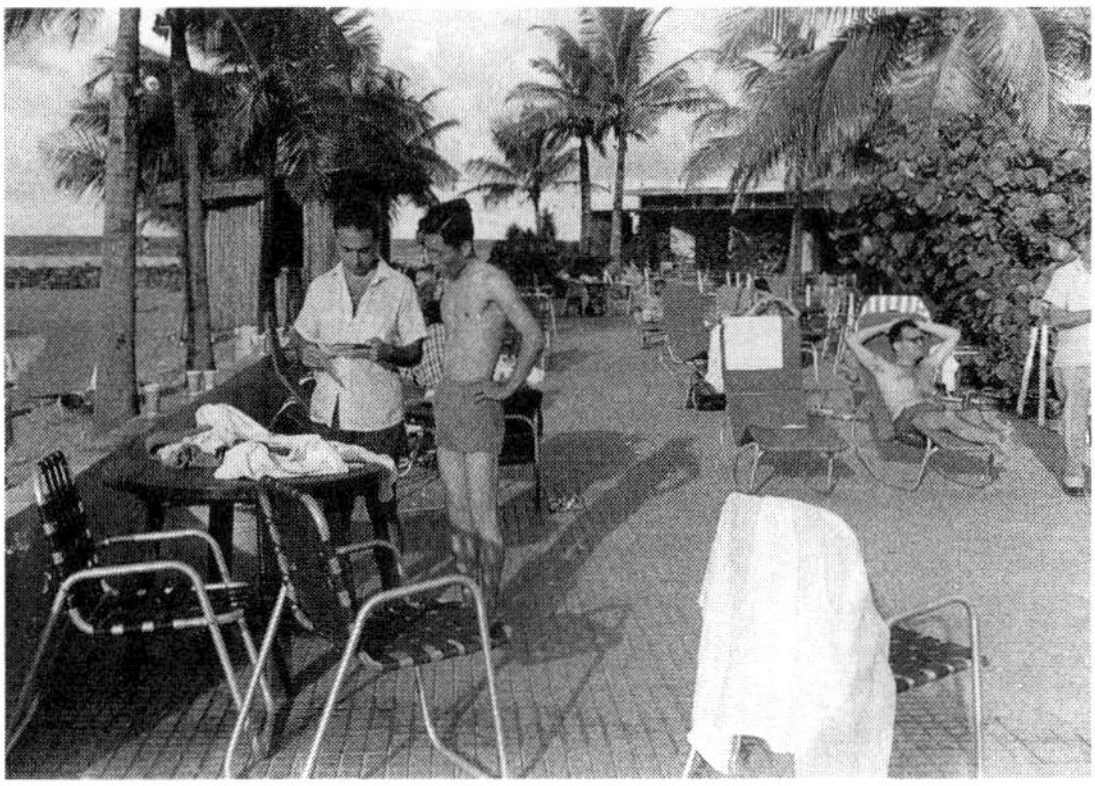

1959年10月28日、プエルトリコの椰子の木の下で、トルコの野党系新聞の主筆イペジ（Ipecci）氏とともに。1960年の「4・19学生革命」当時、韓国を訪問したイペジ氏は、4・19に触発されて起きたトルコ大学生の軍事政権打倒運動を支持する論調のために狙撃され亡くなった。

　それでも私は、道を尋ねながら独立協会を探して高い丘の道を登って行きました。行ってみると、老人たちはとても喜びながらも、不安げな目つきで私を見つめるのでした。そして、かつて李承晩政権時代にソウルから自分たちを訪ねてきたのは、民主党（野党）のスポークスマンの曺在千《チョジェチョン》氏だけだったと言うのです。私に「若い人が何のために訪ねてきたのかね？」と問いかけ、かえって私の身の安全を案じていました。建物の前の芝生に座ってあれこれ話をしていると、老人たちは私が膝に置いている紙袋にしきりに視線を向けるのです。やがて私は、彼らが紙袋を不安げに見つめる理由が分かりました。紙袋には、私が領事館を出てここまで訪ねてくる途中に食べようとして買い求めた、三個のオレンジが入っていました。老人たちは、この若い訪問客が、あるいは李承晩政権のテロ工作員ではないかと警戒していたのです。

はっとしてそのことに気づき、紙袋を破ってオレンジを一つずつ差し上げました。すると、ようやく、老人たちの表情が明るくなりました。彼らは会館内部に案内し、独立新聞を印刷した古い印刷機も見せくれて、本当に親しげに過ぎた日々の辛かった暮らしを語ってくれました。解放後に故国を訪問したくて何度か韓国政府に請願したが、いまだに入国許可を得ることができないと、李承晩大統領のことを恨んでいました。そして李承晩が、アメリカで過去、どれほど狡猾に分裂主義に明け暮れて同胞を欺いてきたかについて、詳細に語ってくれました。ここで話されたことのすべては、私には初耳のことで驚くばかりでした。そしてまた、李承晩という人間の正体を知ることができて、とても参考になりました。

訪問を終え、丘の道を下っていこうとして別れの挨拶をすると、老人の一人がポケットに突っ込んでいた、しわくちゃになったものを広げてくれました。アメリカの一ドル紙幣でした。遠い道を歩いて登ってきたのだから、帰りは歩かずにこの金でバスに乗って行きなさいと言いながら渡してくれたのです。私は受け取るかどうか一瞬迷いましたが、その気持ちに感謝しありがたくいただきました。丘の道を下りながら、こらえていた涙が流れるのを抑えることができませんでした。

私が三〇歳という若さで、李承晩政権の徹底した監視と憎悪にさらされている独立協会を訪ねて行ったことは、自分自身が考えても普通なことではなかったような気がします。しかし、それは李承晩の同志だった独立協会の老人たちから、李承晩の過去の足取りについて真実を知りたいという記者魂によるものでした。

任 大変な勇気にみちた行為でしたね。李承晩は一九一二年四月に、メソジスト教会の一般信者世界大会への出席を口実に二度目の渡米をした後、八・一五までの三三年間、主にハワイに留まりましたが、歴史学者の趙奎東《チョギュドン》教授はいつも「ハワイの漁師」と嘲笑しました。彼は獄中で同期だった朴容萬《パクヨンマン》をはじめとする民族運動家の好意でホノルル韓人学校校長として招請されると、まもなく派閥をつくって、相手を容共分子として排除したりしたので悪名が高かった。おそらく、大統領になってからの「左傾容共統治術」をこの頃から身につけていたようです。

李　その老人たちから私が聞いた、李承晩という人間の卑しい人間性についてすべてを話すことはできません。また、植民地のもとで祖国独立のために苦労している同胞を籠絡し、自分の権力欲を満たすために、李承晩がどれほど多くの権謀術策を弄したかについても、ここですべてを語ることはできません。そんな人間を建国初代の大統領に推戴した韓国民がいかに愚かで、不幸だったことか！　もっとも、これがアメリカの朝鮮半島経営政策の真髄だったのです。

圧倒的な本の山の前でわれを忘れて

任軒永　一九六〇年、韓国メディアは李承晩《イスンマン》と李起鵬《イキブン》を高く持ち上げていました。しかし、『東亜日報』と『京郷新聞』をはじめ厳しい筆陣が、その独裁に匕首《あいくち》を突きつけることもありました。『京郷新聞』は「余滴事件」〔一九五九年二月四日付の朝刊の無記名コラム「余滴」欄に、民主的な選挙が行われない場合の暴力革命を正当化する記事を掲載。これに対し韓国警察は筆者の朱耀翰論説委員・民主党国会議員と韓昌愚社長を起訴〕で、最終的に四月三〇日に廃刊処分を受けました。私はその当時、田舎の初等学校で教師をしていて、トランジスタラジオでキリスト教放送が中継する「ボイス・オブ・アメリカ」を聞いていました。国内の放送は嘘ばかり並べ立てていたからです。いま振り返ると、アメリカメディアも嘘をつき、しかもそれはもっと巧妙であることが分かりました。しかしその当時、アメリカの新聞は本当に優れていたようですが、現地でメディアの教育を受けながら感じられた点があったと思いますが、アメリカのメディア関係者はどのような点が違いましたか？

李泳禧　最初は私もカルチャーショックを受けました。すべてのことが良く見えて、実際、良い点もありました。人間社会が備えなければならない、ある程度の物質的充足と文化的水準を備えているのは明らかでした。社会の木鐸《ぼくたく》の役割を果たすメディアが備えるべき各種条件も、韓国とは比較にならないほど整っていました。先ほど、シカゴのある新聞が北朝鮮の報道を全面掲載したことを話しましたが、韓国のメディアには想像もできないことでした。ショックを受けたが、学ぶことも多かった。新聞記者として記事を書いたり取材したりする、細々とした技術面では特に学ぶべきことはなかったのですが、アメリカという社会と人々の暮らしに関しては多くのことを学び、知る機会を得ました。フランスの著名な思想家・歴史学者・作家であるトクヴィルの名著『アメリカのデモクラシー』のことは、アメリカに行く前には知りませんでした。アメリカからの帰途に買い求めて読んだのですが、この本を事前に読んでいたら、私のアメリカ見聞は、いっそう深く広がっていただろうと思います。

任　初期のアメリカ史は、世界の自由と自主闘争史の感動的な叙事詩でもあります。インディアン虐殺の罪悪さえなかったら感動はもっと大きかったでしょう。趙炳玉《チョビョンオク》博士が一九六〇年の二月一五日に逝去されました。

李　その事件は、私がアメリカから帰国し、合同通信社に復帰してからのことです。その当時、李承晩の没落を前にして最後の選挙となる六〇年三月一五日のいわゆる三・一五大統領選挙の遊説中に、国民から圧倒的な支持を受けていた野党民主党の大統領立候補者の趙炳玉氏が、遊説期間中に癌と宣告されました。それで急いでウォルター・リード陸軍病院に入院し治療を受けたにもかかわらず、投票日の数日前に死去したことが国内に広まりました。国民はこの悲報に、天が崩れるような衝撃を受けて悲しみました。公正な投票がなされていたら、ほぼ間違いなく野党が勝利し、李承晩政権は選挙で敗れたはずなのに、神様も無情なことをされるものです。四年前に民主党の申翼熙《シンイッキ》候補が、やはり地方遊説中に脳溢血で亡くなっています。

二人の野党候補が相次いで亡くなると、李承晩の悪運の強さに国民は深く胸を痛めました。やがて野党がこのように弱くなったにもかかわらず、李承晩政権はあの有名な悪辣な不正選挙を強行しました。そのあげく四・一九革命で追放されたのですが、どれほど悪辣な不正選挙をしたかというと、李承晩の支持票は全国の有権者総数よりも多い一二〇％に達したのです。世界政治史上最高の傑作でしょう！　それで、内務部があわてて投票用紙を取り出して、九三％に減らして当選発表をするという笑えない政治劇が演じられました。副大統領候補李起鵬の獲得票も有権者総数よりも多く、捏造されたのは明白でした。それが露見すると、あわてて八〇数パーセントに票数を変更しました。この不正選挙がまさに六〇年四月一九日の、いわゆる「四・一九反独裁革命」の発端になったのです。私は当然、こうした事実を『ワシントンポスト』に、韓国政治についての評論記事として送りました。

任　帰途には東京にも滞在されましたね？

李　アメリカの大学から帰国する途中、しばらく東京に滞在しました。東京はこの時が初めてでしたが、観光などをする気持ちはまったくなく、有名な書店、丸善や紀伊國屋書店を一つひとつ訪ねて歩きました。ここで私はまたひとつ、途方もないカルチャーショックを覚えました。ソウルはその当時、まともな二階建ての書店もない時代でしたが、日本の書店は五、六階建ての大きなビルに、数十万冊の本がぎっしり陳列されていたのです。すでにその当時、ソウルの光化門《クァンファムン》にある教保《キョボ》文庫や鍾閣の永豊《ヨンプン》文庫のような規模だったでしょうか？　日本は戦争で負けたというのに、やはり、明治維新以前から西洋文化を導入して学問の花を咲かせた伝統や業績が、そのまま引き継がれていました。その水準を韓国と比較すると、間違いなく百年近い差があると思い知ったのです。戦争に負けて約一五年が過ぎていましたが、世界人類の知的活動と精神的探究のあらゆる分野において日本人の研究業績が書籍としてぎっしりと詰まっていました。私はその膨大な本の洪水の前で、ただ、われを忘れて呆然としてしまいました。

これらの本を見ながら、日本人がすでにこんなに大量の知的研究の蓄積をしているのに、いまさらのように私が勉強し研究する課題は、いったい何が残っているのだろうかと劣等意識を持ち、完全に圧倒されました。これほど徹底的、そして完璧にすべて研究し尽くしてしまった世界に、遅まきながら勉強するということが、無謀で虚しいという気持ちになったのです。

韓国ではよく知識人がかつての歴史への反感、または偏見のために日本人と日本社会と文化を過小評価する傾向が色濃く見受けられます。そうした態度は、日本に行って自分の目で見ることができないか、日本の真実を知ることができないためか、あるいは故意に無視することで、虚しい優越感に陶酔しようとする不誠実な精神的態度ではないだろうか。言うならば、韓国の知識人は話にもならない自画自賛と自己正当化のなかで、「井の中の蛙」になっていると痛切な反省をしました。本当に韓国の知識人は自らを省みて、奮起しなければならないと戒めと教訓を得て帰ってきました。

任　そこでニム・ウェールズの『アリランの歌』〔邦訳に、朝日書房一九五三年版、みすず書房一九六五年版があった。現在は岩波文庫一九八七年版がある〕を買い求められて、それが後に韓国語での翻訳版出版の糸口になったことは広く知られています。

李　日本で入手した数冊の本の中に、『アリランの歌』が混じっていました。実は、私はこの本が一九二〇～三〇年代に活動した、張志楽《チャンチナク》という朝鮮人インテリで共産主義革命家の崇高な人生を描いているという内容を知って買い求めたわけではありません。ただ、あの途方もない本の山の前で素早く目を走らせ、「アリラン」という見慣れた言葉が目につき、うれしくて好奇心が湧き何となく買い求めたのです。それが後に韓国で翻訳版が出て、張志楽という人物の革命精神が知られるようになり、その本を書いたニム・ウェールズが韓国人に愛されるようになるとは、その本を買った当時はまったく予想もできなかったことでした。私が入手したその本は、六〇～七〇年代に大勢の読者にひそかに読まれるようになり、八〇年代末になって韓国語の翻訳版が刊行されるのですが、その間の私の功績も少しは認めてもらえるでしょう。トンニョク出版社から翻訳出版された『アリランの歌』には、「アリランと私」と題する、この間の事情を詳細に書いた私の序文が入っています。

この本に関しては、記録に残すべき後日談があります。一九九三年に金泳三《キムヨンサム》大統領が就任した後に、『アリランの歌』の著者であるニム・ウェールズの「朝鮮を愛する」精神と、その本を通じて朝鮮民族の善良さと日本統治のもとでの苦難を全世界に知らせてくれた功績に報いるために、アメリカ・日本・韓国の三カ国の著名人が、ニム・ウェールズに「大韓民国建国褒賞」を授与してほしいとの請願を、政府当局に提出しました。日本からはノーベル文学賞受賞作家の大江健三郎氏、最高の知識人して尊敬されていた国際政治学者の坂本義和東京大学名誉教授、在日同胞二世の作家である李恢成《イフェソン》氏ら数人の方々、アメリカからはロバート・スカラピーノ教授をはじめとする数人の方々、この計画の提案をした韓国からは、私と高銀《コウン》詩人、ソウル大学の白楽晴《ペクナクチョン》教授、梨花女子大学の李效再《イヒョジェ》名誉教授などが共同申請者に名前を連ね、およそ二年間の骨の折れる準備作業の末に、政府関係部署に請願書を提出しました。多大な努力を重ねましたが、結局は作品の主人公の張志楽が共産主義者で、著者のニム・ウェールズが思想的に容共的であるとの理由で政府に棄却されてしまいました。本当に嘆かわしい「反共主義者」の愚行と言わざるを得ません。私たちの国際的な共同の努力は苦労ばかり多く、結果として手にしたものは何もなかったのです。

任　本格的に『ワシントンポスト』に寄稿するようになられましたが、当時の記事のスクラップブックはいまも残っていますか?

李　もちろん、寄稿した文章のスクラップは今も残っています。激動の時代とその後に続いた国家保安法による家宅捜査や逮捕、拘束や裁判の過程で押収されたり、散逸したりして、いつの間にかなくなったものも少なからずあります。

当時のアメリカの新聞の韓国報道に関して言うと、現在のように支社とか支局はなかった。なぜなら、韓国はアメリカなど外国新聞社の立場からは、ほとんど注目に値する対象ではなかったからです。東京駐在の支局から時々出張で取材にくる程度でした。韓国は事実上、アメリカの半植民地ないしは保護国も同然だったので、何ら独自の政策や状況の展開もなかった。アメリカ政府の政策にそのまま隷属していたので、アメリカだけでなく、ヨーロッパの言論機関もソウルに支局を置く必要はなかった。ただ、外国の幾つかの国際通信社が、それぞれ契約関係を結んでいる韓国の通信社に形式上支局を設け、一人か二人の韓国人職員を雇って記事の交換をする程度でした。

偏狭なナショナリズムを越えて

任軒永　四・一九のことをもう少し話してみましょう。八・一五と四・一九、一九八〇年の「ソウルの春」〔七九年一〇月二六日に朴正熙が暗殺された後から、翌八〇年五月一七日の非常戒厳令拡大措置までの政治的雪解けムード〕などが、民主主義を定着させる絶好の機会だったのですが、この直後にいっそう凶暴な政権に変わった現実を直視しながら、私たちは挫折を経験し懐疑的になります。今後、絶好の機会を二度と失わないために、革命が失敗する原因、政治家の資質、あるいは外国勢力に対する民族の主体性の欠如といった問題を究明しなければならないでしょう。いずれにせよ、いま振り返ってみると、わが民族が勢いづいていた時期、八七年の大統領選挙〔一二月一六日に実施。野党から金泳三・金大中・金鍾泌が出馬したが、与党の盧泰愚が当選した〕も同じでした。そうしたことについて、どうお考えですか？　私は政治史をよく知らないのですが、民主党内の論争は個人的な論争で、理念などはなかったのではありませんか？

李泳禧　私も現実政治の動きに関しては門外漢なので、権威ある分析をするとか、確固たる見解は持ち合わせていません。それを承知で話すとすれば、当時の民主党は、どのみち既得権層の保守主義政党ですから、現代の政党に要求される明確な理念のようなものを持ち合わせてはいなかった。にもかかわらず、分裂・対立・葛藤をくり返したその醜態に国民は失望しました。それが朴正熙《パクチョンヒ》の軍事クーデターの口実に利用されたのです。さらに大きな問題は、新たに登場した進歩的革新系の左翼政治勢力も、既存の保守勢力と同じく過失を重ね、その責任は非常に大きかった。彼らもその内部で葛藤と対立を重ね、軍部政権に対して敵に塩を送る結果になったのです。

　視野を六〇年のあの時期だけでなく、植民地時代にまで遡ってみても、いわゆる民族陣営と社会主義陣営の対立・分裂だけでなく、各陣営の内部でも、ほとんど敵対関係も同然の分裂・対立・葛藤・中傷・謀略がくり返されていました。解放後の民族全体のエネルギーが噴出した時にも、これを大局的にまとめていく指導力が存在せずに、激しい民族内部の分裂と対立を繰り返してしまいました。これがアメリカに利用されて、李承晩の「Divide and Rule（分割支配）」の陰謀工作に絶好の機会を提供したのではないでしょうか？　その延長線上に、四・一九直後にも、そうした不幸な現実が再現されたのです。そして朴正熙暴力政権に利用されて、一八年間の朴正熙政権の後、二〇年ぶりの機会だった八〇年の「ソウルの春」でも、同じように政治勢力の分裂と対立により、国民的悲劇が再現されました。その後、再び全斗煥《チョンドファン》を首謀者とする極右・反共・暴力・反人道的集団の「光州《クァンジュ》民主化抗争」の抹殺、アメリカの教唆と積極的な庇護のもとで軍事政権を持続したこの数年前までの現実も、その延長線上において見なければならないでしょう。

私は政治の専門家ではありませんが、このような政治の在り方が、朝鮮時代五百年の歴史が示している数多くの士禍《しか》〔朝鮮時代中期に既成官僚が新進官僚に対して行った大弾圧〕・党争・分党・族閥政治の退行的行動の延長線上にあるのではないか、そう考えています。数百年にわたりくり返されるこうした現象を見ながら、ともすれば、これが韓国（朝鮮）人の民族性を形づくってきたのではないか、という考えを振り払うことができません。冷静に第三者的な視座から現代までのわが民族史を見ると、こうした不幸な要素が「民族的遺伝子」を形成したのではないか、という疑いさえも捨てきれないのです。

「民族心理学」という表現が、果たして適切かどうかは分かりませんが、わが民族のこのような特性は、フロイト的な解析よりは、むしろユングの「集団的生存の歴史的遺伝論」で、より明確に理解できるように思うのです。ユングの理論は、ある個体の意識が、過去の原始時代から血肉となっている文化の歴史に基づいていると述べています。彼によると、人間の身体の解剖学的事実を見ても、ほかの哺乳動物と同じで、永い進化の過程で退化した器官の構造がそのまま残っているというのです。さらに、尻尾のある人間の子どもが生まれることがあることに特に注目しています。いわば、生物としての進化の蓄積が生物学的に継承されるのと同様に、個体の文化史的意識面で、過去を無意識のうちに保存しているということです。

そうではないことを願っているのですが、あまりにも正確に、あまりにも何度もくり返される悲劇に接すると、そんな気がしてなりません。こうしたことを、かつての中国の明や清からの外部工作と陰謀のゆえと解する見方もあったでしょう。また、日本の植民地統治下では、植民地統治の狡猾な分裂工作によるものだとし、責任を日本帝国主義に転化したい人もいました。同じように、解放後の半世紀にもわたるこうした芳しくない政治状況を、主にアメリカという外部勢力の陰険な企てに転嫁してみたい心情も理解できます。確かにそうした要素もないとは言えないでしょう。しかしながら、外から加わる意志や姦計をひと括りにして責任を転嫁し、民族的免責論に傾くならば、そのような観点や思想も問題になるのではないでしょうか？

そうした見解が、過度に民族的完全性、すなわち、朝鮮民族は絶対に過ちを犯しはしないという、「自民族不可謬性」の主張でないかと懸念されるのです。仮にも、そのような心理的こだわりから歴史を見るならば、極端な民族崇拝思想や排他的な誤謬に陥ることもあるのではないでしょうか。まさに、こうした偏執狂的な精神的姿勢は、日本人の大和民族優秀論や、偏狭な「選民意識」の自己欺瞞性と軌を一にするものです。このような民族観はさらに進んで、ヒトラーのアーリア民族純血主義や、完璧・優秀性論のような似非《えせ》信仰化すら、もたらすことにもなるのです。いずれにせよ、私自身は自分の民族の少なからぬ欠点を虚心坦懐に認めようとする立場に立っています。

任　すでに四・一九以前から朴正煕はクーデターを企《たくら》んではいませんでしたか？　先生、民族性といいますか、そうした問題にあまり比重を置いてお話をされると、かなり多くの人から反発を受けそうですが？

李　どのような主張や立場にも是があって非があり、反発と共感があるものです。なんの反発もない主張はなく、すべての人が共感する見解というものもありません。私は自民族に関して絶対に反発することのできない論点というものを、むしろ警戒します。四・一九の前に、朴正煕やその追従者がクーデターを企んだかどうかという問題よりは、そうしたことが起こった場合に、対処する政党や団体や国民一般、またはそうした状況を統括・調整し、非常事態に発展することを防がなければならない知識人と各界の指導者が、おおよそ、そうした性向を持つのではないかという、私の見解を示しただけです。強力な支配権力があって統制力が作用するならば、そのような常習的な分裂主義的現象が、それほど現われることはないでしょう。これは王朝時代に強力な王権が確立された時と、その統治権が瓦解、あるいは弛緩した際に起こる現象が、非常に異なっていたことを見れば分かります。

例えば、一九四七年に米ソ共同委員会が、統一政府を樹立するために朝鮮民族の協議体に民族を代表する政党・政治団体の登録を要請した折に、北朝鮮は事実上共産党の単一権力体制だったので分裂・対立する余地がなかった。これに対し、南朝鮮はひとまず、民主・自由の選択が与えられていたため、いわゆる「民族代表」的政党・団体が三百余りに細胞分裂する現象が生まれました。こうした歴史的な事実から見ると、わが民族に自律的自己統制能力と才知があるのでしょうか、私はとても懐疑的になってしまいます。

李光洙と魯迅、二つの民族改造論

任軒永　多くの学者がわが国の民族性について語っています。植民史観からみる場合もあり、四・一九以後から八〇年までをみると、強大国の微妙な操作により政治家が巻き込まれるなど、民族性というよりは、ある微妙な政治的工作ではなかったかと思われます。李光洙の「民族改造論」が親日思想を流布するための巧妙な文章だったのと同じです。私は民族性のせいではなく、強大国の高度な策略だと見ています。

李泳禧　私も民族分裂の原因を民族性よりは、外部の「ある巧妙な政治的工作」に求めようとする考え方があり、実際にそうした主張をする大勢の論者を知っています。そして、その方々の民族的真情もよく理解しているつもりです。

李光洙の「民族改造論」が、日本民族に比べて朝鮮民族が劣っていると事実を歪曲し、その土台の上に日本の植民統治を正当化しようとした下心は明らかです。また、その延長線上に「朝鮮の日本化」、または「朝鮮人の日本人化」を試みた李光洙の目的もよく分かります。さて、ここで魯迅の「民族改造論」と李光洙の「民族改造論」を比較してみたいと思います。

歴史的に一九二〇年代の朝鮮と中国が直面した政治状況が類似していたからでしょうか、李光洙の「民族改造論」と魯迅の「国民精神改革論」は、同じ一九二二年に書かれました。その趣旨を小説にした『狂人日記』が一九一九年、有名な「阿Q正伝」が雑誌に連載されたのは一九二二年です。魯迅のその文章と精神は、李光洙のように中国民族を日本民族に比べて劣等視し、中国民族を日本人化したり、中国民族を日本人化しようとする、そうした意図とは正反対でした。

むしろ魯迅は当時の中国人民大衆の無知・怠惰・愚昧・貪欲・狡猾・葛藤・分裂・弱肉強食などの、民族的欠点と弱点を美化したり、隠蔽したり、合理化したり、さらには正当化するような、安っぽい「過剰な民族至上主義」を拒否しました。そのすべての弱点をあるがままに描き出し、それを中国人民大衆の目前に残忍なまでに、赤裸々に投げつけて見せたのです。魯迅が意図したのは、こうした自身の弱点を認識できない、または認識したとしても民族的偏愛心のために認めようとしない人々の「自己欺瞞的虚偽意識」を痛烈に批判することでした。

したがって、魯迅と李光洙が異なるのは、李光洙は自分の民族を売るために意識的に、そうした文章を書き、魯迅は西欧帝国主義や日本に侵略されそうな危機に、中国民族が自分の精神的欠点を直視することで、その欠点を克服しようとして、そのような文章を書いたのです。よく知られた話ですが、魯迅の最初の作品「狂人日記」とその後に書いた「阿Q正伝」は、凄惨なまでに中国民族の弱点と恥部をさらけ出した作品なのです。これらの作品は、その当時、中華思想と漢民族の優越主義、または他民族を劣等視するという誤謬にどっぷり浸かって「自己満足」していた中国の指導層、知識人と四億人民の心魂を激しく揺さぶり、猛烈な精神文化革命の熱風を呼び起こしました。

そうして、中国民族は革命的自覚をするようになり、ついに自らを肯定する精神的転身を成し遂げたのです。もし魯迅が、その当時の嘆かわしい中国民衆を、まるで何の欠点も弱点もない優越な民族であるように考えて表現し、その責任を外国人と外部の企みに転嫁していたら、中国人は今でも外国勢力のせいだとして、亡国の恨みをくり返していることでしょう。そうだとしたら、魯迅はむしろ、結果論的には中国の李光洙になっていたかもしれません。これは「否定の否定」を通じた自己肯定の道なのです。

魯迅だけではありません。フランスの植民地だったアルジェリアでのフランツ・ファノンの役割も、まさに魯迅の場合と同じでした。彼は著書『地に呪われたる者』で、自分の同胞であるアルジェリア人が自分たちの卑屈な運命から自由になる道は、支配者である白人が要求するままに自己喪失的な黒人になるか、そうでなければフランス人、すなわち白人に自分を同一化すること、これは自己喪失的人間になることだという徹底した劣等意識を、別の著書『黒い皮膚・白い仮面』で明らかにしました。これはよく知られる自虐的な告白ではなく、自分の精神状態や自己を喪失した同胞に、まさに、その事実を辛辣に指摘することで精神的革命を起こさせようとしたのです。やはり「否定の否定」に道を求めようとするものでした。

私は四・一九以後の事態だけでなく、植民地時代から現在まで、わが民族が外国勢力に言いくるめられてきた事実を、誰よりも痛切に認識しています。また、私は誰にも増して侮蔑に敏感な人間です。こうした私の意識と思想はこの四〇年の間、私の書いた幾多の文章で十分に明らかになっていると思います。問題はその時期に、韓国の国民が何度か迎えた絶好の機会を逃してしまったことです。そして我々自身の愚かさを度外視したまま、外部の作用や陰謀工作に、責任を転嫁している主張や態度を警戒しなければなりません。

いま二一世紀を迎えましたが、わが民族が自己満足に陶酔したり、わが国の歴史が経験した失敗の原因を外部勢力だけに転嫁してはなりません。骨身に徹する自己批判を通じて、魯迅やファノンが同胞に要求した、そうした民族的覚醒を通じて、外部勢力の支配を受けることのない知恵を持つように望みたいのです。こうした精神的姿勢こそが、真の同胞愛であり、民族的矜持ではないかと思うのですが、いかがでしょうか？

任　同感します。民族主義・民族精神といえば、スラブ人の御用官制民族性によるロシア皇帝ツァーリ体制や、フィヒテの「ドイツ国民に告ぐ」などの、反侵略愛国思想が近代以前の限界でした。しかし、魯迅はこうした古い民族意識の限界を脱皮した反帝民族解放闘争を志向しましたが、李光洙はロシア皇帝時代の御用文学よりも、さらに後退したように思われます。先生、そうした要素が見ようによっては、指導層に多く見られるのではないでしょうか？ 長い歴史の中で、結局、国を守るのは指導層ではなくて国民だったと思うのです。指導層は自分の利益だけを求めますが、国民大衆だけは国の未来を案じたのです。民族的虚無主義として流されてしまったら、あまりにも侘《わび》しいのではないでしょうか。

李　私は、それをどうして「民族的虚無主義」というのか、よく理解できません。先ほど挙げた魯迅の場合にも、「狂人日記」と「阿Q正伝」を通じて、魯迅が民族の生きる道を提示した折に、中国の知識人の多くの「中華主義者」や「中国精神文化優越論者」らは、魯迅の民族改造論とその作品の意図に対して「民族ニヒリズム」であると強烈な批判を浴びせかけました。結局、魯迅の見解を民族敗北主義と糾弾した思想や論者は歴史の過程で否定されましたが、反面、魯迅は中国民族の四千年の夢を破った偉大な先覚的思想家として、永く崇められています。

国を売ったのは指導層や支配層で、国を憂えて守ったのは大衆だという見方も少しばかり問題です。そのように単純明快な二分法で断定することが、果たして正しいのでしょうか？ この命題についても、私は「民族改造論」と同じで少し懐疑的ですが、そんな二分法的で正確な階層的ないしは階級的差異を、何の留保もなく断定的に語ることができるのでしょうか？

私は必ずしもそうとは考えないのです。指導層というのは支配階層（階級）を指し示すと思いますが、支配階層はその部族や民族の中から出てくるもので、生活感覚や社会・伝統や文化・心理的行動様式は、その二つの集団が一緒になって一つを形成するのではありませんか？ 支配階級の売国性と被支配階級、すなわち大衆の愛国心という概念での二分法は、マルキシズムに基づき実践的にはレーニンやスターリンの階級観を反映したものでしょうが、こうした理念や理論に何らかの修正も加えずに納得するのは難しいのではありませんか。

例えば、壬辰倭乱《イムジェウェラン》（文禄・慶長の役）が起こった時に、愛国的だとされる被支配の農民階級でも、一方からはたくさんの義兵が出てくるかと思えば、また、少なからぬ農民が豊臣秀吉の倭軍に自発的に協力した歴史的事実があります。韓国併合前後にも支配階層だからといって全員が民族を裏切ったわけではなく、被支配階層だからといってみんな愛国的だったわけでもなかった。現代的用語では「国民大衆」と言われる、被支配階層の中から多くの義兵が現れたのは事実ですが、他方、「一進会」のように数十万人に達する朝鮮人が、自発的な組織を通じて親日行為をしたのも事実です。認めたくなくても、これは歴史的事実なのです。日本の植民地支配三六年の間にも、同じ現象が現れています。知識人階層から大勢の人々が植民地支配者に投降していますが、同時に、相当数のインテリが国内外で抗日独立運動の主体になっており、国内での各種の抗日地下闘争の主体にもなりました。この両者の中間に位置する大多数の知識階層やいわゆる大衆は、実際の行動では、そのどちら側にも加担することを拒み、利己主義的・浮動的ないしは日和見主義的傾向に終始したのです。

フランス革命でも、王党派と革命派は必ずしも支配階層と被支配階層に二分されるものではなく、第二次世界大戦で、あれほど愛国的に戦ったロシアの民衆の中にも、ドイツ軍の賦役をしたロシア人が少なからずいました。だからといって、当時、ソ連の上部指導層の大部分が国を守らなかったとは言えません。共産主義体制だったのでそれができたと言えば、それも教条主義的な固定観念になるでしょう。ソルジェニーツィンの『イワン・デニーソヴィチの一日』や『ガン病棟』、『収容所群島』などを読んでも、ソ連社会ですら、そうした二分法的論理だけでは説明できない現象を見ることができるのです。ナチス占領下のフランスのレジスタンス闘争でも、やはり確然とした階層的ないし階級的概念では説明できない、階級を超越した英雄的行動を見いだすことができます。

ある理論が形成された場合、その段階では現実を反映したとしても、それがイデオロギー化されると、すでに現実と客観的真実から乖離することを、社会科学分野の学習を通じて理解するようになりました。面白い話なのですが、階級的または階層的視点によって犯しがちな理論のイデオロギー化を、私は数年前、エジプト観光で理解する機会に恵まれました。結婚四〇周年記念で妻と地中海を旅行した折に、ピラミッドとスフィンクス、そして有名な「王家の谷（ルクソール）」を、数日にわたってかなり詳しく見学する機会がありました。その途方もない国王の墓の中には、今では世界の誰もが知っている膨大な量の壁画があります。それらを見た後、私が印象深く思ったことは、その墓の築造と壁画に関する学界の一部のイデオロギー化された定説によっては理解できない部分が多いということでした。

しばしば、歴史的建築物や遺物などは、支配階級によって強要された奴隷階級の非人間的なひどい搾取労働の結果物のように言うのが、おおむね固定観念となっています。そのたくさんの造形物や壁画を見ながら、私はこのように美しくて人間的な作品が、むごく容赦のない鞭を死ぬまで打たれつづけ、ひたすら命令に服従するだけの奴隷の作品という説明では、とても納得できなかったのです。それらを見れば見るほど、その作業に携わった人々の、心からにじみ出る自発性と自己表現の意志を、あらわに見せてくれる部分がずいぶん多かったからです。そうして私は、既成の階級理論や学説に対して、少なからぬ疑いを持つようになりました。もちろん、中国の万里の長城などは何の芸術性も持ち合わせていません。ただの軍事的目的の建造物だからで、実際、私が見ても、そこには労働に従事した人間の芸術意識や自己表現の喜びのようなものを発見することはできません。しかしながら、エジプトではそうではなかった。

そして、韓国に帰ってきたのですが、しばらくしてフランスの高名な「エジプト学」の権威が、これまでの「奴隷労働説」のかなりの部分を覆した新たな見解を発表して学界を驚かせているというニュースに接しました。新しい見解の要点は何かというと、そのピラミッドを含めて、エジプトの古代遺物の建造と製作に動員された労働力には奴隷もいたが、大部分は土地を耕作する農民だったということでした。

ナイル河は昔から周期的に訪れる洪水で氾濫し、数カ月間、農地が水に浸かってしまうのですが、歴代のパラオ王朝が、この期間に大勢の農民を救済しようと、今日、我々が見る、あの巨大な建造物の築造に動員したというのです。その期間に王朝が動員した農民の名前・年齢・住所と労働期間と時間、そして彼らに支払った賃金の明細書などの記録を、その学者が発見したという報告でした。

これは言い換えると、大規模な建造物の建築過程では奴隷労働もあったが、罹災民救済の要素が大きかったという、画期的で科学的な発見でした。マルクス主義的階級理論では、巨大な国家的建造物は必ず支配階級によって強制され収奪された奴隷の血と涙のこもった労働の結果という、イデオロギー化された学説と理論で説明されていたのに、それを覆す新たな見解と言うべきものでした。

エジプト観光から帰ってから、ある雑誌の依頼で、エジプト遺物の建造物から出た相当な量と質の高い「ホモ・ルーデンス（遊び心）的」要素を見たと書きました。すると、ある若い人が次号で「李泳禧教授がエジプトの遺物を見て語った内容は、反階級的な誤った見解である」とコメントしていました。私は古代の重労働が「主に」奴隷の負担だった歴史的事実を否認するつもりはありません。ただ、マルクス主義の影響や進歩的思想を持つという人々の一般的見解が、すべての人間的・社会的現象を「階級的な観点」で、二分法的に断定する固定観念では困ると述べたに過ぎません。

私はこうした経験と見聞を通じて、我々の過ぎ去った歴史的事実と現象の解析においても、既成のイデオロギー化された理論や学説、または「自民族を美化する偏向」については、もう少し自由で柔軟な態度をとらねばならないと考えるようになりました。階級主義理論ですべての社会現象を判断し断定しようとする姿勢は、ともすれば「知的な現実逃避」、または「理念の化石化」、あるいは「教条主義」に陥るおそれがあるのではないのでしょうか？

任　私は教条主義化を擁護するわけではなく、民族の「主体力量」をどこに置くかによって変わり得るのではないか、と考えているだけです。

第3章　闘うジャーナリストとして

ベトナム戦争の間、私はいかに忙しくても、どんなに酔っていても、ベトナム人の苦痛と憤りに思いを馳せ、彼らのために祈りをせずに眠りに就いた日はまったく無かった

希望の烽火が消えた後の暗黒――四・一九の戦列から血を流して得た成果とは

デモ隊と戒厳軍の間で握りしめたスピーカー

任軒永　四・一九革命の際に、李先生についての有名なエピソードがありますね。一九六〇年四月二四日に、デモ隊が内務部を攻撃目標に定め警官隊と対峙していた時に、デモ隊の真ん中に割って入られました。その当時もワシントンポストに記事を送っていられたのですか。

李泳禧　私は李承晩《イスンマン》独裁政権時代に苦労を重ねてきましたが、そこでは胸が張り裂けるほど悲しい瞬間があり、同時に感動的な場面にも数多く出会いました。四・一九前後の事件を他人事のように傍観したり、無関心に過ごすことはできません。六〇年四月、李承晩政権の大統領選挙の不正投票操作に抗議するデモが全国に広まり、戒厳令が発動されました。確か四月六日だったと思います。編集局で記事をまとめていると、乙支路《ウルチロ》入口の四つ角を通過するデモ隊の喚声が聞こえてきました。喚声は合同通信社のすぐ近くだったので、私はペンを置いて飛び出しました。デモの先頭には野党の政治家がスクラムを組んで歩いていました。すると突然、騎馬警察隊が現れて、馬の蹄《ひづめ》で容赦なく老いた野党政治家を蹴り倒したのです。前列にいた老人はそれでも足を引きずって歩いていたので、私は駆け寄り、その老人を支えて前に進むのを助けました。

するとやおら警官隊が押し寄せ、私はあっという間に車両の荷台に投げ込まれたのです。そして彼らは「こいつ、銭鎮漢《チョンジンハン》の秘書だ！」と声をあげたのです。その時になって私は肩で支えた白髪の老人が、農民・労働運動家で民政党委員長の銭鎮漢氏であることを知りました。私を乗せた車両は明洞入口の派出所に向かい、そこで私は引きずり下ろされました。そして警官から「お前は何者だ? 銭鎮漢の秘書か？」と激しく尋問されました。私が合同通信社の記者だと身元を明らかにすると、編集局長に確認の電話をかけ、しばらくやり取りをした後に、ようやく釈放してくれました。こうして私は四・一九の現場から「生還」したのです。

四月一九日、光化門《カンファムン》一帯をびっしり埋め尽くした学生デモ隊が、ついに景武台《キョンムデ》〔大統領官邸〕への突進を開始した際にも、私はデモ隊の中にいました。新聞記者としての取材が目的ではなく、私自身が学生の反独裁闘争の熱気に一体化していたのです。そして二四日の夜でしたか、学生デモ隊に市民各層が加わり、巨大な群衆の海を形成し、市庁前から乙支路の四つ角を経て明洞聖堂《ミョンドンソンダン》に向かう道の傍らにあった警察の総本山の内務部（省、植民地時代の東洋拓殖会社の木造建物）に押し入りました。やがてソウル市一帯に非常戒厳令が宣告され、軍隊が乙支路入口で学生デモ隊の先頭に立ちふさがり、対峙状態になりました。血の海を予想させる一触即発の危機的状態でした。学生デモ隊と軍隊、どちらか一方が自制力を失い、相手方を刺激する行為にでれば、すぐにも戒厳軍が発砲する危機的状態になったのです。

ところがその時点で、すでにアメリカ政府は「学生の反政府行動は正当だ。李承晩大統領は事態を自制することを望む」という趣旨の声明書を発表していました。これは李承晩大統領に「直ちに政権を明け渡せ！」というアメリカ政府の意思表示でもありました。私たち報道関係者は、その頃には李承晩大統領が下野することを条件に、アメリカ側と協議していることを知っていました。つまり学生がこれ以上血を流さなくても、事態はすでにほとんど最終局面に達していたのですが、学生側はそうした状況を知る由もなかった。

私は四・一九の導火線になった前日の、高麗大学生の反李承晩デモから一週間、帰宅もせずに職場に寝泊まりし、デモ隊のなかで過ごしました。そんな日の夜半に、デモ隊と戒厳軍の間は、衝突直前の危機的状態になったのです。その場所がまさに合同通信社の正門前でした。私は編集局から椅子二脚とメガホンを持ち出し、デモ隊と戒厳軍をかき分けて前に進みました。そして二つの椅子を重ねてその上に上がり、戒厳軍と学生デモ隊の双方に、アメリカ政府の公式見解を伝え「李承晩政権の末路は事実上確定した！」と大声で叫びました。学生に対しては「戒厳軍の防衛線を物理的に突破すれば、戒厳軍部隊は発砲するかもしれない緊急事態にある！」と説明し、戒厳軍に向かっては「行動を自制せよ！」と説得し、さらに学生たちには「もはやこれ以上の血を流さなくても国民は勝利した。軍隊を敵対視する行動を慎みなさい！」と何度も呼びかけました。軍隊の出動を見て学生デモ隊側はかなり興奮していました。

こうした局面で、私は双方の前で説得にあたったものの、それは無謀な試みでした。デモ隊の学生が私に向かって「あいつは何者だ？　つまみ出せ！」と一斉に声を上げるのです。そして私の椅子を強く引っ張ったので、私は身体のバランスを失い、椅子もろとも地面に転げ落ちました。地面に転落しながら、「構え銃！」の姿勢で学生に対峙していた最前列の兵士のM1小銃の刃先が、さっと私の額をかすめました。幸いにも微かな擦り傷程度で済んだのですが、場合によっては大怪我になったかもしれません。そんな状況で双方は、その場に対峙したまま一夜を明かしました。結果的には大きな衝突にはならずに済みましたが、あれは私が三一歳のときでした。

あの事態を振り返ってみると、私の行為は軽率だったとも、愚かだったとも言えるかもしれません。けれども、私は四・一九の際にも、それ以後もそうですが、不条理な状況を見ると我慢できない性格で、このときのように正義感、血気、熱情を抑えられなくなるのです。

任　おそらく、こうした証言ができるのは、先生だけではないかと思います。ほとんどの場合は警察から被害を受けたと述べ立てるだけでしょう。先生は警察の発砲を目撃され、証言することもできるのですね。

李　ええ、景武台警備部隊が先に発砲し、学生側に犠牲者が数名出ました。学生の放火によって鍾路《チョンノ》警察署が燃えだし、政府の御用報道だったソウル新聞社の社屋が炎上した頃には、警察官は逃亡していました。実は四・一九の犠牲者は正規の警察官によるものよりも、植民地時代に関東軍憲兵だった金昌龍《キムチャンリョン》という男が創設した陸軍特務隊の隊員によるものが多かったのです。大学生は景武台前で警察の発砲で散り散りになり、雲峴宮《ウニョングン》に逃げ込むと、そこに待機していた特務部隊によって大勢の学生が殺害されました。また、現在のプラザホテルの左側でも、大勢の学生が倒れています。私はその現場にいて、目の前でくり広げられた惨劇に胸を痛めました。市庁前広場に面する建物から出てきた私服姿の特務隊員が、無慈悲にも一斉射撃を加えたのです。発砲されて倒れた大学生の遺体が折り重なっていました。

その光景は本当に凄惨極まりないものでした。合同通信社は現場の近くだったので、私は社を飛び出し、その場面を確認しました。麗水《ヨス》で軍隊による市民虐殺の現場を確かめたのは海洋大学三年のときでしたが、「現場を見て確かめる」姿勢は、その後もそのまま残っていたのです。

犠牲を防ごうとする切実な気持ちで

任軒永　四月革命の際に、アメリカの立場がどうだったのか気になります。アメリカ通でもある李先生が、アメリカ大使館のグレゴリー・ヘンダーソン文政官を訪ねて行ったエピソードは、かなり象徴的な意味を持つと思われるのですが……。

李泳禧　李承晩政権は事実上崩壊していましたが、無差別な発砲に対して、学生たちも勇敢に突進しました。私は学生の生命をこれ以上犠牲にさせないために、戒厳軍の将兵と学生・市民の双方が相手を攻撃したり、不必要な刺激をしないように、誰かが事態が今どうなっているのかを知らせたらと思いました。私は通信社の外信部記者だったので、韓国の事態に対する諸外国政府の反応、とりわけ、アメリカ政府の最新動向に関しては、誰よりもよく知っていました。それで戒厳令が発布され、戒厳軍がソウル市内に投入されると、学生の犠牲を防ぐにはどうすべきかと考えてみました。そして得た結論は、当時、韓国の知識人やメディアと、親密な関係にあったヘンダーソン文政官に協力を求めることだったのです。

私は朝鮮戦争の際に前線勤務をした経験があります。そのときアメリカ軍の偵察機が大型スピーカーをつけて飛来し、人民軍の陣営に向かって投降勧告をする宣伝工作を何度も見たことがあります。上空からスピーカーを用いて説得するのですが、驚くほどはっきり聞こえました。そこでヘンダーソン文政官を訪ねて、学生の犠牲を防ぎたいという私の切なる願いを告げ、その手段としてのヘリコプターと高性能スピーカーの貸与を申し出たのです。私がヘリコプターに乗り、市内各地で上空から、スピーカーで軍隊と学生に状況を説明し、これ以上の流血を避けるようにしたい。「事態は事実上、終結したのも同然である！」と説得したかったのです。

ヘンダーソンは私の話をきちんと聞いてくれ、ヘリコプターとスピーカーは、第八軍の所有物だから、先方と協議してみると約束してくれました。「第八軍と協議してみる」という反応は、私の状況判断を認めるという大使館（アメリカ政府）側の見解と解釈することもできるでしょう。彼は折り返し返事をするから、通信社で待っていてほしいと応えました。その当時のアメリカ大使館は、現在のロッテデパート（明洞）の真向かいだったので、合同通信社とは五〇メートルほどの距離でした。一時間ほどでヘンダーソンから電話があり、「ヘリコプターの貸与など李泳禧氏の要請に応じることは、韓国の国内問題にアメリカ軍が介入することになるので無理だ」というものでした。実際、内部事情でこちらの希望に応じることはできなかったのでしょう。

任　先生は李大統領の下野は予想していましたか？　果たして「教授デモ」がなくても下野したでしょうか？　私は李承晩のこれまでの手口からすると、絶対に下野しなかったと思います。イギリスの『ザ・ガーディアン』紙は、「辞任するかどうかは、アメリカが彼の執権を望むかどうかにかかっている」という趣旨の記事を掲載し、後にそれを読んだのですが、李承晩は「国民が望めば」ではなく、「アメリカが望めば」を根拠にしたかったのだと思います。

李　教授デモは四月二五日でした。実際はアメリカ政府の決定が出た後に、アメリカ側から示唆されて始まったと私は見ています。教授らが本当に学生たちと力を合わせて大統領下野への圧力を加えたいなら、二五日ではなくその前の、遅くても二三日頃にやらねばならなかったはずです。なぜなら、すでに二四日の午前に、李大統領は自由党総裁を辞任し、李起鵬《イキブン》は副大統領辞任の発表をしていたからです。教授デモがあった二五日には、すでにアメリカ政府内で李承晩の「廃棄処分」を決めた後でした。アメリカ政府が李承晩の退陣を要求したのは、大学生のデモが全国に拡大し、それまで傍観していた各界各層の市民たちが、ソウル全域で百万名以上の大規模集会を開いて、加勢するようになった二四日の時点からでした。

先ほど任さんは、大学教授のデモがアメリカ政府の決断を引き出したかのように言われましたが、それは教授デモに対する過大評価ではありませんか？　決定的な要因は、大学生のデモに各界各層の市民が加わった全国民的な意思表示で、最終局面での大学教授の意思表示ではなかったと思います。

私はむしろ、教授たちは機会主義者だと思いました。彼らには失礼かもしれませんが卑怯でした。そこに参加した教授たちを誹謗するつもりはありませんが、あの渦巻のような中で過ごした私から見ると、そう思うのです。そしてアメリカの首脳部が李承晩を「無用」と決めたのです。李承晩の才覚だけで耐えることができますか？

任　ええ、私も教授デモを過大評価する考えはありません。ただ、教授デモ自体にアメリカ大使館からの「圧力」があったとの前提で申し上げたのです。

ところで、ヘンダーソンとはどんな人物でしたか？　彼の韓国に対する姿勢というか、韓国人に対する認識をどのように評価されますか？

李　ヘンダーソンは、韓国ではよく知られているように、韓国の準国宝級の陶磁器や骨董品を数多く所蔵していました。アメリカ人に取り入って出世したい各分野のアメリカ崇拝の野心家連中が、競って贈呈したのでしょう。彼から要求したのではなく、韓国人の事大主義的ゴマすり根性の物質的表現ではないでしょうか。宗教・政治・経済・軍事・学界など、あらゆる分野の「我こそは」と思う韓国人が、アメリカ大使館の寵愛を得ようと、卑屈で卑劣な手段を用いたのです。そんな連中が韓国歴史の研究家で、政治的には知韓派として知られる彼に、高価な骨董品などを贈ったのでしょう。

彼はアメリカ海軍将軍の息子で、ハーバード大学を終えて外交官になった人物です。茶山《タサン》・丁若鏞《チョンヤギョン》〔朝鮮王朝後期の実学思想を集大成した〕に関する研究もかなり深く、韓民族に対する学問的理解も相当な水準でした。『朝鮮の政治社会――渦巻型構造の分析』（邦訳、サイマル出版会）という著書は、朝鮮王朝時代から現代までの政治的特性を、学問的に深く考察し整理したものです。李承晩時代にも韓国政治に関する総合的な著書がアメリカにはなかったので、韓国政治を理解しようとするアメリカの知識人の必読書になりました。彼はその当時、韓国のアメリカ志向的な知識人社会に深く関与し、広い人脈を築いていました。

お釈迦様の手のひらで右往左往する孫悟空

任軒永　現在は四・一九をテーマとする多彩な研究書や記録集が刊行されています。アメリカは、ソ連の人工衛星スプートニク号の発射（一九五七年一〇月四日）以後、韓国の安全保障を日本と分担することになり、そのためには李承晩政権のような手のかかる政権ではなく、もっと効率的な政権が必要という、我々が望むこととアメリカが望むことが、結果的には一致しました。しかし、また別の側面から見ると、我々がアメリカの戦略から抜け出せないという、あたかもお釈迦様の手のひらにいる孫悟空のような気持ちになります。当時、そうは思われませんでしたか？

李泳禧　五〇年代末、すなわち、李承晩政権の末期には、ソ連を筆頭とする社会主義陣営の立場が急上昇したので、アメリカの世界覇権は大きな挑戦を受けるようになりました。さらに、この時期はアフリカの白人帝国主義植民地から急成長した民族解放、独立運動勢力が、国連などの国際政治の舞台で発言権を強めた時期と一致します。キューバでも五九年にカストロが率いる革命勢力が勝利し、数十年間、アメリカ資本と保守権力などに手なずけられたバティスタ政権が崩壊しました。キューバ革命は、長いアメリカの支配から自由を獲得し、キューバの後に続こうとするラテンアメリカ人民の脱アメリカ的社会革命の情熱に点火したのです。こうした全世界的で人類史的な躍動は、アジアとアラブ世界においても同じでした。

さらに、韓半島に焦点を合わせると、朝鮮戦争が休戦してから一〇年も経たないうちに、北朝鮮は戦争の被害から急速に復旧を遂げました。重工業の初期段階に相当する驚くべき経済発展を成し遂げたのです。これに反して韓国は、李承晩統治のもとで巨額の海外支援を受けながらも、政治・経済・社会・文化などすべての分野で開戦以前よりも後退した状態にありました。韓国は北朝鮮の日陰のもとの遮られた存在であり、アメリカとしても、決断をくだすべき状況に追い込まれていました。

このように、全世界的には韓半島での力の均衡が、ソ連、中国、北朝鮮など社会主義圏側に大きく傾くことになったため、アメリカはこうした状況を反転させねばならない切迫した状態に追い込まれました。それを打開するために、アメリカは六〇年にアイゼンハワー大統領が日本との軍事同盟を強化し、日本の軍事力と経済力でアジアのアメリカ配下の諸国、特に韓国の軍事的安全保障と政治・経済的後見の役割を担当させようとする「新日米安全保障条約」の締結を強行しました。日本の全国民的な反対運動を、日本政府は警察力で弾圧し条約を発効させました。これがあの「六〇年安保闘争」でした。

こうしたアメリカ政府の「日本中心のアジア後見体制」の樹立、特に韓国に対する日本政府の全面的な後見体制の確立に対し、痼疾《こしつ》のような存在が李承晩大統領でした。李承晩はほとんど狂信的とも思われる反日政策を実施しました。いわゆる「李承晩ライン」を韓国周辺の海域に設定し、数百隻の日本漁船を拿捕し、大勢の日本人漁師を逮捕、抑留したのです。これは完全な国際法違反行為で、李承晩の自家撞着かつ自己矛盾であり、二律背反的で突発的な行動と言えるものでした。

なぜならば、李承晩は政権樹立から没落まで、民族反逆者、親日派によって政権を構成したからです。李承晩の政治戦略は、権力は親日派と民族反逆者で維持し、反民族的分子に対する国民大衆の怨嗟や反対の声、そして李承晩政権に対する批判を外部に逸らすために、日本漁船の拿捕など、様々な「反日政策」を推進してきたからです。そこでアメリカと日本が協力して李承晩を排除する必要が生じました。

任　ある学者は、対日関係をより効率的に推進するために李承晩を見捨てたと主張していますが、韓国国民としては国土分断の首謀者で、独裁者だった人物が、歴史の舞台から消え去ることを大いに歓迎しました。

李　その見解がほぼ正確だと思います。国民からの支持を完全に喪失し、不正・腐敗で崩壊直前の段階にあった李承晩大統領の反日政策は、「日本中心の東北アジア反共体制」を強化しようとするアメリカ政府の構想にとって、大きな障害となるものでした。特に、日本に韓国安全保障の責任を押し付けようとしたアメリカの政策は、李承晩の頑固な韓日国交正常化会談の拒否によって、さらなる難関に出くわしていました。だから、すでに六〇年を迎える前に、アメリカ政府は機会さえあれば李承晩を排除し、日本との新たな国交を結ぶ親日的な政府を樹立しようと画策していたのです。

まさに、こうした背景からも、六〇年四月の学生革命を契機に、李承晩を排除しようとしたアメリカ政府の意図が理解できるでしょう。その一方では、韓国の国内政治の形式上の論理から、李承晩の後に執権した民主党政権の民主的運営を支持しながらも、他方では、また必要があれば文民政府ではなく、徹底した反共主義を標榜する軍部独裁政権に置き換える方法と口実を準備し、対象人物を物色する二重の対韓政策を推進していました。まさに、その人物が朴正熙《パクチョンヒ》陸軍少将でした。韓国政治史上、もっとも清潔な六〇年八月の選挙で選出された民主党政府では内紛が絶えず、また、解放以後、常に抑圧と弾圧を受けてきた革新系・社会主義団体、左翼勢力相互の勢力争いが激化し、政局全体が混乱し不安定になっていました。

アメリカ政府は翌六一年五月一六日、朴正熙陸軍少将のクーデターに承認の合図を送ったことが知られています。ですから、まさに任さんが言われたように、韓国の国家指導者といわれる人々の権力の掌握と没落だけでなく、執権期におけるすべての決定が、アメリカという「ビッグブラザー」の手によって操られていたのです。韓国の歴代権力者が、どんなに自分は孫悟空のような能力を持つと思い込み、胸を張ってみせても、そのすべて、そして一つひとつの行動は、アメリカの権力集団の手のうちで、右往左往するようなものでした。お釈迦様の手で操られる孫悟空、これが大韓民国という国の姿で、政府と権力者の実態と考えればほぼ間違いはありません。そうした認識があれば、背後に隠れて奸計《かんけい》を巡らすアメリカという国の、執権者の意図が見えてくるでしょう。

ケネディの選択は軍部独裁

任軒永　李承晩という政治家、彼はどのような愛国心を持っていたのか、分析してください。

李泳禧　彼が考える愛国心とは、自己中心的で自分の野心を充足する方便で、妥協や寛容を認めない独善的な専制主義の帝王型でした。アメリカで暮らし、そして民主主義的な教育を受けて成長した過程と、政治家としての業績を見ると、彼は民主的指導者というよりは、王朝体制的な韓国を想像していたようです。それが果たして愛国心と言えるものかどうかが問題でしょうね。彼は小型秦始皇帝や小ヒトラーを夢見ていたと思います。そうして徹底したアメリカ崇拝者であり、社会主義と共産主義だけでなく、初歩的な社会改革さえも敵対視していました。

先ほどもお話ししたように、私はハワイで李承晩の往年の同志に会い、彼らから李承晩のあまりにも多くの欠点を聞かされました。上海に亡命して臨時政府の活動をした際にも、李承晩は運動を先導したわけではありません。彼は常に、自分が第一人者の立場でない時には、任務を放棄したり組織を分裂させたりして裏切り行為をしていました。一言でいうと、李承晩は分裂主義者であって統合主義者ではない。結局、こうした彼の個人的な気質は、独裁者の一般的な要件に当てはまります。民族の統合よりは分裂を重要視し、南と北の和合に激しく反対し、自分の覇権のためには手段と方法を選ばない政治家でした。李承晩が日本統治時代の親日派、民族反逆者を、ことごとく自分の政権の柱として利用しながら、日本との和解を拒否したことは、大きなアイロニー（皮肉）と言えるでしょう。

任　李承晩の様々な振る舞いを見ると、執権する過程、執権後や引退後に、果たして民族や国家をどう考えていたのか疑問に思います。それにしても、どうしてあのようなカリスマが形成されたのでしょうか？　マックス・ウェーバーが規定したカリスマの三つのタイプ、すなわち、伝統的支配、合法的支配、そして権力的支配のすべてを身につけていました。もちろん、ここでの合法的とは適切さとは別のものです。

李　第一はアメリカの後方支援、第二は自分の独裁権力、第三は親日反逆者集団、第四は韓国の反共主義的キリスト教です。李承晩政権の中盤になると、李承晩以外の存在は容認されなくなります。こうして金九《キムグ》先生さえも容共分子に追いやり、暗殺までしてしまいました。南労党や左翼勢力は言うまでもなく、右派も李承晩を中心とした独立運動や活動だけが宣伝されて、その他の日本支配下の愛国志士の英雄的な行為は、教科書やメディアからことごとく排除されました。

　他方、北朝鮮でも独立運動と愛国的行為をした者は、あたかも金日成《キムイルソン》しかいないと宣伝され、歴史の歪曲は韓国と類似しているので驚くばかりです。李承晩は自分の名前を「尊敬する人物」としてビザ申請書類にまで記入させ、あらゆる公共機関や史蹟に、自分の写真を掲げよと指示しました。そのうえ、徹底した言論弾圧と世論操作や工作を通じて、自分のカリスマ性を高めるために、国家的な手段を動員したのです。

　その結果、朝鮮戦争前後には、真の愛国者と良心的指導者は韓国を捨てて北朝鮮に向かいました。しばしば韓国で、この数十年間に「拉北者」と呼ばれた人の大部分は、「拉北」の言葉が意味するように「拉致されて北に行った人々」ではなく、ほとんどは李承晩政権下の、親日派、民族反逆者の統治を拒否し、みずからの意思で北朝鮮に渡った人々なのです。また、アメリカが李承晩を、あたかも偉大な愛国者で優れた政治家のように韓国国民だけでなく、世界に宣伝したことも影響を与えました。

「南」に単独政府を樹立し、南北間の民族的な平和と平和的統一への志向を遮断しようとした李承晩による韓国の単独政府の樹立を正当化させたアメリカの政策論理が、彼のカリスマ操作の大きな要因となったのです。アメリカの権力集団は李承晩だけでなく、アメリカが勢力圏とする各国で、同様な方法を用いました。例えば、イランのパーレビ国王、台湾の蔣介石、南ベトナムのゴ・ディン・ジエム、インドネシアのスハルト、フィリピンのマグサイサイとマルコスらですが、彼らは人間的に人格破綻者であり、道徳的に堕落分子であり、政治的には最悪の暴君だったのです。あたかも秀でた人格者で、愛国者であり、民主主義的指導者であるかのように、あらゆる御用学者とメディアを総動員してイメージ操作をしたのは、まさにアメリカ権力集団の仕業でした。これに、国内で強力かつ広範囲な影響力を行使する崇米・反共・反北朝鮮・極右的傾向の韓国のキリスト教勢力が追従したのです。

任　そうした世界史的観点から展望すると、四・一九革命後に李承晩が下野してからの韓国が陥った様々な隘路を、先生のような方が予測してくださったのですが、むしろ、さらに危険ともいえる「五・一六クーデター」のようなむごい赤信号が点ることになったのではありませんか。そして民主党政権時代のあの修羅場のような時期、「今は、デモの季節」なる言葉が乱舞し、政治家が「ハゼのように飛び跳ねた」あの時期に、手厳しい警告を送ることもできたのにという無念さはありませんか？　当時の政治学者は、そうした国際情勢を知らなかったのでしょうか？　しかも六〇年代は、開発途上国で既存の独裁者を覆して新たな独裁者、すなわちアメリカの立場から、より都合のより軍部独裁を追求した時期だったのではないでしょうか。

李　外信部の記者である私の関心事は、国内の各種イデオロギー闘争や国内の権力政治よりも、いつも世界情勢の変化に集中していました。私が政治部の記者だったら、おそらく国内政治の変動や国内の政治勢力の、ダイナミズムとアメリカの介入などについて、直接的な関心を持ったでしょう。しかし、私はあくまでも外信部の記者として、世界の各大陸で起こっている、その時代の途方もない人類史的変革の動きを観察・研究し、事態の進展を追跡するのに精一杯でした。事実、その当時、韓国のメディアで、私のようにその分野に深い認識と知識を持った者はほとんどいなかったでしょう。

四・一九革命で、ひとまず李承晩政権が崩壊し、清潔な選挙を通じて民主党の民間政府〔張勉政権〕が樹立されると、私は再び国際情勢の分析に専念しました。そもそも私は国内「政治」にはあまり関心がなかったので、世界各地で起きている人民の現状打破の闘争が、私の血をたぎらせ、そちらの取材に全力投球をしたのです。ですから、民主党政府の動きや軍事クーデターの可能性、こうした現実政治の状況について、強い関心があったわけではありません。国内の政治動向に詳しくて、それに自己主張をしたり、のさばったりする、いわゆる「政治志向の知識人」がとても多かったので、付和雷同する必要はまったくないと思っていたのです。それ以後も、そして現在でもそうです。直接的な政治参加は私の気質には合わないし、私の哲学でも趣味でもなかったのです。

私は日頃から、自分がしたい研究活動の必要性と、その範囲をきちんと認識していました。ですから、そうした混乱の中でも、ひたすら自分なりの一念で生きてきました。また、朴正熙がクーデターの口実として掲げた「民主党政府の無能力と腐敗」という批判と主張に対しては、実際には軍人のクーデターを正当化するほど、正鵠《せいこく》を射ているとは思っていなかった。民主党内のいわゆる「新旧派閥の葛藤」についても、李承晩政府の全過程を通じて見られた与野党の対立闘争に比べれば、クーデターを合法化するほど法から逸脱したものではないと、私は少なくともそう考えていました。

もし任さんが、民主党政府の樹立とその非権威主義的な寛容政策に力を得て雨後の筍のように現れ、急激な社会主義化政策や性急な対北朝鮮接近政策を主張したり労働者・農民の階級闘争を煽った、革新系・左翼系・社会主義政党と団体などが招いた政治不安や社会的混乱の責任を不問に付し、保守的な穏健・右翼傾向の民主党の政治家だけを非難するとしたら、その見解や立場は無責任だと思います。朴正熙のクーデターは、実は古い政治家よりも、いわゆる革新系と左翼勢力の政治姿勢を批判して起きたことを忘れてはなりません。朴正熙に口実を与えたのは、むしろ左翼政治家や活動家でした。

確かに、民主党政府のもとで、自己存在に対する是認を求め、韓国社会内部の変革や分断された祖国の平和に対する要求は、逆らうことのできない民族の叫びでもありました。任さんが、その当時の政治家を「ハゼが飛び跳ねるように」と表現されましたが、私の見るところ、そうした認識は必ずしも正しいとは言えないと思います。そうした表現は、その時代を誠実に生きた大勢の文民政治家を侮辱する失礼な言辞になりかねないからです。

先ほど話したように、アイゼンハワーに続くケネディ大統領は、どのみち、韓国の民主党政府や文民政府、民主主義的な試みを長く続けたいとの考えはなかったと私は判断しています。ケネディは東北アジア情勢を反転をさせるために、軍部独裁以外の政策を構想しなかったのですから。

後退する中でも成し遂げられた歴史の進歩

任軒永　中立化を主張した曺奉岩《チョボンアム》と進歩党事件（一九五八年一月一三日）をはじめとして、批判的な知識人の口を防ごうとして、李承晩《イスンマン》と自由党は「新国家保安法」を通過（五八年一二月二四日）させます。抵抗運動が起きると、また、反共青年団を結成（五九年一月二二日）します。そんな時局に果たして中立化が可能でしょうか？　四月革命直後の進歩的民族運動を見ると、あまりにも純粋で、むしろ歴史の反動化に利用されたのではないかという気にもなります。こうした思いは、朴正熙が暗殺された後の「八〇年の春」（一九七九年一〇月に、朴正熙暗殺後に出現した政治的な雪解けムード）の際に、そのまま繰り返されます。八七年の「六月民主抗争」以後も同じでした。政治家・進歩的運動家・学生・労働者・そして知識人、みんなの連帯責任ではないでしょうか。一足前に踏み出したのに、保守勢力に勝ちを横取りされたのです。いまはそうではないのかもしれませんが……。

李泳禧　前にも話しましたが、朴正熙がクーデターで権力奪取を目指したのは、強力な反共主義体制を樹立するためでした。理論的にも状況への判断として、そうした極右・反共主義は、左翼・進歩勢力、労働組合などを、当面の殲滅対象と見なしていたのです。まさに、そうした左翼・進歩的勢力が、「北」との統一ないし中立化を標榜しました。この勢力は韓半島の状況認識の判断を誤り、過激な闘争に突っ走ったことで、アメリカとその利益代理人である朴正熙に対し、さらに危機感を抱かせる過ちを犯したと見なければならないでしょう。

その肝心な時期に、政治活動の舞台に登場した各流各派の指導者や政治家が、賢明に行動していたらよかったのです。また、永い弾圧の末に、なんとか命脈を保つことのできた進歩的、改革的な人々が、自分の政治理念と抱負を同時に達成しようとする欲求と誘惑を、適切に抑制、調節できる自制力を発揮していたら事態はどうなったか。さらに、外国勢力が支配している状況において、分断された南北の和解や統一は、丹念に時間をかけ、忍耐強く段階的にやれば達成できると判断し行動したならば、事態は大きく変わっていたことでしょう。

しかし、任さんが嘆いていたように、左翼系の一部が声高に唱えた「中立化統一論」を、その当時、可能だと信じた者はあまり多くはなかった。私はいつも「個人は合理的で、また理性的であり得るが、群れ（集団）は極めて非理性的な存在である」と思っています。それが「個体として思考する人間」と、「群れのなかの一員として考えて行動する人間」との大きな違いなのです。ですから、いかなる民族の歴史においても、任さんが願うように、冷徹で理性的な判断と自己節制の賢明さで動いた事例を、私はほとんど見いだすことができません。これは知性人の願望や欲求とは、まったく無関係に進行する集団的行動の特性と言えるでしょう。

人類史に記録された多くの集団的行動の主体、換言すれば、歴史に作用しようとする階級や民族や国家などの主体が、それを構成する個々の人々の知性、認識力、自制力、そして未来予測力を発揮させることができたら、どれほど良い結果をもたらしたのでしょうか？ところが実際には、どんな場合にもそうはならなかった。優れた個人が知性で計画し、推進したとしても、集団が予測し、念願した目標に向かってすんなりと一直線に動いてくれたことなど、いくら探しても見いだすことはできないのです。

例を挙げてみましょう。フランス革命、パリコミューン、ドイツの社会主義運動の長い歴史と、これを主導したローザ・ルクセンブルクなど多くの優れた人々。ロシア革命の紆余曲折は改めて言うまでもなく、最近では中国の近代革命の過程は、例外なくこうした見解を裏づけてくれます。比較的容易に達成されたアメリカの独立運動でさえも、一直線に実現されたものではなく、南北戦争という愚かな事態を体験しました。

こうした実証的な歴史的根拠と、私個人の哲学的考察からすると、結局、人間という集団は、失敗と苦しみを重ねるなかで、次に訪れるさらなる失敗の苦しみを、多少なりは減らす程度の知恵を手にするという結論に達するのです。人間集団がこのように多くの生命と苦痛と悲しみを経験して、初めて次に訪れる運命に対し、少しずつ自覚するのは悲しいことですが、人間としては避けられない限界ではないでしょうか。

　このように考えているので、私は六〇年と六一年の事態についても、任さんのように深い悔恨に浸ってはいません。その当時、事態変化の延長線上で、私たちは七一年の金大中《キムデジュン》と朴正煕の政権交代を巡る激突を見ることになり、七九年に朴正煕が射殺された後の、あの輝かしい「ソウルの春」は、金泳三《キムヨンサム》、金大中、そして進歩勢力間の対立と角逐《かくちく》を経て、悲しい時代に突入しました。また八〇年の春に、すべての善良な民衆の念願が、全斗煥という極悪勢力により破壊され、さらに光州《クァンジュ》大虐殺の悲劇を招きました。そうした辛い歴史的経験を繰り返しながら、光州民衆抗争を経て、軍部統治に対する抵抗運動が高揚し、同時に、この国の反民衆的独裁政権を背後から操縦・支援したアメリカという外国勢力の本質を、韓国国民が明確に認識するようになりました。これはとても大きな前進と言えるでしょう。

　また、八〇年を期して、反共法と国家保安法に対する大衆的反対運動と、それまで想像もできなかった南北朝鮮の平和統一を志向する運動が、燎原《りょうげん》の火のように広がったのは、やはり失敗を通じて獲得した歴史的教訓と見なければなりません。こうして無視できない力量に成長した労働者の団結、あらゆる分野における民衆の政治的目覚めと社会勢力化、また、金泳三政権によって暴力の核心である軍隊がそれなりに刷新されたことも、大きな歴史的前進と見るべきでしょう。その後に続く金大中政権によって、半世紀にわたって固く閉ざされていた南北の分断民族の相互和解の道が開かれたことは、解放以後、最大の歴史的前進だったと思います。さらに盧武鉉《ノムヒョン》政権の誕生がもつ民族史的意味は、歴史に長く残ることでしょう。

　こうした一連の変化を生んだ原動力として、韓国民衆の各分野に芽生えて成長した大衆運動、反戦・平和と反米運動で、高まった市民運動の広範囲な意思表示と連帯の形成を無視することはできません。こうしたすべての前進は、とても骨が折れ、事態の進展は遅々として進まず不満が多いものだったとしても、一つひとつの変化は、アメリカという陰険な外部勢力の意図と圧力を、少しずつでも無力化してきた韓国民衆の歴史的な成果だったと確信しています。私は、こうした抑制された歴史発展の原理と作用に信頼を置いているので、民族の未来に対しても失望してはいません。言うなれば「用心深い楽観論者」だったからでしょうか。

任 大勢の良心的な知識人が、曺奉岩やその周囲の方々に対する期待と支持を表明していましたが、先生はいかがでしたか？

李 私は四・一九以後の民主党執権時代に、曺奉岩とその他の左派政党と運動体が、短期に強力な政治勢力化することを、最初から期待してはいなかった。私が望んだことは、狂信的な極右反共集団である李承晩体制のもとで息絶えることなく命脈を維持してきた、それらのイデオロギーと勢力が、公式的に意思表示の機会と場所を獲得する状況になれば十分だと思いました。私は曺奉岩の積極的な支持者や理念的信奉者ではありませんが、長期的に見れば彼の民族哲学が正しいことを認めていました。何よりも、李承晩に対抗する路線の、政治指導者としての彼の自己犠牲的な行為に敬意を払っていました。李承晩が彼を死刑にした弾圧の過程を『ワシントンポスト』紙に書いたのも、私のそうした考えに基づくものでした。

任 四・一九学生革命で樹立された新政府のもとでの、民心の変化についてはいかがですか？

李 民主党政権時代の潑剌とした民心を示すエピソードがあります。李承晩政権時代の様々な非理・不法行為に対して浄化運動が展開されたのですが、兵役忌避者をとらえて国土建設事業をさせたり、強制入隊させたりしました。それまでの政権のもとでは、権勢と経済力のある者の息子はみんな兵役を逃れ、その当時の流行語で「バックのない、金もない」薄幸な人々の息子だけが、軍隊に引っ張られて行きました。そして、国民大衆の恨みの声が高まった頃に、過去の兵役忌避者を探し出し軍務に就かせたので、多くの大衆に歓迎されました。どんな非常措置よりも、これひとつで新政府の下で民心が変わりました。

まさにこうした新時代に、ハーバード大学の大学院で博士課程にいた青年が、新社会建設の志を抱き、六〇年一一月に自発的に兵役服務を志願して帰国しました。これを国内の新聞が大々的に報道しました。アメリカにいればそのまま兵役免除されるのに、博士課程を中断して自主的に帰国し、論山《ノンサン》訓練所に入隊した、その青年の英断に大衆は拍手を送りました。その青年が誰だったかご存じですか？　後日、韓国文学界を革新する白楽晴《ペクナクチョン》（後にソウル大学教授）氏でした。彼の社会的正義感は、国民的徳目がほとんど不在だった当時の韓国社会に、ひとつの光明として映りました。

任　六一年五月一六日は、普段の日と変わらない穏やかな春の日でした。私はその年に大学に入学し、ソウルの生活に馴染もうとしていました。まさにその日の早暁に、突然「反共を国是として」という、鋭い言葉がラジオから流れました。好奇心が旺盛だった私はバスで市庁前まで出向き、クーデターとは思えないほどのんびり配置されている戦車を見て、南大門の地下道を行き来しながら市民の反応をうかがったのですが、田舎者の私には何の変化も感じられませんでした。先生は五月一六日をどう過ごされたのですか？

李　私は普段の日と変わりなく、合同通信社に出勤するために、まだ暗い明け方五時に、セリ畑の中にある祭基洞《チェギドン》の家から城東駅《ソンドン》まで歩き、「セナラタクシー」に乗りました。和信《ファシン》デパート（鍾路、鍾閣の真向かい）の前に来ると戦車が二台停まっていましたが、特に動きに変化はなかったので、クーデターが勃発したとは思いも寄らなかった。編集局に着いて、ようやく何が起きたのかが分かりました。私はその瞬間、「腐りきった軍隊が何を改革しに動き始めたのか、これは民主主義に対する反逆じゃないか」と思い、その瞬間、この国の軍隊に対する怒りが湧き起こりました。実のところ四年前まで、私が七年間も引き留められていた「大韓民国軍隊」なるものは、この国の他のどの集団よりも堕落しきった野蛮な集団だと確信していました。ところが、そんな軍隊が公明選挙で成立した民主党政府を戦車で転覆しようとするのは、とうてい許せない思いだったのです。

一〇人余りの外信部員は、みんな出勤して着席しており、私も隅っこの自分の席に座りました。私は最初の外信記事を前にして仕事を始めようとしたのですが、思わず席から立ち上がり、外信部の記者全員に向かって、少し声を強めて語りかけました。

「改革と粛清の対象になるべき軍隊が、何を正そうとして姿を現したのか、言語道断である。私は誰よりも軍隊という集団の属性をよく知っている。クーデターなんて、とうてい正当化することはできない。我々みんな全力を尽くして軍隊の政権奪取に反対しようではないか！」

　部長以下、外信部の記者全員は、予想もしない事態に驚いた様子で、言葉もなく一斉に私を見つめました。私は序列からすれば外信部の末端記者ですから、平素はとくに目をひいたり、強い自己主張をすることもなく過ごしてきました。そんな私が唐突に、そんな発言をしたので、みんなは驚きの色を隠せなかったのです。少なくとも外信部の記者だけは、政治部、経済部、社会部の記者とは違って気質が純粋で、国際的な広い視野で国内問題を見ていたため、軍事クーデターに対しては、ある程度の認識の差はあるにせよ、みんな事態の展開には反対していました。けれども、私の激しい発言に対しては、状況が状況だけに意見交換には至らず、やがていつもどおり仕事に取りかかりました。

　そうして、八時頃になると他の部の記者がどやどやと出勤してきました。すでにクーデター挙行のうわさを聞いたうえでの出勤なので、沈痛な面持ちであちこちに数人ずつ集まり、ひそひそと語り合っていました。クーデターのことを大声で語り合う空気ではなかったのです。

任　海外から入ってくるニュースはどうでしたか?

李　クーデター後の二、三日は、事態があまりにも流動的で見通しが立たず、だから外信も予想できなかったようです。クーデターの直後、しばらくはアメリカ政府の反応が興味深いものでした。五月一六日にはアメリカ国務省が「合法的な民主政府をクーデターで転覆する行為は認められない」という内容のコメントを発表しました。駐韓第八軍司令官のマグルーダー大将とアメリカ大使が尹潽善《ユンボソン》大統領を訪問し、「反乱軍を鎮圧するために韓国軍に出動命令を出してほしい」と要請したという話も聞きました。これに対して尹大統領は、本心はどうかは分かりませんが、「反乱鎮圧のために大統領権限で首都師団の出動命令を出すと、国軍同士で血を流すことになる」との理由で拒絶したというのです。そしてアメリカ政府が「反乱軍の即刻原隊復帰を求める」旨の声明を発表したため、国民は総じてアメリカがクーデターのことをまったく知らずにいるか、あるいは反対する側にいたと解釈する傾向にありました。
当時、朴正熙が陸軍士官学校校長の姜英勲《カンヨンフン》将軍を訪問し、クーデターに対する士官学校生徒の支持声明の発表と、ソウル市内の街頭行進を求めました。しかし、姜英勲校長は「軍人は政治に参与してはならない」と要請を断った事実が、瞬く間に全国に知れ渡りました。このニュースに市民たちは、朴正熙のクーデターが「国内外から挟み撃ちに遭い失敗するだろう」と予想しました。そう願ったと言うべきでしょうか。
けれども、四、五日ほど経過すると、アメリカの反応は軟化し、クーデターは既成事実化されました。大方の外国新聞や通信社も、最初の数日は正確な情勢判断ができないので、右往左往したような記事を送っていました。

任　先生は、五・一六当時、あちこちに飛び回られたのではありませんか？

李　さきほど話したように、当日の早暁、外信部員に向かって軍人集団の権力掌握に反対しようと呼びかけたのですが、その直後に、守衛から軍人が玄関にやってきたと知らせがありました。誰も出て行こうとしないので私が出て行くと、拳銃を下げた階級章のない将校が下士官とともに座っていました。何の目的で来たのかと訊ねると「通信社の外部記事の受信状態を監視するためにきた」と言い、自分は陸軍少佐だと名乗りました。私はこの言葉に腹が立ちました。それで「通信社は民間の言論機関だから、軍人は立ち入りすることはできない」と答えました。そして「私は朝鮮戦争の勃発から七年間、最前線で命を賭けて闘った予備役少佐だ！」と大声で告げたのです。そして「編集局長が出てきたら、そちらの機関の責任者が正式に要請をし、同意を得てから来なさい」と言って追い返しました。
私のこの行動は、ある意味でまったく無謀で軽率だったかもしれません。拳銃を下げていた少佐が、どうして私の強気の一喝で弱気になったのかは分かりません。いずれにせよ、そのまま立ち去ってくれたのは幸いでした。彼らが質《たち》の悪い連中だったら、私はどうなっていたことか。この行動は私の心の奥に潜んでいた軍隊に対する怒りの感情が噴出したものでしたが、その後はクーデター権力が強力になり、一切の批判や反対を武力で封鎖するようになった。だから私もそれ以上の行動に出ることは不可能になりました。

任　先生の性格は昔も今も変わってはいないようです。父上の日記帳の「気難しい性格なので苦労するだろう」と、息子の将来を案じられた一節とぴったり合いますね。

李　亡父は私に対して失望が大きかったようで、五六年の日記帳の一節にこう書いてありました（原文のまま）。

> 息子の性格は度量が狭く、柔軟性が希薄で、言葉や行動を曲解されることが多く、正面から相手の言葉を率直に受け入れないばかりか、尊大さでみずから高ぶっているので、悔視感が少なからずあり、世渡りに苦労することが多く、さらなる修養を要する点が多い……。

再び味わう悪夢——戦車が支配する社会

ケネディ・朴正煕会談の真相

任軒永　五・一六の直後に先生はアメリカに行かれました。ケネディ大統領との会談のために朴正煕《パクチョンヒ》がアメリカを訪問したので、随行記者として行かれたのですね？

李泳禧　クーデター政権を樹立した朴正煕が、まるで昔の王朝時代に世子冊封や王位継承の允許《いんきょ》（王の許可）を得て、朝貢を捧げるために宗主国の中国を訪れたように、ケネディ大統領に「謁見」するために渡米したのです。朴正煕の資格は「国家再建最高会議議長」で、宗主国であるアメリカ大統領の「允許」が下りて、ようやく「大韓民国」という属国の「大統領」になることができるのです。

一一月一一日から一五日間の予定でした。メディア各社からは、東亜日報の権五琦《クォンオギ》、朝鮮日報の金寅昊《キムインホ》、そして合同通信の私、この三名が公式な取材記者として選ばれました。東亜日報は東京駐在の特派員李萬燮《イマンソブ》とワシントン駐在の特派員の鄭然権《チョンヨングォン》が、現地で権五琦氏に協力しました。朝鮮日報も駐日特派員と駐米特派員がいて三名一組での取材でしたが、私だけが一人だったので、不利な条件での取材競争になりました。権五琦氏は、後に金泳三政権の副総理兼統一院長官になり、李萬燮氏は国会議長になります。東洋通信の沈錬《シムヨン》燮《ソブ》記者は朴正熙議長訪米代表団の「公式スポークスマン」の資格でした。私が編集局長からこの取材の指示を受けた際に、軍事政権側は随行取材記者の資格条件として、過去の李承晩《イスンマン》政権と民主党政権において「腐敗・不正・堕落をしていない記者」を数名選び、リストを送れという内容だったとかで、それで四名のリストを提出すると、私を指名してきたそうです。こうして訪米が決まりました。

任　前回のアメリカでの経験を生かして国務省の高官にインタビューし、特ダネをスクープされましたね？五・一六クーデター勢力を認める条件として二つ、一つは民政移譲、そして韓日国交協定を早く締結せよというものでした。

李　東亜日報と朝鮮日報は三名一組での取材でしたが、私は一人で取材し、特ダネ記事で完全に勝利しました。この特ダネ事件は韓国の言論史にも記録されています。両社の特派員は、ケネディと朴正熙会談の終了後に公式発表された発表文を、そのまま会談の成果として記事にして本社に送りました。ケネディが朴正熙の要求する通り、軍事援助と経済援助を約束し、政治的承認もしたとの、双手《もろて》を上げて朴正熙の要求を全面的に受諾したという趣旨の記事でした。相も変わらぬ、韓国新聞の権力に媚びる報道そのものでした。そして両紙は朴正熙外交の「大成果」と評価して報道しました。

　クーデターから六カ月後の六一年一一月当時、大部分の知識人と政治家、そしてエリートたちは、ケネディがクーデター政権を承認せずに、民間政府に権力委譲をするように強い圧力を加えることを望んでいました。ところが、この有力二紙がその希望に冷水を浴びせかける趣旨の会談結果を、特筆大書して報道したのです。ですから、速やかな民政委譲を望む市民は失望し、目の前が真っ暗になったそんな状態でした。ところが、事実はそれとは相違していました。まさに、それが私のスクープだったのです。

ケネディは朴正熙に対して、①早急に公正な選挙により民政委譲をすること、②民政委譲に先立つ、軍の政治関与の禁止と原隊復帰、③それまではすべての経済援助の執行延期、④軍事援助の暫定的凍結、⑤朴正熙が第一次経済計画として要求した工業化計画への支援二三億ドル要求の白紙化、⑥速やかな韓日会談の再開を通じて、早急な韓日国交正常化の実現、⑦ベトナムの状況に対する韓国の協力などを要求したのです。このうち、速やかな民政委譲と軍の原隊復帰、そして最も重要な条件は、韓日会談の再開を急ぎ、韓日国交正常化を実現させることでした。

「第一次経済開発五カ年計画」ですが、韓国はそうした資本集約的な経済開発計画は不可能だったので、代わりに失業者救済を主目的とする労働集約的経済計画に改編すること、そのためにアメリカの経済調査団を送るという内容でした。戦車や飛行機などの武器、つまり軍事援助にはまったく言及されなかった。こうした内容の記事が合同通信社を通じて全国の新聞や放送で報じられたので、東亜と朝鮮両社特派員の記事にため息をついていた政治家と知識人、そして多くの市民の顔に喜色がよみがえりました。これが私の特ダネの中身でした。

任　他の項目は口実と名分で、核心は⑥と⑦だったのですね。李承晩を引きずり下ろしたアメリカの魂胆が、このように示されたのでしょう。もう少し具体的に話して下さい。

李　私がこうしたスクープができたのは、『ワシントンポスト』紙との関係があったからです。ホワイトハウスでのケネディと朴正熙との会談が終わると、私は直ちにワシントンポスト社に行き、主筆と編集局長に会談結果の真実を知りたいと申し出ました。するとエスターブルク主筆が国務省に電話をかけて、米韓首脳会談でケネディが話すべきアメリカ政府の政策と立場の説明方針を作成して事前ブリーフィングをした国務省の某課長を紹介してくれました。そこで私は国務省に急行し彼に尋ねると、何らの隠し立てもなく、私が特ダネとして書いた同じ内容を説明してくれたのです。私は新聞記者として、こうした職業的勝利を味わった満足感と喜びでいっぱいになりました。それで、すぐさまワシントンポストの編集局に駆けつけ、それをソウルの本社に英文で送稿しました。外国に行ったときはハングルよりも英語で記事を書く方がはるかに楽だったからです。

ケネディ・朴正熙会談の取材で、私は特ダネ記事だけではなく韓米関係の実態を確認することができました。これは従属的な韓米関係を視覚的に示す、とても印象的な会談でした。両者はホワイトハウス中央の高いドーム型天井の大統領執務室「オーバルルーム（Oval room）」で初めて対面をしました。ケネディはロッキングチェアに両足を伸ばしたまま、身体を横たえるようにして座わり、時々微笑を浮かべながら朴正熙の人柄を観察するようにじっと見つめています。にやにや笑ったりして余裕ある強者の態度でした。私はどんな小国からやってきたにせよ、一国の指導者を相手にしているのに、なぜ、あのように不遜な態度をするのかといぶかしく思いました。それほど高慢な態度でした。紫禁城の玉座に座り、朝鮮からやってきた王子やその代理人を見下ろす、中国の歴代皇帝の姿が目に浮かびました。

一方の朴正熙は、韓国駐屯のアメリカ軍人が愛用するレイバンという金メッキフレームの濃いサングラスをかけ、固い背もたれの椅子に座っています。時々、足をきっちり揃えたり組んだりして、まるで君主の前に呼び出された臣下みたいに緊張していました。私はアメリカ軍人が使うありふれた眼鏡、濃い黒色のレンズで自分の目と顔を遮っている、そんな朴正熙を見ながら思いを巡らしました。他人と向かい合う時に、陽射しを遮るためでもないのに濃いサングラスをかける行為、そうする理由は三つと言われます。第一は、自分の目や顔に傷痕がある場合、第二は、心に腹黒いものを持って陰険に相手を詳しく観察しようとする場合、そして第三は、自分の心の中がどうしようもない不安な状態にあり、相手を直視できない劣等意識を持っているとき、この三種類なのです。

ケネディと対座した朴正熙は、顔や目に傷痕はないので、第一のケースには当たりません。ケネディの心の中をじっくり探ろうとするなら、むしろサングラスをかけない方がよいのですから第二のケースでもない。となると、朴正煕の濃い眼鏡は自分の劣等意識の表れで、強者の前に立つことになった弱者の精神的・心理的動揺を隠すためのものに思われました。

私はこの二人の対面場面を見ながら、ゲーテの眼鏡の話を思い出しました。ゲーテの眼鏡嫌いは有名です。ゲーテが嫌ったその当時の眼鏡は、まだ黒いレンズはなく透明なレンズだったのに、それさえも嫌ったのでした。ゲーテはこう言っています。

「眼鏡をかけた人に会うと、この見知らぬ男が鋭い目つきで、私の心の中の秘密の場所にまで入り込もうとするように感じられる。私は相手の心の中を知ることはできないのに、相手は私の心の隅まで、すっかりのぞき込むのではないかと思うととても腹立たしい。こんな者とはいくらつき合っても、相手から得るものなどは何もなく、嫌なことばかりしかない」

韓国の歴代権力者のうち、かなり根性があると自負し、また崇拝者もそう褒め称える朴正煕なのに、その当人がアメリカ大統領ケネディの前では、そんな風に自分の劣等感と不安を隠さなければならないとは？　アメリカからすれば、会うや否やしきりに目をしばたく韓国の大統領や指導者が、どれほどの人物かを推測するのは容易なことです。私はそのとき、このサングラスひとつが、まさにアメリカと韓国の国家的立場や、政権と権力者の従属関係を集約的に示していると思いました。

二〇〇三年に盧武鉉《ノムヒョン》大統領がブッシュ大統領に見せたあの卑屈な姿を、私はすでに四〇年前にケネディと朴正煕が対座したその場で確認したことになるのです。盧武鉉大統領も朴正煕のように、自分をしたたかな人物と思い込んでいたようで、大口を叩いてアメリカを訪問しました。これが六一年一一月に私が確認した、韓米両国の関係を物語ってくれるサングラスに関するエピソードです。

「随行取材の中止、即時帰国」の指示を受ける

任軒永　ケネディは朴正熙の軍事クーデターを容認したために否定的なイメージが残りました。私は個人的にはジャクリーン（大統領夫人）の顔さえも見たくはありません。ドゴールも夢中になったという彼女が、私の目には美女に見えることはなかった。ところで、アメリカのメディアは朴正熙という人物をどのように評価しましたか？

李泳禧　任さんのそうした気持ちは理解できます。しかし当時は、それがケネディであれ、ワシントンであれ、またはリンカーンであれ、アメリカという国は、韓国を単に自国の利益のためｈの将棋の「歩」程度にしか見ていなかったという、冷厳な国家関係の本質を考えねばなりません。ケネディ夫人に対する「顔を見るのも嫌だ！」という感情に劣らず、大韓民国という国家とその国民がどれほど愚かで、半世紀以上も前のケネディ時代と同様に、相変わらず屈辱に甘んじている、このことに対する痛切な民族的反省がなければならない。何ゆえにこの民族は、こんなにひどく苦しい状態の中でしか、自分を支えられないのか？　恥ずかしくても、醜い顔の自画像を憎むすべを知らなければならない。個人的にジャクリーンの顔さえも見たくないとの気持ちは、「坊主憎けりゃ袈裟まで憎い」といった感情でしょう。我々はこうした問題でも、個人の感情的レベルの好き嫌いよりも、民族と国民という集団的生命体の主体意識と自尊心、そして常識的判断の知恵のようなものに関する痛烈な反省が、要求されるのではないでしょうか？

任　大統領渡米に関する記事を送信する際に、大きな反響が起こると事前に予想していましたか？　クーデターの承諾を受けようと出かけた朴大統領に、反対の世論を煽ったと疑われたりはしなかったですか？　私はジャーナリストとして先生の卓越した能力は、エドガー・スノーを凌駕するとさえ思っているのですが……。

李　私の記事が彼らには不快だろうとは思いましたが、それほど大きな衝撃を国内情勢に与えるとは考えて

はいなかった。もちろん、朴正熙と軍部勢力の側にとっては、不利な内容であることは承知していました。けれども、帰国して実際に知ったことに比べれば、私の予測は足元にも及ばないものでした。とにかく、翌日、マッカーサー元帥への表敬訪問に出かけたエレベーターの中で、金在春《キムジェチュン》というクーデター首謀の実権者が私に放ったのは、「ソウルでは覚悟しろ！」という威嚇でした。その時になって初めて、本国で私の記事が全国版に組まれて、大きな衝撃を引き起こしていると知ったのです。

マッカーサーを訪問した際に、元帥が朴正熙《パクチョンヒ》に「朝鮮戦争のときには、北朝鮮に原子爆弾を投下すべきだった」と語ったと、会見に陪席した崔徳新《チェドクシン》外務部長官が我々に伝えてくれました。朴正熙という人物は、自分が原子爆弾を持っていたら躊躇なくいつでも同族に向けて、使用する性格の人間であることを、その折に知りました。本当に恐ろしいことです。その次の訪問先の国連駐在代表部に行くと、林炳稷《イムビョンジク》大使が私に、本社から届いた「随行取材を中止、即刻帰国せよ」と指示する緊急電報を渡してくれました。

随行取材を五日目で中止してソウルに帰ってみると、通信社の同僚記者が大変なことが起きたかのように私を見つめるのです。通信社では私から記事の送信があったものの、内容があまりにも重大なので、すぐに帰国を命じることができずに、その処理に関して朴斗秉《パクトゥビョン》社長主宰の対策会議を数時間も開いたらしいのです。私は、金浦空港に到着すると直ちに連行されると思っていたのですが、それはありませんでした。

訪米旅行を終えて帰国した朴正熙ら軍の実力者は、景武台《キョンムデ》で大規模な訪米外交成功祝賀パーティを開きました。同行した随行記者も招かれたのに、私だけは除外されました。それで私は思いました。朴正熙が指導者にふさわしい人物だったら私のような一介の記者も一応は招待し、グラスを持って会場を歩き回りながら、偶然に会ったように私の肩を叩き、「李記者！ どうしてあんな記事を書いたのかね？ とても迷惑しているんだが」とでも言ったなら、私はたぶん朴正熙の人間的な器量に感服したかもしれません。でも最初からまったく排除するのですからね。

任　それが先生と朴正熙との初めての「対決」だったのですか？

李　いやぁ、対決というほどではないが、そんなことがあったのです。もし、私が出世欲に駆られたり、抜け目のない人間だったら、朴正熙のケネディ訪問旅行中や帰国後に、彼にちょっと媚びる文章を書くとか、軍部政権が喜びそうな発言をしたかもしれない。そうすれば、私ももう少し早く「何か」になったかもしれない。ワッ、ハッハ！　その時に随行した記者連中は、その後、長官（大臣）、国会議員、副総理、国会議長などに出世しているのだから……。私はもともと権力には縁のない人間だったということです。

左翼から転向した極右と民主派を装った保守との対決

任軒永　一九六三年に朴正熙と尹潽善《ユンボソン》が出馬した大統領選挙で、いわゆる民政委譲が論議されるのですが、先生はどちらを選ばれましたか？　当時の知識人世界の雰囲気はいかがでしたか？

李泳禧　朴正熙はケネディと交わした「速やかな選挙の実施と政権委譲」の約束にもかかわらず、実行には躊躇していました。国民に対しては「速やかな選挙の実施」「民政委譲」「軍隊復帰」の三つの公約を掲げながら、公約を三回も覆しました。だから国民はひどく失望しました。それで朴正熙は気の弱い人間という印象を抱いたのです。

それでも戒厳令下で、何でも可能なクーデター政権が、貧民救済、農民負債の免除、私娼街廃止、不正腐敗者の逮捕、大々的な浮浪者対策などで次第に人気を集めていきました。どんな政権でも執権初期には決まって人気取り政策を打ち出します。その一八年後に極悪非道な殺人鬼になった全斗煥《チョンドファン》も、同じ手法を使っています。権力を手にした野心家が、無心な大衆の歓心を買うのに、もっとも手っ取り早い方法なのです。それでも朴正熙には一つだけ違いがありました。李承晩政権は改革などまったく考えたことがなく、民主党政府は改革をしようとして、また着手もしましたが、弱体政権と政争のために成果を挙げられなかったのです。

それよりも、もっと問題だったのは、国民の良いとは言えない民族性なのですが、自分たちを支配する権力が強力であると平身低頭するのですが、政権が国民に自由を与えて弱々しい気配を見せると、すぐに態度を翻し、各自が自分の主張のままに行動することです。このために民主党政権時代には、これといった改革の成果が挙がりませんでした。韓国の民衆が民主主義に対して責任感を持たないことが問題でしょう。民主党政権時代も、四〇年が経過した現在でもそうなのです。

クーデター政権は、戦車と機関銃で武装した超法規的で暴力的な集団だったので、韓国人のそうした特性を利用し、意のままに彼らは計画を推進することができました。こうした国民性のために、弱体化した民主党政府よりも、実際にはさらに大きな混乱を招くことになりました。そんな状態で軍事政権の改革事業が強力に推進されたために、六三年末頃からは、社会正義を考える知識人のあいだでも、軍事政権に反対する立場にいながら、最小限の協力をする動きが見られるようになったのです。

その例として、農業学者であり農民運動家の先駆者である柳達永《ユダルヨン》氏、李承晩政権に反対する主張で知識人の必読誌になった雑誌『思想界』の咸錫憲《ハムソクホン》氏と張俊河《チャンジュナ》氏などが、協調的姿勢に変わりました。

いずれにせよ、こうした局面で私が誰に一票を投じたか、四〇年以上も前のことなので正確に記憶してはいませんが、私は徹底して軍人と軍隊に不信感を抱いていました。それでも朴正熙は、解放後の一時期に南労党の秘密党員として活動し、多くの同志を米軍政に売り渡した背信行為をした事実があるのに、アメリカに飼い馴らされた大勢の韓国軍将校とは違い清廉潔白だという「事実」が知れわたっていました。それで私の判断が混乱してしまいました。

一方で、民間政治と民主主義に対する私の確固たる信念のために、尹潽善大統領候補に代表される反軍政体制の速やかな実現を渇望していたのは事実です。この二つの要素に対する私の評価の混乱のため、選択がどちら側に傾いたのか、いまでは記憶をたどっても確かな答えは出てはきません。

任　五・一六の後に大勢の進歩勢力が投獄されました。この時に監獄にいた人々が、面会に来た家族や知り合いに、「朴正熙に投票しろ！」と、言ったといいます。これは尹潽善が思想論争を掲げて出てきたためです。

李　そうしたケースが多かったようです。六三年に『タイム』誌に掲載された記事の内容をご存知ですか？朴正熙の行跡を一つひとつ明らかにしたものです。朴正熙はアメリカ軍政の四八年当時、国防警備隊（陸軍）内の南労党秘密組織の情報責任者だったのです。彼は麗水《ヨス》・順天《スンチョン》反乱事件当時、警備隊内の南労党加入軍人の秘密名簿をアメリカ軍情報当局に渡しました。そのために数百人の将兵が逮捕罷免され、その中には死刑になった者もいたのです。こうした「背信行為の功労」で、彼は罷免された軍隊に復職し任官したのです。こうした朴正熙の過去の共産主義者としての経歴を、『タイム』が総選挙に先立って暴露しました。彼が日本統治時代に天皇に忠誠を誓った親日行為をはじめ、解放後の南労党に関連した実績を『タイム』が暴露したのは、ひょっとすると韓国の大統領選挙に先立つ、アメリカ国内の反共主義勢力による反朴正熙キャンペーンの一翼だったかもしれません。

そうかと思えば、同じ雑誌に朴正熙を持ち上げる記事も掲載されました。朴正熙が釜山の陸軍補給基地廠の廠長だった頃の行動に関するもので、「韓国軍の将軍級としてはまれに見るほど清廉で、原則主義者であり、軍上部やアメリカの軍事顧問官にも常に原則的な姿勢を示した」のたぐいです。こうした理由から、朴正熙を部下に尊敬される例外的な清貧な将校と持ち上げた内容でした。この記事は先ほどの記事とは内容が相反するので、アメリカ国内で韓国の軍事独裁政権を望む勢力の、メディア・キャンペーンと解釈されました。こうした相反するアメリカ国内での韓国情勢評価は、韓国国民がいかなる選択をすべきかについて、少なからぬ混乱を招きました。

アメリカ政府の本心が明らかにされなかったので、韓国の有権者、特に当時の左翼勢力や過去に左翼の経歴を持つ人々は、この二つの対立する朴正熙評価に対して、どちら側に立ったかといえば、軍部独裁者という否定的側面よりは、むしろ、彼が過去に共産主義者だった事実に親近感を持ちました。そして彼が清廉潔白で、大韓民国では珍しく自主性の強い将校だった点も、好感を持たれる理由になったようです。左翼思想を持っていたため、李承晩政権の長い歳月において、個人や家族の誰かが左翼だったとの理由で連座制の苦しみを味わってきた人々は、朴正熙が「麗水・順天事件」の後に南労党と同志を裏切り、アメリカの情報部側に身を寄せた事実に対して否定的な評価をしなかったのです。

とにかく、尹潽善が朴正熙の過去の行動に対し、彼を親共分子として危険視すると、支配階層、富裕層、極右反共層の有権者は尹潽善を支持するようになりました。反対に、左翼勢力と変化を望む下層民衆は、朴正熙支持の側に回りました。そんなわけで、朴正熙支持に傾いた過去の南労党系や社会主義者ないし進歩勢力は、結果的には完全にミスジャッジをしたことになります。なぜならば、朴正熙は最初から無慈悲な反共主義であると明らかにして執権を目指しており、左翼的な支持者にとっては、最も大切な人間的価値である誠実さと理念的一貫性に欠けていたからです。そのうえ執権すると、直ちに国家保安法と反共法、そのほかに数多くの思想弾圧の法律を制定または強化し、むしろ、左翼系に対して李承晩時代よりも苛酷な弾圧を、一八年間にわたって続けました。

要するに、朴正熙は植民地時代には天皇崇拝者、かつ民族の背信者であり、解放になると、たちまち、その当時の韓国の思想的主流だった南労党〔社会主義〕に、いち早く便乗しました。麗水・順天事件で形勢が不利となると、自分の思想と忠誠を誓った南労党ばかりか、自分の責任で管理していた秘密党員の名簿まで米軍政に売り渡すという、徹底した機会主義者で変節者だったのです。

任　金烱旭《キムヒョンウク》の回顧録〔邦訳『権力と陰謀――元KCIA部長・金烱旭の手記』合同出版〕を見ると、尹潽善が大統領選挙の二週間前に、朴正熙を左翼だとして攻撃し致命打を与えて倒そうとしたが、思想論争がはじまると、曺奉岩《チョホンアム》〔朝鮮共産党創立メンバーの一人〕の票がたくさん出た地域の世論調査で、朴正熙支持が急上昇したと述べています。私はこうした現象が、当時にあったとしても国民大衆がアカ論争に飲み込まれなかった良い例だと思います。まさに、アカと煽ったのはその恩恵に与った朴正熙自身でした。

李　全般的にはそうでした。これは何を意味するかというと、六〇年代の初めにも我々国民は、解放後から朝鮮戦争の直後までの時期は直接的な被害者であって、自己表現や自己哲学の現実的な成就を、直接できないながらも、希望は抱いていたということです。李承晩体制への復讐よりも、そうした心理が民衆の中にかなり浸透していたのです。そうした人々は、尹潽善のような保守主義者よりも、南労党員だった朴正熙の支持にまわりました。これまで、その程度の鬱憤も示すことができないまま、胸の中でふつふつと沸いていた恨みの一端が、朴正熙がかつて共産主義者だった事実を知ることで、一斉に同情票となったのでしょう。

任　朴正熙は、日本統治時代の大邱《テグ》師範学校に在学中はラッパ手だったそうです。満州国の陸軍士官学校に入学しようとしたものの、既婚者で満二〇歳を過ぎていたので資格なしとされた。そこで『満州日日新聞』に「盡忠報国　滅私奉公」〔国のために尽くしいつでも死ぬ〕という血書を送り、その新聞を見て感動した将校らが陸軍士官学校に入学させたといいます。最近、中国の延辺から来た人から聞いた話です。士官学校では、中国、日本、朝鮮の出身者は別々に活動したようです。中国人学生はほとんど全員地下組織に加わり、独立運動をしていたが、朝鮮人は日本人とまったく同じ行動で、初めからそうした秘密組織について話を交わすことはなかった。表向きは日本の資金で訓練を受けていたが、内実は完全に民族運動の組織に利用したのが中国人学生だった。そのような点からみると、朴正熙が親日派だったことは否定できません。

李　朴正熙の天皇崇拝思想については、よく知られているので、さらに話を続けるまでもないでしょう。

「刀よりも強いペン」の苦悩

任軒永　先生が合同通信社政治部の記者として活躍された頃、アメリカ政府との対立で苦しまれたそうですが、どのような経緯だったのですか？

李泳禧　六三年の夏に、私は外信部から政治部に異動しました。大統領選挙を前にしたその時期に、ケネディ大統領のアメリカ政府と朴正熙軍事政権の間に隠密な形で、しかし、熾烈な外交的対立が続いていました。六一年の夏、韓国に四〇年ぶりの大洪水が発生し、一一九名が死亡、一三〇名が行方不明、罹災民は一万五千名に達する大惨事が起こりました。せっかく育った稲が、各地で根こそぎ駄目になる被害を受けたのです。

このため六二年、六三年と全国的に稲作が凶作になり、大飢饉となりました。全国で食糧が底をつき、とりわけソウルでは民心が荒廃し、早急に政府が対策を講じなければ、暴動が起こりそうな気配になりました。ところが、六一年にアメリカ国会が通過させた翌六二年度の二千万ドル分の韓国への食糧援助（余剰農産物支援）が年を越しても入ってこなかった。全国が暴動発生前夜の状態になっても、余剰農産物が入ってこないので、朴政権は政治的危機に瀕するまでになった。張基榮《チャンキヨン》経済企画院長官がカナダから農産物をひそかに買い求めようとしたが、アメリカの工作で挫折してしまった。それではなぜアメリカの余剰農産物が二年も入ってこなかったのか？　これがその当時、全国民にとって最大の関心事でした。当然でしょう。そんな疑問が起きている最中に、私はアメリカ大使館のヘンダーソン文政官に会い、またしても大きな特ダネを手にし、国家的な重大事態が生じたのです。

ヘンダーソンを訪ねて行くと、外部の者を入れない部屋に案内してくれました。私は記者ですから、記者手帳を取り出して話をしました。ヘンダーソンはこう言いました。「朴正熙がケネディに約束した民政移管をしないので、アメリカ政府は余剰農産物を供給しないのだ」と。これは大変な国家間の外交機密です。私は取材記者ですから、当然、この事実を記事に仕立てました。

早版が出ると、すぐさまヘンダーソンから電話がきました。記事を取り消してくれというのです。韓米外交関係の重大事であると、こちらはとんでもないと強く拒否しました。彼は「オフレコ」のつもりで話したと主張するのです。私は記者が記者手帳を出して話をしたら、それは「オンレコ」〔On the record＝公表して差し支えないこと〕なのだと反論しました。すると今度はヘンダーソンが、重大な機密事項だからと頼み込むのです。そして、大使館での自分の名前や肩書など一切を省いて、ぼかした表現にしてもいいから、記事を差し替えてくれと懇請してきました。私の立場も難しくなってきたので、政治部長と協議し、さらに編集局長の意見を求めました。ところが部長や局長は「この記事はとても重大な特ダネだから、取り消すなどはもってのほかだ。ニュースソースを変えると記事の信憑性が薄れるから、必要な事実をすべて明らかにしたまま、このままで行こう」と強気一辺倒なのです。

ヘンダーソンは「本当に大変なことになった。これは国家間の機密事項なのだ。一触即発の政治問題だから、これが広まるとどんな結果を招くか分からない」と訴えをくり返すばかり。私は彼とは、四・一九学生革命の際に、ヘリコプターと高性能スピーカーを借りて学生たちの流血を防ごうとしたこともある、比較的親しい間柄でした。それだけに私の人間的な悩みは深まりました。けれども、最終的には記事を配信し訂正はしなかった。記事が出たことで、アメリカが朴正熙に民政委譲を促しており、韓国民の食糧がその担保になっている事実を、国民が知ることになるからです。そして一気に「民政委譲をせよ！」と国民の叫び声が高まりました。

この記事のために、その翌日にヘンダーソン文政官は「四八時間以内に帰国せよ」とアメリカ政府から緊急召喚命令を受けました。彼はあの多数の準国宝級の陶磁器などをまとめる間もなく、身ひとつで二日後に韓国の地から離れました。大使ポストを夢見たハーバード大学出身の外交官の未来が、私の記事ひとつで霧消してしまったのです。彼はこうして職業外交官の道から外れることになりました。これは広く知られた事件でした。

ヘンダーソンは青天霹靂の本国召還命令を受け、慌ただしくソウルを離れましたが、それに先立ち、彼は言うに言われぬ心情を吐露する恨みのこもったメッセージを、人づてに送ってきました。その内容はたった一行！「They say the pen is mightier than sword. Your pen ruined my career」（ペンは剣より強いとの言葉があるが、まさに君のペンが私の外交官生命を台なしにしてしまった）でした。この事件のために、私は言論の仕事から離れるまでの十余年にわたり、ジャーナリストとしての義務と、個人としての人間的なつながりとの対立にひどく悩みました。あの高度な国の外交機密に関するニュースを公表し、報道することで全国民の心配事を解消すべきか？　あるいは職業的責任に背いて、個人的親交と人間的関係の信義を守らねばならないのか？　数十年が過ぎた今でも、私の辛い心情は解消することはありません。いずれにせよ、朴正熙は屈服して民政移管のための選挙を実施することになり、アメリカの余剰農産物も予定通り国民に提供される運びになりました。

任 そんな経験がありながら、アメリカの介入の度合いが、単純に民政移管をせよという程度のものなのか、民政移管をしながら朴正熙が軍服を脱いで、引き続き執権することをそれとなく望んでいるのか、それとも朴正熙とはまったく別の民間政権を望んでいるのか、我々の常識ではアメリカは韓国人に強く支持される政権も、また支持されない政権も望んではいないようでしたが、アメリカの対外政策を、どう見ればよろしいのでしょうか？

李 当時の情勢を総合的に考えてみると、アメリカ政府は少なくとも形式的にでも、正常な手続き（総選挙）を踏んで権力移管を果たし、軍服を脱いで民間政権に変身できるなら、朴正熙勢力を承認しようとの魂胆でした。いくつかの状況証拠も存在します。休戦になって一〇年が経過しており、北朝鮮はすでに政治・経済・社会・科学・技術・生産などの面において、朝鮮戦争前の水準を凌駕していました。いまや世界が驚くほどの速度で発展を遂げていたのです。これに対し韓国は、これまで見てきたように、戦前水準にも達していなかった。混乱と沈滞、そして不安な状態が続いていたのです。そして政権は三回も交替しました。私はアメリカとしては北朝鮮に対抗するために、強力な「開発独裁体制」しかないと決心したのだろうと思います。

なぜならば、まさに六〇年の時点で、アメリカはベトナムで韓半島の際と同じジレンマに陥っていたからです。そのうえ、五九年にはアメリカの鼻先にあるキューバで、カストロの反米的な社会主義革命が成功したので、アメリカは窮地に追いやられました。六〇年にはアメリカ政府がアメリカに連れてきて育てた南ベトナムのゴ・ディン・ジエムを、「ベトナムの李承晩」と持ち上げてホーチミンに対抗させたものの、彼も李承晩の運命と同様に、反乱を起こした南ベトナム軍部の大統領宮への砲撃で死亡してしまった。そればかりではなく、中国大陸で四九年の革命に成功した毛沢東の共産主義政権は日の出の勢いを示していました。

ケネディは文民政治や民主主義では、これ以上、韓国で自己勢力の維持はできないと考えたのです。

こうした状況から「親米・反共・軍部・独裁」体制を樹立するために現れたイデオロギーが、ロストウの「経済発展論」でした。朴正熙の「五・一六クーデター」に先立つ六〇年に、ケネディ大統領が経済学者のW・ロストウを、ホワイトハウスの国家安保戦略会議の顧問及び大統領特別補佐官に任命しました。ロストウ教授の「経済発展段階論」と『経済成長の諸段階――一つの非共産主義宣言』〔邦訳、ダイヤモンド社〕が、ケネディ大統領の発展途上同盟国の運営政策の柱に採択されました。これはまさに、開発途上国における民主主義を否定し、親アメリカ的軍部の強力な独裁体制で、社会的統合と安定を実現した後に、その土台の上に開発途上の社会的不正腐敗などを暴きだし、改革を進めながら経済建設と政治的安定を達成しようとする開発理論だった。彼は対外政策では実際にケネディ政策の立案者であり、「小統領」だったのです。

この理論が当時の韓国に適用され、朴正熙の「五・一六クーデター」が唱えた強力な反共理念の下での経済開発が国家政策として採択された。北朝鮮の「社会主義開発独裁理論」に対応する、アメリカ式資本主義の「反共主義軍部開発独裁理論」と言われるものだった。六〇年代初頭、全世界に広がったアメリカの従属国において、まさに、こうした方式の社会開発政策が追求され、ロストウはその後、何度もソウルを訪問し、朴正熙政権の指南役を務めています。

ケネディが採択したロストウの独裁開発理論は、執行主体を軍隊に設定したのが特徴です。アメリカは自国との同盟関係において、アメリカ式に訓練された従属国の軍隊だけが、反共主義的政策を執行できる行政・組織・運営理論・技術のノウハウを備えていると判断したのです。ロストウ開発独裁理論が、ケネディ大統領の政策として推進された事実を知れば、朴正熙執権の背景は容易に理解できるでしょう。同じロストウ方式が推進された国のうち韓国の場合は成功し、南ベトナム、フィリピン、インドネシアでは失敗したケースにあたります。

ケネディの政策は、東南アジアの半植民地諸国では総じて失敗したのに、韓国である程度成功したのには理由がありました。他の国々は、直接、社会主義国家に隣接したり、対決する立場ではなかったのに対し、韓国は、桁違いに順調な発展を遂げた北朝鮮と競争する状態にあったからです。ヨーロッパでは社会主義に対する資本主義の優位性を立証するために、東ベルリンに対抗して西ベルリンを、東ドイツに対抗して西ドイツを集中的に支援したのと同じでした。アジアでは韓国を資本主義の「テストケース」にし、また「ショーウィンドウ」と見なしました。他の従属国政府への支援よりも、はるかに多額の物資・政治・外交的援助を、全面的かつ直接的に提供したのです。

ケネディにはアメリカの体面を賭けて、ロストウ計画に沿ってアメリカの対韓国経済支援を、日本に代行させようとも考えていました。これが、韓日会談を朴正熙大統領が政権の生命を賭けて強行した理由でした。朴正熙政権の一定の物質的成果を、あたかも大統領の優れた政治的指導力の結果のように錯覚する人もかなりいたようです。しかし、事実はアメリカの世界的体制競争という背景があったからでした。こうした国際政治の現実を知る必要があるでしょう。それに韓国人の高い教育水準と知的水準が、他の従属国の場合とは大きな違いがあったことも指摘されねばなりません。

ホワイトハウスの「允許《いんきょ》」を得なければならない韓国大統領

任軒永　韓国の政治家は、アメリカの心のうちを読むことがとても重要だと思います。以前、ある方から「韓国大統領の選挙権は韓国人にあるのですか、アメリカ人にあるのではないですか？」と尋ねられたことがありました。

李泳禧　それはまさに私がしばしば使う表現です。韓国の大統領が、政治原理と憲法的規定に基づき、国民主権の意思表示により外部の作用や干渉を受けずに、自主的に選出されたことがありますか？　そのためには、国家自体が自主・独立・主権的でなければならない。ところが、わが大韓民国の国と政府は、解放された当初から、アメリカの国家利益に沿ってつくられた存在なのです。そんな国と政府の大統領が、どうして国民によって自主的に選出され、国民的利益の守護者として機能できますか？ 解放後の歴史をざっと見てみましょう。

一九四五年から四八年までは、アメリカ軍による占領統治機構である軍事政権の下に置かれました。日本の総督府統治の変形であり、四八年にはアメリカが育成し連れてきた李承晩《イスンマン》が、南北統一国家の樹立を拒否し、国土の分断を前提に南部での単独政府の樹立を画策しました。これは李承晩自身の権力欲によるものでしたが、背後にはアメリカの韓半島分断政策がありました。李承晩を「卓越した民主主義的指導者」とか、「非妥協的で強力な反共主義的英雄」とか、「コリア民族の守護者」などと持ち上げ、彼の徹底した反民主的・権威主義的・野心主義者的行動には目を閉ざして一二年間も支えてきたアメリカですが、六〇年の春に一言の遺憾の言葉もなく、弊履《へいり》のごとく見捨ててしまいました。

次の民主党政府でも、張勉《チャンミョン》という親米主義的カトリック勢力の代表者を、アメリカはお墨つきで執権させました。しかし、その政権が初めて清潔な民主的手続きで選出されたのに、国内の政治的不安定状況に適切に対処できなくなると、朴正熙に代表される徹底した反民主・反自由主義的な極右反共軍人集団にすり替えました。以後の一八年間、アメリカの国家利益の忠実な代理人だった朴正熙と軍部権力集団が、またもや利用価値が失われたと見ると、代わりの勢力を物色するようになりました。

それが、まさに全斗煥という徹底的に堕落した軍人とその周辺集団でした。朴正熙統治の末期になって演出された金載圭《キムジェギュ》の大統領射殺事件でも、私は直接的ではないにしても、間接的なアメリカの意図を感知することができました。全斗煥を登場させた反共主義者レーガン大統領は、即刻、日本の軍国主義勢力と極右反共主義的資本家の代表である中曾根首相に、全斗煥あてに四〇億ドルの「政権奪取謝礼金」名目の援助を提供させたのです。アメリカは全斗煥政権のために、日本に韓国に対する経済的保護の役割だけでなく、政治・軍事的保護の役割まで委任しました。その最も象徴的な措置が、悪名高い戦争主義者であるレーガンが大統領に就任すると、即時に公式に全斗煥を最初の国賓としてホワイトハウスに招いたことです。当時、全斗煥はまだ正式には大統領ではなかったのです。ケネディが朴正熙に「允許《いんきょ》」をした一九年前にも、朴はクーデター権力の総帥であり、大統領ではなかった。まったく同じ手法が使われているのです。

アメリカ大統領は就任すると、公式の招聘相手は伝統的にヨーロッパ諸国の元首となっています。そうした伝統を破り最初に全斗煥を招いたことは、まさにアメリカが南韓に何を望んでいるかを明確に物語るものでした。そして全斗煥は直ちに日本を訪問し、天皇に対面する「栄誉」を味わったのです。こうした一連の措置が、大韓民国の「大統領」というポストが、ほかでもないアメリカと日本の意思によって選ばれ、廃棄されるという事実を雄弁に立証してくれます。その直後に、全斗煥が光州《クァンジュ》市民の民主化運動を残忍非道にも、戦車で踏みにじった行為を、アメリカは背後からすべて操縦しました。その証拠が、駐韓米軍司令官と駐韓アメリカ大使、アメリカ政府との間で交わされた極秘文書で、現在、その内容は詳しく開示されていますが、まったく恐ろしいことです。アメリカという国の利己主義と統治集団の高度な策略について、大部分の韓国人はいまだに知らずにいます。「アメリカ」というと一瞬ひるむキリスト教信者、反共保守主義者、資本家と金持ちが正気に戻る日は、いつになるのでしょうか。

アメリカと日本の合作である全斗煥は、先輩の朴正熙のような長期執権を夢見たものの、やはり韓国国民の抵抗にぶち当たらざるを得ませんでした。すると、その背後に控えた面々が、ためらいもなく交替させました。次に、盧泰愚《ノテウ》という亜流の独裁者が選ばれましたが、彼もまた国民の排斥に遭遇し、アメリカからは見込み違いだったと見捨てられました。

その後を継ぐ「民政」も相変わらず、アメリカの介入と干渉と工作の産物でしたが、それでも長い歳月にわたる国民大衆の政治的覚醒と主権意識の高揚で、次第にアメリカの籠絡《ろうらく》工作という介入が少なくなりました。この程度に達するまでにも五〇年もの歳月を費やしています。今後いつになったら、国家と政府と国民がアメリカの圧力から解放され、自主性と独立性を確保できるのか、いまだに予測することができない状況です。

任　話を変えましょう。六〇年代に、先生はどんな本を読まれましたか？

李　六〇年代は、ほぼ合同通信社と朝鮮日報に在籍した時期に当たり、旺盛な読書欲で昼夜を問わず知的欲求を満たしていました。二〇代後半から四〇代半ばまでの時期ですが、長い軍隊生活での知的な渇きを、メディアという知識社会に入って積極的に解消させたのです。また、そうせざるを得なかったのは、毎日、世界的な規模での人類の営みに接し、人類の鼓動と生命の熱気が直接伝わってくる、そんな職場にいたからでしょう。外信記者という職業が私に要求することは、まさに、こうした全人類的生存のあらゆる行態、事物に対する熱い共感と深い知的理解と思想的な一体感でした。この要求を満たすために、私はかなり広範な分野にわたり読書に没頭しました。

もう一つの理由は、これまで受けた教育が理工系中心だったからです。世界的躍動と呼吸をともにするためには、私に不足がちな哲学・歴史・文化・宗教・経済・政治・社会の分野、さらに軍事学の分野までも勉強しなければならない。私の理工系の教育過程と七年の長い軍隊服務のために、職業的要求に疎い私とは異なり、一緒に入社した同僚記者や社内の五〇～六〇名は、人文・社会系を学んだ基礎知識と教育背景の持ち主でした。加えてなぜか分かりませんが、大部分は朝鮮戦争での前線勤務どころか、軍隊経験すら持ち合わせることなく、大学院まで平穏に終えた者さえいました。私はこのような職業環境にいきなり飛び込んだため、彼らと対等な職業上のライバルになろうとして、量質両面でひけを取らないように読書する必要に迫られたのです。

こうした必要性から私が接した本は膨大なものになりましたが、それらは幾つかの類型に区分することができます。第一は、職業上必要な国際政治と国際関係に関する資料・情報・論文と書籍。第二は、帝国主義の歴史・植民地解放闘争・社会革命、そして社会主義理論と実際状況に関連する書籍。第三は、さらに具体的な分野として各大陸で起きている、個別国家の革命の特殊性に関する情報と現場の知識。第四は、当時、人類の新しい生存様式として登場し、「未来の社会」と期待された社会主義・共産主義を理解するための関係書籍。第五は、新しい人類的未来を抑圧し抹殺する、世界の二大覇権国家である既成資本主義国アメリカと、新興覇権国家であるソ連の体制と政策に関する書籍でした。

また、そうしたすべての状況に関わる国際法、国連などの各種国際機構、最低限の近現代にわたる外交史と戦争史、当時の東西陣営の軍事対決の特徴である軍事力と軍事戦略。さらには、個別兵器に関するかなり深い情報と知識に必要な情報・資料・文書などでした。

社会的責任と家族至上主義の葛藤

任軒永　ここで、お子さんのことをおうかがいします。どの随筆でしたか、娘の美晶《ミジョン》さんと情のこもった手紙と対話を交わされた話が感動的でした。八〇年代初めに大学に入り、美晶さんは先進的な学生活動家になったようですね。父上を修正主義者と攻撃されたそうですが、高校生の頃まで家族やお子さんに与えた影響はいかがでしたか？　我々が外で見る先生と、家庭での父親との間には差がありそうですが。

李泳禧　私には二男一女の子どもがいますが、三人とも私が合同通信社に勤務していた時期に生まれました。その子どもたちには、とてもすまないと思うのですが、私はその当時、子どもたちを愛おしむ、そんな情の深い父親にはなれませんでした。しばしば家族主義的なわが国の伝統に従って社会全般の利益は度外視し、自分の家族の利益を優先する「家族利己主義」を、私は拒否したからです。

ずっと後になって社会全体に対する愛情も、自分の家族への愛情と矛盾はしないと自覚をするようになりましたが、とにかく、わが国家と社会があまりにも病んで、あらゆる不正が噴き出して大衆が呻吟していた六〇、七〇年代に、私は家族優先主義を「社会」に対するインテリの背信、ないしは責任放棄と考えていました。大勢の同時代の人々が苦痛を受けているのに、それを見ぬふりをして家庭に没頭し、子どもを抱き締めてあやし、そこに喜びと幸福を求めようとする生活を、私は小市民的で反社会的な行動と蔑《さげす》んでいました。多くの人々は当時のこのような私の考えを、硬直した社会観、または一面的な家庭観と批判したでしょう。

そうした批判を覚悟したうえで、私はそうせざるを得なかったのです。

その当時、韓国の知識人に要求されるのは、家庭の享楽や幸福よりも、知識人の社会的責任であると思っていました。息子や娘が成長したずっと後になって、私は彼らが幼い頃、幼い命が恋い求める、そんな情愛の深い父親になれなかったことを後悔しました。だから、皮千得《ピチョンドゥク》先生の子どもへの愛情をとてもうらやましく思いました。皮千得先生の娘さんへの愛情は、世間の多くの人々が知っていることなので話題にもなりましたが、彼の詩集『生命』や随筆集『因縁』を読むと、皮先生はどんなに愛情深い父親か、子どもはどんなに幸せだったかと思われてなりません。

長男の建一《コニル》は理工系に行き、電子・コンピュータ工学の分野に進み、次男の建碩《コンソク》は医科大学を出て、外科手術を天職とする医師です。二人の息子は娘とは違い、大学時代にあの疾風怒涛の学生運動や知識人・労働者の民主化闘争の熱風には距離を置いて過ごしました。そして、幸せかどうかは分かりませんが、娘の美晶とは別に、比較的平穏な仕事を持つ生活者として過ごしています。

1962年2月5日、ソウル祭基洞の自宅で生後1年の長男建一を抱いて。

任　社会主義理論において、マイホーム主義への批判がかなり強かった時代がありました。先生ご自身も父上との交流がうまくいかなかったのですか？

李　私の亡父は性格が温和で波風が立つことを好まない性分でしたから、静かな人生を送りました。だから、私が生きてきた厳しい歴程は、亡父に由来するものではありません。ひょっとしたら、私は突然変異なのかもしれません。

息子が国民学校の一、二年生だった六〇年代の初め、韓国の家庭にもテレビが入るようになりました。各家庭で家族が終日テレビに見入りましたが、私はテレビ文化の低劣な内容と、アメリカ式ライフスタイルに憧れる拝米主義に、子どもの意識がむしばまれるのではないかと憂慮し、マンガと子ども向け番組だけは観せましたが、そのほかの番組は一切、観せないようにしました。

父親である私の厳格主義のために、長男は心情的に私を遠ざけるようになり、さらに、後日には「怖くて嫌いになった」と告白したほどです。朴正熙の政権末期、私は収監されていた光州刑務所から、軍隊に行っていた息子あてに、後悔と謝意の手紙を書いて送りました。そうして「お前が幼い頃に、父親に対してどう思っていたのか、率直に気持ちを聞かせてくれ」と頼んだところ、そんな内容の返信が来ました。息子の返事を刑務所の一・一坪の政治犯独房で読みながら、涙が止まらなかったことが思い出されます。

任　娘さんが大学生になり様々な運動に参加する過程で、お父さんが与えた影響についてはいかがですか？

李　美晶は二番目の子で、幼い頃からとても頭の良い子でした。それで私は、将来美晶が二つの道のうち、どちらかで成功することを望みました。立派な科学者か、芸術家になることでした。

娘は光州民主化運動と軍部の大虐殺があった八〇年の翌年に、延世《ヨンセ》大学の生化学科に入学しました。最初はきちんと大学に通っていると信じていました。ところが二年秋の学期末に、大学から成績表が送られてきました。封筒を開けて私は気絶するほど驚きました。学校にまともに通っているとばかり思っていた娘の成績が、みんなＤ、Ｅ、Ｆになっていました。なぜって当然でしょう。一学期にわたり、大学にまったく行っていなかったのです。Ｄなんてものは、本当はＦなのに教授が誤ってつけたのでしょう。こうして、私は美晶が何をしているのかを初めて知りました。その後、娘と一度は麻浦《マポ》警察署の留置場で、二度目は公安検事室で会いました。二回とも警察が娘の罪名を知らせてくれ、説得してほしいと頼まれて出かけたのです。私は娘に「お前が何をしようと、自分の行為には必ず責任を取る姿勢を持つように！」「どんな困難に遭遇しても一緒に活動する仲間に責任を転嫁するような卑劣な行為だけはするな！」とだけ言い残して帰ってきました。

後日に判明したことですが、娘は永登浦《ヨンドンポ》、九老洞《クロドン》の工場地帯で、その当時、活動家の学生が社会運動の目標にしていた工場労働者階級の意識化・組織化・政治勢力化のための、「大学生偽装就業」活動の最前線に加わっていたのです。ある民族やある時期の社会変革期に現れる若いインテリの、歴史的・社会的使命感に目覚めた社会参与なのでしょう。ロシアの「知識人のヴ・ナロード」〔「人民のなかへ」の意味で、ナロードニキが農民の啓蒙・扇動活動を行った時のスローガン〕運動がそうで、中国の「五・四運動」〔一九一九年、北京から全国に広がった反日示威運動〕もそうでした。植民地時代の朝鮮人大学生の農村啓蒙活動、小作人の権利闘争、民族解放のための社会主義・共産主義運動に身を投じることも、同じ決断の延長線上にあるものです。娘は一〇年近い歳月、みずから労働者になり、そうした活動をしながら、あらゆる苦労を耐え忍んだのです。涙ぐましい話ですね。結局、大学から一度は除籍されましたが、後にようやく復籍できて一二年をかけて大学を卒業しました。

娘のこうした行為が、父親の影響ではないかとの質問でしたが、半分は父親の影響で、残りの半分はその時代の韓国社会の根本から起きた、逆らうことのできない革命的気運によるものと言わねばならないでしょう。なにしろ、大勢の大学生とインテリがその時代に対する歴史的使命感に目覚め、南韓社会を改革しようと奮闘した時期だったからです。

一九八四年一一月一日の私の日記に、次のような一節があります。

義父の誕生日、義兄の家で妻の家族と昼食。……美晶も来た。プルコギ一皿をすっかり平らげて、ご飯とスープをお代わりした。家を出てからラーメンくらいは食べていたはずなのに、腹を空かしているのは明らかだ。私が娘を見るのは二年ぶりか⁉ 情報員の尾行を避けるために家には一切帰らない娘が、母方の祖父の家だからやってきたようだ。私の皿のプルコギを分けてやると、また遠慮なく受け取って食べる。不憫でならない。光州事件の後、社会正義と労働者の組織化のために、苦労を背負い、あちこち空腹を抱えて歩き回る心情を、娘の気持ちになって考えてみる。……新村《シンチョン》に行くと言って立ちあがり、暗闇の中をバス停に向かって消えていった。おそらく、母親に会いたくてやってきたのだろう。私は彼女が部屋の中に入ってくると、ただ笑みを交わし、別れて行く時には意識的に「寒いから気をつけて行きなさい」としか言わなかった。

美晶は暗がりの中を歩きながら、自分が通っているのは九老洞にある縫製工場で、そこでする仕事は「下働《シタ》き」だが、一日に一一時間働いて、日当二八〇〇ウォンをもらっていると言った。気楽な学生生活を拒み、敢えてそのような生き方を求めて暗闇に消えた娘の後ろ姿を見つめながら、私はあらゆる民族の若者たちが、国家と社会の革命期に、自分の安楽と栄華の約束を投げ捨て、自らを燃やすささやかな英雄主義を見たように思った。

セリ畑の中の進歩的聖地

任軒永　涙が止まりません。しかし、お父さんとは永遠の同志関係になられたのですから良かったですね。一九六二年ですか、この頃にあるチャンスが訪れて、借家暮らしから抜けだし、自宅を持つことになられましたね。

李泳禧　私が長い借間と借家暮らしから、大変な苦労をして抜けだし、狭いながらも「わが家」を持つまでには、多くの紆余曲折がありました。一九六二年の初めに、知人を通じてアメリカ大使館の文化課が実施する「アメリカの声（ボイス・オブ・アメリカ）」放送の聴取者のアンケート調査に関する翻訳を引き受けることになりました。その仕事はこの放送について、韓国人の聴取実態とその放送の役割を調査するものでした。葉書に書かれた一〇項目ほどの質問への回答を、英語に翻訳する作業でした。この作業は住所、氏名、聴取時間、聴取コンディション、そして聴取者の職業、年齢などについての回答を番号で記入するもので、翻訳というよりも番号だけを写す単純作業でした。私ともう一人がこの仕事をしましたが、なにしろ、二人で担当した葉書の総数は五〇万通を超えたでしょう。どんなに大勢の韓国人が、この放送を聴いていたかが分かりますね。

任　私も、いまだに「アメリカの声」の放送時間を覚えています。朝六時三〇分でした。主にニュースが流れるのですが、それを聴きに隣の町のラジオのある家に行きました。この放送は植民地時代にハワイで放送を開始したものでしょう？

李　朝鮮戦争の末期には沖縄からでした。

任　植民地時代に李承晩《イスンマン》も、この放送で有名になりました。ハワイから送った放送をこっそり聞いたのが、放送史では「短波事件」として知られています。短波放送だったので、こうした名称になりました。私が自由党統治時代に聴いたのは、「ワシントンから送られるアメリカの声」でしたが、多分、ハワイから沖縄を経由していたようです。

李　六二年の初めからほぼ三カ月間、通信社の業務を終えて連合参謀部に飛んでいき、昼食時間までに、その日の「世界情勢報告」を作成してから急いで家に帰り、葉書から番号を記入する作業をしました。なにしろ単純作業ですから、妻と高麗大学に通っていた義弟が一緒に作業をし、母親が買い物と炊事を手伝ってくれて、三カ月続けて二〇数万枚を処理しました。一枚の報酬がいくらだったか覚えていませんが、その作業の報酬とチョンセ〔家主に一定の金額を預けて家屋を借りるシステム〕を合わせると、小さな家を買える金額になりました。これでやっと家主になれると、熱い希望に胸が膨らむ思いでした。

生まれて初めて銀行に預金をし、期待に胸を膨らませて妻と一緒に家を見て回りました。そうしたある日の夜、いきなり朴正煕軍事政権の通貨改革が発表され、すべての預金が凍結されました。軍事政権がイギリスで秘密裏に印刷してきた新紙幣を用いるようになり、一日に一定額の生活費だけを旧券から新券に交換する仕組みなのです。自分の家を持てると膨らんだ希望は、一瞬にして「夢」になってしまいました。母親は悲嘆に暮れて泣くばかり、妻の胸のうちは形容できないほどでした。

ところが、私はそれほど悲しくも絶望もしませんでした。ニュースを聞いた直後、しばらくは唖然としましたが、よくやったと思いました。腐敗不正で貯めた巨額の金、不正蓄財された財産が、すべて白日のもとに凍結され、一人当たりいくらと制限された均等な生活費相当分だけを引き出すことができるのです。不正蓄財と経済的搾取の結果が没収され社会に還元されて、その結果、激しい貧富の差という韓国資本主義の持病がある程度治癒されるのではないか? 私はそう考えてむしろ歓迎しました。軍事政権は通貨改革を「社会経済の正義を実践するための決断」と宣言しました。私はこの時に、苦労して作ったわが家の購入資金で、自宅を入手して家族が味わう幸福よりは、韓国社会の深刻な経済的不公正と反人間的な不平等が、こうして是正されるのなら、それは私が日頃から望んでいたことではないかと思ったのです。

任 大勢の市民がこの措置を歓迎しました。私は大学の二年生で、自炊室でその放送を聴き、すぐさま米を買ったのですが、もう少し買っておこうと再び行ってみると、すでに米屋は閉ざされていました。故郷では分からなかったのですが、ソウルにやってきて貧富の差がとても激しく矛盾を感じていたので、貨幣改革は良かったと思いました。もちろん新聞などはかなり批判的でしたね。

李 そうでした。もともと持てる者の代弁をするのが新聞で、それは昔も今も同じです。

任 ところで先生、新紙幣をイギリスで印刷したことをアメリカは知らなかったのですか? 知りながら黙認していたのですか?

李 その点については、当事者以外には、こうだったと自信を持って答えることは難しい。ただ、あの当時は現在のアメリカCIAのような、全世界をカバーする情報網を持っている機関は存在しなかった。アメリカが韓国に望んだのは、政治・社会面での安定でしたが、貨幣改革は、経済的破綻だけでなく、社会的大混乱を招きかねないので、果たしてアメリカがそれを望んでいたでしょうか? また、アメリカが朴正熙政権の「貨幣操作」を即刻停止して白紙化するように圧力を加えたことから推測すると、アメリカの事前指示のもとで行われたとか、アメリカの協力で実行されたと見るのは明らかに無理があるように思います。

私はむしろ、軍人集団が次の二つの理由でそうした行動を起こしたのではないかと考えています。理由の第一は、彼らが国民に経済建設計画を提示し、政権に対する支持を得るための資金として「内資動員」をしようとしたことです。アメリカの経済支援が遅れているので、経済発展のために一日でも早く国民に目に見える形として国内の資金を凍結し、それを経済計画資金として動員しようとしたのでしょう。第二は、朴正熙と金鍾泌一党が、政党創立のために膨大な経済的不正を犯した事実があります。いわゆる「ウォーカーヒル不正事件」〔米軍の娯楽施設建設に絡む不正〕、「セナラ自動車不正事件」〔日本製乗用車の高額転売〕、そして「証券波動」〔証券取引所での株価操作〕などで、その当時としては天文学的な金額の詐欺事件でした。まさにそうした脈絡から貨幣改革を見ることができるでしょう。もっとも、アメリカという何でもできる国が、隷属政権を飾り物として利用しようとしていたことを考えれば、アメリカが黙認したという主張も、もっともかもしれません。

ただ、一つ考えられるのは「右翼青年将校」が、彼らの貧しい成長環境を理由に、国家や社会の不正義を「金持ちと財閥」の責任と断定し、「金を無数に持つ者」の富を武力で没収し、それを貧民階層に分配し、救済事業に投入することを、彼らなりの「社会革命」と考えた衝動的行為です。日本の農村出身の右翼青年将校が昭和初期に引き起こした「五・一五事件」と「二・二六事件」が、よく似た目的と性格の軍人反乱でした。朴正熙、特に金鍾泌は日本軍の右翼青年将校のそんな思想と行動に、韓国の未来を求めたのかもしれません。

任　凍結預金が何日かすると解除されたので、自宅を持てるようになったのですか?

李　アメリカの圧力で凍結された預金が解除されると、すぐに妻と一緒に再び家を探しました。二七〇万ウォンくらいの家を買いたかったので、容易ではなかったのです。私は合同通信社に入社して妻を釜山から呼び寄せましたが、元暁路《ウォニョロ》五街の台所もない貸間で暮らしていた頃は、その家が実に立派に見えました。そしていつも妻と「いつになったら、こんな家手に入れることができるかな」と話し合いました。だから、最初の購入対象として元暁路のその家を訪ねて行きました。行って見ると、数年前には立派に見えた建物が、どうってこともない、みすぼらしいものに見えました。まったく金がなくて、買える希望もない状態で見たときの気持ちと、わずかな金を手にして、同じ家を見つめるときの気持ちが、こんなに違うものかと思いました。

そうして、最終的に祭基洞《チェギドン》にある二六坪の敷地に、建坪一三坪の比較的新しい瓦屋根の家を手に入れました。高麗《コリョ》大学から清涼《チョンニャ》里《ンニ》まで、当時はずっとセリ畑でしたが、その広大なセリ畑の真ん中に「立派な」家が建っていました。周囲には集落がなく、城東《ソンドン》駅までは徒歩二〇分ほどの距離でした。一三坪の家屋に三つの部屋と板の間と台所を備えた造り、この広さの家を想像はできるでしょうが、まったく冴えないものでした。それでも、なにしろ数年間、他人の玄関脇の部屋で暮らしていたので、私たち家族にはまるで宮殿のように思えました。亡父が韓国にやって来て、情けない借家暮らしをして亡くなったことが、とても恨めしく思われました。母親は引っ越しした最初の晩、まんじりともせず板の間に座り、私を相手に父親の思い出話をして、喜びと悔恨の涙を流しました。この家には六二年から七七年まで、一六年間も暮らしました。

ソウル祭基洞のセリ畑の中の初めて手にした自宅で（1964年）。

任　そうして入手された祭基洞のお宅は、わが世代にとっては一種の「進歩的聖地」でした。

李　四〇年も前のことなのに、よく覚えていますね。なるほど、祭基洞のあの家は、朴正煕政権のもとで抑圧と弾圧を受け、逃避生活をする人々がいつも安心して訪ねて来て、何日でも食べて寝ていく所でした。私は「進歩的聖地」という表現をいま初めて聞きましたが、実際、その粗末な家は、野蛮な弾圧の時代に苦悶する若い作家、知識人、大学教授、講師、新聞記者らが集まり、マッコリを飲み、焼酎の瓶を傾けながら時局を論じる、そんな場所だったことは間違いありません。あの頃、あんなに大勢の後輩知識人が、わが家に集まった理由は様々ですが、なによりも、私がほぼ唯一、国内外の情勢に精通し、それを説明し、意味を明らかにして明日への展望を予測する役割を果たしたためでしょう。おかしな表現ですが、真っ暗な世の中に私が一筋の光明になり、みんなの視線が私に注がれている状態でした。

　毎年、大晦日から正月一日、二日までの二、三日間は、昼も夜もあの小さな家がごった返していました。いま、あの頃の面々を思い出すのは困難ですが、白楽晴《ペクナクチョン》、廉武雄《ヨムムウン》、申庚林《シンギョンニム》、金芝河《キムジハ》、金承鈺《キムスンオク》、黄皙暎《ファンソギョン》、林《イム》賑澤《ジンテク》……、いまは記憶も薄れた大勢の知識人が昼夜を分かたず「進歩的聖地」に押し寄せた、あの時代が懐かしく思い出されます。後に「民族文学作家会議」を主導することになる文学者と、「民族芸術総聯合会」（民芸総）を率いる人々でしたね。

隠された真実に光をあてながら――国際部記者としての苦行

国際問題報道の朝鮮日報の頃

任軒永　一九六四年一〇月に「朝鮮日報」の政治部に移られますが、スカウトされたのですか？

李泳禧　そうです。私は合同通信社で六二年には政治部に異動し、外交関係を専門に担当し、外務部（省）と中央庁に出入りしていました。外務部担当記者として数年間、国際問題と外交関係で蓄積した知識や情報を持っていたので、他の記者よりも事態の判断や予測能力は格段と有利でした。特ダネをいくつも挙げていたので、それで朝鮮日報が私をスカウトしたのでしょう。

朝鮮日報の政治部でも、中央庁と外務部を担当しました。その当時の外務部は本当に貧しかった。韓国政府の部署のうち最も貧しいのが外務部でした。政府の組織法上では上位なのに、予算は政府全体の〇・三パーセントほど。現在は何パーセントなのか確かなことは分かりませんが、桁外れに比率は高くなっているでしょう。外務部の役人は特命待機大使や局長級を除くと、時には彼らを含めて、みんな弁当持参で通っていました。中央官庁のうち、ほとんどの職員が弁当を持参するのは外務部だけでした。

任 中央部署は強大な力があると思うのですが、なぜ、そうだったのですか？

李 当時の韓国には「外交」というものがなかったからです。

任 外交はなかったにしても、外交の重要性は理解されていたのではありませんか？

李 その当時の事情を調べてみれば分かりますが、その頃の韓国は「主権国家」ではなく、アメリカの「保護国」でした。保護国にどうして「外交活動」が必要でしょうか。乙巳条約〔韓日保護条約。日露戦争終結後に日本と大韓帝国が締結した〕後の「大韓帝国」程度の状態でした。韓国が独自な発言をしたり、国外に出かけて外交交渉をするなど、そんな機会も領域も存在しなかった。アメリカに従ってさえいればよかった。七〇年代、八〇年代でも特に変わりはなかったのですが、六〇年代の国際社会での韓国は、主体性を持った外交対象国ではなかった。だから諸外国の外務省には、韓国課なるものが存在しなかったのです。米国課がみな一手に引き受けていました。まさしくアメリカの「隷属地域」扱いを受けており、外交活動には見るべきものはない状態でした。

初めて外務部に行くと、記者団の幹事は東洋通信の洪《ホン》記者でしたが、秋夕《チュソク》〔陰暦の八月一五日〕に、どうやって工面したのか、仲間の出入り記者に封筒を渡していました。受けとって見ると二千ウォンが入っていました。二万ウォンではなく二千ウォンです。これが、これまで私が耳にしていた記者の腐敗を象徴する「寸志」なのだなと思いました。翌日、幹事に返却しました。その数年後に朝鮮日報で外信部長をして、追い出されてから聞いた話ですが、「あんな潔癖さでは記者生活に苦労するだろうなあ」と、その洪幹事が語っていたそうです。なるほど思い当たります。平坦な道ではなかったからで、一緒に堕落すれば楽だったのですが……。

とにかく、外務部に出入りしていた頃、私はかなり多くの特ダネを挙げました。私は外交問題や韓国の対外政策に精通していたので、スクープの種は無限に転がっていたのです。私の手帳には、部長から求められれば、いつでも記事にできる特ダネの材料が、いくつも記録されていました。

ところが問題が起きました。記者団が私に幹事をやれと言うのです。前任幹事が外務部の海外公館と大使に、不正かつ無理な依頼をして不祥事を起こしたため、記者団から不信任を喰らいました。それで私に後任をやれと言うのです。私は何度か断りましたが、記者たちの総意だとして、どうしてもと懇請されました。それで仕方なく承諾しましたが、そこで就任に当たって条件をつけました。「私は外務部からどんな名分であれ、寸志をせびり取るようなことは絶対にしない。君たちが寸志を必要とするのであれば、別に寸志担当の幹事を置いてほしい。私はわが記者団の取材において、相手側との業務上の協力関係だけに責任を持ちます」と回答し、その後も三代にわたり幹事を続けることになりました。

任　幹事なのに何度もスクープをすると、批判されたことはなかったですか？

李　ええ、ですから、私が幹事として単独でニュースソースに会うことはなかったですね。私はそれを約束し徹底的に守りました。取材記者には三つのタイプがあります。足で稼ぐ記者、他人の記事を集めて書く記者、事案の研究調査を通じて接近する記者、この三つです。私はこの第三の「研究・調査するタイプ」が得意だったので、幹事をしていて単独でニュースソースに出会うようなことは必要とはしなかったのです。

あらかじめ外交関係を巡る状況を観察すると、現在、あれこれと懸案問題が存在しています。図書館に行って関連参考資料と書籍を見てメモしておいて、問題が広がり実際に必要な段階に達した際に、そのメモを基礎に補充しながら記事を作成するのです。多くの記者は白紙状態で右往左往しながら、「韓日会談はいつですか？」などと質問をして取材するのですが、アジア局長が知っている程度の知識は心得て取材するのです。私がそのように具体的に尋ねると、相手は嘘もつけず、ごまかすこともできない。ですから局長は私を特別扱いしてくれ、こうしてスクープを続けることができたのです。

その後、私が外務部の出入り記者を辞めて、ほぼ二五年が経過した八〇年代になって、外務部の役人が事前調査をせずに取材しようとする若い記者を戒めたという話を聞きました。「君たちの先輩に李泳禧という記者がいたが、彼は私たちが業務上知っている以上のことを事前に勉強していた。それを示して補充取材をするので、我々も答えざるを得なかった。もう少し勉強をしてから取材に来なさい」と言ったというのです。

架設が不可能な地域に開設された電話

任軒永　その頃、外務部の役人が担当する業務のために図書館に行って確かめると、すでに関連する本を誰かが読んだ痕跡があった。その人物がまさに先生だった。それで一種の「李泳禧神話」のようなものが生まれたという話を、ある記者から聞きました。

李泳禧　そんな話は私も聞いたことがあります。僭越ではありますが、国際関係と外交問題に関する限り、私は優秀な記者だったようです。六四年六月、韓日会談の交渉が終盤にさしかかっていた頃、いわゆる「対日財産請求権」問題が会談の大きなネックになりました。

これは何かと言うと、三六年間の植民地時代に朝鮮人の個人と法人が所有した貯金・保険・証券・不動産・日本政府国債などのすべての権利を、韓日両国の間でどう処理するかという問題でした。こうした財産権が桁外れに大きく、韓日会談当時、韓国は日本が現金償還をすることを要求し、その支払いを期待していました。韓国政府は国内の韓日会談に反対する世論に直面し、これを突破するために、対日財産請求権を現金で償還を受け、その権利の所有者に返却するかのように国民を欺いたのです。これは数百万の韓国人の利害関係が直結する問題であるため、その事実の正否は韓日会談の成否を左右するほどでした。

私は韓日交渉期間に、この問題を重要視し勉強を始めました。他の記者は外務部の役人に「財産請求権はどう解決されるのか？」とか、「現金で入ってくるのか？」など、漠然とした内容の取材をしていました。私は韓日会談に先立ち、すでに日本が五〇年代に、日本が占領統治したベトナム・ビルマ（現在のミャンマー）・フィリピンが財産請求権を求めると、これに対して賠償をした事実を知っていました。これはサンフランシスコ講和条約で規定された日本の義務でした。それで日本の外交文書から、この三カ国に対する賠償の内容を探しだし、その他の関連情報も収集しました。

その結果、驚くべき事実を発見することになりました。それは何かというと、現金償還は皆無で、個々人に対する償還形式は採用していないことでした。さらに詳しくいうと、韓国に対する日本の賠償義務は次の通りです。

①金鍾泌《キムジョンピル》中央情報部長と大平外務大臣の秘密会談（いわゆる金・大平メモ）によって一種の「独立祝賀金」の形態で提供される。

②その金額は原権利者である個人や企業や法人に直接現金で償還するのではなく、日韓両国の政府が合意する韓国の経済計画の資金として提供される。

③その経済計画事業は、日本政府の最終同意を前提とし、具体的な計画の趣旨は日本側が指名する企業が担当し監督する。

④日本側の韓国に対する「祝賀金」は、韓国の経済計画に必要とされる日本国内の生産品である施設の購入、人件費などのサービスに対する対価を支払うために充当される。

これらの内容について韓国政府はひと言も明らかにしたことはなく、日本政府も言及したことはありません。三六年間の植民地統治のもとでの朝鮮人財産権に対する、こうした内容と方法による解決は、国民に対する青天の霹靂のような背信行為でした。私もその記事を書きながら、この事実が国民に知らされた後のとてつもない怒りの反応をおおよそは予想しました。果たして、これが合同通信の記事として報じられた当日、中央の新聞と全国の地方新聞は、完全にその日の一面をこの記事で埋めました。その状況については推測できるでしょう。またも大変な特ダネを挙げたのです。

さて、興味深いのは、その記事が報道された日の朝のことです。中央庁に出勤すると、丁一権《チョンイルグォン》総理に呼び出されました。総理執務室の秘密の別室に入って行くと、丁総理が「李記者が朝刊に書いた請求権に関する記事の件で、(大統領)閣下が明け方に緊急閣議を召集した」と言うのです。そうでなくても韓日会談が難航しているのに、外務部は誰が極秘情報を流したのかと、自分はひどく責められたと言うのでした。その当時、丁一権総理は外務部長官を兼任していたのです。丁総理は「李記者はこれをどのようにして取材したのかね。責任を問おうとするのではない。誰がこの機密を提供したのかだけを話してほしい」と頼み込んできたのです。丁総理は外務部の役人が、私に情報を漏らしたと決めつけて訊ねたのですが、私は「誰からも、どんな情報ももらった事実はない。私が調査し分析して書いたものです」と答えました。それで本当にそうなのかと驚いたようです。

丁一権総理は、私の性格や記者としての姿勢をよく知っていたので、もう、聞くことはないだろうと言いました。しかし、「自分がそのことで、今朝、大統領からどれほどひどい目に遭ったかについては理解してほしい」と言い張るのです。さらに「そんな重大記事を出す場合は、官邸で粗餐を共にしながら事前に話をしてくれ」とも頼まれました。「家から駅まで歩いて、電車に乗って行くと二時間かかります」と答えると、「乗用車はないのか?」とさらなる問いかけ、「そんな物がどうしてあるものですか!」と言い返すと、信じられないという表情でした。そうして「電話で簡単に骨子だけでも教えてくれ!」と言うので、「わが家には電話がなく、電話をかけようとすると、清凉里駅まで歩いて三〇分ほどかかります」と答えました。丁総理はこれにはびっくりしたらしく、「電話もないのか?」と驚いていました。彼は秘書を呼ぶと「逓信部長官に連絡して、李記者の家に電話を敷設するように!」と命じました。祭基洞は全面セリ畑なので「電話架設不可能地域」との逓信部長官の回答があったのですが、まさにその数日後に、絶対に無理と言われた電話が架設されました。それでわが家の四五-二二二二番が開通したのです。

最初の反共法違反、筆禍事件

任軒永　コネを使わなければ手に入らない電話でしたから、いつまでも話題になったことでしょう。とにかく、これが合同通信社の政治部から六四年の秋に、朝鮮日報の政治部に移る直前の大スクープでしたね。当時の朝鮮日報はいかがでしたか？　今のようにごりごりの保守的な論調ではなかったと思いますが？

李泳禧　六〇年代当時は、朴正熙が「永久執権」を企図しつつ、メディアと言論関係者を買収・懐柔・脅迫していました。それで二大新聞だった東亜日報と朝鮮日報の政治部の記者は、ほとんど全員が五、六年のうちに軍事政権体制の協力者に転身しました。このことは誰でも知る公開された事実ですが、朝鮮日報にいた政治部の記者一三名のうち、ただ一人を除く全員が権力の中枢に移って行きました。南載熙《ナムジェヒ》、金容兌《キムヨンテ》、イ・チャホン、金潤煥《キムユンファン》、鮮于泳《ソンウヨン》、朴範珍《パクボムジン》、イ・ドンイク、イ・ジョンシク、チェ・ヨンソプ、崔秉烈《チェビョンニョル》、許文道《ホムンド》、金学俊《キムハクジュン》らが、こぞって執権与党の国会議員や、朴正熙・全斗煥政権における長官、大統領府の秘書室長などになりました。野党の国会議員になったのは一人だけ。実に綺羅星みたいですね。朝鮮日報の政治部は出世と権力への近道だった。これは東亜日報の政治部もまったく同じ状況でした。私は有能なジャーナリストが権力の執行者やその頭脳の役割を担うことに、ことさら異議を唱えるつもりはありません。しかし、有力紙の政治部記者が、仮にも常日頃から、片目はジャーナリストの職務に、もう一方の目はいつも権力に向けているとしたら、これは国民と社会のため、健全なメディアのためにも悲しむべきことではないでしょうか？

　こうして五、六年が経過し、朴正熙が「維新独裁」を宣布した頃に、わが社会ではこうした事態を批判できない新聞と新聞関係者に対して「メディアが権力に強姦された」と、批判があふれました。こうした状況は任さんもよく知っているでしょう。ところが私は少し見解が異なるのです。独裁権力はどの国、どの時代でも、メディアの関係者を「強姦」しようとしています。朴正熙時代のメディアと権力の関係については、むしろ新聞社主と新聞関係者が、みずから進んで権力に身を売ったと私は考えています。「強姦」されたというよりは「和姦」だったということでしょう。

任　朝鮮日報の空気はいかがでしたか？　自由党時代には、東亜日報の舌鋒が最も鋭く、次が京郷《キョンヒャン》新聞だったようです。販売部数も東亜、京郷の順だったように思います。京郷新聞は五九年の余滴筆禍事件（一七七頁参照）で、二月二〇日に廃刊に追い込まれましたが、翌年、李承晩が下野した日（一九六〇年四月二六日）に大法院は復刊を認めました。韓国言論史に残る大きな事件でした。問題のコラムは、国会議員で京郷新聞論説委員だった朱耀翰が執筆したもので、「人民が成熟していない、その未成熟さを利用し、仮装された多数が出現したとするなら、それは明らかに暴政と言わざるを得ない」と、自由党の暴挙を辛辣に批判したものでした。

先生はスクープでも有名ですが、筆禍事件でも知られていますね。問題となった筆禍はすでに何度も経験されましたが、連行レベルの筆禍は、朝鮮日報時代に初めて経験されました。それはアジア・アフリカ会議が「南北」をともに招請し、国連にも同時加入を推進するという趣旨の記事でした。外務部がニュースソースですか、あるいは外信報道をまとめたものですか？

李　アジア・アフリカ会議は、一九五五年にバンドンで第一回会議を開催し、これと理念を同じくする非同盟会議が六一年にベオグラードで、続いて第二回会議が六四年一〇月にカイロで開催されました。このような歴史的背景のもとで、アジア・アフリカ諸国の民族解放闘争意識が高まり、第二回アジア・アフリカ会議が六五年六月に予定されていました。六〇年だけでもアフリカの一七カ国が独立を達成し、そのすべての国が社会主義、あるいは混合経済体制を選択することになります。これはアメリカに対する大きな打撃になったと言えるでしょう。

その勢いが、アルジェリアでの第二回アジア・アフリカ会議の開催になりますが、その議題の一つが、「南北」を同時に招請するというものでした。その当時はアメリカが国連を支配していたので、「コリア問題」の討議をアメリカが意のままに仕切ることができたのです。だから「コリア問題」でも、アメリカは韓国の代表だけを討論の場に出席させることにして一方的な発言をさせ、北朝鮮代表の招請は毎年封鎖してきました。

ところが、新生独立国家というのは、ほとんどが親資本主義的というよりは、親社会主義的でした。おのずから国連総会のカラーが徐々に変化してくると、その成り行きで、南北コリアの代表を同時に招請して発言を要請しようということになったのです。さらに、南北コリアの同時国連加入の可能性の問題についても、討議しようとの機運が高まりました。こうした動きに関する外信記事があったので、私はこれに基づいて調べて、これを補充するために、李東元《イトンウォン》外務部長官をはじめとする外務部の関係者に取材して記事にしたのです。

任　他の記者もみんなその外信を見たはずなのに。アジア・アフリカ首脳会議準備委員会は、六五年の六月九日に韓国とベトナムを招請しないことを決定してしまいました。当時の雰囲気としては、南北同時招請という発想はその筋に連行されるほどの事件だったのでしょうか。

李　そうした国際的な動きに関する外信を、他の記者が見たかどうかは疑問ですが、他の記者は外務部の業務としての外交関係を、ソウルからの視点で見て扱うのであり、外の世界から入って来る情報には特に関心を示してはいなかった。勉強もほとんどせずに、記者室で花札などをして時間を費やしていたのです。

私は四〇年が過ぎた今でも、はっきりとその夜のことが頭に刻まれています。六四年一一月二三日の夜半、一一時頃でしたが、いきなり寝室から連行されたのです。昼間に書いておいた朝刊の記事にする「アジア・アフリカ外相会議でのコリア問題の討論関係」が、反共法違反に問われ、拘束されたことが分かりました。

任　どこに連行されたのですか？

李　令状だのなんだの、憲法と法律が保障する被疑者の権利はまったく度外視されました。ただ無理やり四名の「怪漢」に捕らえられて、どこかに連行された。後日に分かったのですが、中区苧洞《チュングチョドン》の双龍ビルの向かいの日本式建物でした。

任　拷問がありましたか？

李　直接、体を殴ったりする拷問はなかったが、反共法や国家保安法の被疑者に決まってやる彼らの手口の、ひどく恐ろしい雰囲気を醸し出すことと、何日も眠らせない拷問の連続だった。この事件の内容については、まず、そうした雰囲気から話さなくてはならない。私を担当した主任調査官は、年齢が五〇歳近くに見える中年男で、こう脅迫してきた。

「李記者、ふざけるな！　ここがどこか分かっているか？　ここに入ってきた者で生きて帰った者は、何人もいなかったことを知っているか？」。そうだろうと思うと身の毛がよだちました。

「解放前、俺が満州で憲兵だった頃、俺の手で死んだ独立運動家が何人いたか知っているか？　おい、お前、ふざけるな！　正直に答えろ！」

彼の年齢から推察すると、解放されたときにはすでに三〇歳になっていたでしょう。だから、満州で朝鮮独立運動家を殺害したのは三〇歳に近かったと思う。自分の同胞である独立運動家を何人も尋問して殺害したと淀みなく口にするので、それは私を脅迫するためだけではなく、本当にそうだろうと思わせるのに十分でした。本当に恐ろしかった。解放されて二〇年も過ぎながら、「大韓民国という国」の権力は、こうした民族反逆者によって支えられている事実を、私は現場で確認することができたのです。

任　その後、どうされましたか？

李　数日間、そんな苛酷な取り調べを受けて西大門《ソデムン》刑務所に送られました。この事件は、私の記者生活だけでなく、生涯で数え切れないほどくり返された反共法、国家保安法に関連する初めての試練でした。私は起訴されましたが、一緒に送致された鮮于煇《ソヌフィ》編集局長は先に適否審査を終えると、不拘束起訴形式で、裁判では宣告猶予が言い渡されました。この筆禍事件は、新聞の制作過程で問題になった記事に関して法的に刑事追求がなされた場合、責任が取材執筆記者にあるのか、新聞編集責任者である局長にあるかを判断した結果、「執筆記者の責任」と判定したもので、解放後最初のケースになりました。

その後に分かったのは、この記事は私のまた別のスクープでしたが、朴正煕政権の権力構造の最高の位置にいる側近二人の熾烈な権力闘争の一端を、私の記事が刺激したことでした。中央情報部長の金炯旭《キムヒョンウク》と政府の首席格の李東元外務部長官の間で、朴正煕の寵愛を巡る争いがくり広げられていたからです。もちろん、私はそんなことを知る由もありません。これは朴政権の内部で展開された最高権力の闘争の一部を露呈したものでした。この事件について記述した李東元の回顧録『大統領を偲ぶ』は、とても興味深いものなので、そこから少し引用をしてみましょう。

今日、金炯旭との間にまた問題が起きた。あの有名な朝鮮日報の筆禍事件が原因だった。外出から自宅に帰った私は、秘書が伝える報告を聞いてすっかり驚いてしまった。「李泳禧記者（漢陽大教授）に対して中央情報部から逮捕令状が出ました。長官も今朝ご覧になった朝鮮日報の記事のためのようです」

あいつ、またしても金炯旭がことを起こしたのだ。秘書によれば、鮮于煇編集局長はすでに捕らえられているので、それならば李泳禧記者も、今頃は南山《ナムサン》〔朴正煕政権下の中央情報部（KCIA、現・国家情報院）があった場所〕にいるのは間違いないと言うのだった。私は、一方では苦々しく思いながらも、他方では鬱憤が込みあげてきて我慢できなくなった。外務部担当の李記者は、私の話だけを信じて書いたのに、（金炯旭に）後頭部を一撃されたようなものだ。私は南山に電話をかけた。けれども、当時、威勢の良かった金炯旭は、外務部を狙ったことを自慢げにわめき散らした。

「アカじゃないだと？　おい、国家機密を漏洩し利敵行為をしているのだ！　李長官、君のことだ。君とは親しいようだが……」、こうして始まったやり取りは、下品な言葉まで飛び交う険悪な状況にまで発展した。「おい、この野郎、長官である俺が機密じゃないと言っているのに、お前はなぜ勝手に捕まえるんだ？　すぐに出してやれ。分かったか」。もっとも、いま考えると私も恐れ知らずの行為をしたものだ。私は、当時、飛ぶ鳥を落とす勢いの中央情報部長と大げんかをしたのだから。

やはり、金炯旭の報復はすぐにやってきた。わずか一二時間もしない翌朝、出勤しようと自宅の前に出ると、私の車の前後に黒いジープが二台、白い霜に覆われたまま〝護衛〟していた。

部下と言い争っても埒《らち》があかない。私は黙って車に乗り、わずか五分もしないうちに中央情報部の部長室に案内された。ところが中央情報部の傍若無人ぶりは、まったくひどいものだった。彼らは最初から私を罪人扱いし、座らせると向かい側のドアの両側にまで監視要員を配置するではないか。いくら若輩とはいえ、こちらも大統領が任命した長官なのだ。

滅多に怒ることのない私だったが、この時だけはどうしても怒りを抑えることができなかった。しばらくして金炯旭が入ってくると、私は直ちに厳しい毒舌を浴びせかけた。

「やい、この野郎！　俺も大統領に任命され、憲法で身分の保障がされている長官なのに、お前は俺を拉致することができるのか？　お前は昨日のあの記事のために、こんなことをしたようだが、お前、そんなことで自分の気持ちが損なわれたからといって、アカを作ってしまうことが分からないのか？　まして あの記事は、長官である俺が機密じゃないと言っているじゃないか、この野郎。お前、はっきり言うが、もし、閣下がこのことを耳にされたら、お前が痛い目に遭うのが分からないのか。分かるだろう！」

私がこのように激しく大声でわめいて威嚇すると、ようやく金炯旭もビクッとした様子だった。彼は罪のない部下を睨みつけ叱り飛ばした。

「おい、お前ら、〝朝のコーヒーでも一杯やりましょう〟と、丁重にご案内しろと言ったのに、どうしてこんなに李長官の気分を損ねてしまったのか。もう、顔も見たくないから消え失せろ！」

結局、私が解放されてから数日後に、鮮于煇と李泳禧は釈放された。

それほど、当時の外務部と金炯旭、いや、私と金炯旭とは犬猿の仲だった。けれども、私の言葉どおり、彼のこうした過剰な忠誠心は後にしばしば問題化し、ついにはアメリカに逃亡せざるを得ない羽目にまでなってしまった。

もう一つのスクープ、日本の韓半島軍事介入計画

任軒永　一九六一年のクーデターの直後に反共法が制定され、アメリカ独立記念日の七月四日に公布されました。知識人やジャーナリストに対する試練が強化された頃です。

李泳禧　そうです。その時に記者協会が創設されたのですが、その協会が働きかけてくれ、まもなく釈放されました。裁判の弁論は、朝鮮日報の法律顧問をした弁護士が担当しました。そして宣告猶予〔一定期間は有罪あるいは刑の宣告を留保し、その期間を無事経過した被告人を刑事責任から解放する制度〕という、あまり聞いたことのない判決が出ました。

任　西大門《ソデムン》刑務所に初めて行かれたようですが、五・一六以後に入った政治犯は大勢いたので、心細くはなかったようですね。

李　独房は入口に近い、最も古い部屋だった。それから私が刑務所に入るのは、いつもとても寒い季節でした。その日も零下一四度とか言っていました。「食事だ！」といって出てくるのですが、竹の箸はひどかった。数千人もの者が舐め、米粒が付いているのを水でゆすいだだけなので、とても口に入れることはできなかった。本当に途方に暮れました。私が食べずにいると、横にいた雑犯〔政治犯以外の犯人〕が容赦なく飛び付いて食べてしまいました。

任　同じ舎棟に政治犯はいませんでしたか？

李　いました。先ほど話したように、情けない有様なので眠りにつくことができなくて、座っていると、看守が通りがかりに本を入れてくれるのです。かなり高級な書籍でした。差し入れ証を見ると、鄭道泳《チョンドヨン》と名前が書かれていた。合同通信社に一緒にいた尊敬する先輩なのですが、その方が第一次人民革命党事件の容疑

者として入っていたのです。この事件はすべてがでっち上げでした。

任　その筆禍事件で初めて硯底洞《ヒョンジョドン》の西大門刑務所を体験されることになるのですが、先生の「西大門刑務所の記憶」というエッセイを、非常に実感を持って読みました。一二月に不拘束で出られてから、二審では宣告猶予の判決を受け、朝鮮日報に復帰できて本当に幸いでした。当時、筆禍事件を経験した記者は、ほとんど全員が免職になったという話ですから。

李　確かかどうかは分かりませんが、丁一権総理や李東元外務部長官、外務部の局長や課長級の人たちが、私が記者団の幹事として彼らを煩わすことがなく、また、常に学究的に物事を調べる記者だと知っていたので、中央庁の役人の私に対する扱いが好意的だったのではないでしょうか。朝鮮日報は私を必要としていたようです。西大門刑務所から出た翌日、中央庁に丁一権総理に挨拶を兼ねて会いに行きました。ちょうど、方《パン》又《ウ》栄《ヨン》朝鮮日報社長が来ていましたが、二人とも私を称賛しねぎらってくれました。免職される雰囲気はまったく感じませんでした。

翌年、私が外信部長になる直前に「三矢計画」〔同年二月から六月末にわたって行われた日本の陸海空自衛隊が総結集する大規模な図上演習〕を報道して、またしても中央情報部に連行されました。そのときまで、この重大かつ挑発的な計画を、韓国メディアは些少な記事としても扱ったことがなかった。私は「三矢研究」を日本の報道と雑誌の分析で知っていました。ちょうどその頃、在任中に日本軍隊の韓半島への戦争介入を構想した岸信介氏が退任後に韓国を訪問し、ウォーカーヒルにやってきました。彼は朴正煕が尊敬する日本帝国の満州侵略統治の際の功労者です。私はいち早く彼と会見し、この「三矢計画」の構想について確認しました。この記事の波紋はまさに驚異的なものでした。

計画自体は日本の軍事力が第二次防衛計画段階にあった一九六三年に、有事の際に日本が実行しようとする「日本軍」の韓半島介入仮想作戦計画で、正式名称は「昭和三八年度統合防衛図上研究」でした。自衛隊統合参謀会議の佐官級参謀と陸海空の領官級将校五二名が参加して、この年の二月一日から六月三〇日まで、実に五カ月にわたって実施された自衛隊創設以来の最大規模のＣＰＸ（模擬作戦）でした。主たる要旨は、韓半島の有事の際に、自衛隊の参戦を仮想した作戦計画です。もちろん、アメリカの黙認と協力によってなされたものでした。

任　韓国人の国民感情としては、たとえ内戦が起きたとしても、日本を友邦国として前線で一緒に闘うことはあり得ない、と思うのですが？

李　その考えは、任さんが韓国人の民族意識と民族感情を純粋なものと見る、一方的な評価によるものです。私はそうは思いません。今の自称右翼・反共主義の声を高めている人々を見て下さい。彼らはアメリカが命令すれば、日本との同盟作戦で北朝鮮を攻撃しようとするでしょう。現在はその同調者の数がかなり増えていると思います。

任　私はそんな日本の姿勢を、生理的に拒否する者の数も侮れないと思うのです。アメリカならともかく、日本に対しては民族感情が許さないでしょう。

李　日本がアメリカと手を組んで北朝鮮を攻撃するためにやってきたら、事情はまったく変わるのではないでしょうか。残念ながら韓国のアメリカ崇拝主義者、冷戦型の反共・反北朝鮮・戦争主義者がどれほど強力なものか、考えてみて下さい。あまり主観的に判断しないように。希望的状況と実際的・客観的現実との錯覚は危険です。

任　これまでに三矢計画のような動きが、明らかになったことはありますか？

李　日本の戦略家の見解によっても、三矢計画は日本の軍隊と反共勢力による、独自の本格的な初めての軍事行動構想だったようです。

任　三矢計画の内容と日本国内の背景をお聞かせ下さい。

李　岸前首相ですが、彼は中国侵略の元凶で、敗戦後はＡ級戦犯として死刑宣告を受けました。しかし、アメリカはアジアの反共政策に利用するために彼を必要としたので、すぐに釈放し日本政府の首相にしました。

六一年、朴正煕中将がケネディ大統領に呼ばれて渡米する際に、朴正煕は東京に立ち寄り、日韓会談の懸案事項の解決を約束し、日本からは政治・経済・外交的支援を取りつけました。その時の相手が岸信介でした。三矢計画は日本軍内部の制服組が、背広組〔文官〕と日本の安全保障に関心を持つ関係者が合作して作った未来行動のシナリオでした。第二の朝鮮戦争が勃発するとか、韓半島内部で大規模な民衆反乱が発生した事態を想定したものです。「韓国が混乱する事態になれば、避難民が発生するので、韓国の状況が日本国内に思想的・戦略的に影響を及ぼすことになる」との前提のもとに、日本の陸海軍はいかなる作戦を展開すべきかを想定しています。この作戦が、まだ「ニクソン・ドクトリン」〔ニクソン大統領の外交政策の基本路線。アジアなどに対する過度な軍事介入を抑制して、中国との関係を改善し、アジアにおける日本と韓国の役割を重視する構想〕が着想される以前の六三年に出された事実は、その後のアメリカの韓国への軍事支援の縮小と無関係ではないことを示唆しています。

もう一つ、エピソードを加えると、ウォーカーヒルホテルで岸前首相に、韓半島に対する政策構想を尋ねると「どうして君はそんなに完璧な日本語が話せるのか？」と言うのです。それで私は躊躇なく答えました。「あなた方日本の植民主義者が、統治時代に朝鮮語を抹殺して日本語教育を強要した結果です」と彼は英語が得意ではなかったですね。

彼が宿泊しているホテルの部屋番号を苦労して調べて訪ねて行きました。訪問に先立ち電話でインタビューの約束を取りつけました。「三矢計画」について「なぜこのような計画を構想し、何をどうしようとするのですか？」と質問しました。彼の回答は「日本としては可能ないくつかのシナリオを作って、備えようと努力をしている」という程度でした。

任　記事を出すに当たって、新聞社内部の反応はいかがでしたか？

李　外部よりも、まず内部でお粗末な活劇が起こりました。南載熙《ナムジェヒ》政治部長が、外信部長である私に「自分の領域を犯した」と激怒したのです。記者でごった返す編集局の真ん中で、驚いたことに外信部長の私の横っ面をひっぱたいたのです。私も激怒してぱっと立ち上がり椅子をつかんで投げつけました。この時には、これが持つ政治的衝撃や重要性を本気に考える者はいなかった。私がある意味では先走っていたのでしょうか。

任　それで、中央情報部から何かありましたか？

李　ええ、反応がありました。「われわれも知らない日本の軍事計画をどうして知っているのか」と問いつめるのです。彼らはベトナム戦争に関する私の文章を見て、どこか外国の軍部当局と関係があるのではないかと疑っていたのです。幸い拘束には至りませんでした。

反共主義教育の産物である見習記者の百態

任軒永　その頃に入社した見習記者たちのことをお聞かせ下さい。

李泳禧　私が外信部長になった最初の年の一九六五年に、金学俊、金大中〔後の大統領とは同名異人〕、白基《ペクキ》範《ボム》、鄭泰基《チョンテギ》、愼洪範《シンホンボム》、朴正子《パクチョンジャ》らが、見習記者として入ってきました。見習記者は必ず外信部で訓練を受けることになっていました。外国の記者が記事を書く様式と方法を参考にし、また、国際的な視野を広げるために、最初は必ず外信部を経験する決まりなのです。

外信部に二カ月ほどいてから、個々人の希望を考慮して各部署に配置されます。彼らの多くはソウル大学の法学部と政治外交学部の出身でした。各段階の難しい試験で最高点を取るのが彼らであり、それに他の有名大学の卒業生が続きます。これほどまでに確然とした成績の差が表れるのは、韓国社会の人的指導面における「官学」優越主義の病弊を物語るものでしょう。さすがに彼らは頭が良いだけに、外信部で接した世界情勢と人類史的な変革と事件に対応し、これを理解するスピードはとても速いものでした。その世代が幼少期から教育洗脳されてきた病的な反共主義思想も、私の視覚矯正・意識修正の努力によって驚くほど矯正され、たちまち正常な思考と価値判断をするようになりました。

それなのに、そのうち金大中君だけは、事ごとに反共主義に固執していました。ベトナム戦争、中国革命、第三世界人民の進歩的運動から滔々《とうとう》とした時代精神の洗礼を受けながら、彼だけは幼い頃から受けてきた古い非理性的な極右反共主義という意識の枠を破ることができなかった。私は他の見習記者はきちんと教えて訓練させれば優秀なジャーナリストになるだろうが、金大中君だけは難しいと思いました。ところが立派なジャーナリストになると信じていた人々は、七五年に起きた言論自由闘争の時に先頭に立ったために、みんな社を追い出されてしまいました。反対に、これはとても救いがたいと思っていた金大中記者だけは、そのまま残って論説主幹、主筆と昇進し、韓国の世論を把握し揺るがす強力な朝鮮日報の象徴的存在になりました！

この長い過程を身近に経験し、後には遠くで眺めた結果、ひとつの結論に達しました。それは「私は人を評価する目と能力のない人間である」ということでした。私が「これは駄目だろう」と考えた者は、むしろその新聞社で勢いに乗り、言論権力の中枢に駆け上り、私が期待した他の若い記者たちは、ジャーナリストが当然目指すべき職業的使命としての言論の自由と、人間的資質としての社会的責任感を果たそうと苦闘するのですが、結果的にはその新聞社、さらにはメディアの世界から追い出され、忘れ去られてしまったのです。

それはそうと、その次に入ってきた新人連中が、自分たちは私のことをよく知っていると言いました。私が「ソウル大学を出てもいないし、ソウル大学の教授でもない。ソウル大学とは何の関係もなく生きてきた人間だが、どうして私を知っているのかね？」と、不思議に思って問い返してみると、彼らは政治外交学科での国際関係論や、外交問題に関する講義やセミナーで、学科長の李用熙《イヨンヒ》教授が、私の書いたベトナム戦争、第三世界、中国問題などの記事をテキストに使いました、と言うのでした。新聞は数多くあるのに、よりによって「朝鮮日報」の国際関係担当の私の書いた記事が、ソウル大学政治外交学科の教材になるとは、とても名誉なこととは思いましたが、私の考えは違いました。そこで李用熙教授あてに手紙を書きました。

「李先生が、私が書いた記事を教材に用いておられるのは誠に光栄なことです。しかし、これからは使用しないようにお願いいたします。なぜかと申しますと、アメリカの政策、ベトナム戦争、中国の文化大革命、第三世界の革命などについて、私は他の新聞の記者よりも、少しでも忠実な眼を持って書こうと努力しています。しかし、政府の監視と圧力のために、百を知っていてもそれをそのまま書けば、とうてい検閲を通過することはできないこともあるので、涙を飲んでほどほどに妥協し、書きたいことの半分ほどしか書けない現実があります。そんな文章を出稿する際には、誰も読んでくれるなと祈るような心情を抱いているからです」

しばらくすると、李教授から返信が届きました。私の申し出の趣旨はよく分かったと前置きし、「こうした手紙を送ってこられた、健全かつ尊敬に値する精神をよく理解できました」という内容でした。私はこれを契機に、李用熙教授とお付き合いをするようになりました。

任　本当に困難な立場におられたことがよく分かりました。

李　さて、正式な記者採用試験を受けずに、社長のコネで入ってきた李度珩《イドヒョン》という記者がいました。この男は、長年、陸軍の諜報機関に勤務し、それなりの思想と実力を持っていましたが、ある日、彼は私を試そうとしました。お茶を一杯差し上げたいと、私を喫茶店に呼び出し、突然、朝鮮日報に記者労働組合を結成しようと提案し、先頭に立って下さいと言うのです。彼は「こんなに時局が混乱している時だから、記者が乗り出すべきです。労組を組織しましょう」と主張しました。当時、韓国の言論界では労働組合などは想像さえできない状況でした。あらゆる業種において、まさに草創期の労働組合が無慈悲な弾圧を受けていました。「労働組合はすなわちアカ」と見なされた時代だった。私は政府機関と新聞社の社主側との合意のもとに、私を計画的に陥れようとする、この男の下心を見抜きました。そこで私はわざと「李記者、何を言うのだ。こんな時局なのに労働組合を作ろうとするとは、思想が不穏じゃないか！」と逆襲して席を立ちました。その後、彼は親軍事独裁政権側の、極右反共言論をメインとする雑誌『韓国論壇』の社長として、その勇猛さ（？）で知られるようになりました。

こんなことがあって、一九六八年に金庚煥《キムギョンファン》局長が退き、鮮于煇氏が局長に復帰しました。彼は私の行動や書く記事が気に食わないようでした。そうこうするうちに、私に調査部長を命じる辞令が出ました。調査部長として一年いたところ、こんどは私を組織もない審議部長に送り出しました。それは私のために急造したポストでした。そこで私は「荷物をまとめる準備をしなければならないな」と考えました。ところがある日、鮮于局長は私を呼ぶと、「実は審議部長の発令をしたら君は辞表を書くと思ったのだが、ところで、今日は本当に辞表を書いてくれないか。新聞社としては政府の意向もあるので、辞表を書いてほしい」と正式に要求してきました。そこで辞表を叩きつけ、五年間の朝鮮日報生活に別れを告げました。

任　文壇史を見ると、朝鮮日報に関する興味深い逸話があります。方応謨《パンウンモ》が朝鮮日報社の社長になったのが一九三三年ですね。その前には経営陣の時局順応傾向と、編集陣の民族意識傾向がある程度調和し、むしろ李光洙《イグァンス》などの御用筆陣がいた東亜日報には、カップ〔KAP：朝鮮プロレタリア芸術家同盟〕の陣容が執筆を拒否しながら、朝鮮日報に集中的に文章を発表しました。経営が困難になると、獄中の安在鴻《アンジェホン》を社長に推し、それぞれの立場を維持しようとしました。釈放された安社長が再び拘束されると、高利貸の債権者である林《イム》慶来《キョンネ》が、朝鮮日報社に対する経営権を主張し、趙炳玉《チョビョンオク》・朱耀翰らの正統編集陣と対立するようになりました。このようにしばらく揺らいでいた折に、朱耀翰が鉱山業で儲けた社長を社主として招こうとしましたが、この時に朱耀翰は、自分の勢力を固める力になるだろうと、李光洙を東亜日報から招請してきました。ところが李光洙は地位をつかむと、直ちに朱耀翰を助けるどころかむしろ排除しました。李光洙が副社長兼主幹になり、朱耀翰が編集局長になろうとしたのに、最後まで編集局長をさせずに自分が主筆と編集局長を兼任するようになったのです。そしてついに朱耀翰が辞めます。李光洙がすべて独り占めしました。李光洙が入ってくると新聞の論調が変わります。この話は、その当時、朝鮮日報の記者だった小説家の韓雪野《ハンソルヤ》が辞職してから、事実をそのまま小説に仕立てたものです。

小説のタイトルは『世路《セロ》』です。私も読んでびっくりしました。実際、三〇年代前半期の朝鮮日報にはずらりとリベラルな人々が集まっていましたが、李光洙が入ってくると完全に変わりました。新幹会の発起人であり、韓洪九《ハンホング》教授の祖父である韓基岳《ハンキアク》先生が朝鮮日報の編集局長（一九二八〜三二）だった時代と、李光洙が主導する時代は、まったく違います。小説によると、新任の副社長兼編集局長である李光洙はA、専務である朱耀翰はH、編集局次長の金炯元はW、民族運動家で朝鮮日報の民族意識を支えてくれたムン・ソクジュンはMのイニシャルで登場しますが、すぐに分かります。朝鮮日報は方応謨体制の下で、民族意識の持ち主が大勢を占めた編集局の人事を大幅に入れ替え、一気に時局順応路線に突き進んでいきました。

私は先生が朝鮮日報を追われる経過をうかがって、韓雪野の頃とほとんど変わらないと思いました。鮮于煇先生は予備役大佐なのですが、李承晩を露骨に批判するコラムを朝鮮日報に書くこともありました。在郷軍人会が李承晩・李起鵬《イキブン》の自由党支持声明を大々的に出すと、自分も在郷軍人で予備役大佐であるが、私はそんな意向を聞かれたこともなく、自由党に賛成もしていない。それなのに、なぜ在郷軍人会全員の名前で自由党政権を支持するのか、そんな文章でした。実に感動的な内容でした。六〇年代の初頭においても文壇では相当に批判意識を持った方でした。ところが六六年に、東京大学大学院に一年間、新聞学の研修に行かれてからは、明らかに変わりました。論調が親米・親独裁的に変化したのです。鮮于先生はこの当時「波はメコン河まで」を中央日報に連載していましたが、一人の作家の変貌の様子を読み取ることのできる小説でした。

崔錫采《チェソクチェ》先生は、一時期、朝鮮日報が象徴する立場を自分なりの良心で守ってきたということができます。七一年一二月に国家保衛法が国会で強行通過すると、新聞が編集者の手から離れたと言われ、主筆の座を辞められました。その後は鮮于先生が担当することになったのではないでしょうか？

李　大邱《テグ》毎日の主筆だった崔錫采さんが朝鮮日報の論説委員になって李承晩独裁に抵抗する名文の社説を書き、国家社会に衝撃を与えることになったので、私はとてもうれしく思いました。

朴政権は六八年に金新朝《キムシンジョ》事件〔一九六八年一月二一日、北朝鮮の武装工作員が青瓦台近くまで進入した事件。掃討作戦で韓国軍は、工作員三一人のうち三〇人を殺し、金新朝ひとりが逮捕された〕が起きると、郷土予備軍制度を創設しました。朝鮮日報の屋上で予備軍の組織化もしたのですが、「佐官級は隊列の外に出て下さい」と言われた。私が列の外に出ると、鮮于煇はびっくりして「いやあ、君は少佐でしたか?」と聞くのです。自分だけが朝鮮戦争の際に、政訓〔軍人を対象に行う教養・理念教育及び軍事宣伝、対外報道などを担当〕将校として、大佐や中佐の階級章をぶら下げて反共宣撫で手柄を立てたと思い込んでいたのでしょう。李泳禧ごときが不遜にも将校の身分、それも佐官級だったとは、というような目つきをしていました。

戦車の道をふさぐカマキリ——ベトナム人民と共に泣くジャーナリスト

ベトナム人民のために祈りながら過ごした一五年

任軒永　朝鮮日報外信部長の頃と、その後の漢陽大学にいらっしゃる頃に、書き続けられたベトナム戦争に関する文章を感銘深く読みました。ベトナムに対する先生の愛情や関心、ベトナムから学ばなければならない点など、とても胸を打つドラマのように思いました。

李泳禧　アメリカがベトナムの事態に対して軍事的に介入した一九六一年からアメリカが敗亡し、ベトナムから逃げるように撤収した七三年までの長い永い歳月にわたり、まさしく、私の関心のすべてはベトナム戦争に注がれていました。その間、米軍の砲弾と枯葉剤と機銃掃射で、数え切れないほど大勢殺されたベトナム人の苦痛と涙を、考えなかったことは一日としてありません。こうした信念から、まさにアメリカという国家の軍隊と政治家の許すことのできない暴力性と残忍で邪悪な本性に対して、強い反感を抱くようになっていきました。

そのために私は、韓国が六五年にベトナム派兵を開始するはるか以前から、かつての「インドシナ」〔ベトナム・ラオス・カンボジア）人民の植民地解放と、反帝国主義独立闘争と社会革命などの歴史に関する、広範囲で深みのある研究を始めました。そして、六一年にアメリカが「ベトナム人民の自由・安全・民主主義を守るため」という常套的策術で本格的にベトナムに侵攻すると、その怒りは極みに達しました。韓国が国軍派兵を決定した六五年になってからは、いっそうベトナム人民の立場で戦争を見る視点から記事を書き、世界の反戦世論を積極的に紙面に反映させました。

特に、韓国軍の派兵から後、韓国の新聞がベトナム戦争を「反共聖戦」、または「自由陣営と共産主義の闘争」として描きながら戦争の熱気を煽っている時分、唯一、私はそれとは正反対の立場で、世界の良心的世論を紹介することに力を注ぎました。おそらく幾多の韓国の新聞のうち、ただひとつ、そういう観点からベトナムの戦争を扱ったために、韓国国際政治学・外交学の最高峰と評された李用熙《イヨンヒ》教授が、私が書いた朝鮮日報の国際面の記事を学生の講義や、セミナーに利用されたのではないかと思いました。ベトナム戦争に対する私のこうした立場のために、後日、朝鮮日報から追放されることにもなったのです。

任　一九六五年にアメリカの要請により、韓国政府はベトナム戦争に軍隊を派遣して本格的な戦争当事者になります。「ベトナム戦争」の原因を簡略に整理して下さい。

李　アメリカの覇権主義戦争から始まり、韓国軍まで介入した「ベトナム戦争」とは、原因と歴史的な背景が非常に複雑です。韓国人がその全貌を理解することは本当に難しい。それでもあえて要約すると、フランスとベトナム人民の戦争だった四六年から五四年までの「第一次ベトナム戦争」が終結し、ジュネーブ休戦協定が締結された。その後に、アメリカが軍事的に介入して拡大した戦争を「第二次ベトナム戦争」と言うことができます。五四年の休戦協定は北緯一七度線を軍事境界線と定めて、南北ベトナムとして暫定的な行政管轄区域を決めた後に、二年後の五六年に、南北ベトナム同時に総選挙を実施し統一政府を樹立する。これが五四年の停戦協定合意の核心でした。ところが、休戦成立一年が過ぎた五五年に、アメリカが総選挙の実施を拒否したことが第二次ベトナム戦争の決定的な原因です。

このジュネーブ協定の合意は、我々韓国人にも大きな意味のあるものでした。ベトナム戦の休戦は、ちょうど一年前の五三年の韓半島での休戦協定が、まさにこれと同じ手続きで決定しています。ですからアメリカは、韓半島での統一政府樹立のための平和協定締結や南北総選挙を拒否したように、ベトナムでもその二つの核心的な合意を拒否し、ベトナム人民が、フランス植民帝国との血のにじむ三〇年間の闘争の結果で獲得した統一の期待が、アメリカのこの政策で水泡に帰してしまった。独立と統一に対するベトナム人民の念願を踏みにじるアメリカは、ベトナム民族と国土の永久分断を画策し、五五年の一〇月に、永い間アメリカが操り人形として育ててきた、ゴ・ディン・ジエムというカトリック司教をサイゴンに連れて行き、南ベトナム国と政府の樹立を宣言させました。もう一度考えてみましょう。韓半島の統一独立政府の樹立を公約したアメリカが、四八年にアメリカの操り人形である李承晩《イスンマン》を連れてきて、韓国で単独政府を樹立し韓半島の永久分断体制を画策したのとまったく同じ手法で、同時代のアメリカが行った弱小国支配の策謀だったのです。

北ベトナムはその後も引き続きアメリカに対してジュネーブ協定による統一政府樹立選挙の実施を要求しました。しかし、軍事的に南ベトナムを掌握したアメリカは、むしろ、分断状態をさらに確固としたものに強化しながら、南ベトナムのサイゴン政権に軍事的対決態勢を強化させました。ここで非常に興味深い、国際政治におけるアメリカの狡猾で邪悪な陰謀と術策を知る必要があります。当時のアメリカ大統領はアイゼンハワーでしたが、南北のベトナムの内部情勢と支持する指導者についての世論調査をアメリカ政府の各機関で実施することになりました。ところが驚くべき結果が出ました。アメリカ人やアイゼンハワーにとっては、まったく想像も理解もできない結果でした。調査の結果、五六年時点で、南北ベトナムをひっくるめた総選挙を実施すれば、ベトナム人民の八三パーセントがホー・チ・ミンに投票するという結論だったのです。いかがですか、アメリカの統治者の心胆を寒からしめる、ベトナム人民の決意と言えるでしょう。

ベトナム人民の胸中をまったく理解できなかったアメリカ政府とアイゼンハワーは、この結果を見て色を失いました。そこでアメリカ政府は、ジュネーブ休戦協定の公約である南北統一総選挙を実施しないと決めました。そして、ベトナム休戦協定の共同議長国であるイギリス政府に、この事実を秘密裏に通告し、統一選挙は無為に帰すことになりました。この新事態に直面して、北ベトナム人民はもちろん、南ベトナムの大衆までもアメリカの傀儡政権であるゴ・ディン・ジエム政権、いわゆる「自由ベトナム政府」に対して全面的な闘争を開始することになります。こうして人民大衆の支持を受けることのできないサイゴン政権が危機に瀕すると、アメリカは本格的な軍事介入を開始し、ベトナム人民とアメリカとの全面戦争、すなわち、「第二次ベトナム戦争」が一〇年間も続くことになるのです。

韓国人としては、韓半島でくり広げられた同時代的な事実と比べてベトナムの事態を考えてみると、とても理解しやすいですね。ベトナムの事態の理解だけでなく、休戦協定が決まった朝鮮戦争、南北統一政府樹立のための総選挙実施の合意をどうしてアメリカが拒否してきたのかという、わが民族の問題も関係するからです。つまり、韓国軍が介入するベトナム戦争は、最初から最後まで、アメリカの義務不履行から始まり、当然の結果として南ベトナム政府とアメリカの敗北に終わるのです。面白いじゃないですか？

アメリカのベトナム政策の欺瞞性

任軒永　アメリカ政府はベトナム戦争が自由民主主義対社会主義との戦争であり、アメリカの善に対するベトナムの悪との対立であると主張し、また、そうした論理で韓国軍はベトナム戦争に派兵されたのに、実際にはまったくそうではないことを、韓国国民はすぐに知ることになりました。

李泳禧　アメリカの戦争主義者に騙されたのは韓国国民だけではありません。アメリカ国民もそうで、全世界がアメリカのとんでもない欺瞞・詐欺・虚偽・捏造、または誇張された宣伝に欺かれたのです。これをご覧ください。この文書はアメリカ政府のベトナム戦争に関する虚偽事実を暴露した、有名な「アメリカ上院外交委員会のベトナム戦争公聴会議事録」です。ベトナム戦争の全過程を通してアメリカ軍部と政府と情報当局者が、アメリカ国民に示し全世界に主張した、ベトナム戦争の各種の問題が、ほぼ完璧に嘘だった事実を暴露した有名な「ペンタゴンペーパー」です。私は韓国の外交専門家やその分野の教授や知識人が、こうした公聴会の記録などが存在することを、まったく知らなかった頃に、それらをすべて入手して重要部分を記事にしました。ですから、ベトナム戦争がどれほどアメリカ資本主義の植民地主義的・帝国主義的意図の産物であったかを、「ベトコン」やホー・チ・ミン側の資料ではなく、アメリカ政府と議会、アメリカ国防部の最高機密文書、それらを活用して知ることができました。最高機密文書を多数入手して、他の言論機関が思いもよらなかったベトナム戦争の真実を、大胆にも立証しようと精一杯努力しました。

そうした実例を挙げてみましょう。韓国が韓国人に一度も害を加えたことのないベトナムの人々を殺害するために、延べ数十万人の軍隊を派兵することになった契機と背景をご存知ですか？　もちろん多くの人々は知りません。知らないのは当然ですね。それは一九六四年八月二日に起きた、いわゆる「トンキン湾事件」を契機にアメリカがベトミン〔ベトナム独立同盟会の略称〕に対する無差別的な全面攻撃を開始した六五年になってからです。ところで、この「トンキン湾事件」というのは、アメリカの軍隊がいかに、緻密に虚構を捏造したかを示してくれる最大の事件でした。ベトミンの首都ハノイの外港であるトンキン湾で、アメリカ海軍の駆逐艦マドックス号とターナー・ジョイ号が、ある日、公海上を巡航していた際に、ベトミンの魚雷艇が夜中に魚雷攻撃を加えたというのです。アメリカはこれが公海上で起きたアメリカに対する重大な挑発行為であると世界に向かって発表しました。これを口実にアメリカの軍部と戦争主義勢力は、上下両院でベトミンに対する「大統領の無制限戦争遂行権限」（Presidential War Power Act）を与える決議案を通過させました。いわゆる「宣戦布告」のようなものです。この権限を手にした好戦勢力と軍部が、ベトミンに対する「北爆」という無限定の全面爆撃戦争を開始することで、それまで南ベトナムだけだったアメリカの戦争を、北ベトナムにまで拡大したのです。

ところがです。このアメリカのベトナムへの全面戦争の契機となった、ベトミン魚雷艇のアメリカ駆逐艦への攻撃なるものは、事件の一カ月前からアメリカ海軍と最高戦争企画当局が画策した、完全に架空のシナリオによるものだったのです。後日、アメリカ議会内で暴露されました。こうした重大な捏造事件をはじめとする、数え切れないほど多くのアメリカの対ベトナム政策の背後に隠蔽された恐るべき事実が、七二年に『ニューヨークタイムズ』と『ワシントンポスト』によって暴露され、全世界に報道されました。それが、この「ペンタゴンペーパー」に詳細に記録されています。侵略戦争や冒険主義者が国民の生命を担保に、集団的・階級的、または国家的利己主義に基づいて犯した戦争に対して、私たち知識人は、常に鋭い意識と鋭敏な感覚を持って監視しなければならない、という事実を、この「ペンタゴンペーパー」は物語ってくれます。

全四七巻、四〇〇〇ページ、二五〇万字に達する、この膨大な極秘文書が、どのような経過で公開されることになったのか？　私はここに正義を愛する一般知識人だけでなく、特にジャーナリストの活動の標本を見るように思います。中心人物はダニエル・エルズバーグという若い学者ですが、彼は一二名の同僚とともに、マクナマラ国防長官の指揮を受けて、アメリカがベトナム戦争に介入した歴史を整理する任務を担当しました。この作業の過程で、アメリカがベトナム戦争中に発表したすべての内容が虚偽であること、捏造・誇張・矮小化・でっち上げられたものであると知るようになりました。エルズバーグは良心の呵責に迫られて、これまで幾多の戦争で若者の命を人質に、アメリカの少数集団がひたすら自分の利益のために、様々な嘘を総合して作って無数の人々を犠牲にしてきた事実をまとめた文書を、『ニューヨークタイムズ』と『ワシントンポスト』にコピーして渡しました。

タイムズに初日の報道が出ると、アメリカ政府はすぐさま報道停止を求める仮処分の申請をし、こうして続報はストップされました。新聞社側は異議を唱えて訴訟を提起し、一、二審を経てついに大法院は、「国の威信と利害関係と国民の生命が、さらに深刻になり危険に瀕する事態になればなるほど、その戦争の真実を国民はもっと知らなければならない」と判決しました。これは、不可能という文字のない軍部勢力と、帝国主義的戦争で利益をかすめ取る、強力なアメリカ内の様々な戦争主義者たちに、アメリカの法律がブレーキをかけたものです。「国民の知る権利」を保護した画期的な判決で、全世界から喝采を浴び、多方面にわたる教訓を残しました。私はエルズバーグのような知識人を尊敬し、まさに、このような役割を果たすことのできる知識人の一人でありたいと願いながら、ベトナム戦争の時期を過ごしました。

南北のベトナム人民に愛されたホー・チ・ミン

任軒永　私はホー・チ・ミンの伝記を読んで、とても感動しました。世界の多くの革命家の中でも、韓国人が求める「本当にわが国にいたら」という指導者の典型を見るように思ったのです。私が京郷《キョンヒャン》新聞社の週刊誌に勤務していた一九六九年にホー・チ・ミンは亡くなりましたが、韓国の新聞でも批判的な記事はほとんどなかった。われわれが戦った相手だったのに、なぜ悪口を言わないのか不思議でしたが、伝記を読むと人に後ろ指をさされることのない人物と分かりました。ベトナムに韓国軍が派兵されて、実際にわれわれが得たものは、民族主体性という貴重な価値だったようです。ベトナム戦争を素材にした小説などは一様に、当時、私たちが持ち合わせなかった民族意識を描いています。

李泳禧　ホー・チ・ミンの人格と思想と民族愛については、私も同感します。アメリカの少数の戦争狂と極右反共主義者を除けば、全世界の善良な人々がみな一様に彼を敬意しました。ベトナム戦争の最中もそうで、彼が亡くなって数十年が過ぎた現在でも、彼の人間と指導者としての偉大さに対する世界の高い評価に変わりはありません。立派な指導者でした。私は九〇年代半ばにベトナムを初めて訪問した折に、ハノイにあるホー・チ・ミン博物館、戦争記念館、そしてホー・チ・ミンの墓地などを訪ねました。彼が生涯をベトナムの指導者として過ごした官邸、大統領宮などがいかに質素だったか、言葉にならないほどです。彼の大統領執務室と寝室は、椰子で編んだ南方特有の構造で、何やら小型バンガローみたいでした。ベトナム人民が彼のことを「ホー・チ・ミン大統領」とか、「ホー・チ・ミン閣下」などと敬称では呼ばずに、あたかも身内の高齢者に呼びかけるように「ホーおじさん」とする理由も分かりました。本当に感動的でしたね。

40年間苦難に耐えて文章を書き続けてきたのは、真実をひとりの人間の所有物にせず、隣人と分かち合うためだった。

「韓国国民が彼のような指導者を、一度でも持つことができたら！」と、その場で強く思いました。彼の遺体が安置されている墓所も、ひどく簡素で何の飾りもない建物でした。このような場所に安置されている遺体に拝礼するベトナム民衆の行列が、朝から夕方まで途切れることがないといいます。私はその数年後に北朝鮮を訪問した際に、金日成《キムイルソン》の墓所に案内されましたが、その華麗さと規模の大きさと参観者を委縮させる様々な人為的装置、音響などにただ圧倒されました。もちろん金日成も立派な独立運動の闘士だったのは事実です。また、アメリカとも闘ったので、北韓の人民大衆から愛され、尊敬されているのも事実でしょう。けれども、ホー・チ・ミンの墓所を参観しながら私の心に自然に浮かんだ畏敬の念は、金日成の墓所を参観した際には湧き起こることはなかったものでした。

　そうした民衆の尊敬と愛情を一身に受け止めた、あのような偉大な指導者がいたから、ベトナム人民は世界最大・最強のアメリカ軍隊を撃退することができたのでしょう。ところで、もうひとつ重要な事実があります。私たち韓国人がベトナム戦争を理解するには、いつも虚心坦懐でなければならないことです。アメリカと韓国政府や国民が、いわゆる「自由民主主義陣営の反共国家」として、同質的な意識でサイゴン政権に軍隊を派遣しました。そのサイゴン政権の各分野の支配階層の人々は、百年に及んだフランスの植民地時代と、太平洋戦争当時の日本の支配下にあった四年間、さらに、その後のアメリカの半植民地支配の時期には、ほとんど例外なしにフランスと日本の支配者に媚びへつらった、韓国式にいうと「親日（仏）的な反民族行為者」だった。例を挙げると、二〇〇万名のサイゴン政権のいわゆる「自由反共軍」将校団のうち、過去、フランスと日本の植民地時代に、民族独立解放運動をした者は陸軍中佐ただ一人だった。この中佐に関する話をアメリカの極秘文書で見つけたのですが、その人の名前をいまは思い出せません。南ベトナムの軍隊は実質的に外国勢力の傭兵や傀儡軍隊だった。

それとは反対に、南ベトナムの抵抗勢力としてわれわれがしばしば「ベトコン」と呼ぶ「民族解放戦線」（FLN）軍と、ホー・チ・ミン指揮下のベトコン勢力の中枢指揮部である民族解放戦線中央委員会の三一名は、一人残らず過去に抗仏・抗日、そしてもちろん、現在の抗米独立運動の闘士でした。その人的構成を見ると、正統な独立運動家がいるかと思えば、大学教授、女性運動家、看護師、各級学校の教師などが、往年の民族解放運動の闘士でした。この三一名の経歴には、ひとりとして植民地時代に刑務所に行かなかった者はいませんでした！

この事実一つをとってみても、ベトナム人民が、いわゆる外勢依存・反共主義のサイゴン政権と民族解放勢力の、どちら側により民族的な連帯感をもち、どちら側により忠誠を誓うかは自明ではないでしょうか？アイゼンハワー大統領がジュネーブ協定の公約を廃棄した理由も分かります。南北ベトナム人民の八三パーセントが反共自由民主政府であるベトナム政権を支持せずに、共産主義者であるホー・チ・ミンとその勢力を支持し、忠誠を誓う理由はまさにそれなのです。この事実は、その同時期に、アメリカがなぜ朝鮮半島の統一選挙を拒否したか、現在もアフガニスタンやイラクで、なぜアメリカが強大な軍隊と絶対的な軍事力を持ちながら、その地域人民の支持を得られずに、拒否されるのかの問題にも通じるのです。

任　しかし、アメリカはドゴール大統領の忠告を受け入れなかった。今回のイラク戦争も同じですが、私は、イラク戦争は終結を見せることなく、憎悪と征服の姿勢を貫きながら、今後、数百年も続く戦争になるだろうと見ています。二一世紀になって最初の最も非人道的で反文明的な戦争を、アメリカは強行していると思います。

李　アメリカは自己本位の正義感に完全に酔った状態で、あがくようにベトナム戦争に突き進んでいきました。自分の力だけを信じているのです。イラクの場合もそうでしょうね。

任　イラク戦争が石油の獲得を目指したものだとしたら、ベトナム戦争の場合は何でしょうか？　どんな利得を狙ったのですか？

李　アジアにもう一つの「反共軍事前哨基地」を作ろうとしたもので、韓国の場合とまったく同じ性格と機能を持っています。アメリカは一九四八年から、中国とソ連、東ヨーロッパの社会主義圏を殲滅する計画で、ヨーロッパでは北大西洋条約機構（ＮＡＴＯ）を、イスラム諸国を含めたアラブ世界では中央条約機構（ＣＥＮＴＯ）を、そして、東アジアではソ連、北朝鮮、中国を包囲するための東南アジア条約機構（ＳＥＡＴＯ）を構築しました。その一方では、韓国と日本を経由してアラスカまで連結する、アジア「対共産軍事防衛網」を張り巡らそうと狙っているのですが、そこで東アジアの脆弱な環がベトナムなのです。ですから、ベトナムを失うと、ビルマ・ラオス・カンボジアが共産圏に傾くとの論理でした。いわゆる「ドミノ理論」であり、牌《パイ》の一つが倒れると、その倒れた牌の衝撃で、すべての牌が次々に連鎖的に倒れるというゲームの理論なのです。

　この「ドミノ理論」によって、アメリカはベトナム戦争を正当化しようと必死になったものの、これがいかにでたらめな理論であるかを考えてください。ベトナムがホー・チ・ミンによって統一された後、その地域のどの一国でもドミノの牌のように共産化された事実がありますか、ただの一つもありません。どの国でも、他の強大国の傀儡的性格を持ち、人民大衆の福祉と利益を度外視し、国民の権利を蹂躙し、少数の執権勢力だけが私利私欲にふけると、その国は共産化するのです。その道筋が共産主義になるというのは、人民がまさに正義を選択した結果なのです。アメリカが保護し支援した傀儡国家は、すべて内部が腐敗し犯罪的で堕落してしまいました。

任　アメリカがその圧倒的な人口を持ちながら、なお世界を支配するということが、私には理解できません。

李　ローマ帝国も同じで、さらに個人の場合でも、その力に陶酔するとその主体は理性を失ってしまいます。

暴力の全能性に自己陶酔したアメリカは、自己批判をする理性的機能を喪失してしまった。私たちはベトナム戦争から多くの教訓を得なければならない。不幸にも、韓国人はあの戦争を「反共聖戦」と錯覚したあまり、何ひとつ教訓を得ることがなかった。韓国人の頭脳がすっかり効き目の失われた「反共主義」の麻酔からいまだに意識が目覚めない状態にいるとは、哀れなものですね。

なぜ、アメリカがそんな恥辱的な失敗と過誤を犯し、世界人類の糾弾を受けながら、ついにはアメリカ建国後初めての敗戦で、ベトナム戦争を終えることになったのか？ それなりの理由があります。ベトナム人民内部の状況は、先ほど説明したとおりですが、ここでは、アメリカ自身の精神錯乱状態を検討してみましょう。ベトナム戦争を展開したアメリカのマクナマラ国防長官は、ベトナム戦争敗戦二〇周年に当たる一九九五年に、自己反省を兼ねた回顧録を出版しています。（書斎からその本を持ってくる）これが『マクナマラ回顧録――ベトナムの悲劇と教訓』（邦訳、共同通信社）です。彼がどんなに戦争政策と計画に天才的な素質を発揮し、その思考能力がいかに緻密で鋭利だったか。アメリカ人が彼に「剃刀のような頭脳」「歩く百科事典」「超能力の持ち主」などと敬称をつけたほどです。

マクナマラという人物は何でもでき、万能の持ち主として定評がありました。このような人物がベトナム戦争に敗れ、二〇年間の自己反省をしてこの本を書きました。特に、私たちが注目する部分は、なぜアメリカが、原始的農業部族集団も同然だったベトナム農民に敗れたかを、一四項目の自己批判として挙げた部分です。本書の「第一一章　ベトナムの教訓」ですが、これを要約してみましょう。

① 戦争の相手方の性格と能力に対する重大なミスジャッジ

② いわゆる、ベトミン〔ベトナム独立同盟の略〕とベトコン〔一九六〇年に結成された民族統一戦線〕の指導者と勢力に対する認識不足

③ 過剰なアメリカの利益を追求した政策の誤謬

④ アメリカが支援した「反共的」サイゴン政権指導者の反民衆性
⑤ 長い植民地支配に苦しんだベトナム人民の外国勢力に対する反感と、解放独立のための強力な意志に対する無理解
⑥ ベトナム民族の歴史・文化・宗教・政治・生活・慣習などに対する無知
⑦ アメリカ式資本主義と政治制度を唯一無二の人類の生存様式と錯覚したアメリカの傲慢と無知
⑧ 現代的兵器と軍事力など物質的戦争能力に対する過信
⑨ 無知ではあるが自主独立の民族的未来に対して「意識化された人民の原初的力量」を過小評価
⑩ 世界人民と国際的協調・呼応を獲得することに失敗し、孤立した戦争
⑪ アメリカ国民にさえベトナム戦争の意義と必要性と正当性を理解させることができなかった政策的失敗
⑫ アメリカ政府と軍部、各分野の指導者が全知全能であると過信した
⑬ 戦争遂行の予測が外れたときの政府内の各分野の共同能力の喪失と政策的混乱
⑭ アメリカ建国以後、不敗の軍事的歴史に陶酔し、その他のすべての要素を無視した力の傲慢

いかに情けない話でしょうか？　こんな話をするのは少々ためらわれるのですが、天才的戦略家で政策通のマクナマラが、戦後二五年にして初めて悟った、ベトナム戦争に対してアメリカが犯したと自認した幾多の自己批判、しかし、私はベトナム戦争の六〇年代の「朝鮮日報」外信部長時代や七〇年代の漢陽大学教授時代に、これらをひとつの漏れもなく正確に認識していました、戦争の結果も予測していました。どうしてこんなにぼんやりしていたのか、アメリカの国防長官という奴は！

醜悪な侵略戦争の内幕

任軒永　一九六六年の一年間だけでも爆弾は六三万八千トン、野戦砲弾は五〇万トンを使用し、太平洋戦争

当時に投下した六五万トンの二倍、朝鮮戦争の三倍に相当する武器・弾薬をベトナムに浴びせかけたことなどを緻密に調査した資料が、先生の著書に収められています。それにしても、どうしてベトナムが持ちこえることができたのか、その根底にある民族意識に驚かされます。最近見た年鑑では、西欧支配の歴史が韓国よりもはるかに長いが、カトリック信者は一パーセント未満で、仏教徒は八〇パーセント以上とありました。本当に変わらない民族的なものを感じます。

李泳禧　任さんがいま言われたベトナム戦争の謎は、世界の誰もが一様に考えることでした。韓国国民にとっては、あの強大なアメリカに、藁草履で火縄銃などの武器を担いで対抗したベトナム人民が勝利したのは想像を絶する事実でした。ところで、先ほど列挙したマクナマラ国防長官の遅きに失する自己批判を見ると、何ひとつ不思議ではないことに気づくのです。韓国人はアメリカの物質的な力を評価し、これに依存しようとしましたが、そうした物質的力量以外に多くの要素と徳性を備えた、弱小民族の人民大衆の持つ力を不幸にも理解することができなかった。解放後、半世紀の間、ひたすらアメリカ式思考方式に手なずけられた韓国人は、まったく強靱な人間の思想と力というものを知らなかった。これが韓国人の頭脳に長い歳月にわたって刷り込まれた、アメリカ式思考方式の害毒なのです。

南韓と北韓の同胞の間にも、マクナマラが自己批判をした力の論理と、精神的・人間的要素の論理が対立的に存在しているのではないでしょうか？　我々はアメリカが主張する北韓の「核問題」によって、この二〇年間、そうした対立的な力の要素を目撃しています。それだけではありません。アフガニスタンとイラクのあの無力な人民大衆が、アメリカの力量に対抗する壮烈な姿と、あらゆる虚偽で世界最強の軍隊を動員して戦争を強行したアメリカが現在直面している状況にも、われわれはそれを見ています。

私はベトナム戦争でマクナマラたちアメリカの権力集団が、尊くも辛い教訓を得たのと同様に、こうした一連の国際情勢の中で、韓国国民も得がたい教訓を得なければならないと思います。だから私は、こうした教訓を韓国人、特に「無知蒙昧」な知識人に伝えようと多くの文章を発表し、幾多の講演をしてきました。

アメリカ国内での人間的・精神的要素なども、一度調べてみるだけの価値があります。アメリカでもその当時、自国の戦争冒険主義者と帝国主義者によるベトナム戦争に反対して、アメリカ史上では最初の反戦運動が起こっていました。例えば、アメリカの全大学生の二五パーセントがベトナム戦争の召集令状を拒否しました。さらに、ベトナム戦争期間中に、二七万名ものアメリカの青年と大学生が、召集を忌避して国内で行方をくらますとか、海外に一時的に逃亡したりしました。こうした事実を韓国人は当時、まったく知らなかった。この二七万名のなかには、後に大統領となるビル・クリントンも入っていました。二一万名はその後に起訴されています。さらにアメリカ政府は、ベトナム戦争への召集を拒否した学生と脱営兵を逮捕した警官に二五ドルの賞金を与えるという、笑えない措置も用意しました。

アメリカのベトナム戦争が、いかに醜悪で正義に背く侵略戦争だったかについては、海外世論やその判断を待つ必要もありません。アメリカ国民の態度からしても明らかです。記録によると、ベトナム戦のさなかに「無断脱営、逃走した兵士」は、少なくとも八万四千名だったといいます。ベトナム戦争が終わってから、脱営などの理由で軍法会議に回された者だけでも三万四千名で、ほかに「軍律違反行為」で「不名誉な除隊」をした者は九万七千名に達している。こうした数字でも分かるように、アメリカの軍人・青年・学生たちは、自国の為政者の犯罪行為に対して涙ぐましいほど闘い抜きました。こうして六〇年代末から七〇年代の初頭にかけて、アメリカ全土で大々的な反戦平和運動が展開されました。

ベトナムという国が、どこにあるかも知らない韓国の青年が、金を稼ぐためにアメリカの傭兵となって派遣されると、韓国政府と極右反共的なメディアは、全世界の国と民族が、ベトナムで戦うアメリカを支援していると錯覚したようです。アメリカの圧力に耐えられずに軍隊を派遣し、そのように犯罪的な戦争に協力したのは、韓国のほかは、フィリピン、タイ、オーストラリアだけでした。韓国からは常時五万名もの戦闘部隊を送っていますが、これら三国が送った兵力は、砲兵・工兵・兵站などが千名、最高でも三千名程度でした。他の国々はアメリカに圧力を加えられても派兵を拒絶しました。

イギリスは血縁的・人種的・歴史的にアメリカの戦争協力者にならざるを得ない立場なので、やむなく「ユニオンジャック」を掲げる儀仗隊六名を派遣しました。六百名でも、六千名でもない、ただの六名です。サイゴン空港で外国の貴賓を迎える儀仗隊でした。この戦争では数え切れないほど多くの、国際法違反と政治的慣例と常識を覆す行為がありました。私はベトナム戦争のさなかのアメリカ支配集団のこうした犯罪的行為を研究し、わが韓国の極右反共メディア統制の鉄鎖をかいくぐり、真実の片鱗だけでも伝えようと努力しました。

任　その頃、ベトナムに行った記者のうち、『ニューヨークタイムズ』特派員のシム・ジェフン氏は、追い出されたと聞きました。酒を飲みながら軍の将校が、今日は良民を何人殺したと話をしていたというのです。

李　韓国の軍隊が一九六五年に派遣されて七五年にアメリカの敗戦で撤収するまでの一〇年間に、韓国の取材記者は数十名も交代していますが、そのなかで少しでも新聞記者らしくきちんと事態を見て記事を書いた者はごく少数です。シム記者はいま任さんが言われたように、韓国軍派兵に対して消極的ではあっても、異議を申し立てたケースに当たるでしょう。残りの大部分の特派員は、韓国軍が与える特恵のもとで、前線には一度も出かけることもなくサイゴンのホテルに留まって、せいぜい外国通信の記事や報告書を書き写して送る程度でした。そして、書いた記事というのが、一様に韓国軍人の勇猛さとか、ベトナム人民に韓国軍が歓迎されているとかの呆れるばかりの内容でした。外国の特派員は前線に赴いて取材し、また、戦争で犠牲になった記者も大勢いましたが、唯一、韓国の特派員だけは、サイゴン市内のホテルの安楽椅子にのんびり寝そべり、前線の取材もせずに、仮想上の戦闘記事を書いて送っていました。

私は職業倫理に反する、このような韓国記者の行動を軽蔑しました。わが国の政府と軍は、あたかも韓国軍がベトナム人民の歓迎を受けているかのように偽装するために、多大な努力を尽くしました。そのひとつが、各新聞社の部長級を交互にベトナムに招き、酒池肉林の宴に招いて歓待することでした。政治部長を筆頭に経済部長・社会部長・文化部長・編集部長などを交互に堕落させたのです。もちろん、その部長たち自身が、十分すぎるほど堕落する素地があったので、そうなったということです。ある政治部長が帰国すると、トランクから鹿茸《ろくじょう》〔漢方薬になる雄鹿の幼角〕の包みがごろごろ現れたことがありました。

もちろん、各新聞社の外信部長にも順番が回ってきました。しかし私は、無辜のベトナム人民を殺傷する韓国軍隊が催す、そのような目的の現地踏査に参加する気分にはなれません。二度ほどそうした外信部長相手のベトナム「慰問旅行」への誘いがありましたが、私はすべて参加を断りました。私としては、自分の同胞を殺す側の人間として、ベトナム人民の敵愾心の対象になり、アメリカ軍隊の傭兵としてベトナム人民に蔑視されることが分かっていたので、ベトナム人民に会うのが恥ずかしく、不安だったのです。私は今も親しく付き合っている同和通信の李曰洙《イイルス》外信部長と、京郷新聞の徐東九《ソトング》外信部長の二人を呼びました。「私は行かないがどうする？　ベトナム戦争に行ってきても、真実を話すことはできず、嘘を言ったりしなければならない。ジャーナリストの実践倫理とはあまりにもかけ離れた出張のようだ」と言いました。

米軍側も韓国新聞社の部長らを、ベトナム戦争を総括する太平洋司令部のあるハワイに数回招待しました。いわば「洗脳旅行」です。私はこの招請もやはり拒絶しました。いずれにせよ、私としてはベトナム戦争を正面から糾弾したり反対する文章を書くことはできなくても、私の職業上の役割としてできる範囲で消極的な意思表示をしたのです。海外の新聞論調や知識人のベトナム戦争批判を選んで掲載したのも、そうした意思表示の表れでした。例えばイギリスのバートランド・ラッセル卿、フランスの哲学者サルトル、アメリカのチョムスキーなどの、著名なベトナム戦争反対論者の文章と発言を外信面に転載することで、私の意思を代弁しようと努力しました。

韓国政府と軍が、私のベトナム戦争批判に対して、決定的な措置をしようと決める前の一九六七年頃だったと思います。ほとんどの新聞が、いつもベトナム従軍記者の提灯《ちょうちん》記事ばかりを掲載するので、読者から批判を受けるようになりました。国民もベトナム戦争が起きて数年経過すると、海外メディアの一般的な論調が「ベトナム戦争反対」であることに気づくようになり、韓国政府や軍当局も、政府広報的な記事だけでは、国民を納得させられないと悟るようになったのです。

まさにこの頃、中央情報部から私を懐柔するために、ひとつの挑戦的な提案がありました。それは二カ月ほどベトナム取材に行ってくれないか、というものでした。必ずしも、韓国軍の勇猛さとか、韓国軍がベトナム国民に愛されているとかの文章でなくても、若干批判的であってもいいから二、三回書いてくれないかと言うのです。戦闘の現場に行く必要はなく、気楽に体を休ませながら一週間に二回ずつ「韓国軍は良くやっている」という活動状況を適当に書いてほしいというのです。報酬は朝鮮日報外信部長の月給にその三倍を上乗せするとの条件でした。しかも、現地の活動費は別に出すという条件でした。そこで私は情報部に逆の提案をしました。私が民間ジャーナリストとして自由に取材し、見て感じたことを書いて、あなた方が私の人格と職業的倫理を受け入れてくれるなら行くと申し出ました。この件では最終的に行けなくなったのですが、それは当然でしょう。

中央情報部から提案された日の夕刻、私はすでにこの提案は拒否すると決心していましたが、それでも帰宅して妻に、こんな提案があったと伝えました。妻はうんともすんとも自分の意見を主張しないのが常なのに、この問題に対しては「あなたが考えて決めて下さい」とだけ返事をしました。数年後、この問題が記憶から消え去った頃のことですが、妻がこの一件を持ち出してきました。妻はその頃、六人家族の生活が本当に厳しくて苦しんでいたので、夫にそんな好条件の提案があったと聞いて、内心では「行ってくれたらいいのだけれど」と思っていたというのです。家庭を守る妻としてはそうかもしれないと思いました。外信部長といっても、月給は四万ウォン前後だったので、老いた義母に仕え、三人の子どもを育てる妻としては、当然、そう考えたとしても無理からぬことでした。私はその話を聞いて、職業的倫理と個人的信念のために、無理に意地を張ったことに対して、軽い後悔の念を覚えました。

私はベトナム戦争の終末期になると、ひとつの確固とした意見を持つようになりました。アメリカ資本主義はその本性によって、国際社会において残忍非道にならざるを得ない。弱小民族に対する戦争なしには、帝国主義的経済・政治・軍事・科学技術の体制の維持はできないという確信でした。ベトナム戦争はその露骨な見本ですが、すでに当時は、ラテンアメリカの十余の弱小国を相次いで軍事的に侵犯・占領し、弱小の後進諸国が少しでも民主的な福祉と自立的な経済正義を追及して政権を建立すると、アメリカは、アメリカが後押ししアメリカに隷属する反動的な軍部にクーデターを起こさせ、民主的な政権の転覆を企てました。

その代表的な例が、キューバのカストロ政権打倒を企図した攻撃であり、ニカラグアでは、世界的に悪名高い腐敗・堕落したアメリカ隷属政権を革命で倒して斬新な民衆的政治革新をしようとした、サンディニスタ政権（一九七九年樹立）を同様の手口で打倒しました。第二次世界大戦以後、ラテンアメリカで最も清潔で、公正で、民主的な選挙を通じて社会主義政権を樹立したチリのアジェンデ大統領に対しても、アメリカはやはり同じ陰謀的手法で大統領を殺害し、アメリカ隷属の軍部クーデターを成功させ、社会主義政権を転覆させました（一九七三年）。アルゼンチンの軍部クーデター（一九七六年）、ボリビア（一九八〇年）、グァテマラ（一九八三年）、ハイチ（一九九一年）、パナマ（一九八九年）、コロンビア（一九八九年）など、列挙すれば切りがありません。

これが、民主主義・正義・自由を標榜する「アメリカという国」なのです。私は韓国人が妄信するアメリカという国の醜悪な本性を知ってもらう努力を、自分のジャーナリストとしての任務の重要な課題と決めました。今日のアフガニスタン、そしてイラク戦争を見てください。これが私の研究と執筆の主要な動機だったのです。このすべての醜悪な行為の根本的な動機は、アメリカ資本主義の投資と市場確保と、アメリカ企業の無限の経済的利益を追求するためでした。アメリカ資本主義の欲望に少しでもブレーキをかけたり、自主権を主張しようとする政権と人民を、アメリカ資本主義は断じて受け入れることはありません。

ラテンアメリカだけではない。東南アジアや、特にアラブ世界の多くの国家と政権に対するアメリカの陰謀工作や露骨な戦争行為は、すべてこの動機と目的に発しているのです。こうしたアメリカの本質を、五〇年間の研究を通して具体的に深く把握している私としては、ベトナム戦争だけでなく、そうした事態が起こるたびに、アメリカ資本主義に対する限りない呪詛の念が憤怒として燃え上がってくるのです。

ヴェルレーヌの詩を朗誦した金日成総合大学教授

任軒永　朝鮮日報の外信部長に在職当時の国際情勢に関しては、いくつも後日談があるようですね。

李泳禧　六〇年代の半ばになると、米・ソ間にデタントの機運が高まり、冷戦解消に向けた穏やかな動きの中で、東ヨーロッパの社会主義諸国も、かなりの程度までソ連への隷属状態から抜け出す兆候がうかがえるようになりました。もともとヨーロッパ諸国が持つ固有の民族感情と生活様式が、ゆっくりと独自性を強調するようになった頃でした。ちょうどそんな折に、世界女子バスケットボール選手権大会が、共産圏のチェコスロバキアの首都プラハで開催されることになったのです。韓国からも参加することになり、選手団の団長が朴信子《パクシンジャ》でした。まだ、ソ連が健在だった頃なので、韓国の特派員が行くことはまったく不可能でした。私は選手団が入国できるのであれば、取材チームも入国可能と判断しました。それでパリとドイツ担当の特派員に打電し、「入国しろ、入って取材しろ！」と指示しました。朝鮮日報の特派員、いや、当時は通信員でしたが、彼はソウル大学仏文科の出身で、大学では「三羽ガラス」と呼ばれた優秀な人物でした。

私が合同通信社に勤務したばかりの頃、厚岩洞《フアムドン》の父方の叔父の家に泊まっていたある秋の夜、雪がひどく降りしきるなか、戸外を大声で詩を朗誦して歩く青年がいました。二階から見ると、ヴェルレーヌの詩をフランス語で朗誦する男が、ぶらぶらと道を歩いているのです。〝Les sanglots longues des violon de l'automne……〟〔「落ち葉」の一節。「秋の日のヴィオロンのためいきの……」〕。私はいたずら心を起こし、フランス語で「おい、そこに行くのはどこのどいつだ。どうして夜中にそんな大声で歌を歌いながら歩くのか！」と訊ねました。すると「俺はイ・キヤンだ。俺のことも知らないのか？」と言うのです。それから親しくなりました。そして「パリに行きたいので通信員にしてくれないか」と言うのです。そんないきさつがありました。ところが中央情報部からは「イ・キヤン記者が行って取材したスポーツ関係の記事は、新聞社で直接受け取ってもよいが、彼が見聞きして書いたほかの記事は、事前にみんなこちらに見せてくれ」と言うのです。それで私は「分かった」と了解し電報を打っておきました。

ああ！　ところが、外信では韓国のバスケットチームが健闘しており、朴信子がどうだとか、競技結果まですべて報じられているのに、彼からは入国したとの連絡もなく、ゲームを取材した記事が送られてこないのです。最初の数日は待っていれば来るだろうと思っていたのに、大会が終わっても連絡はない。ああ、これは何か問題があったのだな、と心が重くなりました。それで韓国の情報部と外務部にも連絡し、社長にも相談し、世界新聞人協会、チェコ公報部長官、さらには国連機構まで、何カ所かに探してほしいと依頼しました。ところがチェコ記者協会から、そんな韓国の記者は入国していないと返答がありました。

私は「ああ、しまった！　勇み足になったなあ」と、胸を叩きました。アメリカ文政官のヘンダーソンとの一幕もそうでしたが、私は外信情報に明るくて他人よりも先に状況判断ができるので、チャンスを逃すまいとの思いで、つい先走ってしまう、これは明らかに私の欠点なのです。

後に調べて分かったことは、一九六八年に韓国社会を揺るがし、国際的な外交問題にもなった、いわゆる「東ベルリン事件」〔一九六七年七月に韓国中央情報部が、ヨーロッパ在住の韓国人教授・芸術家・留学生ら一九四人を、東ベルリンの北朝鮮大使館と接触し、韓国に対するスパイ活動や北朝鮮訪問などをしたとして逮捕した事件〕に、イ・キヤンが関わっていたことでした。政府の発表によると「東ベルリンを拠点とする北朝鮮の対南工作団事件」ですが、当時ヨーロッパ諸国にいた留学生や著名な韓国出身者に北朝鮮側が接触して、ヨーロッパの韓人社会を北朝鮮支持にさせようとオルグしたのです。政府がその工作の一端を把握して、少しでも南側に批判的だったり、北側に親近感を示すヨーロッパ駐在の同胞を一網打尽にした事件でした。麻酔薬で失神させて袋に入れて連れていくとか、その年の八・一五光復節の記念式典への、大統領からの特別招待と偽って呼び出し連行したり、少なくとも一〇四名を韓国に連行したのです。まさしく国際的な「拉致」行為でした。この一〇四名のなかには、ドイツ政府の招請でミュンヘン・オリンピックのテーマ曲を作曲した尹伊《ユンイ》桑《サン》先生、また、世界的に尊敬を受けた画家の李応魯《イウンノ》画伯なども含まれていました。全世界から、韓国政府の国際法違反と韓国工作部隊の野蛮な海外同胞拉致事件に対して糾弾の声が上がりました。特に、西ドイツ政府の社会民主党党首で当時首相だったヴィリー・ブラントは激怒し、韓国政府に対して国交断絶をすると威嚇したほどの大事件でした。

この事件は、結局、世界世論と西ドイツ政府の強硬な圧力の結果、逮捕者全員を原状復帰させて一段落しました。大韓民国という国家、政府、政権は、外国で国際法と人権を露骨に、そして完全に蹂躙する過ちを犯したこの事件で、大恥をかいてしまったのです。

イ・キヤンは、韓国中央情報部の要員がヨーロッパ居住の韓国人を拉致していることを事前に知り、チェコスロバキアを経由し、そのまま平壌に行ったことが分かりました。彼は北朝鮮に入った後に、金日成総合大学の教授に就任したとの消息が伝わってきました。

任　そうなると、政府や中央情報部は先生や新聞社に責任追求をしてきたのではありませんか？

李　情報部や外務部には、事前協議し同意を得ていたから良かったものの、そうでなかったら大変だったでしょう。直接、私に対する追及はありませんでした。ただ、朝鮮日報の社長や編集局長が、私を厄介に思う契機にはなったようです。ベトナム戦争に対する私の姿勢をかねがね問題視していたからです。

いずれにせよ、この事件に関連して、私は新聞記者としての職業的適性と、ひとりの人間として正誤をわきまえた判断と行動について深く反省をしました。ジャーナリストとしてなら、一つは肯定的な側面でしょうが、これは私の優れた点であると同時に欠点でもあります。当時、ヨーロッパではすでに西側世界と東側世界が和解（デタント）へと向かう滔々たる潮流に棹《さお》さしていたことを、韓国のジャーナリストの誰よりも早く把握しました。だから優秀な国際部長でいることができたのですが、そうした新しい時代の流れと国際情勢の波が韓国で起きる前に、イ・キヤン記者を共産圏に送りたいと考えたのは、私が顕示欲に駆られた特ダネ意識や軽率さのせいではなかったかと反省しました。私はその事件の後にも、国際情勢の変化に対する状況判断と、それによる行動で、何回も同じ過ちを犯してしまいました。
後にまたお話ししますが、南北関係がかなり雪解け段階に入った一九八九年に、「ハンギョレ新聞」創刊一周年の記念事業として、どの新聞社もまったく考えていない北朝鮮取材記者団の派遣と、金日成主席へのインタビュー計画を構想したのですが、これが国家保安法に抵触する騒ぎになり、南北問題を巡って一言論機関と政府が対決する事態になりました。私は国家保安法違反の嫌疑で起訴され、有罪判決で六カ月間拘留され、執行猶予がつき釈放されました。私は鋭利な観察力でジャーナリストとしていくつも特ダネを挙げましたが、他方で、避けることもできた苦難を自ら招いてしまったのではないか、と自己反省と自己批判をすることもあるのです。

プエブロ号事件の真相

任軒永　朝鮮日報社在職中に「北傀」の表記を「北韓」に替えましたね。

李泳禧　そうです。まだみんな当然のように使用していたのが「北傀」という表現でしたが、一九六七年に私はそれを「北韓」と替えるようにしました。その後、他紙も追従し、およそ一〇年後には、政府も公式的に「北韓」を用いるようになったのです。私は様々な情報から、北朝鮮が決してソ連や中国の傀儡《かいらい》ではないと信じるに足る数多くの証拠をつかんでいました。六〇年代後半に中国で文化大革命が起きると、北朝鮮と中国の間に意見の対立が生まれました。ソ連が最も憎悪する国も北朝鮮でした。韓国の人々は、北朝鮮が頭から中国やソ連の傀儡であると錯覚しており、また、そうであることを期待していました。韓国の極右・反共主義の宣伝やアメリカの宣伝工作もそうでした。ところが、事実はそれとは正反対でした。先ほど述べたように、社会主義世界の覇権者であるソ連が、その当時、最も憎んだ政権と党と国家が、アメリカではなく朝鮮民主主義人民共和国だったことを、韓国の人々はまったく理解していない、あるいは理解できなかったのです。

北朝鮮の党と軍隊と政府、そして指導者が中国やソ連の傀儡ではなく、その二つの強大国と堂々と渡り合う、きわめて自主的な存在だったことは、「プエブロ号拿捕《だほ》事件」で全世界に明白になりました。

プエブロ号拿捕事件（一九六八年一月二三日）は、北朝鮮の重要な軍港である元山《ウォンサン》港にぴったりくっ付いて偵察していたアメリカの電子諜報艦を、領海侵犯の理由で北朝鮮が拿捕した事件です。アメリカでも二隻しか保有していない、電子通信インターセプト機能を搭載した世界最先端の情報艦のプエブロ号を、北朝鮮の海岸線付近に常時配置し、北朝鮮の軍事的情報をキャッチしていました。この情報艦とともにブッチャー艦長以下八〇余名が逮捕され、取り調べを受けました。北朝鮮海軍はこの事件の際に、数回にわたってプエブロ号が北朝鮮の領海を侵犯していると警告し、領海侵犯が続いた場合には捕獲すると通告していました。アメリカはこれに対し、プエブロ号は領海侵犯ではなく、公海上を航行していたと抗議しました。

当時の国際海洋法によると、領海は最低基底線（干潮時に表れる陸地の線）を基準に設定されました。これが領海に対する第一の原則ですが、アメリカのような強大国は、最低基底線から六マイルまでを領海と主張しており、一方、北朝鮮など第三世界の弱小国は、すべて最低基底線から一二マイルまでを領海と主張していました。ところで第二の原則は何かというと、そこに島がある場合は、その島から改めて計算しなければならないというものでした。元山湾沖合の場合は、湾の入口の南北に熊島《ウンド》、麗島《リョド》、薪島《シンド》、茅島《モド》などの小さな島々が点在しており、これが北朝鮮領海内に入っているため、その島々からさらに領海を設定しなければならないのです。アメリカはこの第二の原則を無視し、プエブロ号が元山湾の最低基底線から六マイルラインの外側の公海上にいたと主張したのです。しかし、島々を連結したラインを基準に領海を計算せずに、アメリカ側の主張どおりに六マイル基準としても、プエブロ号は領海内に侵入していたのです。

アメリカの主張に拠ったとしても、プエブロ号が北朝鮮の陸地にどれほど接近し、張りついていたかが分かるでしょう。仮にある国が、アメリカのハドソン湾や重要海軍基地に、そのような領海理論で進入し、軍事作戦の通信を盗聴していたとしたら、アメリカはおそらく警告もなく撃沈させるのではないでしょうか。

宣戦布告のようなものでしょう。こうして北朝鮮海軍が、数回の「領海侵入警告」をした後に、プエブロ号を元山湾で拿捕する事件が発生しました。これにアメリカが「北朝鮮が公海上のアメリカ軍艦を不法に捕獲した」として、釈放せよと圧力をかけた。核兵器搭載の航空母艦二隻を含む、合計二五隻の軍艦で編成された第七七機動艦隊を、元山湾沖合に急派し、戦争直前の危機的状態になりました。

アメリカはプエブロ号を救出するために、あらゆる方法を試みました。その当時のアメリカは、ソ連と「蜜月関係」にあったので、アメリカは前述のように、強力な第七七機動艦隊を元山沖合に配置して軍事的威嚇をし、他方、ソ連政府に対しては、北朝鮮に圧力を加えプエブロ号の返還と船員の釈放を要請しました。アメリカは北朝鮮をソ連の「操り人形」、「傀儡」国程度に見ており、「大ソ連」の圧力があれば二つ返事で屈服すると見ていたのです。逆の状況を設定し、もし韓国の仁川沖合に侵入したソ連の「プエブロ号」を韓国が拿捕した場合、ソ連がアメリカ政府に、韓国政府に圧力を加えて船員を釈放せよと働きかけたと想定してみてください。韓国政府や韓国軍が、どうしてワシントンの命令に背くことができますか！　こうして考えてみると、北朝鮮とソ連との関係と、韓国とアメリカとの関係の違いが分かるはずです。

アメリカはソ連だけではなく、アメリカと友好関係にある共産圏のユーゴスラビアのチトー大統領と、ルーマニアのチャウシェスク大統領を平壌《ピョンヤン》まで行かせて、金日成を説得しました。チトーは、「アメリカは本当に北朝鮮と戦争をする決心でいる。原子爆弾を使用する用意もしていると見られる。だから、弱体な北朝鮮としてはアメリカの要求を受け入れるのが安全だろう」と説得した。こうしたアメリカの直接・間接的な圧力にもかかわらず、一〇カ月もの間、北朝鮮は眉ひとつ動かさなかった。「領海を侵犯したのだから、侵犯の事実を認めるべきだ。認めさえすれば釈放する！」と回答した。結局、アメリカは一〇カ月間、あらゆる威嚇と外交手段を駆使しても、要求を実現することはできなかったが、ソ連を介して北朝鮮の領海を侵犯した事実を認める文書にサインをし、ようやく全員が釈放され、休戦ラインを越えて送還されることになったのです。

アメリカのメディアは、現在のイラク戦争を煽っているように、アメリカ的愛国心に沸き立っていました。そうして北朝鮮を「五等国家」という表現で呼びました。国際関係における慣用的表現として三等国家まではありますが、それ以下はないようです。こうした「五等国家」に、大国アメリカの軍人が拿捕されて一〇カ月も経過したのに、政府は何をしているのかと、メディアなどは政府に矛先を向けました。その年は大統領選挙があるので、それでジョンソン大統領はあらゆる手段を用いたのです。

アメリカの圧力を受けたソ連は、ある日、モスクワ駐在の北朝鮮大使を外務部に呼び出しました。何度も呼び出したのですが、北朝鮮大使はそれに応じなかった。大国ソ連の外務大臣が要請しても、北朝鮮大使は姿を見せなかった。モスクワ駐在の北朝鮮大使館は、この事件のために人数を増員し緊張状態にありました。アメリカ政府がワシントン駐在の韓国大使を、同じ状況で呼び出した場合を考えてみてください。行かずに持ちこたえることができるでしょうか？

モスクワ駐在の北朝鮮大使の態度は、他の国が見ても異常なほどでした。なぜあのような行動ができるのか？　世界の外交で問題になり、世界の政治・外交・軍事の視線がモスクワ駐在の北朝鮮大使館に注がれました。ソ連政府がどんな手を使っても北朝鮮大使が応じないので、ソ連の外務次官の怒りは心頭に発したようです。運転手もなしで自分で車を運転して、北朝鮮大使館を訪ねて行きました。普通、外交プロトコール〔儀礼〕としては、大臣や次官が訪ねて行けば、当然、大使が玄関で出迎えるのですが、この日、北朝鮮大使は迎えには出なかった。一等書記官もいて、二等書記官もいたのに、強大国ソ連の外務次官を迎えるために玄関に姿を見せたのは、外交官職としては最も下位の三等書記官でした。

これはソ連政府と外交官を完全に無視した行為です。その意味は「アメリカの圧力に屈して、我々を見せしめにして懲らしめようとするのなら、我々は大使どころか、二等書記官さえも出迎えには出ない」ということでしょう。次官はひどく怒って帰って行ったのですが、モスクワ駐在の西側メディアの特派員が、こぞって北朝鮮大使館の事態を注視していたので、こうした一連の過程が外信報道として全世界に知れわたりました。「朝鮮日報」外信部のテレタイプにも、その経緯が入ってきました。私はテレタイプの前に立ったまま、興奮してその全過程を見守りました。

結局、ジョンソン大統領が屈服し、プエブロ号のブッチャー艦長が領海侵犯を認めた覚書にサインし、休戦ラインを越えて南側に戻りました。北朝鮮は捕獲したプエブロ号を、現在も平壌市内の大同江《テドンガン》河畔に係留しています。数年前、平壌を訪ねた際に、そのプエブロ号を眺めながら、私は一九六八年のほぼ一年にわたって、世界的事件になった両超大国のアメリカとソ連、それに対抗した北朝鮮の一大ドラマを、実感をもって回想しました。その年の一一月にアメリカで大統領選挙がありました。ジョンソンはこの選挙の勝敗に命を賭け、国境侵犯の事実を認めまいとしたのに失敗しました。ジョンソン大統領の惨憺たる立場を想像できるじゃないですか？

まさに、世界に敵なしの超強大国アメリカ合衆国大統領の体面が大きく傷ついたのです。プエブロ号乗組員の釈放前夜、国民に報告するテレビ特別番組に登場したジョンソンは、この一〇カ月間、自分とアメリカ政府が何をしたのかをひとつ残らず説明しました。ほぼ一時間近くの詳細な報告を終えると、彼は次のような言葉で報告を締め括りました。それはほかでもなく、「North Korea seems to be out of the pressure of the USSR」でした。すなわち「北朝鮮は大ソ連の圧力の外にある国のようです」という意味です。本当に印象的な発言でした。この事件とそのほか幾多の類似の事例を確認してから、私はそれまでの「北傀」という慣用語を放棄し、「北韓」という用語を使用することにしました。

知識人の役割は事物名を正確に使うこと

任軒永　「北傀」を「北韓」に替えたときに、新聞社内部の反応はいかがでしたか？

李泳禧　編集局の内部に数十年も巣食っていた反共意識と、北朝鮮に対する誤った敵対感情と蔑視観に固まっていた記者たちは若干緊張し、心理的な拒否反応もありました。ところが幸いにも、当時の編集局長は金《キム》庚煥《ギョンファン》という方でした。金局長は必ずしも進歩的な考えの持ち主ではなかったのですが、少なくとも、新聞の様々な古い慣習や不合理な対応については是正したいという、かなり合理的な考えを持っておられました。だから編集局長としても何ら異議を唱えることもなく、そのまま「朝鮮日報」の国際面で「北韓」を使用するのを黙認してくれました。他の新聞も「朝鮮日報」の小さな用語使用の変更に敏感に反応しましたが、最初の数カ月間は当社だけでした。しかし、しばらくすると、朝刊経済紙の「韓国日報」も「北韓」になり、夕刊他紙も若干の時間差はあったものの、すべて「北韓」を使用するようになりました。

このような単語一つをとっても、私なりに深く考えて、その妥当性の是非を多角的に検証しながらジャーナリスト生活を送りました。どういうことかと言えば、私は韓国のジャーナリズムはもちろん、知識人全般と国民が、正常な思考と論理的考察を経ないまま「北傀」などの用語を使用すると、極右・反共的独裁政権が歪曲した実態を正確に認識できなくなると考えたからです。例えば、腐敗・堕落した朴正煕《パクチョンヒ》軍事独裁政権を指して、あたかも「世宗大王の再現」とか、「民主主義」と表現して錯覚することとか、韓国社会のあらゆる道徳的堕落と倫理的破壊を指して、これを何か正常な社会生活とか幸福や発展と錯覚したり、アメリカのベトナム戦争を「反共聖戦」とか「民主主義と自由の戦争」とか称しているからです。こうした、世界を単純に資本主義（善）と共産主義（悪）の終末論的対決と錯覚するような、あらゆる倒錯した認識は、言葉を正確に使用しないことから起こる結果と考えました。この考えは現在も変わりはありません。

孔子の『論語』の「正言」篇で、弟子が孔子に「政治の要諦は何でしょうか？」と尋ねると、孔子は「事物の名前（名称または名分）を正確に使うこと」と答えています。換言すれば、黒いものは白いとは言わず、黒だと言わなければならず、悪は善ではなく、悪だと言わねばならず、鹿は馬ではなく鹿と呼ばなければならず、馬は鹿ではなく馬と言わねばならない。このように、すべての形態、関係、性格、形状などの本質を正確に認識して、その実態を最も正確に表現する言語を使用してこそ、人間相互の生存における混乱を避けることができる。また、思考の主体である個人の意識と行為に乖離が生まれることがない。

こうした事実は西洋の場合にも、あの有名な旧約聖書のバベルの塔の寓話に見事に表現されています。人々が身のほど知らずにも天堂を侮どり、バベルの塔を一段一段と登っていく時、神が横柄な人間の行為を戒めるために言葉（言語）の混乱を引き起こし、結局は滅亡してしまったという寓話があります。これが東洋では孔子の「正言論」に該当すると考えられます。表現しようとする対象の諸般の属性を真実だとし、正確に表現してこそ認識する主体の思考が正確になるという教訓で、まさに、こうした教訓を、韓国の言論と知識人と国民全般に適用しなければならない、また、知識人としての役割が、まさにこれだと考えました。

資本主義の矛盾に対する認識の深化

任軒永　当時はどんな本を読まれましたか？

李泳禧　六〇年代から七〇年代の半ばに至る時期は、私は三五歳から四〇歳の半ばでした。誰もがそうであるように、この時期は頭脳や身体的条件において、およそ生涯の半分以上の読書をする時期でしょう。私の読書遍歴もこの時期に集中しました。その範囲は多方面にわたり、その深さはいま思い出しても驚くほどの水準でした。読書を内容面で区分すると、五つに分けることができます。第一の類型は、私が目指す社会改革的理念のための哲学・思想・理論分野。第二の類型は、資本主義の本質と現実に関する多様な主体の現実分析的な読書。第三の類型は、こうした理念志向的・社会変革的世界観のために必要な広範囲なテーマの高い思想、教養書籍です。そして当然、そうした知識と思想を土台にして、現実的な国際情勢をより深く観察し、理解するために、現実的な問題と状況に関して研究しました。

私はその頃、韓国社会、資本主義の反人間性に対する感覚が鋭利に触発されていた段階だったので、日本語を解読する植民地時代の朝鮮の知識人が社会批評と社会改革のために、必ずその出発点において読んでおくべき本から始めました。植民地時代の知識人として朝鮮社会の資本主義的搾取制度と非人間化、人間疎外などの問題から出発する、いわゆる理念教科書のＡＢＣに該当するものがありました。私もおのずから、そうした手順を踏みました。それは有名な京都大学経済学部教授の河上肇《かわかみはじめ》が書いた『貧乏物語』と、プロレタリア作家、小林多喜二の『蟹工船』、そして細井和喜蔵《ほそいわきぞう》の『女工哀史』などでした。河上肇の『貧乏物語』は、資本主義社会において多くの人々はなぜ貧しいのか、なぜ多数の人々が飢えて死ぬ時代に、少数の金持ちが存在するのか、貧富の格差が非人間的現実の社会構造としてなぜ現れるのか、具体的には労働者の生存条件の現実と遊んで暮らす少数の人間社会の矛盾が、なぜ許され存在するのかなどを探求した二〇世紀初頭の資本主義の真相を暴いた書物です。このような本と、その他の反資本主義的ヒューマニズムの古典を出発点とする同種の本を耽読しました。けれども、私は常に一方的な思想や思考方式に陥らないために、資本主義経済理論書と右翼的思想の理論書を、可能な限り並行して読みました。現代資本主義とその経済理論及び政策の理解のために、サミュルソン、フリードマン、ハイルブローナー、ホブソン、ガルブレイスなど、アメリカの経済学者の理論と思想書も漏れなく読んでいます。私の関心は、どうすれば多くの人が経済社会的に平等になることができ、経済的に搾取する者と搾取される者の区分のない、可能な限り公平に物質的生存を営むことができるか、そして、そうした基礎の上で人間的・精神的に豊かで、正義に基づく公正な人生を享受することができる方法についての模索でした。

　私は、このような人間社会の諸条件が完璧に達成することができる空想的状態を、トマス・モアの有名な『ユートピア』から学びました。もちろん『ユートピア』（一五一六年）は空想の人間社会を描いたものですが、以来この五百年間、東洋・西洋の多くの人々に、人間が志向すべき「幸せな人生」の原型についてのインスピレーションと、形容しがたい感動的なインスピレーションを与えてくれました。この「ユートピア」という島国では、最も卑しい物質は金であり、人々は実際に人間の具体的かつ現実的で、生活に直接的に役立つ物質の価値を最も重要視するために、使用価値を持たず、きらきら光るだけの金は、主に尿瓶や赤ん坊の便器に使っているという、奇抜な発想に立つものでした。

　言うまでもなく共産的な思考ですが、人々がひたすら隣人の幸福と喜びのために、物資の価値を決定して分配し、このような哲学と理念を基本とする社会政治制度を築く話です。この数多くの人間実存の実例を通じて、真正な人間の幸福とこれを築く社会構造、言い換えると人類の現在の生存様式に対する反省と問題提起をしています。私は五百年前にこの本の著者が、なぜ、当時の社会の王権と権力者によって断頭台に立たされてしまったのかを推測することができました。

第四の類型は、具体的な人間生存条件の変革とそれを可能にするために読まれなければならない、社会革命ないし改革に関する書物でした。もちろん、その核心はマルクス、エンゲルス、毛沢東、ローザ・ルクセンブルクをはじめとするドイツやヨーロッパの革命家の著書ですが、さらに予備的にたくさんの読書をしました。社会思想・政治哲学・人類文明史・資本主義発達史などを中心に、宗教と文化などにもわたる広範囲な読書です。アイザック・ドイッチャーの有名な『トロツキー伝』三部作〔邦訳、新潮社〕、ロシア革命の歴史的分析と革命過程の研究で世界最高の権威を認められるＥ・Ｈ・カーの『ボルシェヴィキ革命』、トロツキーの『永続革命論』とその他の書物などです。

ラテンアメリカの人民、特にあの農民たちの社会改革的運動に共感して、そのテーマの本を読んだりもしました。

この時期に読んだ本の中に、四〇年たった今でも何度も数えきれないほど読み返し、旅行にも持って行き、読むたびに以前と少しも変わらない知的・思想的感動をもたらす本があります。それはＦ・テンニエスの社会心理学の名著である『ゲマインシャフトとゲゼルシャフト――純粋社会学の基本概念』という本です。私の社会科学的意識と思想を原初的に開眼してくれたテンニエスに対する愛と尊敬の念は、五〇年過ぎても変わることがありません。また、魯迅の作品集とエッカーマンの『ゲーテとの対話』も旅行する時にはポケットに入れて行きます。みんなが知っているＥ・Ｈ・カーの『歴史とは何か』、ロシア革命を描いたジョン・リードの『世界をゆるがした十日間』、トロツキーの『ロシア革命史』、特に、民衆的な社会改革の思想が興味深いパリコミューンに関する書物も胸を踊らせて読みふけりました。

そして最後の第五の範疇としては、新聞社の国際部長として要求される、現実的な世界情勢の変革と時代精神の滔々たる流れを理解し、それに必要な情報と知識を誰よりも先にマスターするために、たくさんの文献と参考書を読みました。広範囲な国際法の書籍は言うまでもなく、軍事学、アメリカのCIAを筆頭とする情報機関の全世界にわたるスパイ行為・破壊・殺人・工作活動に関する詳しい参考文献などを耽読しました。特に、この最後のテーマの文献と資料に関しては、おそらく韓国の一般知識人、またはジャーナリストのなかで、私ほど広範囲に知識を持つ者はいなかったでしょう。

しばらくして八〇年代に、六〇、七〇年代の私の記事と論文を読んだ後輩が、「李泳禧は紛れもなくアメリカCIAと韓国KCIAの双方に深く関係している。そうでなければ、こんな極秘に属するアメリカの各種政策・戦略・工作関係が分かるはずはない」と、言っていたと聞きました。七〇年代から漢陽大学教授として在職した期間には、手軽に現実改革の参考になる読書からは離れて、主に現代イデオロギー一般、政治体制とそのイデオロギー、世界の近現代史、社会哲学・社会思想史、そして次第に宗教、宗教と国家権力、文明批評などと読書のテーマと範囲を広げました。

しかし、音楽・詩・小説・芸術などの分野は手つかずに終わりました。私の気質が限りなく知的・分析的・合理的・現実的で、人間生存上の具体的な問題に偏ったせいで、未知な分野は私の大きな弱点として残っています。この当時にも、やはり韓国文学の有名な長編小説などはさほど読んではいません。私は専門の国際問題、世界情勢などに関する文献や論文は数百ページであろうと、休みなく読み続ける根気を持ち合わせていますが、長編小説を最後まで読み通す気力はどうもなさそうでした。しかも一〇巻にもなる、いわゆる「大河歴史小説」などというものは、一巻目を手に取っただけで一〇巻まで読まなければならないのかと、心理的圧迫感のために読み進めることができません。この当時、それなりに文学作品を読みましたが、短編・中編小説、随筆などがほとんどでした。

ここで、私の読書に関して注釈しておかねばならないことがあります。いま考えてみると、どうしてそんなに多数の本を熱心に読んだのか、私自身が信じられないほどなのです。その当時、私は新聞社の仕事に全力投球しながら、また、かなり酒を飲み、友人との交友関係も疎かにしてはいなかった。それでも、無我夢中で本を読みました。アルバイトをひとつやれば家庭生活を支えることはできましたが、決して経済的に豊かではなかった。だから必要な本があると、何とかして買い求め、帰宅すると本の包みをドアの外に置いて家の中に入り、妻に知られないように、こっそり外に出て書斎に持ち込んだりしました。とても厳しい状況でしたからね。

私はこれらの本を読んで、読後感を本の末尾に短く書いておく習慣がありました。例えば、朴正熙軍部政権の思想弾圧が頂点に達した頃に読んだ、Ｊ・Ｂ・ビュァリの『思想の自由の歴史』（岩波新書）の最後に、このような読後感が書いてあります。

超自然的な神学理論と教会の権威に対抗して、人間と人間の理性を解放するための闘いが見せてくれるこの凄絶な闘争史は、まさに、今日の韓国社会の政治イデオロギーの権威の前でわれわれが闘わなければならない自由思想の闘争の現実と未来を語ってくれるようだ。ある時期のキリスト教が占有した思想弾圧と反進歩的役割を、今、この国の倒錯した政治イデオロギーが代行している。この政治イデオロギーが、その権威を守り国民に強要するために使用する手段と手法の凶暴性も、中世のキリスト教権力のそれと同じだ。それでも、人類の思想史と文明史は、反理性的な抑圧勢力の敗北の歴史であることを立証している。この認識なくして自由思想のための闘いは、希望を失ってしまう。（一九六八・五・一・夜に）

また、末川博の『法と自由』（岩波新書）の末尾には、こう書いている。

一九六八・三・五．朝鮮日報四階の片隅で。

この本の「権力と弾圧」という章を読んでいるが、「公務員労働者の争議権の一部制限案」を軍事政府が構想中だという記事が新聞を飾っている。「労働者（勤労者）が自ら進んで争議権を放棄することを望む」という権力者の言葉　労働者が自ら進んで争議権を放棄せよ‼。

さらに、大塚久雄の『社会科学の方法――ヴェーバーとマルクス』（岩波新書）の終わりにはこんな記述もありました。

一九七一・一・一五．合同通信社勤務中。夜一〇時一五分。

嫁と姑の不和について私の意思を示すために、一週間、会社の宿直室で寝起きしながら、この一冊を読み終えた。明日は家に帰ろうとする日の前夜。

前にも話しましたが、私の母は文盲でしたが、それでも平安道《ピョンアンド》碧潼《ピョクドン》郡でいちばんの富豪の娘として生まれたことと、嫁入りの際に、とてつもない輿《こし》入れの品物を持参してきたことを生涯自慢していました。ところが、私が結婚したのは一九五六年の朝鮮戦争直後の軍隊時代で、何もない貧しい将校でそれこそ無一文でした。結婚のときには、妻は特段の嫁入り道具もなく嫁いできました。この混乱した時代には、ほとんどがそんな形で結婚をしました。ところが母はそれがいつまでも不満だったのです。かつての豊かだった頃のことを愚痴のようにくり返し、時には嫁に対して不満の感情を露骨に表すこともありました。実際、そのことで私は随分気苦労をしたものでした。特に妻はどんなに苦労をしたことでしょう。そんなある日、また、問題が起きました。それで、たまりかねて母に対して私の気持ちを無言で示すために、合同通信社の宿直室に泊まり込み、一週間ほど帰宅をじなかったのです。私たちの世代の結婚生活では、ほとんど例外なく誰もが耐えねばならない悩みでした。その後の長い歳月の経過とともに少しは改善されましたが、根本的な解決はないまま、母は生涯を終えました。現在の人たちは、この旧世代の結婚生活に例外なくついて回った、嫁と姑の間の葛藤を理解するのは難しいでしょうね。

任　先生の読書遍歴は個人史的に見ると、どのような変貌をもたらしたのでしょうか？

李　六〇年代の半ばからは、再び毛沢東だとか、中国革命に関連する基本的な研究をするために、阿片戦争以後の中国近代史を徹底して学びました。いわゆる洋務論〔一九世紀後半に清朝の漢人官僚が推進した近代化運動〕時代の学者の康有為、梁啓超、厳復などの先覚者の研究を始めました。そして、太平天国〔清朝末、農村大衆の反清組織によって樹立された国。キリスト教の影響を受け、政治・経済上の平等主義を掲げたが、内紛の激化と清朝側の反撃に協力する欧米列強によって滅亡〕についても、興味深く、また驚きながら読みました。

こうした目的のために、日本の「東洋文庫」（平凡社）が出版したアジアの古典三〇冊ほどにも親しみました。とても興味を感じてかなり早いスピードで読みました。特に『太平天国』（リンドレー）を読みながら、中国社会の支配構造と農民の躍動的な潜在力が分かるようになると、中国共産党の力と理念が太平天国に根を置いており、その延長線上に新中国があることを理解できるようになりました。当時、阿片戦争以後の中国の経済社会に対する研究も進めました。例えば、一八七〇、八〇年代の中国の貿易量だとか税関金額、金額から見た経済改革の現実、鉄道と鉱山に関連する近代化などについて調べました。さらに、満鉄の膨大な研究を通じて、中国の政治社会的変動の現

朝鮮日報外信部長当時のある日、妻とともに（1967年）。

実が理解できるようになりました。あの満鉄関係資料からは無数のヒントを得ることができたのです。

任　その頃、文学書をお読みになる時間はなかったようですが、先生はいつも魯迅の作品を身近に置かれていたのですね？

李　私は魯迅の人間に対する愛、特に弱者に対する慈しみの心と精神的・思想的な様相にいつも変わらない感銘を受けました。五億の中国人の運命を、まさにつかみ取るため、抑圧する側から貧しい者を解放するために、「どんな目的」で文章を書かなければならないのか？　文章を「どのように」書かなければならないのか？「誰のために」書くのかなど、文筆の基本理念と方法や心の持ち方を、魯迅の文章を読みながら体得したと言えるでしょう。

論壇追放――インテリはしょせん観念論者！

「思想転向」時代の李炳注

任軒永　私が知るところでは、朝鮮日報の外信部長時代に、韓国社会で思想性の深い数々の作品によって登場した小説家の李炳注《イビョンジュ》先生と深い交友があったそうですが、その辺りのことをお話し下さい。

李泳禧　おそらく、一九六六年の春頃だったと思います。ある紳士が朝鮮日報の外信部を訪ねて来ました。文章を書いている李炳注という者だと自己紹介をし、夕食に招待してくれました。後で分かったのは、彼は釜山にある「国際新報」の主筆だったが、五・一六軍事クーデターの際に、平素から「南北の中立化統一論」を主張する論説を書いていた関係で投獄されました。軍部政権はクーデターに成功すると、直ちに国家保安法や反共法などを動員して、左翼系・革新系・労働組合・教員組織などの二千名余りを「容共分子」の容疑で拘束し、八年から無期懲役までの刑を宣告しました。彼らの大部分は朴正熙《パクチョンヒ》政権樹立と同時に拘束され、三年ないし三年半ほど服役して六四、六五年頃に釈放されました。李炳注は釈放されてから、自分の投獄中に展開された国際政治の変化を追跡するために、国内の各新聞を読んだそうですが、「朝鮮日報」の外信面が他紙よりも、正確な報道と評価をしていることが分かったと言っていました。

私と初めて会った日、彼はそんな話をしながら、私に会いたかったのだと言いました。その頃の李炳注はすでに作品のスタイルでは、すばらしく西洋的に洗練された『小説アレクサンドリア』を発表したばかりでした。その後にも有名な『魔術師』『関釜《カンプ》連絡船』（邦訳、藤原書店）、『智異山《チリサン》』（邦訳、東方出版）など、日本統治下と解放後の朝鮮人の思想的葛藤を表現した長編小説を発表し、一躍文壇の寵児としての地位を固めました。私はその後一〇年近く彼と親密な関係を保ち、彼から多くのことを学び、韓国社会の高級社交場（飲み屋またはレストラン）を探訪する機会にも恵まれました。いずれにせよ、飛び抜けた頭脳の持ち主で、該博な知識には驚かされるばかりでした。彼は晋州《チンジュ》の大富豪の息子で、解放前には早稲田大学でフランス文学を学んでいたので、その趣味と話術は洗練されており、とても豪放磊落な性格でした。

任　実に驚くべき能力を持たれた方です。李炳注先生に関して、世間に知られていないエピソードがありましたら、ご紹介ください。

李　おそらく、文学仲間や文化人はよく知らない話をひとつしましょう。それは一週間に、ほぼ四、五日は彼の招待による高級サロンなどで、グラスを傾けながら聞いた話です。朝鮮戦争が勃発し、国連軍の仁川《インチョン》上陸作戦で、韓国の南端にまで押し寄せた人民軍が総退却をすることになると、人民共和国の統治下で文化・芸術工作に協力した人々が、大勢智異山に集まり、そこで彼らは、戦況が完全に反転したので、どう身を処すかについて討論をしました。李炳注が語るところによると、智異山のとある深い山あいの、暖かい陽だまりに集まって会議をした。後退する人民軍に従って北に行くのか、全員下山して投降するかを巡って、白熱した討論を数時間続けたというのです。

李炳注によると、そうした絶体絶命の窮地に追い込まれた状態では、男性よりも女性がその信念と理念ではるかに強靭だったそうです。北朝鮮からやって来た文化芸術総同盟（文芸総）所属の女性だけではなく、南側で活躍してから入山した女性までも一様にそうで、「状況が変わったからと投降するなど話にもならない。最後まで理念に忠実であるべきだ」との意見が多かった。他方、韓国出身の男性文化人は様々な口実を並べ立て、下山しようと主張したと言うのです。討論は結末がつかないので、委員長だった李炳注が妥協案を示し、各自の選択に任せようということで合意した。ただし「同志の誰がどんな道を選ぼうと、他の同志の決定と行動について一切批判してはならない。各個人の良心に従い、自己に忠実に行動しよう」と全員が誓約し、そこで別れて解散したそうです。そうして山を降りた李炳注は、その後に投獄されました。

任　文壇ではよく知られた話ですが、本人は生前には絶対に公にしなかったのですね。いつだったか、河東《ハドン》の李炳注先生の生家と文学碑を訪ねたことがありました。故郷の方々の李炳注先生を敬う気持ちは大変なもので、ひとりの作家が生前から現職大統領（朴正熙、全斗煥《チョンドゥファン》）に尊敬されたケースもまれでしょう。

李　李炳注は実に惜しまれることに、一九七五年に軍事政権の悪法「社会安全法」に抵触し、転向書を公表するか、あるいは青松《チョンソン》保護監護所に収監されるかの選択を迫られたことがありました。解放後、左翼系と革新系進歩勢力に属したすべての人々が、この社会安全法による試練を受けたのです。朴正熙政権は彼らを排除するために社会安全法を制定し、思想転向を公表するか、あるいは青松に新たに出来た監護所で生涯を送るか、どちらかを選択させたのです。もちろん、多くの方々が前者を選びました。

　これは植民地時代に、朝鮮の共産主義者や左翼系の人々を抹消するために、新聞紙上に自分の思想転向を公表させた手口を踏襲したものです。そして七五年と翌年にわたって、国内の新聞に「私は無知なるがゆえに、南労党（または何々党、または何々団体）に加入し、国家と社会に害悪を与えた軽挙妄動な行為を心から反省し、徹底した自己批判によって、大韓民国の忠実な国民になるべく努力します。その意思をここに公表いたします」などの文章が連日のように掲載され、人々の目を引きました。洋の東西を問わず、すべての反共・ファッショ国家が使った、思想と良心の自由を蹂躙する典型的な措置でした。李炳注は彼の一族に中央情報部次長を務めた有力者がいて、彼自身も有名人だったため、このような「思想転向書」を公表する代わりに、「中央日報」にヨーロッパ紀行文を書き、そこに反共主義的思想を盛り込みました。

私は、あんなに親しく交際し、私に多くの文学的影響を与えただけでなく、現代的精神の先頭に立っていた彼が、そんな思想転向を告白する文章を発表するのを読みながら、本当に胸が痛み心は千々に乱れました。ひとりの知識人の良心と信念が凶暴な権力によって蹂躙される反文明的・反人間的惨状と、いつまで続くか予測のできない反共・ファッショ体制の監房生活を甘受することも困難な岐路に立たされた彼の立場が、まるで自分自身のことのように思われ、悲痛で耐えがたい思いをしました。

これこそが、サルトルのいう「実存主義的選択の苦痛」なのでしょう。こうした権力の暴圧と状況の分岐点に直面すると、思想的に自己充実をしなければならないので、一時期、私が心酔したサルトルの「自由は刑罰だ」という命題が、改めて実感をもって迫ってきました。私の周囲には、一九五七年に合同通信社に入社した時の次長で、その後、亡くなるまで心を分かち合った友人であり先輩である鄭道泳《チョンドヨン》も、やはりこの精神的苦痛を経験しなければならなかった方です。

任　李炳注さんは龍山《ヨンサン》市場にいましたが、金玄玉《キムヒョンオク》ソウル市長が臥牛《ウワウ》アパート崩壊事件（一九七〇年四月八日）で辞職した折に、何か辛い立場に追いやられたようですね。権力が倒れるとたちまち影響を受ける、わが社会の通弊をそのまま反映したものでしょうか。

李　韓国には「人の運命は分からない」ということわざがありますが、これがまさに、そうしたケースでした。李炳注は早稲田大学在学中に太平洋戦争が勃発し、学徒兵として召集され、解放とともに故郷の晋州に帰り、晋州農林学校の教師になりました。先ほども話したように、なにしろ洗練されて才能豊かなうえ好男子だったので、大学だけでなく、その地方の大勢の人々の羨望の的になりました。

その頃、晋州農林学校には授業時間の開始と終了を知らせる鐘を叩く雇員の金玄玉という進学希望の青年がいました。その当時の韓国では、学ぶ機会に恵まれず金もコネもない若者が、こぞって出世の道を求めて国防警備隊（陸軍）に入隊したのですが、金玄玉青年もその例に漏れず、その後は軍隊に入りました。そうして彼は、一九六一年五月の軍事クーデターの際には、佐官級将校として独裁権力の中枢部に入り込みました。いうならば、とてつもない階級移動を成し遂げたのです。そして彼はついにソウル市長になるのです。

当時、首都ソウルの市長として君臨した往年の農林学校雇員は、鐘叩きの頃から尊敬していた李炳注に様々な経済的恩恵を与えました。李炳注はそのおかげで、ソウル市内のあちこちに活動拠点を持つことができました。特に龍山青果市場を建設する際には、特権を手にし、そこに大きな自分の邸宅を構えました。彼と私が外で酒を飲んで酔うと、いつもその家に行って討論をし、言い争いをし、本を読んで夜を明かすこともしばしばありました。世の人々がみんな経済的に困窮していたのに、彼は思いっきり金を使うことができ、閑良《ハルリャン》〔下級両班。転じて遊び人〕として、遊興にもたっぷり金を使い、貴重な本を買い集めることにも膨大な金を使いました。彼の家を訪ねると、少し誇張すれば、大学や研究所の図書館に入ったかのようで圧倒されました。

彼に関する多くの逸話のうち、私だけが知っていることがあります。彼の図書室には第二次世界大戦終結後のヒトラーとナチスに関する「ニュルンベルク戦争犯罪裁判」の英文記録が完璧に備えられていました。大型百科事典ほどの大きさの記録が何十巻あったのか、私の記憶は定かではありませんが、とにかく、壁一面にびっしり詰まっていました。そうした類いの貴重な図書を、そんなにたくさん所蔵しているのには本当に驚きました。けれども、私の話のポイントはその蔵書のことではなく、李炳注がなぜ、そんなに膨大な独裁者の戦犯裁判記録を保有していたのかということです。彼の書斎で話をするたびに、彼はこう言いました。

「俺がヒトラーとナチスの戦犯裁判の膨大な記録を読む目的は、いつの日か、朴正熙と軍部クーデターの追従者一党を、戦争犯罪者と設定して大河小説を書くつもりだからだ。だから、この膨大な量の戦犯裁判記録を漏れなく読まなければならない。そして、朴正熙とその一党の罪悪のすべてを、ナチス政権の権力者に比肩する宏壮な作品を書くつもりだ」

私は、本当に目の前に座る李炳注の手で朴正熙一党を糾弾する立派な作品が書かれるのを、待ち焦がれていました。ところが、人間の身の処し方は分からないものです。そう言った李炳注が一九七五年の「思想転向」を起点に、急速に朴正熙と軍部勢力に接近しました。

彼は朴正熙の終身大統領制の法的基盤を整えた維新憲法が宣布された日に、朴正熙の自叙伝を書くことになったと言うのです。私の李炳注に対する友情と期待が大きかっただけに、彼の口からこの告白を聞いた瞬間、棍棒で後頭部を殴られたような眩暈を感じました。戦争犯罪告発小説はついに行き場を失い、その代わりに彼は暴君に媚びる伝記作家になってしまった。私はこの日から李炳注を避けるようになり、その後は、完全に決別することになりました。

そう言えばその頃、朝鮮日報の紙面を通じて「純粋文学と参与文学との論争」が起きましたが、それを覚えていますか？　一九六六年に中国で「文化大革命」が起きて、毛沢東と中国共産党の文革推進派が、六億の中国人民の思想改造をするために、文学を通じた理念論争を開始したのでした。

文学論争で金洙暎を知る

任軒永　金洙暎《キムスヨン》と李御寧《イオリョン》の論争のことでしょうか？　正確には一九六七年の一二月二八日付の朝鮮日報に、李御寧の「お化けが支配する文化」が掲載されると、金洙暎が反論し、文壇がヒートアップし、翌年になると各種メディアにまで論議は広がりました。

李泳禧　朝鮮日報編集局の現場で、論争の主人公らが出入りし、原稿を授受する場面を目撃しました。実際、この時期は、私は毛沢東の思想改造のための文学理論と理念闘争に深い関心を寄せ、見守っていたので、ついに中国の文学論争の初歩的段階がわが国でも始まったのかと思い、興味津々で見守りました。

ある日、外信記事の編集をしていると、鮮于煇《ソヌフィ》編集局長の席から大声が聞こえました。見ると、ベレー帽を被った金洙暎が、編集局長の机の前に突っ立っていました。鮮于局長は座り、金洙暎は立って手に原稿を持ち、鮮于局長が金洙暎に向かって、その原稿の表現を幾つか変更するように要求していました。鮮于局長は朝鮮戦争の際に黄海道《ファンヘド》で遊撃隊に参加したことを自慢げに語る文学者でしたが、その思想はどちらかというと参与文学に批判的な「純粋文学」派でした。

純粋文学というよりは、「右翼文学」というか、または反共文学というか、何かそうした立場であることを世間はみんな知っていました。私が見ていると、その当時の李御寧は、鮮于煇よりははるかに純粋文学派で「芸術のための芸術」側に近かった。鮮于煇は李御寧のそうした文学観や世界観に対しては、同調していて振幅が広かった。しかし、金洙暎に対してはどうも納得できなかったのでしょう。

その時、鮮于煇は金洙暎に原稿の書き直しを求めていたのですが、具体的にどの表現を問題視したのかは思い出せません。多分、よく言われる進歩的文化人が社会的理念を表現する言葉に対してではないかと思います。ですから、金洙暎が「何を言うのか！　それではあなたは李御寧の文章もそんなふうに変えさせるのか！」と、大声で叫びました。そうして「編集局長が執筆者に、文章の一部を変えろと反文学的・反常識的要求をするのなら、この原稿を韓国日報に持って行き、あちらに載せることにする！」と怒鳴りつけました。

任　その時、李御寧先生は朝鮮日報の論説委員として在職（一九六六～七二）していたので、どうしても有利な立場だったでしょうね。当時はソウルにある新聞のうち、朝鮮日報と韓国日報が朝刊では互いに競い合っていたのです。

李　そのとおりです。最初に論争を始めるに際して、鮮于編集局長は初回に次に載せる金洙暎の原稿まで受け取り、李御寧に見せてやり、反論を載せました。おそらく、その後に金洙暎が原稿を持ってきて言い争いになったのでしょう。ですから、金洙暎が鮮于煇の机の上にあった原稿をつかんで、「そんなことを言うのなら俺の原稿は出さなくてもよい。俺はこれを韓国日報に持って行き、この話の続きまでつけて出す」と脅し文句を並べたのです。とても怖かったですね。鮮于煇が何か言ってなだめると、金洙暎は原稿を置いて帰って行きました。有名な「参与文学・純粋文学論争」がこうして始まりました。この数回にわたった二人の文学論争の一連のやりとりが終わると、鮮于煇はあたかも二人の文学論争の審判者のような立場で、論争に判定を下す文章を書きました。題名は「文学は効用ではない」というもので、あたかも金洙暎の文章が純粋性を無視して社会改革的な主張をしているように結論づけ、社会参与的な傾向に反駁する文章でした。これは鮮于煇という編集局長が、自分が編集する新聞で論争を続けさせてから、自分が二人の文学者の頭上から裁断を下すようなものでしたが、私はこれを卑怯な態度だと思いました。

任　しかし、その論争のレベルは高いものではなかった。二人とも当時の若い批評家の社会科学的水準に達してはいません。私的な場所でははるかに進んだ論議が飛び交い、すでに『青脈』誌を通じて極めて進歩的な文章が紹介されている時期でした。ただし、そうした論議を、日刊紙を通じて論じて大衆化する契機を与えたという点で、重要な論戦だったと評価はしています。その頃、入ってくる一方だった西欧の学問・思想・芸術に対する覚醒から「韓国学」という言葉が流行するようになり、朝鮮戦争以後はタブー視されていた「民族主義」という言葉が復活しました。アジア・アフリカ・ラテンアメリカの第三世界に対する研究が、地に足を着けようとした時期でした。

李　私はその当時、韓国の文壇での文学論争の水準が、批評の専門家の社会科学的水準に及ばなかったのかどうかは分かりません。率直に言って、私は今でもそうですが、韓国文学の作品をたくさん読んではいないので、私の主たる関心は、国外の世界的問題でした。それで国内のこうした文学論争にはさほど関心がなく、毛沢東の文化大革命の展開のように、数千年間の中国の歴史の中で、本格的な権力闘争に先立って起こった文学論争について知り、それに関する中国の資料などを興味深く読んでいました。毛沢東の文学論に対して反旗を翻した作家や思想家の文学論議が、有名な鄧拓・廖沫沙の『三家村礼記』と鄧拓の『燕山夜話』です。これらの書物には中国の数多くの故事と比喩が収録されていますが、ここに毛沢東の思想と政策に対する豊富な隠喩を動員しながら、間接的に反論が展開されていたのです。後日、この二つの本に編纂された多数のテーマの文章が、毛沢東の革命志向的文学論に対して李御寧風の文学観を展開したのです。こうした中国の文学論争を読みながら、中国人が鋭く対立する現実的な主義主張を、文学という間接的な方法を通じて、激突を避けながら融通性を持って柔軟に展開して行く驚くべき知恵を学びました。私はそうした中国の論争方式を、韓国社会で社会問題を扱う際に、適用してみようとしましたが、これはとても難しいことでしたね。

韓国文学界の新風『創作と批評』

任軒永　文壇では申東曄《シンドンヨプ》・金洙暎らの作品が成果をあげていたのですが、『創作と批評』の創刊が若い読者の間で大きな評判となりました。この頃、先生は白楽晴《ペクナクチョン》先生と交流されていましたか?

李泳禧　私は文学論争に少し距離を置いて過ごしていましたが、韓国語で書かれた小説、詩などを読み始めたのは、あるいは、この「理念論争」のおかげかもしれません。中国の文化大革命に関連して、韓国文学にもようやく関心を持つようになりました。金洙暎の作品を探し出し、そのすべてを読むことから始めました。申東曄の感動的な詩を読むようになったのも、まさにこの直後になります。そして、韓国文壇の大先輩である金廷漢《キムジョンハン》先生の『寺下村』を手始めに、その後の作品を探して読みました。この時分に創刊された『創作と批評』は、その後、文学界のみならず知識人社会に思想討論の場を提供することで、思想界に大きな影響を与えることになり、雑誌発行人の白楽晴を発刊を機会に知るようになりました。

そして『創作と批評』に発表されたものと、その他の文学誌を通じて韓国の詩と小説を折に触れて読むようになります。ほとんど私と同時代の詩人や作家ですね。評論は除いて、詩では高銀《コウン》、趙泰一《チョテイル》、金芝河《キムジハ》、閔《ミン》暎《ヨン》、申庚林《シンギョンリム》、李時英《イシヨン》、崔夏林《チェハリム》らであり、小説では金廷漢、朴婉緒《パクグアンソ》、金聖東《キムソンドン》、黄皙暎《ファンソギョン》、李浩哲《イホチョル》、南廷賢《ナムジョンヒョン》、宋《ソン》基淑《キスク》、朴泰俊《パクテジュン》、宋基元《ソンギウォン》、尹静慕《ユンジョンモ》、金承鈺《キムスンオク》、趙世熙《チョセヒ》、崔一男《チェイルナム》、玄基榮《ヒョンギヨン》、趙廷來《チョジョンネ》たちでした。

白楽晴はアメリカ留学から帰国したばかりで、軍隊服務を終えて除隊した三〇歳代前半の貴公子タイプでした。白楽晴と『創作と批評』に縁を持ったことは、私のその後の人生にとても大きな知的刺激を受ける契機になりました。また、この縁がなかったら、大勢の文学者との深い友情を分かち合うことはできなかったでしょう。先ほども話したように、白楽晴は、朴正煕クーデター政権が、それ以前の政権の下で、裕福でコネのある親の息子たちが多年にわたりぞろぞろと兵役を忌避した弊害を変えるために、兵役忌避者を強制的に入隊させた時に、アメリカ留学中でありながらも、自発的に帰国して入隊しました。とても感動的な行動で、韓国社会で大きな話題になった人物です。年齢は私より九歳下でしたが、その知識と思想の面ではむしろ先輩格の友人です。

私が、後輩の白楽晴に対して特別に敬意を表すのには理由があります。解放直後にアメリカが、世界の学生と若者をアメリカナイズするための政策の一つとして、世界各国から英語が良くできる高校生を連れて行き、「国際英語弁論競演大会」を開きました。この大会はアメリカの「ヘラルド・トリビューン」紙が主催したもので、解放後にアメリカの新天地を夢見た世界各国の学生には羨望の的でした。その最初の年に韓国から行ったのが高校生の白楽晴でした。翌年に行った女子高生が李光洙《イグワンス》の姪だったかな。この女子高生が一週間のアメリカ旅行を終えて帰国すると、金浦飛行場に記者が群がりました。当時の金浦飛行場は空港というにはお粗末で、草地にコンクリートの滑走路が一本あるだけでした。飛行場の建物も仮設で、よりによってその日は土砂降りで、雨傘を持った記者がずっと草地を歩いて飛行機の横に集まりました。飛行機から降りたその女子学生に、記者たちはいつものように感想を聞こうとはしなかった。ところが驚いたことに、アメリカにたかだか一週間ほど行ってきたその女子高生の第一声が「Well, well, I've forgotten Korean」（あーー、それが、私は韓国語を忘れました）だった。記者たちは呆れてしまいました。

ちょうど雨が降った日だったので、飛行場の草むらにいたカエルが彼らの近くでピョンピョン飛び回っていました。その女子高生はそのカエルを見ると、記者たちに〝Frog, frog! How do you say frog in Korean?〟（カエル、カエル！ 〝frog〟を韓国語でなんと言うの？）と尋ねました。この女子高生の話が新聞に載ると、一時期、ソウルでひとしきり話題になりました。

私がこの女子高生の話をしたのは、白楽晴の精神的な心がけを高く褒め讃えたいからです。高校を卒業すると渡米し、アメリカでハーバード大学の博士課程まで終えているのに、「アメリカ病」に罹らなかっただけでなく、バランス感覚の優れた世界認識と思考を堅持し、どこまでも韓国と韓国文学、そして韓国国民の情緒的な面で優れた貢献をしたからです。まさにこの当時、韓国の文壇と思想界に姿を現した屈指の人物でしょう。

任 先生は一九六七年にモーゲンソーの「国際政治――権力と平和」を翻訳されましたね。

李 『創作と批評』の一九六七年春季号に掲載されました。それはアメリカが本格的にベトナム戦争に介入し、ベトナム人民を残忍非道に虐殺して世界の良心を逆なでした時でした。まさにこうした状況で、初めてアメリカの最高知性のひとりであるモーゲンソー教授が、自国の支配集団が第三世界で強行している傲慢不遜な野獣のような行動を批判した文章です。私がいつも購読していたアメリカの最も進歩的な評論誌『ニュー・リパブリック』にその論文が掲載されていたので、翻訳して『創作と批評』に掲載してもらいました。私は外信記事面にラッセル、サルトルらのヨーロッパの知識人社会の巨匠のベトナム戦争に反対する文章は掲載したことがありますが、米国最高の知性人チョムスキー教授の文章を除くと、アメリカの学者の自国批判の文章を載せたのはこれが初めてでした。しかも、反戦・平和思想を本格的に提起し、米国政府統治集団の犯罪的行動を批判した長い論文です。わが国でも手応えは十分でした。『創作と批評』と私が文章で結んだ縁は、この翻訳の仕事から始まりました。

任 ひと頃、ニクソンが再選運動に乗り出した折りに、彼の対外政策を批判したR・バーネットの「ニクソン――キッシンジャーの世界戦略」という論文も印象深く読みました。特に、ベトナム戦争の実状を暴いた先生の論文は、在野や社会運動をしている学生に多大な影響を与えたと思います。

李 ベトナム戦争の原因と背景、韓国が蔑視したいわゆる「ベトコン」とホー・チ・ミン、そして「自由民主政府」として援助した南ベトナムのサイゴン政権の本質などについて、真実を知って書いた者は、私以外にはいなかったのではないでしょうか。
　先に、ベトナム戦争の話をした際に言及したように、ベトナム戦争に対する韓国の知識人とジャーナリストの意識と哲学は完全に反動的でした。マクナマラが自分の犯したベトナム戦争の失敗原因を一四件挙げて、自分自身を批判したことを先に紹介しましたが（二七四〜五頁）、韓国の知識人とジャーナリストは、その一四件のうち、ただの一項目に関しても正しい認識と知識を持ち合わせていなかった、と言っても過言ではありません。解放以後、ひたすら病的で狂信的な極右反動主義と、アメリカを神のように崇めて仕える徹底した精神的・思想的隷属状態にいたためでした。それらの文章のほかに私が発表した多くの文章を、大勢の韓国の知識人が敬遠していたことに驚くばかりです。それほど徹底してアメリカ崇拝思想に浸っていたのでしょう。私は今も理解することができません。自画自賛のようで気恥ずかしいのですが、私がその当時にしたことは、韓国知識人の目を覆っていた厚いとばりを取り払い、客観的な世界の現実に対する認識を一変させることに、少なからぬ役割を果たしたと自負しています。そのために私が経験することになった多くの苦痛については、いちいち言葉にするまでもないでしょう。

尊敬する金廷漢先生を訪ねて

任軒永　先ほど申東曄、金洙暎、金廷漢先生の作品などを、部分的ですが読むようになったと言われましたが、先生の世代の知識人としては随分遅い方ですね。

李泳禧　その方たちが、私の内面世界に占めるようになった話を一つしておかねばなりません。私は残念ながら、解放当時とその後の時期に日本語と英語に親しんでいたので、強いて韓国の小説を読みたい衝動や欲求があまり起きませんでした。そして、韓国文学が私の国際情勢の分析には、さほど直接的なプラスにはならないという理由もありました。言うなれば、知的・情緒的な欲求が湧かなかったのです。
　申東曄の詩集『阿斯女《アサニョ》』と、長編叙事詩『錦江《クムガン》』と文学評論を読んで、あまりにも純粋なその人生の情緒

世界各地から飛び込んでくる民衆闘争のニュースに、夜を明かした朝鮮日報外信部長の頃（1966 年）。

と強い同胞愛を知ったので、何かの折に白楽晴に申東曄詩人の詩に対する感動を語り、彼に会いたいと言うと、白楽晴は驚いたような顔をして、申東曄は少し前に亡くなったと言うのです。私は文壇の消息に疎かったので、彼が亡くなったことを知らなかったのです。そんな立派な詩人と生前に言葉を交わす機会がなかったことが悔やまれてなりませんでした。あの素晴らしい言葉を絹糸のように吐き出し、詩に紡ぎ上げたその秀でた精神に、生身の人間として接することができていたら、私の人生はどれほど豊かになっていたことでしょうか。

その頃、私は作家の李炳注《イビョンジュ》と親しかったと言いましたね。李炳注は金洙暎ら文学者とも深い付き合いがありました。けれども私と金洙暎が李炳注を介して知り合うことにはならなかった。それで金洙暎の詩と文章を選んで読んでみると、やはり申東曄から感じたような情感を覚えたので、金洙暎と交誼の機会を得たいと思いました。ところがある日、李炳注に会うと、ひどく悲痛な面持ちで「昨夜、俺のせいで金洙暎が死んだ」と言うのです。酒を飲んで遅くなり別れる時に、李炳注が俺の車で家まで送ってやると言うと、金洙暎は酔っていたためか「お前のように堕落したブルジョアの車には乗らない。自分の足で歩いて帰る」と答えて暗い夜道を千鳥足で歩いて行った。そして走ってきたバスに轢かれて死んだと言うのです。その当時、李炳注は、金玄玉ソウル市長の後見人になり、湯水のように金を使っていた。彼はその頃、ソウルに二台しかない高級車ボルボを乗り回していました。デラックスなボルボで、金洙暎を家まで送ってやろうというので、常々、金洙暎の胸のうちにあった「鼻につく」という思いにスイッチが入ったのでしょう。金洙暎はそんな精神と思想の持ち主だったから当然です。とにかく、こうした経緯で、私は素晴らしい精神の持ち主と付き合う機会を、またしても失ってしまいました。

こうした重なる悲しい経験のために、その後は私の心を感動させ畏敬の念を抱いた方には、チャンスの到来を待つのではなく、積極的にこちらから訪ねて行かなければならないと思うようになりました。文壇とは縁のない私が、ある日、一面識もない高齢の金廷漢先生の釜山のお宅にわざわざうかがったのも、そんな思いからです。金廷漢先生の人柄に接し、温かい心に大きな感銘を受けて帰宅してきました。この出会いは私の文学的情緒に欠け、論理的思惟を第一とする潤いのない情感に注がれた慈雨のようなものでした。ちょうど『創作と批評』に寄稿したベトナム戦争関係の論文の原稿料を受け取っていたので、白楽晴と雑誌編集長の廉《ヨム》武雄《ムウン》に、申東曄と金洙暎に対する私の悔恨の告白をし、その原稿料で金廷漢先生を訪ねたいと頼み込んだのです。先生のお宅に到着した私たちは、まずクンジョル〔最も丁寧なお辞儀〕をしてから、釜山光《クアン》復《ボク》洞《ドン》のこぎれいな和食の店にご案内し、十分におもてなしをして帰ってきました。私は数十年間文章を書き続け、少なからぬ原稿料を受け取ってきましたが、金廷漢先生へのおもてなしに使った原稿料は、まさしく価値のあるものでした。

原稿用紙一枚にタバコを一服

任軒永　話は変わりますが、先生は飲酒とタバコがとてもお好きなようですが…。

李泳禧　私は、大学時代も七年間の軍隊生活にも、酒とタバコをそんなに多くやっていたわけではありません。第一の理由は、酒を楽しむほどの経済的余裕がなかった。また、飲酒生活が人間の精神を曇らせ、さらに、爽やかで清らかな精神生活の妨げになると思ったからです。さらに理由を加えるなら、大学生活と軍隊生活でアルコールを好む者の中には、尊敬に値する人物がいなかった。新聞社に入ってからもそうでしたが、その以前の青年期に、私は一種の精神主義者というか、道徳的な潔癖症でしょうか、一言では表現できないのですが、寸暇を惜しんで読書に熱中し、つまらない友人との付き合いには距離を置き、目的なしに彷徨するような人生を嫌悪し、時間を惜しんで足りない知的教養を充足するために全力を尽くさねばならない、との思いで生きてきました。

けれどもメディアの世界に入り、そのような飲酒観が大きく変わりました。大学時代や軍隊に服務した頃には出会えなかった尊敬すべき友人らと付き合うようになり、彼らがみんな優れた能力を持ち、彼らのほとんどは酒を楽しむ人々だったからです。五〇年代半ばに国産ビールが大衆化され、乙支路入口《ウルチロイック》から明洞聖堂《ミョンドンソンダン》に向かう通りに、初めて大規模な大衆ビヤホールができました。合同通信社はまさにその近くだったので、私たちは仕事を終えると、そこでビールのジョッキを傾けながら、様々なテーマについて熱っぽい議論を楽しみました。なかでも、私の精神的営みに長い痕跡を残した閔昌基《ミンチャンギ》という友人がいましたが、彼は一方では、韓国土着の新宗教である円仏教《ウォンブルキョ》に心酔していながらも、ガンジーの崇拝者で「絶対的平和主義者」であり、かつ「非暴力主義者」でした。閔君は、こうした哲学を実生活のなかで実践しながら、ガンジーの「市民不服従運動」を通じて社会の矛盾と悪を正さねばならないと力説していました。

李承晩政権の罪悪と腐敗と暴力に対して民衆が対抗できる唯一の方法は、目覚めた問題意識と何らかの革命的闘争以外にはないと考えていた私に、彼の言葉はとても新鮮な方法論として迫ってきました。彼は合同通信外信部の勤務が終わると、その当時の貧しいすべての外信部記者がそうだったように、アルバイトをして生計を維持していたのですが、彼のアルバイトは駐韓米軍の工兵建設本部で働くことでした。そのアルバイトの報酬が私たち外信部記者の月給に比べると、とてつもなく高額だったので、彼は気の置けない合同通信外信部の数人を、明洞のビヤホールや武橋洞《ムギョドン》のみすぼらしいマッコリ酒場に連れて行き、酒をおごってくれるのが常でした。私たちは一様に軍隊生活で軍隊の堕落した姿を見ており、ちょうど三〇歳前後の血気盛んな正義感に燃える年代でした。酒の席で車座になりさえすれば、くだらない世俗的な話題や若者の鬱積《うっせき》を晴らすような女性遍歴の話ではなく、なぜかあまり似つかわしくない、社会と国家と国民生活への嘆きを語り、当時、地殻変動を起こしながら人類史的変化を展開している反帝国主義、植民地民衆の解放闘争、資本主義的体制の独占が崩壊していく新生解放独立諸国で起きた社会主義的変革などに話が及んでいくのでした。

しかし私は他の外信記者と同様に、基本的には貧しかったので、政治部・経済部・社会部の記者とは異なり、もっぱら安い飲み屋で酒を飲んでいました。こんな貧乏生活を支えるためにアルバイトをし、たくさんの翻訳の仕事をしなければならなかったのです。翻訳は辛い精神労働だったために、作業の潤滑油のタバコを吸うようになり、三〇年もそんな仕事を続けるうちに、原稿一枚にタバコをほぼ一本を吸うようになりました。

特に、朝鮮日報の外信部長になった六〇年代半ば以降は、世界各地で活火山のように噴き出す、多くの民族の現状打破の熱気に当てられたように興奮して仕事をしました。例えば、キューバでのカストロたちの新生活への力強い実践運動と、暗黒大陸アフリカで白人によって動物扱いされていた黒色人種が展開する社会革命だとか、近くは、ベトナムの民衆が世界最強の帝国主義であるアメリカの軍隊を相手に展開している涙ぐましい闘争、中国で展開されている毛沢東式の「第三の生存様式」の力強い展開などのニュースの洪水の前で、時には何日も帰宅することも忘れて、それらのニュースの流れに夢中になっていました。特に「コリア問題」に関する国連の討議において、第三世界の新生独立諸国が団結して、南北コリアに対する反冷戦的討論が総会の雰囲気を熱くする様子や、韓国を数十年間も支配してきたアメリカが、コリア問題に対する評決の結果、敗北する様子などを、外信部のテレタイプの前で見守りながら、私と気が合う金庚煥《キムギョンファン》編集局長と一緒に夜を明かすことが多かったのです。なにしろ、酒が強かった金局長と私は、夕食を抜き、夜中に中華料理屋に白乾児《ペガル》〔アルコール度数の強い焼酎〕と焼き餃子を一皿ずつ頼んで第五版〔ソウル中心部に配達される新聞〕が脱稿する明け方四時まで飲んでいたのです。そのため私の酒量はますます上がり、度数の低い酒では満足できないようになり、自然に白乾児を好むようになりました。一九六七年の秋には胃潰瘍が悪化し、ほとんど胃壁に穴が開きそうになりました。本当に無謀に酒を飲み続けたのです。大学時代と軍隊の七年間に、あんなに酒を飲む人間を嫌悪していたのに、まったく想像もつかない変化でした。そのために長期間の病院暮らしをすることになり、その後もそんなことが続きました。

肉体労働ができないブルジョア・エリート

任軒永　朝鮮日報社に解雇されてから、苦労をされたのでしょう？

李泳禧　朴正熙の軍事独裁と言論弾圧が深刻になった六〇年代に、私は外信部長としてジャーナリストの使命を果たすことに、大きな葛藤と悩みを持って生きました。虚偽をあたかも真実のように、カモフラージュしなければならないジャーナリストの機能と立場に対して、私は幻滅を感じました。そんな精神的・心理的葛藤と苦痛がほとんど暴発しそうになった頃、朝鮮日報と政府が私に辞表の提出を求めてきたのです。私は来るものが来たという気になり、辞表を提出して新聞社を後にしました。一九六九年の初頭でした。

これを契機に、これからは同胞に詐欺を働き不誠実な職業人として暮らすことからは、きっちり縁を切ろうと決心しました。そこで肉体労働者になろうと思いました。そんな気持ちで最初に考えたのが養鶏でした。養鶏に関する参考書を買って読んだり、養鶏場を作る土地を物色して楊州《ヤンジュ》郡の辺鄙な地域を訪ねてみたりもしました。しかし、いざ必要とする土地を借りようとしても、元手が一銭もないのです。持っている財産といえば、二五坪の敷地に一三坪の建物、評価二七〇万ウォンの祭基洞《チェギドン》の家だけでした。養鶏場という私の決心を聞いた母親は「自分が死ぬまではこの家を売らない。お前のお父さんが貸間で亡くなった時、声を上げて泣くこともできなかったのに、やっと自分の家を持てたのだから、私が元気なうちは処分してはならない」と叱られました。「親は大学の勉強をさせて出世するのを願っていたのに、そんな鶏なんぞを飼って暮らしたいなどと言うなんて。住んでいる家を売って元手にするなら、いっそ、私を先に殺しなさい！」と、ひどく立腹されるのです。ああ！　やっと母の気持ちを理解することができました。それでは、何かでできる仕事でもするか？　けれども、もう知的労働には戻らないとの一念だったので、タクシー運転手をしようと思いました。六〇年代半ばには、日本から買ったエンジンを車体だけを覆って組み立てた国産タクシー「セナラタクシー」がありました。価格は二九〇万ウォンでした。家さえ売れば二〇万ウォン程度はなんとか工面できるので、タクシーを買うことを考えました。しかし、年老いた母は、絶対「私の目が黒いうちは、この家を売ってはならない」と激怒するだろう。ではどうすればよいのか? 結局、これも挫折してしまいました。

そんな失望と挫折の果てに、ある日、家で寝そべっていると、横で遊んでいた小学校一年の長男が、父親が寝ていると思ったのか、低い声で妹の美晶に「僕たち、今度のクリスマスにはプレゼントがないみたいだよ」と言っているのです。娘は「どうしてないの?」と聞き返しました。「お父さんが失業者なので、お金を稼げないいんだって」と言うのです。どうして子どもが知ったのか? 本当に胸が痛くなりました。わずかでも稼がなくてはと思い、すぐさま李炳注を訪ねていきました。ちょうどその時は、中編小説の「小説アレクサンドリア」(一九六五)と「魔術師」(一九六八)など数編を発表した直後だったので、それを出版しようと自分で「アポロ」という出版社を創業し、私がその出版社の外販担当になりました。縄で縛った本を持って売り歩きました。中高等学校の国語教師に売りつけて、月給日に代金をもらうことにしました。だから今でもソウルの中学校ならどこにあるかはほとんど分かります。最も厄介なのは漢城女子中学でした。丘の上にあるため、道がとても急で、それに雪が積もってすべる道を、レーニンの言葉どおり「一歩前進、二歩後退」しながら登るのですが、その仕事を雪の降る厳寒期にずっとやり続けました。

任　先生が養鶏をやろうとしたり、書物を販売されたりしたことなどが、韓国の知識人の志操を象徴しているようです。玄鎭健《ヒョンジンゴン》が孫基禎《ソンギジョン》の「マラソン日章旗抹消事件」(一九三六)で、東亜日報から追放されました。その時に玄鎭健も養鶏を試みたが失敗し、詩人の金洙暎《キムスヨン》もそうでした。それで玄鎭健は生活に苦しみながら、長編小説「無影塔」を書き、金洙暎もその後に優れた詩を残しました。先生の養鶏業の挫折をお祝いいたします。

李　玄鎭健のケースは知りませんが、金洙暎が失業中に養鶏業をやって失敗した過程を感動的かつ芸術的に描いた作品は読みました。その後、李炳注は東洋放送のラジオで七分間のコラムを担当しましたが、その当人が、自分は酒を飲むのと女性の相手をするのに忙しいと言いだし、私に代わりに書けと言うのです。それで私がやりましたが、原稿料は少なくなかった。こんなことをして一年余りを少しずつ稼ぎながら、辛うじて生活をやりくりしていきました。

とても寒い冬のある日、オーバーの襟を立てて両手に李炳注の小説を一〇冊ずつ縛った束を持ち、梨花女《イファ》子高校の国語の先生を訪ねようと、徳寿宮《トクスグン》の傍の道を歩いていました。雪が凍って滑るので、やっとの思いで足を運んでいると、誰かが横からいきなり「李部長さん！」と呼ぶのです。見ると、法曹界出身の合同通信社の若い記者でした。彼は私の姿をとても理解できないという目で、言葉を続けられずに、けげんそうな眼差しで見つめていました。彼の気持ちを察した私は、出版社を作ったものの、まだ人を雇うことができないので、自分が本を配達しているのだと、嘘半分、真実半分で適当に言い繕いました。すると数日後に、合同通信社に外信部長として来てくれという連絡がありました。その若い記者が、合同通信社で上司に私に会ったと話をしたようです。ちょうど合同通信社では機構改革で外信部長を必要としていました。それで、私にそんな依頼をしてきたのでした。

最終的に、私は肉体労働者になろうとした考えを撤回し、またインテリの職業に戻りました。こうして、私はインテリが、その平安な職業と社会・文化的権威を放り出し、社会的に蔑まれる肉体労働者になろうと考えることが、どんなに観念的だったかを痛感しました。私はどんな弁明をしても、結局、韓国型インテリで権力の使い走りをするジャーナリストであり、再び読者大衆に不誠実な人間になるしかない自分の立場を嘆かわしく思いました。ただ、いずれにしても、肉体労働者になれないのであれば、あらゆる外的制約と拘束に対して最大限の抵抗をしながら、個人として可能な努力をしてみようという気持ちでした。それが一九六九年秋のことです。

再び握った真実のペン

任軒永　世界の文学史を見ると、一八八三年にモーパッサンの『女の一生』が出ました。その二年後に『ベラミ』が出るのですが、みんな男性の野望による女性の不幸を描いています。その野望が何かというと、帝国主義的侵略の野望とまったく同じものを感じるのです。その頃は、ベトナムとフランスが協定を結んでベトナムが完全に植民地体制に入り、一八五〇年代からベトナムから奪っていった富が蓄積され、フランスブルジョア社会の男性の道徳的な堕落が始まりました。金を手にすると、男はまず初めに女を取り替えるのですが、その道徳的な堕落が女の一生に大きな影響を与える、そんな物語でした。私はそのような植民地化政策が、後進国はもちろん先進国の女性にまで被害を与えるのかと思いました。ベトナムもわれわれに劣らず多くの受難を経験し、近代の開化期に、潘佩珠《ファン・ボイ・チャウ》の『ヴェトナム亡国史』（邦訳、東洋文庫）が、わが国の新文学に対して重要な役割を果たします。先生がベトナムに関心を持たれたのは、外信部記者だったからでしょうが、主な動機はアメリカの影響を受けたわが民族の運命と関連して、他人事とは思えなかったからでしょうか。

李泳禧　単純にベトナムの事態、それ自体のためではありません。任さんの見解のとおりです。

任　朝鮮日報時代が終わってご苦労されましたが、一九七〇年に合同通信社の外信部長に迎えられてからは、ひとりの記者としてではなく、それこそ韓国最高の知性人として文章を書かれることになります。私はその頃、金相賢《キムサンヒョン》議員と汎友社《ボンウサ》の尹炯斗《ユンヒョントゥ》社長が、一緒に働いていた月刊『タリ』の編集部にいたのですが、李先生に中国問題の理解を深めるための文章を依頼しました。タイトルは「権力の歴史と民衆の歴史」と事前に決めてお願いしたのですが、先生の数多い文章のうちで、最もアピールし、大衆性を持つ名文だったと思っています。

李　その文章は圧迫を受ける貧民大衆に依拠し、彼らの力量を動員した毛沢東の中国革命と、それ以前の多くの王朝の易姓《えきせい》革命〔儒教の政治思想の基本的観念のひとつ。天子は天命により天下を治めているのであるから、天子の姓に不徳の者が出れば、天命は別の有徳者に移り王朝は交代するという説〕、そしてまさに前段階の蔣介石の極右反共的・財閥中心的・少数支配階層主導の「政治革命」とどう違うかを、長い中国の歴史を通して理論化したものです。当時韓国では、中国共産党指導下の革命に対して、単純に「共産革命」または「赤色革命」とレッテルを貼り、あたかもそれが一切の人間的価値を破壊する悪魔的運動であるかのように犯罪視する「反共政策」と、悪意ある謀略的中傷の一色でした。こうした韓国の知識人と国民一般のために、可能な限り中国社会の独特な歴史的背景・精神・理念・現代革命の本質的相違点と展開過程、指導的人物に関して、イデオロギー的偏見を持たずに、事実によって記述したものです。

多くの文章を書いていると、それを書いた本人が納得できる文章もあるが、心にしっくりこない文章もあるものです。任さんもそうでしょう。私の場合にもそれは同じです。ほぼ四〇年間にわたって書いた文章がかなりありますが、その中でもいつ読み返しても「本当に良く書いたなあ」と、若干の知的感傷に浸ることのできる文章の一つがそれでした。その文章はその後、私の最初の著書である『転換時代の論理』〔創作と批評社、一九七四年〕に収録され、韓国社会の知識人に少なからぬ知的・思想的影響を与えることができたように思います。

九〇年代に入ってから、ある中国学の教授が、これまでに中国革命や過去百年の歴史に関する本は無数にあるが、この論文のように、歴史的視野を維持しながら、簡潔かつ重要な要素を網羅して論理的体系を備えた文章はないと評価してくれました。ですから中国学科の学生の基本教材として使用しているそうです。正直言うと、私自身も、中国の歴史的変革過程を哲学的思索の深さまで掘り下げた、この論文を書くことができたことに驚きました。

任　今読んでも文章そのものが名文です。文章力とアピール力を併せ持っています。あたかも、毛沢東と魯迅の文章を合わせたとでも言いましょうか。

さて、合同通信社に在職当時のことをうかがいます。金芝河の譚詩〔バラード、物語的な内容を備えた民衆詩〕「五賊」事件と全泰壱《チョンテイル》焼身自殺事件〔ソウル平和市場の縫製工場の労働者だった全泰壱は、一九七〇年に低賃金で劣悪な労働条件に抗議し抗議デモを組織したが、改善が見られず焼身自殺をした。この事件は以後の労働運動の原点となった〕をはっきりと覚えていらっしゃるでしょう。特に金芝河とはその後も、緊密な関係を続けられますね。金芝河裁判の法廷で、私がお座り下さいと言うと、先生は「私は金芝河の裁判に来たら絶対に座らない」と言われた記憶があります。「被告である金芝河」の苦痛を考えると、傍聴席に座ることはできないと意志表示されたのですね。それで私も座ることができなくなり、立っていた記憶があります。その頃、金芝河の第一の師匠で、同志として一緒に行動されたのが先生でした。

李　金芝河を知ったのは、あの有名な譚詩「五賊」が発表された直後だったと思います。七〇年代の初頭、韓国の暗鬱な知的・思想的状況がはるか昔のことに思える若い世代のために、若干の説明を加えなければならないでしょう。その「五賊」は、本来は当時の知識人の自由思想と軍事独裁的傾向に反対する月刊誌『思想界』に掲載されたのですが、発表当時は軍事政権も問題視してはいなかった。ところが、金大中氏を中心にした新民党の機関紙だった『民主新報』がこれを転載すると、全社会的な話題になり、政権の憤怒の刃を受けました。朴正熙政権の支配集団である国会議員、長官、財閥、高級官僚、軍の将軍の、五つの支配集団を禽獣に比喩した詩であり、野党の新聞に転載されたので鉄鎚を下されたものの、軍事政権に反発する大衆からは喝采をもって受け入れられた。おそらく、この時に金芝河を初めて知ることになり、次に、金芝河が私淑する原州のカトリック教区の思想的指導者である張壱淳《チャンイルスン》先生を知ることになったのです。

この譚詩掲載のために『思想界』は雑誌登録の取消しを受けました。この年（一九七〇年）には朴正熙政権が、いわゆる「祖国近代化」のスローガンを掲げ、ベトナムに派兵した軍人の血の代価で建設した京釜《キョンブ》高速道路が開通しました。完全に御用化された韓国の新聞・放送・雑誌などのメディアと宣伝機関が、慶釜高速道路の開通によって朴正熙政権の永久執権という雰囲気を演出していました。これとは反対に、朴正熙政権の経済政策の無慈悲な労働者搾取に抵抗する運動として、縫製工場の労働者全泰壱の焼身自殺事件が起き、文化界では金芝河の「五賊」や、作家の南廷賢が韓国社会の醜悪な状況を文学的に描いた小説「糞地」が起訴される事件が起こったのです。

「乞食詩人」金芝河の苦難

任軒永　金芝河の当時の作品は立派でしたね、実際、二〇世紀の世界の文学史においても「五賊」のような作品は多くはありません。この作品を国内外に宣伝するに当たり、先生も一役買われたのではないかと思います。記憶されていることはありますか？

李泳禧　金芝河の「五賊」が、まず日本に伝えられて一大センセーションを起こしたのは、誰の力を借りたものでもなく、その譚詩自体の驚異的な発信力によるものです。「五賊」は様々な経路を通して日本に紹介されました。私もその役割の一端を担ったのは事実ですが、主にそれは、日本のメディアを通じてなされました。六〇、七〇年代は、私が言論界及び漢陽大学に所属していた時期ですが、その当時、韓国駐在の日本メディア各社と常に密接な関係を持っていました。『朝日新聞』や『毎日新聞』から、地方紙に記事を配信する共同通信社、いくつかの雑誌社などの記者とも広範囲な人間関係を維持していました。

共同通信社との関係で言えば、一九六五年に日韓条約が締結されてから、共同通信社はソウル支局を正式に設立し、韓国特派員の常駐取材を認められましたが、私はすでにそれ以前から彼らの韓国状況の報道に、一種の鑑定士・フィルターの役割を果たしました。その役割とは、取材し報道するだけの価値があるか、取材対象の選択、問題点についての示唆、内容と意義と関連する人物の人的事項などの検証、彼らが独自に入手した情報の真偽の確認などでした。その二〇年にわたる期間に、日本の特派員は数え切れないほど交代しましたが、彼らはみんな私に借りを残したことになります。特に、共同通信社はソウル駐在の特派員が交代するたびに、本社の編集局長があらかじめ次の特派員になる人物の人となりや経歴などを送ってきて、事前に私の意見を聞く慣行ができていました。こうしたことは、日本のマスコミの公的な慣行ではなく、あくまでも彼らの李泳禧という大学教授でもある私に対する、信頼感の表れだったのでしょう。
　実は、日本の特派員は祭基洞のわが家にいつも出入りしていました。そのたびに家の近くにある有名な「洪陵《ホンヌン》カルビ」が、アジトの役割を果たしました。私は積極的に金芝河を彼らに紹介しました。私と金芝河は外国人特派員と真摯に議論する時間を持ち、時には夜を徹して飲みながら国境を越えた人間的な友情を深めたことも何度かありました。私も金芝河もソウル駐在の外国人特派員も、押し並べて軍部政権の徹底的な監視を受けている状況で、長い歳月にわたってこのような関係を維持するのは容易なことではなかった。金芝河に限らず他の多くの文化人や運動家も、私を通じてこうした協力関係や人間関係が生まれました。それから三〇年余りが過ぎた今でも、私は日本に行くたびに、いつもこうして結ばれた相手から歓待されることになります。厳しい状況のなかで結ばれた日本人との人間関係を再確認するのです。

任　詩人の才能からすれば、もちろん世界的水準だったでしょうが、金芝河を世界的な文学者にしてくれた大勢の方々のサポートも忘れられませんね。

李　その意見に全面的に同感です。革命のような激動の時代に、生命の維持すらも難しい状況のなかで、名前が世界に知られて有名になるためには、大勢の方々の熱い愛情と同志的な連帯が必要でしょう。
　金芝河はあの厳しい七〇年代に、祭基洞のわが家にもしばしばやって来ました。彼は外見にはとても無頓着な人間だったので、みすぼらしい身なりで頭はいつ散髪したか分からないほど伸びていて、髭の手入れもしないので、その格好は言葉で言い尽くせないほどでした。そのうえ、彼はいつも鞄ではなく、旅行用のずた袋のようなものを担いでやってくるのですが、いつも体を支えるのが難しいほどよろめいていました。どこかでたっぷり飲んできたのでしょう。こんな様子の金芝河がわが家の入口に現れて、呼び鈴を押すと、玄関脇の部屋にいる母が夜中でも出て行き戸を開けてやりました。母は金芝河を乞食とばかり思っていました。そんなみすぼらしい身なりの「乞食」が有名な詩人だという説明を聞いてからは、金芝河が夜中に訪ねてくるたびに、母は母屋に向かって「やあ、乞食詩人が来たよ！」と声をかけるのでした。私との関係ではそうでした。

金芝河は一九七四年のいわゆる「民青学連事件」で投獄されますが、出獄してから私の家に泊まったある日、投獄中にあの「人民革命党（人革党）事件」の関係者からこっそり聞いたという話、要するにあの事件は完全に朴政権が捏造したもので、彼らが中央情報部でどれほどひどい拷問を受けたか、という事実を暴露する文章を書くと言いました。私は金芝河のその計画を聞いて言いました。「あまり長期間、集中的にやると、先のことを約束できなくなるかもしれないので、当分は休養のつもりで田舎に旅にでも行きなさい。これまで東学《トンハク》農民革命に深い関心を持ってきたのだから、録音機を手に入れて、それを担いで湖南《ホナム》地方を回りながら東学の現場の聞き取りをするのはどうだろう？　東学農民革命の記録を文学として残す仕事は、今の君にはもっと意義があるのではないだろうか？」。

金芝河は「まさに、それが自分のしたいことだ」と答えました。そうして家を出て行ったのです。そして、何日も経たないうちに、新聞で彼がまた拘束されたという記事を読んでびっくりしました。金芝河が語ったとおり、獄中で人革党の関係者たちから直接聞いた事実を文章で告発した「故郷一九七八」のためでした。

任　人革党事件は、軍部独裁制政権の「容共でっちあげ」の典型でした。最初この事件が起きたのは一九六四年八月一四日で、まさに日韓協定反対運動の六・三事態直後の学生運動弾圧のためだったことは広く知られています。どれほどひどいものだったか。当時の公安部の検事が、起訴維持が不可能だとして起訴を拒否したのも物議も醸しました。こうしてうやむやになった事件の二番煎じが、一九七四年の緊急措置の時でした。「四・三事態」（朴正煕は体制を維持するために緊急措置四号を宣言、民生学連（全国民主青年学生総連合）の加担者は自首しなければ最高は死刑に処し、大学封鎖も辞さず、軍は有事には出動せよ、とした）として知られた民生学連事件の際に、その背後操縦勢力として人革党に目星をつけて拷問し、でたらめな裁判をして、八名を死刑にして遺体をすべて火葬にしてしまった事件ですが、国際的にも大きく注目されました。

一九七四年一月に、私は「文学者スパイ団事件」で西大門拘置所に拘禁されたのですが、しばらくして金芝河も入ってきました。ですから、当然、人革党関係者に会うことになり、すべての真実を知ることになった金芝河は、釈放されるやいなや、その真実を収めた『苦行――一九七四』（邦訳の『苦行、獄中におけるわが闘い』中央公論社に収録）を書いて、またも逮捕されました。

李　金芝河は七〇年の「五賊」で苦労して釈放されたのに、七四年の民青学連事件で、再び拘束されたのです。芝河はしばらく出ている間に、河吉鍾《ハギルジョン》〔映画監督〕と黒山島《フクサンド》に映画を撮りに行きました。ところがどういうわけか、その島にまで警察の追跡の網が張られていたのです。ある日、祭基洞の家に電報が届きましたが、発信地が黒山島になっていました。「急に旅費が必要になったので、〇〇旅館あてに五万ウォンを電報送金してほしい」という芝河の切なる依頼でした。警察の追跡を避けて陸地（本土）に、身を避けようとする危急事態だったようです。電報を受け取った私は、金芝河に迫った緊急事態がありありと目に浮かびました。ところが、私も貧しかったので困惑しました。それで、当時、私たちのように貧しい者を支援したり、庇護してくれる朴潤培《パクジュンベ》という、江原道《カンウォンド》のある炭鉱の現場責任者が思い浮かびました。この鉱山は、私が大変お世話になった蔡鉉國《チェヒョングク》という方の父上が運営されていた鉱山です。ソウル大学哲学科出身の蔡鉉國氏は、その当時、表面にはまったく現われずに、軍事政権から指名手配を受けたり逃げて回ったりする人々を、自分の炭鉱で受け入れ、彼らに身を守る場所を提供し、また陰になりひなたになって、反独裁の戦いを続ける知識人や学生を経済的に援助している立派な方でした。金芝河の電報を受け取った私は、朴潤培氏のところに駆け込み、事情を説明して五万ウォンを受け取り、指定された旅館に送金しました。蔡鉉國にしても、朴潤培にしても、みんな金芝河と親しい間柄だったのです。私は送金を済ませて、金芝河の安全な脱出を祈っていたのですが、翌日、彼が黒山島から脱出して木浦《モッポ》の埠頭に上陸した途端に、警察に連行されたといううわさを聞きました。目の前が真っ暗になってしまいました。

任　黄晳暎の『武器の影』（邦訳、岩波書店）は読まれましたか？　やはり彼にしか書けない作品です。ベトナム人の民族意識とベトナムに駐屯する米軍の腐敗した状況がきちんと描き出されています。

李　本来、問題意識があったところに、わが家でさらにそれが強められたのかもしれません。その後、日本の雑誌『世界』での対談〔相手は和田春樹氏、一九八六年四～六月号〕において、ベトナム戦争と黄晳暎の思想的関係についての部分で、韓国の知識人にベトナムの状況と戦争の本質に関する理念的・歴史的認識を植え付けたのは李泳禧教授だと語っていました。黄晳暎だけでなく、わが家を自宅のように出入りした大勢の文化人、また、彼らの影響を受けた多くの文化人が、ベトナム戦争観とアメリカという国家の本質が何であるかという問題について冷静な認識を持つようになるのは、私の影響なのかもしれません。

人類史的な変革の信念で耐えた暗黒の季節

任軒永　一九七一年の「六四名の知識人宣言」〔朴正煕の軍部独裁・学園弾圧に反対した宣言〕に参加して、合同通信社から強制解雇されますね。当時の文献などを探しても資料が出てこないのですが、年表を見ると一〇月一五日となっていますが。

李泳禧　この「六四名の知識人宣言」は、私が朝鮮日報社から追い出されてから二年ぶりに、またしても合同通信社から解職される原因になりました。一九七一年という年は、わが韓国社会が、先の見えない暗澹たる真っ暗な洞窟の中に、さらに深く入りこみ、計り知れない深い政治的暗闇へと突き落とされそうになった年であることを、まず知らなければならない。この年に朴正煕は永久執権のために、第七代大統領選挙を暴力で強行し、野党の金大中候補を破って当選すると同時に、国をすっかり恐怖状態に追い込みました。その方法として労働組合・労働運動・学生運動の自由と国民の政治的権利の一切を剝奪する、いわゆる「国家保衛法〔国家保衛に関する特別措置法〕」を制定しました〔一九七一年一二月二七日〕。続けて実施した国会議員選挙でも、物々しい雰囲気の中で多数の議席を得た朴正煕は、永久執権に必要なすべての政治的・法律的枠組みを作ってしまいました。これは、事実上アメリカと日本が後押しした共同作品でした。

　その証拠として、朴正熙大統領の就任式に、解放後初めて日本の陸海空軍の参謀総長が、四四名の高級将校を引き連れて祝賀のために韓国を訪れ、アメリカからはアグニュー副大統領が出席しました。私はこの状況を見て、韓国と日本が事実上、反北朝鮮軍事同盟体制を構築する兆しと理解しました。もちろん、その背後にはアメリカという主人が手綱を握っていることは明らかです。私が最も我慢できなかったのは、自衛隊が、かつて日本軍で手下だった朴正熙が大統領に就任したことを祝賀するためにやってきた事実と、その四四名の将校が当選祝賀の壇上に公式に招かれて参席したことです。これは、今後は朴正熙独裁権力をアメリカと日本が公式に支持するという意思の表明でした。そして、これまでのつまらない言い訳や偽装をかなぐり捨て、あからさまに永久執権を維持する、との朴正熙政権の確たる政治的・軍事的意思表示であると確信しました。

　このような恐ろしい状況の変化と関連して、野党の大統領候補だった金大中は選挙遊説期間に「今回の選挙は最後の公開選挙になるだろう。朴正熙は今回の選挙で「総統制」を実施しようとしている」とくり返し警告を発しました。それで一部の有権者は一九七一年の選挙は、大統領選挙とは呼ばずに「総統選挙」と言っていました。後から考えると、まさに金大中候補が声を張り上げて警告した朴正熙の永久執権、総統式体制が、この選挙を境にして実施されたことが分かります。日本の参謀総長一行の祝賀会参加は、これらの事実を間接的に証明してくれるものでした。

　総統体制の永久執権に反対するために、各分野の知識人が決起して「六四名の知識人宣言」を発表したことが契機になり、私は再び「総統政権」によってメディアの現場から追放されました。「総統制」実施の後に、全国の大学生が反対闘争のために決起し、行動綱領において、大学での軍事教練反対、軍事訓練将校の学園からの追放、学園の兵営化反対を叫んで立ち上がりました。朴政権は全国の大学のこうした反総統制デモに対して、一九七一年一〇月一五日に、いきなりソウル一帯に衛戍令《えいじゅれい》〔軍隊を常駐させる命令〕を宣布し、主要一〇大学に武装した軍部隊を投入して占拠しました。この時に、高麗《コリョ》大学を占拠した大隊長が全斗煥《チョンドゥファン》中佐だったことは十分に納得できるでしょう。こうして軍部はデモを主導した学生一七四名を除籍し、教練を拒否した学生六三三二名を処罰し、特にそのうちの四三名にはその場で入営令状を押しつけ、軍隊に連行して行きました。こうして「反体制学生」の強制徴兵制度が実施されたのです。そして、その後、強制連行された多くの学生に原因不明の死が続き、それが社会的に広く知られるようになりました。こうした現実に対して在野の指導者が初めて集団的・公開的・直接的に抵抗運動を結成したのが、金在俊《キムジェジュン》牧師、李丙璘《イビョンリン》弁護士、千寛宇《チョングァンヌ》前東亜日報編集局長らを中心とする「民主守護国民協議会」でした。私はこの協議会の第二期の理事として参加しました。そうして、総統永久執権制と大学の自由抹殺の不当性を指摘して、逮捕された大学生の即時釈放、除籍された大学生の復籍、強制入営の中止、大学を占領した軍隊の即時撤収などを要求する声明を発表しました。これが「六四名知識人宣言」と言われるものです。

任　その動きは新聞に少しは出ましたか？

李　衛戍令のもとで、新聞に対する完全な検閲が実施されていたために、記事一本、出ることはなかったのです。ですから、新聞の資料は残っていません。その時にメディア関係からは、千寛宇と私が署名しました。その六四名の元老級を糾合する際には、物々しい警戒網を避けながら署名を集めたのが、金昇均《キムスンギュン》とその同年輩の何名かの運動家でした。その功績は大きいものでした。結局、権力の圧力でメディアからは、千寛宇と私が東亜日報社と合同通信社から追われる結果になりました。一九六九年に朝鮮日報社を同じ理由で解雇されてから二年ぶりのことでした。ところでこの年を境に、韓国内の息の詰まる情勢の中で、それでも完全に絶望することもなく、希望を堅持することができたのはなぜでしょうか？

　私は、朴正熙の永久執権体制が確立したこの状況において、衝動的に自殺したくなるほど絶望的でした。それでも、一人の知識人として人生への自信を失わなかったのは、世界的な潮流が希望をもたらしたためでした。韓国を除いて全世界で起きている情勢の変化で、いわゆる東西陣営の対決姿勢の和解、すなわち「デタント」によって、全世界を支配して来た矛盾・対立・抑圧体制が急速に解体されました。それだけにとどまらず、むしろ、積極的に未来を楽観できる強力な希望的要素が支配的になりました。なによりも、一九七一年の国連総会で、それまでアメリカのごり押しと捏造で維持してきた「台湾の中国代表権」が、六三票対六二票で初めて大陸中国の勝利になったのです。そして、堂々と中華人民共和国が中国人民七億を代表する国家として国連の議席を確保し、さらに国際情勢の方向を決定する安全保障理事国の一員として登場することになりました。こうした変化は、一九四四年に国連という国際機構が創設されてから、アメリカが意のままに操り、籠絡した国連政治の虚構性が崩壊したことを意味しています。国際政治の一つの大きな障害物だった虚構が除去されたことは、アメリカは今後、世界政治を勝手に籠絡することはできないという、新生独立諸国の結集された力と意志の表れと言えるでしょう。同じ頃、アメリカとイギリスの猛烈な反対工作にもかかわらず、エジプトがソ連の援助で建設していたナイルのアスワン・ハイ・ダムが完成しました（一九七〇年）。これはアメリカ、イギリス、フランスなどの伝統的な白人帝国主義・植民主義が、アフリカ大陸において、かつての被抑圧民族をこれ以上支配することはできないという、決定的な証拠として全世界に大きな衝撃を与えました。

伝統的帝国主義勢力の退潮を意味する歴史的変革は、石油を巡っても起きました。前年の六九年、新生独立国のリビアでのクーデターによって西側帝国主義の傀儡王朝を転覆させたカダフィ中佐は、ただちに西側の帝国主義資本が所有していた油田の国有化を断行しました。これはアラブ世界の人民が、西側資本主義の搾取を決定的に拒否する闘いの結果でした。リビアにならって産油国であるナイジェリアと、アルジェリアも西側資本が所有する石油企業の全面的な国有化を断行しました。私は、エジプトのナセル大統領とリビアのカダフィ元首が、長い期間にわたった白人帝国主義・植民主義資本を追放し、その席にアラブ人民の主権を宣布して、新しい時代の生のあり方として非資本主義的経済体制を宣布するのを見ながら、国内の現実による息苦しさと、絶望状態から解放されたような喜びを感じました。

さらに、その年の夏に日本と北朝鮮の間で、いわゆる「在日朝鮮人帰還協定」（一九五九年八月一三日、インドのカルカッタで日本赤十字社と朝鮮民主主義人民共和国赤十字社との間で結ばれた在日朝鮮人の共和国帰還に関する協定）が締結されました。新生国家建設に参加するために、情熱に燃えて在日朝鮮人が北朝鮮への帰国を開始しました。どうして、在日同胞は北朝鮮を選択して、韓国を選択しなかったのか？ 彼らの大部分が韓国出身なのです。この帰国措置は日本赤十字社と国際赤十字、そして世界の人道主義的な団体など、すべてが歓迎した大事業でした。私はこの決定を見守りながら、多くのことをあれこれ考えるようになり、また、ついぞ知らなかった数々の事実を知ることにもなりました。

激動の年、一九七一年を締めくくるように、ワシントンでは、アメリカの権力集団と利益集団が民主主義・反共・自由の仮面を前面に押し立て、ベトナムを侵略した一〇年間のベトナム戦争の企てと陰謀と偽りの宣伝を暴露する「ベトナム戦争に関する米国政府極秘文書」（ペンタゴン・ペーパー）が、ニューヨークタイムズとワシントンポストを通じて全世界に暴露されました。それまでは、アメリカの巧妙かつ組織的な虚偽宣伝に騙されてきたアメリカ国民と全世界の人々は、ベトナム戦争というものが、アメリカの金持ちと、軍隊・情報部・軍需企業と狂信的反共主義者が結託した侵略戦争だという事実を、アメリカ政府自体の極秘文書によって白日のもとにさらされたことに驚きました。そして、この文書によって、ベトナム戦争はアメリカの敗北で終わりを告げるのです。

これを見ながら私は、いずれ国際的正義が勝利するという信念をさらに強く持つようになりました。私はまた、韓国内ではまったく存在さえ知らなかったペンタゴン・ペーパーが捏造された事件など、アメリカ権力集団の犯罪的行動をどこよりも早く世の中に知らせることができました。同じマスコミ系の国際関係従事者や大学の国際政治、外交分野の教授がまったく知らなかったベトナム戦争の実態を、自分が明らかにすることができたことに喜びを感じながら、一九七一年を送ったのです。このような世界的な変化が、近いうちに韓半島と韓国に明るい陽射しを注ぐであろうと予想し期待しました。これらが、国内の息が詰まりそうな瀕死の状態を耐えることのできた活力の源泉でした。

任　一九七一年のその事態で、先生は生涯の前半に及んだメディアの世界から退くことになりました。これらの事件を通して、ジャーナリストとしての姿勢の問題を著書で言及しておられました。私たちメディアの世界で、最も大きな問題は政治の外圧ですか、それともメディア自身の問題ですか？

李　政治権力の外圧もあり、言論機関とジャーナリスト自身の内部的問題もあります。さらに、忘れてならないのは、メディアが腐敗する最も直接的な要素は経済権力、すなわち金銭の誘惑です。これに加えて根本的な問題は、解放後、植民地体制と慣習を清算できずに、アメリカの軍隊による支配、すなわち、米軍政の三年と軍政を引き継いだ李承晩政権時代に、新たな独立民主国家の建設という民族と国民の目標を、むしろ共産主義的だとして排除し弾圧したために、メディア世界が狂信的な反共イデオロギーの重い病にかかったからでしょう。

任　記者の一人ひとりは、外国のメディアに比べて劣っているわけではないでしょう？

李　そうとも言えるし、そうでないとも言えるので、一概に言うことはできません。六〇年代になってからは、記者の公開採用制度がほぼ確立され、大学教育の場からは、能力のある若者が採用されるようになりました。

任　いま、お話しされた国内外の情勢の変化、特に国際情勢において、地殻変動とも言えるほどの激動の年であった七一年について、数多くの研究結果を発表されてきました。言論界を清算する職業的努力の表れであるとも言えます。

李　実はそうです。先ほど、かなり長く詳細に国内外情勢の変化について語りましたが、こうした人類史的変革は、私の知的活動において大きな活力の源泉であり、刺激剤にもなりました。ジャーナリズムにおける一五年間に、広く深く模索し、研究した国際関係関連の知識をジャーナリズムの世界を清算して大学に移っていく一九七一年に、多くの論文として発表することになりました。振り返ってみると、通信社の部長の仕事にすべての時間と精力を注ぎながら、どうしてそんなに多くの骨太の文章を発表することができたのか、私は今でも理解できないほどです。そのうちのいくつかを列挙してみると、私の問題意識の方向と知識追求の水準を、おおよそ推測することができるでしょう。

本格的な論考としては、「日本再登場の背景と現実」「駐韓米軍の縮減と韓日の安保関係の展望」「韓国の国連外交の新しい局面」「韓米安保体制の歴史と現実及び展望」「中国外交の理論と実際」「中国における権力の歴史と民衆の歴史」「強要された権威と言論の自由」など、広い領域にわたる国際関係の論文を挙げることができます。これらは、その折々に国際的または韓国の政治外交の次元で新たに台頭したテーマを扱ったものですが、それぞれ原稿用紙三〇〇枚（二百字詰）前後の分量でした。これらの論文が発表されるたびに、自画自賛ではありませんが、わが国の知識人社会でまったく問題として把握されていなかったり、ほとんど無関心な問題だったので話題になり、論争のきっかけになりました。

このようなボリュームと重みのある論文のほかに、二〇篇ばかりの評論と解説とともに、大学に異動する前のジャーナリストとして最後の二年間に、約三〇篇、分量でいうと、原稿用紙四〇〇〇枚を超える知的活動をしたことになります。こうして私はジャーナリスト生活を締めくくり、翌七二年一月から学問的研究の領域に入っていきました。

第4章　学究の道へ——現代中国研究の開拓

数回に及んだ三年半ほどの刑務所投獄の間に、私は、断っていたタバコを一度だけ吸いました。母が亡くなった夜です。運ばれてきた食事とリンゴを一つと金芝河が届けてくれた飴玉を並べて祭祀を執り行いました。

現代中国研究の開拓

晩学で始めた学者の道

任軒永　一九七一年の一一月に合同通信社を辞め、翌七二年の新学期から漢陽《ハニャン》大学に行かれたのですね。どんな経緯からだったのですか？　漢陽大学教授の発令が、他の人とは異なる経歴と学位の関係で、すぐには出なかったそうですが？

李泳禧　朝鮮日報在職中に、二年ほど漢陽大学の新聞放送学科で特別講師をした経験があります。当時、新聞放送学科の学科長は張龍《チャンリョン》教授でしたが、彼は朝鮮戦争に従軍し、一一師団の兵器中隊の通訳将校をしていました。私の連隊本部から近くはなかったのですが、連隊の弾薬補給の時に立ち寄っていたので親しくなりました。彼は休戦後にミズーリ大学に留学して帰国し、漢陽大学新聞放送学科の教授をしていたのです。同じ頃、私は合同通信社から解雇されたので、教授として来てくれないかとの話があり、張教授の推薦で漢陽大学に行くことになったのです。私はすでに四三歳でした。この年齢は教授生活の開始には遅すぎました。通常の段階を踏んで教授になるには、二〇歳代の後半に助教授になり、四三歳だったらもう教授になっていなければならないのですが、生活が苦しかったので、とてもありがたい話でした。私は実は博士号を持っていなかったので、教授に任命されるとは思っていませんでした。

　その当時は旧制大学卒業者の場合、論文の提出を条件に教授への任命が可能でした。私はメディアで働いた一五年間の実績があったので、まず暫定的に採用されてから、後日に論文を提出すれば文教部〔省〕が、教授の発令をするという過渡期的な制度を利用したのです。二年ほど専任教師の身分で大学本部の補助職を兼任し、それから正式に教授の発令がなされる仕組みでした。

当時、文教部が採用審査の対象にしたのは、これまでに書いた論文や書籍で、とりわけアカデミックな経歴としては、一九五九年から六〇年の初めまでに過ごしたノースウェスタン大学の新聞大学院併設の特別研究課程におけるものでした。数カ月に過ぎない滞在期間なのに、その経歴を認定し審査を通過させてくれたのです。けれどもメディアの世界での足かけ一六年に及ぶ経歴はまったく認めてくれなかった。不思議なことに、どこかの「研究所」に勤務していたら、理工系であれ、文化系であれ、すべて認定するのが通例なのに、メディア系の場合はそうではなかったのです。メディア系の経歴を認定してくれたら、私の場合は問題がなかったと思うのですが……。

任　通信社の外信部長の経歴も認めないのですか？　当然、経歴として認定すべきだと思いますが……。

李　もちろんですよ。ところが「研究所」という名称がついていないというのです！　暫定的に助教授への学内発令があり、二年後に正式に教授に任命されました。七五年の朴正熙《パクチョンヒ》政権末期から全斗煥《チョンドファン》政権の初期まで、次のような特例がありました。それは、植民地時代の旧制中学に通った者は正規の大学課程で博士号を持っていなくても、事後に論文を書いて提出すれば、それを教授の資格審査の対象と見なす、特別選考制度によるものです。解放後に博士課程を受けなかった私と同年輩の方々は、そんな経過措置によって博士号を取得しました。

任　植民地時代の旧制中学校は、現在の高等学校に相当しますが、当時は正規の大学を終えていなくても、博士号を持たなくても論文で代替する、そんな臨時措置があったのですね。

李　便宜的な教育課程のようですが、全体としては便宜的とは言えなかった。解放後の四六年から四八年までにソウル大学に入学した者は、いわゆる「国立大学案反対運動」という大きな潮流のために、講義を一年に二時間も受けられない場合もありました。実のところ、まる二年間もソウル大学は廃校状態でした。「国大案」というのは、植民地時代の京城帝国大学と各専門大学をアメリカ式の総合大学にするため、公立単科大学に昇格させて統合し、国立ソウル大学校を創設する案でした。当時、独立的な単科大学の教授と学生たちは、主に左翼系でした。彼らは「国大案」が自分たちからヘゲモニーを奪い取るために、アメリカ軍事政府が統合を推進するのだとみて、大々的な反対闘争を展開しました。この反対運動で左翼系の学生が大挙除籍され、その後に西北青年会〔反共青年運動団体〕所属とか、大学生の資格に達しない地方出身の青年たちが大挙入学してきたのです。

聞いてみると信じられない話ですが、宋建鎬《ソンゴノ》氏〔ジャーナリスト。東亜日報編集局長、ハンギョレ新聞社初代社長〕はソウル大学の法学部に入学したものの、法学部での講義はわずか二時間しか受けずに卒業したというのです！　だから、私のような場合も、現在の基準で見ると正常とは言えませんが、当時の状況ではまだまともなほうでした。少なくとも四五年から朝鮮戦争が休戦になる五三年までの大学は、社会全般がひどく不安定だったので、勉強だけに打ち込んではいられない状態でした。当時は多くの学生は食べるにも事欠いていたので、一時的に学業を中断し、働いていて後に学校から連絡があれば、登校して登録し、卒業証書を受け取るという具合で、大部分の大学はそんな状態でした。

任　先生はそうした過程でも論文を提出されなかったのですね？

李　私がどう考えていたかと言うと、そんなふうに講義をわずかばかり受けて卒業する者が珍しくなかったソウル大学や他の大学でも、われわれの年齢の者は、解放後の大学の教育過程が総じてそうだったので、私は「博士号」に関して軽く考えていました。そうした意味で、私は少し傲慢だったかもしれない。メディアの世界から漢陽大学に行くまでに、私は国際関係分野に関する多くの論文を発表していたので、この分野で私ほど勉強し知識のある教授は、ほかにいないのは事実だったからです。もうひとつは、その当時、すでに民主化運動の進展とともに刑務所に押し込まれ、出所するとまた四年間解職され、そんな渦中にあって博士号のためとはいえ、形式的に論文を書くのは学問に対して良心的ではないと考えたからです。

私は社会的になすべき仕事がたくさんありました。アムネスティ・インターナショナルの理事を務め、民主回復国民会議の理事であり、朴正煕政権末期の激しい民族と国家の社会的・政治的問題が山積するなかで、それらの仕事に身を捧げようと考えていました。後にどのような不利益を受けるにしろ、いい加減な論文を書いて形式だけの博士号を取りたくはなかったのです。

実際、私はその種の論文を他人のために書いてやり、博士号取得のためにサポートをしたこともあります。私の研究分野ではない産業経済関係の博士論文でしたが、あるアジアの国の五カ年計画に関する、その政府の予算構造と投資内容を分析するものでした。ほかに言論学や国際関係論に関する学位論文も代筆しました。当時、私はかなり勉強していたので、形式に沿ったそうした学術論文を書くことに、一種の潔癖性を持っていました。それが論文を書かずに今日まで過ごしてきた理由になるでしょう。

メディアの世界から漢陽大学に移ってからは、ずっと抱えてきた別の悩みがありました。私は新聞学科の若い教授らがアメリカや国内の大学で、いわゆる「ジャーナリズム」専攻者として学位を受けるのとは立場と条件が異なります。新聞社に長くいましたが、私は新聞それ自体についての研究をしたわけではなく、あくまでも国際関係を専攻とする外信部記者として長く勤務しただけです。だから私の研究実績からも分かるように、国際関係論や中国革命に関しては、韓国ではパイオニア的な役割を果たしたと自負できると思っています。

私がそのように自己評価し、自己主張したのではなく、私の著書などから影響を受けた大勢の知識人が、そのことを認めてくれました。そのために、私はメディア学よりも、「国際関係論」の講義や、その一部である「中国近現代革命論」の

アムネスティ・インターナショナル韓国支部創立（1972年3月）、中心メンバーとともに。左から、ミン・ビョンフン弁護士、韓勝憲弁護士、ク・ハンニョン教授、金在俊牧師、ユン・ヒョン牧師、そして著者（1974年）。

担当を希望しました。しかし、文教部と大学の各種規定から、私が研究し講義を希望した学科に所属することは認められなかった。メディアの世界に長くいたために、新聞学科に行くことになったのです。その後に東京大学、カリフォルニア大学バークレー校、ドイツのキリスト教社会科学研究院が私を招請した際の講座名は、メディア学とはまったく関係のない「韓半島の国際関係と外交問題」に関連するものでした。実際、この分野は私の研究内容とも一致していたので、それにふさわしい業績を残すことができたと思っています。

任　学生たちは歓迎してくれましたか？

李　そうでもなかったですね。七〇年代初頭、漢陽大学の学生の社会意識水準はあまり高いとはいえなかった。正式に入学試験を受けて入って来た学生と、非公式に入って来た学生が混在していて、学習熱は高くはなく散漫としたものでした。

新たな可能性を求めた中国革命

任軒永　一九七四年に先生が関係された漢陽大学の「中国問題研究所」に話題を移しましょう。当時としては桁外れの資料を保有し、一躍、有名な研究所になりましたが、先生の功績が少なくなかったようですね。

李泳禧　六〇年代の半ばから、特に私の関心を引いたのは、現代中国革命の問題ですが、漢陽大学に行ってからは、幾多の研究をし、多くの論文を発表しました。そうして、七四年に初めて漢陽大学に、中国問題を専門に扱う研究所が設立されました。もちろん私は中国問題研究所の開設当初からかかわり、本格的な活動に入ってからも重要な役割を担いました。研究所発足当時の正式創立メンバーは、西洋政治哲学専攻の車仁《チャイン》錫《ソク》教授、朝鮮共産主義運動研究者の柳世熙《ユセヒ》教授、そして私の三名で、これに数名の補助スタッフが加わりました。

　漢陽大学の「中国問題研究所」は、解放後、韓国に設立された最初の「中共」関係の研究所でした。政府機関には中央情報部があり、情報機関として中国に関心を持っていました。民間の研究所としては高麗大学に「アジア問題研究所」がありましたが、ここの研究対象の多くは「中国を除くアジア地域」でした。漢陽大学の研究所は、ちょうどその当時、中国の国連加盟とニクソン大統領の中国訪問（七二年二月）によって、中国の存在が世界政治において確固不動の地位となったのを契機に設立されました。

こうした意味では世界史的な時代精神の次元で、韓国の学術機関としてはかなり先駆的だったと言えるでしょう。政府の情報機関にもない共産主義思想・社会主義・革命理論と革命的実践などに関連する世界各国の刊行物、いわゆる「不穏文書」の取り扱いを政府が認めたことも、世界情勢の変化に応じたものでした。こうした文書、学術資料、論文、定期刊行物などを取捨選択して輸入して講読する仕事を私が担当しました。こうして私自身も『人民日報』『紅旗』など、中国共産党の公式資料を研究できるようになりました。それまでは、二次・三次的資料しか読めなかったことを考えると、こうした一次資料をほぼ無制限に利用して中国研究ができるということが、私にとってどんなに大きな喜びだったか想像してください。

いずれにせよ、こうした「不穏文書」は、そのすべてが中央情報部に報告され、また許可を受けさえすれば、研究所内に保管することができました。資料は研究所内に設置された巨大な金庫のように堅固な装置の「不穏文書書庫」に保管したのです。最初の数年間は、研究所の数名の教授が閲覧できるだけで、他の教授は閲覧することはできませんでした。しかし八〇年代になると、中国研究の隣接分野を研究対象にする大学院生も、ようやく書庫内でのみ閲覧できるようになりました。

任　実際、それまでは国内の中国研究の専門家といえば、金相浹《キムサンヒョプ》先生〔高麗大学教授、文教部長官、国務総理を歴任〕くらいのものでした。

李　韓国社会において、中国研究分野はまさしく未開拓の分野でした。あれほど巨大な世界史的変動を招くことが明らかで、そして、現に大きなショックを与えている中国革命なのに、受け入れるどころか、頑固に少数の研究者の養成さえ禁止した国は世界のどこにもなかった。つまり当時の大韓民国は、学問の分野で「未開拓社会」そのものだったのです。

韓国の政治外交学や国際経済学分野の研究に従事する教授たちに、多少なりとも先見の明があったなら、そのうちの何人かは中国の現実への関心を持っただろうに、そう考える者がいなかった。そうならざるを得なかったのは、韓国の大学教授の基本理念がアメリカの国家政策に順応し、また、解放後の狂信的な反共意識に飼い慣らされていたためでした。

もうひとつ重要な理由がありました。当時は中国研究をしても、研究成果を発表する場がなかった。また、学問的な業績として認められても、閉鎖的な学問環境だったので優れた論文を書いても、それを契機に昇進・昇格する道が開かれていなかった。論文を発表すれば、むしろ身を滅ぼす危険を覚悟しなければならない。そんな危険を顧みずに中国問題に学問的接近を試みる研究者はいなかった。そうした知的荒廃状態が広まるなか、それでも革命中国に対する関心を持続し、研究に取り組んだのは、高麗《コリョ》大学の金相浹教授と申相《シンサン》楚《チョ》教授くらいでしょう。まったく嘆かわしい状況でしたね。例えば、私が『朝鮮日報』の外信部長だった六七年に、「文化大革命」とはいったい何なのか、まだ全体像が不明だったので、これに関する対談を某テレビ局が企画したことがありました。そのテレビ局の担当者が各地の大学教授に接触してみた結果、対談をするに足る知識を少しでも持っている人物は、そのお二人と私、合わせて三名だったと語っていました。

ブリッジゲームの名手、鄧小平

任軒永　一九二一年に創立された中国共産党は、わずか数年で幾何級数的に勢力を拡大し、ついに大陸の統一を成し遂げました。毛沢東を中心に結集した大勢の人物を詳しく調査分析しながら、果たして誰が後継者になるのか、先生の文章を拝見すると、受難の大陸を統一し、歴史的な業績を挙げたある革命家（＝毛沢東）に対する並々ならぬ愛情を読み取ることができます。それ以後の世代で関心と愛情を持たれた人物は誰でしたか？

李泳禧　その当時、私の中国共産党に関する研究は、体制変革の革命思想と中国共産党についての党理論の

1974年、国内で初めて設立された漢陽大学附属中国問題研究所の懸板式、右から車仁錫教授、その隣に柳世熙教授。

実際の適用状況に集中していました。革命運動、それ自体が関心の焦点でした。後継者が誰かの問題は当面の関心事ではなかったのです。もちろん、研究が深まるにつれ、当然、毛沢東以後の人的要素も関心の対象になりはしましたが、少なくとも初期段階ではそうではなかった。そうした私の中国研究において、並々ならぬ愛情と時間を毛沢東に向けたのは当然と言えるでしょう。私は中国共産党が志向する未来の社会体制、人民の新しい価値観、それが人民の生活に具現される新しい社会構造と、政治形態などに関する毛沢東の思想と哲学、そして実践的行動に共感しました。

重ねて言うと、私はアメリカ式、または伝統的な西欧中心の資本主義体制と文化ではなく、だからと言って、ソ連のような官僚中心的・秘密主義的共産主義でもない、その両体制の長所を取り入れて東洋的価値観によって修正された「第三の社会制度」というか、そうしたものを中国共産党の革命に求めようとし、それに期待していたのです。同じ社会主義の系譜から誕生した革命権力であっても、民衆的共感と人民大衆の積極的で自発的な参加が活発な中国社会主義に比べて、ソ連の社会主義はすでに社会主義の名にふさわしくないスターリン式統治方法と、体制の否定的現実が誰の目にも明らかになっていました。ソ連共産党の現実的な運動エネルギーは、主に工場労働者を基礎とするインテリ中心的な性格が濃厚でした。これに対し、中国革命の変革エネルギーの主人公は、圧倒的に農民大衆だったことが、革命主体力量の基本性格の上で明らかに対照を成していた。それにソ連の社会主義は少数支配のトップダウン方式だったのに対し、中国の社会革命は理論と理念が、理論どおりに実践されなかったとしても、底辺の大衆の中から運動の目標・方向・行動方式などが、ボトムアップに機能する形態であると私は解釈しました。

あえて後継者問題を語るとすれば、高度の政治的能力と確固たる革命的洞察力を持つ周恩来でしょう。劉少奇は中国人民の圧倒的多数を占める農民よりは、近代的機能集団で生産階層である労働者中心の革命家で、極めて理知的な側面が表れていると思いました。

毛沢東以後に中国の近代化を牽引した鄧小平に対しては、あまり高い評価をしてはいません。なぜならば、一九二〇年代の初めにフランスに「共学徒」（労働しながら勉強する「勤功倹学」計画でヨーロッパの先進諸国に派遣された奨学生）として留学し、ヨーロッパ中国共産党組織の一員だった鄧小平の日常生活は、ほかの同時期の共学留学生に比べてはるかに西欧化されたものだったからです。

鄧小平はフランス人とブリッジゲームに興じました。彼は無敵といえるほどのブリッジの名手でした。朝鮮戦争の際に、アメリカの顧問官が教えてくれたカードゲームのなかにブリッジがありましたが、これは他のカードゲームとは比べようもないほど複雑で、高度な頭脳活動が要求されるものでした。私はそのゲームをマスターできずに途中で投げ出しました。もちろん、鄧小平の頭脳は私のような凡人とは違って特別にずば抜けていたのでしょう。しかし、本国にいる革命同志が命を賭けて闘っている最中に、フランスに勤労学生として来た留学生が寸暇を惜しんで技術を学び、その合間に学問に励んでいたことを考えると、私は鄧小平に対して好感を持つことはできなかった。もちろん、結果的には中国を今日の水準に「近代化」した功績は大きく、卓越した指導力を発揮しましたが、革命の過程において彼はそのたびに「走資派」（資本主義路線に傾く）として批判を受け、権力主流から何度も脱落したのは、彼に反対する勢力の「策動」とばかりは言えないと思います。

任　中国に対する記者的な関心から、知識人的な期待に変わったのはいつ頃ですか？

李　朝鮮日報の外信部長在職の後半期、八〇年代末の頃ですね。それ以前には本格的に研究する姿勢というよりは、多分に現実解析のためのジャーナリスト的関心の段階にあり、当時に書いた記事も、ほとんど「啓蒙的」性格を持つものでした。私自身の学問的知識も不足しており、また、韓国社会一般の中国に対する認識水準が完全にゼロで、むしろ極右反共的な視点から、中国革命に対して全面拒否する状況だったので、私の文章の目的は、「解釈的または解説的性格」を帯びていました。私が望んでいたのは、中国革命への極度の偏見・拒否感、そして恐怖心に対して少しでも真実を知らせたいということでした。だから学問的というよりは、啓蒙的な性格と言わねばならないでしょう。

ここで付け加えると、研究所の同僚教授は中国語に関してまったくの門外漢でした。私は植民地時代の中学生の頃から中国語を学び、海洋大学三年の練習生時代からは中国革命について実体験はないものの、関心の赴くままに中国語の勉強をしていたので、ある程度のレベルの中国語の文書を解読することはできました。そして六〇年代中葉からは中国語の勉強を再開しました。ソウルの明洞にある華僑小学校の教科書を使って勉強したのです。その教科書は台湾で編集したもので、とても多彩な内容ですべて北京語《マンダリン》でした。

台湾で発行した教科書を勉強する過程で、私はひとつ大きな衝撃を受けました。六年間で国語を一二冊、国語の三六〇余りの単元は、主に中国の少年少女の基本的教養と、中国人としての道徳的育成を目的とするものばかりで、大陸中国を「占領支配」している中国共産党とその指導的人物、または共産党の理念などを罵倒したり悪態をついたりする単元は、ただの一つも見受けなかった。この事実を発見して私は感服しました。共産党によって大陸から追放され、台湾暮らしを強いられた蔣介石政権の立場では、中国共産党は仇敵になるのですが、次世代の教育過程に、中国共産党に対する敵愾心を煽る内容の単元が一つもないのです。驚くべきことと言わざるを得ません。

当時の韓国の初等（小）学校の教科書が、北朝鮮に対してどのような記述をしていたか、誰もが知っています。民族間の憎悪と敵愾心だけを煽り立てる韓国の初等学校の教科書と比較しながら、私は中国民族の高い民族意識と道徳性に驚きを禁じられない思いでした。まさにこうした事実を中国問題に関する文章に書いて発表したのは、わが社会と国民にその事実を知らせたかったからです。

中国人民の偉大な叙事詩

任軒永　どんなに大きな国であっても、革命運動のトップには個人の人間性が強く作用します。毛沢東からは中国という国の底力と言うか、圧倒されそうな感じになるのですが……。

李泳禧　現代中国革命を深く理解するためには一八五一年に始まる太平天国の乱を徹底して理解しなければなりません。太平天国は完全な平等主義に立脚した空想的共産主義社会を目標にし、また、中国の広大な地域にわたり、その理念と夢を一六の省の広大な領土に国家と政権の形式で具現した農民革命でした。彼らの理念と人間的特性と、政治的目標などを知れば知るほど感嘆するばかりです。太平天国の農民戦争は中国共産党の思想として受け継がれる以前に、すでに朝鮮にその思想が伝達され、平等社会を目標とする東学農民戦争〔一八九四年に全羅道を中心におこった農民反乱。反侵略・反封建のスローガンを掲げた〕の指導理念として開花しました。

実際の問題としては、洪秀全と李秀成らが実現しようとしたそうした制度と社会は、当時の諸条件によって継続することが難しいものでした。西欧の帝国主義と国内の封建権力との共同作戦のために短命に終わりはしたものの、完全な平等主義を志向し実践したその革命は、まさしく感動的なものでした。私はロシア革命の現場体験の記録として優れた文学作品でもあるジョン・リードの『世界を揺るがした十日間』（岩波文庫）と、太平天国の現場体験談を記録したリンドレーの巨編『太平天国──李秀成の幕下にありて』（平凡社「東洋文庫」）を徹夜して読みながら、深い感動を覚えたことを記憶しています。

中国革命初期の苦難の記録ともいえるエドガー・スノーの『中国の赤い星』（邦訳、筑摩書房、当時は宇佐美誠次郎訳か）をはじめとする数多くの革命ルポルタージュ、すなわち、ニム・ウェールズ、アンナ・ルイーズ・ストロング、オットー・ブラウンの『大長征の内幕──長征に参加した唯一人の外人中国日記』（邦訳、恒文社）などの西欧人ルポ作家の著書を通じて、我々は中国革命がこれまで人類史上に存在しなかった想像を超える規模の「民衆革命」である事実を知るようになりました。

当時は中国人自身が書いた中国共産党の歴史書がなかったのですが、中国の知識人は革命の渦の中にいたので、本を書く時間がなかったのでしょう。外国人ジャーナリストが書いた革命運動史しかないのはそのせいでしょう。中国革命は悪く言うと非常に無知で粗暴な、そして魯迅の表現によれば「救いようのないほど堕落して無力な、そして完全に自己喪失状態」に陥った農民と、その後には貧しい労働者を主体とする中国を、巨大な歴史的主体に変える奇跡を生みだしました。

こうした驚天動地《きょうてんどうち》の人間集団の自己革命は、日本、朝鮮、その他の革命の歴史的遺産をさほど持たない地では想像もできないものです。西洋でこれにやや近い民衆的革命の原初的形態としては、一八七一年に始まり短命に終わったフランスの「パリ・コミューン」を挙げることができるでしょうが、こちらは加わった人々の英雄的な自己犠牲の美徳に比べると、あまりにも無謀な冒険でした。ここでも、やはり階級のない完全平等主義を目指したのに、フランスの当時の時点で、そして権力構造の状況においては、少数の崇高な理想主義的自己犠牲ではあっても、最初から成功の可能性は薄いものでした。

任　そうした革命的ビジョンが、普遍的に適用されることはあるでしょうか？

李　先ほど歴史的記録を通じて指摘したように、そうしたビジョンは極めて制限的に適用すると言わざるを得ないでしょう。実際に中国革命の後に、そうしたビジョンと実際的な行動はどこにも見いだすことはできません。中国だから可能だったのです。わが国の三〇年代以後の改革運動も、ことごとく失敗しました。中国は革命の民衆層が厚く、革命の主体が闘争過程において身を隠すことのできる無限に近い地理的環境があり、彼らをあたかも海上の船のように浮かべることのできる、数億の被抑圧人民が存在したからこそ可能だったのです。また、たとえ人的な闘争力が失われても、限りない人口によって持続的に交替・補充することができました。くり返しになりますが、「阿Q正伝」の主人公のように無知で限りなく貧しい、しかし、どんな力をもってしても抑えつけることはできない人民大衆の特性ゆえに、その革命が可能だったと思います。

任　一九四九年一〇月一日に、天安門広場で中華人民共和国の成立が宣言されるまでの過程は、世界の歴史における最も偉大な叙事詩ですね。

李　人口五億の運命が変わるその壮大な過程は、世界史に前例を見いだすことができません。実際に「中華人民共和国」の創建から鄧小平時代までの中国人民の足跡は、全人類に驚嘆と感激を呼び起こしました。

文化大革命三〇年後の検証

任軒永　ロシアもその舞台の広大さや人物の多様性、さらにヨーロッパ一帯にわたって展開された亡命と革命のドラマが桁外れですね。そうした大叙事詩を演出しましたが、中国の文化大革命をどう評価するかについては、絶えず論議がなされています。専門家でなくても、誰でもちょっと口を挟みたい事件でした。先生は文化大革命をどう考えておられますか？

李泳禧　革命の渦中の現実認識と、それがすべて終わった後の七〇年代の後半、八〇年代の鄧小平時代になって情熱が冷めてから、全過程を冷静に考えてみると、多くのことが異なってきます。私が文化大革命の渦中に、それを見ながら書いた頃には、真実の全貌をすべて把握することはまったく困難でした。しかも、韓国では情報と資料がひどく制限されていたので誰もがそうでした。日本の中国研究者は、比較的自由に中国を訪ねることができたのですが、我々の場合は二重三重に制限された状態だったので外部から観察するだけでした。そもそも「文化大革命」というものが、社会主義革命の過程でいかなる意味を持ち、なぜ必要だったのか、それが運動の発展法則上いかなる関係を持つのかという点を、完全に把握するのは本当に難しかった。

九〇年代半ば以降になり、文化大革命の開始から三〇年が過ぎると、一部の識者の間から、事後的に明らかにされた文化大革命が、三〇年前の李泳禧の中国文化大革命観とは大きな違いがあるのだが、これをどう解釈すべきかと質問が出るようになります。これに対して私は次のように回答したいと思います。

文化大革命当時の評価と、三〇年後の実証的検証との間の乖離は、単に私個人に限られるものではなく、全世界のほとんどの現代中国研究者に共通するものです。先ほど述べたように、諸外国の研究者に比べて、桁外れに劣悪で限定された範囲の情報しかなかった私にとって、その後に明らかになった、いわゆる「紅衛兵」の反文化的破壊行為などを正確に把握する方法はなかった。私が世界情勢全般、特に中国革命に関する諸問題を探求・評価するに際して、私の知的行動には一つの目的と原則が存在しました。外部の現象を韓国に投影する際に、私の最も大きな関心事はわが韓国社会と国家内部の、あらゆる不条理と歪みを把握できるように、それと対照させて外部の現象を提示することだった。それらが持つ「反面教師」的効用と意義を重要視したのです。

すなわち、中国の伝統的階級支配に対する人民大衆路線、資本主義的制度の物質主義に対する精神主義と道徳的人間行為の気高さ、資本主義的利己主義に対する自己犠牲的献身の美徳、インテリの個人的・集団的権威主義に対する民衆的生活価値の尊重、知識人階級の独占的権威と支配的制度を打破するための下放《かほう》制度です。

つまり、閉鎖的なインテリ集団の特権を否定し、彼らを下層生産労働者と農民の中に一定期間投入することで、彼らの頭の中の特権意識を洗い出し、下層大衆に対する理解を深め、彼らの生活の具体的条件を体得させる政策。階級主義的社会秩序に対する平等主義的社会精神、その代表的な表現として人民解放軍内部の階級による差別と階級章制度の撤廃、軍隊の略奪的性格に対する人民奉仕の規律の強調、政府と党・官僚など命令権者的存在に対する大衆の幹部批判の権利と自由の制度化です。

すべての社会集団のトップダウン式意思決定原理に対する大衆討論に基づく「ボトムアップ式意思決定原理」の強調、伝統的な男女不平等制度に対する両性平等制度の尊重、あらゆる迷信と非科学的現象に対する合理的・科学的思考の徹底化。資本主義社会運営の基本概念である競争的出世主義を排撃する優越者の劣等者に対する同伴的上昇の義務化（その典型的な実践として、すべての学校の学習において、一定の単位の優秀な学生が劣等な学生を、責任を持って自分たちの学習水準にまで引き上げなくてはならない共同的行動責任制の実施)。物質的幸福の追求に対する素朴な実用的物質生活の尊重、そして外国崇拝思想に対し自民族の文化と伝統に対する矜持と自尊心の鼓吹……。これらについての私の文章は、無条件の共感や偏愛のために書いたものではありません。

私は毛沢東時代末期の「文化大革命」を、抽象的・哲学的・理論的側面から観念化する学者の討論とは反対に、具体的生活条件と中国民衆の生存的環境から、永年の制度・慣習・因習・信仰・価値観を覆す、実際的目的と効果に研究の中心を置きました。本当にそうした問題を持って中国の文化大革命を南韓社会の読者に伝えるに当たって、資本主義社会の病んだ生活様式と存在様式に対して、対照的な生の姿を提示したかったのです。

任 もっとも、ロシアは文化革命のような革命の浄化の役割、歴史の悪役の役目をスターリン個人が受け持ったのに、中国はそうすることができなかったので、文化大革命を引き起こしたのではないかと思うのですが……。

話は替わりますが、先生は中国問題研究所に在職中に、貧しい文学者に手を差し伸べたことがありましたね。詩人の梁性佑《ヤンソンウ》のことです。彼がかなりの金額の俸給を手にできるようにされたそうですが、梁性佑は中国語ができないので、先生が熱心に擁護されたとうかがいました。

李 彼が中国語ができないことを私はよく知っていました。それは中国問題研究所の学術誌『中国問題研究』の編集に関係することです。私はその学術誌の出版室長だったので、編集出版の仕事を、当時、失業状態だった梁性佑に紹介しました。彼は光州《クァンジュ》中央女子高校で国語の教師をしていましたが、朴正熙政権の野卑さを風刺する詩『冬の共和国』(邦訳、皓星社)を発表したため、教職から追われました。私は彼と面識はなかったのですが、この若い詩人の詩を読んで大きな感銘を受けました。そんな折に「創作と批評社」を訪ねると、ちょうど彼がそこに来ていたのです。私が「働き口《ぐち》はどうなった?」と聞くと、彼は勤め口を失ってとても厳しい状況だと言うのです。
　そこで私が「『中国問題研究』の編集の仕事をやるなら任せるよ、分からないことは創作と批評社の編集担当者に協力してもらいなさい」と言ったのです。その仕事の報酬は私が決めることができたので、かなりの金額を提供し、それは失業状態の梁性佑にとってかなりの経済的支援になったはずです。ところが編集を終えて印刷製本し、納品された『中国問題研究』創刊号には幾つか致命的なミスがありました。このために、私は当時の研究所長の車仁錫《チャインソク》教授から不愉快な叱責を受けました。私はこのことを、これまで誰にも話したことはありませんが、任さんまで知っているところを見ると、おそらく梁性佑本人が周囲に話をしたのでしょう。とにかく、この話はそういうことでした。

二人の巨人の死で幕が降りた時代

任軒永　その当時の韓国の状況でイデオロギー的な制限のほかに、困難なことはありませんでしたか？

李泳禧　六〇年代末から七〇年代半ばまでの時期に、個人的に中国問題を研究する学者が、資料収集でいかに苦労したか、その事例をお話しします。政権当局の厳格な反共法と出版物の取り締まりは周知の事実だから話す必要はないでしょうが、研究者個人としては今では想像もつかない技術的障害がありました。それは何かというと、コピーの問題です。今でこそ電子機器によって一気に本一冊の分量でも複写できますが、私が中国問題の研究に専念していた当時の複写機は、原始的な「炭素微粒子複写方式」でした。
　どんなものか分かりますか？この方式の複写機は箪笥ほどの大きさで、複写方法は大きな鉄製容器に粟粒ほどの黒い炭素微粒子をこんもりと撒いて、その上に原本を置き、強力な電気照明を当ててその容器を機械的に震動させるのです。そうすると炭素微粒子が、電気が通過した活字面に顕微鏡レベルの大きさの黒い粉になって付着します。これを取り出せば一枚が複写されるのです。そして二、三分ほど乾燥させます。その次に同じ手順を踏んで二枚、三枚と複写していくのです。分厚い本一冊を複写するのに、まる一日は必要とします。中国関係の稀少本を私の個人蔵書とするには、こうした方法で複写するしか道はなかったので、技術（時間）的な制約は並大抵ではなかった。このような複写機は七〇年代の初頭まで使用されていましたが、今ではどこかの博物館にでも保管されているのでしょうか？

私が漢陽大学に在職中の六年間は、知的生産において最高の業績を挙げた時期でした。それはこの期間に、私が研究発表した論文の一覧表を見れば分かります。「思想的変遷から見た中国近代化百年」（『創造』、一九七二年）、「中国平和五原則　外交研究」（『政経研究』、一九七二年）、「中国国家指導体制の形成過程」（『世代』、一九七三年）、「ベトナム戦争停戦協定の分析」（『政経研究』、一九七三年）、「周恩来外交の哲学と実践」（『ソウル評論』、一九七四年）、「ソ連反体制知識人の思想的類型研究」（『漢陽大学論叢』、一九七五年）、「毛沢東の教育思想研究」（『対話』、一九六七年）など、そのほかにも多くの社会評論、文明批評の論文を書きました。そんな忙しいさなかでも、民主化運動の現場で必要とされれば、ほとんど断ることなく参加していたので、私の意志力や使命感は充実していましたが、肉体的な負担はかなりなものでした。

七五年の四月に、ベトナム戦争がアメリカの敗北で終わり、南北ベトナムは統合し、ベトナム人民共和国がホー・チ・ミン大統領の指導のもとに樹立されました。これはアメリカが、いかなる無敵の軍事力によっても、ついに征服できなかった被抑圧民族の偉大な勝利で、アメリカと韓国を除く全世界の人民がもろ手を挙げて歓迎した現代史の一大事件でした。

米軍の完全撤収とベトナム統一政府の樹立が現実化した七五年四月に、北韓の金日成《キムイルソン》主席が次のような声明を発表しました。

「米帝はベトナムで敗北した恥辱を拭うために、朝鮮半島で新たな戦争を開始しようとしている。もし、米帝が朝鮮で再び戦争の火遊びをするならば、われわれが失うものは民族の分断であり、われわれが手にするものは祖国の統一である」

私はこの情報に接して鳥肌が立ちました。私の状況分析によれば、金日成がアメリカのベトナム戦争の敗北を機に、ベトナムのように統一のための戦争を構想していると判断したからです。私はこの民族の分断を解消して統一を果たすという民族的課題が、いかに崇高で全民族的なものだとしても、当時は朝鮮戦争や終結したばかりのベトナム戦争のように、あれほど残忍で凄惨な結果しかもたらさない、軍事力によるいかなる青写真も受け入れることはできないと思いました。その発言の直後に金日成の北京訪問が発表され、周恩来首相と会談をしたとの報道に接しました。

それから、しばらくして消息筋からと報じた外信が、金日成が中国の指導者に朝鮮半島統一の必要性を強調し、必要ならば軍事力によってでも、この機会を逃してはならないとの意見を表明したというのです。これに対して周恩来首相と最高指導部は、中国は朝鮮半島において、アメリカ軍でも、北韓でも、南韓でも、どこの誰による軍事行動も容認せず支援もしない、と断固たる態度を表明したと伝えてきました。私はこの情報を聞いてようやく安堵しました。このニュースを耳にしてから、私は安心して研究に没頭することができるようになりました。

そして、半年後の七六年一月に、私が心から尊敬した周恩来首相が逝去されました。続いて三カ月後には毛沢東主席も亡くなりました。中国情勢に対する私の判断としては、今後、中国は十年間の大混乱時代を経ることになるだろうと、新たな不安に陥りました。案の定というか、それからは毛沢東時代の清算を求め、社会の統制的空気の解消を求める青年・大学生らの運動である天安門事件が勃発し、政権首脳部の醜い権力闘争が続きました。こうした時期の七七年に、私は『八億人との対話』『転換時代の論理』『偶像と理性』などの著書で、反共法違反に問われ投獄され、大学を追われました。

その後、中国問題研究所との関係が断たれ、八〇年の春、四年半ぶりに大学に復職してからは、再び中国問題の研究をすることが困難になりました。思い起こせば、六〇年代半ばに朝鮮日報社の外信部長として本格的に中国問題に関する発言を開始し、中国の社会主義に対して韓国国民に正しい理解を求めた私の一連の啓蒙活動は、一五年ほどの実績を残し、事実上幕を閉じました。心残りではありましたが、それでも、その間に韓国の知識人と大学社会に、外部世界で起きている時代的変革の全容を伝え、狂信的な極右反共教育の害毒をかなりの程度まで中和させることができた、という自負心を持てたので満足しました。

窮地に陥った軍事政権の断末魔

任軒永　一九七六年に、いわゆる「教授再任用制度」が導入され、政権が目障りと判断した教授の大学追放の騒ぎが始まりましたが、先生はその第一次措置に抵触されたのですね？

李泳禧　朴正熙政権が目障りと思う反体制教授を追放するための教授再任用制度と、これによって犠牲になった教授たちと私の話は少し後に譲ることにします。そこで朴政権がなぜ、こうした極端な措置を断行するほど追い込まれたのか、当時の時代的状況を理解する必要があるでしょう。

七三年には、権力側は南北平和統一を主張した野党代表の金大中《キムデジュン》を、東京のホテルから拉致し、玄界灘に投げ込んで殺害しようとしたのですが、目的を果たせず、国内に連行し釈放するという醜態を演じました。国内では朴政権の維新独裁に反対する「憲法改正請願運動」が、張俊河《チャンジュナ》、白基琓《ペクキワン》らの提唱で一〇〇万名署名運動として開始され、国際的には韓国が派兵し参戦した、いわゆる「民主主義と自由のため」のベトナム戦争において、アメリカ軍が惨敗する事態を迎えました。

翌七四年には、ベトナム戦争でアメリカの敗北を目にした朴正熙が、年初から「大統領緊急措置」を第一号から第九号までを連続発動し、事実上、憲法を停止して一切の国民の権利を剥奪する断末魔のあがきを見せました。任軒永さんや李浩哲《イホチョル》氏らが、いわゆる「文学者スパイ団事件」（一九七四年一月）なる罠にはめられ拘束されたのは、多分この頃だったでしょう？　ソウル地検公安部が知識人弾圧の一環として、そんな名目で事件を強引に仕立てたと報道されましたが、任さんもひどく苦労されましたね。これは死の危機に瀕した動物が、全身に起こした政治的痙攣みたいなものでした。

有名な「民青学連事件」で、金芝河と一部の学生に死刑が宣告され、七名は無期懲役になりました。最終的には全員が釈放されていますが、これは朴政権末期に信号弾が破裂したものと解釈されました。案の定、その年の夏には朴正煕夫人の陸英修《ユクヨンス》が、光復祝賀会の会場で射殺される不祥事が発生しています。こうした一連の独裁政権のあがきに対抗し、在野の人々で構成された「民主回復国民会議」が組織され、これまで独裁政権に順応していた宗教界も屈辱から目覚め、「天主教正義具現全国司祭団」を発足させました。これらの状況のなか、七四年六月に私の最初の評論集『転換時代の論理』が創作と批評社から発刊され、知識人社会に大きな波紋が広がりました。メディアの世界でもようやく抵抗の闘いが始まり、一四〇名ほどの東亜日報の記者が「自由言論実践宣言」を発表し集団的抵抗を開始し、続いて四〇名余りの朝鮮日報の記者が、権力の言論圧殺に対抗する闘争を展開しました。

この全国民的抵抗に逢着した朴正煕政権は、七五年四月に全国各地の大学に休校令を発し、さらにソウル市内の二一大学に軍隊を駐屯させました。獄中の金芝河の有名な「良心宣言」が発表されたのがこの頃でした。朴政権は、さらに前大統領の尹潽善《ユンボソン》と、カトリック原州《ウォンジュ》教区の池学淳《チハクスン》司教をはじめとする大勢の人々を投獄しようとしました。こうした状況のなかで、中央情報部の仕業と見られる張俊河の不審死が起きました。いかなる基準で判断しようと、これだけでも大韓民国という国は、国家的機能を喪失した状態と言わなければならないでしょう。

軍事政権の危機をさらに加速する事件として、韓国と北朝鮮の国連同時加盟がありました。国連総会で初めて南北両国への支持票が同数になり、韓半島情勢に対するアメリカの一方的な懐柔策が限界に達したと世界が認める事態になったのです。弱り目に祟り目で、七五年四月には、ホー・チ・ミンの指導するベトナム解放軍が南ベトナムの首都サイゴンを占領しました。一二〇年ぶりにベトナムは植民地から解放され、反帝国主義闘争は終わりを告げ、分断された南・北ベトナムを統一したベトナム社会主義共和国が樹立されました。

国内情勢に対する私の絶望感はさらに深まりつつありましたが、私は生きなければならない、そして生きていけるとの執念と意志の力を捨てずにいられた最も大きな要因は、世界情勢の変化でした。国際情勢の展開のなかで、時代精神の滔々たる流れと力の版図に現れた具体的な変化だったのです。

任　この当時の「教授再任用制度」で最初に解雇された大学教授は、白楽晴《ペクナクチョン》先生、金炳傑《キムビョンゴル》先生のようです。白楽晴教授は民主回復国民会議に参加されてすぐに解雇され、金炳傑教授は辞職勧告を受けました。李先生も辞職を求められたのですね？

李　あの「教授再任用制度」は、朴政権の滅亡を目前にしながら、知識人のトップリーダーである教授たちの中から独裁政権に同調しない教授を大学から追放しようとするものでした。研究実績、学生指導、そのほか、教授としての資質や品位までも無理やり理由にこじつけ、強制的に退職を迫ったのです。なかには追放に値する人もいましたが、私立大学の場合は設立者や財団に憎まれたとか、「トラブル」を起こした者が、この機会に一斉に狙われたのです。全国九八大学で合計四六〇名の教授が、この粛清の嵐で大学から追放されました。

　国公立大学が二一二名、私立大学が二四八名でした。そのうち主な人物は、いわゆる「反体制人物」として狙われた約五〇名の方々です。私も入っていますが、これに該当する教授のほとんどは、朴正熙大統領が殺害された直後、翌年の「ソウルの春」によって復職しました。イタリアのムッソリーニは、一九二二年に権力を奪取し、大学教授全員にファシスト体制と政権に対する「忠誠の誓約」を強要しました。そのうち誓約を拒否した教授は二二名でした。その教授らは全員、イタリア沿海の離島に収容され、二三年後の四五年春に、ファシズム政権が崩壊した後に隔離収容所から生還した教授は、わずか二名だったと聞きました。これに比べれば、朴政権の追放措置はまだましだったと言えるかもしれません。

　私が漢陽大学から強制的に解雇されたのは、白楽晴教授や金炳傑教授と同じで、私が民主回復国民会議の理事だったので、政権側が教授職と国民会議の理事のうち、どちらかを辞めよと選択を迫ってきたことによるものでした。私はその当時、国民会議の理事のほかに、良心囚の国際的支援組織のアムネスティ・インターナショナル韓国支部の理事をしていました。この組織は進歩的キリスト教の先駆者である金在俊牧師と宋志英《ソンジヨン》先生が中心になって結成されたものですが、権力側はアムネスティの役員も問題視していたのです。

解雇がほぼ確実になると、私は漢陽大学の学生だけでなく韓国の大学生が聞くことも読むこともできず、どの教授も講義しなかったマルクス、エンゲルス思想の基本であり原点とも言える、唯物史観の原論である『ドイツ・イデオロギー』を、二回にわたる特別講義で取り上げました。私から講義を受けるこの卒業クラスの学生にだけでも、資本主義社会の構造と運営原理を解剖し、代案を提示する思想に接する機会を与えたかったからです。

任　ところで、金蓮俊《キムヨンジュン》総長について書かれた先生のエッセーを読んでみると、お二人の関係がどうだったのかよく分かりません。批判もなければ賞賛もない。おそらく李先生のほうで語られるのを避けていると思われるのですが、いかがでしょうか？

李　巷間では金蓮俊氏が、私が七八年からの二年間刑務所に収監されている間に、私の家族を援助したと思っているようですが、その半分は事実です。私は強いられて辞表を提出しましたが、彼はそれでも『漢陽大学四〇年史』の編纂研究室の編纂委員会のスタッフに指名し、月給が出るようにしてくれました。翌七七年一一月に私が刑務所に収監されるまで私は月給をもらいました。しかし、投獄されてからは、反共法違反者だから援助ができなかったのか、支援を受けてはいません。朴正熙大統領の没後、私は赦免復権となり、すべての解雇教授は復職しましたが、彼は私に復職辞令を出してはくれませんでした。私が漢陽大学出身でなく、大学本部に人間的なつながりや縁故がなかったからでしょうか、彼は私を受け入れてくれなかったのですが、そのことが新聞記事になってから、やっと復職させてくれました。

任　一九八〇年に復職された後にも、研究所には引き続き関与されましたか？

李　その後は関係していません。

任　維新統治の実質的な出発である七二年からわずか二年で抵抗勢力が急増し、七四年から朴正熙は相次い

『転換時代の論理』の出版記念会で、左から廉武雄、韓南哲（故人）、著者、白楽晴教授。

で緊急措置を発動しました。我々の「文学者スパイ団事件」の裁判の際には、先生はたびたび法廷に出てくださいましたね。この頃になると、全般的に維新独裁体制はとうてい受け入れられないとの声がメディアの世界から起こるようになります。陸英修狙撃事件に劣らず衝撃的な事件は、先生の最初の著書『転換時代の論理』が出版された七四年六月以後ではないでしょうか。我々の収監中、一審の判決言い渡しのあった六月二六日が、この本の出版記念会でした。きっと彼らは釈放される、だから出版記念会をこの友人らとともに開かねばならない、そう言われましたね。

社会を変えた一冊の本『転換時代の論理』

李泳禧　『転換時代の論理』は、その内容の一つひとつが、韓国社会の畸形的な常識、信念、理念が日常化している知識人・大学生・青年・労働者らに、衝撃を与えたようでした。彼らの価値観や信念体系が、この本を読んで音を立てて崩れてしまったのです。数十年の間、自然なこと、当然なこと、最上のこと、それしかないと教育され、そう理解し、そう信じたことの仮面と虚偽が剥がれたのですから、驚き、恐れ、恥ずかしくて長い間、無関心だったことに目覚めて大騒ぎになりました。解放後の半世紀近い歳月を、韓国人は人類社会にはただ狂信的な反共主義的な価値観と宿痾となった極右的世界観しかないと思って過ごしてきたからです。

　けれども、それとは反対のもの、時にはそれよりもはるかに高い理念や価値体系、それとは異なる人間的思惟と存在様式もあるという事実、さらに、それらで構成された社会と国家が数多くある現実などを、初めて知ることになったのです。ですから、唖然とするほど大きな精神的な衝撃を受けたのです。しばらくは読者から、こうした経験を語り、感謝する手紙が数百通も送られてきました。つまり「意識化」されたのでしょう。政権が緊張したのも無理はありません。

任軒永　この本は社会科学分野の書籍としては初めてベストセラーになり、先生はこの本のために、その後も厳しい監視を受けることになりました。この本の全体の流れは、中国やベトナムの問題、思想の自由の問題などで、七四年以前に書かれた文章のほとんどを収録していますが、今でも現代中国や七〇年代の韓国を理解しようとするならば、本書を読まなければならない、これより優れた中国研究書はないとも言われています。事実「中国学」と称されるほどの研究書は、その後しばらくは刊行されていないようですね？

李　『転換時代の論理』が刺激したのは、中国に対する現実認識だけではなかった。それは一部に過ぎません。本書の効用を一言で要約すれば「韓国的理念（価値観とイデオロギー）の虚構性と真実を偽装し、凝固まった〝仮面〟が、本書によって剝ぎ取られた」ことでしょう。言うなれば「価値意識の総体的解体」とでも言うべきものでしょうか。狂信的な反共極右政権が、本書と著者を「意識化の元凶」と断定したのはそのためです。中国認識は二の次の問題でした。

八〇年代後半になると、一冊、二冊と「続編」が刊行されるようになります。その時点からは、大勢の知識人や若い研究者が、中国を学問的な研究対象と見なし、あたかも中国という社会に吸い込まれるようになりました。これを見て中国と無縁な研究者が、急に専攻を変更して中国研究に飛び込むこともありました。ひとりの研究者、ひとりの知識人が文章を書いて本を刊行し、知的活動をした結果がこのように大きな衝撃と影響を引き起こすとは、自分でも信じられないほどでした。これに続いて『八億人との対話』（創作と批評社、一九七七年九月）を出版したのですが、これが起こした知的衝撃は『転換時代の論理』を上回るものでした。さらに、ハンギル社から『偶像と理性』（同年一一月）まで刊行されたので、当局側も黙視してはいられなくなりました。

任　筆禍事件になると予想していましたか？

李　少しは心配していましたが、あれほどとは予想してはいなかった。

任　この頃には、東亜日報の記者の「自由言論実践宣言」を筆頭に自由言論運動が広がり、続いて七五年一月からは「東亜日報の広告弾圧事件」が起こりました。そして、広告主が理由を聞かないでくれと言いながら、契約した広告を相次いで解約する事態になりました。最終的には、言論の自由を叫んだ東亜日報と朝鮮日報の記者が大量解雇されます。現在のハンギョレ新聞の主要人物、李富榮《イブヨン》、林采正《イムチェジョン》、ハンギル社の金彦鎬社長、文学と知性社の金《キム》炳翼《ビョンイク》社長などは、その時に解雇された人たちです。社会安全法が一九七五年に施行され、長く民族運動を続けた活動家が再収監されるなど、厳しい弾圧が続きました。

少し和やかな話をしましょう。ウアクセ〔すすき〕クラブのことです。七〇年代初期、正確には七二年一〇月の維新宣布の直後、

韓国社会に強い知的衝撃をもたらした『転換時代の論理』と『偶像と理性』。

最初に投獄された金相賢《キムサンヒョン》議員が七四年一二月に釈放された直後と記憶しますが、韓勝憲《ハンスンホン》弁護士、現在は故人となった李相斗《イサンドゥ》、張乙炳《チャンウルビョン》、尹炯斗《ユンヒョンドゥ》先生などが集まると、しばしば金議員が飲み代を負担し、酒を楽しみながら、あの残酷だった時代に浩然の気を養ったものです。私の記憶では、当時、李先生の価値観の一面を垣間見る一つの事件がありました。金議員が女性のいる雰囲気の良い酒場に我々を連れて行きました。李先生は女性が出てくるのを見ると、ブルジョア的だとかおっしゃって、その場をぶち壊してしまった。先生の純粋性というか潔癖症というか、思想の気骨というものを感じることができました。その後に拝見すると、

美しい女性を好まれることもありましたが、おそらく商品としての女性はことごとく拒否されているようでした。

李　私は軍隊生活でもそうでしたが、社会生活を始めた時期には潔癖症とでもいう点がかなりありました。けれどもメディアと大学で三十年余りを過ごし、世の中の荒波を受けたので、相当堕落してしまいました。「死ぬ日まで天を仰ぎ／一点の恥じ入ることもないことを」の詩人尹東柱《ユンドンジュ》（一九一七〜四五。中国朝鮮族の詩人。四三年に日本の同志社大学に在学中、思想犯として捕らわれ、四五年に福岡刑務所で獄死。没後刊行された詩集に『空と風と星と詩』がある）のような人生は私から遠ざかりました。私も適当に「二重人格者」で、偽善者になったのです。尹東柱は「死ぬ日まで天を仰ぎ、一点の恥じ入ることもないことを」と念じたのですが、私は遠くを見ることもなく、まさに自分の心の中にある鏡の前で恥じ入る思いで、自分自身に向き合っています。わびしいものですね。

任　生活において先生は柔軟なほうではありませんか？

李　今ではどこにでも行くことができますが、かつては角張った石塊のような人間でした。私は家庭でも子どもを抱いてかまってやり、欲しがるままに何かを買ってやるとか、何でも聞いてあげる、そんな父親ではなかったのです。私の関心と行動の的は家族ではなく、社会に向かっていました。韓国社会における不正腐敗の輩が、力のない人々からかすめ取った金と権力で好き勝手な振る舞いをするのが我慢ならなかった。その当時は本当に心の中では、社会主義であれ、共産主義であれ、こんな社会をさっさと覆すものがあれば、それが何であれ、それが正義だと考えたこともありました。韓国よりもっと悪い社会が、地球上のどこにあるかという思いからでした。そして私は酒を飲み、女性を抱いて金をばらまき、この社会の現実と妥協する連中に我慢できなかった。私の心があまりにも狭量だったからでしょう。世の中をもう少し広く、余裕を持って見ることができなかったのです。徹底的に探り出せば、私のそんな態度は二律背反と言えるでしょうし、正常ではなく偏向していたのです。当時の私の思考と行動が、必ずしも客観的で正しかったとは言い切れません。ただ、そんな心情ばかりで、そうではない別の自己意識はなかったと吐露するだけです。

任　それはたいそうなご謙遜だと思います。現実的には妥協して、そして一歩落ち込み、さらに一歩落ち込み、ついには堕落してしまうのではありませんか。見ようによっては、先生のその実直な品性が、ご自身の思想を誠実に守ることになったのでしょう。私たちが先生に抱く畏敬の念もまさにそこにあります。とにかく、その頃に先生のお付き合いは、ウアクセクラブ、コシギ山岳会、創批グループ、言論人会などの方々で、李泳禧先生とその周辺の人脈は以前のままでしょう。

李　人脈というよりも、いつも身近にいて親しかった同志たちです。しかし、私は意識して人間関係と社会的絆を結んだわけではありません。私は対人関係において処世に疎く、上手に世渡りすることができなかったのです。

任　先生がそうだったので、自然に人々が周辺に集まったのでしょう。

李　それも特に意識していたわけではありません。実際『転換時代の論理』『八億人との対話』『ベトナム戦争』『偶像と理性』などが、そのように大きな影響を与えていることもよく分からなかった。その理由もあるいは私の人生観というか、人生を生きて行く原理のためなのかもしれません。私の知識活動と実践の結果が、この社会に大きな感化や影響を与えたと自負したことはありません。大勢の人々が読後の感想を語りながら、世界観が「コペルニクス的質的転換をした」などと告げられると、私は「本当にそうですか？」と半信半疑になってしまいます。私は単に当然のことを書いた程度の気持ちでした。

八〇年春の光州民主化抗争を経験し、全国的に民主化闘争が次第に広がっていた頃、民主化・反独裁闘争の主体である若者から多くの手紙が届きました。自分たちはまったく知らなかった。とても新鮮で明確な価値観、社会意識と信念体系に接して「恐ろしさを感じるほどだった」と読後体験を告白し、それが「闘争に飛び込んで、命までも投げ打つ決心をする大きな契機になった」と心のうちを語ってくれました。そうした過程で、「ああ！　少しは影響を与えたのかな？」と思うようになりました。謙遜からではなく、自分の知的・精神的・思想的行為の結果が、何らかの影響を与えるほどの水準と内容を持つものであるか、常に懐疑的に思っているので、「もう少しうまく書くことができたのに、もう少し広く見ることができたのに、もう少し遠く、そして、もっと深く大きく見ることができたのに……」と、いつも物足りない思いが先立つのです。

八〇年代の初めに中央情報部が作成した、韓国学生運動の思想的脈絡を扱ったパンフレットを誰かが見せてくれました。そこには大学生が思想的影響を受けた図書三〇冊を挙げており、第一位が『転換時代の論理』、二位が『八億人との対話』でした。三位が宋建鎬《ソンゴンホ》の『韓国民族主義の探求』で、四位が朴玄埰《パクヒョンチェ》の『民族経済論』、五位はまたも私の『偶像と理性』でした。こうしたリストを見るにつけ、これらの本の影響によって、大勢の若者と知識人が意識化し、八〇年代が可能になった事実を認めるようになりました。それで権力と利権の恵みを受ける集団が、私を知識人・大学生、そして大衆に「考えること」を吹き込んだ「意識化の元凶」と罵ったのでしょう。それ以来、私は軍部独裁・極右・狂信的な反共主義者らにとって、「意識化の元凶」そのものになってしまいました。とても名誉なことです。

「意識化の元凶」と罵倒される

任軒永　先生を個人的にヒョンニム（兄さん）と呼ぶのが、詩人の高銀《コウン》、金相賢《キムサンヒョン》議員、韓勝憲《ハンスンホン》弁護士、学界では張乙炳《チャンウルビョン》教授でしょうか。偶然かも知れませんが「ウアクセ」関係者が多いようですね。先生の側から学界や言論界の真の師匠を選ぶとしたら、どなたでしょうか？

李泳禧　分野は違いますが、原州《ウォンジュ》の張壱淳《チャンイルスン》先生です。年齢は一歳半ほど上で、人格・思想・品位・経綸、すべての面において、仮に私が十歳ほど年上であっても、お仕えしたい方でした。気持ちのうえでは、いつも目上の方としてお仕えしました。民主回復国民会議を指導した李丙璘《イビョンリン》先生も師匠として尊敬しています。学問的には直接の関係はありませんが、人格的にということです。公私ともに忠実に生きてこられた方としては、朴炯圭《パクヒョンギュ》牧師、李敦明《イドンミョン》弁護士も尊敬している方です。

任　李敦明弁護士とお知り合いになったのは、いつ頃ですか？

李　七〇年代になってからです。二回目の事件の時に、弁護を担当していただきました。李敦明弁護士には七〇年代から九〇年代までの約三〇年に及ぶ、いわゆる「文人スパイ団事件」や「反国家団体事件」「民主化運動」、そして「貧民の人権運動」などに関連する思想犯に対する弁護団が構成された際には、いつも代表者になっていただき、裁判の最前線に立たれました。あの年齢であれほど途方もない影響を与えられながらも、非常に繊細かつ善良で考えが柔軟な方です。私は法曹界に関しては、自分の事件に関連する知識しかありませんが、私が読んだり聞いたりした限りでは、最も実直かつ良心的な方で、凶悪な政治権力と正面から向かい合った代表的な弁護士は、金炳魯《キムビョンノ》、李丙璘、李敦明のお三方だと思います。

任　張壱淳先生がいらした原州に初めて行かれたのはいつ頃ですか？　どのようなきっかけで行くことになったのですか？

李　確かな記憶はありませんが、おそらく七一年か七二年だったと思います。原州にあった「カトリック共同体」、その当時は農民・教育・運動を一体化する時期でしたから、その話を聞いて興味を持ち、お会いしたのが最初だったと思います。

任　その後もよく行かれましたね？

李　張壱淳先生との人間関係が深まるにつれ、しばしば訪ねて泊まって来ることもありました。村落の前に河川があります。その頃は冷たく澄んできれいでしたね。暗くなると川原に出て身体を洗ってから、焼酎をやりながら語り合い、家に帰って休んだものです。何回だったか数えきれないほどでした。私が一面的で平面的な思考、思想、感情を持っており、人間的な包容力が足りないのに対し、張壱淳先生は、多面的で複合的かつ中庸的で、何の矛盾もなく、異質的と思える思想をひとつの大きな溶鉱炉のように融合させる方です。その人間の大きさには圧倒されるばかりでした。

任　張壱淳先生といえば、しばしば老荘思想と社会的見識まで兼ね備えた方として知られています。カトリック・老荘思想・社会意識を調和された方でしたね。

李　それだけでなく、仏教にも深い学識をお持ちでした。先生の生活様式は老子的でありながらも仏教的であり、むしろ非キリスト教的と見ることができました。生活様式はカトリックの規律や範疇には、まったくとらわれていません。いかなる理念や宗派にも束縛されることはないので、すべてを包容することができたのでしょう。池学淳《チハクスン》司教は反独裁と韓国キリスト教の改革に大きな役割を果たされましたが、張先生がその背後で影響を与えられたと聞いています。ところが、当のご本人は「私は何もしたことはないよ！」と謙虚におっしゃっていました。そんなふうなので、張先生にまたお会いしたくなるのです。

親しい文学者仲間と智異山天王峰に登った。後列左から著者、宋基淑、李文求（故人）、李浩哲。前列は『創作と批評』の主幹だった李時英と金柱演。

任　八〇年代に広く知られた山岳会「コシギ」には、どのような方が集まっていましたか？

李　朴正熙《パクチョンヒ》が射殺され、光州民主化抗争が起きてから投獄され、その後に釈放された知識人たち、職場から強制追放された後に仕事のない人々が、ともに山歩きをするようになりました。そのメンバーが時代の良心を代表していました。李敦明弁護士、宋建鎬東亜日報前編集局長、白楽晴教授、小説家の李浩哲《イホチョル》、経済学者の朴玄埰《パクヒョンチェ》、後日に金泳三《キムヨンサム》政権で民政首席を担当した金正男《キムジョンナム》、人民革命党事件の関連者である事業家の朴重基《パクジュンキ》、兪仁浩《ユインホ》中央大学教授、詩人の趙泰一《チョテイル》、キム・ヨンドク画伯、邊衡尹《ビョンヒョンユン》ソウル大学教授、チョン・ギヨン、朴錫武《パクソンム》、そして私などで構成されていました。私がその厳しい歳月の中で立て続けに権力の標的にされて疲労困憊した身体と心に休息を与えられ、同志から愛の抱擁を受け、命の精気を取り戻すことができたのは「コシギ山岳会」のおかげでした。他の方々もそれぞれそんな気持ちで出会い、適当なことを言い合って気炎を吐き、悲憤慷慨し、大いに笑い大いに食べ、智異山《チリサン》、雪岳山《ソラクサン》と、行かない山はないほどでした。権力からは阻害されましたが、むしろそのせいで幸せな集まりでした。

任　「コシギ」という名称の由来をご存知ですか？

李　「コシギ」には何の意味もありません。ある日、北漢山《プッカンサン》にある一禅寺《イルソンサ》の裏の日当たりのよい岩の上で昼食をしながら、会の名前をどうするかを語り合っていました。すると李敦明弁護士が全羅道《チョルラド》の訛りで「コシギ、コシギ……」〔言葉に詰まった時に言う「あのう」「ええと」〕と、独り言を発しました。それで誰かがそれを会の名称にしようと提案し、最終的に「コシギ山岳会」に決まったという話です。

預言者は故郷で迫害される

勲章の代わりに反共法違反

任軒永　先生は七七年に再び投獄されました。『偶像と理性』と『八億人との対話』の筆禍事件です。朝七時に連行されたというのは本当ですか？ ある記録には床屋から連行されたとありました。帰宅できずに路地から連行されたのですか？ 出版の後に威嚇されたり、電話で異常な気配を感じたり、そんなことはありませんでしたか？

李泳禧　朝、町内の床屋で散髪を終えると、外で待っていた捜査官に取り囲まれて「行こう」と言われたのです。実際には家に寄ってから行きました。

『現代史年表』を見ると、「七七年一一月二三日、『偶像と理性』と『八億人との対話』が反共法違反図書として、李泳禧が逮捕される」と記述されています。すでに同月一五日頃からそんな気配を感じました。この年の晩春に『八億人との対話』を脱稿し、久しぶりに妻とともに済州島《チェジュド》旅行に出かけました。ソウルに帰ってくると、幾つかの書店で刑事と情報要員らしい者が、私の著書について根掘り葉掘り聞き込みをしていると、創作と批評社から伝えられました。「何かありそうだ」と感じました。少しは緊張したものの、創作と批評社も私自身もそうでしたが、その後にあんな大事件を情報部と対共班が企んでいるとは、まったく予知してはいませんでした。

任　家宅捜査はどうでしたか？　そしてどこに連行されたのですか？

李　私を連行してから書斎をくまなく調べ、大量の本と書類などを持ち去ったようです。

私は治安本部の対共分室に連行されました。龍山《ヨンサン》区《ク》南営洞《ナミョンドン》、地下鉄一号線の南営駅の片側を高い広告看板のようなもので覆った、その下に幅一〇センチくらいの狭い窓のある五階ほどの黄色い煉瓦建ての建物です。私はそれから三〇年ほど経った今でも、電車が南営駅を通り過ぎるたびに鳥肌が立ち目を閉ざします。

任　朝食前に連行されたのですね。問題となった部分が多かったようですね。『偶像と理性』に出ている「農民、任《イム》君に送る手紙」の、任君とは誰のことですか？

李　南山の中央情報部でも、治安本部の対共分室でも、人間扱いされなかったのはまったく同じです。彼らは意図どおりに尋問調書を作成しなければならないので、夜通し取り調べを受け、食事だの何だの、そんなものはまったく無視されました。任とは七五年でしたか、私が初めて媒酌人を務めたソウル大学農学部出身の学生運動家のイム・スデ君のことで、馬山《マサン》近くの鎮東《チンドン》で啓蒙運動をしながら農業をしていました。その任君に送る形式の手紙の文章が問題になりました。

任　控訴状や尋問記録などは、先生の著書などから組み立てたようですね。拷問は受けませんでしたか？　心理的な負担は大変なものだったでしょうね。

李　当時の情報部や軍の捜査隊に連行された人々の取り調べ過程は、みんな似たようなものでしょう。すべてが拷問みたいなものですよ。三日間眠らせずに、四人の対共班の捜査要員が交替しながら尋問するのです。自分たちがあらかじめ作成しておいた、必要とする回答を引き出すために、同じことをくり返し何度も尋問するのです。自分たちが望む答えが出てこなければ何百回もやるのです。最後は誰もがくたびれてしまう。粗暴で愚かな行為でした。とうてい抜け出すことのできない絶対的な挫折感と恐怖感に襲われます。耐える気力が失われるのです。四、五日ほど経つと、ほぼ要求するままに認めるようになり、ついには彼らが用意したシナリオどおりに、拇印を押すことになります。まずは生き残らなければならないという心情に駆られるからです。

任　ロシアの誰かが、流刑されればはるかに気楽だが、流刑されるまでの過程が、ほんとうに辛かったとの言葉を残しました。確かにそうです。ただ、憎らしいから閉じ込めておくと言えばよいはずなのに、ありもしないことを何度も変えて書かせ、裁判所に引き立てて押し問答をする反人間的な過程をくり返すのです。

李　私はそんな経験をそれから三回もしました。まったく同じ過程と恐怖に襲われ、自分自身を喪失するまでの苦痛を経験しました。軍事独裁の狂信的な極右反共集団は、全員がサディストです。弱い相手を虐待し、苦痛を与えて相手が死ぬほど苦しむのを見て楽しむ「加虐性・変態性」淫乱症患者たちだった。『転換時代の論理』『八億人との対話』『偶像と理性』の三冊で、私を共産主義者に仕立てました。創作と批評社の発行人である白楽晴《ペクナクチョン》教授は共犯者になり、ハンギル社の公式代表になっていた金彦鎬社長夫人の朴冠淳《パククワンスン》さんは立件されました。『転換時代の論理』と『偶像と理性』が七四年から七七年の、あまりにも短い期間に韓国知識人の「意識化教科書」になり、軍事政権に対抗する勢力を育てました。そこに『八億人との対話』が刊行され、数日で数千部も売れたので、私をでっちあげの口実に利用したのです。

私を「共産主義者」に祭り上げようとしても、思い通りにはならなかった。どう見ても私は共産主義者ではないからです。北から家族を挙げて移住してきて、朝鮮戦争に七年も将校として参戦し、加えて軍から表彰までされている。表彰は銀星功労勲章ですが、呉師団長が師団司令部に保管して置いてくれました。過ぎたことですが、その後はどうしたのか師団本部の保管室の人事課の記録が完全でなかったようで、陸軍本部の賞勲記録から私の受勲事実は脱落しているのです。私は「事件」で拘束されるたびに師団本部に照会するのですが、受勲の記録はさっぱり出てきません。

任　勲章はお持ちですか？

李　ありません。私は軍隊がひどく嫌いだったので、勲章を受け取るのが名誉どころか、何の意味も感じなかった。前線ではまず略式勲章を受け取るのだが、そんなものをまったく無視したのでどこにあるのかも分からない。朝鮮戦争の当時、歩兵兵科の人事将校が連絡将校を軍人扱いしなかったので、記録を抹消したのかもしれない。夜叉みたいな人間味を爪の先ほども持たない対共班の調査官でも、私の記録と業績を見れば共産主義者に仕立て上げることはできないはずです。私は当時の大学生が南営洞の対共班調査室で受けた、水拷問・電気拷問などの暴力的で致命的なものは受けてはいません。学生の金槿泰《キムクンデ》〔九六年に国会議員に初当選、盧武鉉政権では保健福祉部長官を務めた〕のような拷問は受けませんでした。数え切れないほどの脅かしは受けていますが、身体に物理的な圧力を加えられたことはありません。

任　白楽晴先生も苦労されましたね。

李　白楽晴教授にはハーバード大学の卒業生という、韓国社会では特権的な条件があったから、おそらく私とは違った扱いだったでしょう。アメリカの時事週刊誌『ニューズウィーク』が、私の筆禍事件を取り上げました。ところがそれは私を中心とする記述ではなく、白楽晴が中心になっていた。これが白教授には決定的有利に作用したらしい。アメリカだけでなく、世界各地のハーバード卒の有力者からの抗議が、韓国政府に殺到したからです。彼らは私を捕らえようと目論んでいましたが、白楽晴を狙ってはいなかった。

対共機関の捜査要員はサディスト

任軒永　反共法四条一項の「敵性国家の鼓舞・讃揚罪」を適用されて収監されましたが、捜査官の倫理や価値観、それらに対して思われたことは？

李泳禧　対共分野の捜査機関の要員は先ほども話したように、サディスト集団だった。人間を虫けらのように虐待して快楽を感じ、性的相手が苦しむのを見ながら性的快楽を感じるような、病的なサディストだった。そうでなければ、あれほど人間を虫けら同然に扱うことはできないはずです。

生命と感情と感覚が少しでもある人間だったら、相手をあんなに仇敵のように扱うことはできない。そうした意味から教育水準とか何かと言う前に、韓国の反共主義の尖兵だった各種対共機関の捜査官は、例外なくサディストだったと思う。彼らは救いがたい人間の部類に属している。そうはいっても、一方では、実存的には彼らも狂信的な反共主義と、その体制の犠牲者なのでしょう。彼らも存在論的には「疎外された人間」なのです。彼らが虐待する被疑者よりも、さらに疎外された存在なのでしょう。極右反共体制とは、そのなかに存在する全員を「非人間化」するのです。そうした意味で「反人間」「反生命」的で、「反倫理」的体制だという思いが募りました。

任　事件を担当した責任者の名前を覚えていますか？

李　ほとんど覚えていません。ペク・キヨンという少し若い担当者の名前だけは記憶しています。班長は金某だったが、本名なのか仮名なのかは分からない。そんな部類の人間のうちで、彼は少しはましだった気もする。そう、金槿泰、私より何十倍も苛酷な拷問を受け、何度も気絶するまで拷問を加えた調査官の顔と名前、日付と時間まですべてを記憶し、後日、彼らに対する法的懲戒を実現させたソウル大学生、金槿泰の超人間的能力にただ感服するばかりです。あのような拷問を受けた者だけは分かるのですが、生死をさまよう極限状況で、彼のように敵の正体を記憶するのは並の人間ができることではないからです。私はその点でも、金槿泰は将来大きな仕事をする人物だと確信しました。

任　西大門《ソデムン》拘置所に送られたのは夜でしたか、昼でしたか？　そこは独房でしたか？

李　検察の調査が終わり、西大門に送られたのは夜です。いつも夜で、いつもひどく寒い冬でした。よりによって零下一四度の夜間だったのですが、二〇名もの少年犯が隙間なく横になっている部屋にぶち込まれました。私はどこにも割り込む余地がない。静かに入口の近くに座っていると、少しずつ場所を作ってくれ、横向きに寝るように言うのです。身体を寄せ合って、そんな状態で寝ることができますか？　少年たちが低い声で「コンテが入ってきた」と言い合っていました。私は「コンテ」の意味が分からなかったのですが、後に「年寄り」という意味の隠語であると知りました。

任　私は「文人スパイ団事件」の時には、保安司〔保安司令部〕にいてから西大門拘置所に送られましたが、ひどく苦しめられたためかぐっすり寝ることができました。

李　ひどい目に遭った直後だから寝られたのでしょう。分かりますよ。私は寝具もなくて、眠りにつくことができなかった。まったくひどいものでした。しばらくして二坪ほどの房に移されましたが、そこには六名の先客がいました。主に窃盗犯が入っている部屋だった。ところで拘置所はひどく汚れていました。西大門拘置所ができてから数十年にもなるのに、一度も修理や手入れをしていないので壁紙は腐り、水が漏れて悪臭を発して……。小説や映画などで、人間の生存条件の底辺を見たことはあったが、これはまったく耐えがたいものだった。加えて同じ監房にいる連中が、一日中喧嘩をやらかす。どこに座っていても喧嘩をするものだから、巻き添えになってはいけないので、壁に沿ってあちこちに体を避けなければならない。彼らは完全に孤独だった。パンツも満足に穿いていない。外からリンゴ一個さえ差し入れられることはなかった。私に外から果物などが差し入れされると、六っに割って分けてやりました。この雑犯たちは、社会の底辺の人間と定義される、そんな種類の若者でした。

そんな処遇を受けて、行動をしている連中と、同じ空間で一五日間を過ごしました。こんな話をして構わないのかどうか分からないが、外から私に歯ブラシの差し入れがあると、その歯ブラシを一つくれと言われた。それをぽきんと折り、汚れた壁に擦りつける。直径五ミリ、中心の高さが二ミリ位の半円形で、その先端が鋭くなると、陰茎の表皮の下にそれを押し込んでいた。自瀆行為をするのです。そんな彼らが女性を相手にするときにはどうするのだろう？ そのうちの一人は二二歳くらいだったが、陰茎が完全に化膿し、膿がだらだら流れている状態だった。悪質な矯導官はその若者を呼び出して死ぬほど殴りつけていた。何か理由があるのだろうか？ ただ退屈なために「サディスト」的な本性を発揮しているのではないか。西大門拘置所はまさに生き地獄だった！。拘置所の矯導官なる職業は、そこに閉じ込められた者だけを相手にしているから、自分たちも半分は服役しているようなものだ。相手がみんなそんな犯罪者だから、非人間的に接する過程で、自分自身も非人間化されていくのでしょう。

　そこで半月を過ごしたがとても耐えられなかった。そのうち最も体格の良い若者が「房長」で、あらゆるふしだらな行為をやった奴だった。拘置所から釈放されてシャバに出ても、行くところがないと悩んでいた。そこで私が「本当に心を改め、人間らしくきちんと生きてゆく決心はあるのか？」と真面目に諭し、「そんな気があるのなら私が暮らしていけるところを紹介してやろうか？」と言ってみた。どうしてそう言ったのかというと、知人の炭鉱を思い出したからだった。

　そこではいつも人手が必要だからです。また、朴潤培《パクユンベ》支配人はそんな青年の面倒をよく見て、人間らしく育てるために努力された方です。私は出獄の際に「君、ここを出てから私が話したことを覚えていたら、私に連絡するように」と念を押しました。必ず訪ねてくると期待していたわけではなかったが、やはり連絡はなかったようです。

　私は最初、窃盗犯らの房に入るときに、インテリである自分の頭の中を変えてみよう、そんなことを考えていました。社会の最下層で冷遇され、人間の務めも果たせない彼らが、どのように生きどんな感情を持っているのか？ 搾取され、抑圧されて捨てられた彼らのことをインテリが語り、高尚な文章を書いていますが、この機会に苦しんでいる若者たちと一緒に暮らしてみよう。そう考えたのですが、やはりそれは出来ない相談でした。

任　そこで先生に懐く若者はいませんでしたか？ 先生が思想犯、いいえ、その名称も朴正熙《パクチョンヒ》が「左翼囚」に変えてしまいました。「思想犯」というと無条件で尊敬されるとか、ともかく先生が思想犯であることが分かってから、彼らの姿勢に変化はなかったですか？

李　二週間ほどの同居では互いを知ることはできないし、充分な時間的余裕はなかった。誰がそんなことを言ったのですか？「左翼囚」が尊敬されるなんて？　私はただの一度も尊敬されたことはなかった。反共法で捕まると三センチほどの赤い四角のプラスチック標識を胸につけます。ナチスがユダヤ人の胸に黄色の標識をつけた、まさにあれと同じです。「赤い烙印」をつけた者に対しては、殺人犯や破廉恥犯、その他の犯罪者でさえも、あたかも自分に敵対する人間がやってきたように、あざ笑い憎悪しました。そのように仕向ける教育をした結果です。すべての論理と価値観を単純化し、「アカ」すなわち「敵」と見なしているので、最初はひどく敵対的な感情を示します。蔑視し脅かしもします。そうこうしてから、二階の独房に移されました。

任　おそらく、三舎棟の上四房でしょうね。東学教徒の処刑場だったその場所に、植民地支配者が刑務所を建てたのが一九〇七年でした。大勢の愛国闘士を苦しめた西大門刑務所は、八七年に儀旺《ウィワン》〔現在の義王市〕に移転し、跡地は公園になり、三舎棟も姿を消しました。その当時、同じ棟のほかの房には誰がいましたか？

李　東亜日報社で自由言論闘争をして解雇された「東亜自由言論守護闘争委員会」所属の記者のうち、「首謀者」の数名が入ってきました。角の部屋には鄭淵珠《チョンヨンジュ》や成裕普《ソンユボ》など六名だったかな？　興味深いのは人によって「懲役体質」に違いがあったことです。現在はＫＢＳ〔韓国放送公社〕社長である鄭淵珠は、食事の時間のほかは一日中、監房の片隅で布団を被って寝ていました。他人とは話をしなかった。それで、どうしてそのように過ごしているのか、不思議に思いました。後になって尋ねると、「心配してもどうせ出ることもできないから、気持ちだけでも穏やかにして懲役を済ませよう」と決心していたと言うのです。私は彼に悟りを得た人物を見るような思いがしました。

そして、その後に環境運動連合の学生、崔洌《チェヨル》、金観錫《キムグァンソク》牧師の息子、後日、親日派問題に身を投じた学生の金鳳宇《キムボンウ》、在日同胞で韓国に留学しスパイ容疑で死刑宣告を受けた崔哲教《チェチョルギョ》、ソウル大学の金富謙《キムブギョン》をはじめとする大勢の学生がいました。そしてしばらくすると、金芝河《キムジハ》詩人が入ってきた。金芝河は絶対に「通房《トンバン》」（連絡し合う）できないように、厳しい状態に隔離されていました。他の者とは絶対に意思疎通のできない状態を意味します。それは本当に恐ろしい生存条件でしたが、それこそ人間の勇気と徳性と修養を最終的に試されるそんな環境でした。完全に孤立するなかで、気丈にもあの有名な「良心宣言」を外部に届け、世間に発表したのです。

マルクスを知らない秀才公安検事

任軒永　金芝河は入ると取り調べを受けて、自白してしまいました。それで我々が外から危機だと言ったのですが、やがて「良心宣言」（獄中で執筆。言論弾圧の真相を伝えた）が刊行されました。先生は入られる前から金泳三《キムヨンサム》政権時代に、青瓦台《チョンワデ》（大統領官邸）で働いた金正男《キムジョンナム》先生をよくご存じだったと思うのですが、「五賊」事件が七〇年ですね。この時から金芝河のその後の面倒をよく見られたのが金正男先生でした。外のニュースも金正男先生を通じて入ってきたようです。

李泳禧　私もずい分前から知っています。七〇年の合同通信社の外信部長の頃からです。その後に分かったのですが、私と白楽晴《ペクナクチョン》教授の弁護士らが西大門拘置所に面談にやってきて事件内容を確認し、訴訟準備をしたのですが、弁護士の背後から事件関連の事実と弁論方法などに関するすべてを、金正男が指導しました。弁護士の弁論内容のかなりの部分を書いたりしていました。内部にいる時は私もそうでしたが、金芝河もそうで、外部で起きている情勢に関して急を要する際には、金正男が詳しい情報を書いて内部に伝えていました。これは大変な冒険でした。民主化・反独裁・同志愛の崇高な精神と決然たる覚悟がなければ不可能な行為です。「こより」は植民地時代に、書類を綴るために使用したものですが、これにゴマ粒みたいな小さな文字で、外で起きていることを書いて伝えてくれたのです。これを運んでくれたのが矯導官の全炳鏞氏でした。彼は反独裁運動家らに「地獄に仏」のような役割をしてくれた恩人です。私と白楽晴の弁護には、李《イ》敦明《ドンミョン》、鄭春溶《チョンジュンヨン》、趙準熙《チョジュンヒ》、パク・トゥフォン、キム・カンヨン、黄仁喆、洪性宇弁護士らにお世話になりました。

全炳鏞氏は、もしもそれが見つかったら法的な処罰も受けただろうし、朴政権の残酷な拷問で命を失ったかもしれない危険なことをしてくれたのです。金正男、全炳鏞の両氏はこの時期の「顔の見えない」偉大な闘士だったのです。

任　検察は取り調べをする際に、捜査機関でしてきたことを、そのまま被告人になすりつけて控訴状を作成しました。それが検事の仕事でした。こうした状況を先生は「Ｄ検事と李教授の一日」という短篇小説に見事に描かれています。もう、Ｄ検事の名前を明かしても宜しいのではないでしょうか？

李　そんな「一日」を書いたものが、一篇の短編小説みたいになりましたが、書いたとおりこれは事実なのです。まさに母が亡くなった七七年一二月のある日の話です。妻が初めて面会許可をもらって、検事室にやってきて告げたひと言が「お母さんが亡くなられました」でした。母親が亡くなったので、外部の「反体制」勢力が動いて、ちょっと霊前に焼香でもさせようと政府に圧力を加えました。その一方で、まず、妻が面会許可を得て検事室で母親死亡の知らせを伝えるように仕組んだのです。私はその言葉に、一瞬、息が止まり、寂しさを覚え、次に涙があふれました。

担当は黄相九《ファンサング》公安検事でした。彼は「慶尚南道《キョンサンナムド》の居昌《コチャン》高校出身の秀才として知られ、ソウル大学法学部の三年で司法試験に合格したという話を、何度もくり返しました。ところで、なぜ「Ｄ検事」としたのかというと、黄検事はいまも現役なので「黄」姓は使えない。ところがＨにすると、Ｈ姓の方は多いので誤解を招きかねない。それでイニシャルは何にしようかと悩んだ末に、いかにも仮名と思われる「Ｄ検事」にしたのです。その後、誰かの話で、馬山《マサン》方面に「都《ド》検事」という方がいることを知りました。「検事でＤの付く姓は自分しかないのに」と困惑されていたとか。都検事には申し訳ないことをしたと思っています。

六〇、七〇年代にはたくさんの本を買って読みました。私の食べ物だけでなく、母、妻、子どもたちの食費や衣料品代まで節約して集めた書物です。これらの本を入手するのが、どんなに骨の折れることだったか。私にとっては血のにじむようなものなのですが、そんな貴重な本を押収し証拠品として積み上げ、それぞれに番号をつけ、本の内容、著者などについて書き留めていくのです。三分の二は日本語の本で、三分の一は英語の本でした。そうこうするうちに、『資本論』（全三巻）の順番になった。『資本論』は半分ほど読んでいましたが、全部は読んでいなかった。膨大でかなり難解だったので読むにはかなりの時間が必要でした。経済学理論として『資本論』を理解すれば、残された筋道はよく分かるようになりますが、そうなるまでには、砂を噛むような難解なプロセスを踏まねばならない。黄検事は本を手にすると「何の本なのか？」と聞いてきました。私は彼がすんなり司法試験に合格した秀才と自称していたので、本の内容くらいは知っていて、私の知識を試そうとしているのだろうと思いました。それで、返事をせずにしばらく下を向いていると、彼は「尋ねたら返事をしろ！」と大変な剣幕で叱りつけるのだった。

私も意地を張って言い返しました。「それはキリスト教の聖書が、どんな本かと聞くのと同じではないか？」、すると「誰が冗談を言えと言ったか！」と、またも責め立ててくるのです。「マルクスとは誰だ？」と尋ねるので、「それこそ、聖書を誰が書いたのかと聞くのと同じではないか？」と答えました。

終日、尋問と取り調べが続きましたが、すっかり日が暮れても私がずっとそんな調子なので、ソウル大学法学部出身で、自称「秀才」の公安検事は恥ずかしくなったのでしょう。やおら顔をしかめ、威儀を正して調査官に「今日は終わり！　私は帰るから、この者を西大門に送れ」と命じて、ドアをバターンと閉めて出て行きました。このいきさつを小説に仕立てたのです。私は公安検事から数々の侮辱を受け、完全に押し潰されていたのですが、ようやく大きく息を吸い込んで腰をぐっと伸ばして勝利の快感らしきものを味わいました。黄検事は取り調べながら、「朴正熙（大統領）」という文字や言葉が出てくるたびに、どんなに姿勢をくずしていても、瞬間的にすっと身体を起こして尋問を続けていました。植民地時代に「天皇陛下におかせられては」という言葉が出ると、走っていても立ち止まり、横になっていても起き上がった「忠実な帝国臣民」を彷彿とさせるものでした。

母親の亡くなったことを知った日が、取り調べの終わる日で、起訴された日でもあり、忘れられない七七年一二月二七日でした。私は死に水を取ることもできない親不幸な息子になりました。

リンゴとあめ玉で獄中の祭祀

任軒永　先生の母上は享年八六歳。私たちは先生が不在の華陽洞《ファヤンドン》のお宅へ弔問に押しかけました。

李泳禧　外では弁護団と民主化運動の同志たちが、大統領官邸に嘆願書を出し、葬儀の焼香ができるように頼んでくれました。妻が焼香はできるかも知れないと言っていましたが、ついに息子が不在のまま母は埋葬されました。後に大勢の方々がわが家でお通夜をしてくれたと聞きました。朴政権は私を三冊の著書に絡めて反共法で捕まえれば、私の本を読んだり持ったりしている学生や知識人たちも逮捕できるので、なんとか有罪判決にしようとひどく殺気立っていました。

朴處遠《パクチョウォン》という南営洞の対共分室署長は、私が八三年の「基督教社会問題研究所事件」の関連で二回目に拘束された時の担当でした。彼は自分の部屋に私を呼び、「君とは二度目だなぁ。最初の事件の裁判の時に、君を釈放か、執行猶予にすることができた。母上が亡くなった時も、焼香くらいするようにもできた。しかし何もできないようにしたのは、実は私なのだ」と言うのです。

そして、自身の経歴を話してくれました。一七歳の時に、平壌《ピョンヤン》で「反ソ連運動」をして、韓国にやって来て鍾路《チョンノ》警察署に入り、「パルゲンイ」〔「アカ」のこと〕を捕まえようとの一念で、警察の対共課を志望し、どん底から三〇年間も働いてきたというのです。「俺はこの手で〝アカ〟を数千人も捕えて刑務所に送った」と自慢していた。そして自分の人差し指を見せるのだった。指には固い肉がしっかりついていた。「三〇年

西大門刑務所に収監された喪主が参席できないまま、自宅で挙行された母の出棺式。

余りもペンを握り、〝アカ〟を捕まえるための調書を昼夜兼行で書いた痕跡が、まさにこのペンだこなのだ！」と言うのです。本当に鳥肌が立ちました。

彼は図体が大きく、単刀直入に自分の行為を愚直な言葉で自慢していました。すべての対共関係の事件は、政府の五つの部署が合同で最終決定をするのですが、実は、中央情報部では『転換時代の論理』『八億人との対話』『偶像と理想』の三冊の本の著述だけでは、反共法での公訴維持は困難との判断に達したようです。つまり「研究者が書いた中国革命関係の客観的内容」という一致した評価だったものを、自分が抵抗してそれを覆したと自慢していました。

その男の表現を借りれば、『転換時代の論理』によって「若い連中」が、みんな「パルゲンイ」になってしまった。さらに、こんな本が世に出回れば「われわれが解放後の四〇年間、苦心して築いた反共国家の土台が根こそぎ崩れてしまう。そう確信しているので、情報部からの強い意見で自分も牽制されているが、もし李泳禧を罰することができないなら、大韓民国の対共監視役の大黒柱である私をぶち込めと言い張った」。そして自分は「直接、青瓦台と掛け合った」と自信満々なのでした。

「李泳禧をこの機会に有罪にして見せしめにしなければ、今後の思想統制はできない。さらに自分の部下が調書を作成することもできない。とにかく、法律のことなど関係なく、いかなる手段を用いても、有罪判決にして服役させせねばならない。そして今後、類似の事例が出てくれば反共法違反で逮捕できるように、先例を残さねばならない」と断固たる口調でした。自分が勇敢にすべてを覆したと武勇伝みたいに語っていましたが、それを聞かされた私の心のうちを推察できるでしょうか。

任　収監後に困難な問題はありませんでしたか？

李　問題はいくつかありました。大勢の収監者はタバコを吸えなくなったので苦労していました。私は収監のその日から、きっぱりと止めることにしました。自分自身に規律を与えて、その規律が自分の生き方に意味のあることであれば進んでそれに従うこと、より昇華された生の姿に変わること、これこそが「自由の本質」という事実を悟ったのです。

他人が与えたことによって自由の領域が拡大されるのではなく、むしろ、自分が自分に制約と規律を課するなかで、それがさらにいっそう意味を持ち、高い精神性に自分を昇華させる真理を体得しました。タバコを吸いたいという誘惑、多くの人々が耐えられずに、一本のタバコを手にするために平身低頭し、廊下で吸殻を拾って吸い、自分自身を卑屈にする、このタバコから自らを解放しよう、だから自分の意思で吸うのを止める。すると何とも思わなくなる。簡単ですよ。精神的な解放なのですから。

三年半にもわたった投獄生活において、ただ一度だけタバコを吸いました。母親が亡くなった日の夜です。運ばれた食事とリンゴ一つと、金芝河が送ってくれた飴玉を並べて、自分なりの祭祀を執り行いました。しかし、我慢ができなくなり、知り合いの教導官が巡察にやってきた時に、タバコを一本吸いたいと申し出ました。八六年の生涯において、あらゆる辛い峠を越えた母上に、どこに行くとも告げずに連行されてき

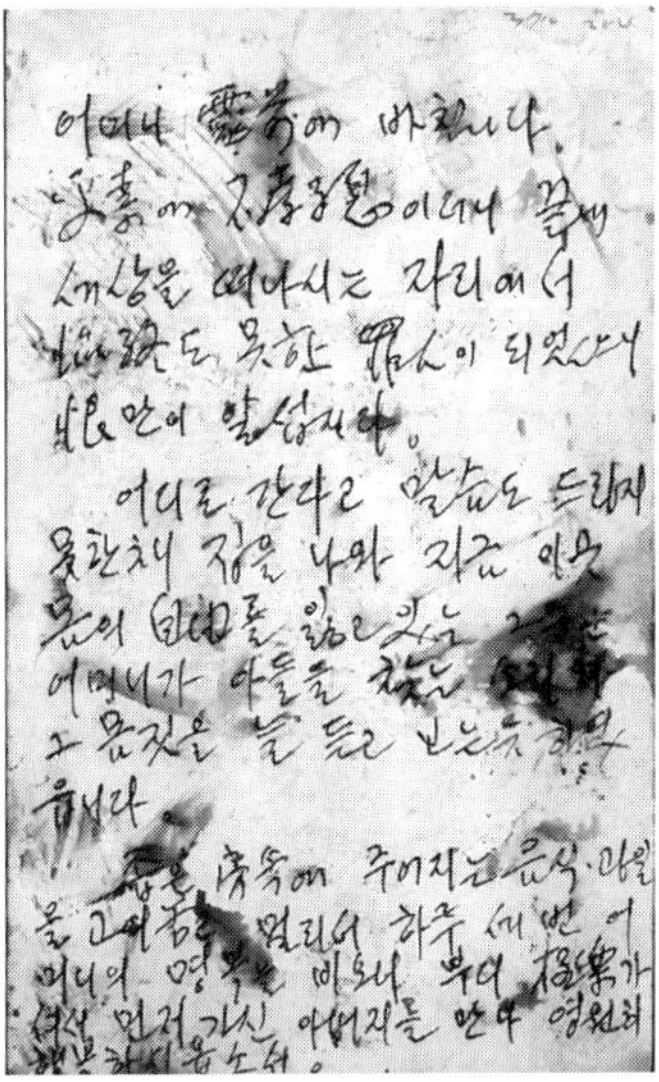

母親の死に立ち会えなかった不孝者が、西大門刑務所で執筆の特別許可を得て母親の霊前に捧げた一枚の葉書。12月27日に訃報を聞き、28日に書き送った葉書には、30日付の光化門郵便局の消印がある。葉書の書体は乱れ、涙の染みがついている。

たので、母上は家族に息子はどこに行ったのかと尋ねられたそうです。そうこうしているうちに亡くなられたとは、まったく言葉にもならない気持ちでした。後日に聞いたところでは、妻は「学生たちと済州島《チェジュド》に行きましたが、海が荒れて帰ってこられないのです」と説明したようです。

記憶だけで書いた上告理由書

任軒永 判事は誰でしたか?

李泳禧 兪京熙《ユギョンヒ》という判事でした。反共法の裁判というものは、普通はせいぜい二、三回で結審となるのが通例なのですが、一九七八年五月一八日からの単独審は計一一回も開かれました。だから大勢の人が傍聴し、私は私なりに大学での講義のように、著書の内容を説明して抗弁し、弁護士も確認したい事項をすべて尋問しました。兪判事は黙って聞くだけでした。その後に分かったことですが、情報部から判事にずっとメモが届いていました。驚いたことに一審では、五年の求刑に二年の言い渡し、なんと執行猶予までついていました。妻の日記を見ると、私が釈放されると思って、沐浴用のお湯を準備し、キムチを漬けてから判決言い渡しの法廷にやってきたようです。それほど楽観視していたのに、実際には判事にも上からの圧力が加わっていたのでしょう。それで裁判長は自分としてはどうしようもない心情からか、最終過程で「話したいことがあるなら陳述しなさい」と言われました。そんなことで公判は一一回も続いたのです。

任 二審の裁判はいかがでしたか? 二審が終わってすぐに光州《クァンジュ》に行ったのですか?

李 二審も懲役二年でした。光州は大法院の確定判決が出てから行きました。興味深いのは、二審の判決文というのが、起訴状に書かれている検事の名前を消して、そこに裁判長の名前を書いたものでまったく同じだったことです。今でも覚えていますが、起訴状が八六〇〇字で一三枚ほどでしたが、判決文は文字ひとつ変えずに八六〇〇字でした。検事の控訴状をそのまま複写して、判決文にしたのです。裁判という行為と手続きは、何の意味も持たない時代でした。軍人独裁体制の司法機関は「案山子《かかし》」で、裁判はただの「要式行為」に過ぎなかった。情けないですね。

任　上告文は西大門で書かれましたか？

李　高等法院が終わり、大法院の有罪判決が出るまでは西大門刑務所にいました。大法院への上告理由書について少し話をする必要があるでしょうね。私は五〇年近く文章を書いてきましたが、私にとって最も貴重な文章が何だったかと振り返ってみると、まさに、この上告理由書だったように思います。その頃、韓国の検察と刑務所はひどく非民主的で、世界の刑事法の裁判手続きでそんな例は多分、野蛮な国にしかなかったでしょう。私は大法院に上告理由書を書くことになったのですが、なぜ私を反共法で有罪判決にしたのか、その起訴文と判決文に出てくる私の著書を見せてくれなかった。二審の起訴状とまったく同じ判決文だったので、その内容だけを参考資料にし、残りは完全に記憶力に頼り、知的・思想的・理念的に蓄積されたものを基礎にして、まるで雲をつかむような状態でそれだけで書かねばなりませんでした。

ところで、その年の冬は零下一四度にもなりとても寒かった。一週間後に上告理由書を提出しなければならないのに、とても寒くて手がかじかんで文字を書けません。そのうえ、複写用のカーボン紙を柔らかい紙の間に、一枚ずつ挟み複写を四部も作らなければならない。全部で八枚の紙に力を入れて、文章が複写されるように書かねばならなかった。手が凍えて手袋をしても役に立たない。ひどく冷たいからです。そんな状態で参考にする理論的・学問的根拠である文献もなしに書かねばならなかった。さらに、起訴対象になった著書を見なければ書けないと言っても駄目だという。まったく野蛮で一方的な扱いでした。

実にに呆れたことです。それでも一週間で私は書き終えました。苦労をしながら、気丈にもよく耐えたものだと思います。そんな悪条件のもとで、原稿用紙で一二一枚もの上告理由書を書きました。美濃紙で一一〇枚です。一一〇枚をカーボン紙まで含めて八部ずつ作ったのです。実際に文字を数えて見ると二万四二〇〇字でした。こんなに長い文章を、零下一〇度以下の寒さの、想像もできない悪条件のもとで書きました。この文章は、後に私の九冊目の著書『逆説の弁証』に記念のために収録しました。文献や参考資料もなく、

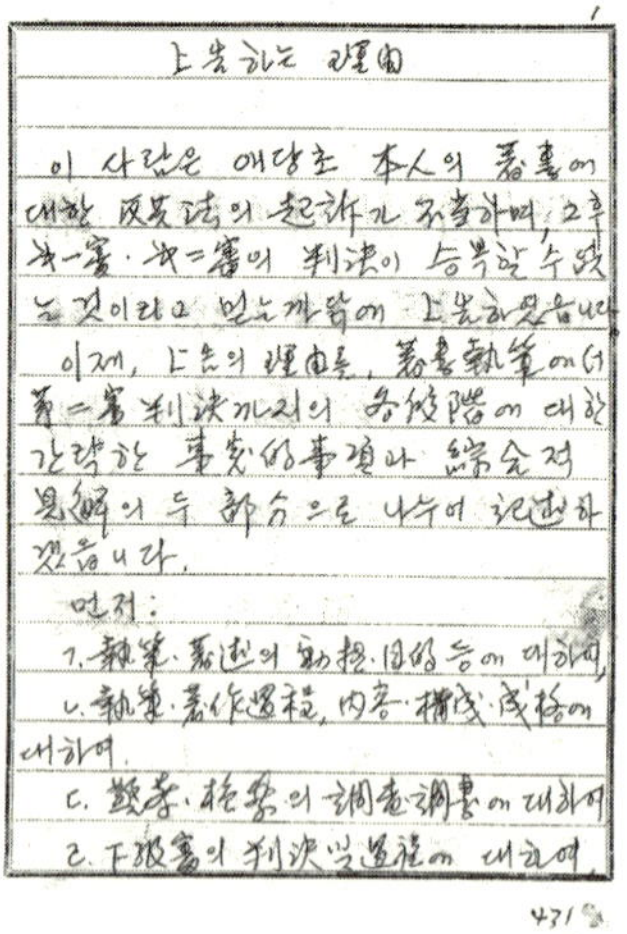
上告하는 理由

이 사람은 애당초 本人의 著書에 대한 反共法의 起訴가 不當하며, 그후 第一審·第二審의 判決이 승복할 수 없는 것이라고 믿는 까닭에 上告하였습니다.

이제, 上告의 理由를, 著書執筆에서 第二審 判決까지의 各段階에 대한 간략한 事實的 事項과 綜合적 見解의 두 部分으로 나누어 記述하겠습니다.

먼저:

ㄱ. 執筆·著述의 動機·目的 등에 대하여,

ㄴ. 執筆·著作過程, 內容·構成·性格에 대하여,

ㄷ. 警察·檢察의 調査調書에 대하여

ㄹ. 下級審의 判決과 過程에 대하여

431

零下の監獄で参考資料もなしに、８枚の紙の間に７枚のカーボンを挟んで、一字一字力を込めて書いた２万4200字の上告理由書。

ひたすら記憶を頼り、あれほどの分量の上告理由書を書き上げた力と記憶力に対して、自分ながら驚いています。「助けて下さい」という哀願調ではなく、有罪が下ろうと無罪が下ろうと関係なく、まったく完全なひとつの論文形式で書いたのです。

今も美濃紙を見ると、あの当時のことが思い出され、「人間としての勝利」をしたような感動さえ覚えます。実際、私はこの上告理由書に、いかなる肯定的効果も期待していませんでした。果たして七九年一月一六日に出た大法院の最終判決は、二審の判決と一言一句変わったものではありませんでした。

任　感動的で理路整然とした上告理由書でした。獄中で書かれた文章のうちでは、最も長いものではないかと思います。韓龍雲《ハンヨンウン》〔一八七九～一九四四。詩人・僧侶・独立運動家〕先生も獄中で書き、そのほか何人かの文章は残されていますが、ほとんど二〇～三〇枚ほどです。

判決文が控訴状をそのまま生かしている点ですが、当時の判決文は大部分がそうでした。韓勝憲《ハンスンホン》弁護士は、これを「正札制判決」〔検察の求刑通りに判決が出ること〕と皮肉っておられます。

李　朴正熙独裁体制では、一切の民主的手続きがカリカチュア〔戯画化〕されていたのです。こうした事実をいまの人々は本当にそうなのかと思うでしょうね。

任　量刑はそっくり同じでも、判決文は変えることができるのに、ひと言も変えていなかった。検事と判事が別々にいる必要はない。判事がわざとそうしたのでしょうか。

李　起訴状の誤った正書法〔綴り字の規則〕まで、そのままだった。抱腹絶倒の極みですね！　人類文明の恥です。それが自由民主主義と看板を掲げた「大韓民国」の司法制度の実態でした。自由民主主義！　大韓民国！　まったく厚かましい！　そんなものに忠誠を捧げなければならないとは、笑止千万そのものです。

氷点下一〇度の日が続き、足の指は凍傷になりかけていました。だから血を抜かねばならなくなりました。官給品の布団が凍傷部分に接触し痛くて眠れない。トイレットペーパーの硬くて丸い芯がありますね？　それを抜き出し、足の前に立てて布団を掛ければ足の指に当たらない。これは名案と思ったのですが、寝ていると芯が倒れ、痛くて目が覚めてしまう。それでまた血を抜く羽目になるのです。しかし、監房の中では尖った物はまったく許可されない。ところが、なぜか新品の靴下にピンが刺さったまま届いたので、そのピンを使って真っ黒になった血を出しました。血を抜くとすっきりします。ところがそのピンが見つかると押収されるので、教導官の通らない時間に、背中を向けて座り血を抜かなければならなかった。

西大門刑務所は植民地時代から数十年も使用したので、ひどく汚れていて、便器には蛆《うじ》がうようよしており、ガラス窓も壊れたままで防寒施設は不完全です。最悪の状況でのあの寒さは忘れられません。夕食時にお湯を少しくれるのですが、あれこれと使って残ったものを部屋の隅に置くと、完全に氷の塊になる。冷蔵庫の冷蔵室が三～四度、冷凍室が零下六度ほどですから、監房は冷凍室のようでバケツの水が氷の塊になった。これが大韓民国という、いわゆる自由民主国家における出来事でした。

光州に移管される際には、三人がクルビ（イシモチ）みたいに縄で括られて連行されました。全員が「思想犯」だったので、赤い標識を左の胸につけ、龍山《ヨンサン》駅から一般列車の片隅に座って行きました。食事もせずに行ったので、小便も出なかった。そのようにして光州に向かったのですが、ビタミン欠乏症で頭の傷から粘液がタラタラと流れました。シベリアの囚人が刑務所暮らしをしたときよりも、もっと劣悪な待遇でした。光州でやっとビタミンの差し入れが許可され、それを飲んで一週間ぶりに頭の傷が乾きました。

任　教導官は何人同行したのですか？　光州刑務所は待遇の劣悪さで、悪名を馳せていたのではないですか？

李　教導官は二人でした。光州刑務所では、いわゆる政治犯と北朝鮮から潜入した囚人を一緒に入れる「特別舎棟」でした。北側の人間は三四名いて、南側の出身は民間人と学生が三七名、合わせて七一名だった。到着するともう夜になっていました。ところが、在監者は私が来ることをすでに知っていました。わが方の学生に共感する教導官が耳打ちをしたらしい。入って行くと私の名前を呼び拍手をし、「よくいらっしゃいました！」と喊声を上げるのです。夜中なのに大声で迎えてくれました。「ここならどうやら我慢できるかな？」と考えました。私たちは一・一坪の独房で、〇・九坪の独房には北韓側からやってきた人々が収容されていました。それらの人々は朴政権の「転向工作」で激しい拷問と鞭打ちを受けており、転向書を書いた人と書かない人は分離されていました。

朴正煕死亡で「二重監獄」を体験

任軒永　一緒にいた人のうち記憶している方はいますか？

李泳禧　私が光州刑務所にいたのは一九七八年一二月から八〇年一月九日までです。私が行ったので、まさに、その少し前に緊急措置で入ってきた「民青学連事件」〔一九七四年四月に、民主化を求めるビラを配布した「全国民主青年学生総同盟（民主学連）」のメンバーら一八〇名を、中央情報部が一斉に拘束・起訴した弾圧事件。二〇〇五年、政府はこの事件がＫＣＩＡによる捏造であったことを認めた。〕関連の学生、ソウル大学の柳寅泰《ユインテ》、イ・ヒョンべらの若者たちがちょうど出て行き、ソウル大学の金炳坤《キムビョンゴン》、ソ・ガンテ、慶北《キョンブク》大学のイ・ガンチョル、韓国外国語大学のソン・ギョンシク、韓信《ハンシン》大学のチョン・ビョンセン、金元日《キムウォンイル》、西江《ソガン》大学のチャン・ヨンス君らが残っていました。そのほかにも、日本から留学してきた同胞の留学生三人が一緒にいて、学生たちの数は一〇名余りになりました。他の一般舎棟には、その当時「民衆教育宣言」を発表して入ってきた全南《チョンナム》大学の宋基淑《ソンキスク》教授と延世《ヨンセ》大学の成來運《ソンネウン》教授がいましたが、私たちとは違う舎棟にいて離れており、直接言葉を交わすことはできなかった。

学生たちと厳しい状況において情を分かち合いながら、寂しくないように過ごしたことが思い出されます。

その若者たちは苦労を重ねましたが、今では各界・各分野の指導者として活躍しているのはとてもうれしいことです。

最も印象深いのは金炳坤君です。立派な体格と容貌と気骨を備えたソウル大学経済学部の学生でした。彼は出所してから気の毒にも癌で亡くなりましたが、政治家になったならおそらく立派な人物になったことでしょう。優れたリーダーシップを発揮し、舎棟代表として多くの人々に尊敬され、手腕と能力を発揮しました。人格的にも立派な方でした。さらに、北から来た三〇名余りの人々も、金炳坤にすべてを任せました。舎棟のことは彼が担当し、一時間だった運動時間が三、四時間にまで増えました。北から来た人々にも、ともに同じ恵沢を享受できるように教導所当局と交渉し、闘っていく手腕はたいしたものでした。

刑務所で学生たちは昼も夜も暗号でやり取りをし、夜は歌合戦をして当局に立ち向かい、断食をして闘うこともありましたが、金炳坤君が収容者と当局の間で調整役を円滑にこなしました。私たちは朝食を食べると午前中ずっと外で運動し、昼食時になると部屋に戻りました。そうして我々と北側の人々とは差別なく午前中運動できるようになったのです。後には卓球台が入り試合をすることもできました。テニスボールとラケットも入れろと要求したのですが、テニスは駄目でした。差し入れの食べ物が入るとみんなに分け、そのなかで私たちは南北の区別なく、互いに一人の人間として向き合いました。

ああ、そうだ。この話をしなければならない。民主化運動をした多くの同志のうちでも、「懲罰房」に入り、「二重監獄」を体験した者はそう多くはないでしょう。懲役房は本当にけだものを入れる部屋でした。満期出所の前の七九年一一月に、当局は私を特別舎棟から雑事犯が入っている一般舎棟に移しました。

ある日の朝、金炳坤が運動に出る途中にこっそり抜け出してきて、「朴正熙が死んだ。銃で撃たれた」と告げると、矢のようにすばやく身を隠しました。その言葉を聞いた瞬間、私は涙と笑いがどっとあふれました。これまで抑えつけていたこの社会の圧力、真っ黒なすべての物が一瞬に消え去り、死から生還したようなそんな状態になりました。

誰だったか？　金芝河でしたか？　彼はその瞬間、人間の無情を感じたと！「あの権力者が銃弾に当たって死んだとは！」と文章を書いていましたが、私はそうではなく、ただ、あの重苦しい海の底で全圧力を受けて潰れようとしていたのが、一瞬にして海上に浮かび上がったように、精神的な無重力状態になりました。ですから、笑いと涙があふれたのです。朴正熙がどうして死んだのかは分からないが、涙がボロボロ流れて、大声で泣いたり笑ったりして混乱しました。

ところが翌朝、朝食は配られたのに、いつもの運動は認められなかった。刑務所が墓地のように静まり返っていた。喜びにあふれた私は、自分の領置金〔裁判所や捜査機関が管理する被告人・被疑者の所持金及び家族などからの差入金〕を引き出し、収容者にキムチを配布してほしいと注文し、百数個が届けられました。各房からは「誰が配ってくれたのか？」と賑やかでした。朝食を食べてから、廊下の向かいの房の一人が顔を突き出し「キムチをありがとう」と言いながら、私になぜ笑っているのか、と怪訝そうな目つきをするのです。それで「君たち、ひょっとしたら、もうじきここを出ることになるかもしれないよ」と、そんな話をしました。少し経つとその男がまた顔を突き出してなぜかと尋ねるので、「昨夜、大統領に何か事故があったらしい。そうなると新大統領が就任するので、赦免になるかもしれない」と教えてやりました。言ってしまってから「あっ、早まった！　まずかったかな！」と思いました。まだ、その事実はまったく知らされていない極秘事項だったのに、私は喜びを抑えきれずに、思わず口にしてしまったのです。そして昼近くになって朴正熙死去の知らせがスピーカーから流れました。「非常集中警備体制を強化し、混乱が起らないように」と言うものでした。「本日の運動は禁止」との通知もありました。

それから二日後だったか、私は急に呼び出されました。血相を変えて引っ張って行かれたのです。すると厳しい顔つきの面々が揃っていて、彼らは合同捜査本部の者と名乗りました。朴正熙が死ぬと直ちに非常警戒態勢が敷かれ、合同捜査本部が事態を掌握した様子でした。一人が光州支部の合同捜査班の少佐の誰それと名乗ると、私にこれから尋問調書を作成すると告げました。なぜかと問い返すと「お前は収監者たちに

「革命が起きる」、さらに「以北からすぐやってくる」、「そうすれば以北の共産党がすべての収監者を釈放してくれるだろうと言った」と言い張るのです。

そして、この件に関する調書をこれから作成すると言うのでした。まったく荒唐無稽で話にもならない。もちろん、私はそんな話をした事実はないと反論しましたが、後に判明したことによると、私が相手をした男は前科六犯だったとかで、嘘をついて密告し、その手柄で監獄を出ようとしたのでしょう。結局、そんな調書づくりがほぼ三日ばかり続いてから、私は懲罰房に放り込まれました。

そこはどんなところかと言うと、棺桶ほどの狭い面積です。じっと横になったままでいなければならない。舎棟の中の廊下をコンクリートで塞いで、人の出入りができないようにしてあり、窓もなく、内部は片隅にトイレがあって、すっかり真っ黒に塗ってある。押し込めておくことができる。懲罰房は「墨部屋《モクパン》」〔真っ黒な独房〕とも言われていますが、私には「二二日間の懲罰房の刑」が宣告されました。懲罰房には最大四〇日間、押し込めておくことができる。懲罰房は「墨部屋」〔真っ黒な独房〕とも言われていま
す。

ひと言かふた言を話したため、追加の二重の懲罰を受けたのです。刑務所で「倍懲役」と言われるものでしょうか！　それも、これまでは肉体的に辱められることはなかったのに、そこでは取り調べのたびに殴打されました。そうして彼らの言い分は「北からアカの連中がやって来た時に、何かの地位に就こうと思ったのか！」でした。

さらに「金大中《キムテジュン》が執権すれば秘書室長のポストでも手にするつもりか？」とも言っていました。私は外部の状況を知らないので、それがいったい、どういう意味なのか理解できなかった。どんな抗弁と陳述をしても効果はない。ところが、先にいた特別舎棟の非転向囚の一人が、その厳しい状況のなか、どうしたことか特別舎から私のいる舎棟にやって来てパンと牛乳を差し入れてくれました。自分でドアを開けることができないので、さっと入れて行くのを、看守はなぜか黙認しているのです。朴正煕が暗殺された前後のあの地獄

のような獄中でも、そんなことがありました。

　朴正熙が死ぬと、朴政権の手下は殺気立ちました。政権を奪われると自分たちが報復されるのを恐れたのでしょう。そして一部の看守は政治犯にかなり接触してきました。彼らは状況の変化に敏感なので、そんな動きをしたのです。そして、ソウルからは私の釈放のために、国会に抗議する動きがあると伝えてきました。その方は高校教師でしたが、「スパイ工作事件」に巻き込まれ、長期囚として服役していました。

　二二日間の苦しみが終わり、八〇年一月一九日に釈放されたのですが、その長期囚から自分の妻が、現在、全羅南道《チョルラナンド》のどこかのダム工事場で、食べてゆくために人夫の食事を作りながら暮らしているので、機会があれば一度行って様子を伝えてほしいと依頼されました。私が懲罰房にいる時に、ばれたらおそらく自分の刑期が延びるかもしれない危険を顧みずに私を助けてくれたことを考えると、依頼を果たさねばならないと思ったのです。

　ところが出所してから、私は病院に入院し、退院してからは光州民主化抗争が起きました。それでダム工事の現場に行くことができなくなり、後に女性は病気で亡くなったと聞きました。外の世界では思ってもみなかった方に助けてもらうことがあり、反面、同じ市民から密告されて、形容しがたい苦痛を味わうこともあるのです。私は頭が混乱してしまいました。

任　満五二歳の身で、再び、外部社会の空気を吸われたのですね。出所の際に、何か書けと言われませんでしたか？

李　そんなことを要求されましたね。「何か残しておかねばならない」と言うので、何やら書いてやりました。そうそう、ひとつ思い出したことがあります。わが家には常に刑事が来ていて、相当期間、わが家の塀に哨所を設けて、常駐警備をしていました。

　妻は遠いソウルから毎月一五分間の面会のために、まる一日かけて光州までやってきました。ところがある月は姿を見せなかった。なぜ来ないのかとあれこれ心配していました。翌月やってきたので尋ねると、ケネディ大統領の訪韓に反対しアメリカ大使館の前で抗議デモをして連行され、一五日間拘留されていたというのです。今になっては笑い話ですが、それを聞かされたときは、怒りで身体が震えました。

獄中での読書

任軒永　監獄ではどんな本をお読みになりましたか？

李泳禧　監獄での読書について話す場合、未決状態と大法院〔最高裁判所〕の確定判決後の既決の状態を区別しなければなりません。未決状態の一年間は、いつ呼び出されるか分からない検察の取り調べと裁判の関係で、落ち着いて読書をする心の余裕はありませんでした。任さんも経験されたのでお分かりでしょうが、未決状態では、時間があるときに小説や軽い物を読むのがやっとです。西大門刑務所の居住環境は劣悪で、冬には冷蔵庫のような寒さでしたし、電燈は五メートルの高さの天井に、一五ワットの電球ひとつがあるだけだった。そして夕食を食べ終わるとすぐに就寝時間になってしまう。私も未決囚のときは内容の重い本をあまり読むことはできなかった。

反共法違反嫌疑で拘束され２年の服役を終えて、1980年１月に光州教導所の門から出たところ。

収監された頃には、ショーロホフの『静かなドン』の英訳本など、数冊の小説を読みました。また、現代文明の批判書であるB・ダンハムの『現代の神話』、J・B・ビュァリの『思想の自由の歴史』、A・D・ホワイトの名作である『科学と宗教の闘争』などの日本語訳（いずれも岩波新書）を読み返しました。

大法院の確定判決が出て、残りの一年間を過ごすことになる光州刑務所に移管されてからは、読書環境ははるかに改善されましたが、ここでは健康維持のために監房の外に出て、運動して過ごす時間が多くなったため、大いに読書したとは言えません。金大中前大統領はある回顧録で、三〇〇冊近くの堅い内容の本を読んだと書いていたのを記憶しています。彼の場合は、監房の外での運動が極度に制限された状態だったので、ほとんど監房だけにいました。死刑囚としていつ終わるかもしれない無限の時間を前にして、穏やかな気持ちで読書をしたので、多くの本が読めたのかもしれません。しかし、私は少し違いました。そうした条件と状況のもとでも、かなりの量の読書をしました。西大門で読んだ本を光州に持って行って再読しました。天井が西大門監房よりはるかに低く、電灯は六〇ワットだったので、読書はかなり楽になりました。ここの看守は私たち時局犯に対して同情的だったので、遅くまで本を読んでいても、厳しく制止されることはなかったのです。

時局犯と思想犯は、社会科学系の本を禁止されていたので、私は敢えて逆らうことはせずに、穏やかに一年を過ごそうと心がけ、異なるジャンルの本を読みました。当時、私が読んだ本は、四つの分野に大別することができます。第一は、ほとんど無制限に許可された宗教書、第二は、各時代と各民族の思想的覚醒を指導した偉人たちの自叙伝や伝記、第三は、思想的教養書、そして第四は、フランス語の小説と評論集で、フランス語の学習を兼ねたものです。

無神論者の人間観と社会理念

教会にも寺院にも無縁のイエスと釈迦の弟子

任軒永　先生が宗教を信仰されていないことはよく知られています。私も監獄で聖書を読んだことがありますが、辛い状況だったせいか、何の慰めにもならなかったように思います。聖書は稀代の名著ですが、キリストの処刑の場面の描写だけは惜しまれるものでした。苦痛を受けた時には自分よりもっと苦しい場面を読むと慰めになるのに、新約聖書の処刑の場面はそうした点で残念でなりませんでした。

李泳禧　私はキリスト教の信者でも仏教の信者でもないし、無神論者を自認しているので、いくら懲役という最悪の場になっても、宗教から何らかの慰めを得ようという考えはまったくなかった。ただ、現実社会の精神的動力として、「宗教」が少なからぬ力を持ち、人間の様々な生活様式に大きな影響を与えているので、主に「知識」として宗教に接近しようとしたのです。けれども宗教書の読書を通じて、私はキリスト教に対する拒否感がさらに強くなり、半面、仏教に対してはむしろ新たな理解と認識を持つようになり、そこから少なからぬ悟りを得ることができました。これは私が期待しなかった精神的収穫と言えるでしょう。

詩人の高銀《コウン》が、仏教関連の書籍をたくさん差し入れてくれたので、それらを読んだのですが、ハングル表記の『高麗八萬大蔵経』〔高麗時代に彫板・印刷された大蔵経〕で、経典全般に対する基礎的理解を得ることができ、そのほかにも幾つかの経典の本文によって、さらに本格的に釈迦牟尼〔釈迦の尊称〕の精神に接近できるようになりました。それらのうち、後日、自由な人生を享受できる日まで、私に影響を与えたのは『金剛経』です。私は釈迦の人生と思想において、無心思想・無所有・慈悲・平和・生命尊重などを哲学的に共感しただけでなく、深い情緒的感動も受けました。それ以後ずっと仏教に対する関心が深まり、これまでに、私に必要なものの深い部分には、仏教の哲学的思惟があると思っています。知れば知るほど深まっていくのですが、キリスト教には仏教のような哲学的な深みがないように思うのです。

宗教だけでなく、すべての思考と信念において「唯一思想」や「絶対主義」のように危険なものはありません。そのうえ大きな組織体をつくり、否定できない規律の垣根を築く宗教において、この二つは特にそうです。エホバの神を信奉するキリスト教がそうであるように、「アラー」の神を絶対視するイスラム教の非理性もまたそうです。『コーラン』は「神はアラーだけだ。アラー以外の何者も神として崇拝することはできない」と、アラーを絶対化していますが、こうした絶対神・唯一神に仕えるキリスト教とイスラム教が数千年にわたり、人間社会に平和よりも戦争と破壊、愛と慈悲よりも憎悪と敵愾心を強要してきたのは当然のことでしょう。

いま「唯一神」と「絶対神」を信じるキリスト教原理主義者の元アメリカ大統領ブッシュがそうで、絶対神と唯一神を信奉するタリバンをはじめとするアラブ人民を悪と規定して、戦争をむしろキリスト教的「愛の行為」として歪曲するのも、みんな唯一神と絶対神を強調する宗教的狂信性のゆえと考えられます。

私は極楽であれ地獄であれ、来世を信じないため、釈迦のその部分に対する考えは異なりますが、私を含めた誰であれ、努力して来世と同様に、現世で「悟り」の境地に達することができるとの教えには深く共感しました。イエス・キリストの場合に、ハナニム（神）という存在が万物を創造したとか、自分が作った男性の肋骨を一本取って女性を作ったとか、エデンの園の男女とリンゴと蛇という類いの聖書の記述であるとか、善人と悪人を分けて神の国である天上界や地獄に送るという話も、私の理性には関係のないことです。

しかし、イエスの尽きることのない愛の精神と教え、そしてそれに自己の命を捧げた高貴な人間性に、私は死ぬほど従いたい人間です。だから「仏教信者」と言うことはできませんが、「仏の弟子」とは言えるでしょうね。同様に教会や聖堂に行く行為としての「キリスト教信者」ではないが、キリストの恩寵を受けたい「イエスの弟子」であろうとする気持ちは、生涯を通じて変わることはないでしょう。

私は一七世紀のイギリスの神学者が、キリスト教の神が天地を創造した時間を、聖書に記載された年代記などを全部総合して計算した結果、人類の創造時間を「紀元前四〇〇四年一〇月二三日の午前九時」だったという類いの、荒唐無稽で反理性的な神学から解放されないキリスト教（または、その他のいかなる類似の神話）を認めることに躊躇があります。私はどんな「唯一神」や「絶対的存在」も信じません。思想においては「無神論者」であるわけですが、哲学的宗教観においては、むしろ「理神論者」または「自然宗教論者」に近いでしょう。

無神論または理神論を主張して神学の虚構を明らかにし、超自然的宗教の立場〔権能・権威・信仰〕に自然法則に基づく宇宙の支配原理を掲げた人類の思想的師匠がいます。ルソー、ヴォルテール、フランスの百科全書学派〔一七五一〜七二年にフランスで刊行された啓蒙思想の普及・フランス革命の思想的準備に大きな役割を果たした大百科全書の編集に従事・協力した思想家・学者〕のディドロ、ジョン・ロック、ダーウィン、エドワード・ギボン、さらには時代を遡り、キリスト教聖書の宇宙創造説の神学的ドグマを命がけで否定した、ブルーノ、コペルニクス、信念のために教会権力によって舌を抜かれ、それでも足りずに火あぶりの刑に処せられたイタリアの大学者のルチリオ・ヴァニーニ、ガリレオ・ガリレイなど、彼らは無神論ないしは理神論的宗教観の忠実な弟子なのです。

私が宗教を信じない理由

任軒永　日本の元首相の田中角栄が中国を訪問したのは、一九七二年のことです。毛沢東主席に会った時に、どんな話をしたのか個人的にとても気になりました。新聞記事によると、毛主席は最初に仏教文化の話をしたといいます。仏教文化を話の糸口にし、アジアと東洋全般へと話を進めたようです。実に毛主席らしい、深みのある文化的接近ではないかと思いました。先生は獄中でキリスト教関連の本もたくさん読まれたようですね。

李泳禧　キリスト教関係の書籍はもちろん、多くの新・旧教の英語版とフランス語版聖書と何冊もの関連書を読み、ルナンの『イエス伝』〔邦訳、人文書院〕もフランス語の学習用に読みました。しかし私は、唯一神と絶対者と超自然的な不可思議な神の権能を前提として善悪を峻別し、懲罰を教化の方法として設定するキリスト教に対しては、仏《ほとけ》から受ける慈しみ深い感興のようなものを感じることはできなかった。

ゲーテの言葉を借りるなら、「キリストは絶対的存在と唯一的存在としての神を具象し、その神にイエス自身の心の中で完全だと感じるすべての属性を付与した。神というものは、実はキリスト自身の美しい心情それ自体であり、キリスト自身と同じ善意と愛にあふれる存在として描かれたものだ。そのために、善良な人々が信頼の情を持って彼に献身し、その教えを天国に至る最も甘美な架け橋にすることは、極めて当然のことだった」。まさにこれが、イエスとイエス教という宗教の性格であると思います。私が見るには、人々が現実に挫折して失意に陥り、心の柱を失い彷徨する時に、なにか彼らに安らぎを与えるものを求めようとして、そこで再び発奮して再起する刺激と力を得ることに対しては、神の存在の是非は別にして、そのような現世的価値はあると考えるのです。

ここで私の宗教観を申し上げると、「神」というものは大自然が人間の認識能力を超越したあらゆる形態の変化を発動する際に、恐怖感を感じた原始人が、その恐怖心によって発想したものだと思います。また、限りある生命体である人間が、現実の生存条件において経験する「生老病死」の苦痛と挫折、悲しみ、懐かしい人との永遠の離別に対する恐れと、どこかでまた会いたいという心の切なさなどを、人間的運命の限界を超えた何らかの慰めと償いを受けて、苦しみと辛さの傷を治癒されたいという切ない願いから、「神」という機能的存在を想定したと思います。

つまり、私にとって神とは、原始時代の人間の「自然に対する恐怖心」と、時間を超越して永遠に生きようとする限りある生命を持った人間が持たざるを得ない生存の恐怖心、「人間的限界を充たしてくれる」ある存在として神を創造し、また「神を必要とした」と考えるのです。「神」が人間を創造したのではなく、人間が自らの必要のために神を「創造」したと、私は信じています。この機会に私の宗教観をさらにお話ししたいのですが、どの文章でだったか、次のように語ったことがあります。数カ所を引用すると次の通りです。

私はマルクスのように、宗教が階級的支配理念としての阿片であると断定はしない。明らかに、そうした役割を多分に担ってきた歴史的事実を否定することはできないが、私は〃阿片〃とまでは断定したくない。また、フロイトのように、宗教は心の働きの弱い人々の幻想、または幻覚的信心であると蔑視もしません。歴史上には立派な精神と魂の所有者の感動的な宗教的人生を立証してくれる、数え切れないほどたくさんの実証があるからだ。

私は現世以外の何らかの来世を前提にしたり、それを期待してキリスト教や仏教を信じるという宗教生活を受け入れることはない。現世、すなわち俗世を生きながら、その俗世をキリスト教や仏教の理想である天国あるいは極楽、そんな世の中にするために、人々はどのように生きなければならないかを考えるだけだ。そんな信仰の人生を導いてくれる教えの源泉をイエスと仏に求める。

天国や極楽があろうとなかろうと、それとはまったく関係なく、人間が生まれた生命を享受し、生きなければならない――そして、生きざるを得ない――人生の現実を、最も賢明に越えられるようにしてくれる道標が、イエスの教えであり、仏の教えであると考える限りにおいては、私はイエスの信者であり、仏の信徒であると言える。キリスト教を信じれば天国に行くとか、仏を信じなければ地獄に行くというイエス教の信者でも仏教の信者でもない代わりに、偉大なお二人を同時にひとつにして心の中で尊び、お仕えしようというのである。

私は宗教だけでなく、すべての思想と信念において「唯一神」や「絶対的存在」のようなものはないと信じている。

宗教の「迷信化」が大きな問題である。宗教が科学ではないのと同様に、宗教は魔術や迷信でもない。くり返すまでもないことだ。ところが、わが国の宗教を迷信化したり健康な思考を病に追いやったりする阿片的成分が、致死量にまで達している場合をしばしば見かける。宗教のために胸が痛むと言わねばならない。

息子を産むのか娘を産むのか、出世をするとかしないとか、信者が乗った飛行機が安全とかそうでないとか、戦争に行った息子が銃に当たるとか当たらないとか、数百人の熱烈な信徒が、神や仏を熱心に拝んでいる聖堂の屋根が、彼らの頭上に崩れ落ちるとか落ちないとか、超越者を礼拝しようと数百人の熱心な信徒が乗った聖地巡礼の船が、嵐で沈没するとかしないとか、とにかく人間の生涯において起こるあらゆる歴史と自然の働きを、神の意思や仏の予定された応報や懲罰として神秘化しなければよろしい。

そうしないと、神に悪口を転化する困った事態になってしまう。やはり、神のことは神に返し、人間のことは人間に返さなければならない。これが神のためにも人間のためにもふさわしいことだ。人間のことと超越者のこと、信仰についてと科学について、霊魂の領域と物質の領域は、それぞれの本領に任せるようにすれば、それらにとっては、ことごとく祝福になるだろう。

韓国のキリスト教が支配権力をことさら好む体質も問題だろう。植民地時代にも日本天皇の「神道」の神社参拝に屈し、李承晩《イスンマン》時代はあの野望に満ちた統治に賛成し、朴正熙《パクチョンヒ》の維新独裁時代にはあの暴力統治権力と癒着し、全斗煥《チョンドゥファン》殺人政権の「朝餐祈禱会」に忙しく、アメリカといえば星条旗を手に現れ、「アイ ラブ USA」を合唱し、あたかもアメリカ人になったように恍惚となった。アメリカが侵略戦争で全世界の糾弾を受けても、韓国だけはキリスト教信者の愛を受ける。世界最強の権力だからか。イエスの顔を見たいものだ。

いわゆる「霊魂」の問題でも、それは人間の生物的活動期間の現象であり、生物的機能の終息と同時に霊魂と呼ばれる属性は終息すると考えてみたらどうだろう。肉体の生物学的終息、それ自体が「霊魂的」機能の解消を意味すると私は考える。私としては、唯一神という神学や思想や哲学に同意することはできない。仮にキリスト教が想定する神（ハナニム）が全知全能の権能を持つ「唯一」かつ「絶対的な」存在であるならば、そして、その神がすべての人間を創造したとするならば、なぜ自分を信じるキリスト教ではない他の大勢の人間が、また別の「絶対的権能」を持ち、「ただ一つしか存在しない唯一神」を各自が創り出しているのだろう。

　そして、それを許容するのだろうか？　現代的な次元で言うと、なにゆえにキリスト教なる神の弟子たちは、アラーの神の弟子であるアラブのイスラム教徒を、あのように虐殺することができるのか？　また、唯一神がその言葉どおり一つだけならば、なぜ自らが創造したまったく同じ子どもらを、異なる絶対者の名のもとで、互いに殺戮し、それを続けることができるのか、という疑問にとらわれました。

　私はとうてい理解ができません。頭が悪いせいなのか、私はキリスト教がいう「悪」の側の人間だからそうなのか、よく分かりません。私は先ほどゲーテの言葉を引用したように、多くの挫折した人間が「ハナニム」の名で、慰めを受け幸福を求める、そうした心情と行為に対しては、とても喜ばしい思いをしています。けれども、それは個々人の次元での平和と慰安であり、キリスト教というひとつの「集団」としての思想と行動の軌跡を見る場合、時にはエホバであれ、アラーであれ、あるいは、いかなる名称で呼ばれる絶対者であれ、「神」というものを人間が創造しなかったならば、人類はむしろ、より幸せであったかもしれないと考えるのです。

　西暦一一〇〇年代と一二〇〇年代の二百年間、絶対神を崇めてキリストの名でイエス教会が一一回にわたって起こした十字軍の残忍性・暴力性・無制限な略奪と殺戮、彼らが退いた後に残された生命と自然の荒廃と疲弊などの歴史を見れば見るほど、「愛の宗教」というキリスト教に対して鳥肌の立つ思いを禁じられません。仏教とキリスト教に数多くの好ましい共通点があるのに、一つだけはっきりしている相違点は仏教にはない、いわゆる「正義」または「神の正義」が、キリスト教では教義の中心にあることです。ところが、この「正義」と「神の正義」というものは、神がつくったという「人間兄弟すべてに対する差別のない正義」ではなく、ひたすら、キリスト教側の一方的な利害関係から出発する規定としての正義なのです。

　そのために、どれほど多くの非キリスト教の人々と財物と自然が災いを負ったことでしょう。それゆえ、私はキリスト教がなかったならば、キリスト教の名によって成し遂げた様々な低次元の「善」よりも、その名のもとに行われた、結果としての「悪」のほうが数倍も大きいと考えるのです。それは中世にキリスト教が、愛の名のもとに、神の正義の実現であるとの名分のもとに、どれだけ多くの「異教徒」を虐殺し、いかに多数の善良で無辜《むこ》の女性を「魔女」として迫害し、殺戮したかを記録した歴史が、恐ろしいほど明らかにしています。キリスト教のこうした犯罪的行為に対して教皇ヨハネ・パウロ二世は、二〇世紀が終わる最後の年に、全世界の人類の前で贖罪して謝罪しました。しかし、その行為の歴史と人類の頭に刻まれた記憶を消すことはできないのです。

キリスト教は神の性格を規定する上で、「善」である神の存在条件として、「悪」と悪の存在を設定する。善の神を肯定しようとすれば、「否定しなければならない」存在としての「悪」を「必要」とするのです。これは「唯一神」、または「絶対存在」というキリスト教の神の規定や概念とは矛盾しています。したがって、その神は「多数の神」のうちの一つであり、「悪」的な神に対する相対的な存在なのです。それ故にキリスト教が「神」と「正義」を自任する限り、神と正義が「ぶち壊し、勝利し、滅亡させる（させなければならない）」何らかの悪的な対象を設定しなければなりません。そこで、そのように信じる者には、常に戦争が「必要」であり、「勝利」を必要とするのです。

中世では（現在も）イスラムが敵であり、科学者（コペルニクス、ガリレオ、ブルーノら）が「敵」であり、「悪」であったし、他の宗教の善良な信者たちは「殺さねばならない異教徒」にほかならなかった。近代では「天上界」での幸福よりも「現実的・人間的幸せ」を求めようとする、マルクス的信念とその信奉者と共産主義、ないしは社会主義と制度（ソ連・中国など）が悪になりました。ベトナムでは八三パーセントもの大衆的支持を得ているホー・チ・ミンと「ベトコン」を「サタン」と見なし、ラテンアメリカでは、チリの政治史上初めて完全な民主主義選挙で樹立されたアジェンデ大統領政府に「悪」の烙印を押し、殺人魔のピノチェット将軍を煽り、「天使」のクーデターで大量虐殺を敢行しました。

続いて、キューバをはじめとする一〇余りの地域・国家・政府を相手に、悪魔に対する「天使の戦争」を展開しました。韓半島で金正日《キムジョンイル》という「サタン」をつくり、核戦争を何度も計画し、それでも足りなくなると、ビン・ラーディン、フセインなどの「悪」をつくる必要に迫られました。これがアメリカのいう「キリスト教原理主義」の「善悪戦争」の本質なのです。現在はそのすべての戦争の対象を、再びイスラム教との、全世界にまたがるジョージ・ブッシュ式の「善・悪」決戦が必要になっています。

キリスト教の神学的原理によれば、「悪」のない人類社会を受け入れることはできない。戦争をする口実がなくなるからです。「憎悪」が「愛」に先んじる価値を持つからで、「悪」の対象がなければ、それを作らねばならないことになります。アメリカの「キリスト教根本主義」集団が強くなればなるほど、アメリカが戦争をすべき宗教的必要性は増し、人類が経験する災難はいっそう大きくならざるを得ません。彼らの目的は「平和」ではなく「戦争」だからです！

我々がまさに現在、目の前で目撃しているアラブ民衆の惨状は、現代版キリスト教十字軍の所業というべきものです。それが一日に何度も神の愛の名の下に人類の幸せと正義と愛のために祈るという、ブッシュという忠実なキリスト教信者、すなわち、キリスト教を社会信念として国民が受け入れている「United States of America」という国家が、一抹の人間的良心の呵責も感じることなく行っている残虐行為ではありませんか？　私は、唯一神・絶対神・全能神・愛の神の宗教が過ちを犯した際に、どのような人間災難を招くことになるのか想像もつきませんが、それがアメリカ式神、ブッシュ式神の宗教だと考えます。韓国はまさに、このアメリカの神を直輸入して、今、我々の目の前で「ブッシュ神」に従っています。ソウル市庁前の広場をごらんなさい。これが韓国人たちですか？

韓国の場合、私は池学淳《チハクスン》司教、朴炯圭《パクヒョンギュ》牧師、咸世雄《ハムセウン》神父、張壹淳《チャンイルスン》先生をはじめとする大勢のイエスに篤実なお弟子さんが、どんなに善良な方々であるかをよく知っています。そのほかにも敬虔な神の弟子であるだけでなく、われわれ俗世間の非信徒からも尊敬を受ける少なからぬ信者がいます。けれども解放後から今日まで、わが国民生活の苦難の道のりにおいて、李承晩時代もそうでしたが、特に朴正煕と全斗煥の、反人間的虐政の時代に、神の正義とイエスの愛のために軍事独裁に対する抗拒《こうきょ》（抵抗し拒否すること）の戦線に出てきて、非信徒たちの大衆的闘争と意志を同じくし、ともに行動したキリスト教信者は、韓国キリスト教全信者の五パーセントにも達しないことも分かっています。九〇パーセント以上の「イエスと神の弟子たち」という韓国キリスト教徒は、人間の自由と尊厳と民主主義の権利のために血を流す数十万、数百万の非信者大衆の痛みに目をつぶっただけでなく、むしろ敵対視してきました。

私がやるせない思いをするもう一つの理由は、韓国のキリスト教会が教会の勢力において、世界一六〇余国のうち第一位という統計的事実です。アメリカで発行された『世界クリスチャン年鑑』の一九九一年版によれば、世界各国の五〇のマンモス教会を選定したところ、最大規模の教会五つのうち韓国の教会が三つを、一〇のうちでは七つを占め、五〇のうちでは二三カ所を占めていました。私はその当時の韓国社会の人間的生存の惨状を考えると、世界の五〇カ所の大教会のうち、韓国のキリスト教が圧倒的に多い二三カ所を占めている事実が、果たして韓国国民に対する祝福なのか、呪詛なのか判断することができませんでした。

私は人類の宝のような人々の一人である、イギリスの大数学者・哲学者であり、人道主義的思想家であるバートランド・ラッセル卿を尊敬しています。彼の哲学と思想は私と多くの共通点があるからですが、とりわけ宗教と教会に対してそう思います。彼の自叙伝〔邦訳、理想社〕の一節をここで引用するのも悪くはないでしょう。彼は「私はなぜキリスト教徒ではないのか？」という章で次のように語っています。

この異常な事実、すなわち、どの時期であれ、宗教が強ければ強いほど、その独善的な信仰が深ければ深いほど、その宗教の残忍性は増し、状況は悪くなりました。いわゆる「信仰の時代」には、人々が本当に徹底してキリスト教を信じましたが、宗教裁判での拷問は極みに達しました。不幸な女性の多くが魔女として追われ、火刑に処され、宗教の名前であらゆる種類の人々に、様々な残虐行為が加えられました。

世の中を振り返ると、人間感情の毛の先ほどの発展も刑法上の小さな改善も、戦争を抑制しようとするどんな法案も、有色人種の待遇改善のためのいかなる対策も、また、奴隷制度の緩和やこの世の中でのどんな道徳的進歩も、すべてが世界の組織化された教会によって徹頭徹尾反対されて来たことを、皆さんは発見するでしょう。私は教会に組織されたキリスト教徒の宗教が世界の道徳的進歩の最大の敵であったと、今でもそうだと慎重に申し上げるものです。（日高一輝訳、理想社）

また、トルストイが宗教と人間の問題に関して意味深長に、次のような話をしたことを彼の文章で読んだ記憶があります。

私たちは人を評価するにあたり、その人がキリスト教信者か否かを聞く前に、その人が道徳的か否かを知る必要がある。その人が道徳的な人であれば、キリスト教信者なのか否かということは尋ねる必要はない。

これはほかでもなく、キリスト教の教えにそって生きようと努力し、事実そのように、イエスのように生きようと苦しんで死んだトルストイの言葉なのです。私は、このトルストイの言葉が、宗教と人間に関する現世的価値と意味をひと言で要約していると思います。これ以上に何を知る必要があり、これ以上にどうして難しい神学論争をする必要がありますか？ ひとつだけ加えるとしたら、キリスト教原理主義が強ければ強いほど、その個人や社会の知的発達と人間的生存の現実条件が低下し、沈滞するということが各地で立証されています。

多くの実例のうち、ひとつ有名な事実を取り上げますと、六〇、七〇年代までアメリカ四九州のうち、教育、文化、経済生活などのレベルで最も立ち遅れていたのが南部のミシシッピー州でした。この州は、アメリカで唯一、学校で人間をはじめとする生物の進化論を教えることを禁止しています。ひたすら、キリスト教の神が人間とすべての生物を創造し、世界はその創造されたままで永久不変に存続するという主張だけを教えることにしています。各級の学校で自覚のある教師や教授、または知識人たちが「進化論」を教えたり主張したという理由で、ミシシッピー州法による有罪判決を受け、刑務所に投獄されることもありました。いわば、学問・芸術・科学・医学などすべての分野で、人間の発展を保障する知的・思想的・理論的・科学的学説や見解は、無条件に反キリスト教的というレッテルを貼られ、処罰されているのです。今でもミシシッピー州のこの状態にはさして変化がないようで、これはまさにキリスト教の大きな自己否定的要素になっています。

一・一坪の図書館

任軒永　獄中ではどんな本を読まれましたか?

李泳禧　先ほど申し上げたソクラテスなど、優れた人物の伝記と自叙伝のようなものですが、やはり、最も大きな感銘を受けたのは、ガンジーの自叙伝です。また、ネルー〔インドの初代首相〕が獄中で執筆した『父が子に語る世界歴史』を読むと、ネルーの革命家的精神とともに、イギリス的な思想教育精神を体現する人格者としての面貌を感じることができます。モンテーニュの『随想録』、パスカルの『パンセ』、ルソーの『告白』、ユーゴーの『レ・ミゼラブル』なども読みました。また、プラトンの『ソクラテスの弁明』、ゲーテの評伝であるエッカーマンの『ゲーテとの対話』、ベートーベンの伝記、ジョン・スチュワート・ミルの『ミル自伝』、そして特別な感動を受けたのが俳優のチャップリンの自伝〔邦訳、新潮文庫『チャップリン自伝』〕です。そのほかにも三、四冊の自叙伝を読みましたが、今ではよく思い出せません。

知的な側面では、ジョン・スチュワート・ミルの自伝が非常に啓蒙的で、思想的側面ではネルーの一代記が、人間的偉大さについてはガンジーの自叙伝が最高でした。けれども、一人の人間が生まれてから最悪の貧窮状態での暮らしを体験しているなかで、自らの能力をいかんなく発揮させ、社会悪に抵抗しながら多くの人の意識を解放してくれた喜劇俳優チャップリンの自叙伝の感動に勝るものはなかった。

一般教養書は未決囚の時から差し入れで届いていた本と、新聞社と大学で精読した出版物のうち、差し入れ可能と思われる本を読みましたが、数と量はそれほど多くはありません。先ほど申し上げたように、国家保安法に抵触して収監された大学生らによる様々な闘争によって、本来は三〇分しかなかった運動が午前に二時間、午後も二時間できるようになったので、朝食を食べて出て行くと夕食前に部屋に戻るまでは、読書をする時間がほとんどなくなりました。実は、頭の痛い読書よりは、一・一坪の監房から解放されて、広くはなくても広場でボールを投げたり走ったりし運動をすることが、読書よりも貴重に感じられました。

フランス語の本は、朝鮮日報に在職当時の親しい友人の任在慶《イムジェギョン》さんが、一カ月に二冊程度差し入れてくれました。大抵は小説でしたが、そのようにして読んだ本には、ルソーの『告白』があった。興味深く読みましたが全体が一〇〇〇ページを超える分量で、分からない単語がページごとに平均二、三個ずつ出てくるので、進み具合はかんばしくなかった。しかしながら、伝統的に洗練されたフランス語を勉強するには大きな効果がありました。もちろん、ルソーの人間性・思想・哲学・文明批判などを扱ったこの本の内容は、やはり、私の知識向上の大きな力になった。ひとりの作家の作品を最も多く読んだのは、むしろドストエフスキーの作品のフランス語訳本でした。

最初に読んだ『罪と罰』で、私はキリスト教的社会主義者、もしくは人道主義的社会主義者ドストエフスキーを知ることができた。デュマの『モンテ・クリスト伯』の分量は一〇〇〇ページ近くだったが、なにしろ内容が面白くて、比較的容易に、そして楽しく読みました。それから、ユーゴーの有名な『レ・ミゼラブル』は、一巻六〇〇ページほどで三巻だったので読み終えるのにかなり時間を費やしました。そのほかにはバルザック、モーパッサン、ドーデーの短編小説集などがありました。これらはもともと短いものですが、ピリッとしたエスプリにあふれた小品で、ほかのことをしている合間に、時間ができると読むのにとても都合がよかった。

自分の「修養」のために数冊の漢書も読みました。私のような漢文世代が決まって好む『論語』『孟子』などは必読書で、つましい人間観と世界観を収めた『菜根譚《さいこんたん》』〔中国の明代末期の書。人との交わりや自然と閑居の楽しみを説く随筆集〕、『明心寶鑑《めいしんほうかん》』〔中国の明代に編まれた儒学を中心とする箴言集〕を、一日の服務が終わって寝る前に、数節ずつ選んで静かに味わう気持ちで読みました。こうした古典に属する修養書は、監獄という特異で陰鬱な生存状況において、ともすれば乱れそうな人間の感情と精神状態を安定させるのに大きな効果がありました。そして、古代の漢詩も少しは鑑賞することができたのでよく読みました。これはもちろん、先ほど話した教訓的内容とは違い、情緒的な安らぎを得るためでした。

先ほどもお話ししたように、金大中《キムデジュン》前大統領は刑務所で三〇〇冊ものかなり堅いテーマと内容の読書をしたそうですが、私の場合は光州《クァンジュ》で過ごした日数が約一年で、そのうえ最後の一カ月ほどは懲罰房に入れられたので、合わせて約五〇か六〇冊というところでした。

任　八〇年に再び大学を解雇されてからは、やはり社会科学系の本をたくさん読まれましたね。資料はどのようにして入手されましたか？

李　中国問題研究所に頼るのは、八〇年にそこを辞してから止めました。それで、ひとまず自分の中国関連の本を再読し、次第に他の分野にも手を広げるようにしました。社会主義理論だけでなく、自由の問題、社会思想史、韓国社会と対照的な社会の対応・治療方法としての新しい理念・価値観・人生の形式・人間疎外、こうした問題に対する回答を求めた時期になります。おおむねマルクス的イデオロギーを源泉として、基本的な哲学・思想や自由や権利や国家の問題や政治哲学などに関心を持つようになりました。

自由と平等の理念と実践

任軒永　先生がその頃に考えられた理想的なビジョンといいますか、韓国の社会が抱くあらゆる国内的・国際的矛盾の対応方式としてのビジョンをお持ちだったと思います。たとえ、文章には書くことができなくても、心の中のビジョンをどのように説明いただけますか？

李泳禧　私は植民地支配から解放された一九四五年から後、朝鮮戦争を経験するなかで、植民地時代の制度的・人間的残滓を清算し、処断しなかったことが、韓国社会の決定的な問題点だと考えています。そして、旧来の人物が支配する社会としての韓国、そしてアメリカ式資本主義の利己主義・拝金思想・物質主義・消費と奢侈主義的生存様式への心酔、これらが一緒になった韓国の成立基盤は否定すべきだと思いました。その社会的表現である人間疎外と、ダーウィンの適者生存理論に基づいた無限競争主義などを拒否する、社会主義的人間の生活様式と社会構造を考えました。

しかし、深刻な弊害を生むソ連式共産主義は、アメリカ式資本主義と変わらないくらい否定的性格と実状にあるため、やはり拒否されねばならないと思いました。この頃になると毛沢東の中国革命が志向する「第三の生存様式」に期待していました。そして結論的には、資本主義的要素を欠いた社会主義も、社会主義的要素を欠いた資本主義も、等しく非人間的な制度だという信念が固まりました。人類のひとつの発達段階としては、不十分ではあっても「北欧式社会民主主義」が現実的な選択であると考えるようになったのです。

任　先生は自由に関してたくさんの文章を書かれました。ところがともすると、「自由」という言葉をやたらに乱用し、自由という名の下に人間を支配し、あるいは人間の価値を貶める制度が資本主義ではありませんか。また、この自由という概念こそが社会主義までも倒したのではありませんか？

李　間違いなく永遠に不可能だろうということを前提にした話ですが、私は不完全な人間が集まって形成する人間社会で、最も理想的な人間社会は「自由」と「平等」がともに充足し、維持される状態だと考えます。どのような宗教にも皆、「究極的幸福」の状態を想定し、宗教ごとの名称で呼ばれる想像上の人間生存の「理想郷」があります。仏教・キリスト教・ユダヤ教・イスラム教・ヒンズー教・ラマ教など、各民族・部族の神が支配するそうした理想郷が宇宙のどこかにあり、時には各種の迷信を信じる「完全幸福」の地がどこかにあります。

ちょっとありそうな人間の頭脳の想像または希望的結果としては、中国の「大同」社会があり、西洋の「ユートピア」（トマス・モア）があり、共産主義の目標である「共産社会」があります。さらには、人間の弱肉強食の原理と不平等的属性の土台の上に樹立され維持される、資本主義信奉者が信じる、神の「見えざる手」によって利己主義が自動調節される物神崇拝社会もあります。宗教が設定するのは人間の希望であって、そんなユートピアは現実には存在しません。

人類の長久なる歴史過程においてもたらされてきた、ある段階に実在した利害関係を超越した共同体としての「ゲマインシャフト」（共同社会）が、相互間の利害関係の利己主義的計算関係として存在して運営される「ゲゼルシャフト」（利益社会）に変わってから永い歳月が過ぎましたが、おそらく二度と引き返すことのできない、「永遠に失ってしまった」理想的生存形式でしょう。この問題については資本主義社会の生成過程とその本質の研究において最高の名著として屈指の、ドイツの代表的社会学者であるテンニエスの『ゲマインシャフトとゲゼルシャフト』（邦訳、岩波文庫）がほぼ完璧に答えてくれます。私がいつも傍らに置いて手引きに用いる書物です。みんなに薦めたい名著ですね。

私たちが経験し、また経験してきたあらゆる性格と形態の社会で、永い体験とそれで得られた叡智として、現在、ひとつの結論を下すことができると考えます。すなわち、自由と平等は、同等で同格の価値を持った要素であるが、集団的人間の幸福追求の実践的順序としては、「自由」が「平等」の前にあるという事実です。人類の近現代史を点綴している数々の蜂起・民乱・暴動・反乱・革命・民族解放戦争などで、私たちは目標追求の質的な重みは同じですが、目的達成の前後、または緩急においては「自由」が「平等」に先行したという多くの実例を、正確に評価し認識しなければならないと考えます。

自由は「人間」生命体の原初的本性であり、平等は個々人の集団的生存が形成された後に、生命が要求する「追後的・社会的条件」になるのです。これが任さんの質問に対する答えになるかどうかは分かりませんが。現実に共産主義が資本主義に負けた理由の一つが、これだろうと考えられます。真正なる平等としてのみ可能ですが、現実的・社会的生存の次元では個々人に価値のあるものは自由が先であり、次に平等を欲するようになるからです。

任　先生が考える自由を誤解しないためには、民族的主体制と個人的主体制を、変革エネルギーとしての自由であると見ることができますか？

李　その質問に対する回答も、先ほど話した個体的生命体である個人を民族に置き換えれば自明ではないでしょうか。かつて、独裁体制の下での、アメリカと韓国という国際的・国家的従属関係においても同じです。

任　人間らしい人生のための闘争としての自由に近いと見ることができるでしょう。当時の支配階級はある意味、ヘーゲルがいう少数の自由論者として見ることができるのではないでしょうか？　先生がおっしゃる自由は、結局、新しい歴史創造のための自由として見ればよろしいようです。私たちが一般的概念として理解する自由ではなく、抑圧を受ける者のための自由であるということですね？

李　具体的な数々の条件のなかで生物的存在であり精神的存在である人間に、その反生命的で自由抑圧的な条件を、より人間的な条件に作っていくための変革の概念が自由であるということです。

朴正熙のおかげで治った慢性胃腸炎

任軒永　監獄から出られて最初にしてみたかったことは何でしたか？

李泳禧　もちろん、大学に復帰することです。すぐに戻ることができると思っていました。刑務所を出て半月の間は、原州《ウォンジュ》教区の池学淳《チハクスン》司教が原州の病院に部屋を用意してくださったので、療養しながらの休養をしました。そしてソウルに戻り、免職教授の復職運動を始めたのです。事実、その当時は朴正熙の一八年間の暗黒期が終わり、「韓国の春」が訪れたように、みんなの胸は希望で膨らんでいました。免職教授に対して新聞や放送は好意的で、特に日本の「朝日新聞」は、私が再び講義する場面を撮影し報道してくれました。

国内の新聞だけでなく、海外の新聞までも大きな関心を寄せてくれたのです。

任　つまり、先生も朴正熙の後を楽観視されていたのですね？

李　ひとまず楽観していました。いまや民政政府になっているので、軍人が政権を奪回する行動はできないだろうと考えていました。また国民も、今回は少なくとも軍部の野蛮な暴力政治、人間の価値を剝奪する、そんな屈辱を二度と認めはしないだろうと思っていました。「ソウルの春」が訪れたと、私も初めはそのように思っていました。

ところが、少しするとアメリカ側の情報が入るようになりました。韓国には五つの系統のアメリカ諜報チャンネルが来ていました。この五つの情報活動を総括する管理者というか、政策評価の最も強力な権限を持った人物、それが、まさに七〇年代に有名なバスケット選手の朴信子《パクシンジャ》の夫のブレットナーという人物でした。文官でありながらも、米国政府の五つの情報機関の現地最高管理者だった。この人物の韓国人の友人の招待で、龍山《ヨンサン》のアメリカ第八軍基地にある彼の家で会ったことがあり、その人物と親しい韓国人から聞いたことですが、韓国国民の意思と希望によって民政に、すなわち、金大中か金泳三《キムヨンサム》を中心にせざるを得ないというのが、その諜報機関の大方の判断だったというのです。

しかし、ブレットナーは正反対で「民政にすれば韓国では大変なことが起きる。また軍隊が権力を掌握すべきである」と、そうした強硬な意見の持ち主でした。そして、他の機関の状況判断を抑えてブレットナーが、軍隊が政権を掌握すべきだという方向で、ワシントンに政策・戦略の判定を建議したため、本国政府が軍部側への支援政策に転じたというのです。

任　すでに七九年に「一二・一二事態」〔朴正熙大統領暗殺後、合同捜査本部長だった全斗煥を中心とした新軍部勢力が引き起こしたクーデター〕が起きていたではありませんか。こうした状況の中で、政治家は精神を緊張させて民主主義のために献身し、団結しなければならなかったのに、四月革命でもやられ、八〇年にもまたもやられてしまいました。

李　「一二・一二事態」は光州刑務所の中で聞きましたが、どんなことがどのようにして起きたのか、推察することができなかった。

任　八〇年代初頭に復職され、その後、政治家に会われたりはしたことは？

李　私は生涯にわたり、政治家と「親交」を結んだことはありません。政治家・軍人・政府高官・実業家ら、こうした社会の支配階層に属する人々のなかに、特に親しい人物はいません。私はこの社会を掌握し、揺り動かし、君臨する、金と力をもつ地位にいる人々を敬遠してきました。私がこの社会にもっと大きな影響を与えようと考えたなら、積極的にそういう階層の人物と交際しようとしたでしょうが、そんな考えは一切なく、実際にそうしたこともなかった。

任　大学は再開しましたが、講義はされたのですか？

李　朴政権の学園弾圧の方針がなくなると、大学の雰囲気は一気に変わって、学生たちはとても積極的になりました。やはり、すべての人間行為と同じで「自由意思」が動機を誘発するのでしょう。私ももちろんやり甲斐を感じました。四年ぶりに刑務所から出て、教壇に立ち、再び学生に出会ったからです。学生もキャンパスから軍人と警察の姿が消えて、何よりも催涙弾で教室から追われ逃げ隠れしなければならなかった苦痛から解放されたので、明るい期待と気分が教室にあふれていました。

任　あまりにも長い牢屋暮らしに苦しまれた後ですが、社会的な活動を少し抑制しながら教えることに専念しようとされたのでしょうか？　あるいは、もっと積極的に他の知識人や教授のように、場合によっては政治家と交わり、さらに熱心に政治活動をすることもできたわけですが、先生はどちら側でしたか？

李　激烈に活動し、行動した後なので、少し落ち着いて闘争と経綸の成果を学問的雰囲気のなかで反芻し、教え子たちと分かち合い、享受したかったのです。一九年間の暴力時代が終わったと考えた人々が、こぞって「新時代」の政治行動に情熱を燃やしましたが、私は、そもそも権力・政治行為とは無関係に過ごしてきたので、研究活動に没頭しようと決心しました。永遠不滅に見えた朴政権体制が一瞬にして崩壊したので、次に何をどうすべきか、知識人は戸惑い、暗中模索の状態でした。長い戦闘を終えた各大学の知識人は、たまに集まれば討論ぐらいはしましたが、積極的に行動する心情ではなかった。また、積極的な行動に先立ち休息を取る必要もありました。

任 出獄・復職してからの家庭生活はいかがでしたか?

李 二年間の刑を終えて大学に復職したある日、私は偶然にそれまで妻がつけていた日記を見つけました。それで好奇心に駆られて目を通してみると、まさに、二審で二年の懲役刑を宣告された日のことが目に飛込んできました。

今日は、数カ月間、続いてきた裁判の控訴審の最終結審日だ。私は一歩一歩と静かに足を運んで裁判所に向かった。

天気は良く空は高かったが、私は重い心で傍聴席にやってきた人々に会った。今日、釈放されるとは思わなかったが、それでも心の片隅には、小さな希望がないわけではなかった。昨夜はキムチを漬け、朝、家を出る前に沐浴用のお湯の準備もしておいた。しかし、傍聴に来られた人の誰にもそんな話はしなかった。

予想外にも懲役二年の判決を受けた瞬間、私は憤怒と憎悪心で体が震えた。どうすることもできない千々《ちぢ》に乱れた心を抑えながら、友人らとともに家に帰ってきた。思いっきり大声を上げて泣きたかった。しかし、友人にも子どもたちにも母親のそんな哀れな姿を見せるのは嫌だった。これから一年を越える歳月をどう送ったらいいのか、気持は暗かった。

夕方、子どもたちが帰ってきた。

「お父さんの裁判はどうなったの?」、私は子どもたちの問いにわざと泰然とした表情で答えた。「二年の刑だったわ。これから一年以上も待たなければならないのよ。お前たちは体を丈夫にして、よく勉強をすることがお父さんのためになるのだから……」

妻の日記を読み終えると、私はそれを置いてしばらく目を閉じて回想にふけりました。

任　原州病院から退院された後、健康には自信がありましたか？

李　面白いことに、私は一六年間患った慢性胃腸炎が、監獄で治って出てきました！

逆説的な冗談になりますが、「朴正熙のおかげ」で、二年間、刑務所の中で粗末ではあるが、同じ質と同じ量の食事を、同じ時間に同じ速度で食べ、酒・タバコをやらずに、雑念を持たずに過ごしてきたからです。私だけではなく、ひとたび入ってしまえば、それからは何年であろうと、修養をする時間なのだという落着いた気持ちになります。そうした身体的・精神的・情緒的な自己規律みたいなものが、胃腸のためには良かったようです。最終判決を受けて光州に行ったので、とても良くなりました。とりわけ、容器で出てくる豆ご飯、それを食べなかったら死ぬかもしれないので、懸命に食べました。寺刹にこもり悟りをひらく僧侶と同じ心がけで生活したので、効果があったのだろうと思います。

任　当時、光州は副食が悪くて、全国でも最悪だったようですが、先生が出所されたその年に、われわれ南民戦〔南朝鮮民族解放戦線準備委員会〕の収監者が、大挙して光州刑務所に移管されました。覚えていらっしゃるかどうか分かりませんが、先生は出所された直後、すなわち八〇年一月に、私は西大門刑務所にいたのですが、先生は外からたくさんのリンゴを私に差し入れして下さいました。どんなにうれしかったことか、食べられることがうれしかったと言うよりも、あっ、李先生がついに出所されたのだと、私はとてもうれしかったのです。その後、五月の光州抗争で、光州刑務所の長期囚をみんな他の地域に移送した後に、われわれが光州に移ったのですが、本当に食事は最悪でしたね。

第5章　一九八〇年、裏切られた「ソウルの春」

海の底深くに押し込められていた身体が、一瞬にして水圧のない海の表面にぱっと浮かび上がったので、私の精神と身体が巨大な風船のように膨れあがる、更に、折れてしまった二つの翼が再び生えてきて、自由自在にふわりふわりと飛び回るような感じでした。

裏切られた「ソウルの春」

政治的岐路におけるアメリカの役割

任軒永　先生はほかの解職教授よりも卓越した国際的感覚をお持ちなので、一九八〇年の「ソウルの春」をアメリカや日本、特にアメリカがどう見ていると思われたのでしょうか？　ソウルの春を温かく迎えてくれるかどうか疑われたようですが？

李泳禧　私は朴正熙《パクチョンヒ》殺害事件の後に、アメリカの対応がどうなるかに確信が持てなかった。もし、韓国国民が政治主導勢力と協力し、アメリカが一方的に介入するのを拒否するほど強く団結していたら、アメリカも韓国国民の主体的な決定方向をひとまずは受け入れるだろう。もし、そうではない状況が展開されれば、アメリカの利益優先の政策を押しつけるために介入するのではないか、という程度に考えていました。

これは李承晩《イスンマン》政権の没落後の情勢とよく似ていました。六〇年の学生革命を頂点に、長期間の国民的抵抗があったため、アメリカとしては、反独裁政権を追求し、親米一辺倒の李承晩政権を拒否することで一致団結した韓国国民の力の前に、最初から逆らうことはできなかった。そして、アメリカ政府の内部にも張勉《チャンミョン》を中心とする民主党勢力との緊密な関係を維持する分派がいました。

それで一度は、韓国国民の圧倒的な支持を受けていた民主党政権に期待をかけてみました。しかし、民主党政権の内部分裂と、長期間の厳しい弾圧で窒息状態にあった進歩系及び革新系の政治勢力が、雨後の筍のように生まれ、国内情勢が混乱してしまったので、アメリカは支持対象を朴正熙主導の軍部勢力に変えてしまったのではないか？　だからアメリカは李承晩政権の崩壊後に、韓国政府の文民政府体制と潜在的な軍人権力の二つの可能性を考慮しながら、軍部執権に好都合な時期を待っているのではないかと考えました。

それから一八年後の朴正熙政権没落にも、アメリカはほぼ同様な可能性を天秤にかけました。もし金大中《キムデジュン》と金泳三《キムヨンサム》に代表される非軍部文民政治勢力が、単一勢力として協調・団結をして広範囲な大衆的支持基盤を構築し、そのうえに分裂と対立のない、少なくとも単一文民勢力の決裂を招かない程度の政府を樹立するような状況についての心証を得られるならば、アメリカはそれを黙認したでしょう。それでもアメリカは、ポスト李承晩の状況を経験することで、他方では「乗勝長驅」〔勝った余勢を駆り、さらに攻撃する〕にある北朝鮮の優越した国家的・社会的・経済的状況に対抗できる強力な統制力を発揮できる軍事政権を準備したのです。

一方には、暫定的な優先権を与える統合された民主勢力を、他方には、国際的な不信を受けるにしても、朴正熙に準じる軍部独裁の極右反共政権を、同時に見比べていたのです。こうした内外情勢のもとで、金大中も金泳三も、それぞれ表面的には候補一本化の必要性を力説しながら、大統領候補を辞退する意思はなく、時間の経過とともに自己執権の可能性を確信するあまり、候補の絞り込みを拒否しました。

アメリカは朴正熙暗殺の直後から、全斗煥《チョンドゥファン》のような者に、なぜ再び軍部独裁体制の樹立を期待したり、約束したり、積極的に支援したのか？　あるいは金泳三、金大中両氏が、国民の熱望にもかかわらず、候補一本化の見込みのない段階で、両者に対しアメリカが「允許」する形で背後調整・陰謀工作・政治的謀略を積極的に行ったのか？　この問題については、私もよく分からないのでお話しすることができません。

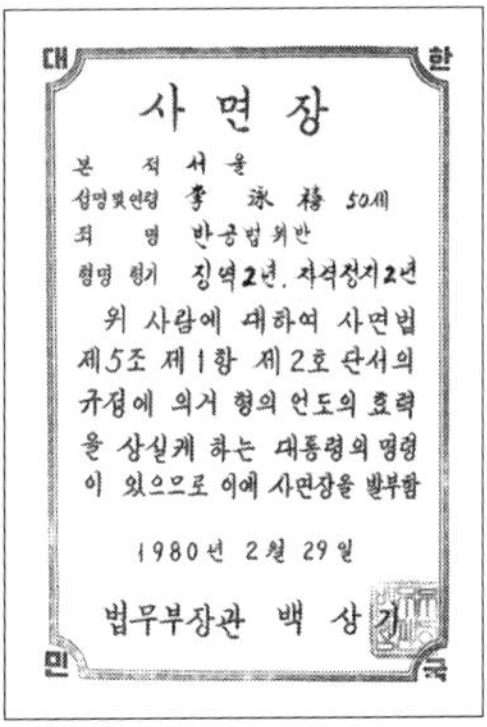
대 한 민 국
사 면 장
본 적 서 울
성명및연령 李 泳 禧 50세
죄 명 반공법위반
형명 형기 징역2년. 자격정지2년
위 사람에 대하여 사면법 제5조 제1항 제2호 단서의 규정에 의거 형의 언도의 효력을 상실케 하는 대통령의 명령이 있으므로 이에 사면장을 발부함
1980년 2월 29일
법무부장관 백 상 기

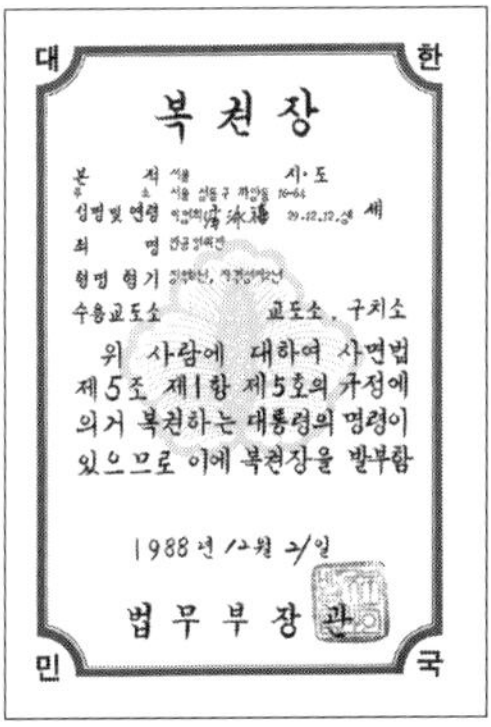
대 한 민 국
복 권 장
본 적 서울 시·도
성명 및 연령
죄 명
형명 형기
수용교도소 교도소, 구치소
위 사람에 대하여 사면법 제5조 제1항 제5호의 규정에 의거 복권하는 대통령의 명령이 있으므로 이에 복권장을 발부함
1988년 12월 21일
법 무 부 장 관

著者あてに法務部長官が与えた「赦免状」（1980年２月29日、左）と「復権状」（1988年12月21日、右）

また、朴正熙が暗殺された時点から、アメリカに操縦される全斗煥のような軍部体制を望んでいたのか、あるいは、数カ月が経過した状況の変化によって、そう決定したのかについても、正確な判断はできなかった、と言わざるを得ません。

任 八・一五〔日本の植民地支配からの解放〕後、一〇・二六〔朴正熙が側近により暗殺された〕後でも、また、六月民主抗争〔一九八七年の全国民的な軍政反対闘争。全斗煥政権は『民主化宣言』の発表を余儀なくされた〕後も、政治家に一貫した民族意識が欠けていたため、相手にやられてしまう同じ悲劇がくり返されたとは思いませんか。果たしてアメリカは成り行きを傍観してから介入したのでしょうか? アメリカは、八・一五以降の韓半島に対して何らかの確かな代案を持ち合わせていなかったので、そうなったと主張されているのでしょうか? イラク空爆などからも、そのように思われてならないのですが。

李 私はアメリカが一般的に国家として「凶悪な体質」をもつ国であることに確信を持っていますが、彼らは、政策の試行錯誤の段階で完全な事前準備と構想をもって政策判断を進めるほど、完璧な能力を備えた組織や国家ではないと思います。

実際、アメリカが何度もくり返した戦争の過程や、国際政治研究者の分析によれば、統治組織は完璧な能力を持つどころか、お粗末極まりない欠点だらけなのがよく分かります。

朝鮮戦争、ベトナム戦争、ラテンアメリカへの介入。対ソ連政策と戦略、そして世界戦略全般にわたって、私たちはこうした事実を確認できるのではないでしょうか? 任さんはアメリカのイラク爆撃から、アメリカ内部の戦争主導勢力の動きを指摘されました。実際にイラク戦争の過程をみると、どれほどアメリカの国益に反する自己否定的で拙劣な行動の結果だったかが、明らかであると思われます。

任 今のお話で、先生がアメリカについてよく調べておられることがよく分かりました。

李 私の数十年に及ぶ研究と考察の結果によるアメリカ観は「プラスに評価すること」でも、「マイナスに評価すること」でもありません。ただ、私が観察し研究したことから導き出された真実に則した結論なのです。特に、任さんの「イラク爆撃を見ていて、そのように思わなかったか？」という質問に対しては、「朴正熙が射殺された七九年から二五年後に起きたイラク爆撃に関連する評価を、当時、予測することは事実上不可能だった」と言うしかありません。

さらに、論理的にも正確な類推方法ではなかったと思います。私が韓国に駐屯するアメリカの情報最高司令官クラスの民間情報責任者から聞いた話をしたことを覚えていますか？　この人物は民間人でありながら、ジェネラル（将軍）の権威と待遇を受けるほどの社会的高位者でした。李承晩政権時代から現在まで、韓国情勢の分析、特に政治分析の最終判断に関係する仕事をしていました。彼の韓国人の友人は私を招いた席で、彼は両金氏（金大中と金泳三）が統一する可能性と、韓国国民の選択方向に対して深い関心を示し、その際にも、文民政府樹立の可能性について関心を示していました。私は本来、権力政治や現実政治に関しては直接的に関心を持っていなかったので、いま思い出すのはこの程度のことです。

「光州暴動」の背後工作の首謀者」にされる

任軒永　八〇年代に、我々知識人のうち進歩的な人でも、アメリカが光州抗争を傍観するとは思っていなかったようです。先生は八〇年五月を、意欲にあふれて大学のキャンパスで迎えられたと思いますが、五月一七日の全国非常戒厳令の拡大を知ったのはいつでしたか？

李泳禧　私は八〇年の春に、ソウルをはじめ全国各地で起きた様々な政治組織と学生・労働者大衆の時局関連の運動やデモが、自己統制と運動勢力間の相互調節のない無秩序状態にあることを、かなり不安な気持ちで見守っていました。四年間、大学から追放され、復職して何日も経っていなかったので、私は大学での講義と研究、そして執筆に専念するつもりで社会運動への参加は控えていました。実際、そうした時間的余裕もなかったのです。ただ一度だけ、時局に対する意思表示をしたのは、一三四名の教授が軍部に自重を促し、同時に国民大衆の秩序ある意思表示を訴えた「知識人声明」に賛同したときでした。

私が五・一七非常戒厳令の拡大措置をどこで知ったかは、記憶していません。五月一七日の夜半から三か月間、いったい何が起きているのか、まったく理解できませんでした。事実を知れば驚かれるかもしれませんが、私は五月一七日の午後一一時三〇分の全国非常戒厳令の宣布と、全斗煥の光州大虐殺の陰謀をまったく予測できない状態で、南山《ナムサン》の中央情報部の奥深い地下三階の監房にいきなり連れ込まれました。

それに先立つ五月一七日の夕刻、光州刑務所の時局犯収容特別舎棟の担当教導官の一人が、華陽洞《ファヤンドン》のわが家を訪ねてきました。あの厳しい朴正煕政権の末期に、大学生や私のような時局犯は、特別舎棟でこの教導官にとても「お世話」になりました。表向きは忠実な刑務職員でしたが、陰では我々の便宜を図ってくれていたのです。この教導官が何かのメモを持ってきました。まだ光州刑務所に収監されている人々から託されたもので、監房用語で「鳩を飛ばす」行為でした。植民地時代から刑務所の収監者が外部に連絡し、外から収監者に密かに連絡することを「鳩を飛ばす」と言っていました。その「鳩」が運んできたのは、いまだに内部にいる方々が外部の事態を案じたもので、この教導官を通じて詳しく伝えてほしいというものでした。

教導官の親切に報いたいと、食事と酒でもてなし、数時間ほど話をし、彼は一〇時三〇分頃にわが家を立ち去りました。私は就寝しようと布団を広げていると、一一時三〇分頃に、真っ黒な服の怪漢がわが家に押し入ってきました。門も玄関のドアも閉めてあったのに、いつの間にかこじ開けて部屋に入り込んできたのです。そして二人が私を監視し、三人がわが家を隈なく捜査しました。私と妻はまったくわけが分からないままでした。先ほど話したように、時局に関連することは何もしていない私の家にまで、五人もの男たちが押し入るほど重大な状況になったのかと思ったのです。

こうして、深夜に連行されたのは南山の中央情報部で、着くやいなや、南山の岩石を掘って作った地下三階の暗黒監房の最下層の一号室にぶち込まれました。そうして厳しい取り調べを受けた数カ月間、私は自分の行動の軌跡に関する恐怖よりも、光州刑務所の教導官が持って来た、あの秘密の「鳩」のメモが、情報部の手に渡りはしないかと、そのことの方が心配でなりませんでした。しかし、メモは彼らの手に渡らなかったので安心しました。

任　「鳩」のメモでなければ、何の理由で連行されたのですか？

李　腰をかがめて第一トンネル〔北朝鮮が掘ったという南侵目的のトンネル〕に入ったようなものでした。真っ暗で何も分からなかった。かなり行ってもまだ南山だった。とてつもない岩の塊をくり抜いて作った三階建てで、各階に監房が一四部屋ほどあり、約五〇、六〇名がそこに連行されていると私は推測しました。連行先は当初は分からず、連行された理由も何なのか分からなかった。捜査官はほかの容疑者には四名、私には五名がつきました。後に分かったのですが、私はかなり大物で、最も悪質で影響力のある人物と思われていたらしい。私を担当した合同捜査班には、質《たち》の悪い奴が二名いて、ひどく責め立てる役割でした。

　金大中氏に関することばかり尋問するので、金大中氏に何かあったのかと思いましたが、光州で重大事件が発生したとはまったく気づきませんでした。こうして数日が過ぎて、私が「早く決着をつけてくれ、大学の中間試験の時期なので行かねばならない」と訴えると、彼らは「心配するな！」と答える。さらに「出版社に渡した原稿を修正し、校正をしなければならない」と言っても、やはり「心配するな！」をくり返すばかりでした。

　第二号監房には、解放の神学者〔神学の基本を貧困や抑圧からの解放に求める〕、徐南同《ソナムドン》牧師がおられたのですが、徐牧師を拷問しているのか、うめき声が聞こえました。「こいつ、お前のどこが牧師だ！」などと、口にするのもはばかれる人格への侮辱を、長い時間にわたり浴びせかけるのです。私の隣の部屋だったから、わざと聞こえるようにしたのかもしれません。ほかの部屋には誰が収容されているのか分からなかった。トイレも情報部と合同捜査班の連中の立ち会いのもとでした。

　拷問を受けている方の声だけでそれが誰なのか見当をつけるのです。宋建鎬《ソンゴンホ》、張乙炳《チャンウルビョン》もその場にいたことを、釈放された後になって知りました。金相賢《キムサンヒョン》議員もそうでした。捜査班の連中は調査ではなく、調書の紙を隠して筆談をします。時には「光州に行ってきたか？」「行ってきただろう？」という調子なのです。

私は「この殺人鬼のような奴が、こうして人を捕まえておいて、こんなふうに適当なことを言うのは、女を連れて光州に遊びにでも行ってきたのだな?」と思いました。終始、光州で何が起きたのかを知らずに過ごしました。ところが、私を取り調べるチーム長は私を人間的に侮辱したり、肉体的な苦痛を与えたりはしなかった。ほかの連中とは違い中立者的な態度をとっていたのです。私の尋問にも加わらないので、不思議に思いました。

二カ月にわたる尋問でも、何も探り出すことができなかったのか、ある晩は、焼酎と餃子などを注文して一緒に一杯やりました。出所が迫った頃でした。ある日はシャワーを認めてくれました。金東吉《キムドンギル》教授がシャワー室にやってきて、「部屋を移りなさい」と言われたというのです。釈放されるまで、その話はしてくれない。ただ部屋を移しておいて、命令を待てと五日間留め置かれました。殺そうとするのか、釈放するのか、とても不安な数日でした。

ようやく出所になりましたが、その前に「身元引受け・保証書」の提出を求められました。すでに、それまでの取り調べで、私にアムネスティ韓国支部理事職のほかに、会員の身分まで辞退する覚書を書かせ、また、大学総長あてに教員の辞表も書かされました。すべての辞表を刑務所内から提出させるのです。後に知ったことですが、大学への辞表は私の家を訪れ捺印までさせて提出させたとか。あたかも自発的な辞職願のように装ったのです。身元引受け・保証人を選んで提出させたのは、釈放させる際に必要な要件だったからで、これにさらに条件が付いていました。「政治家なら国会議員」、「行政関係者なら次官級以上」、「軍隊なら将軍以上」と、身元引受け・保証人の資格が定められているのでした。

私はもともと軍隊には将官級の知り合いはいないし、佐官級にも知人は一人もいない。軍隊がひどく嫌いだったから、付き合っている人はいなかった。行政関係も同じです。国会議員ではと思い、「金相賢」と書くと、ほかの名前を書けと言う。南載熙《ナムジェヒ》にすると、「ほかにはいないのか?」とさらなる追及。いないと言うと「ああ、大物だと思って第一房に入れたのに、なんて奴だ! 偉い人の知り合いが一人もいないのか！」と残念がっていました。やむなく漢陽大学大学院の院長の名前を書いたところ、合同捜査部の中佐はそれを持って院長のもとを訪ねたらしい。釈放後に会った際に「君の「身元引受人」になれと言われて恐ろしかったよ」と言われました。釈放されるまで六〇日ほど、そのような尋問を受けました。

任　実際に尋問されたのは、金大中先生の関係ですか、ほかのことも聞かれたのでしょうか？

李　金大中氏との関係は、どこかで開かれた講演会に出席したことがあるだけで、直接的には何ら個人的な関係はありません。私は金大中氏、金泳三《キムヨンサム》氏もそうですが、どんな政治家とも親しく交わったことはない。だから、金大中氏との関係に対する尋問は一、二週間で終わりました。残りの二カ月ほどは、時々、あれこれ参考にと尋ねられる程度でした。ところがある日、京郷《キョンヒャン》新聞社にいた徐東求《ソトング》の尋問調書のことで、私は光州刑務所を出てから、「徐東求と会ったことがあるか？」と訊問されました。そこで「会ったことがある」と答えました。私が朝鮮日報社の部長だった頃、彼は次長として働いていたことがあり、比較的親しい間柄だったからです。

　彼の尋問調書を見ると図表が描かれていて、金大中氏が執権すれば、趙世衡《チョセヒョン》が新政権のもとで新たに新聞社をつくり、徐東求が編集局長になり、私は論説主幹になるという構想だったのです。なぜこんなことを議論しなければならないのかと、頭ごなしに怒鳴りつけました。私は前回二年間の刑務所収監の後、病院に入院してから大学に復職しましたが、体調が良くないのでおとなしくしていようと考えていたので、新聞社を作って何かをするなどの意思はまったくなく、その準備の相談をしたこともなかった。しかし、相手は間違いないと言い張るのです。何度もまったく関係がないと反論しましたが、親切なチーム長が「どうってことないから書いてくれ」と目配せをするので、「そうだ！」と書いてやりました。私に要求したのはこれだけでした。

　驚くべき事実はほかにもありました。二カ月ほどで釈放されると、妻が一枚の新聞を見せてくれました。二カ月ほど前に連行された、まさにその翌日の五月二〇日の朝の号外です。私が「光州暴動の背後工作の首謀者」の一人に挙げられていたのです！　あきれて何も言えなかった。高銀《コウン》、金東吉《キムドンギル》、芮春浩《イェチュンホ》、そして永登浦《ヨンドゥンポ》で都市産業宣教会〔産業化時代の宣教政策として労働者と共に働きながら宣教し、組合を組織したり、労働条件の改善などに取り組んだ〕を組織した印明鎮《インミョンヂン》牧師と私が暴動を主導したとなっているのです。

まったくあきれ返るようなお話です。その横には金鍾泌《キムジョンピル》、李厚洛《イフラク》ら約二〇名が「不正蓄財者」として特大活字が踊り、また一方には、金大中、韓完相《ハンワンサン》、李文永《イムンヨン》など一〇余名が、「金大中内乱陰謀者」とされていました。これを見て初めて光州での事態を知りました。金鍾泌らを粛正することと、返した刀で私たちを切り捨てようとする意図で、不正蓄財者と社会不安分子を粛正する五・一七戒厳令の絶好の名分でした。

東亞日報

政治活動중지·大學休校

非常戒嚴 전국 확대

屋內外集會 시위·前現元首비방금지

職場이탈 罷業등不許·言論사전검열

金大中씨등 26명連行

權力蓄財·소요조종 혐의

權力蓄財
李厚洛·朴鐘圭·金致烈·金振晩
吳源哲·金鍾珞·張東雲·李世鎬

소요조종
芮春浩·文益煥·金東吉·印明鎮
高 銀 李泳禧씨등 포함

5・18光州民主化運動を弾圧するために、全斗煥政権が背後操縦者として発表した人びとを、1980年5月19日の『東亜日報』がそのまま報道した。

私は光州には行ったことさえなかったのです。

任　雑誌は一七二種が登録抹消となり（七月三一日）、言論は統廃合され（一一月一四日）、知識人は身動きできない状態になりました。

李　私はそんなこともまったく知らずにいました。そうして漢陽大学からは復職二カ月で、またしても解雇されました。

裁判で実感した思想的影響力

任軒永　八二年に、釜山のアメリカ文化院放火事件が起きました。

李泳禧　私はこの事件にも関係していませんが、ほとんど全部の事件の「間接的主犯」と目されました。主犯の文富軾《ムンブシク》、金銀淑《キムウンスク》の裁判にも私は証人として呼びだされました。私の著書を読んだ影響だと、彼らが陳述したからです。やはり『転換時代の論理』が彼らの反米意識の根底にあるに違いないと、検察は責め立てます。ここでも私の書いた本が、この国の正義感に燃える若者に与えた影響力を実感しました。

任　後に文富軾、金銀淑とは親しくなり、二人は先生の教え子になっていますね。この頃の反米意識というか、国民的な覚醒というか、結局、国民は八〇年の光州抗争を体験し、それがきっかけで、国民全体がアメリカを批判する自由を手にすることになりました。そんなわずかな自由のなかで、国民的感情に力を得て起こったのが、アメリカ文化院の放火事件で、私たちの民族運動史から見ても重要な事件でした。二人はいわゆる活動家ではなく、神学大学で学ぶ純粋な若者でした。これらの学生がこうした考えを持つくらい、先生の著書が大きな影響を与えたことは十分に理解できます。

李　そうした傾向は、アメリカ文化院放火事件として起訴された若い学生の裁判で初めて始まったものではなかったのです。すでにこうした事件は、七〇年代から様々な形態で社会全般にわたって広まっていました。政府は様々な事件が起こるたびに、逮捕と裁判をくり返し、私の著書がその事件に影響を与えたと言い張りました。それで何度か法廷で証言することになりました。韓国社会の現実に対して、いかなる問題意識もなかった若い知識人、さらには労働者までも、ようやく問題意識を持つようになったのです。裁判の過程を通じて、私自身も知らなかった社会批判や思想的影響力の広がりを確認することができました。民衆はいまや無知蒙昧な存在ではない、という事実を痛切に感じました。きちんと教える者がいて、正しい知識と思想と理念を伝えることさえできれば、石のようにこり固まった頭脳にも、認識の光と判断に必要な酸素を与えることはできるのです。聞く耳を持たない若者にも聞かせることができるし、口のきけない者も口を開けて声を張り上げることができると、立証されたように思いました。状況は過酷で執拗なものでしたが、そのなかでも私は満足し歴史を楽観視することができ、未来に明るい希望を抱くことができるようになったのです。

二〇世紀の中国、五億人民の思想的尊師である魯迅の言葉に、こんな一節があります。

「かりにだね、鉄の部屋があるとするよ。窓はひとつもないし、こわすことも絶対にできんのだ。なかには熟睡している人間がおおぜいいる。まもなく窒息死してしまうだろう。だが昏睡状態で死へ移行するのだから、死の悲哀は感じないんだ。いま、大声を出して、まだ多少意識のある数人を起こしたとすると、この不幸な少数のものに、どうせ助かりっこない臨終の苦しみを与えることになるが、それでも気の毒と思わんかね」

魯迅「自序」竹内好訳『阿Q正伝・狂人日記』(岩波書店)

続けて彼は、その精神と感覚が麻痺して死ぬことも知らずに死んでいく人々ではあるが、それでもそうして考え、見ることができる光と空気を与えることができれば、数人でも死の状態から意識が戻り、共に力を合わせて鉄の部屋を壊し、みんなが生き還ることができる可能性があるのではないか、と文章を結んでいます。自分を魯迅に喩えるわけではないが、私も韓国の民衆が窒息して自分が死んでいくことも知らずに、その連中の手で意識を失い死んでいくときに、彼らが意識を取り戻して、自分の運命の主人になり、独裁権力に抵抗することに、私が少しでも力になることができるのではないかと考えたのです。

任　当時、文富軾氏が「李先生の影響を受けた」と言ったのを覚えていらっしゃいますか?

李　韓国の大勢の知識人が私の文章によって覚醒したのは知っています。光復から現在までの教育全体を通じて韓国人は偽計に引っ掛かり、自分たちの生存環境の具体的事実に対する認識が逆さまで誤った社会認識となり、世界と自身の関係を錯覚していることに目を閉ざしていたからでした。

そうした錯覚から目覚めた一つの効果が、「美しい国」アメリカ〔韓国ではアメリカを「美国」と表記する〕の仮面の背後に隠されている歪んだ陰険な顔を、初めて知ったことです。私はアメリカ民主主義の政治哲学的な研究ではなく、実際に進行中の具体的な事実、すなわち、アメリカの巧妙な弱小国統治術や、同盟国という看板の背後に隠れている自国中心主義的な国家目標と戦略、これらを明らかにしたのですが、これらが知識人の意識を目覚めさせ、刺激剤になったのでしょう。

独自の方法論について

任軒永　そうした社会科学的方法論に、外国の誰かからの影響はあるのでしょうか？

李泳禧　特に外国の学者から影響を受けているわけではありません。私の生来の真実究明の精神と、問題の核心に達するまで深く掘り下げた執念の結果です。問題を調べ深く掘り下げて観察すれば真実に出会うものです。これが私の強みであり弱点でもあります。人間的な度量と柔軟性がなく、緻密に調べるだけなのです。私の人間的品性においてもそうした面が弱点です。私は理工系の教育を受ける過程で、あらゆることを機械や建築の設計をするように、精密に分析して体系化する習慣が身につきました。ただ漠然とした理解では満足できません。少しでも誤差があれば建築物は崩壊するからです。そんなやり方で緻密な設計をし、完全にバランスの取れた組織体をつくり、政策や物事の関係や構造物の構成に必要不可欠な材料、つまり論証資料を探し集め、徹底的に解体・分解・解剖をし、中身をさらけ出さないと満足できない性格の持ち主なのです。

任　それは私たちが学ばなければならない点ですね。人文科学ではかなり特殊な研究方法です。外国の文献を見ても、そのように数値を調べる分析方法を多く見ることはできません。今でも日々の生活で、何か新しい事物を見ると、継続して一つひとつ問い詰めて行く傾向があるようですから、周囲の方々にはかなり負担になっているかもしれません。

李　「他人に負担をかけている？」、それはよくないですね。私は反省しなければならない。とにかく、圧倒的多数の韓国の教授たちは、アメリカ留学のプロセスで、ほとんど自己を喪失するほどアメリカ崇拝者になっています。あまりにも激しい格差のある韓国社会から、スケールが異なるアメリカの文明社会に入ると、学費が足りずに食堂で皿洗いをしながら勉強していても、余裕があって穏やかに学位課程を終えても、アメリカ的生活スタイル、思考方式、価値観に圧倒されるようになります。

学問的にも無条件にアメリカ中心の理論と思想に飲み込まれてしまう。つまり民族的な主体意識と個人的自意識を持つ少数の留学生を除けば、頭脳はアメリカの利己主義的学問と理論に洗脳されてしまう。このような頭脳と意識を持ち、帰国後に教授や理論家になると、彼らの学問は最終的に韓国人を、「アメリカ人化」する文化的尖兵の役割を果たすだけになってしまいます。

国際情勢の分析において、ある問題や運動スタイルなどを把握する際に、しばしば「アメリカの教授の誰々はこう言った」という、外国人の知識に対する権威主義的奴隷になる場合が少なくありません。学問研究の主体意識が希薄なことは大きな問題です。自分なりの問題意識や分析方式がなく、他人の理論を借用して自分の権威づけに利用する態度を私は軽蔑します。私の文章には、誰かがこう言ったというスタイルは存在しません。政治理論も社会批評も多角的な角度から複合的に検証した後に、まずは十分に自分で理解し、自分の頭の中で自己のものとし、十分に練り上げてから自分の麹《こうじ》を加味して発酵させ、自分のものとして送り出すのです。ヨーロッパのどの博士のどの論文、アメリカのどの教授の理論がどうこう言っているとかは、私の頭の中に浮かんできません。だから故意に明示しないわけではないのです。

私は衒学的な振る舞いは嫌いですが、衒学的な文章を書く人たちは、その引用した誰かの名前と、自分を同一視しようとする虚栄心が強いのではありませんか。自分の知識になってしまったものを、敢えて誰の物と言うことはできません。その代わり、骨身を削る努力による徹底的な「自己化」が必要です。私の多くの論文や評論、さらに新聞や雑誌に発表した平凡なテーマの文章も、すべてこの精神と方法によって書いたものです。

任　先生の文章を読みますと、デカルトの方法論のような印象を受けます。その方法論をすっかり会得して実践されていますね。ところでわが国の文章に脚注がついたのは、六〇、七〇年代に、アメリカの書物を手にしてからのようです。現在は脚注つきの論文がとても多いので、どうかすると脚注の数字だけが増えて、関係のない書名を並べている場合もあるようです。先生が書かれた論文を拝見すると、客観的な数字、証拠や統計庁の資料、アメリカ国防省の極秘文書などは、重要な証拠、論拠として先生なりの方法で接近されています。おそらく、こうした方法論は先生以後の後輩に伝えるのは難しいのではないかと思われます。なぜなら、すべての社会科学——文学・哲学も同じですが、その学問の方法がアメリカナイズされて、脚注のない論文は認定されなくなっているからです。実は、世界的名著には脚注がついていません。そうした意味からも私は先生の方式を支持します。

李　もちろん、自分のものではない理論や論理を引用する場合には、すべて出所を明らかにするアメリカ式の論文に準じた学術的作法があるので、それに従うべきでしょう。しかし、私が知っていることが一〇〇であるなら、その一〇〇種類のすべてを他人の物を借りて書いたものでない限り、そのすべてを列挙する必要はありません。それは一〇〇もの引用を明示しなければならないほど、いまだに自分の頭の中で自分のものになっていない証拠にほかならないからです。完全に自分のものになる前の段階ということを明示しなければならない。これはまだ自分のものではない、また、この論文で、この観点や考えはある人物のものだと明らかにしなければならない。だからこうしたものをみんなで何度もこね上げ、誰のものでもない「自分のもの」を作り上げなければならないのです。

核戦争の危険に駆り立てられる韓半島

任軒永　先生、現実の話に戻ってみましょう。日本政府は一九八三年一月一四日に、「対米武器技術供与」を閣議決定しました。これによって、第二次世界大戦以後、海外への武器輸出を禁じてきた日本政府は、日米安全保障条約による相互援助の名目で、アメリカへの軍事技術供与の道を開きました。数日後の二九日には、アメリカと日本は日本海と太平洋の戦略的価値に合意しました。日本海と太平洋海域で有事の事態になれば、日本をアメリカの前哨基地にするというものです。韓半島や日本海、太平洋地域でそれまでアメリカが担っていたことの一部を日本が担当するというのですが、それが次第に加速されれば、韓半島に対する包囲網と見ることができます。この件について先生が書かれた文章が「韓半島は核戦争の人質になろうとするのか」でした。

李泳禧　その特別な時期に、アメリカの韓半島に対する軍事戦略・戦争準備などの問題が何であったのか考えてみて下さい。北朝鮮と戦争をするための韓国内のアメリカ核兵器（核戦力）に関する議論でした。当時は韓半島に核兵器が存在するか否かを巡って騒がしい論争があった頃でした。アメリカは朝鮮戦争が終わった三年後の五六年に、核兵器の配備を公式に発表しました。アメリカのラドフォード合同参謀議長が韓国に「新兵器」があると発表したのです。この新兵器というのは核兵器を意味します。五三年七月二七日に署名した休戦協定で、双方は、休戦時に保有していた「同じ種類の兵器」を一対一で交換できるが、それ以外はできないとの規定がありました。ちょっとお待ちください。条約集を持ってきますから……。

では協定文を見ていきましょう。

「第二条A総則第一三項（d）武器交換及び搬出入」、まさにこの項目です。新兵器は駄目だということです。五六年八月三日にアメリカの合同参謀議長が新兵器の配備を発表しました。新兵器を持ち込むためには休戦協定でこれを持ち込めなくした条項を無効にしなければならないというものです。そして翌五七年五月一六日に、アイゼンハワー大統領が韓国に新兵器の配備を考慮中と発表します。続いて六月三〇日に正式にこれを北側に通告し、新兵器を禁止した休戦協定のその条項を一方的に廃止しました。五八年二月と三月には、韓国とアメリカの軍隊が核戦争の訓練を開始します。これに先立ち、五七年七月には、国連軍司令部が東京から韓国へ移りました。

アメリカの軍隊には原則があります。第一は、アメリカ軍が多国籍軍を形成する場合、アメリカ軍司令官の指揮だけを受けるということです。ですから、全体をアメリカ軍司令官が指揮するか、それができなければ、アメリカ軍は独立部隊として米軍司令官の指揮を受けるのです。第二は、アメリカ軍はどこの国であろうとアメリカ軍の公務執行上の刑事犯罪に対して、駐屯国家の司法機関の裁判を受けないことです。最近、問題になっていますが、実はこれが朝鮮戦争当時からの一貫した原則でした。

第三は、今の議論とも関連する最も重要なことで、アメリカ軍は核兵器の直接的援護を受ける状況でのみ、海外に配置されるということです。ですから、アメリカ軍がやってきたり駐屯したりすれば、その背後には核兵器が配備されているのです。これがアメリカの軍事力配備と展開の原則なのですが、これを知らないいま七〇、八〇年代に、韓国におけるアメリカ核兵器の有無を議論するのは、最初からナンセンスなのです。当時、私はそうした議論状況をあまりにも情けないと思いました。そして、五九年にアメリカ軍当局は、韓国で戦争が起これば、即刻三〇分以内に原子爆弾を投下する態勢を備えたと明らかにしました。

韓国の人々はこうした事実を知ると、鳥肌の立つ思いがするでしょうが正しく認識しなければなりません。アメリカが西欧の同盟諸国、すなわち、北大西洋条約機構（ＮＡＴＯ）諸国の領土内に、核兵器を配備している事実は誰でも知っているでしょう。ところで、アメリカが核ミサイルや核爆弾をロシアと東欧の共産諸国、すなわち、ワルシャワ条約機構の諸国に対して発射したり投下する際には、ＮＡＴＯ加盟国と事前協議をし、その同意を得なければなりません。

アメリカを除いた一五の加盟国は、協定の目的と機能上、イギリス・フランス・ドイツなど五カ国で、アメリカの核兵器使用に対する「ニュークリア・シェアリング」（核協議機構）を設置し、常時稼働させています。くり返すと、西欧諸国は自国の領土内にあるアメリカの核兵器に対して、配備の初期段階から情勢分析とアメリカの核戦略全般にわたる協議権を持っているのです。これが少なくとも、独立国家または主権国家と言える場合の姿勢でしょう。

ところが韓国の場合は、これとはまったく違います。先ほどアメリカの核兵器の配備や北朝鮮に対する使用計画などを年度別に説明しましたが、アメリカは北朝鮮やソ連に対して韓国にある基地の核兵器を使用する際には、NATO諸国の場合とは異なり、韓国政府とは何ら協議をする必要はなく、単独で決定できます。八一年一一月に、アメリカ陸軍のE・マイヤー参謀総長はソウルにやってきて記者会見を開き、次のように語りました。しっかり聴いて下さい。恐ろしい内容なのですから。

ソウル発のAP、UPIによれば、

① 米国は通常の戦争においても、戦術核兵器の使用を原則としており、この戦略概念は当然、韓国においても適用される。

② 米国が武器の使用が必要と判断する時には、現地の野戦軍司令官、韓国の場合には韓米連合軍司令官がその必要の可否を判断して大統領に建議する。

③ 韓国でのアメリカの核兵器使用可否の決定は、一五カ国との協議を経なければならないNATOの場合よりは、はるかに簡単に済む問題である。

④ 未確認ではあるが、現在北朝鮮には核兵器が存在しないと信じている。

このうち第三項は、韓国の大統領や政府は、アメリカの核兵器使用についての協議権や、可否に対する発言権を持っていないことを示唆するものでした。

マイヤー参謀総長のこの発言は、つまるところ、韓国と韓半島でアメリカが核戦争を起こす際に、韓国政府や国民は何らの発言権もなく、また事前協議をするための確たる手続きさえもないことを意味しています。そして第四項で述べているように、北朝鮮には核兵器がいまだに存在しない。しかし、アメリカの核兵器は韓国に配備されており、それは常に戦争の手段と見なしている。これは南北の朝鮮民族を侮辱するものにほかなりません。自分の生命に関する決定権や協議する権利が、韓国政府・大統領・国会にはまったくなく、アメリカの野戦軍司令官の決定だけに委ねられていることを意味しているのです。

こうした公式発言があった後にも、韓国の国防部長官や政府代表の面々は、「韓国領土内にアメリカの核兵器があるかどうかは分からない」、または「あるとも、ないとも言えない」と、無責任で気の抜けた発言をくり返しています。嘆かわしい極みですね！　アメリカで学位を取り、学んできたという教授らも、この問題をメディアで発言する際には、決まってこうした発言をオウム返ししていますが、これらは誰もが知っていることなのです。このように緊迫した情勢のなかで、この論文を書いて発表したのです。

任　韓半島で戦争が勃発すれば、かつての朝鮮戦争とは次元の異なる、とんでもない戦争になると人々は考えていますが、列強諸国の核戦争の人質の可能性については、固く口を閉ざして語ろうとはしません。韓国の安全保障を担当している部局や担当者は、いま先生が言われたことを分かっているのでしょうか？

李　わが国の軍部はよく理解していなかった。アメリカ政府がそうした発表をしても、軍ではほとんど認識していません。これまでにも、韓国の軍隊には陸・海・空軍のいずれにもそんな情報はなく、関心を持つこともなく、問題意識もなかった。なぜなら、それらすべてのことは、アメリカ軍が掌握していて韓国軍は知る必要がなかったからです。

　核兵器問題はあまりにも明白な事実でした。国民を欺いて北朝鮮に対する反共意識を持たせることばかりを考え、国民はまったく無知蒙昧だった。結局大韓民国の国民だけが哀れな運命に置かれているのです。さらに付け加えると、私の文章がドイツと日本で翻訳されて有力評論誌に掲載されました。初めて韓国人の学者が、こうした視点で韓半島を取り巻く情勢の質的変化に関する長い論文を書き、核問題を取り上げたからです。日本でその論文を読んだブルース・カミングスは、初めて私を知るようになり、私に関する文章を書くことになったのです。それからはお互いに交流を重ねるようになりました。

任　確かにとても衝撃的な論文でした。

李　「人質」という用語をなぜ使用したか説明しなければなりませんね。その理由は、八二年二月に、アメリカの韓国駐屯中距離核ミサイルが、北朝鮮だけでなくウラジオストクやシベリアを攻撃すれば、ロシアは韓国を核で報復攻撃するだろうという仮想事態を前提にしているからです。実際、その区域内の射程距離を持つアメリカの中距離核ミサイル弾頭が、韓国に数百発もあったのです。当時、ソ連共産党書記長のアンドロポフは「韓国にあるアメリカの核兵器が仮にもわれわれを脅かす武器であると見なせば、韓国はソ連の中距離ミサイルの標的になるだろう」と発言しました。韓国政府が済州島《チェジュド》をアメリカの核ミサイル基地として、提供することを考慮している旨の発言が表面化したときでした。実は、朴正熙時代からあった話ですが、これは韓国がソ連の核兵器によっていつでも廃墟にできる「人質」だということです。極めて危険な状況でした。そうした状況に鑑み、眠っている大衆を覚醒させ、韓国にあるアメリカ核兵器の危険性を警告するために書いた論文でした。

任　日本のどの雑誌に掲載されたのですか？

李　『世界』（岩波書店）です。もともとソウルで発刊されている、進歩派キリスト教の理論雑誌『キリスト教思想』（一九八三年八月号）のために書いたものですが、なぜか『世界』が翻訳して転載したのです。

不幸な時代、先駆者のくびきを背負って

任軒永　本当に貴重な作業でしたね。八〇年代には先生の名声のゆえに、学生たちが先生を放っておかなかったようです。復職までの空白は長かったのですが、この時分がある意味では、その前の朝鮮日報や大学を辞めたとき、投獄されたときよりもっと苦しかった時代だったかもしれません。窮屈で恐ろしい時代だったので、本当に心配しました。八〇年代初めの先生の記録はほとんどありません。その当時はどのように過ごしていらっしゃいましたか？

李泳禧　特に対外的な活動はしていません。この不幸な期間に論文を書き、書物を出そうと考えました。しかし、積極的に混乱した社会に加わり、何かをしようという考えはまったくなかったのです。誰でも自分の特技と長所を生かして社会に貢献しなければならない。私はみずから直接的な現場的行動としてではなく、他人に先んじた知的奉仕、つまり頭脳と知識と文章によって、他人ができない先駆的で啓蒙的な仕事をしようと思っていたのです。実際そうでした。それで当時は主に執筆活動で時間を費やしました。この頃に刊行

したのが、『中国白書』『一〇億人の国』『ベトナム戦争』『逆説の弁証』『分断を超えて』などです。この頃の生活はとても苦しかったことを覚えています。

任　その当時、『創作と批評』誌も廃刊処分を受け、論文を発表する場がなくなり、単行本を書くようになったのですか？

李　そうです。特に解雇されていたあの厳しい時期に出した『中国白書』は、ひとつ学問的に寄与しようとの思いで書きました。この本は、アメリカの積極的な支持を得て徹底的に腐敗堕落した反人民的な蔣介石政権が、最後は、四億五千万の中国労働者と農民に支持された共産党軍との長い内戦の末に、台湾に追放されるまでの三〇年間を、極秘文書だけを素材にして書きました。経済・文学・人的資源・軍事作戦・軍事援助など、各分野において、アメリカ政府・大統領・国防部・在中アメリカ大使が、蔣介石の国民党政府・軍隊、そして世界各国の元首との間で交わした極秘文書、アメリカ国務部が編集した報告書を翻訳し、注釈をつけ、補完したものです。これの原本に相当するものは、一九五〇年に刊行されています。蔣介石が敗退して台湾に逃れたのは、その前年のことでした。

『中国白書』では、中国が共産党に傾いた責任を、蔣介石政権と極右反動・親米的金融財閥の失策によるものとし、それによって中国を「奪われた」と書いています。アメリカはあらゆる必要な措置を講じたということを、報告書によって明らかにしたのです。そこでは、共産党の創立（一九二一年七月）から蔣介石の敗亡（四九年）までに、アメリカが関与したすべての秘密文書が収録されています。これは韓国で中国に関心を持つ人々や、アメリカに期待する勢力・保守反共勢力・アメリカ崇拝学者、そして広範な韓国民に、実際にどうして中国の事態が変化したかを知るに当たって、きわめて啓蒙的な効果がありました。著名な教授でさえも、中国の事態についてはよく知っていなかったのです。そして、中国の極右・保守・反共主義集団と勢力が、どれほど堕落し腐敗して人民大衆に排斥されていたかを克明に綴っています。同時に、中国共産党がどんなに清廉で農民・労働者の支持を受け、人民と一心同体になって活動してきたかが、リアルに表現されています。

アメリカの国防長官と連合軍参謀総長が大統領に送った報告書には、「蔣介石は徹底的に腐敗している。中国共産党は農民の圧倒的な支持を得ている、この立派な集団を相手に闘う蔣介石の支援をアメリカが続ければ失敗するしかない」との評価や建議が数多く見られます。私にはすでに知り尽くした内容でしたが、この膨大な資料を読んで翻訳し、必要な注釈と解説、さらには人名索引まで付けました。こうした注釈作業には本文に匹敵するほどの時間を費やしました。これを刊行すれば、中国で共産主義者が人民を抑圧し、血の粛清をする極悪集団などという、韓国での共産主義に対する歪曲した認識を正すことができると信じていたので、私見を一言も入れることなく、ひたすら極秘文書に語らせたのです。

任 この本をまとめながら、出版の可能性についてはどう考えておられましたか?

李 出版はできるとは思っていました。いつも楽観的に文章を書いていたからです。特にこの本は、アメリカ政府が議会に提出した公式報告書をベースにしているので、韓国政府はこれをどうすることもできない。幸いにも、東亜日報社で言論自由実践運動をして追い出された金鎮洪《キムチンホン》外国語大学教授が出版社を運営していて、彼から原稿は自分にくれと言われました。

親しく付き合った友人たち

任軒永 当時、親しく付き合われた方は、どんな方々でしたか?

李泳禧 まず、この話をしなくてはなりません。「論語」の冒頭に「有朋自遠方来、不亦楽乎」という言葉があります。「互いに志と考えを同じくする友人が、はるばる訪ねてきてどんなにうれしいことか」という、誰もが知っている一節です。かつての軍事独裁の暗黒時代には、友人とは、時には私自身やその友人の生命までも賭ける人間関係を意味しました。任さんも実際にこのような幾多の苦しみを体験されているので、そうした条件のもとで、お互いを信じ、ともに行動することの危険性については、よくご存じでしょう。

うっかり交わした一言で、数年の懲役を食らったり、場合によっては死刑になることさえありました。私がその時期に親しく付き合ったのは、そんな状況に耐えられる友人だけを意味します。

だから「親しく付き合った友人は？」との質問に対する回答は、「それほど多くはない」になります。李承晩時代から全斗煥末期に至る四〇年以上の厳しい状況において、私は一つの確固とした交友観を持つようになりました。友人と付き合う際の基準というべきものです。私は二〇年ほど付き合ってようやく、その人をまあまあ理解したと考えます。あの厳しい状況の中で、信じられる友人というのは、三〇年くらい付き合った人々を指しています。少なくとも二〇年ほど付き合ってみれば、その人のことが分かり、三〇年ほど厳しい歩みをともにして、ようやく信じるに値する友人ということになるのです。

『名心宝鑑』（中国明代に編まれ、朝鮮でも広く用いられた箴言集）にこんな一節があります。「路遥知馬力日久見人心」（遠い道を行ってこそ馬の力を知ることができ、永い歳月を過ごしてこそ人の心を知ることができる）という意味です。私が質問に対して「それほど多くはない」と言ったのは、まさにそうした基準を前提にしているからです。

こうした厳格な基準でいうと、その昔、合同通信社の新入社員時代、すなわち、五〇年代からの変わらぬ友人である鄭道泳《チョンドヨン》と李曰洙《イウァルス》がいます。その後には、苦難をともにし、互いに胸襟を開いて生きてきた白楽《ペクナク》晴《チョン》と高銀がいて、六〇年代の初めから今日まで変わりなく友情を保っている、かつての朝鮮日報社の同僚である任在慶《イムジェギョン》と、私が外信部長になった六五年に研修記者としてやってきて、七五年に「朝鮮日報言論自由闘争」の先頭に立ち、強制解雇された後輩の愼洪範《シンホンボム》、鄭泰基《チョンテギ》がいます。教授時代以降では、漢陽《ハニャン》大学の李康《イガン》洙《ス》と嶺南大学の李壽仁《イスイン》を挙げることができます。七〇年代の受難の時代をともに経験してきた知友としては、張乙炳、金相賢、韓勝憲《ハンスンホン》、そして李相斗《イサンドゥ》、尹炯斗《ユンヒョンド》、任軒永などの方々がいました。私の何度かの事件を弁護してくれて人間的な絆が絡んだ李敦明《イドンミョン》、洪性宇《ホンソンウ》、趙準熙《チョウジュンヒ》、黄仁喆《ファンインチョル》という弁護士もいます。そのほかに光州の趙省三《チョソンサム》もいるので、数えてみると良い友人が大勢いるわけで、これは大きな幸せと言わねばならないでしょう。

ところで、こうした大勢の大切な友人のなかで、友として付き合えることが天からの祝福であり、感謝に堪えない方がいます。それは原州《ウォンジュ》におられる張壱淳《チャンイルスン》先生です。張先生はひと言でいうなら、生きている「老子」なのです。それだけではなく、彼は家門の本来の宗教である天主教の信者として、韓国キリスト教徒のなかで、ひょっとすると最もイエスに近い方だったかもしれません。こんな表現は語弊があるかもしれないし、褒めすぎに聞こえるかもしれません。しかし、少なくとも私は三〇年以上の付き合いを通じてそう信じています。

また、私は張先生の物を持たない生き方と、どこの誰であっても、甚だしくは朴正熙・全斗煥時代に張先生を迫害した当事者に対しても、寛大な雅量で胸に抱くことのできる、愛憎を超越した方という意味で、仏様に最も近い韓国人ではなかったでしょうか。先生は実際に、やつれた貧しい農民と労働者と庶民のために、献身的に彼らの一員となって世話をする生涯を送られました。東学の真の信徒だったのでしょう。実際、東学の教主である水雲《スウン》・崔済愚《チェジェウ》先生と、海月《ヘウォル》・崔時亨《チェシヒョン》先生をとても尊敬しておられました。そして老子思想の基本である「無為自然」、つまり「人為的な行為を排し、あるがままの状態に融和して存在する」、そのような道士的生涯を送られた方でした。

こうして、張壹淳先生は人生に溶け込んでいる東西の聖賢の原理を会得され、「處無爲之事　行不言之教」（あるがままに事を処し、言葉ではなく教えを行う）という老子の精神を実践されました。このようにどんなことでもみずからが信じるままに生き、それが天主教の改革と進展につながり、韓国基督教の弊害と固執をただす教会内部運動の源泉になられました。また、社会問題について説教のような言辞をまったく口にすることがなかったのに、先生の思想はひそかに韓国全土に広まりました。政治的には民主化運動に発展し、人間生存的な側面では人権運動となり、生命尊重思想を原理とする「生命運動」に伝播し、それを実践されました。貧民対策にも影響を与え、様々な経済的救護活動の種にもなりました。

張壹淳先生に関してはもっと多くを語らねばなりませんが、とにかく、私だけではなく、この国の志を持つ実直な大勢の人々が、個々の胸に宝のように秘めている存在でした。私の友人たちはみんな立派な方々ですが、そのなかで抜きんでているのは、やはり張壹淳先生でしょう。そのほかにも、かつての困難な時期に一緒に手を取り合い、厳しい道を歩んできた方々、さらに私と家族をひそかに援助してくださった方々がいます。けれども、一人ひとりの名前を挙げるには、あまりにも多くの人々です。

ところで、私の心の中で大切にしているだけでなく、交友においても原則を適用している格言があります。「君子之交　淡如水　小人之交　甘如醴」（君子の交わりは淡々として水のようで、小人物の交わりは甘くて甘酒のようだ）というものです。

実は、終生「独不将軍」〔孤独な人物〕で、「孤独な狼」のように発言してきました。私は「北」の出身者なので、小学校当時の友だちはいないし、同郷の友もいない。植民地時代末期の中学校の友人は、進路がまったく違うので交流はありません。海洋大学の同窓生はみんな海に関係する仕事をしていますが、私は陸地で朝鮮戦争からの七年間、最前線の香炉峰《ヒャンノボン》などで軍隊生活を送ってきました。

そうでなければ、刑務所に収監されたり、地下室の監房にいたりしました。その意味で私はまさに孤独に生きてきたのです。そうしたことが、誰かの好意や援助に頼ることなく、何事もただひとりでやるという姿勢を、いつの間にか自分に植えつけたのではないか、そのように考えています。

任　それは先生が持っておられた思想が、現実世界と調和しないとご自身で気づき、妥協よりは自分の思想を守ろうとすれば、確固とした自己管理が必要と感じられたのではないでしょうか？

李　そうとも言えるでしょうね。もう一つは例えば酒の席で、くだらない冗談や下品な話をして時間を過ごす集まりには、まったく寄りつかず避けてきたことです。時間がもったいないからで、もう少し真面目に話をしようと思うのですが、最初にちょっと近況を話し合うと、すぐに戯れ言になるので生理的に違和感を持つのです。私は今もって、ユッ〔四本の割った木片で競う遊び〕・花札・チオテンイ〔花札でする賭博〕・ゴーストップ〔花札の遊びのひとつ〕・投銭〔硬貨を投げ入れる遊び〕・カード遊びなどを知らないし、囲碁・トランプ・マージャン・ゴルフもやりません。

囲碁は習いたかった時もあったのですが、これも満足にやらずに終わりました。私の回りの友人たちは囲碁愛好家で、みんなで楽しんでいるのに、私は囲碁をやらないのでいつも見物する側にまわりました。もちろん、宝くじや競馬などは私の性格に合わなかった。そればかりでなく、わが人生哲学に背くと思っているのでやったことがありません。アメリカの大学に行っていた時もそうでした。観光旅行でラスベガスなどには行きましたが、私にはまったく無縁なところでした。こうした私の大衆娯楽を拒否する生活態度は、健全とは言えないかもしれませんね。

このように多くの人が好む大衆的娯楽を避けてきたので、自分自身も「面白味のない人間」だ、「あまりにも一途で、好き嫌いが激しすぎるのではないか」と自己批判しています。とにかく、そんな人間が李泳禧なのです。

新聞記者生活を始めた二〇代後半から、私は自分に足りない知識と実力をどう身につけるかに苦労したあまり、暇つぶしには関心を持たなくなってしまいました。記者室に出入りする記者たちは、朝夕一回ずつ担当の関係部署をまわると、残りの時間のほとんどは囲碁やカード遊びをして過ごすのが通例でした。読書などにはほとんど目もくれません。花札でもやって一日を過ごし、新聞社に帰って行く姿を見ながら、私はああなってはならないと決心し、それらから努めて身を遠ざけました。

また、私は賭博場で相手の内心をうかがう行為には、まず心理的な抵抗感がありました。もうひとつ弱点を告白すれば、私の頭脳ではそんな勝負事をやれば、いつも負けるに決まっています。私は勝ち敗けに集中することに耐えられない性格なのです。そのために、きっと得失はあったでしょうが、それでも一貫して、それらを知らずに過ごしてきました。

私はそうした娯楽に魅了されたことがなく、また、それらを遠ざけたことをそれほど後悔してはいません。

しかし、思い返すと残念なことが一つだけありました。それは楽器の演奏をちょっとしたレベルまでやってみたかったことです。最終的には、楽器に触れる時間と気持ち、そして生活に余裕がなかったので、希望だけで終わってしまいました。今でも、同世代の人々が楽器を巧みに演奏して楽しんでいるのを見るとうらやましく思います。そう、私の人生でつかみ損ねたものは楽器演奏なので、いつも心残りに思っているのです。

任　客観的に見ると、先生と似ているのは白楽晴《ペクナクチョン》先生ではありませんか？　理性的な姿勢で自分のレールを絶対に逸脱することなく、一貫した姿勢を堅持されています。

李　私は白楽晴にはとうてい及びません。私は時には現実と妥協し、たまには堕落もし、正道から外れることもある。だが白楽晴は違います。八〇年代には、私の病気を治すために貴重な薬品を白病院の薬剤庫から持ち出し、大いに助けてもらいました。学問の姿勢と文化的行為においても手本になる方です。それこそ、出まかせな話もせずに、孤高な学者らしい品位を保っていますが、私は酒もタバコもやり、ひととおりのことは全部やりました。品位のレベルがかなり違います。

任　高銀《コウン》先生とは、兄、弟と呼び合う親しい間柄ですね？　お知り合いになったのはいつ頃ですか？

李　私は彼についての人物論を書いたことがあります。作家でありながら社会科学を勉強し、私のような者の文章にも親近感を持ち、自分とはまったく違う生き方に対しても関心を示している。親しくなったのは七〇年代初頭です。高銀と私が「光州抗争の首謀者」にされたので、それからはいっそう親しくなりました。彼は私を「ヒョンニム（兄さん）」と呼んで接してくれる数少ない友人です。私はまた彼を平安北道《ピョンアンプット》で親しい年下の者に呼びかける「チョグニ」を使って親しくしています。大変な人物です。趙廷來《チョジョンレ》、廉武雄《ヨムムウン》、黄皙暎《ファンソギョン》もそうでした。

二三年ぶりに得た「自由の翼」

変貌する中国を見つめる

任軒永　一九八二年に、釜山のアメリカ文化院放火事件が起こるとともに、暗澹としていた民主化運動は熱気を帯びてきました。八二年に『中国白書』、八三年に『一〇億人の国』を出された頃には、中国では革命思想がまさに試練を受けていましたが、こうした事態を歴史家の目でどう評価されますか？　八一年になると、さらに実用主義的な鄧小平が政権を掌握し、完全に改革開放の季節になりました。この頃に『中国白書』をまとめられながら、中国の変化をどう見られていたのでしょうか？

李泳禧　この時期に、ソ連と中国で進行中の多面的な社会変動を観察し、思考の混乱を経験したのは事実です。当然、それは社会的価値観と心理的安定に動揺と懐疑をもたらしました。八〇年代後半から九〇年に移行する時期には、鄧小平とゴルバチョフに象徴される中国とソ連の両国で、巨大な社会構造に亀裂が生まれました。そうして、内部を構成する人々の行動に利己主義の兆しを見かけると、私は失望して悩むようになりました。

　ソ連社会のそうした変化は、すでに六〇年代の末期から現れていたのですが、鄧小平執権後の中国社会主義の急激な退行は、私には予想できなかったことで混乱してしまいました。私は鄧小平が二〇代の青年時代に、工場で働きながら勉強した時期に、フランス人とブリッジをして日々を送っていたとの記録を六〇年代に読み、彼をブルジョア的傾向と行動様式を持つ人物と思っていましたが、やはりその通りでした。もちろん、鄧小平の哲学が現在の中国人民が必要とする時代の要請である事実については認めてはいます。

　鄧小平が指導する中国の変化を観察しながら、毛沢東的社会主義の歴史的後退の意味を、資本主義と社会主義の原理的差異として把握しようと努めました。私の考えを要約すると次のようになります。

人間の原初的属性である利己主義、すなわち人間の先天的な本性は利己主義である。後天的な社会的制度と「訓練」及び「規律」（discipline）は、それが続く限りは、ある程度まで利己主義的本能を抑制できる。しかし、その外的な抑制は永久に続くことはできない。したがって外的条件が弛緩するならば、潜んでいた利己主義的本能は復活する。赤ん坊が何かを独り占めしようとして、他の幼児と分け合おうとしないのは、排他的所有本能が人間の「本源的属性」であることを証明するものだ。成長する過程で身につく社会的・法的・制度的な制約と道徳的・宗教的・教育的な規律も、この属性を大きく修正することはできない。人間の遺伝子操作と各種の生命工学によって、人間が「人間ではない生命体」に質的変化をしない限り永遠にそうなのである。

人間の本能的な動物的・物質的条件と、後天的な人間的・精神的自律性とは、統合的・均衡的・同価値的である。しかし、その充足の優先順位は、本能的・物質的要素が先行する。毛沢東の社会主義的原理と人間観は、人間的意志、すなわち、精神的自律性とその社会決定的要素をあまりにも過大評価して、人間のもうひとつの面、極めて基本的な一面である動物的生存を支える物質的、すなわち、経済的必要を過小評価してしまった。その具体的・実践的表現が文化大革命での「紅衛兵」の行為だった。思い切って喩えるならば、「本能的欲求優越主義」が資本主義であり、「後天的道徳優先主義」が毛沢東の社会主義である。

真正なる社会主義は、その二つの要素が、健全な人間の生命有機体の中でうまく統合されて、バランス良く維持される状態である。しかしながら、その充足の順序は、動物的・本能的充足が先行する。生命の維持という絶対的な、そして人間の意志によって左右されたり支配されたりしないという意味で「必然的」な物質的・経済的な必要を抑制しようとして、毛沢東の社会主義は過度な道徳主義・精神主義に依存し、その可能性をほとんど絶対視した。精神主義の力は革命の初期段階では自己犠牲の英雄的威力を立証した。しかしながら、それは「動物的」、すなわち、本能的充足がなされない生命体に、約束なしには要求することのできない「人間の条件」である。

このほかにも、これら要因や要素に劣らない重要な事項があります。その問題については、さきほど任さんが質問された「自由」と社会主義の相互作用への回答を、これに添えればよろしいのではないでしょうか。

任 先生の中国関連の論文を拝見すると、鄧小平に対する評価が周恩来に比べて低いといいますか、関心と愛情が薄いように感じられます。鄧小平に対してはどのようにお考えですか？

李 鄧小平を中国の将来を率いる適格者とは思わなかった。彼の革命家としての姿勢に幻滅とまでは言えませんが、少しばかり懐疑心を抱いていたからです。政治の場で失脚しては復帰し、敗北しては勝利することをくり返す人物を「起き上がり法師」と呼んだりしますが、彼はとても才能に満ちていたが、私の人間評価基準で上位に入る人物ではなかった。私があまりにも非政治的人間であり、権力闘争を好まない狭い了見の持ち主だったからでしょうか。

くり返される拘束と復職

任軒永 実に先生らしい評価です。八四年になると、また問題の事件が起きました。このことは思い出したくないですね。キリスト教社会問題研究院が国定教科書の民族分裂的で、反統一的な内容と指向を分析調査する事業を推進するのですが、その作業の一環として行った講義の「分断の国際情勢」が問題になり、先生が反共法違反で起訴されたのは、この年の初めでしたか。

李泳禧 ああ、あの事件！、一般的に「基社研研究事件」、もっと短く「基社研事件」とも呼ばれています。趙昇爀《チョスンヒョク》牧師が院長だったキリスト教社会問題研究院は、世界の冷戦状態が退潮し、北朝鮮も「主敵」から交流・和平・共存しなければならない相手にとその位相が変わりますが、韓国の各級学校の国定教科書では生徒にどのように教えているかを検証する作業をしました。各級学校の国定教科書を分析し、その内容と表現について研究し、その結果を整理・総合し、文教部（省）に是正建議書を提出しようという趣旨でした。そして北朝鮮を敵として描写することによって韓国の若者の頭脳を蝕んでいる、冷戦・極右・病的な反共・軍事力崇拝・反平和・反統一的内容と叙述方式や用語などを、より平和的・客観的・友好的・統一志向的なものに変えるべきではないか、という趣旨の教科書編纂改革案をまとめました。

実は、私はそのような検討作業をしていることを知らなかったのですが、そのメンバーは作業をほとんど終えて、諮問する段階になりました。そこでソウル大学の金晋均《キムチンギュン》教授が依頼されたのは「社会学的分析方法論」で、姜萬吉《カンマンギル》教授が担当したのは「分断と統一の過程としての歴史的背景」でした。私は「南北分断の現実と分断を維持している諸般の条件」という講義を依頼されました。私の講義で問題になったのは「六・二五戦争をどう見るか」、すなわち、朝鮮戦争の性格と定義に関するものでした。各学年の教科書で、朝鮮戦争をすべて南北の敵対関係の出発点と見なすのが現状だったからです。

任　もう少し具体的にお聞かせください。

李　基社研はソウルの洗剣亭《セコムチョン》にありました。私は基社研の国際専門委員を担当し、講義は真剣な事後討論とともに無事に終わりました。参加者は二〇〜三〇名、初等・中学・高校の教師で、関心も高く強い問題意識を持つ方々でした。そして問題が発生したのは呆れたことに、講義の数カ月後で、私は講義内容をすっかり忘れていました。その作業に参加した討論班の座長格に、劉相徳《ユサンドク》という教師の友人がいました。全教組の中心的教師で、金大中大統領時代にはソウル市の教育委員を務めた方です。私の講義をメモした彼のノートが問題になったのです。私は講義で、朝鮮戦争はその性格を規定できる幾つかの側面があり、その側面のそれぞれが異なる性格と名称を持っている、と語りました。

私は明白にこの戦争は北側の公式主張である「南側の先制武力攻撃に対する北側の反撃」ではなく、「北側が軍事的侵攻を事前準備して行った」ものだと、韓国政府がいう「武力南進」を前提にして講義を進めました。けれども、これは国際法の規定に基づく戦争責任の論理で、そのほかにも、分裂した民族の再統一のための統一志向勢力と反統一勢力の闘争、現状維持勢力と現状打破勢力の闘争、民族自主路線と外勢依存・外国保護勢力の闘争、民族の失地回復のための民族生存権的アプローチなど、幾つかの側面からの分析と定義が可能だと述べて、他の民族と国家の場合を挙げながら説明をしました。

また、李承晩《イスンマン》大統領が朝鮮戦争を軍事力で北朝鮮を攻撃して「北進統一」をするための戦争であると正当化したように、金日成《キムイルソン》も戦争を統一という民族的課題を実現するための方法のひとつとしたこともあり、そのほかにも想像できる名称や概念もあり得ると、話をしたのです。ところが、この友人はそうした様々な解釈を初めて聞いたので、そのことを詳しく書いて残しておこうと考えたのでしょう。壁時計の中にそのノートを隠しておいたのです。ところが、別件か何かで家宅捜索を受け、そのノートが発見されました。それで「民族の歴史的課題としての統一戦争」という話を、私が主張したとして問題になったのです。そしてとんでもない苦労を味わいました。

任　やはり対共分室でしたか？

李　そうでした。出たのは西大門《ソデムン》刑務所でした。その時の担当は李という検事で、朴正熙《パクチョンヒ》に忠実な人物だった。公安部長は李健介《イコンゲ》で、スパイ文書でも見つかったような大事件に仕立てようとしたのでしょう。けれども調べてみると、前述のように講義内容の記録にすぎなかったので、龍頭蛇尾に終わり、刑務所送りできなかった。それに、外部からの激しい抗議運動が起こったので、李検事が提案をしてきた。とにかく、事件に対して「私が過ちを犯しました」と述べる録画テープを撮影した後に、それがテレビを通じて報道されれば釈放しようとの話になりました。それで私はこう主張しました。

「どんな話でもしよう。しかし、録画ではなしに生放送でやろう。それならやってもいい！」

だから困ったのでしょう。録画放送の内容を操作しようとする意図を私が知らないと思っていたのです。だから私は操作できないように生放送に固執したのです。そのために、さらに一週間も引き延ばされ、最終的には「出してやるから何かひと言を言ってほしい」ということになりました。当時、私はずっと研究の執筆に没頭して、今後の構想と計画もいくつか用意していたので、問題が複雑にならないようにと願う気持ちが強かった。それで彼らの要求には応じられないが、出獄するには何か話さねばならなくなり、「社会に物議を醸してすみませんでした」とだけ話しました。

任　八四年七月一七日に復職されましたね。さらなる問題はありませんでしたか?

李　ありません。むしろ、その反対です。基社研事件と大学の復職とは何の関係もなかった。私が基社研事件で拘束されたのは八三年一月でした。全斗煥《チョンドゥファン》政権が光州民衆抗争の折に拘束し政治活動禁止で連行した政治関係者の五〇〇余名の処遇を不問とし、解職教授全員の復職を認めたのは同年の六月でした。もちろん、私もそれに含まれていました。解職教授三六名のうち、三五名はみな復職できたのに、私だけは駄目なのです。それで新聞などがその事実を問題視し、漢陽《ハニャン》大学の措置が不当という論調の記事を書きました。その当時、私は起訴猶予中だった。こうして遅ればせながら、やっと復職できました。

復職して最初に支給された月給が一〇〇万七七〇〇ウォン、帰宅して月給袋を黙って妻に渡すと、その金額を見てぶすっとした表情をした。四年も苦労したあげく、もらった月給がたったこれだけ！　と思ったようだった。その心情についてはよく理解できます。

北朝鮮からの水害救援物資

任軒永　復職後にさらなる問題はありませんでしたか?

李泳禧　四年ずつ二度解雇されて、八年ぶりに漢陽大学に復職すると、学生の気風は解雇前に比べて驚くほど急進的に変化していました。「光州民主化抗争」を経験してからというもの、全国の大学の理念的志向は一世紀も飛び越えたような状態となり、漢陽大学もその例外ではなかったのです。特に新聞放送学科の大学院生たちは、それまでたった一時間の正式講義もなかった「社会主義言論」「哲学」「マルクス主義理論」などの講座、毛沢東の「大衆言論理論」「左派マスコミ講座」などの新設開講を求めていたのです。学生会館の二階に公開講義室を設け、外部講師を招聘して活発に学問を学ぶ新風が起こっていました。大学院生と学部上級生による、こうした動きを見た教授たちはかなり当惑したようです。初めて直面した講座の新設要求だったので、当然の反応と言えるでしょう。さらには、事態の進展に怖じ気づいた知識の切り売り教授は、学生を威嚇したり妨害したりしたようです。私は学生の時代的覚醒の表現である、このような知的・思想的変化に応え、講義時間に保守的マスコミ理論と進歩的理論を同時に学べるように努めました。

先ほども話したように、大学では私を喜んで迎え入れ復職させたわけではありません。大部分の私立大学がそうだったように、「わが大学の出身者ではない。まったく関係なく入ってきて、理事長（総長）や当局の指示も聞かない」と、同窓会が私の復職に反対し、漢陽大学の立場も理解しろと主張してきたのです。

復職後しばらくして、ある人物が私に語った内容が意味深長でした。一回目の解雇当時、李承晩時代に文教部次官の経験者が、同じ故郷の咸鏡道《ハムギョンド》の友人である金蓮俊《キムヨンジュン》理事長を訪ねてくると、談笑の末に「李泳禧という教授の思想は問題があるそうだが、どうなのかね?」と尋ねたらしい。金総長は「大学とは様々な理論と思想が共存して発展するところなのです」と答えたとか。私にこの話を伝えてくれた方は、ちょうど何かの用件でその場に同席していて、その場面を目撃したそうです。人は誰でも拙速にことを判断してはならない、との教訓を伝えるエピソードですね。

さて、私が漢陽大学に復職したまさにその時期に、南北（朝鮮）に大きな事件が起こりました。その前年に韓国に大洪水が発生し、莫大な被災民が生まれました。その折に、北朝鮮から米が四、五万俵、生地が五〇万メートル、医薬品などの被災者救援物資を送ってきました。これは北朝鮮の船舶で仁川《インチョン》港に輸送されてから、被災民に配分されました。物資は主に海上輸送でしたが、陸地からも救援物資を載せたトラックが軍事境界線を越えてきて、韓国側に物資を引き渡しました。ソウルにある「以北五道庁」が、そのうちの一部を受け取り、優先的に、以北出身者に配分したので、わが家にも北朝鮮産の米と布が少しばかり配分されました。とにかく、七二年の南北共同声明の後に起きた、南北民族間の重大な出来事だったのです。とても感動的な民族和解の精神を表したものでした。ところがわが韓国政府は、この被災民援助物資をやむなく受け取りはしたものの、あらゆる低劣な振る舞いをして、その民族和解の精神が一般大衆に好感をもって受け入れられることのないように、あらん限りの策略を巡らせました。

被災民救助物資が到着した日、当局は突然、大邱《テグ》に北朝鮮のスパイが現れ、市民を殺害したとの発表をしました。さらに、よりによってこの日に、修復工事を終えたソウル総合運動場の竣工式を大々的に挙行し、スポーツ関係の記事や写真が、終日メディアを占有するように仕組んだのです。新聞もラジオやテレビに負けじとばかりに、紙面を竣工関係の記事で埋め尽くしました。解放後初めて、民族和合の精神が具体的な形をとって実現した救援物資伝達の場面は、新聞紙面の下段に押しやられたのです。メディアは、救援物資を積んできた北朝鮮側のトラック運転手が履いている北朝鮮製の運動靴を画面いっぱいに映しだし、それが韓国人の履いているアメリカや外国製の運動靴よりも劣ると、くだらないコメントを付けるなど、あらゆる低レベルの報道をしました。解放後初めてのことだったのにこんな始末になったのです。私はこうした状況を連日見ていて、韓国の病的な反共主義と極右主義者の胸中に、同一民族に対する純粋な感情が芽生えるまで民族和解の道のりは遠いという思いで胸が痛みました。

一方、この頃、かなり前に書いた「光復三二周年の反省」が雑誌『世界』に転載されました〔邦訳、『分断民族の苦悩』に収録〕。一九七七年に発表したこの文章は、八四年に書いた「解放四〇年の反省と民族の明日」と内容がほとんど同じで、民族問題について心血を注いで書いた論文です。いつもそうなのですが、新生独立国である韓国が過去の反逆者・親日分子はもちろん、植民地時代におけるあらゆる制度、言語、習慣をそっくり継承・駆使しながら、どうして日本の過去の歴史だけを批判することができるのか？　韓国に住む私たち自身と制度を改めなければ、日本だけを罵倒することはできない。真の民族国家・民主政府の樹立も不可能だろうという趣旨のものでした。

ハンギル社主催の「歴史文化紀行」で訪ねた安東の陶山書院で（1985年）。左から筆者、趙廷来、白楽晴、高銀、姜萬吉。

任　常々先生が主張される内容ですね。前者の文章は少なくて、後者の文章は少し多く、文章の構成で見ると、前者は構成があり、後者は論点をたくさん扱われたようです。ところで、雑誌『世界』と先生との関係においては、安江良介氏の存在を抜きに考えることはできませんね。『世界』の編集長をし、後に岩波書店の社長になった安江氏との交流はいつ頃から始まったのですか？

李　直接会ったのは復職した翌年の八五年で、東京大学に行った時でした。二三年ぶりに出国許可が出て、東大の招請で日本に行くことになりました。安江氏はたびたび北朝鮮にも行き、金日成主席に長時間のインタビューをしたことでも知られています。それだけでなく、安江氏は韓国の物々しい軍部独裁政権時代に、韓国の民主化のために貢献された感謝すべき方です。『世界』誌は日本の侵略戦争が敗退した後に、日本支配勢力の天皇制・軍国主義・帝国主義の過去に対する痛烈な自己批判を、日本の知識人の間に広めるために創刊された評論誌です。それまで誰も触れることのできなかった天皇の戦争責任を問い、天皇制の反民主性の批判をしました。軍部と財閥と極右反共主義勢力の戦争責任を辛辣に糾弾し、日本国民に民主主義と人権と平和の価値を定着させるために、戦後の言論改革の先頭に立ちました。

　また、六〇年代に入ってからは、アジアでのアメリカの覇権主義と極右反共政策の反理性的傾向を批判し、進歩的思想と政治プログラムの擁護に大きく寄与しました。もともと自由主義的かつ進歩的だった岩波書店が、出版事業の一部門として創刊した雑誌ですが、当時の米ソ冷戦体制の危険性を粘り強く指摘し、論駁しながら日本国民全般の平和思想の鼓吹に大きな貢献をしました。南北（朝鮮）の問題には可能な限りどちら側にも加担することなく、公正な評価と原則を堅持しましたが、アメリカの戦争政策に隷属した韓国の状況と軍部独裁に対しては、多分に批判的で進歩的な論調が濃厚な雑誌でした。

野蛮の世界から文明の世界へ

任軒永　なぜ、日本へ行くことになったのですか？

李泳禧　「光復三二周年の反省」という論文が、日本の知識人社会で大きな反響を呼んだからです。韓国の知識人はいつも日本人を批判攻撃しながらも、自己批判はほとんどしませんが、私はこの論文で、日本への批判と歴史的真実に対する日本の責任を真正面から指摘し、さらに「それでは、なぜ日本人は解放後三二年の現在でも、韓国を誹謗し嘲弄する発言を続けるのか、それは、わが韓国が解放後の新しい国家建設の際に、新しい人間・制度・慣習・法律・理念を導入することなく、植民地時代のすべての遺制をきっぱり清算しなかったからだ」と主張したのです。いまだにわが大韓民国は植民地支配勢力から解放されていないという、明白な証拠を示しながら、辛辣な自己批判を伴った長文の時論でした。

日本帝国主義の植民地支配によって奴隷化された民族が、独立した存在として自己回復するには、まず、奴婢《ぬひ》文書を引き裂かなければならない。奴婢文書はアメリカが引き裂いてくれたが、その民族の否定的要素を自ら再度否定すること、すなわち「否定の否定」を通じてのみ「自己肯定」できる。しかし、我々は日本帝国主義が自己を否定したすべてのものを、あたかも何かの財産でもあるように、軍隊・警察・行政・政治・学界・法律など、すべての領域でそのまま維持し運営している。そんな我々を日本人がどうして尊敬できますか。日本人が我々を蔑視するのは、この国の我々の内部に「内的根拠」があるからではないのか。そんな内的根拠を与えている我々自身が、我々に侮辱的な言辞を投げかける日本だけに責任を問うことはできるのか。我々は遅きに失したとはいえ、今からでも自己革命をしなければならない、こんな内容でした。

本来は、すべてのことを日本のせいだけにするのではなく、自民族の反省も峻厳に行わねばならないと覚醒を促すために、七七年に国内誌に発表したものでした。すると、日本からも大きな反響がありました。まず、ソウルに訪れていた共同通信の編集局長が、この文章に感動し、二度も読んだと電話をくれました。日本からは「偏見にとらわれない理性的知識人が韓国にいる」と驚く、そんな評価も寄せられました。マルクス主義から会得した方法論で、総合的に弁証法的な思考を用いたのです。

任 自己を客体化して熟考されたのではないかと思います。

李 この論文が紹介されると、日本のアジア経済研究所からわざわざ幹部職員が訪ねてきました。この論文の趣旨に沿って、一年間の共同研究と講義をしてほしいとの申し出でした。そこで韓国政府に出国許可とパスポート発給を申請したのですが、駄目だと言うのです。そうこうするうちに、こんどは東京大学から正式に招請状が届きました。東大総長が日本大使館を通じて韓国政府に正式の手続きをして資格を与えてくれたので、やがて出国許可とパスポートがおりました。

任 二三年ぶりの出国だったわけですが、いかがでしたか?

李 二九歳だった一九五七年に、初めてノースウェスタン大学に行った際のように、カルチャーショックに近い思いをしました。朴正熙・全斗煥という野蛮社会のような状況から、空路二時間で東京に着いたのです。深い海底に強い圧力で押し込められていた体が、一瞬にして水圧のない海面にぽっかり浮かび上がったみたいでした。私の精神と身体が巨大な風船にように膨れ上がったようなものです。そして、折れていた二つの翼が再生して、思い通りにふわりふわりと飛び回る、そんな解放感に浸りました。行きたいところに行き、降りたいところに舞い降りる、誰も私の行方を邪魔しない、そんな自由! 日本で初めて感じたのは、「自由」の喜びでした。そして日本という社会を自由に動きまわり、観察しようと努めました。

任 日本に行かれて取り組んだ最初のテーマは何でしたか?

李 東大で中国近現代史を研究する近藤邦康教授と、ソ連問題の研究者であり、韓国の民主化運動を支援する組織の中心人物でもある和田春樹教授が、私の共同推薦者でした。和田教授は、戦後平和憲法が規定した戦争権の放棄を遵守し、再武装と軍事化に反対し、日本の民主主義を強固にして対外的な善隣関係を樹立する人類的理想と理念を実現しようと努力する、日本を代表する良心的知識人の一人です。その精神でベトナム戦争の最中には、ベトナム戦争に参戦したアメリカ兵の脱走と亡命を支援する、「べ平連」という反戦市民運動の中心メンバーでした。また、和田教授は朴正熙・全斗煥独裁政権の下での民主化闘争勢力に対する日本の支持勢力の代表でもありました。

その当時、反独裁戦線の代表格だった金大中氏の拉致事件〔七三年八月八日、金大中氏が、ＫＣＩＡの手で都内のホテルから拉致された〕の時には、金大中の生命を守り、解放させるための国際的連帯運動も展開されています。また、反独裁運動で生命の安全さえも脅かされかねない学生運動家を、公式・非公式の様々な方法を駆使して日本に連れ帰ったこともありました。実は二四年ぶりに東京に行って初めて知ったのですが、東大総長を動かして日本の外務省、そして韓国政府に影響力を行使するなど、私の東大招請を当初から計画し、ついに実現させた中心人物が和田教授でした。彼は私の文章をたくさん読んでいて、私のことを知っていたので、全斗煥政権の集中的な弾圧を避けるために、私を日本に招いてくれたのです。表向きは東大の「社会科学研究所」の中国研究主任の近藤教授を前面に出し、中国問題の共同研究を目的にしていましたが、実は私を韓国から引き離して、安全に保護するための配慮でした。私にとってはとてもありがたいことでした。

任　日本の中国研究の方向や深さは、いかがでしたか？

李　日本の研究水準はとても高くて、学界の中国研究の水準は世界的なレベルでした。中国研究の成果ともいえる日本製の辞書を、中国人研究者が持ち帰って使うほどですから、話にもなりません。まったく追いつけないほどの深みがありました。私も日本人の研究資料を使って中国についての研究をしました。

任　日本の中国関係の研究者のうち、先生と気の合う方はいましたか？

李　『八億人との対話』に収録した文章の著者には会いました。ところが、私は東京に行ったものの、自由と解放感に浸り、数カ月間は机に向かう気力が起きなかった。ひたすら自由を満喫したかったのです。それらの研究者の方々への挨拶を終えると、特に交際することもなく過ごしました。

任　最もよく行かれたのはどこでしたか？

李　やはり書店です。書店に行くこと自体が勉強になりますから。折しも東大経済学部には、客員教授として招請されたソウル大学の安秉直《アンビョンジク》教授が在籍していました。安教授は韓国では何ら問題のなかった方だったので、私よりはるかに良い条件に恵まれたようです。彼はありがたいことに、生活費の一部を援助してくれました。本は多くはありませんが、主に中国本土で刊行された書籍を選んで買いました。日本には中国大陸の本のほかに、北朝鮮の本も入っていたので、それらもかなり調べてみました。

三〇冊を超える北朝鮮の『朝鮮通史』は、私が見るところでは科学的・学問的体系と論証が不十分で、歴史の著述とはいえない代物でした。北朝鮮の学問と歴史記述は学問ではなく、イデオロギー一辺倒の宣伝文献みたいなもので、実に問題が多いように見受けられました。例えば『朝鮮通史』の半分ほどは、金日成主席個人の家譜〔一家族の系譜〕も同然の記述になっていました。「金日成」の文字は太いゴチック体になっています。金日成が満州で独立運動をした、中国で何をした、国内では何をしたとか書いてありましたが、金日成以外の独立運動に参加した人物や業績のことは出ていません。彼一人だけがすべての独立運動を行ったというようなものです。少しは読んでみましたが、それ以上は読み進める気にはなりませんでした。

これは歴史なのか小説なのか、プロパガンダなのか、そんな本を読みながら、北朝鮮の捏造された学問、みずからは「科学的社会主義」と称していますが、そんな知的生産物を見ると、大きな失望と不快感を禁じ得ませんでした。私は北朝鮮を二度訪ねていますが、金日成崇拝が行き過ぎています。北朝鮮の人民大衆と金主席との尊敬と信頼の関係はよく分かります。だから、この両者の関係についての文章も何度か発表しています。それにしても、北朝鮮の金日成崇拝というものは、かつての植民地時代に日本国民に強要されたなりません。

「天皇崇拝」と変わるところはない。どんなに偉大な人物であっても、人間の「神格化」は人間疎外にほか

任　毛沢東に対する個人崇拝についてはどう考えていますか？

李　それは西洋の人々が常に問いかける問題です。「金日成崇拝」とは性格が違います。北朝鮮の歴史叙述では、現代史の大部分は金日成一人だけのもので、統一民族解放闘争の実践者も彼一人だけ。しかし、中国の革命運動関係の文献や記録には、毛沢東以外にも大勢の人物が登場します。毛沢東が他の人物よりも高く評価され、描写も多くの比重を占めているのは、分量からも頻度からも事実です。しかし、毛沢東崇拝は金日成崇拝とは大きく異なり、かなり客観性を維持しています。毛沢東自身が「こんなふうに記述してはならない」とはっきり訓示したこともありました。本人が「腹立たしい」と公式の席で語っているほどです。だから金日成崇拝とはかなり違っています。ただ、晩年の「文化大革命」の頃には、個人崇拝的になったことは事実で、毛沢東も生涯の末期には精神に異常をきたした状態だったのです。

歴史の継承と断絶

任軒永　日本に対する精神的反感というか、そのようなものはありませんでしたか？

李泳禧　特にはありませんでした。もちろん外国だし、他民族の社会ですから、一種の違和感があるのは当然でしょう。日本に行って実際に分かったことですが、日本人の特性、文化、慣習、情緒などに関しては、他の国や民族と同様に、魅力を感じる点がたくさんありました。一方で、歴史認識、為政者・右翼・反共勢力など、拒否すべき点も数々ありました。けれども、人間的または国民的次元において、日本をよく知らないままに無条件に排斥したり、反感を盾にして罵倒したりするのは明らかに誤りです。

例えば、ドイツの匠《たくみ》の精神がヨーロッパで最高というのなら、日本の職人の誇りはアジアで最高でしょう。東京のあるうどん屋は八代も続いていることを自慢していました。伝統を大切にして育て発展させる心、職

業に対する矜持と誠実さなどは、我々が学ばなければならない点です。日本人の政治的側面と日本固有の文化的特性を分離して見るようになるには、日本をかなり深く理解してから、ようやく可能になります。どの民族、国民の場合も同じでしょうが。

私は日本国と日本民族の朝鮮の植民地化と皇国臣民化政策などに対する批判的・歴史的評価を堅持しながらも、同時に、人間と社会とその文化に対する客観的評価のために、先入観を排除しようと努力しました。日本人が韓国（人）から学ぶ点があるように、韓国人も日本人や日本の文化や社会から学ぶべき長所は数多くあります。

私は、韓日関係における日本の朝鮮侵略と併合、そして植民地政策などに対する法的・政治的罪科に対しては峻厳に応分の補償をせよ、という民族主義的な立場です。これは世間の多くが知っている事実でもあります。しかしながら、同時に私は韓日両国の問題を過去の歴史的事実だけを強調し、日本人または日本民族に対する一方的非難や糾弾をする、排他的民族主義に対しては共感することができません。一九世紀末の朝鮮民族や当時のわが先代が、国を守る点において欠点がなかったとは言えませんし、実際にわが先祖の責任は大きかったでしょう。これは誰も否定できない厳然たる真実なのです。自己民族の過ちは覆い隠し、相手の行為だけを醜悪に描き出すことに私は反対します。

自分自身の身の処し方に対する警告をしながら、同時にわが国民と民族全体にも、同じ基準を適用して考えなければなりません。このような中国の先人の言葉があります。

「他人が君を愚鈍と思うのは、まず、自分自身がみずからを辱めたためだ。家門が乱れるのは、他人が乱すに先立ち、垣根の中で兄弟同士が争っていて、外からやってくる不名誉を一緒に防ごうとしなかったためだ。国が傾くのは、他人が国を潰す以前に、その国の君主と臣下が、先を争って自国が倒れるように放置したからだ」と。

私はアメリカの反人道的な犯罪行為を批判する点において、誰にもひけを取りません。しかしアメリカを批判する場合にも、韓国の、特に国民・インテリ・指導者クラスの者・政府、そして国家として当然に備えるべき矜持と自主的民族心と独立主権意識を喪失してはなりません。私はアメリカという国を盲目的に崇拝する行為に対しては、峻厳な自己省察と批判を怠るべきではないと人に語り、文章にも書いてきました。

任さんは日本を批判する日頃の持論と、現在行っている親日派追及問題などに関する組織上の立場から、私のそうした立場や認識に同意できないかもしれません。それもよく理解できますが、自己批判を伴わない他者批判は、まかり間違えば過去の歴史的過誤をくり返すのではないかと危惧しています。

任　私も日本に行くたびに、良心的な知識人と教養ある誠実な方々に感心しています。ただ韓国と同様に、日本は極右保守主義者の動向が恐怖心を煽り立てる不安さえなければ、とても良い国です。世界で夜中にも安全に街を歩き回ることのできる国は、それほど多くはないでしょう。

李　日本で体験したことの一つを話してみましょう。八五年の五月に、ヴァイツゼッカーの有名な「荒れ野の四〇年、ドイツ国民の歴史的反省」という談話が出ました。全世界の知識人に深い感銘を与えたヴァイツゼッカー大統領のドイツ民族を代表した懺悔の発言でした。その要旨は周知のように、ヒトラーとナチス時代の反人類的犯罪行為を、現在のドイツ国民は進んで自己の過誤と罪科して受け入れ、かつてのナチス時代の歴史と完全に断絶された、新しいドイツの歴史を創造しなければならないという趣旨でした。

天皇制を存続させたまま、過去の天皇制とかつての軍国主義や帝国主義の歴史への反省と、自己批判をためらう日本人の中にいて、この声明を聞いたときに、私の魂は深く崇高な旋律を奏でるような感動に包まれました。

この声明は、ドイツ人のすべてが自分の罪科ではなかったとしても、そして戦後世代のドイツ人が関与した罪ではないにしても、ナチス時代の先祖の行為を「民族の記憶」として厳しく自己反省しなければならない、という趣旨によるものではなかったでしょうか。「歴史の記憶」を喪失すると、個人でも国民でも民族でも、必ず過去の過ちをくり返すという哲学と思想は、全世界の人々に感動をもって受け入れられました。私はヴァイツゼッカー大統領のその短い声明のなかに、韓国民にもそのまま該当し、同時に、日本人に一矢報いる意味を見つけました。

ところが三カ月後の八月一五日に、中曾根首相は政権与党である自民党の終戦四五周年記念の集いにおいて、「戦後は終わった」と宣言したのです。終戦後四〇年間、敗戦国民としての劣等感と罪の意識で生きてきた日本国民に、今やその必要はないと語りかけたのです。西ドイツの指導者の哲学が、民族の否定的歴史と断絶して新しく生まれてくる民族の哲学の「歴史の断絶」であるとすれば、日本の指導者のこうした態度は、否定しなければならない過去の歴史をそのまま継承しようとする「歴史の相続」で、ドイツとは完全に相反する哲学と思想でした。この二つの事実は個人的にも、貴重な世界観として残ることになりました。

勝てない戦争、負けられない民族

任軒永　先生は日本に行かれたその年に『ベトナム戦争』（トゥレ）を出版されました。ベトナムに深い愛情を持たれた先生にとって、感慨もひとしおだったことでしょうね？

李泳禧　この本は二二七頁と、さほど大きなものではありませんが、私としては心血を注いで書いた論文を収録しました。ベトナム派兵の韓国軍現地司令官として名を馳せた蔡明新《チェミョンシン》将軍と、あるテレビ局のベトナム戦争を回顧する対談番組に出たことがあります。ベトナム戦争が終わって三〇年近くが経過し、韓国の派兵からも三五年が経っていました。私の著書も刊行されて二〇年ほどになりますが、蔡明新将軍は私の『ベトナム戦争』をすっかり読んでいました。対談の際にも、本の内容を完璧に読んだので内容を正確に記憶していると言われました。ベトナム戦争全般と世界最強国のアメリカの敗戦がすべて不可避だったとする事実を語っている本の内容に対して敬意を表してくれました。

彼は私の見解やベトナム戦争を敗戦に追い込んだすべての事実に対して、表だって同調したり、賛同したりするのは難しい立場でしょうから、間接的な表現でそう語ってくれたのです。とにかくこの本を読めば、著者の私がベトナムの事態とベトナム戦争に対して、どれほど深く、情理を尽くして研究したかを理解していただけると思います。

私はこの本を書くために、アメリカ上院の秘密聴聞会の二千ページもの記録を入手し、ドゴール大統領に始まるフランスのベトナム戦争の記録と、過去のアメリカ国防長官を筆頭とする政府、国防省、ＣＩＡ、そして現地司令官などの貴重な文書を渉猟しました。それは膨大な分量でした。当時の韓国では、軍部のどんな戦略研究家や民間の国際関係研究者であっても、見聞きできない資料が無数にありました。各国の秘密文書と政府の各部署と組織の秘密交換文書を、ひどく苦労をして入手したのです。

結果的に、これはそのまま小説みたいな、それも人を夢中にさせる小説を読むような陶酔感を感じさせる本になりました。この本は、私が八三年の二度目の教授解雇をされた時に、心血を注いで翻訳し注釈を付けて編集出版した『中国白書』に匹敵する、あるいはそれを超える興味深い読み物になったのです。

ベトナム戦争終結後10年に出版された『ベトナム戦争』は、ベトナムに対する私の愛情と関心、そして学問的探求の成果が集約されている。

第二次世界大戦後に、アメリカが軍事・政治・外交・経済の力、そしてあらゆる宣伝工作機関を総動員して支援した政府や国家は、ことごとく骨の髄まで腐敗し、まったく国民から乖離した少数の抑圧的な支配集団によって統治されてきました。そして、そのアメリカの戦争は、最後は屈辱的なアメリカの敗北で終わるに至ったことを立証したのです。適切な表現かどうか分かりませんが、『中国白書』と『ベトナム戦争』、この二冊を読むと『三国志』を読んだような壮快感を感じると思います。

第二次世界大戦後のアジア大陸における、いわゆる極右的・反民主的・反共的・外部勢力依存的な権力と集団がぶざまに味わった、悲劇的終末への過程を知ることができるでしょう。

私は何冊もの本を書いてきましたが、特に『ベトナム戦争』では、韓国国民に対して啓蒙的な役割を果たし、「意識化」に大きく貢献したと自負しています。今でも、「この本で初めて歴史の真実を認識する目を開くことができた」と告白される読者がいます。それを聞いて「それほどだったのか!」と驚きさえ感じています。そうした告白をしてくださる方々に会うと、私は、自分の厳しかった知識人としての過去に、誇りに似たものを感じるのです。私の人生は無駄ではなかったと、みずからを慰め、満足を覚えています。

任 最も気になったのは、ベトミン〔ベトナム独立同盟会。一九四一年に結成しフランスからの独立を目指すホー・チ・ミンが指導した組織〕が、どうしてアメリカに勝つことができたのかという点でした。当時のベトナムとベトミンの人口は三対一の比率でベトナムが多く、武器はアメリカの援助で九対一程度でした。どう見てもベトミンが勝てる状況ではなかった。私もその当時、先生の文章を読みながら、正しいことは正しいが、果たして勝てるだろうかと疑いました。アメリカという国は巨大な力を持っているからです。ところが、先生は研究を続けながら期待していたのでしょうが、ベトミンの勝利を予見されていたのですね。ベトナム問題に抱かれた期待は、イラクにも該当するのでしょうか?

李 その質問に対する回答は、すでに多く語っているので、ここではフランス(元)大統領のドゴールを呼んで、私の代わりに答えてもらいましょう。一八五八年にベトナムがフランスの植民地となり、一九五四年に九年間の戦争を通じて解放されるまで、ベトナムの植民地統治国だったフランスの大統領ほどベトナム事情に通じていた者はいなかったからです。とりわけドゴール大統領は、ベトミンのホー・チ・ミン大統領とその軍隊によって、九年間も続いた第一次ベトナム戦争において、フランス軍の最後の拠点だったディエンビェンフーで決定的な敗北を喫するまで、戦争の当事者でした。ドゴールは、自叙伝『希望の回想』(邦訳、朝日新聞社)において、次のように述べています。

私は言った――貴国がこの地域に介入することは、果てしない泥沼に足を踏入れることにほかなりません。いったん民族が目覚めた以上、いかなる外国勢力であれ、またどのような手段を用いようとも、決してその地を支配することはできないのです。もっともあなたはすぐに、このことに気づかれるでしょうが、民衆の方は決して同意せず、あなたを求めてもいません。というのは、利益にひかれてあなたに従うことに同意する政権を見つけることは容易でしょうが、民衆の方は決して同意せず、あなたを求めてもいません。あなたがイデオロギーを持ち出してみても事態はいささかも変りますまい。それどころか、大衆はそのイデオロギーをあなたの権力意志と混同してしまうのです。あなたがあの地域で共産主義への敵対を推し進めれば進めるほど、共産主義者はますます民族独立のチャンピオンと仰がれ、いっそう民族の支持、絶望のあげくの支持を受けるようになるというのも、こうした理由からです。われわれフランス人はすでにそれを経験しました。こんどはあなた方アメリカ人がインドシナでわれわれに取って代ったのです。いまあなたは、そこで、われわれが終止符を打ったばかりの戦火を再燃させようとしておられます。あらかじめ申し上げておきますが、あなたがインドシナで、いかにばく大な損害と出費をなさろうと、あなたは一歩一歩、軍事的、政治的な底なしの泥沼にはまり込んで行くことになりましょう。（『希望の回想』朝日新聞外報部訳、三五五〜六頁）

任　ここでベトナム人の国民性を考えることにしましょう。以前、先生は韓国の国民性について批判されたことがありました。実は分断以後、わが文学史において民族意識を強めさせたのがベトナム戦争に関する小説でした。黄晳暎《ファンソギョン》、朴榮漢《パクヨンハン》などの作家の作品を読んでも、この点を確認できます。ベトナムに行って韓国の軍人がまったく感じることができなかった面を見たのでしょう。南ベトナムの軍人でさえも、ホー・チ・ミンに対しては悪口を言わないのです。子どもにも彼のことを訊ねると、「ホーおじさん！」と言って親近感を表わします。我々と比べると本当にうらやましく思います。なぜベトナムは民族意識を維持できたのか、それは仏教的なものなのかどうなのか、なぜ可能だったのか、どうお考えですか?

李 ベトナム民族の不思議な強さですが、まず、仏教信者が八〇パーセントを占めているので、紐帯感でしょうか、共同体意識でしょうか、それらが大きく作用しているのでしょう。韓国人との大きな違いは、民族全体の心を抱え込み、民族の念願と夢と希望と伝統をそのまま人間化した、ホー・チ・ミンという偉大な指導者がいた事実です。ベトナムにはそうした人物がいて、我々にはそうした指導者がいなかったのです。

私はベトナム戦争の終末を告げた勝敗に関して、アメリカの休戦協議の首席代表だったA・ハリマンほど正鵠を射る答弁のできる者はいないと思います。ハリマンは歴代アメリカ政府の最高政策の決定過程において、直接・間接的に、または、中心にも外部にも、大きな影響を与えた政治家の一人でした。第二次世界大戦末期にはルーズベルト政府の駐ソ連大使で、連合四カ国首脳の最高戦争戦略会議の仲介者で、終戦後には民主党大統領候補の指名選挙に出馬したこともある大物政治家です。彼はベトナム戦争が終結するパリ休戦協議のアメリカ首席代表として、ジョンソン大統領に代わってほぼ全権を行使した人物でした。なぜ農民の軍隊も同然のホー・チ・ミンのベトナム軍が勝利し、「絶対に負けることのない」アメリカ軍が敗北したのかを語ることのできる人物として、彼以上の適格者はいないでしょう。

彼は六九年一月二〇日、長くベトナム側の停戦協議代表を相手に続けてきた、アメリカ首席代表の仕事を辞任した直後の記者会見で、次のように語りました。

南ベトナム戦争の帰趨はすでに決まったようなものです。一方は、自分の民族を抑圧し植民地勢力に協力した人々が率いる集団で、他の一方は永い独立・反植民地闘争に身を捧げて闘った愛国者が率いる集団でした。どちら側の指導者がベトナム人を愛しているかは明白でしょう。民衆に愛されるほうが、最終的には勝利するのです。

いかがですか。ドゴール大統領とハリマンの言葉で、ベトナムのすべての真実が明らかになり、「絶対に負けることのない」アメリカがなぜ負けたのかを知ることができます。

大学生二七万人が徴兵拒否した戦争

任軒永　ホー・チ・ミンは党幹部の外国語能力を重視しましたが、とにかく、他の国の共産党の幹部とは確実に質の異なる人物がホー・チ・ミンでした。それでも党に派閥が生まれるわけですが、指導者像と国民性、これらはうまくかみ合ったのでしょうか？

李泳禧　その質問に対しても、ほぼ説明したと思います。一つ端的な例を挙げると、五四年にベトナム軍が、フランス軍を打ち破って停戦協定が成立しました。この協定によって関係国政府は、二年後の五六年の夏までに南北ベトナムで民主的な総選挙を実施することに合意し、その選挙の結果、南北が合体した統一ベトナム政府と国家を創建することを約束しました。すべての関連当時国が署名し、誓約した国際協定です。ところが、二年の猶予期間切れを控えた五六年初頭に、アメリカがあらゆる情報力を動員して南ベトナム大衆の政治的忠誠度に関する世論調査した結果によると、八三パーセントがホー・チ・ミン支持という結果が出ていました。

統一選挙を実施すれば、当然、ホー・チ・ミン勢力が勝利するはずでした。誤解しないで下さい。これは北ベトナム人民の忠誠心ではなく、アメリカが全力を尽くして支援している南ベトナム、いわゆる「サイゴン政権」のもとでですらそうだったのです。

慌てふためいたアイゼンハワー大統領は、この事実をベトナム戦争協定の議長国でもあるイギリスのイーデン首相に知らせて、休戦協定に伴う総選挙の実施を白紙化するように圧力を加えました。アメリカは、同じ時期の朝鮮戦争においても停戦協定に違反し、その規定を廃棄しています。ベトナムの統一選挙を拒否したアメリカの政策と対を成すものです。アメリカのこの総選挙廃棄の決定によって、九年間の対仏戦争に勝利し、統一選挙のために二年間辛抱して待っていた南北のベトナム人民大衆が、共に立ち上がったのです。これが「ベトナム戦争の勃発原因」と言えるものなのです。

アメリカ政府は共産主義に反対し、「ベトナム人の自由と幸せ」のために、ベトナム戦争を開始したと宣伝してきました。韓国の国民はこれに完全に騙されたのではなかったでしょうか？ ここでその嘘を、アメリカ自身に自白させてみましょう。六四年一一月二九日、アメリカ国防省の極秘文書資料第二七では、アメリカのベトナム戦争への介入目的を次のように述べています。

① 反侵略の保護者という名声を守る。
② 東南アジアでのドミノ現象を阻止するため
③ 南ベトナムを「アカ」の手から守るため

この極秘文書が告白しているように、アメリカのベトナム戦争の目的のうち、ベトナムの共産化を阻止することは、第三の項目にすぎません。アメリカのベトナム戦争介入は、当初からベトナム人民のためのものではなかったのです。その証拠は、先のベトナム戦争介入の目的に続く、次の国防省極秘文書が率直に語ってくれます。

七〇％：アメリカの屈辱的な敗北を阻止するため
二〇％：南ベトナム（とその周辺諸国）の領土を中国の手から守るため
一〇％：南ベトナムの国民に、より良い自由な生活を保障するため
そして、致命的な損傷を受けないようにしながら、危機（ベトナム戦争）から抜け出る。
しかし、アメリカが撤収しなければならない場合には、そのまま残ることは難しいが、アメリカの本来の

目的はあくまでも「友邦」を助けることではなかった。
（マクノートン国防次官補がマクナマラ国防長官に送った「南ベトナムのための行動計画」六五年三月二四日）

これがアメリカという国家です。韓国人はアメリカをあたかも天使のように錯覚していますね。昨今のイラク報告書もそうですが、特にキリスト教徒が問題で、極右・反共主義者はそうだと言わざるを得ません。

ここで明らかなように、アメリカのベトナム戦争の目的は、九〇パーセントがアメリカ自身の利益のためで、ベトナム人のためは一〇パーセントにも及ばなかったのです。ところで、この報告書の作成者のマクノートン国防次官補は、アフガニスタン戦争、イラク戦争を、当初から構想し推進するブッシュ戦略チームの一員でした。アメリカの支配集団の本質は絶対に変わらない。アメリカに弱小諸国に対する国際条約や協定の順守を期待するのは、まったく的外れなのです。

任　一種のシナジー（相乗）効果です。当時、アンジェラ・デイヴィス、ジョーン・バエズ、ジェーン・フォンダらに代表されるように、アメリカ国内では反戦運動が激しく展開されました。また、アメリカの兵士も脱営してスウェーデンに向かい平和運動に参加しました。先生はそうした動きを『ベトナム戦争』で詳しく明らかにされていますが、アメリカのジャーナリズム、知識人、芸術家などに、反戦的かつ良心的な人々がいるのは心強いですね。湾岸戦争やイラク戦争に対するアメリカの言論はどうでしょうか?

李　アメリカの国内状況はその頃とは大きく変化しました。当時、アメリカ国民は各地の戦争で辛い経験をして教訓を得ました。四〇年代からアメリカは、腐敗・堕落した蔣介石国民党政府を全面的に援助して毛沢東革命政権と闘ったものの、最終的には敗退しました。この時代にアメリカが支援した資金、戦車、飛行機、軍艦は膨大な数量に達しています。それほど桁違いの軍事援助をしたのに、アメリカは中国共産党の農民軍隊に追いやられ、中国大陸を放棄して退却したのです。この事実と過程は『中国白書』で詳しく述べました。続いて朝鮮戦争が勃発しました。アメリカはやはりこの戦争でも、勝利することはできなかったのです。

アジアの二つの戦争で味わったアメリカの厳しい体験と恥ずべき経験が、引き続きベトナムでも再現されたので、アメリカの知識人に自己反省の空気が生じました。朝鮮と中国で味わった苦い経験と自己批判の空気がありながら、ベトナム戦争で、またしても、とんでもない過ちを犯したため、結局、大勢の知識人が立ち上がりました。しかし、その後、アメリカはベトナム戦争を経験しながらも、特にソ連と社会主義諸国が崩壊してからは、世界の単一支配の覇権国家になったため、決定的に傲慢になりました。なんらの自己批判と反省もない状態で、勢力だけは強大になっているので、六〇年代とは状況が違います。

六〇年代のベトナム戦争当時にも、アメリカの二七一の大学の総学生会が徴兵拒否の決議をしました。とても驚くべきことです。大学生と青年は召集令状を燃やして刑務所に入ったり、亡命を選んだりしました。その数は実に二七万名にも達しました。二七万名もの大学生がベトナム戦争に反対して投獄・潜伏・逃避・亡命をしたので、これは憂慮すべき事態で、意識の大革命と見ることもできます。ビル・クリントン大統領がハーバード大学の学生で、当時、そのうちの一人だったことは、今ではよく知られていますね。

任 先生は、六〇年代からのベトナム戦争の時期に、勤務先からベトナムに行けという強い圧力と、多くの報酬を提供するとの政府の誘惑を振り切って、とうとう行かれなかったのですね。その後ベトナムに行かれたのはいつ、どのような事情だったのですか?

李 唐突でしたが、曹渓宗の方々と一緒に行きました。個人的には行ったことはありません。私は革命の足跡を巡って見るために、中国に行きたかったのですが、八〇年代までは行けなかった。また、勇猛なベトナム人民が闘った場所も訪ねてみたかったのですが、その機会もやはりなかったので、九〇年代初頭に仏教の僧侶たちと「韓越仏教親善協会」を結成する機会に訪問しました。当時は「法宝新聞」の顧問をしていたのです。

任 ベトナムの印象はいかがでしたか?

李 ベトナムは周知のように、南北統一はしたものの、経済的に疲弊し、戦争の辛い傷跡がそのまま残っていました。ベトナム人の生活において、戦時中に発揮された道徳的な英雄心や民族愛などの徳性をそのまま維持することは難しい。いかなる場合であれ、その時々の生存のための要求が人々の生活を決定するのです。北部ベトナムにも行きましたが、ほとんど案内を受けながら旅行しました。ベトミンによって解放されるまでは南部ベトナムは、長い間、支配者に迎合して過ごしてきました。フランスがやってくればフランスに迎合し、第二次世界大戦の直前と直後の四年間は日本がやってきたので、日本に迎合しました。さらに、アメリカがやってきてベトナム人を相手に血の海をつくり出しても、アメリカに迎合してきたベトナムだったので、戦時中も戦後も、表面で見る限りは、それほど道徳的で尊敬するほどの状態ではないと感じました。そうせざるを得なかったのでしょう。

東洋と西洋のはざまに生きる

分断、ドイツ民族と朝鮮民族

任軒永　東京大学の次にハイデルベルクに行かれましたね。キリスト教社会科学研究所はどのような所ですか？　ドイツは韓国とは異なり、教会に関連する団体も進歩的な性格を持っていると聞きましたが？

李泳禧　当初は東大にもう一年いる予定でしたが、私の経済事情があまり良くなく、また、物価が高くて暮らしが厳しかったのです。特に交通費が高くて思うように旅行ができなかった。私は書物と知識の上では日本を良く知っていたので、各地をゆっくり訪ねてみたかったのに、それができなかった。私にはそんな余裕はありませんでした。そんな時にハイデルベルクから招待されました。待遇も良いうえに課題も具体的でした。ヨーロッパに行けることになったので、日本はまたいずれ行けると思い、八五年の初夏に「ドイツ連邦キリスト教会社会科学研究所」（ＦＥＳＴ）に向かいました。

ドイツの教会は韓国の場合とは性格がまったく違います。西ドイツの教会は国家教会です。国家教会といっても国に何らかの忠誠を尽くすという意味ではなく、韓国のキリスト教が多くの宗派に分裂し、全体としてのまとまりがないのとは異なり、連邦政府が全教会を支援します。財源は信者が「宗教税」として納めたものが税収（政府予算）となり、これが分配されて牧師の月給、教会の活動費、維持費などになります。文化事業にも各分野の研究に対しても支援します。教会と教会事業の内容、必要人員の人選と任務などはみな自治的に運営されます。これに連邦政府がその予算に該当する金額を加えて補助します。

任　本当に特異な制度ですね。いつからそうなっているのですか？

李　第二次世界大戦の後からです。だから「ドイツ教会」という時には、韓国での長老会とか、監理教（メソジスト派）とかの形で理解してはならない。どの教会でも同じ構造と形式と待遇を受けるのです。また、第二次世界大戦が終わってから、ドイツ教会の内部で、ヒトラーとナチ体制に協力した過去の歴史に対する自己批判の運動が起こり、徹底的な自己浄化運動が展開されました。韓国の場合、植民地時代に親日・反民族行為をした者も、解放後に政界や教育界で、キリスト教の名において我が物顔で闊歩しました。ドイツは解放後、韓国のキリスト教がアメリカ軍政と李承晩政権の庇護の下に自己浄化の過程を経なかったのとはまったく異なります。ドイツ教会はヒトラーのナチス体制における教会の軌跡を徹底的に自己批判し、完全に生まれ変わりました。

私を招いた社会科学研究所には、十字架もなく食事の前のお祈りもありません。枠に縛られた古い規範も礼拝もなかったし、牧師に職制はなかった。ＦＥＳＴは西ドイツ教会が必要とする全体の方向や哲学、例えば、第三世界に対する社会・文化的支援と、その方向などの問題を研究する機関です。様々なテーマの研究結果を連邦教会の事業として建議する任務を持っています。ＦＥＳＴのスタッフは、そうした広範囲な事業をするための上級研究者で構成されており、その研究者のうち約二〇名が博士号の持ち主で、その傘下に大勢の実務職と行政スタッフがいて、人権問題なども扱っています。同じ分断国家である韓国の問題を、いかにドイツと結びつけて研究するか、こうした汎社会的な価値を志向する機関でした。分断国家のコリアとドイツの比較研究、そして南北朝鮮問題と東西ドイツ問題に関して、ＦＥＳＴが分断セミナーを開催するために私を招請したのです。とても開放的で進歩的なアカデミックな雰囲気にあふれていました。

私はドイツ人の実用主義・合理主義・効用主義に関して、これまで読んだり聞いたりはしてきましたが、研究所に到着した初日に、実際にそれを確認することができました。韓国の場合は、外国の教授を招くと、まずはお茶を飲み、長い挨拶を交わし、また食事をしてから休憩をするという具合で、大抵は翌日にもう一度会って招請した経緯や、今後行うプロジェクトの内容説明や相互の意見交換などをします。ところがその日、私と妻がフランクフルト空港に到着し、列車でハイデルベルクの研究所に着くには二時間ほど費やしました。昼食時間が過ぎていたので空腹でした。ところが、研究所の教授たちは私に会って紅茶を一杯勧めると、すぐさま今後しなければならないセミナー関係や、研究所が私に期待するセミナーと討論に関する計画書などを、ずらりと並べて討論を始めたのです。

緻密にきちんと作成した計画書に沿って説明し、私の意見を求め、双方の意見を交換しながら話を進めました。それは二時間ほどで終わりました。それからようやく「食事に行きましょう」となりました。自分たちも食べずに、まず、問題の業務から始めるドイツ人の徹底した現実主義的な業務処理方式を体験して、本当に感じ入りました。ドイツに行く前に過ごした東大でも、韓国の虚礼虚飾・形式主義・非実用的観念主義などを自覚させられ、恥ずかしさを覚えたのですが、ドイツではもっと徹底していました。

任　それはまったく知りませんでした。研究所はハイデルベルク大学内にあったのですか？

李　いいえ。ハイデルベルク大学の宗教学科や、ＦＥＳＴ事業に関連する学科と密接に連携してはいますが、完全に独立した連邦教会付属の研究所です。観光地としても有名なハイデルベルク城の近くにあります。

私はドイツ語がまったくできないので、日常生活や朝鮮問題のセミナーでは英語を使いました。研究所の職員や研究委員らも、みんな英語が上手で、まったく不便を感じることはなかったですね。

任　韓国人としては先生が最初ですか？

李　私が初めてでした。第三世界の諸国を研究するため、毎年、外国から学者を一年間、交替で招聘すると聞きましたが、その後の様子については分かりません。ここでは韓国内の問題、韓国・北朝鮮問題などに関して私にセミナーを依頼し、私は所内の研究者との学術討論会に参加したり、首都ボンにある「東西ドイツ問題研究所」などの機関を訪問したりしました。

ハイデルベルク城で漢詩を詠む

任軒永　ハイデルベルクは本当に美しい都市ですね。

李泳禧　ええ、とても美しい街でした。世界各地からドイツにやってくる観光客の半数以上が必ず訪れます。ハイデルベルク大学内にゲーテが講義をした建物と講堂があり、ロマンチックで美しいネッカー川に沿っています。有名な映画『皇太子の初恋』に出てくるビヤホールがあり、校則違反をした大学生を閉じ込めておいた処罰部屋もありました。また、ハイデルベルクの旧領主の城、とても美しい城ですが、そこに七〇万リットルと三〇万リットルのワインの樽二つがありました。私はそれを見ながら、どの時代、どの国でも農民の膏血を絞りとる支配者の生活を考えないわけにはいきませんでした。こんな巨大な樽にワインを満たさなければならない農民自身は、一滴のワインもまともに飲むことができなかったからです。そうして領主と貴族は美女を侍らせてダンスに興じ、その莫大な量のワインを一晩中飲んでいたわけですから、美しい城が持つ意味とは何なのか、そんなことを考えたりしました。

　その場面を思い浮かべると、おのずから暗行御史《アメンオサ》〔朝鮮王朝時代、王命により秘かに地方官の所業を調査した〕の李夢龍《イモンニョン》が、南原《ナムウォン》の地方長官の酒の場に現れ、酒を一杯おごってもらう代わりに書いたという「金樽美酒千人血／玉盤佳肴萬姓膏／燭涙落時民涙落／歌聲高處怨聲高」〔金の樽の美酒は千人の血なり　玉盤の馳走は万民の汗なり／燭涙が落つるとき民の涙が落つる／歌声高きところ怨みの声も高し（萩森勝訳）〕が、しきりに浮かんできました。その詩を詠みながら城の前を通って研究所に向かったのです。毎日、周囲の美しさを楽しみながらも、東洋からの客人として無用な悩みもしたわけです。

任　住まいはどこでしたか？

李　建ててから四百年になるという、ドイツの昔の古い農家を改造した大きな家に住みました。巨大な厩舎と乾草倉庫、物置などの付属の建物が、そのまま付設されている昔の農村の金持ちの家でした。ネッカー川の近くの、田園的な都市の中の美しいその家に滞在しました。

任　食べ物はいかがでしたか？

李　ドイツの食べ物、そうですね。何と言えばよいのか、一言で言うのは難しい……。ただ、私が経験した東西の多くの国の食べ物の中では、最も遅れている感じでした。洗練味が乏しかったですね。妻と一緒だったので韓国料理も作ってもらって食べました。私は食べ物に関してはコスモポリタンで、西洋の食べ物でも、どの国の食べ物でもみんな好きです。ところが、妻は「マクロビオティック」〔自然食・玄米食主義〕なのです。ドイツで学んだものがあるとすれば、ワインの味に馴染んだことでしょうか、初めてワインを毎日飲むようになりました。当時、一ドルが二・七マルク程度でしたが、三マルクほどのワインから始まり、次第に高いワインを味わうようになりました。人間の味覚というのは正直なものです。とうとう一〇マルクのワインまで飲み、さらには十数マルクのものにまで手を出しました。それ以上は私の懐事情を考えて自重しました。ワインの値段はとても安かったですね。

任　その頃に出会ったドイツ側の研究員の専攻は何でしたか？

李　研究所はひとつの単科大学のような規模です。研究員の専攻は多様でした。軍縮問題・平和問題・南アフリカの人種問題・開発途上国の農村援助研究など、広範な分野にわたっていました。私の研究相手はリネマニという方でしたが、彼はラテンアメリカや南アフリカ諸国の独裁政権・軍部の弾圧・民衆運動・貧困問題・人権闘争などの専門家でした。また、それが、これらの問題が極に達した韓国から私を招いた理由なのでしょう。

任　韓国問題に対する認識はいかがでしたか？

李　私が最初だったのですから、韓国に関して特別な研究はしていなかったようです。

任　ドイツの他の地域に比べると、ハイデルベルクには大勢の留学生がいたようですが、先生を訪ねて来た留学生はいましたか？

李　ドイツにいた留学生が、私が来たというので、ハイデルベルクや他の大学の学生が大勢訪ねてきました。私も各大学の学生から招待されて出向きました。彼らはその後、大部分が帰国して大学の教員になったり、メディアや政治の世界に進出しました。また、当時は韓国から出向いた炭鉱労働者と看護師が大勢いました。それらの方々も私の訪独を歓迎し、家庭や集まりに招いてくれました。しかし、私は感謝しつつも、ほとんど固辞しました。

なぜならば、朴政権のいわゆる「東ベルリンスパイ事件」で、ドイツにいる同胞が百人以上も本国に拉致され、スパイとして罪に問われ、苦労をして戻って二〇年にもならない時期だったからです。私はドイツでの行動にはかなり注意しました。さらに、ドイツを拠点とする「北」の工作活動も、韓国の諜報機関のそれと同じように熾烈だったので、私は何事にも警戒心を緩めることはありませんでした。南北の分断状態をそのまま反映したこうした政治的な状況は、南北を超越しようとする民族和解志向的な知識人、ある一方の国家体制や権力に対する忠誠を拒否する、私のような精神と思想の持ち主には不愉快な経験になりました。

大学総長と大工が平等な立場で

任軒永　宋斗律《ソンドゥユル》教授にもお会いになりましたか？

李泳禧　もちろん宋斗律《ソンドンユル》氏にも、尹伊桑《ユンイサン》先生（一九一七〜九五）にも会いました。研究所があったハイデルベルク城には、大きくて美しいホールがあります。尹伊桑先生がベルリンから来られて、そこで韓国的情緒を表現した曲と、光州《クァンジュ》民主化抗争の後に作曲した作品の演奏会が開催されたのです。著名な方々が招待され、私は尹伊桑先生の隣の特別に用意された席で鑑賞しました。

任　尹伊桑先生の印象をお聞かせ下さい。

李　そうですね。ドイツ政府の芸術家への待遇は、韓国では想像することができないほどです。尹伊桑先生の場合は、ベルリン郊外の丘の見晴らしの良い林の中にある、広々とした邸宅にお住まいでした。私が誰の持ち物ですかと尋ねると、政府がくれたと言われました。後に分かったことですが、ドイツは社会主義的福祉国家で、外国の留学生にも居宅を与えていました。優れた芸術家に相応の生活環境を保障するのは当然のことでしょう。驚いたのは、韓国の大学生には連邦政府から奨学金として、登録金と納付金だけでなく、生活費と住宅まで給付されるなど社会保障制度がきちんと整っていたことです。

社会主義政党が存在するから、国民生活のすべての面において、資本主義的な利益追求主体の生活方式とは異なる福祉主体の政策が実行されています。もちろん、資本主義的で利潤追求的な経済生産様式と、人間主体の社会・文化政策とが調和されています。本当にうらやましい限りです。こうした国民生活を見ると、より優れた制度が実現されるまでは、北欧諸国とドイツのように、韓国も社会主義を公認し、社会主義政党が資本主義政党と共存しながら競い合う政治、すなわち、社会民主主義体制に発展すべきであると考えるようになりました。

任　西欧がそうした福祉政策を実施しなければ、ブルジョアジーの支配が危うくなるからでしょうか？　またはブルジョアジーの覚醒と見るべきでしょうか？　あるいは闘争の結果でしょうか？　人道主義の結実でしょうか？　もちろん、二つの思想の結合とも言えるでしょうが？

李　一八七〇年代のビスマルク宰相時代に採択されたものです。驚くべきことに、ビスマルクは、進んで鉄・血・力と民族を讃えた保守反動の帝国主義者でした。あらゆる進歩的思想、また地主と資本家に対抗する集団的な抗議や労働組合の労働運動を弾圧し、共産主義・社会主義政党を無慈悲に攻撃した人物です。極右翼的なビスマルク政権は、社会主義的な人間の価値と、社会福祉をすべての政策の中心概念として要求する勢力を容赦なく弾圧し、その代わりに社会主義が標榜する各種の福祉政策を、さっさと自己の物にしてしまいました。

一八七一年から九〇年にいたるビスマルク執権時代、ヨーロッパの他の国の政府も、いくつかの社会保障制度と福祉制度を政策化しました。いまから見ると初歩的なものですが、初めてそれに取り組んだのです。ビスマルクの政治基盤である貴族・資本家・地主・高級インテリ・軍人上層部、彼らが重大な革命の挑戦を受けずに、安定的に支配するために、労働者と農民に若干の恩恵を施す愚民政策を展開したのです。

任　当時、ビスマルクは私立学校をなくしました。ドイツの教育制度が今日のように理想的なものになるための基礎を整えました。

李　一八七一年に、ビスマルクは正式な国家政策として、それまで分立していた諸侯統治を糾合し、「ドイツ帝国」を建設し、皇帝ヴィルヘルム六世を推戴しました。ビスマルクは宰相になると、強権統治の強化とともに、庶民の懐柔策として、これらの社会政策を導入しました。東洋では日本の明治維新の時期に、同じような統治哲学を政策化しているのは興味深いことです。

任　ナポレオンさえも、私立学校を廃止しようとして、カトリックの反対で失敗したのですが、ビスマルクは成功しました。彼はドイツ統一を果たす輝かしい功績とともに、侵略戦争を敢行した帝国主義者としての顔を併せ持つ人物でした。後進国プロイセンを先進国のドイツに変貌させたのは立派でした。先生がご覧になって、ドイツの教育はアメリカやその他の国に比べて、どのような長所と短所がありましたか？

李　私は教育分野は門外漢なのでよく分かりません。ただ、現地で印象深かったのは、韓国人はいま教育問題で苦労しているので、参考にすべき点が多々あることです。職業教育に対する国家的・社会的・制度的支援と技術者に対する社会的尊敬の念、自分の職業に対する矜持と愛着、こうした徳性がしっかり根づいている点でした。例えば、大工が大学に来て工事をしていたら、韓国では大学総長が応対するでしょうか？ところが、私が在職していた研究所では、大工たちが仕事をしていましたが、職業的な威信と人間的な尊厳は研究所長と変わらなかった。研究所長も出て行き、一緒にその人々と親しく談笑し、大工たちも所長だからといって自分を卑下し、へつらう様子はまったく見られなかった。自然体で相手の職業と人間性を尊重していました。それらが自然に生活意識の中に溶け込んでいるのです。だからあのように、優れた産業と技術の発達が可能になったのではないかと思いました。

もともと、ドイツは中世の職業「ギルド」の伝統がしっかりと根づいているので、「職人気質」が驚くほど堅固なのです。アジアでは日本がそうです。この両国に比べると、韓国では「職人気質」が希薄で、今でもペンを持つ人間の労働者に対する態度は、かなり非人間的で亡国的と言えるほどです。韓国の理工系大学の学生がペンを持つ側にまわり、企業・団体・社会・政府を支配する経済・経営・監理・会計・行政・法律など、出世の可能性の高い学科に大挙移動する悲しい現実を見ると、ドイツのことが思い出されてなりません。

これは日本でも見た国民性の問題です。専門性と職人気質の矜持は大変なもので、韓国とは決定的に違います。韓国の場合、理工系を出た人物が管理職になるのは容易ではありません。いつも人文系や経済経営系の人々が独占しています。実業学校や農業学校、これらは朝鮮時代から、官吏になる勉強をする人文系学校の下位の存在としか認識されなかった。ドイツや日本社会を知ってみると、韓国社会の職業的貴賤意識は、私たちの「国民病」とさえ感じられるほどです。

二人の在独異邦人、尹伊桑と宋斗律

任軒永　私は尹伊桑先生にお会いしたことはありませんが、お名前は存じています。ヨーロッパでは高い評価を得ているようですね。

李泳禧　私はもともと高級な芸術については疎く、正直いって尹伊桑先生の音楽はよく理解できません。私には音楽技法はとても難しい。彼の印象は高度に洗練された作曲家というよりは、田舎の素朴で訥々とした好好爺の感じです。三回ほど会いましたが、最後はある学会の招待でドイツに行った折でした。かなり健康を害されて心身ともに疲れておられました。南北関係の狭間で悩まれた心の傷がとても大きかったのでしょう。九五年にお宅を訪問したのが、亡くなる二カ月前のことで、韓国人でお会いしたのは私が最後だったようです。

尹伊桑先生は韓国からの訪問者には、あまりお会いにならないようでした。訪問者の正体がはっきり分からず、また、不純な意図はなくても、つまらないトラブルに巻き込まれるかもしれないからです。ドイツ在住韓国人にも、韓国系ドイツ人にもめったに会わないということでした。韓国人同士の対立・葛藤・中傷・謀略などのために、精神の安定を保つことができないとも言われていました。

私は尹先生のことを「ハンギョレ」(新聞)の「ハンギョレ論壇」に、「誰が尹伊桑氏を不安に陥れているのか?」と題して寄稿しましたが、どうしてこれほど世界的な音楽家を、韓国政府や韓国社会は受け入れないのか、こんなに融通の利かない国はほかにどこにあるか、そんな内容でした。それを読んでおられたのです。電話をすると喜ばれて、お訪ねすると夫人の手料理でもてなしてくださり、とてもうれしかったと喜んでくださいました。

私は尹先生に北朝鮮と親しくなった契機や理由を訊ねました。すると、こんな返事が返ってきました。五〇〜六〇年代に朝鮮民族の魂と音楽形式を、西洋式オーケストラの曲に込めて再現してみたくなったそうです。それで西ドイツ駐在の韓国大使館と東ドイツ駐在の北朝鮮大使館に、そうした思いを説明する文章とその目的に利用できる音楽・芸術関係資料を提供してほしいと希望を伝えたそうです。そして待っていたのですが、「北」の大使館からは本国から取り寄せた大量の資料が送られてきました。

ところが、韓国大使館からは数カ月過ぎても、一年が経過しても、依頼した資料はおろか何の返事もなかった。このように対照的な反応を見るにつけ、自然に自分と自分の芸術に対する北朝鮮側の理解に感謝するようになり、精神的・資料的に相互理解が深まった。半面、まったく理解してくれない韓国とは疎遠になった。これが尹伊桑先生の説明でした。この話から推察できるように、南と北の政権・理念・体制・価値観などの差異は、我々に多くのことを暗示してくれそうです。そうではありませんか？

気管支がお悪いようでした。学会出席のために来られた伊藤成彦教授（中央大学）は、尹伊桑先生を伊豆半島の海辺の温暖な療養地に、尹先生を尊敬する方々とともにお招きしたいと申し出られました。そこにはこぢんまりとした療養所があるので、冬季だけでもいかがですかと誘われていました。尹先生もそうしようかと言われたのですが、それも叶わずに亡くなられました。故国の地を踏むこともできずに、異国の地でお亡くなりになり、本当に残念に思います。

任　亡くなられてから韓国でも尹先生を再評価する動きがあるようです。次に、宋斗律教授についてお願いします。

李　宋斗律教授は小柄な体つきの天才的タイプの方です。それなのに粘り強く、ドイツ国内で分断問題に関する啓蒙運動に参加されており、放送に出演し、わが民族の分断の悲しみについて、特にその当時の韓国の軍事政権とその後の一連の事態に関して、民族統一の観点から積極的に意見を発表されていました。私が訪ねて行くと、ドイツ各地を案内してくれました。

任　専攻は異なりますが、現実的な関心は先生と似ていたのではないでしょうか。

李　私の「韓半島は核戦争の人質になろうとするのか」など、いくつかの論文をドイツ語に訳しドイツの雑誌に紹介してくれました。私はドイツ語が分からないので、大体見当をつけてこの部分なのかと推測する程度でした。そして実に素朴な暮らしぶりでした。若干の学生を除くと、大使館の職員、教授・研究者、商社駐在員などが彼を異常な人物かのように見なし、まったく関係を持とうとしていなかった。彼はまったく付き合おうとはしないので、事実上の亡命生活のような孤独な暮らしをされていました。

任　宋斗律教授はとても苦労されていました。北朝鮮の「内在的発展論」の主唱者として責め立てられていたのです。北朝鮮だけでなく、どの国、どの事件や事物でも、客観的な視角が必要ではないでしょうか。客観的な認識を欠いた主観的観念論を擁護する側の無理強いがあったのです。私が見るところ、北朝鮮を最も客観的に見ることができたのは、恐らく金南植《キムナムシク》先生でしょう。ドイツにはヨーロッパでの韓国民主化と統一運動のメッカ、と見なされる大勢の方々がいたようですね。

李　フランクフルトやミュンヘンなどに数人はいたようです。五〇年代、李承晩《イスンマン》政権は、政府の財政が困難な時期だったにもかかわらず、ソウル大学の数学科と物理学科の秀才だけを選んで、西ドイツに留学させ、研究を支援しながら、原子爆弾の製造方法について研究させたのです。ところが、この学生たちは熱心に勉強すると、李承晩が自分たちの知識を利用して原子爆弾の製造に成功したら、どこで使用するつもりなのか、こうした疑惑とともに、より高い次元での民族の運命に意識が及ぶようになったのです。

それでその研究を止めて、政府の目的とは異なる方向に意識化していったのです。だから、とても苦労しました。六七年には「東ベルリンスパイ団事件」という捏造劇で韓国に拉致され、一部の者は死刑宣告まで受けましたが、西ドイツ政府の圧力と世界の世論に押された朴政権は、彼らを全員釈放したので、再びドイツに帰ってくることができました。しかし、生活は困難で将来の保障はなく、苦労を重ねたようです。ドイツ各地の有名大学に留学中だった鄭範九《チョンボング》、ユ・チェチャン、パク・サンファン、オ・スガプ、パク・ホソン……。多くの留学生が訪ねてくることもあり、何度も懇談会を開いて討論をしました。

任　人間はどこであれ、どんな状況に置かれても、正しい道を選択できる機会があるものですね。

李　フランクフルトの鄭博士は豆腐づくりをしながら生活し、ミュンヘンのアン・ソクキョ教授は夫人がピアニストなので、ピアノを教えながら暮らしていましたが、かなり孤独で貧しい生活をしていました。これら大勢の人々の似通った姿を見ると、任さんのような断固たる楽観主義にはなかなか共感できないですね。

任　李承晩政権は大胆にも核兵器を持とうとしたのですか？

李　もちろんです。李承晩政権は軍事力による「北進統一」を目指していました。それで、まず、核物理学者の養成を始めました。「北進統一」のためには、M1小銃やカービン銃だけでは役に立たないからです。当時の関係者はおそらくみんな亡くなってしまったでしょう。彼らは、北朝鮮に行き来するような人物ではありません。ただ、科学者としての探求と自分に与えられた李承晩政権の使命を果たそうとしていましたが、意識的な変身をしてからは、精神・思想・意識面で生まれ変わったのです。人間としての悩みと懐疑、そして民族の統一だけを願って生きたのです。面白い小説になりそうだとは思いませんか？

ヨーロッパの歴史に触れて

任軒永　涙を誘うようなお話ですね。ドイツ滞在中はよく旅行されましたか？

李泳禧　ハイデルベルクからヨーロッパを少し回りました。一ドルを払えば旅行期間中の医療保険が全ヨーロッパで使えます。ヨーロッパ共同体（ＥＣ）という単一の政治共同体・金融共同体が、段階的・部分的に形成された時期でした。国境をいつ越えたのかも分からずに、こちらの国からあちらの国へと行ける経験は驚きそのものでした。これはヨーロッパ連合（ＥＵ）が実現する少し前でしたが、事実上、ヨーロッパは多方面にわたって、ひとつの国のような感じでした。

　私はこうした現実を経験し、カントの悲願でもあり構想でもあった、「永久平和」と「世界国家」の初期段階が近づいたと思いました。民族国家として引き裂かれている東アジアや世界の現実に照らしてみると、驚かざるを得ませんでした。やはりヨーロッパは、ギリシャ以来の哲学・思想・世界観・実生活・慣習などが高度に発展した世界です。時にはヒトラーのような突然変異の怪物が現れたりもしますが、ヨーロッパの社会を見ながら、私は「自由人」になるのだと実感しました。得がたい見聞と経験でした。

任　どのようなコースをたどられたのですか？

李　イギリスとベルギー、南の方はスイス・フランス・オーストリア・イタリアだったと思います。ロンドンでは様々な経験をしましたが、マルクスのお墓を訪れたのも大きな収穫でした。大きくて古いロンドン市営の共同墓地にありますが、そこに上半身だけの石造彫刻が台座に置かれていました。台座にはマルクス思想の精髄である「哲学者は世界をただいろいろと解釈しただけだが、大切なことは世界を変革することである」と刻まれていました。

マルクスの著作やその関係の本の扉に印刷されているお馴染みの石像です。周囲にある古典的な屋敷のような墓所よりもはるかに簡素です。ところが他の大きな墓所と違う点は、他の墓所には花束がないのに、マルクスの石像の前には、世界各地の共産党や彼を崇拝する個人の名前が記された花束がたくさん置かれていることでした。書かれた日付はみなそれぞれで、毎日、世界各地から参拝にみえるようでした。近代最高の思想家にふさわしい崇敬の念ですね。死後、ちょうど百年になりますが、とても印象的でした。

その次に行ったパリでは、知識人たちが興味を持つ多くの文化的遺産を見て回ったのはもちろんですが、私にはまたひとつの目的地がありました。私が長く研究し、関心を持ってきたのは「パリ・コミューン」です。一八七一年三月に、共同体構成員の平等な政治・経済・社会体制を宣言して市民による独自の政権を樹立した「パリ・コミューン」の若い勇士たちが、支配階級の中央政権と二カ月にわたりくり広げた闘争の末に、五月二七日、ついに英雄的闘士の多くが戦死し、最後の数十人が階級統治の反動的政府軍により銃殺された血塗られた歴史的場所です。パリ市立公園の「ペール＝ラシェーズ」墓地がその目的地でした。広大なパリ市立公園の片隅にあるこの墓地を囲んだ三メートルの高さの石塀を盾にし、ブルジョア階級の政府軍に最後まで抵抗して捕えられた勇士たちの首をぶら下げた太い手鉤だけが残っていました。

人類の歴史で初めて平等社会を建設するために、「自由な労働」「平等の正義」「友愛の秩序」という崇高な理想のために決起した、数万名の労働者と知識人の共同闘争は、こうして幕を下ろしたのでした。私はパリ・コミューンの最後の英雄たちが、射殺されたり絞首刑に処せられた石塀の前に記録された説明文の前に立ち深い瞑想に浸り、長いこと踵《きびす》を返すことができませんでした。

パリでは留学中の映像芸術家の崔旻《チェミン》の案内で、亡命中の『コレアン・ドライバーは、パリで眠らない』

〔邦訳、みすず書房〕の著者洪世和《ホンセファ》に会えたのもうれしいことでした。この頃に、ちょうどソ連のチェルノブイリ原子力発電所で爆発事故が勃発し、ヨーロッパ全体が放射線を浴び、大騒ぎになる事態を目撃する体験もしました。この事件が、ゴルバチョフ政権が没落する導火線となり、ついには大ソ連帝国の崩壊を招くという、とてつもない「政治的暴発」を引き起こすことになるとは、ヨーロッパの誰も知らないことで、私も予想すらできませんでした。ただ、ヨーロッパの人々と私の心配ごとは、チェルノブイリから飛来する死の灰に汚染された野菜と牛乳を口にするかどうかでした。この事件を契機に、私は原発に対して初めて深刻に考えるようになりました。

もちろん、パリに観光に行く誰もがそうであるように、多くの文化遺物に恍惚となり陶酔しました。私は妻とともにエッフェル塔に登るために群衆の列に並びはしたものの、少なくとも三時間は待たねばならないという長蛇の列に恐れをなし行列から離脱しました。塔を見上げながら、いろいろなことを考えて感慨に浸りました。この塔は三二五・六五メートルの鉄製構造物で、「一八八九年のパリ万国博覧会開催を記念して竣工した」と書かれた案内板の前でしばらく考えました。

この鉄製の塔が建設された年に、フランスはすでに鉄鉱石の採掘技術、鉱物の冶金技術、溶鉱炉の規模と機能の水準、鋼鉄材を引き抜く圧延技術、三〇〇メートルを超える構造物を構成する技術理論の構造力学、材料工学など様々な技術を総合的に発達させていたのです。エリゼ宮〔大統領官邸〕など数々の雄大で華麗な建造美の極致というべき石造建築物を前にしても、私は同じ心境に浸りました。

とにかく、エッフェル塔という、あの人間の高い知識と優れた技術水準の結晶を見ながら、私はいつものことですが、わが民族がその同じ時代に成し遂げたものは何だったのかを考えました。そして何もないという思いに至りました。朝鮮時代末期と韓国併合に至る当時のソウル市内の風景写真を見ると、建物といえば二階建てではなく、家屋はむさ苦しい藁葺きの家屋だけで、道は首都の真ん中なのに汚物が溜まり、汚れてぬかるんでおり、輸送手段として動いているのはせいぜい牛車でした。ほとんどは背負子《しょいこ》で甕《かめ》や薪《まき》を運んでいました。鉄製建築物どころか、石造建築物すらも見当たらない一九〇〇年代初頭だったのです。この朝鮮、大韓帝国の首都ソウル！　それも首都の中心である鍾路《チョンノ》の原始的生活水準と一般社会の様相！　フランスはエッフェル塔を建て、煙を吐き出す「鉄馬」を走らせヨーロッパ大陸を旅行していたのです。

国粋主義的で偏狭な民族至上主義者は、煩わしくて耳にしたくないかもしれませんが、やはり「人は見た物だけを知り、知る物だけを見る」という言葉は事実のようです。

その後、スペインのアルハンブラ宮殿で、一六〇〇年代末に造られた約二メートルの大きさの四角八方形の精密な時計を見た時も、やはり同じ思いに浸りました。その時計の歯車の精密さというか、すべての付属品の完璧さはまるで三百年後の製品みたいでした。驚くべき科学技術の精華と言わざるを得なかったのです。一六〇〇年代にわが先祖たちは何を作っただろうか？　ここでもしばらくはうなだれたまま、そんな思いを続けました。

ローマの円形競技場コロッセオ、その他のヨーロッパ諸国のどこでも出会う驚くべき人間の頭脳と知性と情緒と精神の物質的表現を見て、私は一方で、同じ人間の優れた業績に賛嘆の声を上げると同時に、わが民族の業績の貧弱さを強く感じました。そして朝鮮民族が世界文明と文化の中心だとか、まるで先導的な役割を果たしたかのような錯覚をしている、偏狭な愛国主義者に思いを馳せると、大勢の韓国人がヨーロッパを隅々まで詳しく見て学び、そして自己反省をする必要があると考えるようになりました。

私は一部の韓国人のこうした自己中心的な世界観と歴史観、幼稚で盲目的な民族主義を軽蔑します。だから教授・知識人・団体は、少し「非愛族」（民族を愛さないこと）主義になる必要があると思うのです。そうすれば真実が見え、真実が見えてくれれば、荒唐無稽なこじつけの自民族誇大妄想症から解放されるでしょう。そうしてみて初めて、あるがままに自民族の姿が見えてくるのです。その時から、冷徹な理性で民族の発展を図ることができると思います。最近、ある学術集会で某教授が、韓国の文物と家屋の構造と材料（柱・瓦・垂木・障子戸・壁など）が人類最高の作品だと熱弁をふるっていました。世界のどの民族も、朝鮮のような優秀な文物を先祖から引き継いだ例がない、と自慢するのを拝聴したのです。精神文化の分野でもそうした知識人が少なくないようです。「民族的自負心」は大きな問題ではないでしょうか。

民主化運動の最前線

任軒永　一九八五年からは民主化運動が盛んになっただけでなく、二月一二日の総選挙では野党の新民党が旋風を巻き起こしました。二三の大学で全学連が結成され、五月二三日には七三名の大学生がソウルのアメリカ文化院を占拠して断食籠城をするなど、止めようもない事態に広がりました。私の記憶では、おそらくこの頃から、あらゆる団体が先生を顧問や諮問委員に推戴するようになりました。

翌八六年は大きな変化の年でした。金世鎮《キムセジン》（五月三日）、李載虎《イジェホ》（五月二六日）という二人の若者が焼身自殺を遂げ、全国で三〇もの大学の学生が延世《ヨンセ》大学で、民族民主闘争委員会を結成します。五月には仁川で改憲連帯集会（五月三日）が開かれ、一二三校二六五名が参加した教授連合時局宣言（六月二日）、富川《プチョン》署での権《クオン》仁淑《インスク》さんに対する性拷問事件（六月）の暴露などの重大事件が相次いでありました。私もこの時、それらの現場に足を運んだので、文章を書く時間もないほどでした。おそらく、先生の署名のない声明書はないほどだったと思います。先生が望まれようと望まれまいとにかかわらず、深く関与する事態になったのです。この当時、お知り合いになった方々との人間関係といいますか、それらを思いつくままにお話し下さい。

李泳禧　それでも、思ったほどそう多くはありません。私が関心を持って自分から関係を持つようになった団体は幾つもありません。しかし、知らない間にかなりたくさんの団体と関係することになり、私の名前がしばしば利用されました。私の本と文章を読んで、広くは、韓米関係・南北問題・韓日問題・東北アジア情勢などの国家問題から、さらに自分の人間的自由と権利に開眼した青年・学生・知識人・労働者が現実改革運動と反独裁・民主化運動などをするなかで、私に対する期待が大きくなり、私に先導的役割を求めてくるので、そうなったのでしょう。

任　招請講演はほとんど先生でしたね。

李　講演会には何度も出かけました。しかし、もうかなりの歳月が流れて、また、九九年末に、脳出血で脳神経を痛めて半身麻痺になってからは、記憶力が減退し、その一つひとつを語ることはできません。当時、私との関係が、近かろうが遠かろうが、民主化運動の過程で表に立った人物は、みんな関連したと見ることができるでしょう。

　最も直接的に関与し闘ったのは「民主教授協議会」です。この会には復職してから公的・私的に集まり、声明を出したり、市内の抗議デモに参加したりしました。

「キリスト教教授協議会」の教授たちとは別に行動しました。全体の解職教授協議会には入っていましたが、現実問題と政権に対する行動様式では相当の差があったからです。キリスト教関係の教授たちは、積極的に表に出るのをあまり望んでいなかったと記憶しています。

　それらの方々は聖堂や教会で時局祈禱会を開き、信者に時代の方向を提示する役割で満足していたようです。実際に、現在問題になっている多くの団体の集会や街頭デモに参加し、催涙弾を浴びて涙を流しながら路地に逃げ込み、学生や労働者と肩を組んで現場での行動に参加した教授や知識人はそれほど多くはないように思います。それぞれ、手段や方法が異なっていました。もちろん、朴炯圭《パクヒョンギュ》牧師、文益煥《ムンイックアン》牧師、咸世雄《ハムセウン》神父など宗教界の方々も大勢参加しましたが、街頭デモを辞さず、昼夜を問わずそれらの中で過ごした大学教授というと、それほど多くはなかったようです。

　宋基淑《ソンキスク》を含む光州《クァンジュ》一帯の教授たちは、果敢に現場に身を投じたようですが、確かなことは分かりません。多くの教授たちは集会に参加し、声明を支持するなど意思表示をしていましたが、身体を張った行動となると、「教授らしくない」と尻込みする傾向が見られました。興味深いのは、消極的で「穏健」に過ごした面々が、文民政権になると様々な恩恵を「積極的」に得ていた事実です。迫害を受ける知識人と実利を受けとる知識人は別人なのでしょうか。

「理論闘争」に対して

任軒永　知識人の側から、いわゆる「社会構成体論争」が起きましたが、先生は興味を感じられなかったかもしれません。これが大きな論争になり、ついには運動組織の内部にも及びました。先生はこれをどう見られましたか？　国際的な感覚を持ち、当面する現実的問題の本質を把握されながら、どのように思われたのでしょうか？

李泳禧　私はそれらを抽象的な机上の空論と見ていました。「具体的な状況に具体的に対応する具体的な行動」だけが現実を変えると考えていたからです。あまりにも繊細で、あたかも学問的緻密さを誇るような、自分好みの「理論」で細分化した言葉の数々は、当面する状況の克服には、非生産的な「議論のための議論」のように映ったのです。

闘争の過程で、そうした理論が精緻化、細分化されたスローガンの段階を、避けることができない場合があります。けれども、八〇年代後半に韓国の若い闘士たちに現れた現実対応については、共感できる領域は特になかった。私はその方面に関してはある意味では冷淡だったのでしょう。我々全体が直面している歴史的段階において解決しなければならない具体的な問題を克服するためには、むしろ戦略的に運動のエネルギーが分散消耗してしまうのではないかと憂慮しました。当時はかなり広範囲に、出版物が非公開状態で回覧されていたからです。若い人々が、そうした書物を読み過ぎて、それが理論の体系化と誤って考え、力量を分散させたからではないかと思います。衒学《げんがく》的な理論の遊戯に走ったように思われ、私としては困ったなあと思っていました。だから私はかなり距離を置きました。

世界の政治改革運動史には、どの国の場合にも大きな共通点があります。すなわち、右翼は利権で固まり、左翼は理念で集まるが、同時に右翼は利権配分の取り分で分裂し、左翼はあまりにも理念を精緻化・細密化することへの固執や我執のために潰れるという歴史的経験があります。経験的にもそうですね。

任　当時、若者たちにその論争について話をされたことは？

李　そうした議論に対して積極的に意見を述べたいとは思わなかった。人はその人なりに、現実への対応方式はこれだと努力しているのに、私がそれに冷水を浴びせかけるような対応は、運動をする者の姿勢として望ましいものではないからです。しかし、酒の席や少し気のおけない席で討論が激化すると、私はいつもそこから身を引いて、何か生産的な結論が出るのかと、反問をする程度でした。そんな論争が現実問題の克服に何の足しになるのか、互いの対立抗争で力を消耗するのではないか、と意見を述べる程度でした。

任　私もそのような懐疑心を持ちました。なぜ、それほど極端に意見が割れるのか？　李韓烈《イハニョル》君の葬儀を準備する集まりでさえも、派閥に分かれて政治論争を繰り広げる現場を見て、これは純粋な気持ちからなのか、あるいは怪しげな機関が分裂を策しているのではないかと、そんな突拍子もないことまで考えました。

李　ところで、こんなことがあります。六〇年代と八〇年代のヨーロッパで起きた知識人・青年・労働者の革命でもそうでしたが、中国の二〇年代と三〇年代、ロシア革命の一九一七年以降にも、そんな理論闘争というか、カタツムリの左右の角が互いにいがみ合うように分派的傾向が数多くありました。言えば言うほど、相手方の理論体系よりも優位に立つためにいっそう理論は緻密になり、そうなれば最終的に残るものはなくなり、自分たちの運動能力の分散・葛藤・対立だけが深まります。そのあげく、闘争の相手よりも、いっそう敵対的な構図が運動体の内部に確立される弊害を、どの時代、どの国の左派的改革勢力の内部でも経験しました。「自己否定的」にです。遂には当初の目標とは遊離して、ひどく突拍子もないところに向かう場合もあります。日本の六〇年代の左派学生運動でも、相次ぐ分派の登場で細胞分裂し、あらゆるセクトが互いに対立し、ついには昨日の同志のあいだで血を流し、命を奪い合う「内ゲバ」に転落し、社会から指弾されました。そして結果的には共倒れという悲惨な結末に終わりました。八〇年代の韓国の若者たちもそれに似た過ちを犯したようです。

「社会構成体論争」との関連で、そうした現象を煽りたてた教授や知識人がいたと聞きました。そんな形で細分化され、昨日の同志が今日の敵になったのです。闘争して克服しなければならない真の敵は攻勢をかけようとしているのに、虚弱な陣営の中で言葉一つによって数十もの分裂を生み出したことは、日本の左派学生運動の行動と同じです。その当時、英語の略号を用いた多くの組織がありましたが、私はそれらを理解することはできませんでした。分裂はさらに深まり、あたかも敵に対するかのように闘いました。まるで自分だけが革命理論家であるかのように、「口で闘う」方式を理解できなかったのです。だから私は、八〇年代後半の一部の若い学生たちの「理念闘争」なる行動様式に対しては、かなり冷淡な姿勢で臨みました。

任　私は「レーニンが一人いれば革命は成功するのに、われわれのレーニンは三千人にもなった」と、そんな文章を書いたりしました。この期間を経て先生は、一九八七年八月にカリフォルニア大学バークレー校に行かれることになります。その直前に朴鍾哲《パクジョンチョル》君拷問致死事件（八七年一月一四日）と、民主憲法争取国民運動本部の結成（五月二七日）、李韓烈《イハニョル》君死去（七月五日）などが起きます。そして、ついに歴史的な六月民主化抗争（六月一〇日～）が展開され、盧泰愚《ノテウ》の民主化宣言劇（六月二九日）、民主化のための全国教授協議会の創立（七月二一日）など、息つく暇もない歴史的変革の時期を迎えました。

李　任さんが列挙された出来事は、独裁政権と恐怖政治の終焉の過程において重要な里程標でした。私にはこうした国内の出来事と同様に、この当時に起きた重要な人類史的変革と人類の進歩を意味する事態が、とても感動的でした。あれほど待ち焦がれていた人間理性の勝利と、世界平和を目指す力強い世界史の前進がありました。私の関心は国内情勢に劣らず、常に人類の平和的生存を可能にするものだったからです。私がバークレー校の教授に招聘され、一年間アメリカに滞在した期間を前後して起きた数々の変化によって、私は本当に久しぶりに「生きがい」を感じました。

　八七年から八八年にかけてソ連を変貌させたゴルバチョフの「ペレストロイカ」の哲学と政策がそれです。アメリカ帝国主義の反応とは関係なく、ソ連は一方的かつ大々的な軍縮を断行し、周辺諸国を標的にしていた中距離核ミサイルの完全廃棄を宣言しました。それだけでなく、共産党の単独支配体制の終焉と議会制度の民主化、社会・経済・文化・宗教分野の解放、資本主義的市場経済方式の導入、市民生活と自由の権利導入などで、急速に世界は明るくなりました。アメリカもやむなく軍縮面で肯定的な反応をしました。ソ連邦の解体と隷属する異民族共和国の解放・独立が続きました。中国も人民の経済生活の向上のために資本主義的市場経済方式の導入を断行し、「社会主義的市場経済体制」によって目覚ましい発展を遂げるようになりました。

また、私が歓迎した事態の変化は、一二〇年余りもイギリス帝国主義に略奪されていた香港が、九七年についに中国人民に返還されたことでした。続いて九九年には、マカオも中国に返還され、帝国主義的略奪方式による植民地は、事実上、世界から消滅しました。人種隔離政策「アパルトヘイト」で、三五〇年の間、人類の良心に突き刺さっていたトゲ、南アフリカ共和国に黒人政権が誕生し、黒人の社会主義革命指導者マンデラが大統領に就任しました。私の喜びは言葉にならないほどでした。最後の白人帝国主義の消滅！　そして分断されていたドイツの統一（九〇年）！　興奮と感激と喜びは続きました。南北朝鮮の国連同時加盟で、九〇年代は締めくくられました。

そのほかにも、私を喜ばせた多くの変化がありました。それらはすべて世界的に話題になった事件でした。しかし私には、新聞も無視しほとんど誰の関心も引かずに終わった、小さいながら感動すべき重要な事件がありました。八八年九月に教皇ヨハネ・パウロ二世が、ガリレオ・ガリレイの名誉回復をしたことです。キリスト教の迷信性・反科学性・反知性・劣性・独善性・非人間性・反寛容・残忍性・二重人格性・反動性などのすべて、そしてあらゆる悪とされる過去を間接的に、しかし、公開の場で告白し謝罪した重大な出来事でした。

宗教的野蛮と迷信に対する人間の理性の勝利宣告で、人間理性と科学（的思考）に対する、キリスト教的無知と暴力の敗北宣告でもありました。一六四二年にキリスト教会の容赦のない迫害の末に命を失った人類最高の科学者の無念が、三五〇年後に教皇の懺悔の一言で解き放たれたのかどうかは知る由もありません。けれども、私のキリスト教に対する否定的見解には何ら変化はない、という事実だけを告白しておきます。

バークレー校における講義

任軒永　一九八七年八月から翌年の三月までバークレー校で過ごされたのですね？

李泳禧　バークレー校の招聘を受けて正式に副教授に任命され、一週間に二回、火曜日と木曜日に九〇分、三単位の講座を持ちました。正規課程としての講義ですから、韓国の教授が休暇を取って、「交換教授」と言いながら実は遊びに行くのとはまったく違います。平和志向的なバークレー校に「Peace and Conflict」、すなわち、平和と紛争の問題を研究する学科があります。ジェンダーにおける性の葛藤、階層間の反目、労使問題、民族解放戦争、人種間の対立、部族間の内乱、国家間の戦争など、こうした平和の対立概念と、それをどのように平和的に解決するかを研究して教える学科です。

そこに、国内的紛争と対立と闘争、反独裁闘争に加えて民族分裂と分断を背景にした社会・政治的対立が、極致に達している韓国から教授を招聘したのです。「平和・紛争学科」（Department of Peace and Conflict）という学科が、アジア系アメリカン研究学科（Asian-American Dept.）と共同で講座を開設しました。私が行く前には、ちょうどラテンアメリカの紛争問題のために、ラテンアメリカから大学教授がやってきて講義をしていました。

私の次にはフィリピンの教授が来ることになっていたようです。ところが初めて開講した講義なので、講義テキストが用意されていなかった。学生たちに読ませる二冊で八〇〇ページほどのテキストを作成しなければならないので、六月抗争の終わり頃からは、その準備作業のために家に引きこもることになりました。あらかじめ現地に行き、そこの学生と膝を突き合わせてタイトルと参考資料を最終的に決めました。また、私の講座のために博士課程の学生四名を助手に付けてくれました。特別待遇と言うべきでしょう。その助手たちと資料を整理し、テキストを作りました。無我夢中でやりましたが、忙しかったですね。

任　バークレー校は、韓国の学生が多いので有名なところでしょう？

李　韓国の学生がとても多かったですね。私の講座は韓国の学生や韓国系アメリカ人の学生を含む、人種と専攻学科を問わずに受講する高学年、つまり、学部の三、四年生を対象とする公開講座でした。人種別にはほぼ六つの人種の学生が登録しました。バークレー校はアメリカ有数の大学で、特にベトナム戦争反対の先頭に立った大学です。バークレー市はアメリカの都市の中で唯一、社会主義者が市長に選出されて、都市とその地域全体の一般的な社会的雰囲気は、まったく開放的で自由主義的でした。それだけでなく、バークレー市に隣接するオークランド市を含むサンフランシスコの連邦下院議会の選挙でも、やはり唯一、社会主義者が当選することもありました。とても面白い都市です。ですから、低所得者層向けの福祉行政などが市の中心政策であり、平和と反戦が重要視されていました。バークレー市は、バークレー校の学生の経済水準に合うように、家賃、敷金などを規制していました。こうした市の財政政策や税制は、かなりアメリカ資本主義的ではなかった。そうしなければ、バークレー校の学生が有権者の大部分であるこの市では、市長に当選することはできません。私の価値観にぴったりの都市でしたね。

　バークレー校は、いわゆる支配階層志向の隣のスタンフォード大学とは雰囲気が違って自由奔放で、そうした雰囲気なので本当に気楽でした。面白い話があります。到着した翌日、歓迎夕食会をするというので、進歩的でリベラルな大学だからと、ネクタイも締めずに大学の雰囲気に合わせた軽装で行きました。ところが、学科長は正装でした。それで私は正装でないことを謝り、これこれの理由で正装をしないで来たと言うと、学科長が自分は日頃ネクタイをしないのだが、韓国から教授を招待したのでラフな格好では失礼に当たると思い、ネクタイを探して締めて来たと弁明するのです。一同はひとしきり大笑いしました。私の講義の反応は良く、八〇名近くの様々な人種の留学生が登録し、学科でも非常に好評でした。

任　講義のテーマは何でしたか?

李　正式には「韓民族、外国勢力闘争百年史」でした。これを朴正熙《パクチョンヒ》時代まで講義しました。わが国の近代民族運動史を、日本による強制併合（一九一〇年）、三・一運動、李承晩《イスンマン》政権、四・一九革命、このような形でアプローチしていくのです。

実は、私はこの講座を特段の負担もなく、軽い気持ちで担当しました。ところが、火曜日の最初の講義の時間に本を抱えて講義室に向かうのですが、講義室に近づくにつれて、次第に緊張が高まり、喉がカラカラに渇きました。最初の時間は挨拶と、講義内容の説明でほとんど終わりました。ところが、木曜日の二回目の講義になっても、ずっと喉が乾きっぱなしなのです。十分に講義の準備をしたはずなのに、八〇名の学生を前にして淀みなく英語で九〇分間講義することを考えると、ひどく緊張するのですね。三回目の講義に行く時には、喉が渇くどころか、ついに針でみぞおちを刺されるような痛みさえ感じました。私があまりにも気が小さいせいだと思います。こうした数時間の経験を積んで、二週目の四回目の講義からは舌が滑らかになり、準備したとおりに講義を進めることができました。まったく予想もしない経験でした。一学期が終わる頃、時事週刊誌『ニューズウィーク』が、私の講義を取材しました。しばらくしてその取材が記事になり、とてもうれしかったことを覚えています。

私は学期の初めに、学生たちにアメリカの大学の慣習にはないルールを申し渡しました。私の講義時間には「教室でタバコを吸ってはならない。帽子を被っていてはいけない。足を机の上に上げてはならない」の三つです。こうした規則に馴染みの薄いアメリカの大学の三、四年生は、私の要求に少し戸惑ったり、ある学生は面白いと言ったりしていました。学生たちは最後までよく守ってくれました。外国の教授の注文だから受け入れたのでしょう。一週間の講義が終わると、助手を四

Peace in the Classroom

A new way to study international and domestic quarrels grows, but is it academically legitimate?

In the '60s, students took to the streets in the name of peace, handing out flowers and chanting slogans to protest the Vietnam War. In the '80s, peace has moved into the classroom. According to the national Consortium on Peace Research, Education and Development, only six peace-studies programs existed in 1970; today more than 100 schools offer at least some official classes on the topic. Students may take an undergraduate concentration in peace at Boston College or a master's degree in international peacemaking at the University of Hawaii. However widespread, peace studies remain loosely defined; the only agreement is that, in the understated description of Berkeley senior John Evans, "it's a very progressive major."

Like black- and women's studies programs, peace studies are heavily interdisciplinary. Courses are often chosen among regular offerings in departments from physics to philosophy. Many focus on the 20th-century history of the West with emphasis on U.S.-Soviet relations since World War II, looking at the issue from economic and political standpoints. War and peace themes in the arts are sometimes incorporated. Besides a prevalent focus on the arms race, some programs specialize in geographic areas or study nonviolence in a broad, theoretical manner.

Each semester at Berkeley, a case-study seminar concentrates on a different regional hot spot. This fall, South Korean Prof. Yueng-Hui Lee was attracted from Seoul's Hanyang University to discuss the history of conflict in his battered nation. Wayne State in Detroit defines peace as a basic theory of conflict resolution equally applicable to international and domestic disputes. The program there offers electives in the "philosophy of peace," the "psychology

JAMES D. WILSON—NEWSWEEK

Hot spots: *South Korea's Lee at Berkeley*

OCTOBER 1987

アメリカのバークレー校で講義する著者を報道した『ニューズウイーク』の記事（1987年10月の学園版）。

つの班に分けて、一週間の講義の要点を整理して討論し、簡単なレポートを提出してもらいました。私はそれを綿密に検討しました。

バークレー校は他の大学のセメスター〔前期後期〕制とは異なるターム制を採用しており、一タームが終わると教授の講義について学生が評価書を提出することになっています。そして、まずは学科長に提出され検討されると、該当教授に回ってきます。学生の評価が良かったので安心しました。一、二名の学生が講義の初期には、私の英語の発音が聞きづらいと感想を書いたこともありましたが、講義の内容と進行などについては、ほぼ満足したと答えていました。いずれにせよ、やり甲斐のある経験でした。私が教えたことよりも、私自身が多くのことを学んだというのが正しいでしょう。

バークレー校には立派な韓国人教授がいました。崔鳳潤《チェボンユン》教授ですが、日帝時代にバークレー校で学位を取得し政治学科教授をされました。太平洋戦争勃発前のことです。若い頃には独立運動の組織に加わり活動され、太平洋戦争が起きると米軍に志願し、朝鮮戦争の最前線に投入されるアメリカ軍の要員に対する教育を担当しました。解放後は韓国駐在の米軍政教育部の教育関係の責任者として働き、軍政時代にはソウル大学の政治学科創設に貢献されて、サンフランシスコ地域では信望の厚かった方でした。

任　個人的に韓国の問題や対立に関して質問してくる学生はいませんでしたか?

李　韓国に対する関心はかなり高かったですね。最近のブッシュ政権以後のアメリカと北朝鮮の葛藤に関して、アメリカ人専門家の意見を韓国の新聞が掲載していますが、その当時、私に教わったアメリカ人学生がたびたび寄稿しています。私の講義が契機となり、卒業後に韓国に来て研究して帰国し、学位を取得したピーター・ペックという人物で、今はアジア研究所の副所長です。立派な韓国学の弟子を一人育てたわけです。また、アメリカの西部で東洋系の人種問題に対して積極的な発言をして尊敬されているアメリカの市民権を持つチャン・テハン教授がいます。ロサンゼルスの黒人暴動が起きて韓国人が黒人の攻撃目標になった折りにも、彼が仲裁者として発言をしました。また、私の助手役もしてくれました。さらに、李承晩政権の後に国連大使を務めた林昌榮《イムチャンヨン》大使の息子のポール・リムが積極的に私の講義をサポートしてくれ、その後もバークレー校の韓国問題・韓人社会問題・韓米関係について積極的に助けてくれました。

アメリカで世界情勢を考える。

任軒永　先生は日本、ヨーロッパ、アメリカと広く回られましたが、そうした世界的視野を持たれて社会主義の危機を感じられたのはいつ頃ですか？

李泳禧　そうですね。正確にいつからと言うのは難しいですね。けれども、この問題について私は二つの側面から観察しました。一つは社会主義世界の内部から発生する危機状況であり、もうひとつは、社会主義陣営と西側資本主義陣営との競争関係から派生する状況でした。

話の順序は変わりますが、まず、社会主義陣営と資本主義陣営の現実ですが、六〇年代までは相対的に社会主義陣営の力は弱かったものの、共産圏と第三世界の社会主義、または非同盟諸国で起きている国際政治のエネルギーは刮目に値するほどでした。私自身も、その時代精神と人類史の変革を長期的視点で見て、資本主義勢力と匹敵するか、あるいは優勢になる潜在力を持っているかと考えたことがありました。

しかし、七〇年代になると、すぐに経済生産能力や陣営内諸国の結束力と団結力、当面する問題を処理しつつ今後の変動する事態に適切に対応していく、国家政策決定の柔軟性と潜在的能力において、社会主義諸国は急速に劣勢に追い込まれていきました。そんな状態が九〇年代まで続いたのではないでしょうか。その七〇年代に、ソ連の体制は本来的意味の「社会主義」から変質し、より官僚主義的な統治形態に硬化する兆候がはっきりしました。社会運営体制の「動脈硬化現象」とでも言うべきでしょうか。

社会主義諸国勢力や陣営内部の国家関係においても、やはり六〇年代に入ると不安要素が増え始めました。東欧のハンガリー、チェコスロバキア、ポーランド、ユーゴスラビア、アルバニアなどが時間差はあるものの、ソ連の帝国主義的ヘゲモニーに挑戦し、陣営内部の結束は次第に緩和するようになりました。

最も大きな「社会主義」世界の中心軸、ソ連と中国の関係はかねてから同盟国や友好国関係であったわけではなく、むしろ、相互に競争相手あるいは打倒対象と見なすアメリカなど資本主義諸国との関係よりも緊張し、時には破局的な対立もありました。六〇年代初頭には、社会主義陣営の内部結束を、しばしば「一枚岩」と称したこともありましたが、スターリンが五三年夏に死去すると、いち早くソ連では政治・社会的に内部亀裂が生まれました。

後任のフルシチョフは「反スターリン」路線を宣言し、スターリンの過去の罪状を公けに糾弾し、暴露してからは、中国はソ連を敵対視するに至りました。東欧の同盟諸国の離脱も次第に加速化し、陣営内部におけるソ連の政治的・道徳的指導力の権威は失われていきました。こうした現象が同時に進行し、中国とソ連の「理念紛争」は、彼らが理論的側面から誇る「内部民主主義」的方法による解決から遠ざかり、ついには中国東北部とソ連のシベリアを隔てるウスリー江で、戦争同然の武力衝突が発生しました。

つまり、この間に進行した対立関係がさらに深まった結果なのでしょうが、この事件を契機に中国とソ連は、修復不可能となり、決定的な敵対関係に入って行きました。理念問題においても対立は激化の一途をたどりました。第一に、資本主義との戦争を回避可能か否かの問題、第二に、社会主義の実現は段階的成熟の手順を経なければならないのか、あるいは中間過程を飛び越えて実現が可能なのかという問題、そして第三に、資本主義と共産主義の平和的共存が可能か否かの問題、主にこの三つの争点においてソ連は穏健路線に立ち、中国は強硬路線を固執したので、「理念紛争」は完全な敵対関係へと悪化してしまったのです。

この二つの巨大共産国が対立し、同時に、六〇年代末になるとソ連は中国に対する核攻撃を準備し、その事実を、理論上では、むしろ非友好的といえるアメリカに知らせて事前協議するまでになりました。こうした諸般の情勢とその他の大小の敵対紛争の要素に基づき、社会主義は資本主義に対する競争能力を喪失してしまいました。私はこうした三〇~四〇年の過程を綿密にフォローしていたので、社会主義の危機を初めて感じたのは六〇年代初頭で、七〇年代末から八〇年代になると、ほとんど決定的な流れとして認識するようになりました。

任　アメリカ滞在当時に、韓国の具体的な問題に関心を持つ余裕はありましたか？

李　アメリカ滞在中は、韓国の状況についてあまり注意を払うことはできなかった。また、いつもそうなのですが、私は自分がいるその現場で担当するものに全力を尽くす性分です。だから大学の講義だけで精一杯の状態でした。ところが「創作と批評社」からゲラの束が送られてきました。私の少年時代から六二年までの時期を扱った自伝『歴程』の最終校正を早くしてほしいというものでした。八〇年の光州民主化抗争当時、私が二度目の解雇（八〇～八四年）に遭った四年間、私はおそらく、この全斗煥《チョンドゥファン》政権の下では文章を書くのは難しいのではないか、これが最後になるのではないかと思うほど切迫した状況でした。

そこで考えたのが、最後の執筆作業として自伝を書くことでした。中央大学の兪仁浩《ユインホ》教授が楊平《ヤンピョン》に農場を持っていたので、その農場管理のために建てた粗末な家に行き、作業を開始しました。六二年まで書いたある日、いきなり得体の知れない連中が押し入ってきました。そして「基督教社会問題研究所事件」によって拘束されたので、自伝の原稿は六二年までで終わってしまいました。

私はバークレーにいる時に、月刊『マル』誌の依頼で、一週間に一回、アメリカ社会に関する評論を送りました。講義の準備で手一杯なうえに、そんな仕事まで引き受けたので、観光などを楽しむ余裕はなかった。この時期にレーガン大統領の補佐官たちの犯罪行為に対する裁判が開かれました。オリバー・ノースというアメリカ海兵隊の中佐が、イランに禁輸対象の武器を密輸出し、手に入れた金でニカラグアのコントラという反革命分子をそそのかして、ニカラグアの合法政府を倒しました。そうした事件を含めて彼らの不法行為があまりにも桁外れだったので、レーガン政権の首脳部の五〇名余りが全員逮捕され、その大部分が有罪判決を受けて刑務所に送られた事件です。私はこれを見ながら、反共を主張すればするほど、その最高首脳部も民間人も、政治家も軍人も腐敗し、堕落して卑劣な真似をする破廉恥な犯罪者になったという事実、また、こうした人たちが主として共和党政権を担う勢力であるという、アメリカ政治における環境と人間の相互作

カリフォルニア州立大学バークレー本校（略称、バークレー大学）の招聘教授として一学期間、韓国現代史を講義した。1987年秋に学科長ジョン・ホスト博士と。

用についての認識を確認できました。これに関して書いてみようと考えました。私がかねてから抱いていた信念を改めて固めたのです。

バークレー校に滞在中にゴルバチョフがアメリカを訪問しました。彼と知性的で魅力溢れる夫人は、「角が生えた共産主義者」との偏見にこり固まっていた平均的アメリカ市民を魅了しました。アメリカや西側世界のどの指導者よりも洗練されて理性的な彼らに対する関心と歓呼の声は大変なものでした。ところが、それとは正反対の反応を見せる少数のアメリカ人集団もありました。一部の資本家・軍需産業の大企業家・軍の上層部、そしていつも「悪」の存在を設定しなければ不安でならない反共・国粋的原理主義キリスト教関係者でした。

ある日、『ニューヨークタイムズ』にゴルバチョフの一方的な軍縮、戦車数千台の廃棄、軍備予算縮減、兵士五〇万名の除隊措置などの決定に関する記事が大きく掲載されました。ところが、その新聞の読者寄稿欄に、驚いたことに「平和が来るというが……」と題する文章が掲載されたのです。どんな趣旨と内容なのか想像できますか？ その内容は、「ソ連が非軍事化を本格的に推進して平和の環境が拡大・深化されるとアメリカの軍隊と軍需工場はどうなるか、アメリカの経済が破綻するのは明らかなので、平和を歓迎してはならない」という主張でした。経済界のある有名な大物が寄稿したものでした。今は正確には思い出せませんが、アメリカという国がどんな国かを端的に語ってくれるものでした。私は恐ろしくなりました。それは、私が確信していた「アメリカ観」を、さらに固める証拠になりました。アメリカという国家は戦争で維持され、アメリカ資本主義は戦争を必要とする。なぜアメリカがあれほど多くの国を侵略し、弱小諸国に武器を売りつけて軍事紛争を煽るのか？「善良な韓国人」が本気で考えなければならない問題でしょう。

任　先生がバークレー校に滞在された八七年の後半に、韓国政府は販売禁止図書の解禁（一〇月一九日）、改憲国民投票（一〇月二七日）などを経て、大統領直接選挙（一二月一六日）を実施しました。激烈な闘いを経て勝ち取った大統領直接選挙でしたが、金泳三《キムヨンサム》と金大中《キムデジュン》の対立で、盧泰愚《ノテウ》が漁夫の利を手にする予想外の結果になりました。

李　八〇年の春に失敗したのに、またも同じ轍を踏み、分裂と対立の結果、過去の清算が遅れるのではないかと不安でした。私は単なる落胆ではなく、ある意味で、韓国の国民性に対して深い懐疑を抱きました。もはや新しい歴史の展開を見ることはできないのかと、絶望に近い精神的沈滞状況に陥りました。

民衆の意志と希望の象徴『ハンギョレ』

反独裁闘争の結実として

任軒永　一九八八年の春に帰国されて『ハンギョレ新聞』の創刊に関与されますね。当時、先生を発行人にという話まであったとか？

李泳禧　『ハンギョレ新聞』の創刊は、私がバークレー校に行く前からの構想でした。七四年の自由言論闘争の先頭に立ち、朝鮮日報、東亜日報、韓国日報から追放された任在慶《イムジェギョン》、李炳注《イビョンジュ》、鄭泰基《チョンテギ》、そして大学にいた私の四名だったと思いますが、いつも親しく付き合っていました。ある日、江南《カンナム》のある大衆サウナの休憩室で、ビールを飲みながら、これからどうするかを議論しました。

　本当の民主主義を表現し、民衆の意志と希望が反映され、古い形から自由になる統一志向的で革新的な、

1988年5月15日、全国民の願いを込めた『ハンギョレ新聞』第1号が発刊された。輪転機の前で初代編集局長成裕普とともに。

それも価格の安い新聞があればどんなに良いだろうか、こんな話をしました。その折に、具体的な新聞の形式などに関する腹案を、主に鄭泰基が話しました。例えば、それまでなかった横書きでハングル専用とし、活版印刷ではなくコンピューターでの編集印刷、市民から株主を募集、編集局長は選挙、民主的方式による運営などを掲げた、韓国の新聞史において革命的な新風を吹き起こそうというアイデアは、こうして登場しました。

次に、社長は誰にするか？ 新聞社を運営するにふさわしい権威がなければならず、国民的・大衆的に尊敬される人物で、精神的・人格的に象徴になる人物と意見は一致しました。最初に候補にあがったのは釜山の金廷漢《キムジョンハン》先生です。金先生は植民地権力に屈服することなく独立運動に加わり、投獄経験もある文学者でした。作品を通じて日本の侵略戦争を支持し、日本を称賛した作家たちとは異り、自己の信条を貫いた高潔な人格者です。李承晩時代には権力から憎まれ、釜山大学教授の仕事から早々と追放されたこともあり、心の痛む時代を大衆とともに涙を流された方です。こうした経歴から尊敬を受ける知識人の象徴ともいえる金廷漢先生を、初代社長として推戴したいと考えたのです。

そう考えてから、私はバークレー校に向かいました。その間、韓国では鄭泰基、任在慶、李炳注らが解雇された記者たちを集めて創刊準備を始めました。しかし、金廷漢先生が社長のポストを固辞されたため、次に宋建鎬《ソンゴノ》氏に回ったのです。バークレー校から帰ってみると、安国洞《アングッドン》に事務室を借り、創刊準備はかなり進んでいました。それから私は漢陽《ハニャン》大学に通いながら、新聞社の創設にかかわることになったのです。

任　先生はどのような役割を担当されましたか？

李　論説顧問、理事というポストでした。何はともあれ、『ハンギョレ新聞』は八八年五月一五日に創刊され、印刷機から最初の新聞が回転しながら姿を現したときの感激は言葉では言い尽くせません。この二〇～三〇年間の反独裁闘争が、この瞬間にこの一枚の新聞で決算されたと思うと、感激で胸がいっぱいになりました。みんなが涙を流しましたが、本当に素晴らしいことでした。

五〇年ぶりに見た故郷大館

任軒永　この頃、世界の歴史は大変な速度で転回しました。中国が市場経済に転換すると発表し、東欧と南アフリカの民主化運動が韓国に劣らず熾烈になりました。国内では八八年に民主社会のための弁護士会（五月二八日）、全国言論労働組合連盟（一一月二四日）などが創立されます。また、ソウルオリンピックが開催されました。先生は八八年六月一六日に『ハンギョレ新聞』に、「北の地、私の故郷の写真」というコラムを発表されて世間をあっと言わせました。先生はこんなふうに人を驚かす趣味がおありのようですね。

李泳禧　私は短い文章で、世間の意識の目を開かせる魯迅のエッセイスタイルの文章が好きです。事実、多くの同時代の韓国人に感銘を与えた文章は、長い論文形式の重い評論よりは、原稿用紙で一〇枚か二〇枚ほどの、エスプリの利いた啓蒙的な文章だったと思います。その代表的なものが、八八年の創刊から八九年にかけて寄稿した「ハンギョレ論壇」ですが、反応はとても良かったようです。その論壇については、その前段の話をしなければならないでしょうね。

原稿用紙九枚ほどのその短い文章は、私がバークレー校で経験したことを書いたものです。文章の意図と目的は、軍人政権が北朝鮮の軍事力を過大に宣伝し、北朝鮮の軍隊は一日でソウルを占領できるなどの、でたらめな極右反共主義者の戦争扇動に惑わされてきた国民の頭を、一言で打ち砕くためのものでした。

どんな内容かというと、バークレー校にいたある日、『ニューヨークタイムズ』のある記事が目につきました。読者寄稿欄でしたが、若い男女が結婚式を挙げる予定だが、ありふれた結婚式場では面白くないので、野原でしょうということになった。そうして料金を出せば民間の人工衛星会社が、その場面を撮影してくれるという話を聞いたが、その方法を知りたいという内容でした。とても面白い発想ではありませんか？私はこれに触発され、すぐに二つのことを考えました。一つは民間の人工衛星が地球上のどこでも誰の要請であれ、金さえ出せば精密な写真を撮影してくれるという驚きであり、次はすでに、フランス、オランダやその他の国に、衛星写真を撮影してくれる民間会社が存在し、撮影した写真の精度は非常に高いという事実でした。例えば、トラック・戦車・艦船などの移動を数時間ごとに衛星が回りながら正確に写してくれる事実を知ったのです。

軍事用スパイ人工衛星は、民間の人工衛星よりはるかに高性能で、すでに当時、バスケットボールほどの物体なら、完全に識別できるほど正確にとらえていることを、私はこの文章を通じて国民に知らせてやりたかった。わが軍隊と情報部は、常に国民を脅かすために、北朝鮮は一〇万もの空挺部隊を一夜にして浦項《ポハン》地域にまで投下し、韓国の領土を一瞬のうちに占領するとのデマで国民を欺いてきました。しかし、アメリカとソ連の軍事スパイ衛星は、それぞれ双方の軍隊の移動をお釈迦様が手のひらで遊ぶ孫悟空を見るように、ぬかりなく把握している。だから韓国は北朝鮮を攻撃することはできない、そして北朝鮮も韓国を侵略することはできないという、軍事的現実を知ってもらうために書いたものです。

こうした内容の私の文章が掲載されると、当時、後輩の兄だった空軍参謀次長が「そんなことができるのか？俺は初めて知った。李教授はどうしてこうした驚くべき事実を知っているのか？」と尋ねたというのです。嘆かわしいことではありませんか？私のような一介の民間軍事研究者が知っている軍事情報を、韓国の空軍参謀次長が知らなかったというのですから。この文章を読んだ一般読者の驚きは想像に余るものだったことでしょう。

その後の数日間、離散家族からたくさんの電話がかかってきました。もう少し詳細に知りたいというのです。そこで私の文章の信憑性を立証するために、民間人工衛星会社の所在地を含む会社に関する情報をすべて明らかにしておきました。とにかく、米ソ両国の民間・軍用人工衛星が南北の隅々までうかがって、戦車であれ、部隊であれ、バスケットボールほどの物体についても写真を撮影し、その動きを把握しているので、朝鮮戦争当時のような奇襲攻撃による戦争はまったく不可能になった。騙されてはならないとの言葉で締めくくりました。

この記事はとても大きな衝撃を与えたようです。私はいつもこのように、わが軍部や情報部や極右・反共・反統一的戦争主義者らが、国民を騙し続けて彼らの政権延長を図り、民族の和解を拒否する、そうした主張の仮面を剥がすことを使命と考えてきました。そして一般大衆に向けて真実を明らかにし、理解してもらおうと努力しました。自慢するわけではありませんが、これはかなりの成果を挙げたと思っています。

ところである日、ハンギョレ新聞社のカメラマンが、人目を避けて私を訪ねて来ました。そして板門店《パンムンジョム》会談の取材をした際に、北側の記者から一枚の新聞を、私に渡してくれと頼まれたというのです。私の故郷の平安北道朔州郡《ピョンアンプットサクジュ》大館《テグアン》の写真を撮ってほしいと、私が民間人工衛星会社に依頼をした理由を書いた「ハンギョレ論壇」が出てから、ちょうど一年目になる一九八九年六月一七日付で、北朝鮮の「統一新報」が特集のための取材をしたそうです。そして「編集者注」として「李泳禧教授は五〇年も訪ねることのできない故郷を、切なくも懐かしく思い出しながら、アメリカの人工衛星会社に代金を支払って撮影依頼をしたが、われわれは人工衛星会社の代わりに、直接訪ねて行って李泳禧教授の故郷を取材撮影してきました」という文章が加えられていました。

そのような編集者注に続いて、「とても近いのに長い間会うことができず、遠く離れて暮らしているように思われますが、汽車に乗れば一日で往来できる距離です。五〇年も会えないとは、わが民族の悲しみを物語るものです」とあり、紙面全体を私に関する記事で埋めていました。故郷の大館の写真を七枚も掲載し、私が少年時代に過ごした釣り場、山査子《さんざし》を採りに歩き回った山、煙台峰《ヨンデポン》、そして通った国民学校を訪ねて撮った写真もありました。また、私の同級生という三名を探し出して話を聞いたというのですが、少年時代の面影はなく、歳月の流れで皺だらけの老人になった彼らの顔からは、昔の面影を見いだすことはできませんでした。そして、昔と現在の変貌した大館村の写真も併せて掲載されている。とても感動的でありがたい企画でした。

駐韓アメリカ大使に光州虐殺の責任を問う

任軒永　一九八八年に、先生はわが民族分断史に関する、とても重要な論争をされました。『東亜日報』の五月二七日付に、リリー駐韓アメリカ大使が、光州民主抗争の背後勢力と指摘されたアメリカへの責任追究を誤りとする文章を掲載しました。そこでは光州抗争と大学たちのソウルアメリカ文化院の図書室占拠（八五年五月二三日）についても言及していました。これに対して先生は週刊『平和新聞』の七月三～九日付で、この二つの問題について反論されました。これにさらに、リリー大使が反論しました。現地大使との論争というのは歴史的にも稀なことです。要旨は「光州抗争はアメリカに責任があるのか、ないのか」を巡ってでした。

李泳禧　そうです。光州民主化抗争以後、八〇年代を通して韓国の学生や若者のアメリカに対する感覚が大きく変わり始めました。大きな政治的運動として広がったのです。それでアメリカは、このような民心や意識の変化を恐れるあまり、現地のリリー大使と『東亜日報』が協力して各種の事実に反論し、「アメリカは光州大虐殺に責任はない。全斗煥《チョンドゥファン》軍事政権の行為とアメリカはなんら関連がない」と言い逃れするインタビュー記事を掲載したのです。

全斗煥の光州虐殺事件から七年も後の八八年の時点で、韓国社会と国際社会の意識の変化に狼狽した『東亜日報』とアメリカ政府の企みでした。私は『東亜日報』とリリー大使がこの記事において韓国の大衆を籠絡しようとする企てに、ひどく不愉快になり怒りを覚えました。そこで、Ａ4用紙六枚に英文で抗議書簡を書き、リリー大使に送りました。両者の間ではその後も、二度にわたり公開書簡が往き来しました。植民地時代の朝鮮総督と変わらない駐韓米国大使とただの在野の学者が、こうした重大問題について公開論争をしたのは、解放後初めてのことで、これからもあり得ない記憶すべき事件でした。
大学生のアメリカ文化院図書室の占拠行為、反米デモ、焼身自殺などは、世間から注目されただけに、世界の対米世論の悪化を目論む政治的意図による卑劣な行為と糾弾する内容でした。そこで私は次のように反駁しました。韓国の現代政治史で重要な意味を持つことなので、この文章の一部でも記録として残しておくことが必要だと考えたのです。リリー大使に対する抗議文の書き出しはこうなっています。

反米抗争に踏み出した学生やアメリカを批判する遺書を残して焼身自殺をした趙成晩ら大学生全員は二〇代の若者です。ですから、彼らはいま六〇歳のリリー氏が自分の命を惜しむのと同様に、自分の命を惜しむ人間です。リリー氏の年齢まで生きようとすれば、まだ四〇年以上の時間が残っている彼ら大学生が大切な命を投じたのは、大使が主張されるようにただ世の耳目を引くためだったのでしょうか？もし、あなたとアメリカ政府が韓国学生の行為を、そのように理解しているとすれば、それは学生たちの真意をまったく理解できなかったことを意味します。大学生たちは国民的矜持と自尊心を持つ新しい世代であり、四〇年間、いかなる批判も韓国では認められなかったアメリカ合衆国に対して、正々堂々と意見を表明しようとしたのです。彼らは「反米」（Anti-American）ではなく「愛国者」なのです。

また私は、リリー大使が韓国の学生は「ヒット&ラン」（攻撃してすぐ逃げる）の「卑怯な手法」を使っているという非難に対しては、次のように答えました。

事実、大学生たちは「ヒット&ラン」をしただけではありません。彼らはアメリカ合衆国の建物を占拠しそこに留まり、アメリカに対して自分の見解を公に伝えようと努力しました。大学生を「ヒット&

ラン」する卑怯者だと非難するのは、おそらくアメリカの西部劇で背後から撃つことをタブー視する、いわゆる、アメリカの「映画倫理綱領」を指しているのでしょう。しかし、韓国の大学生は、アメリカ人が西部を占領・統治した時期に（インディアンに対して）決して公正でも、正々堂々でもなかった事実をよく知っています。（中略）アメリカ合衆国は強大な国です。だからアメリカ軍は相手側を「ヒット」して「ラン」する必要はありません。

けれども、「ラン」する人々を侮蔑的な視線で非難するのは強者の論理にほかなりません。大使、一度考えてみて下さい。どうして地球上では多くのテロが、アメリカとアメリカ人を標的に絶え間なく行われるのか、大使が少しでも真摯にお考えになれば、現在の韓国の事態に対しても正しい判断を下すことができるでしょう。世界各地においてそれらの人々の闘争方法は「ヒット&ラン」なのです。アメリカは彼らの行為を非難しますが、アメリカが開発途上国の国民や弱小国の国民に対して、公平で正義あふれる行動をとれば、アメリカ人に対するテロ行為は跡形もなく消え去るでしょう。「Strong and Powerful」であるアメリカ合衆国は、どこにおいても「ヒット」した後、その場所にStay、すなわち、留まることができ

"학생 반미시위, 선전 노린 정치극"

미대사관 공격 등 폭력에 호소하는 사람 비판 당연

이영희 교수 - 릴리대사 한·미관계 공개 논쟁

"광주사태 질문엔 왜 답변 못하나"

살인·고문정권 부추긴 미국은 더 큰 폭력 휘둘러

韓国軍部の光州大虐殺事件についてアメリカの無実を主張したミラー駐韓アメリカ大使に対して、アメリカ政府の黙認・幇助の事実を挙げて論駁した私の意見を掲載した「平和新聞」の紙上論争記事（1988年7月3日～9日、）。

ます。ですが、弱い者たちはアメリカを「ヒット」して「ラン」するしか道はありません。この二つの行動様式の間に、いかなる道徳的差異がありますか？　違いといえば、ただアメリカは強く、相手は弱いということだけです。……ニカラグアを見て下さい。ホンジュラスを、エルサルバドルを、そしてパナマを見て下さい。ラテンアメリカのそれらの国々で、どんなことが行われていますか？

もし、韓国人はそれらの国々でのアメリカの行動に関して知らないだろうと考えているとすれば、それはアメリカの傲慢さと認識錯誤のゆえと言わねばならないでしょう。あなた方が主張する韓国人のアメリカに関する「誤解」は、アメリカがそのような行動方式を変えたときに、初めて消滅するだろうと思います。アメリカはまさに韓国人のその「誤解」からも学ぶことが多いでしょう。そうなった時に初めて、韓米両国間の不幸が祝福に変わることができるのです。貴下のご健闘を祈ります。

李泳禧

アメリカ軍がこの地にいる限り

任軒永　ところで、なぜそれを『平和新聞』に掲載されたのですか？　なぜ、もっと影響力のある新聞に掲載できなかったのですか？

李泳禧　私はこの反論を東亜日報に提供したのですが、掲載を拒絶されました。ところが、キム・ジョンナム氏が関わっていた『平和新聞』が、ちょうど光州問題を扱っていました。アメリカ大使館の公報官と親しい韓国人の友人がいましたが、その友人の話では、私の文章が『平和新聞』に掲載されたのは日曜日でしたが、大使館の政治担当のアメリカ人と韓国人職員の翻訳班が全員緊急動員されたそうです。大使館が蜂の巣を突いたような騒ぎになり、直ちに翻訳しろとの指示によって数人がかかりっきりで作業をして、ワシントンに報告しました。そうして六月一七日に、リリー大使が私の文章への回答を兼ねた反論の文章ができ上がりました。

アメリカ大使はその後、またしても私の反論に対する自分の主張を展開しました。そこで私はアメリカ大使に、今後反論をする場合には、新聞紙上ではなく韓国の国民みんなが分かるように公開討論をしよう。私はあなたと充分に英語で対話もできるし、私がアメリカ大使館に行って話をすることもできる。しかし、これまで韓米問題において常に英語で対話をし、米国大使館が指示する場所や時間と方法で行わなければならなかった韓国知識人のアメリカ追従的な古い方法に私は従いたくない。だからあなたは英語で話して、私は韓国語で話そう。そのようなことを書きました。それでリリー大使との紙上攻防の第二ラウンドは終わりました。

任　私もその記事を見ました。先生が項目ごとに明らかにされたことについて、リリー大使の二度目の書信形式の文章は、まったく何も解明できないままでした。つまり、論理的反論はまったくなく、リリー大使が強調するのは、韓国の学生運動のデモの形態に対する言及だけでした。ですから、リリー大使は、先生が列挙された論点を論理的に否定できないまま終わってしまったのです。

李　こうした問題を緻密に分析するのが私の特技なので、完璧に反論しました。するとアメリカの人権問題研究機関などがこれを全文報道しました。

任　先生は、アメリカの介入は八〇年の光州民主化抗争に対してだけでなく、四五年の日本の敗北と朝鮮の解放の後から朝鮮戦争に至るまで、さらに六〇年に李承晩大統領を辞任に追い込んだ四月学生革命、六一年の朴正煕少将による軍事クーデターなど、韓国現代史のすべての事件にアメリカは深く関与し、継続的に介入してきたことを指摘されました。リリー大使が、その文章の中で「現地に司令官はいなかった」というのは、まったくナンセンスでした。

李　幼稚な言い訳にすぎません。

任　わが国だけでなく、他の国々でもアメリカ大使の影響を考えるようになります。一九八〇年の光州民主化抗争が起きた当時は、リリー大使の在任期間ではなかったのではありませんか？

李　大使というものは、どの時期に着任しても、本国政府を全面的に代表する「全権大使」なので、本国が行った事態に対しては、自分の任期中かどうかは関係ありません。

任　当時はとても反米デモが激しかった時期でした。ところで、私が見るところ、リリー大使の言葉は、むしろ反米デモを煽るものになったと思うのですが、どんな意図と見るべきでしょうか？　そんな根も葉もない言葉が韓国国民に伝わると思っていたのでしょうか？

李　実際に韓国の人々には、アメリカが光州大虐殺に関与していたのかどうかについて、その当時まだ「確証」がなかった。八〇年代になり先鋭的に対米意識に目覚めた活動家の面々を除けば、大部分の国民は、やはりアメリカは関係がなく、全斗煥《チョンドゥファン》軍事政権が独自に犯した犯罪であろうと考えていました。リリー大使が説明すれば、ほぼそのまま受け入れられるはずでした。駐韓大使の立場では、韓国世論の悪化と学生の反米運動を放任すれば、職務怠慢として重大な問責原因になるので、あのような文章を通じて対応したのは当然だったでしょう。

任　私の常識では、何らかの懐柔策を講ずるべきなのに、なぜあのように正面から否定する文章を書いたのだろうと思いました。明らかに、アメリカは何でもできるというデモンストレーションだったようです。

李　いや、そうではありません。それはアメリカとしては当然です。アメリカ側の判断ミスというよりは、韓国人の大部分が拝米的で、アメリカは絶対そんな悪いことをするはずがないと考えていたので、米国を崇拝する勢力に加勢して局面を転換させようとしたのに、思いもよらない示威行動が起きたので、駐韓大使としては、何らか釈明をしなければならないという職務上の責任があった。当然の任務遂行と見ることができます。世界のどこでも同じですね。

任　二〇〇二年に楊州《ヤンジュ》で起きた米軍の装甲車による、女子中学生轢殺事件への対応もまったく同じではありませんか？

李　そう言うこともできるでしょうが、光州大虐殺と女子中学生の轢殺事件は少し違います。両国関係を規制する法的・政治的解釈が異なります。光州の事態に対しては、韓国の作戦指揮権は国内の騒擾を鎮圧するにあたり、アメリカの指揮権と関係はなく独自にできるという主張であり、女子中学生の事件の場合は、韓米防衛条約第四条を根拠に作られた駐韓米軍の法的地位協定、すなわち、ＳＯＦＡ〔U.S.-South Korea Status of Forces Agreement（大韓民国とアメリカ合衆国との間の相互防衛条約第四条に基づく、施設及び区域並びに大韓民国における合衆国軍隊の地位に関する協定）〕に立脚し、アメリカ軍が公的業務を遂行する際に起きた韓国国民の被害に対して、米国軍隊は責任を負わないとなっているために、女子中学生轢殺事件の場合は、アメリカがそれを根拠にして合法的と主張するのです。当事者を形式上軍事裁判に回付すると無罪判決が出ました。ＳＯＦＡの法的解釈に基づいたものです。前者は作戦指揮官または韓米両国関係の政治的問題であり、後者、すなわち女子中学生轢殺事件の場合は、協定条項の法律解釈の問題です。

任　事件の性格と法的対応は違っても、どんな事件であれ、それに対する姿勢は、つまり自分たちに間違いはないという論理になっていますね。その姿勢は昔も今もまったく変わって変っていないようです。

李　アメリカの軍隊が駐屯することで発生する問題に関する基本姿勢に変化はありません。女子中学生轢殺事件が起きてから二年が経過し、私とリリー大使との論争があって一五年が過ぎた二〇〇四年の現時点でも、状況は変わっていません。アメリカは国連安全保障理事会で、世界の平和維持軍として配属された米軍が犯した犯罪行為に対しては、どこの国でも、また、どんな司法機関の法的裁判からも免除されるとの協定を各国と締結し、国連に強制的に承認させました。旧ソ連圏の九カ国とは援助提供という買収方法で、これに応じない他の国連加盟国には、強要して同意書を取り付けました。それを国連安保理事会に提出して採択させました。莫大な金と力を利用し、アメリカが政治・外交的暴力を行使したケースです。本質的な問題とは関係のないアメリカの政策貫徹のための、常套的な手法である買収と脅迫にほかなりません。

任　先生が当時リリー大使と論争した内容を、女子中学生轢殺事件みたいに、すべての国民が知ることができるように、メディアが報道していたら、どうなっていたのでしょうか？　果たして全斗煥の独裁は可能だったでしょうか？

李　難しかっただろうと思いますね。女子中学生死亡以後の知識人、学生、一般市民の対米意識の変化と、正当な民族意識の高揚は、光州事態のときにはなかったものです。光州事態と女子中学生轢殺事件を比較すると、それだけ国民の意識水準が進歩し高揚したことが分かります。そのために、アメリカは二〇〇三年六月一三日に、米軍師団内の教会で、海軍司令官とアメリカ大使が参席した追悼礼拝もどきを開くことになったのです。

国防部と情報機関を揺るがした論文

任軒永　先生は八八年に「南北韓戦争遂行能力の比較研究」を、ハンギル社が発行する『社会と思想』誌に発表されました。おそらく、この文章が最も衝撃的な文章だったと思います。当時、どんな軍事専門家も想像できなかった冷戦イデオロギーに対する批判として書かれた文章ですね。わが国の進歩的な人々でさえも衝撃を受けた文章でした。ここに使った資料はどのようにして入手されたのですか？

李泳禧　その文章は完全に論文としての形式と内容を備えたもので、そうした論文としては私の多くの軍事関係論文の中でも画期的なものです。使用した分析資料はアメリカ・日本・イギリス、そして国内の資料です。私が作成した論文の資料は北韓やソ連の政府と学者のものは一切使いませんでした。そうしたものを使用すると、すぐに反論を受けることがあるからです。だから完全に韓国軍とアメリカの国防部と情報部そして西側諸国の資料だけで書きました。実は、この論文だけでなく、私はその前から多数の軍事関係の論文を執筆してきました。各分野にわたり多方面に文章を書いてきましたが、アメリカの核軍事力とその戦略、核兵器の種類、特に韓国に配置された核戦力の現況、指揮命令系統などと駐韓米軍の問題、韓米防衛条約の問題については、かなり深刻な問題提起をしてきました。

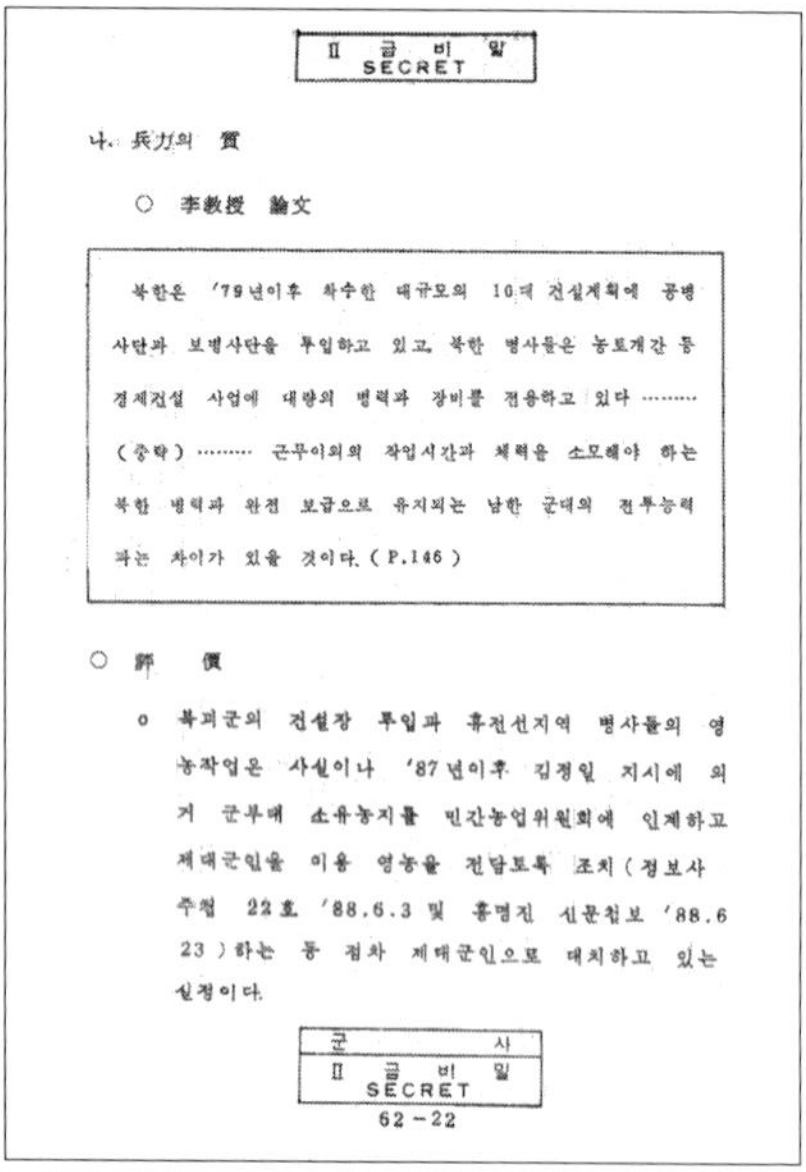

Ⅱ 급 비 밀
SECRET

나. 兵力의 質

○ 李敎授 論文

북한은 '79년이후 착수한 대규모의 10대 건설계획에 공병사단과 보병사단을 투입하고 있고, 북한 병사들은 농토개간 등 경제건설 사업에 대량의 병력과 장비를 전용하고 있다 ……… (중략) ……… 근무이외의 작업시간과 체력을 소모해야 하는 북한 병력과 완전 보급으로 유지되는 남한 군대의 전투능력과는 차이가 있을 것이다. (P.146)

○ 評 價

o 북괴군의 건설장 투입과 휴전선지역 병사들의 영농작업은 사실이나 '87년이후 김정일 지시에 의거 군부대 소유농지를 민간농업위원회에 인계하고 제대군인을 이용 영농을 전담토록 조치(정보사 주첩 22호 '88.6.3 및 홍명진 신문철보 '88.6 23)하는 등 점차 제대군인으로 대치하고 있는 실정이다.

군 사
Ⅱ 급 비 밀
SECRET
62－22

国防部の秘密文書は、私の論文「南北韓戦争遂行能力の比較研究」がいかに国防部を震撼させたかを端的に物語っている。

この論文は、最初、国会の統一政策特別委員会が八八年八月四日に行った、北朝鮮軍の対南戦略と双方の軍事力の比較に関する公聴会に招かれて話した趣旨を要約したものです。一カ月後に『社会と思想』の九月号に補充・整理した全文が掲載され、九〇年に刊行した『自由人』〔汎友社〕に収録されました。研究論文は歴代軍部独裁政権とその権力基盤である狂信的な各種の極右・反共勢力が、彼らの永久執権のために、北朝鮮の軍事的優越性を不当に誇張し、故意に対北朝鮮への恐怖や不安を醸成し、誰もがそれを信じていた時期に、彼らの主張や宣伝が真実ではないと論証するために発表された、わが国で初めて公開された研究結果です。この論文が国会で公開され、その後、出版物になって社会に紹介されたので、俄然、世論が沸き立ちました。政府（軍）は従来の軍事機密主義及び「南侵危機論」の不当性を悟り、対国民広報用として三カ月の間に大急ぎで国防関係の資料を六部三六〇ページに編纂し、大韓民国建国後、初めての『国防白書一九八八年』を発刊しました（八八年一二月発行）。続いて九〇年には『白書』の構成と内容の向上を期し、『国防白書一九九〇年』（九〇年一一月発行）では、ついに韓国の軍事的・質的優位と総合的戦争遂行能力の優位を認めるようになりました。私の論文が幾つかの重要な軍事的変化をもたらしたようです。

この軍事関係の文書について、なぜ私がこのような文書を書くことができたのか、と怪訝に思う人が多いようです。実は、以前からずっと書いてきたたぐいの文書でしたが、決定的にここで大きなモーメントを築いたのです。言うなれば、分断五〇年後の固定された迷信、誰も疑おうとしなかった信仰のような偽りの偶像を破壊したのです。この論文が掲載されたのはたぶん秋頃でした。

『社会と思想』誌に掲載されるととても大きな反響を引き起こしました。ソウル城東《ソンドン》区《ク》華陽洞《ファヤンドン》に住んでいたその年の秋のある日のこと、庭に雪が積もりました。朝起きて外に出て見ると、塀越しに封筒が雪の上に落ちていたのです。拾って見てびっくり仰天しました。私の論文を巡って、国防部と各軍の研究班と安企部など軍事情報関係機関の専門家が集まって検討会議を設けたことを知らせるものだったのです。私の論文に反論したり、批評したり、総合的に緻密な分析作業をした結果の最終報告書が封筒の中に入っていました。「二級秘密」の印が押された極秘扱いの文書でした。私は今でも、あの雪の降る夜に、誰がそれをわが家の庭に投げ込んだのか分かりません。軍や政府の中にいる、私の論文に共鳴する人物ではないかと思いますが、確かめることはできない。私の論文が政府に大きな衝撃を与えたことを立証するものでしょう。国民と社会が受けた衝撃も大変なものでした。今でもその秘密文書は手元に残してあります。

任　それをご覧になって、納得できるような一節はありましたか

李　一つか二つの戦術的な数字に絡んだ批判と反論がありましたが、戦略的な側面ではさほど見られなかった。この論文以外にも、軍の戦略・武器・戦争などに関して沢山の文章を書きました。私がどうしてこうした軍事的な文章を書くことができたかを、私の経歴と関連して簡単に説明する必要があるでしょうね。

私は朝鮮戦争に参加し、アメリカの顧問官らと七年間一緒に過ごしました。前線にいた三年半は、いつも彼らと一緒でした。休戦後の後方勤務の三年半は寝起きを共にすることはなかったのですが、いつも一緒に業務に当たりました。前線での三年半は一緒に暮らし、戦争に関する連隊や師団の戦術・戦略会議と討議にいつも参加しました。顧問官が持っている軍事マニュアル、すなわち、軍事学教本はたくさん読みました。戦闘がないときは、いつもそれらを見ていたのです。アメリカの正規の陸軍士官学校であるウエストポイントを卒業したある少佐は、最前線でも一人で大きな野戦用テントを張り、あらゆる戦略地図をテントの壁面

に貼りつけ、文献などの研究をしていました。

クラウゼヴィッツ、ナポレオン、マッカーサー、ブラッドレー、レーニン、トロツキー、第二次世界大戦中のドイツ軍の戦略家、そして毛沢東と古代中国の戦略家である孫子に関する翻訳版書籍、米軍の主要武器と武力体制、そしてソ連軍と中国軍に関する同じテーマの書籍を、その顧問官の蔵書から借りて暇があるたびに読みました。私は軍隊や戦争は好きではありませんが、戦略や戦術の緻密な構想と運営方法に対しては深い興味を持ちました。朝鮮戦争当時の米・ソ・中の武器類についても、私は精密機械と物理学に対する基本知識があったので、それぞれの特徴などを容易に把握することができました。だから私は、韓国軍の師団長クラスでも知らないレベルの軍事知識を持つようになったのです。これは無駄にはなりませんでした。

韓国軍の小隊長・中隊長・大隊長・連隊長であれば、せいぜい翻訳された陸軍歩兵教本の数冊ほどを、六カ月間の士官学校の課程で読みますが、私は、それらはもちろんのこと、アメリカ軍の戦術・戦略書などの軍事教本を原文で読みました。その後、ジャーナリズムに入ってからは、南北朝鮮関係・ベトナム戦争・南北韓軍隊の非武装地帯問題、戦争休戦協定などに関して書かなければならないので、軍事関係資料を新たに何冊も入手しました。朝鮮戦争で蓄積された知識のうえに、六〇~七〇年代の現実で知らねばならない新しい情報と知識が総合され、私なりの観点と理論を持つようになったのです。

バークレー校に在職中に買い集めた本は、大きく三つの分野に分けることができます。まず第三世界の革命運動関係の書籍、次に軍事関係の書籍、そしてアメリカCIAなどの陰謀・工作の実態に関する書籍でした。

私は質の高い国際軍事問題と戦略、アメリカの国防政策を研究・分析・批判する研究所が発行する『The Defense Monitor』の韓国での唯一の購読者でした。一九五九年にアメリカに行ったときには、その研究所を訪ね、研究所の副所長であるラロック軍退役少将と個人的なつながりができました。その後、研究所から出される様々なハイレベルな国防・軍事情報の資料を受け取って読みました。八〇年代になり、私の文章と情報の影響を受けて軍事問題の研究を始めた後輩が、私の軍事関係の情報にはとてもついていけない、私が持つニュースソースを知らせてくれないかと申し出ました。それで先ほどの研究所とそこの出版物を知らせてやりました。それから後輩たちが軍事関係の研究所でその情報を利用できるようになったのです。

任　先生でなければ決してできないことでしたね。軍事問題をこのように深く研究するようになった直接的な動機は何ですか？

李　二つに要約できるでしょう。第一は韓半島における軍事的対立の危機という直接的な現実で、第二は世界各地で米・ソの強大国が介入する大小の戦争が終息せず、国際情勢に影響を与えているからです。これがその後、アメリカが世界各地で繰り広げる様々な戦争を分析・解釈する際に大きな助けとなりました。

私の「南北韓戦争遂行能力の比較研究」という論文が投げかけた衝撃があまりにも大きかったために、国会の国防統一委員会に出て、国会議員のための公開討論会で証言してほしいと頼まれました。朴寛用《パクグァンヨン》委員長が司会をし、私に対する反論提起者として出てきた方が、過去に軍の情報司令官をし、二〇年余り情報系統だけを専門にしたという金某という退役中将でした。この男が主に私に対する反論と問題提起をしました。午前一〇時に始まり、多くの国会議員は私が提示した内容が新しい知識であるうえに、まったく想像外の事実を知ることになったので、継続して聴くことを希望しました。そのために、発表・討論会が終わり夕食を食べに行ったのは、夜の一〇時を過ぎていました。だから昼食時間を含めて、一二時間ぶっ通しの打ち合わせだったのです。私は一つひとつすべてに答弁して反論しました。彼らがまったく考えてもいなかった判断材料で分析したので、統一院長官の李洪九《イホング》教授も、私の論文の内容に対して有効な反論をさほどできなかったのです。

二〇年の中国研究を後輩に託す思い

任軒永　その論文は北韓軍事力の絶対優位という神話を疑わせ、国民に反共独裁を押しつけた独裁政権の正当性が揺らぐ契機になりましたが、今でも「北からの脅威論」は極右派の専売特許になっています。その当時、朴玄埰《パクヒョンチェ》先生がその文章を読んで「本当によく書いた。しかし、実に残念だ」と言われたことが脳裏から離れません。そんな一九七五年を前後して、北韓が南韓に遅れをとるようになり、この頃には比較にならないほど格差が生まれてしまった歴史的な現実を鋭く指摘するものでした。八九年も激変の連続でした。全国農民運動連合が結成されて（三月一日）、黄晳暎《ファンソギョン》（三月二〇日）、文益煥《ムンイックァン》（三月二五日）、林秀卿《イムスギョン》（七月一日）と北朝鮮訪問が強行されました。また、全国教職員労働組合が結成されました（五月二八日）。

李泳禧　わが国の国内情勢では、ある特定の年がそうだったと言うよりも、どの年もその程度の変化や動きが続きました。私はそうした情勢の変化に対して感覚は鋭いほうでしたが、任さんが言われた国内政治・社会的事件などよりも、主に世界的問題と国際政治の変化に関心がありました。イランでアメリカとその手先のパーレビ政権を追い出したホメイニのイスラム革命の展開、レーガン政権の対テヘラン戦争の開始、アメリカの支援を受けたイラクのフセインによるイラン攻撃と八年間の戦争、アメリカのアフガニスタン戦争、ニカラグア農民革命政権打倒のためのアメリカ主導の軍事作戦の地域戦争への拡大、それによる旧地主・資本家勢力の政権再掌握などの事態に、私は悲しい日々を送りました。

一方、中国では私を喜ばせる歴史的事態がありました。イギリス帝国主義が一二〇年間も支配してきた香港を、ついに本来の持ち主である中国人民に返還したことです。私はイギリス帝国主義が最後まで踏みとどまり、必死のあがきをした香港返還条約の調印式を見ながら、中国人民自身よりも喜びました。

けれども、同じ頃に中国に関しては残念な体験もしました。鄧小平が名実ともに中国の最高権力者に推戴され、改革開放政策とともに資本主義導入に拍車をかけたのが八〇年代の初期でした。中国と中国人の物質生活の向上のために、当然進むべき道だったのです。しかし同時に、資本主義化する中国についての研究は、もはや私の任務ではないと悟りました。私は人間の営みの第三の道として、中国社会主義の実験場としての中国革命の研究に情熱を傾けてきたのですが、資本主義中国であれば、伝統的な西欧・アメリカ式経済の研究家の役割だと考えて断念しました。この時から私は、いわゆる「中国研究」から手を引き、当然ながら文章も書かなくなりました。「すっきりし、心残りでもある」という、そのときの私の心情を理解いただけるでしょうか？　そして私の書斎の壁の一角を占める、中国革命関係の文献と資料を眺めると万感の思いが交差します。それらはあらゆる困難を顧みず、食費も節約して、そしてたびたび身辺の危機と災難を覚悟しながら入手した数々だったからです。今後の研究は私の後を継いでくれる、多くの新進気鋭の後輩・後学の方々の仕事になるでしょう。

そう決めてからは、私の研究方向と情熱は、南北の民族関係の問題と統一問題、そして統一までの過程で予想される戦争の回避、軍縮、軍事的協力、休戦ライン問題、アメリカによる依然として変わらない、韓半島での戦争勃発の可能性、それらに関する具体的な問題に集中しました。

五三年の休戦協定問題、特にアメリカの朝鮮半島での戦争のための核戦力とその使用レベル、あらゆる問題の始発点であり中心的要因である韓米の軍事関係、韓米防衛条約と行政協定問題、韓米両国軍の武器と装備、そして韓国軍の戦力・理念・組織概念、南北の戦力比較などに研究を集中するようになりました。

とりわけ、九四年のアメリカと北朝鮮の「核」の軋轢と、それを原因とするアメリカと「北」との戦争に対する準備と決議、「チームスピリット」という恒例の核戦争予備訓練、韓半島の危機状況と世界の主要諸国の反応分析と政策など、私の情熱と頭脳と時間を必要とする研究対象はあまりにも多く、複雑で難しいものでした。ここでも、満足にはほど遠いものでしたが、目に見える成果を提示できたと自負しています。

私はいつどんな問題に関しても「啓蒙者」だったようです。韓国国民がまったく知ることができないでいる自分たちの運命に関する重要な事実と真実、それらを明らかにし、彼らの「意識の目」を開くようにすることが、自分に課した責務でした。

この当時、断続的に書いていた日記をめくると、ほぼ毎日のように、私の文章と著書に対する脅迫電話があったという、妻の言葉が目につきます。「労働者の暴動を扇動した」「国家の安全に逆行する内容」「軍の士気を低下させた」などと様々です。軍の保安司が文公部〔現在の文化公報部〕に対して、「『分断を越えて』（ハンギル社、一九八四年）は軍の士気を損ない軍の威信を傷つけるものなので販売禁止にせよ」とか、収録された原稿用紙五〇〇枚分の「戦場と人間」〔邦訳版『分断民族の苦悩』に収録〕を「すべて削除しろ」と圧力を加えてきたという、ハンギル社の金彦鎬《キムオノ》社長からの話もありました。「あきれた話だ！　いったい、いつの時代の話だ！　そのうえ、軍が何やら神聖不可侵のように錯覚（あるいは確信）している、これでは今後が思いやられる」という私の感想が書かれていました。

廃刊の危機に追い込まれた『ハンギョレ』

任軒永　先生は八九年四月に、また事件に巻き込まれました。『ハンギョレ新聞』の「創刊一周年記念、北朝鮮取材記者団訪北企画」に加わったとして、安企部に拘束・起訴されましたね。

李泳禧　その当時はすでに全世界的にも冷戦が終わって和解・交流の機運が高まり、南北の間でも冷戦の峠を越える様々な動きが現れていました。新聞、とりわけ『ハンギョレ』〔同胞〕の紙名を掲げる進歩的新聞の時代的使命として、北朝鮮を直接訪問して現場取材をし、報道するのは当然でしょう。それで、新聞創刊一周年事業として記者団の訪北取材を構想しました。私が拘束される前の四、五日の間に不思議な兆候がありました。カナダのトロント大学から私を学会に招請すると提案がありました。それでＦＡＸのやり取りをしたのですが、先方が送ってきたＦＡＸのうち、毎回一枚が欠けているのです。後から分かったことですが、私あてのＦＡＸはすべて関係機関でチェックしていたのです。私たちが企画した『ハンギョレ』創刊一周年記念特別事業としての北朝鮮取材記者団訪北構想を知り、私とトロント大学とのＦＡＸのやり取りを、北韓へ密入国しようとしていると疑っていたらしい。

私はこの件で、東京へ行き岩波書店の安江良介氏に会い、北側の主要人物に紹介状を書いてくださいと依頼しました。紹介状では私のことに触れ、また『ハンギョレ』の北朝鮮取材は時代的必然性によるものだと書いてありました。これを持ち帰り、自宅のキャビネットに入れておきました。ちょうど文益煥《ムンイクアン》牧師が東京に亡命していた文筆家鄭敬謨《チョンギョンモ》氏とともに平壌《ピョンヤン》に入ってから、おおよそ一週間ほど経った頃です。ところが、私が日本に行っているあいだに文益煥牧師も東京にいたのです。それで文益煥牧師が東京にいる時に、私は鄭敬謨氏と会って親交を深めました。そして、その翌日に鄭敬謨氏と文牧師が東京を出発して北朝鮮に入ったので、捜査機関は当然、私に対しても疑ったのでしょう。

ところが、鄭敬謨氏と会った際に、彼は自分たちの北朝鮮行きの計画を、私には一言も語りませんでした。私は新聞とニュースを見て初めて彼らの訪朝を知ったのです。ですから、当然、安企部では、文牧師が東京にいる時の動きと、軍部政権に反対する鄭敬謨氏を常に追跡していたので、私が彼と夕食をともにしていたことは、すべて察知していたと思われます。私は日本から帰国し、トロント大学の教授からＦＡＸを受けているので、私が北に入ろうとしているのを知っていたようです。私は文牧師が北朝鮮に到着した事実が報道された二日後に、いきなり連行されました。家宅捜査をして、私のキャビネットまで探しまわり、よりによって安江氏の紹介状が出てきたのです。それでなすすべもなく手錠をかけられました。

任　安江良介氏についてお話し下さい。

李　安江良介氏は『世界』誌を通じて日本の反戦・平和・民主主義・国家政策の改革などの前衛的な問題とその分野において大きな影響力を発揮した方です。その後、九〇年代には、日本最高の知性を代表する出版社である岩波書店の社長になりました。つまり、日本の右翼化・再軍備・天皇主義とあまりに隷属的な日米軍事同盟などに反旗を翻しました。日本の「平和憲法」を改正して、軍事大国化への道を開く、かつての日本軍部の脈絡を継ぐ勢力と財閥、右翼反共主義勢力に立ち向かう、日本の世論形成の先鋒に立ちました。

彼が岩波にいた一九六七年に、日本の進歩的知識人の代表的存在である美濃部亮吉氏が東京都知事に当選すると、彼は美濃部知事の要請を受けて、六七年から七〇年まで三年間、都知事の右腕となる特別秘書を務めました。革新系として最初で最後だった美濃部亮吉氏が知事だった六七年から七九年までの十二年間が、

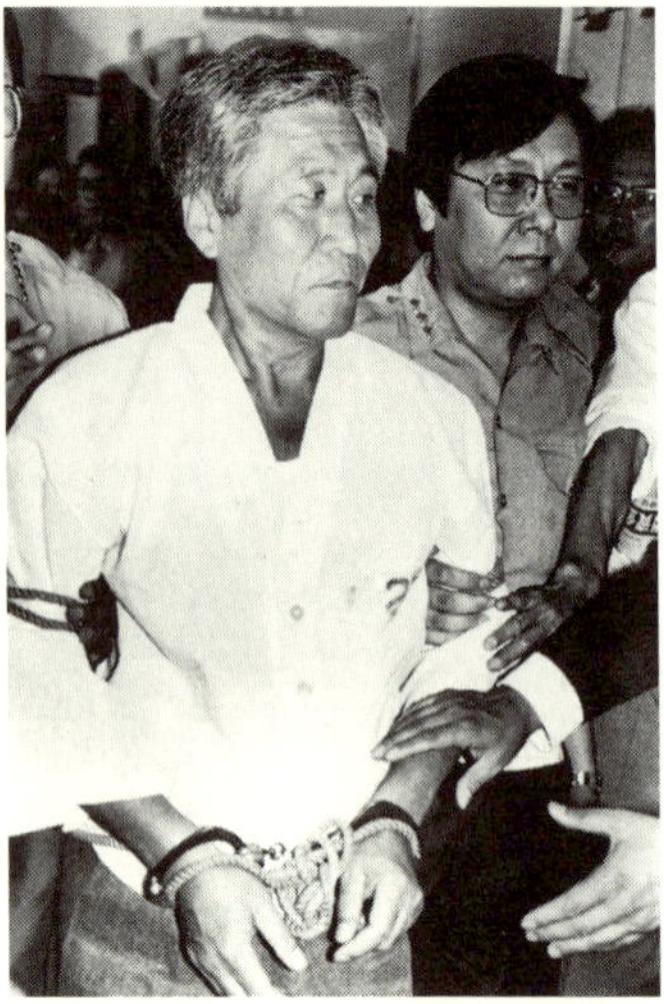

「ハンギョレ新聞」創刊一周年記念訪朝取材記者団の企画事件で、ソウル拘置所に拘束され検察の捜査を受けに行く。

敗戦後日本の政治で首都東京都が革新・平和路線において重要な役割を果たした時期でした。雑誌『世界』は八〇年代までは韓国で読むことは不可能で、持っているだけでも当局に連行されました。安江良介氏は南北の和解を図り、韓半島で戦争が勃発しないように、東北アジア全体の平和構築という大きな視野から北朝鮮を訪問し、金日成主席との親交を深めていました。彼は確か平壌を五回訪ねています。金主席の資本主義社会に対する深い視野や、特にアメリカ、日本の北朝鮮に対する知識は、安江社長の力添えによるものであることが知られています。

任　鄭敬謨氏についてはどうお考えでしたか？

李　私は鄭敬謨氏に「北」訪問計画があることを知りませんでした。鄭敬謨氏が日本国内で韓国の独裁政権に対する反対運動の先頭に立ち、文筆活動をしていることは知っていましたが、文益煥牧師と一緒に入北するという、そんな世界観と行動スタイルを持つ人物とは知りませんでした。だから当然のように、安江社長に依頼したのです。私の文章は『世界』に何度か翻訳されて紹介されました。安江社長はそうした縁で快く紹介状を書いてくれました。金主席が『世界』に掲載された私の論文を読んで「こんなに透徹した民族的良心を持つ知識人が韓国にいるのは喜ばしいことだ」と語ったと、安江社長が伝えてくれたこともありました。金主席は抗日独立運動の闘士ですが、日帝時代に中学校を出ているので、日本語の本を読むこともできたようです。

任　どこに連行されましたか？

李　安企部です。その時は、政権がハンギョレ新聞社を圧殺しようとしたのに対し、国内外で抗議運動が起こりました。国家保安法の被疑者に対する調査の途中で、弁護士と家族の面会を許可したのは国家保安法の歴史では初めてのことだと言いながら、私を中部警察署に連行し、妻と弁護人団との面談をさせてやると言いました。洪性宇《ホンソンウ》、韓勝憲《ハンスンホン》、趙英来《チョヨンレ》と三人の弁護士と妻が一緒に来てくれました。私が拷問を受けていないことを立証しようというのです。

参考人としては、任在慶《イムジェギョン》ハンギョレ新聞副社長、鄭泰基《チョンテギ》総務局長の二人が呼び出されて苦労したようですが、起訴はされずに、裁判は私一人が受けました。政権はこの事件で『ハンギョレ』を廃刊にしようと、強い圧力を加えました。創刊一年にもならないハンギョレ新聞社が、文来洞《ムルレドン》のある機械工場を借りていた時でした。警察と情報部の要員数百人が、何日も新聞社の社屋を包囲し、廃刊を迫るのでした。ハンギョレ新聞社は「風前の灯」で危機に直面しました。本当に苦しい試練を味わいました。私は意外にも新しいソウル矯導所に収監されていたのですが、実は、私が数回経験した他の矯導所よりははるかに良い待遇でした。部屋ごとに水道もトイレもあったからです。

李泳禧裁判と『ハンギョレ』危機の関係

任軒永　法廷ではいかがでしたか？

李泳禧　国家保安法における不法脱出・入国陰謀罪とかで起訴されました。比較的順調な公判を終えて、六カ月経過してから出て来ました。それでも有罪は避けられなかった。『ハンギョレ』は創刊一年目で、かなりの初期投資が必要だったため、五万名の株主から少しずつ出資された資産がほとんど底をつき、極めて困難な状況にありました。それで百億ウォンを目標に「発展基金」を募集しようとしていました。ところが、折しもこの事件が起こり私が投獄されたため、株主各位の危機感を刺激したらしい。八八年の八月から翌八九年六月まで、目標額をはるかに超える寄付金が続々と寄せられました。読者の怒濤のような情熱に圧倒され、新聞社は募金を一一九億二千万ウォンで締め切ることになりました。本当に感動的な熱い支持の表われでした。こうして『ハンギョレ』はこの事件を契機に、その意気たるや天を衝かんばかりになりました。私は三度も拘束・起訴されて、妻には本当に申し訳ない気持ちになりました。これは公判の前日、妻あてに書いた手紙です。当時の私の気持ちがうかがえるように思うので、紹介しておきましょう。

愛する妻、英子《ヨンジャ》へ

三〇年ぶりに君の名前を呼んでみると、格別な気持ちになります。毎日、接見で会っていながら、限られた時間にあたふたと多くの話をしようとするものだから、いざ、じっくりとお互いの顔を見ながら話をしようとすると、したい話はできずに時間だけが過ぎ去ってしまいます。今日は先ほどの接見から戻って、この手紙を書き始めています。

明日、一九八九年七月五日の午後四時、裁判所でようやく遮るものもなく君の姿を見ることができるでしょう。とうとう裁判です。君はもちろんでしょうが、大勢の人々、善良なこの社会の市民が「何か裁判までするようなことなのか? 起訴することもできないのに!」と思うことなのですが、権力を握っている者の側では、そうではないことを証明するのです。

中央情報部に連行され＊＊＊＊〔検閲で消された〕〔原文のまま〕で、連日調査した末に、弁護士の強い要求と彼ら自身の社会に対するある種の計算された効果のために、中部警察署で君と弁護士に面会させた場面を覚えていますか? そのときに私が「心の準備をしなければ……」と言うと、君は一言で「いいえ!」と答えました。私は君のその言葉の解釈がちょっと辛かった。君は「これしきのことで」、どうして心の準備までする必要があるのか、そんな「必要はない」という、とても断固とした返事だった。情報部でそれなりの扱いを受けていた私の感覚としては、地下室での感じと外で考える一般的反応にあまりにも差があり、むしろ当惑した。彼らが私をどれほど〇〇〔原文のまま〕のように見なすかの、経験したことのない君は想像できるだろうか? 楽観的に断定したのは当然だろう。結局、保釈申請も無効だったじゃないか？　現在の判事、裁判部（司法部）が独自の判断なんかできるものか。

ついに裁判が開かれることになり、明日、私は法廷の被告人席で、君は傍聴席で、もどかしい気持ちで同じ空間に離れて座ることになった。君は三回目の法廷に立つ夫を見ることになった。私とてそうしたいとは思わない。ハンギョレ新聞の北朝鮮取材報道構想を初めて聞いた時、君が「平穏に暮らしたい」と静かな声で応じたことを、私は今でも鮮明に覚えている。当然の心情だろう。君は個人的な穏やかさや家庭・家族の安らぎよりも公的正義を優先して考えがちな夫のせいで、君や子どもたちの幸せをどんなに犠牲にしてきたことか。君のその気持ちをよく知っている私にしてみれば、明日、再び統一を拒否する者たちによって、裁判の被告人席に立つことになる気持ちは、本当にその辛さは計り知れないものだ。何と言えば君の心の傷を癒し、心の中で流す涙を止めることができるのか分からない。本当にすまない。

ところで昨日、面会の折に家庭内のことで、また君の心に辛い思いをさせてしまった……。君と面会室で別れ、夕食を食べてから暗くなった部屋の上の鉄格子を眺めながら、長いこと反省をした。久しぶりに涙が流れました。「明日、面会に来たら妻の心を慰めてやり、家庭内のことは一切〝君の判断に従おう〟と言わなければ」と心に誓いました。今日、面会の時に君にそう言ったので、いま私の心はとても軽くなりました。私はいまだに憤りを抑えることができないので、これからはもっと修養をしなければと思っている。また、一緒に暮らす日まで努力します。

今日の昼食は、鶏の燻製を温かいお湯に入れてほぐし、フユアオイのスープに入れて食べましたが、本当においしかった。たまには食事が楽しめる時があるのです。今日の昼のテーブルには、間食として出た麦飯、フユアオイのスープ、カクテギ、即席カクテギ、そして青唐辛子と味噌です。これが新鮮な味覚を刺激したようです。さらに、少しずつ添えて食べるのがニンニクの醤油漬、海苔、ゆで卵一つ（これらは〝間食〟として購買するもの）。

「ハンギョレ新聞」創刊記念訪朝企画事件の裁判で、傍聴席の妻に「何度も苦労させてすまない」と言った瞬間、刑務官が慌てて制止する姿を、ある傍聴者が撮った写真。

明日の裁判は君の当初の期待とは違って、周辺の外的状況が落ち着かないなかで開かれるので、好ましい展開を予想することは難しそうです。また、判事という者が、過去の政権に忠誠を尽くした「五共判事」〔第五共和国に忠誠を誓った判事〕だから、いっそうそうだろう。そんな者に事件の審理を任せているということなのだ。だから君は心を冷静にし、楽観的な結果を期待して、失望で挫折することのないようにしなさい。

明日、法廷で会いましょう。出入口近くの席にいて、ちょっと手でも触れることができればよいのだが……。もちろん、この手紙は裁判がすっかり終わった数日後に、君の手に配達されるだろう。傍聴席で君がどんなに気をもんで座っていることだろう。時々振り返って見ることにしよう。君がいつも願うように、毅然として裁判に臨まなければならない。これほど沢山の人々が、統一の意志のために刑務所にぶち込まれることは、まさに民族の悲劇にほかならない。悲劇そのものです。

最後に、昨日、面会の際に、君の心を傷つけたことをもう一度お詫びします。私は君の心を傷つけようとしたのではなく、君が生きてきた人生が私のせいで受ける苦痛を考えると、それで私が罰を受けるのです。深く反省しました。夕食の時間になりました。ゆっくり休んで下さい。私の一日も暮れてゆきます。退屈な一日でした。明日のためにぐっすり休みましょう。

一九八九年七月四日（火）

暗黒に射しこむ希望の光

任軒永　一六〇日ぶりに釈放されましたね。懲役一年六カ月、資格停止一年、執行猶予二年でした。釈放されてから論文「大韓民国は、国連総会が承認した韓半島の〝唯一の合法政府〟ではない」を発表されます。とても衝撃的で、たぶん在野でも想像できない、そんな内容の文章でした。

李泳禧　あの文章は国連総会での決議条文の解釈と、その根拠となる一九四八年五月一〇日の選挙の法的性格を掘り下げて調べたものです。「大韓民国が韓半島で唯一の合法政府」という主張によって、北朝鮮政権がその大韓民国の領土を不法占領しており、そして「大韓民国の政府を簒奪しようという〝不法な〟反乱集団」だという国家保安法と反共法の基本となる前提の虚構を初めて論証したものです。多くの知識人・学生・市民が「国連合法政府」の呪縛に縛られているからです。私は公判の過程で「神話」化している、そうした前提がすべて虚構という事実を、国連決議と具体的な事実を挙げて一つひとつ反論しました。法律が制定されてから数十年が過ぎましたが、その虚構や形態がことごとく論破されたのは初めてのことでした。

みんな驚きました。裁判長もそれを認めたからです。それでも「そうではあるが、現実の状況があだこうだ……」として、「有罪」判決を下しました。すなわち、「コリアの独立問題に関する総会決議　第一一二のⅡ、一九四七年一一月一四日」と、「コリア総選挙監視に関する決議　第五八三のA、一九四八年二月二六日」、そして「大韓民国の承認及び外国軍撤収に関する総会決議　第一九五のⅢ、一九四八年一二月一二日」などの「制限的領土」条項の内容も、これらの決議の上程過程や決議精神を知る学者がいないのです。それで、とんでもない「我田引水」的な結論と見解が数十年の間、あたかも真実のように信じられていたのです。

韓国の大学の国際政治・国際法の大学教授のうち、一人として国連安全保障理事会のその決議をきちんと解釈した者はいないのです。「国連が承認した韓半島内の唯一合法政府」だというので、「まあ、そうういうことだろう」で過ごしてきた。韓国の知識人は本当に問題です。こうした問題について国際法・国連決議・国際条約を研究する教授がなんの探究心も持たない。それにもまして、国連総会のその決議文を読んで見たこともなく、また、読んでも「唯一合法政府」という語句の前にどのような制限的指摘があるのか、それが何を意味するものなのか、そして、その制限的条項がどうしてその条約に入れられたのかを考えてみたこともない。

　まったく嘆かわしい知識風土ですね。いかなる知識人、いかなる学者も自分の国の問題に関連する場合、相も変わらず反共・反北朝鮮の「盲目的愛国主義」の枠から抜け出すことができない。それで科学的学問が成立し、存在することができるものでしょうか?

　私は七七年に出版された『偶像と理性』（ハンギル社）の序文で、私の知識人としての基本哲学と精神を次のように明らかにしました。

「私が文章を書く唯一の目的は、〝真実〟を追及することだ、ひたすらそこから始まり、そこで終わる。真実は一人の人間の所有物ではなく、隣人と分かち合わねばならぬがゆえに、文章を書かなければならない。文章を書くということは〝偶像〟に挑戦する行為である。それは、いつでも、どこでも苦痛を耐えねばならなかった。過去にもそうで、今もそうであり、永遠にそうだろう。しかし、その苦痛なくして人間の解放と幸福、社会の進歩と栄光は存在することができない」

　私はペンを手元から離す日まで、この精神で探求して書き、世の中に知らせる決心でいます。

任　大変な情熱ですね。まさにこの年、すなわち、八九年に還暦を迎えられて、記念論文集の出版記念会が一二月六日に開催されました。感慨もひとしおだったでしょうね。

李　大勢の方々が心からお祝いをして下さったので、とてもありがたく恐縮しました。八〇年代末から九〇年代初頭にわたる五、六年の間に世界が経験した、人類史の大転換を見ながら感じた私の満足と喜びは、還暦を迎えてお祝いしていただける喜びに勝るとも劣らぬほどでした。

韓国国内での軍事政権打倒という、民衆の烈火のような熱望をよそに、政治家の分裂・対決によって盧泰《ノテ》愚《ウ》政権が生まれ、またしても保守勢力の執権が続くことになりました。また、ミャンマー上空で大韓航空機が爆発し、一一五名の生命が奪われる不祥事が起きました。いまだに全貌が明らかでない異常な事件でした。一方では、八八年にソウルオリンピックが開催され、韓国がソ連・中国と国交を樹立し、かつての社会主義圏諸国との外交関係を樹立しました。このように様々な国際的状況の変化は、私が長い間、熱望し予測した方向に展開していきました。国際的な状況の変化は私に希望を与えてくれました。八七年にはゴルバチョフがスターリン以後のソ連の強権政治から、すべての分野の改革・開放へと転換して人民の自由を大幅に保障するなど、一党独裁脱却の門戸を開きました。鄧小平が政権を握った中国は、同じ時期に市場経済に転換すると宣言し、手さぐりながら大胆な改革開放に向かっています。

東北アジアでは、アメリカ支配体制の巨大な虚構的象徴だった蔣介石前台湾総統が死亡しました。いまや中国十億の人民を締めつけていたアメリカの神話が消え去り、長い制度的矛盾も解消されつつあります。アジアの人民にとって災いの元だった日本軍国主義・帝国主義の象徴だった天皇裕仁が八九年に死去し、アメリカ覇権主義を長く象徴していたフィリピンの独裁者マルコスが、韓国民衆をモデルにした民衆革命によって追われ、ハワイで客死しました。

このように長い間、歪められてきた不条理な国際情勢が、極めて微妙ではあるものの理性と合理の道を探るようになりました。米ソの両核大国が、ついに中距離核ミサイルの廃止に合意しました。これは、一時は六〇〇〜七〇〇基と推計された韓国にあるアメリカの威圧的な核兵器が、この地から撤収されることを意味します。どれほどすっきりすることでしょうか。南北の間に「韓半島非核化宣言」が成立したかと思うと、ついに九二年には、南北（朝鮮）の国連同時加盟が実現しました。韓半島ですべてが正気を失い、狂ったようにに自殺の道へ突き進んでいた状況に、一抹の希望の光が射し始めました。

私は韓半島と東北アジアで起きた様々な変化を目にしながら、人間は諦めることなく待つものだと思うよ

還暦記念文集の発刊のお祝いの席で。左から次男建碩、長女美晶、著者、妻英子、長男建一。

うになりました。こうした多くの状況変化の末にベルリンの壁が崩壊し、ついに「ヨーロッパの朝鮮半島」である東西ドイツの統一が実現しました。私はこうした人類史的変動を目前にして、生きることの意味と喜びを考えました。

任　その年に、先生は「言論自由功労章」をお受けになりました。駐韓外国言論人協会が与えたものですね。どんな経緯で受賞されたのですか？

李　それまでの私の国際・国内問題に関する研究・発表と、権力の弾圧に屈しない言論の自由の意志、『ハンギョレ』の訪朝プロジェクトとそれに伴う苦難などを評価して与えられたものです。この賞は韓国駐在の外国特派員が作った言論団体が創設したもので、私は二人目の受賞者になりました。

第6章　アメリカ式資本主義の克服——ペンで闘った半世紀

私の文章を書く精神というか心がけというか、それらはまさに魯迅のそれです。文章を書く技法、文章の美しさ、心の中で燃えたぎる憤怒を抑えながら、時には正攻法で、時には比喩・隠喩・風刺・ユーモア・洒落で相手を攻撃する洗練された文章作法を彼から学びました。

二一世紀、人類幸福の条件——アメリカ式資本主義の克服は可能か

唐山とニューヨークの災難が与えた教訓

任軒永　一九九〇年になると、東欧の社会主義国が実質的に弱体化し崩壊し始めます。この年の五月には張《チャン》乙炳《ウルビョン》教授ら一〇四一名が「土地公概念」（政府が公共の利益のために土地の所有と処分を適切に制限することができるという概念）を促す時局声明を出しました。第七共和国（盧泰愚政府）がこの問題を取り上げています。その翌年（九一年）には、東欧社会主義国の崩壊という衝撃が勃発しました。中国、北朝鮮、キューバを除く、第二次世界大戦以後に形成された社会主義国がことごとく崩壊し、西欧では政党としての社会党や共産党だけが残るという状況になりました。東京大学の和田春樹教授が『歴史としての社会主義』（岩波新書、一九九二年）という本を出しました。

李先生も延世大学韓国政治研究会の月例討論会で「変革時代、韓国知識人の思想的座標」というテーマで講演をされ、それを修正して論文「社会主義の失敗を見る一人の知識人の苦悶と葛藤」と「社会主義は終わったのか？　資本主義は勝ったのか？」を発表されるなど、敏感な反応を示しておられます。先生は以前に書かれた文章で、社会主義社会での人間性について語っておられます。一九七六年に中国の工業都市・唐山で起きた大地震と、七七年七月に起きたニューヨークでの十二時間にも及ぶ大停電とを比較対照しながら、唐山大地震ではあのように大勢の住民が亡くなっても秩序が保たれ、ニューヨークでは死者もなく停電だけなのに、各種犯罪が横行したことを、社会体制と人間性の問題として指摘されました。ところで実際に、社会主義体制の崩壊と崩壊後の経過を見ると、人間の利己心、貪欲など、あらゆるものが入り乱れていました。このような現象を見ながら、代案としての社会主義について、どのようにお考えになりましたか？

李泳禧　九〇年代以降の私の言論活動について、上手に整理していただきました。特に、それらの論文で、私は唐山とニューヨークのケースを通じて、社会主義的な真の「共同社会」的人間のタイプと、資本主義の利己主義的・物質至上主義的な人間のタイプが、倫理・道徳的な面でどれほど異なるものなのかを、韓国人に知ってもらおうとしたのです。その対照は韓国社会に衝撃を与えました。

まず、その月例討論会の背景を話してみましょう。「韓国政治研究会」は少壮政治学者の学会ですが、毎年の年頭には外部の人を招いて講演会を開催します。その年には、ソ連など社会主義圏の崩壊が世界的な争点となったため、学会は私の見解を聞こうと招いてくれたのです。文化大革命を通じて人間変革を試みた毛沢東の努力も失敗だった、という歴史的事実から話を始めるしかありませんでした。

事実、すべての認識がそこから始まったからです。自己犠牲的な、いわゆる「社会主義的人間がなぜだめなのか？」。結果的に、そうした思いを抱くようになり、生物学的な人間の属性に注目しました。人間はもともと善でも悪でもないが、次元の高い共同善を志向するためには、人間の属性である「利己心」を克服するか、調節しなければならない。しかし、文化大革命でもまた社会主義制度でも、さらに似非《えせ》科学として破綻しているが、ソ連の心理学者パブロフが動物実験で試みた「条件反射」的な反復訓練でも、人間の属性は改善できない事実が立証されています。すべては失敗に終わりました。

私の結論は、人間の利己心は人間という種の生物的属性そのものであり、そのような属性は制度・教養・教育などを通じて一時的に抑制できて

한겨레논단

이영희 칼럼

당산 시민을 위한 애도사

중국의 당산(唐山)시 무역대표단이 다음주 한국에 온다는 소식이다. 두 나라의 장사꾼들이 뻔질나게 드나드는 판이라 새삼스럽지도 않다. 그러나 당산시에서 온다니 유달리 반갑기도 하고 그럴수록 걱정스럽기도 하다.

당산시는 수도 북경시, 천진시와 삼각형을 이루는 곳에 자리잡은 중국 유수의 대 철강·전자공업도시이다. 당산시에 나의 마음이 각별히 끌리는 까닭은 이 도시가 1976년에 겪은 참변 때문이다. 그리고 바로 그 이듬해에 미국의 뉴욕시에서 일어난 작은 재난이 보여준 인간과 사회도덕의 극단적 대조를 지금도 잊을 수 없기 때문이다.

12년 전 인구 70만의 당산시는 중국 역사상 최악의 규모라는 지진으로 마치 핵폭탄 세례를 받은 도시처럼 완전히 폐허가 되어버렸다. 그런데 그런 참변 속에 놓인 시민들이 행동하는 모습을 세계의 보도진이 다투어 전한 뉴스는 잔잔한 감동을 전세계에 던졌다. 현장을 찾아서 목격한 어느 외국대사의 후일담을 들어 보자(일본대사가 귀국한 뒤 쓴 글).

"땅은 흔들리고 건물은 계속 허물어진다. 화재는 연옥같이 건물을 태워 나간다. …그런 속에서 중국인들은 질서정연하게 행동하고, 난동을 부리거나 남을 해치는 일이 없다. 진동과 파괴와 화재가 계속되는 속에서 불행을 당한 이웃을 위해 달려 나가고, 자신의 위험을 무릅쓰는 행동은 바로 자기 가족을 위하는 것과 같아 보였다. …누구나가 공동체 속에서 자기희생으로 남을 위하고 전체를 위해 행동했다. 우리나라의 도시에서 이런 대지진이 일어날 경우 우리나라 사람들이 어떻게 행동할 것인가를 상상해 보면서 나는 너무나도 큰 충격과 감동에 말없이 숙연해져 서 있을 뿐이었다."

공교롭게 몇 달 뒤에 뉴욕시에서 12시간의 정전이 있었다. 세계에서 제일 부자나라의 대도시에서 전기불이 꺼진 속에서 인간들이 행동한 모습을 미국의 신문들은 한 마디로 '연옥'이라고 표현했다. 남이 자기 얼굴을 확인할 수 없다는 생각이 든 순간, 모든 인간이 밖으로 뛰어나와 혼란·무질서·약탈·파괴·방화·강간·난동·살인을 일삼았다. "1천만 미국인이 1천만 가지의 행동을 했다"고 한다. 유명한 사건이다. 세계는 그 모습에 전율했다.

뉴욕 시민과 당산 시민의 물질적 부는 비교도 되지 않는다. 기독교가 없는 중국 도시의 시민들은 예수의 10계명대로 행동했다. 기독교 사회임을 자랑하는 미국 도시의 시민들은 예수의 10계명을 배반했다. 부자나라의 시민들은 남의 것을 빼앗고 강간했다. 세계에서 어쩌면 제일 가난한 사회의 당산 시민들은 자기 것을 버리면서 이웃을 도왔다. 그것은 너무나도 엄청난 인간행동의 규범적(질적) 차이였다. 같은 종(種)에 속한 인간의 행동양식이라고 하기에는 그 차이는 너무나 대조적이었다.

무엇이 그 차이를 만든 것일까? 이기주의를 원리로 삼는 자본주의와 공동의 이익을 원리로 삼는 사회주의 도덕의 차이일까? 아무리 풍요해도 불평등할 수밖에 없는 사적 소유 제도와 가난하지만 평등한 재산제도의 차이일까? 상부구조인 종교·법률·교육·가치관의 체계는 하부구조인 물적 생산과 분배관계의 반영일 수밖에 없는 것일까? 동양과 서양의 차이일까? 미국과 중국의 차이일까? 아니면 다만 당산시와 뉴욕시의 시민들에 국한된 차이일까?

그로부터 십 수년이 지난 지금까지 나는 그 의문에 대한 해답을 찾지 못했다. 그래서 고민한다. 중국은 지금 미국식의 물질적 풍요를 이루려고 안간힘을 쓰고 있다. 시민들은 코카콜라에 입맛을 들였고, 지식인들은 보다 질 높은 노동자 관리를 위해서 MIT대학 경영학 교과서를 끼고 밤을 새운다. 자본관리와 물질주의의 신이 도덕주의와 평등사상을 추방했다. 지금 중국사회는 타락과 부패, 사기와 횡령, 범죄와 인간소외의 깊은 늪으로 빠져 들어가고 있다.

당산시의 무역대표단이 한국 자본주의를 배우러 온다는 소식이다. 나는 사랑하는 당산 시민들을 위해서 애도사를 쓴다.

〈논설고문〉

「ハンギョレ新聞」の長期連載コラムのうち唐山大地震についてのコラムは、ソウル中の新聞スタンドで騒ぎになるほど大きな反響があった（1988年11月6日付）。

も、人間の永久的な属性として変わることはないというものです。本能のままの動きは、這いまわる赤ん坊をじっと観察していると理解できます。赤ちゃんは一度つかんだ物は手放そうとはせずに、ほかの子どもに分け与えようとはしない。ひょっとすると、これが人間の精神活動の原初形態ではないのか？　欲望の充足の後には分配があるのだろうか？　そうでない限り、自分だけが所有したいという欲求、排他的な所有欲、そして利己心が原初的人間それ自体なのだという気になりました。資本主義は人間の属性である「利己心」に訴える方法と制度で、「物理的」な生産を極大化させ、それによって勝利したと判断したのです。しかし、人間と人類の本当の勝利は、それとは異なる意味の、残り半分の勝利を必要とするというのが私の結論でした。この両制度における人間的自由と社会的平等の条件については、前に説明しました。

「資本主義的利己心」の根源的な強み

任軒永　「ソ連及び東欧社会主義圏の崩壊」ですが、私は個人的には、それを「社会主義の崩壊」と表現するのは正確ではないと思います。しかし現実においては、社会主義の弱体化とともに、二〇世紀が終わりを告げることになりました。韓国など第三世界の国々が追求すべき道は、何だったのでしょうか？

李泳禧　共産主義は実際には実現不可能なユートピアか仮想で、当初、ソ連式社会主義はコミュニズムと呼称することのできない人為的制度と規定しました。しかし、社会主義は違います。社会主義は歴史から退いた共産主義とは異なるということを、その学会でも強調しました。われわれがそう信じてきた哲学と政策としての社会主義が、「半分は負けて半分は勝った」と思います。社会主義に勝ったと主張する資本主義も同じで、「半分は勝って半分は負けた」のだと思います。病む社会的癌を資本主義が治癒させるには、社会主義という抗生物質を必要とします。徹底した資本主義的階級統治者であるビスマルクが、すでに一八七〇年代に、社会主義的施策を初めて導入した理由はまさにそれなのです。

「社会主義」のない資本主義は、腐敗、不法、不正、堕落、貧富の格差、暴力、犯罪、残忍性、人間疎外などをもたらすようになります。これらは資本主義の「本来的疾病」なので、どうすることもできません。社会主義の人間重視の価値観だけが、そうした資本主義の反人間性を防ぎ、補完する機能を果たすと考えるからです。重ねて言うと、資本主義の疾病がその制度の骨幹にまで浸透し、制度自体が崩壊する危険性をある程度の線で防御し存続させるためには、またそう願うのであれば、社会主義的要素が必要不可欠だからです。私はまず、この三〇〇～四〇〇年間に発展を遂げてきた制度の変化を眺めながら、それでも相対的に望ましいのが、資本主義と社会主義の適切な配合であると思いました。

社会主義は現在の時点では、資本主義に対して劣勢と言わねばならないでしょう。資本主義は原理的にも、そして実際に運用する具体的方法論においても、個人の私利私欲と利己心、そして限りのない所有欲を人間行為の原動力と見なし、それを制度化し、法的に保護することで成立しています。それだけでなく、自分が所有する物で他人を殺害するとか、他人の身を損なう毒薬を作って稼ぐとか、さまざまな犯罪行為によって金銭を得たとしても、ひとまずは私有財産制度を是認します。

資本主義的生産は、理念が先行する社会主義よりは、人間の本能をありのままに解放し、その対象物の獲得と生産をインセンティブのエネルギーとして動員するので、社会主義の人間中心的生産方式は、資本主義の生産力に打ち勝てないと認めざるを得ないのです。単純にいうと、こうした反人間的・反生命的な「生産動機」が利潤を創出し、それがひとつになって社会（国家、さらに資本主義世界）の「生産力」を形成する。いわゆる「国民総生産」（GNP）となります。反生命的・反人間的行為と生産を哲学・倫理的に排除し、そうした動機と誘因の経済力化を非倫理的なものとして分析して抑制する社会主義的生産経済は、「自己制限」的であるため、経済活動において劣勢に追いやられることになります。

例を挙げると、六〇年代にイギリスの製薬会社が作ったサリドマイド（Thalidomide）という精神安定・鎮痛剤の服用者から多数の奇形児が産まれました。ところが、原因が明らかになり批判が噴出しても、製薬会社は責任を認めず薬の生産販売を続けました。このように、恐ろしい薬害を引き起こした資本家と企業は、ただ金儲けさえすればよいので、人間社会の福祉や幸福を考える必要はないのです。資本主義的生産と生活様式は基本的に「もっと稼ぐため」を目的にし、「利潤の極大化」をするための制度なので、どんなに政策的な調整をしても、基本的な行動様式から逃れることはできません。

資本主義の発展原理は「人間の価値」を無視し、所有の「物神崇拝」信仰を基準に、物的生産と浪費と破壊を、人間の幸福の必然的な前提条件と見なしています。その代わり、物質的獲得と所有が大きくなればなるほど、人間的要素は損なわれ、無視され、破壊される危険も比例して拡大します。資本主義社会ではどこでも同じで、とりわけ韓国はそうなのです。法律や宗教ではどうしても人間の所有欲を抑制できないからです。だから私の結論は、人間は物質的要素で存在する生き物だから、資本主義的な要素に基づくと必然的に非人間的な結果を半分程度は認めざるを得ない。しかし、それによって起こる人間性破壊の側面を補完するために、ゲマインシャフト（物質的利害関係ではなく、人間的紐帯が基本原理である共同体）的・社会主義的要素を半分程度は融合する方式の社会民主主義的体制が現実的には優れている。欠点や弱点があるにせよ、この人類社会の発展段階においては、社会主義のないアメリカ式の体制よりは優れていると確信しているのです。

ヨーロッパの社会体制は、ソ連の体制よりははるかに優れている上に、アメリカ社会の属性である利己主義・暴力主義・貧富の格差・犯罪・堕落などを、かなりの水準まで克服したのではないかと思います。私たちはどう望もうとも、もはやはるかに遠い人類の社会的形態にすぎない「ゲマインシャフト」への回帰はできないので、「ゲゼルシャフト」（互いの利益関係の計算を媒介に、利益の追求を目的にする社会）を、適切に配合した人間生活の形態を、未来像として描き出すしか道はないのです。

最近、ある国際専門機構が、世界一四六カ国の「腐敗認識指数」（ＣＰＩ）を調査して発表しました。それによると、腐敗程度のもっとも低い一位から一〇位までには、資本主義一辺倒体制の国は一つも入っていません。ニュージランド、デンマーク、アイスランド、シンガポール、スウェーデン、ノルウェー、オランダの順でした。すべて「社会主義的資本主義」体制の国々です。これが何を意味するのか、しっかり考えねばなりません。韓国は四七位の「栄光」(?・)を手にしました。

任　歴史というものはなぜか逆説的です。資本主義は哲学でみると観念論で、社会主義は唯物論哲学を崇める社会主義は〝物質〟のために貧しくなり精神だけが残り、資本主義では精神の行き場がなくなり、物質だけが豊かになっています。ともあれ世界のどんな大学者でも、社会主義以降の代案については提出できない状態なのです。

李　唯物論から出発した社会主義において、残ったのは〝精神〟だけという表現には、語彙の概念に混乱があるのではないでしょうか。定義をもっと厳密にする必要がありそうです。そこで、任さんがいう「唯物論」は、どうも資本主義的「物質主義」と混同されているように思われるのですが、マルクス主義のいう「唯物論」は、社会の物質的・文化的変化、すなわち、人間社会の変化は思惟と観念で成り立つものではなく、物質の生産・所有・分配の形式と関係の変化によって、これに相応する思想・道徳・価値観・法律・政治様式などの精神的現状も変わるという理論と信頼ではないでしょうか? 資本主義は哲学としては観念論だという表現もどうやら正確ではなさそうです。資本主義こそは、その発想と生成要素と実際的ダイナミズム〔原動力〕が物質、すなわち、「富」にほかなりません。ソ連だけでなく社会主義制度に従う国々が、資本主義よりも物質的に劣勢にならざるを得ない根本要因については、先ほど説明したとおりです。

任　それでは結果的に見ると、唯物論を信じて経済的な土台を疎かにしたため、そうなったのでしょうか?

李　そうですね。そう考えなければなりませんが、私はソ連社会の崩壊は経済的な土台を疎かにしたということではなく、資本主義の大海原に、資本主義とは異質な社会主義がバケツ一杯の水となって混じり合った状態になったので、バケツ一杯の水が海水との圧力の関係で摩擦を起こした結果、その圧力の差に耐えきれずに敗北したのだと思います。

任軒永　先生は「バケツ一杯の水」と表現されましたが、世界の三分の一が社会主義圏を形成していたのに、敢えてそう言うことができるのでしょうか？

李泳禧　確かに一九一七年のロシア革命、それに続いたソビエト社会主義共和国連邦（ソ連）の成立当時の社会主義建設は、資本主義の大海原でバケツ一杯の水にもなれなかった。任さんが言う三分の一とは、厳密に観察すれば誇張した評価と言わねばならないでしょう。幾つかに分類して評価してみましょう。八〇年当時でも、ソ連が支配する社会主義国の数は、世界の資本主義国の三分の一にも達していません。国の数でもそうでしたが、それよりもっと重要なことは、アジアの潜在的強大国として成長した中国との緊密な同盟関係が維持された頃には、その名目的・潜在的力量は、資本主義世界の「三分の一」に相当したと評価することができるでしょう。

その当時、俗に国際政治でいう「国際共産主義」が、ソ連、東欧諸国とアジアの中国、北朝鮮が一群の社会主義圏と称された頃には、その潜在力は世界の三分の一、または四分の一と評価することができました。しかしながら、そうした状態はすでに六〇年代末に終わりを告げました。

スターリンが死去した後、権力を継承したフルシチョフは、五六年に「スターリン批判」をし、第二〇回ソ連共産党中央委員会総会で、マレンコフ、モロトフ、ベリヤらのスターリン体制の執権派を「反党集団」に追いやり粛正してしまいました。次いで、アジアの社会主義国家である中国と北朝鮮が決定的にソ連との関係を断ってしまいました。

六一年のキューバ危機では、アメリカの圧力にソ連が屈服したので、ヨーロッパの共産党と中国・北朝鮮などがソ連圏から離脱しました。前述のように、五九～六一年に中国とソ連の関係は最悪になりました。事実、中国東北部とソ連との国境において両国の軍隊が武力衝突しただけでなく、ソ連は中国に対する核戦争さえも企図し、アメリカと合意をするほどでした。これはとんでもないことです。六〇年を期して「国際共産主義」は消滅したのです。「国際共産主義」の中心軸だった中国と北韓が離脱した数字上のマイナスだけでなく、アジアの社会主義国とソ連が事実上の「敵対関係」になったので、その結果、ソ連勢力は幾何級数的に弱体化してしまいました。この段階でソ連や東欧の社会主義国は、アメリカを中心とする西側資本主義勢力とは比較にならないほど、劣勢に追いやられたのです。

新生独立諸国のうち、六〇年代に社会主義路線をたどった国々、例えばガーナ、タンザニア、エジプトなどは、六〇年代初頭に路線変更をし、残りの中間勢力であるインド、インドネシアなどの大国と連帯する七〇余カ国の「非同盟世界」を構築しました。非同盟世界とは、アメリカ側でもソ連側の同盟でもないという意味で、そうした新生国で社会主義を標榜した国をソ連勢力圏として見なすことができた時代には、少なくとも国際政治的側面からは、三分の一という概念もまったく偽りではなかったのです。しかし、そうした状況も、六〇年代半ばには変わってしまいました。

次に、経済力を比較してみると、アメリカ、ヨーロッパ、カナダに、強力なドイツと日本の工業大国を合わせると、社会主義圏の経済力の総量はこれらの国々の三分の一どころか、五分の一にもなりません。その当時、ソ連だけが農業生産においてアメリカの七〇%程度までに達していました。そして、急速な工業化により日本とドイツを合わせた力量を持つことになりました。しかしながら、その他の社会主義国は、二級工業国のチェコスロバキアと東ドイツしかありません。ポーランド、アルバニア、ハンガリー、ブルガリア、ルーマニアなどは完全に農業国で、ソ連への食糧供給の役割程度に留まっていました。仮に、六〇年以降はキューバをソ連陣営側に入れたとしても、どの国も例外なく、先進高度成長工業国である西欧資本主義諸国、日本、アメリカ、カナダなどの五分の一以上を占めることは難しかったでしょう。

ひとつの強みはソ連の重工業生産力ですが、アメリカに対抗する武器と軍事力を拡張する土台だった核兵器と大陸間弾道弾の部門だけが、西側資本主義陣営と社会主義圏の地位をほぼ同等に維持しました。国民生活の水準と内容を決定する軽工業力は、それよりかなり立ち遅れており、交易量を比較しても東欧圏の劣勢は明らかでした。いわゆる「社会主義圏」とされるソ連と衛星国においては、対外貿易よりは域内貿易を原則とするため、貿易量を両者比較の「決定的要素」と見なすのは不適切だったのです。

そして国際経済交流の規模の劣勢は、まさにソ連をはじめする東欧諸国の人民大衆の生活水準を、劣悪な状態に置くことになりました。こうした生活水準などの沈滞は、当然、社会の安定化に対する逆作用をもたらし、社会的不安は政治的動揺を招くことになりました。これがまさに、ハンガリー、チェコ、ポーランドなどで、六〇~七〇年代に相次いで勃発した反ソ民衆蜂起の背景なのです。この段階でいわゆる「社会主義圏」の東欧諸国は、同盟というにはあまりにも脆弱な相互関係にありました。

科学・技術分野でも、ソ連の宇宙航空科学技術と戦車などの武器産業を除けば、到底アメリカなど西側資本主義世界には及びません。三分の一どころか、五分の一にも達していなかったでしょう。そのほかにもソ連が支配する東欧共産主義圏と、アメリカが支配する資本主義圏において、各部門での優劣関係を測定する、いくつかの指標を見ても、ほぼ同様の状態でした。だから「資本主義の大海原に社会主義のバケツの水一杯」という表現は、ロシア革命が起こった二〇世紀初頭の状況を指していますが、「社会主義世界」が形成された第二次世界大戦の終結から八〇年代までの、約三五年間の両体制・両陣営間の諸般の条件を比較してみると、空軍・戦車・核兵器とミサイル分野を除けば五分の一にも届かなかった。それでもソ連と支配陣営諸国が資本主義世界の中で、三〇~三五年間も体制を維持できたのは、ソ連の軍事力の支えによるものでした。もちろん、資本主義的不正義に反旗を翻し、ソ連共産主義に希望を託して英雄的階級闘争に献身し、五大陸の各地で現状を打破し、植民地を解放する前線が形成されました。こうした七〇年代半ばまでの政治的力量も無視できない要因といえるでしょう。

任 七〇年代末は資本主義国においても、社会党が躍進を遂げる状況があったのに、わずか二〇年で、なぜこうも没落の道をたどってしまったのか、なかなか理解することができません。私は冗談で、「アイスクリームとコンピューターに敗北した」と言うのですが、実際には経済構造の敗北じゃないでしょうか？

李　七〇年代とその後の資本主義諸国における政治情勢を、そのように安易に論じてはいけません。八〇年代にはヨーロッパの資本主義諸国で、十一もの国で左派政権が生まれたじゃないですか？　九〇年代には再び右派政党が主流になりました。限られた時期の現象だけを見て、長い政治運動の大きなサイクルを見逃してはなりません。すべての分野での人間活動でも同じで、物質的生産・供給活動と組織体系の計量的自動化、すなわち、コンピューター化した経済活動という新しい要素は、重要な意味を持つことは確かでしょう。こうした指摘には私も同意します。

　アメリカ資本主義に比べると、ソ連社会の商品品目は数分の一程度じゃないでしょうか。こうした物質生産水準にあるソ連の生産・供給・分配の計量項目は一三〇〇万種類だったと、ゴルバチョフが語ったことがあります。その膨大な項目のすべてをコンピューターで処理できなくなったのです。その膨大な量と項目の原資材購入システム、生産種目別現場供給システム、生産システムの稼働、そうして生産された商品の管理システムなどを、各級の需要先（公的機関・組合・家族単位など）に、適時適量を適所に正確に供給する全国規模のシステム、全体システムの機能・稼働を検討するためのコンピューター化、そしてそれを基礎に、全機構を再編成・再稼働する作業が、中央統計方式とコンピューター自動処理では、不可能であることが明らかになったのです。

　これは、資本主義経済方式を導入すると決定したゴルバチョフ自身が、九一年に公式に認めたものです。その

1980年代には、さまざまな社会問題について寄稿やインタビューで発言を求められ、個人的な生活を楽しむことはほとんどできなかった。

膨大な経済活動を効率的に、自動的に処理する方法としては、いわゆる「市場機能」と「市場メカニズム」を導入するしかないと、ゴルバチョフが認めました。

つまり、伝統的な社会主義経済システムは、現代的な市場業務を能率的に処理することができなくなったのです。問題はそのように全面的に市場化すると、人間福祉・人間価値的機能は、社会主義の人間優先的哲学および政策で補完・確保しなければならない必要に迫られる。この機能を理論的・経験的に適切に配合することが、ヨーロッパの社会民主主義（または民主社会主義）制度だということは、現在ではほとんど誰もが同意しています。だから「社会主義が敗北した」と唱えるアメリカの似非《えせ》資本主義哲学者フランシス・フクヤマの、いわゆる「歴史の終わり」論は彼の主張が発表されると同時に、自己矛盾に陥ったのです。だから南韓も北韓も、市場経済と社会主義の半分ずつを導入して、同じような経済・文化にするならば、それぞれ国民（人民）の幸福度は増進するでしょう。そのように、互いに相手側の長所を半分ずつ加味した制度の国の統合は容易でしょう。この方式は、私が主張する「体制収斂（異なる体制が次第に似た形質に進化すること）的統一論」なのです。

核のない韓半島の未来像

任軒永　一九九一年に、ハノイ駐在韓国連絡代表部と駐韓中国大使館が開設されます。そして、北の核問題が起こりました。これに対して先生が『社会評論』五月号に「米国――北朝鮮のPTSD（心的外傷後ストレス障害）的特徴」を、そして九月号に「韓半島の非核化、軍縮、そして統一」を寄稿されました。

李泳禧　核の危機が迫っていると、私は早くから予感していました。韓半島の核問題は東欧の崩壊とは特別の関係はありません。アメリカが主張する、いわゆる「北朝鮮核問題」は、ソ連が韓国との国交正常化を決心し、北朝鮮との同盟関係を断絶する通告をしたその時に、すでに北朝鮮で始まっていたものです。韓国とアメリカの軍事同盟と同様に、北朝鮮は核兵器による保護をソ連に依存してきたため、ソ連の核の傘による保護がなくなると、独自の核開発路線に向かうことになりました。七〇年代にアメリカがベトナム戦争で敗北し、その隷属同盟諸国から米軍を部分的に撤収させながら、隷属諸国に独自の安保体制を求める、いわゆる「ニクソンドクトリン」が誕生しました。だから朴正熙《パクチョンヒ》大統領が「自主国防」を打ち出し、在来の武力を増強すると同時に、一方では核兵器の生産計画を推進することになったのです。

こうした南北韓を取り巻く東北アジア情勢が、戦争直前の危機的状態になったため、私は米ソ超強大国のエゴイズムと覇権主義の本質を、韓国の大衆に納得してもらおうと、これらの論文と解説を書きました。なぜかアメリカがすることは正しく、北朝鮮の行動は正しくないと考えている、韓国人の「信仰」のような迷信を目覚めさせようと努力したのです。

任　北朝鮮としては東欧諸国が健在であったら、少しは心強かったでしょうが、東欧さえも崩壊したので、いっそう危機感を募らせたのでしょう。

李　もちろんそうでしょう。しかし、それは弁証法的思考に反し、非現実的な前提になります。ソ連が支配しており、その援助によってのみ存立できた東欧諸国が、ソ連が資本主義化・西側諸国に対する開放・自国中心主義・対米協力・協調路線に転換する情勢のなかで、ソ連が援助しないのに北朝鮮を助けられますか？また、東欧諸国自体も、長い歴史をもつヨーロッパ的伝統社会に戻ろうとする強い希望を持っていました。これらの国民はゴルバチョフに先行して親資本主義・自由主義路線を採択しようとするとソ連から武力進攻を受けたことを考えれば、そうした前提が非現実的だという点が、さらに明確になります。

任　南北がともに、それ以前から核兵器の開発をしていたのではありませんか？

李　そのようです。北朝鮮の場合は数十年にわたりアメリカの核兵器の脅威のもとに置かれていました。そして八二年一一月一三日に、メイヤー陸軍参謀総長〔七九～八三年在任〕がソウルにやってきて「アメリカはいつでも、北朝鮮に対して核兵器を使用することができる」と強迫的な発言をしました。北朝鮮側も原子炉の容量と性能は不十分なものだったにしても、核保有の必要性と構想はあったでしょう。

九〇年に私が最も関心を持って研究したのは、韓半島の南北関係を急変させる、地域の政治構図の変化に関するものでした。私はこれを重要視し、状況の展開を心配しました。シュワルナゼ外相〔一九八五～九〇年在任〕が九〇年九月に平壌に行き、北朝鮮に対してソ連と韓国の国交樹立の合意を通告します。続いて九一年に、ソ連は韓国と友邦国になる代わりに、北朝鮮との「友好協力及び相互援助に関する条約」の一方的廃棄を通告しました。韓国に置き換えると、アメリカが「韓米防衛条約」を一方的に廃棄し、北朝鮮との国交樹立の決定を韓国政府に通告するのと同じようなものです。強大国はいつもそのような身勝手な動きをするものです。

ソ連と北朝鮮の関係はかなり冷え切ったものになりました。それがその後の一〇年間の南北の存立形態に大きな影響を与えました。ソ連の外相がこの通告をしに来たのに、金日成《キムイルソン》主席は面談要請を拒否しました。金永南《キムヨンナム》外相が金主席の代わりに会い、韓米同盟が維持されたままで、ソ連と北朝鮮との同盟廃棄は、韓米による北朝鮮の占領または吸収統一の「黙認」、もしくは「支持」ではないかと北朝鮮側は激しく抗議します。当然でしょう。ソ連はこれを黙認する腹づもりもあったのですから。

朝鮮民主主義人民共和国は、四八年の建国後、最初の承認国であるソ連が裏切ったことに対して、四五年以後の朝鮮民族の分断を容認したソ連は、アメリカとともに直接的な責任があるのに、それを果たさずに、こうした方法を取るのかと抗議をしました。北朝鮮はソ連の「背信行為」への対抗措置として、ソビエト連邦を構成する各共和国を国家として承認しただけでなく、ソ連の隷属下にある他の社会主義各国とも修交すると宣言しました。そして今後、北朝鮮は国家政策においてソ連と一切の協議をしない、国防問題においてもソ連が軍事同盟として維持してきた核の傘を撤回した以上、みずから独自に国家安保体制を整備すると明言しました。さらに、みずからが必要とするあらゆる武器を保有すると宣言しましたが、これは独自に核兵器開発を断行するとの決意を明らかにしたものです。

韓国はむしろ北朝鮮よりも早く、朴正熙大統領が七二年にアメリカに内緒で、フランスのウラン再処理施設を二三〇〇万ドルで契約しています。朴大統領は七五年までに核弾頭の生産に入り、核と並行して推進したミサイル開発計画を七六年頃に成功させることで、核とミサイルを結合した韓国独自の対北朝鮮核攻撃戦略を確立しようとしました。しかし、アメリカがその計画を察知して白紙撤回させました。七八年に訪韓したカーター大統領と朴大統領の関係が険悪になった理由のひとつがそのせいでした。ベトナム戦争でアメリカは核兵器を使用できないまま同盟国だった南ベトナムから撤退するのを見た朴大統領の決断でした。ベトナム戦争以後、ニクソン大統領は防衛負担を韓国に押しつけ、駐韓米軍一個師団を撤収させる、いわゆる「ニクソン・ドクトリン」〔一九六九年〕の発動が朴大統領の決心を固めさせたのです。その後も、韓国歴代政権は北朝鮮に対する独自の核抑止力を持つために、核武装の夢を捨て去ることはできなかった。最近、暴露された二〇〇二年の秘密実験がその延長線上にあるのです。北朝鮮は韓国よりもはるかに危険な状態にあるのに、どうしているのでしょうか。

任　同じ主題で、ソウル大学の新聞研究所とＭＢＣが共催した学術シンポジウムで、先生は「東北アジア地域の平和的秩序の構築のための提言」を発表されました。韓半島の核問題に関する東北アジア全地域の平和構築プランを提示されたのです。

李　その発表は、大きな国際会議で韓国側の代表として提出した論文なので、英語で書きました。北朝鮮の核であれ韓国の核であれ、韓半島の非核化、可能であれば究極的には統一韓国の非核化・中立化で、東北アジア六カ国の共同体的平和体制を構築できないかと提案したのです。これまで公式に提起されたことはなく、李承晩《イスンマン》以後、それに近い見解を提起すれば、国家保安法によって死刑または懲役に処せられたことを考えれば、とても大胆で新しい統一論的発想と地域平和案だったと考えられます。すぐに実現可能な構想や提案ではないにしても、既存の北進統一論やせいぜい「富国強兵」志向的な未来の統一国家像から、発想の枠を広げてみたいと考えて発表したものです。

「北の核問題」とアメリカの覇権主義

任軒永　現在はそれから一〇年余りが経過しましたが、北朝鮮の核問題が先生の予感されたとおり世界的な関心事として浮上しています。今でもその戦略が正しいとお考えですか？

李泳禧　依然としてそれが唯一の方法だと思っています。そうした大きな枠に立つ私の提案に同調する学者が大勢います。ただ「南北中立化統一案」に対しては、極右からは反対されます。そのうえ、そのような意見をいつだったか、白基琓《ペクキワン》氏がいる私的な場で話したところ、極右ではないはずの白基琓氏がひどく怒りました。「統一された朝鮮民族が、なぜ中立化しなければならないのか」と反発したのです。「韓半島の民族は強大な国家を建設しなければならないのに、中立化とは何ごとだ？」と言うのです。私は統一された国家が、必ずしも「強大な国家」である必要はないという考えです。軍事的に強大な国家よりも、平和を志向し周辺諸国と協調しながら、戦争の脅威を与えることも受けることもなく、政治・文化・経済的に他の国々から尊敬される立派な国を築くことができると思うのです。また、そうしなければならない。白基琓氏は恐らく強固な民族主義の立場からそう考えたのでしょう。確かに、統一された韓半島の国家は強大でなければならない、との考えが大勢を占めているのかもしれません。

任　なぜ、核をすでに保有している国々は既成事実として核保有が容認され、ある時点でそれまでに保有できなかった国は開発が禁じられるのか、これが重要なポイントではありませんか？

李　事実、それも強大国中心思想の表れです。実際に「ヒロシマ」以後、アメリカが唯一の原子爆弾の保有国だった頃に、アメリカだけを国連が公認する「唯一核体制案」を国連で主張したこともありました。当然、ソ連はアメリカ案の受け入れを拒否し、独自に核開発を推進し、ついにアメリカと肩を並べる核強大国になりました。第二次世界大戦の戦勝国であるイギリスとフランスが続き、中国も核を保有したことで、六五年に初めて国連の安全保障理事国、五カ国の核保有公認グループが形成されました。中国が入ってきたので、安保常任理事国が、いまやここで核の独占体制を敷かなければならないと決定したのです。

任　しかしその後にも、多くの国が核兵器を保有していますね。

李　アメリカが北朝鮮に対して、核問題をめぐって戦争をしようとした九四年五月と六月の段階で、アメリカは北朝鮮が核を所有しようとしたと糾弾した折に、実際には世界で「核拡散防止条約」に加入しない国が三八カ国もありました。国連加入国でありながら条約に加入しない国々です。北朝鮮は「核拡散防止条約」には七七年に加入しました。その後、脱退すると発表しましたが、その間、国際原子力機構の査察を受けています。北朝鮮はある程度は国際機構に協調していたのです。しかし、三八カ国は条約に加入せず、査察も拒否した国々でした。

そのなかでも、特に問題になるのはイスラエルです。イスラエルは八二年当時、アメリカからのウランとノウハウの秘密支援により核弾頭を約一〇〇個、中距離ミサイルを約二〇〇基も保有していました。そして後日談によると、ヒトラーに次ぐ悪質な人種差別主義政権である南アフリカ共和国にも、アメリカは秘密裏に核兵器開発を援助していたそうです。アメリカはアラブ世界を支配しようとして、手先であるイスラエルの核武装を援助し、次いで、アフリカを支配するために、南ア共和国に核武装をさせたのです。アメリカは九一年七月に、自国の技術者を送り、六個半の核弾頭を南ア共和国の技術者と合同で解体しました。なぜ六個半かというと、九一年七月当時、六個は核爆弾として完成し、製造段階半ばのものがひとつありました。それで六個半なのです。ところでなぜ、自分たちに必要で作った核弾頭を解体したのか？　当時の南ア共和国は「黒人革命」によって、九三年にマンデラが指導する黒人政権が成立したのでアメリカは慌てました。特に、マンデラは社会主義者だったから、アメリカはいち早く、こうした措置に出たのです。

アラブ諸国がアメリカに対して、イスラエルの核兵器を支援して黙認しているのに、アラブ諸国の化学兵器の製造にはなぜ干渉するのか？　イスラエルの核兵器に対抗するアラブの武器に何があるのか？　このように対抗した時期がありました。こうしてアメリカは、アラブ世界支配の代理人であるイスラエルを強力な核所有国家に育てました。南ア共和国の場合も同じです。だからアメリカは、他国の核兵器保有の意向に反対したり、非難する政治的・道義的資格をまったく持ち合わせていないのです。この点が重要です。アメリカは国際的規範や協約を絶対に守らない国です。韓国人はこの事実を遅ればせながら悟らねばならない。私が核問題に関する多くの論文を発表したのはこのためです。

任　九三年にクリントン大統領が就任するのですが、相変わらずこの問題は続いていますね。政権が変わったことが、アメリカの政策と関連があるのではないでしょうか？

李　誰がアメリカの大統領になっても同じです。過去がそうであり、今後もそうでしょう。北朝鮮が核兵器を持つようになれば、ブッシュ政権も韓国の核兵器所有を促し、韓国が核兵器を持つようになれば日本も持つようになり、日本が持つようになれば中国が核兵器の増強に総力を挙げるようになります。そうなると、台湾も核を持つことになると思います。台湾は蔣介石総統の頃は、韓国では朴正熙《パクチョンヒ》政権に相当しますが、七〇年代の初頭に、蔣介石総統は独自に核兵器開発計画を推進しました。アメリカの当時のクリントン政府は、地域の安定構造が崩壊することを恐れ、口実を設けて北朝鮮を圧殺しようとするアメリカの相変わらずの政策により、北朝鮮に対して強力に立ち向かったのです。それを知る北朝鮮が何度かの困難はあったものの、クリントンと九四年一〇月に核協定の調印で、ひとまずは妥協したのです。

任　金日成主席は九四年七月八日に他界しました。韓半島に何らかの影響を与えたと見ることができますか？じつは金泳三《キムヨンサム》大統領との南北トップ会談が予定されていました。歴史的な仮定ですが、実施されていたらどうなったでしょうか？

李　金泳三氏の政治思想は根っからの反共主義であり、政治指導者として世界的視野での認識や知識を持ち合わせてはいなかった。「平和のビジョン」のようなものもまったくなく、それらを期待することはできなかった。そのうえ、彼の政治的側近や支持勢力も、主に慶尚道《キョンサンド》出身の旧時代・旧体制的な保守反動主義者だったので、政策の幅は広いとは言えなかった。大統領が演説で「民族に優先する同盟はない」というくだりが初めは拍手を受け、これによって彼に何らかの期待をかけて、少しばかり反応があったのは事実です。しかし、その言葉は、副総理兼統一院長官として入閣する予定だった韓完相《ハンワンサン》教授が就任の辞に挿入したものでした。金日成主席没後の金泳三大統領の言辞が、彼の思想と国際政治に関する無知を立証しています。金泳三、彼はその程度の民族意識と哲学しか持ち合わせていない人物だったのです。

　金主席がもう少し長く生きていたら、アメリカとの問題がかなり劇的に展開したかもしれない。九四年五月一六日に、クリントン政権は北朝鮮と戦争を開始しようとして、陸・海・空三軍の現役大将級を全員招集し、戦争計画を告げ、戦争の開始日を六月一五日と決めました。ところが、カーター前大統領が急遽平壌《ピョンヤン》に向かい、金日成《キムイルソン》を説得しました。カーターは「現在、アメリカ政府は理性的状態ではない。だから譲歩しろ、そうして、とにかく戦争が起こらないように協定締結の手助けをする」と約束したのです。

　ソ連は北朝鮮との軍事同盟を廃棄しただけではなく、むしろ韓国と国交関係を持つ友邦国になり、中国は鄧小平の改革開放政策と資本主義化が進んでいる状況で、中国の権力者も北朝鮮との過去の理念的・歴史的・同志的紐帯が薄れていたときでした。金日成はむしろアメリカを通じて、何らかの活路を見いだそうとしていたのです。金日成はソ連も中国も信じることができないので、いっそ劇的な大転換を行い、アメリカとの関係改善に活路を見いだそうと模索したことが知られています。

　この時期に金日成が、統一後にも駐韓米軍は韓国に残ってもいいとか、南北問題の解決過程で駐韓米軍の役割を認めるとかの発言をしたでしょう？　それほど金日成はソ連や中国との絆が当てにならない現実を認識し、アメリカとの共存と和解を模索していたからです。

　大変な変化でしょう。韓国国民はこうした事実を知らなければならない。病的な反共主義者と五〇年前の意識で、ミイラも同然の極右主義者は、ぜひこうした事実を知らなければならないのに、本当にもどかしく暗澹たる思いがします。

任　その頃、韓国はベトナムとの関係正常化を図るようになりました。ベトナム戦争のさなかに、韓国の知識人で唯ひとり、ベトナム人民の立場を理解して孤軍奮闘された先生にとっては、感慨無量だったでしょうね。

李　「ベトナム人民の立場」というよりは、「公正・公平な立場」と言うべきです。とにかく、私はベトナムを直接・間接的に擁護したことで政府の圧力によって朝鮮日報から追放されました。極右反共主義者とアメリカ崇拝者から批判攻撃され、孤軍奮闘してきただけに、統一ベトナムの大使がソウルに赴任してきたときは、言葉にならないほど嬉しかった。ある日、統一ベトナムの大使館から電話がありました。初代の大使は韓国語がよくできる方で、朝鮮戦争の最中には金日成大学に留学していたそうです。ホー・チ・ミン主席が、戦争中にあっても勝利の日に備えて、未来の統一ベトナムを指導する若い人材を育成する遠大な計画を立てて、優秀な大学生をチェコ、ソ連、北朝鮮などに留学生として派遣していたのです。とにかく、一度会いたいと言うので大使館を訪問しました。

韓国との修交について内部で協議をしていた頃に、ベトナム戦争中の韓国社会の各分野の動向を外務省と研究機関で研究し、検討していたというのです。ベトナム人民がアメリカとの戦争で生死を賭けていた折に、韓国内でベトナム人民の痛みを自らの痛みとして理解に努め、たゆまず真実を明らかにしていた私の文章に注目し、論文を読んでいたと話してくれました。私は「ありがとうございます」と挨拶をしました。そして数カ月後の一〇月初旬に、国慶節祝賀の招待状が送られてきました。ソウル駐在の外国大使をみんな呼んで、貧しい国だから盛大とは言えないものの、とても丁重に応対してくれました。私は三〇年間の仕事にやり甲斐があったと感じました。大使に「ベトナム人民がアメリカと戦争をしていたときに、韓国軍はベトナムで大勢の人民を殺傷した。その殺傷された人々の子弟で大学生になった若者がいたら、私は貧しいので多くの負担はできないが、一人の学生が大学を卒業するまでに必要な学費を支援したいので、そのような学生を推薦してください」と申し出ました。しばらくして、衣食住は国家負担になっているので、学費は年間数百ドルあれば十分との回答がありました。

情熱の人生から観照の人生へ

任軒永　ああ、先生はそこまでされていたのですか。先生は以前から、私たちはベトナム人民にまず謝罪しなければならないとの文章を発表されていました。先生の一貫した主張は、私たちがアメリカに対して毅然とした態度を保つためには、私たち自身が堂々としなければならないとの考えで、まさしく共感いたします。

先生は「ハンギョレ」（新聞）の訪朝取材企画事件に関連して心労を重ねられ、身体を損ねられて九〇年初めに全羅南道《チョルラナムド》霊厳郡《ヨンアムグン》月出山《ウォルチュルサン》のクリム村に静養に行かれ、そこで漢学者の崔俊基先生に会われました。この方が先生に尊敬の意を表され、李退渓《イテゲ》と趙光祖《チョグァンジョ》を比較して、いまや先生は李退渓のように、晩年を静かに過ごしたらどうかと話されたとうかがいました。

李泳禧　「静かに」ではなく「円熟して」でした。趙光祖のように意志だけに固執することのないようにという意味です。かなり肯定的に受け取りました。九〇年になっていたので、ちょうど四〇年間、一人の知識人として社会で生きながら書いてきた文章によって経験を積んだ苦難の道を振り返ると、崔俊基先生の言葉が胸に迫ってきます。いまや年齢も経歴もそうですが、私が経験した苦難の道程で、私は何らかの悟りを開かねばならない。さらに円熟した人間的・知的変化と世界観の変化が当然なければならないと思いました。趙光祖は社会を正さなければならないとの一念でしたが、私は、それを政策で実現できる何の力も手段も持っておらず、取るに足りない無力な現代の「ソンビ」にすぎない。国王の無限の寵愛を受けながら、最高の官位と権勢を享受した趙光祖とは反対に、私は国家権力に抵抗したあまり、さまざまな迫害を受けてきた立場なので、比較にもならないでしょう。三八歳でそのように大きな足跡を残した趙光祖に比べると、私は七五歳ですからほぼ二倍も長く生きてきましたが、みずから内面的な省察・反省・自己点検をすることで、新たな悟りを得ようと決心しました。

任　九八年に、黄長燁《ファンジャンヨプ》〔元朝鮮労働党国際担当書記。九七年、韓国に亡命。二〇一〇年に死去〕と対談されまし

情報機関の保護の下で公の活動をまったくしなかった黄長燁（元朝鮮労働党国際担当書記）は、韓国亡命後１年後初めて「ハンギョレ新聞」で著者と対談をした。

た。先生はその場で人間黄長燁の生涯をどう評価されましたか？

李　政治亡命者は情報部で必要な情報をすべて聴取し、一定期間が過ぎてから初めて外部に姿を現します。どの国の情報機関でも同じでしょう。また、大物ですから調査期間が長かった。だから初めて韓国社会に顔を見せるという儀礼的なセレモニーでした。黄長燁にとっては「通過儀礼」と言えるでしょう。その最初の相手が私でした。会うなり黄長燁は私をよく知っていると言うのです。そして「とてもお会いしたかったです」と言われました。どうして私を知っているのかは尋ねなかった。それはともかく、人間的には自我を喪失しているようでした。信念や理念や教条や、それらを抱えて生きてきた人物だけに、その信念の内容が切り変わると深い自己喪失に陥るのではないでしょうか？　まさに自己喪失状態でしたね。私に会ったときが、そんな心理状態だったと思います。言葉は混乱していて、一方的な弁明だけをしていました。実際の亡命動機は、北朝鮮の指導体制内で信用を失い、排斥されたということでした。

金日成《キムイルソン》主席に対しては、かなり敬意を表していましたね。金正日《キムジョンイル》国防委員長の世代が権力の中心に進出し、彼のような過去の人物は排斥されていたようでもあり、アメリカや韓国の政治諜報工作に乗せられたようにもうかがえました。金正日国防委員長に対してはかなり批判的でした。急変した自分の周辺状況について、あれほどの知識人であれば覚悟のうえで亡命しているので、新たな座標と方向は決まっているはずなのに、言葉と思考は混乱していました。いうなれば、精神的なパニック状態に陥っているようでした。私はひとりの知識人、それも権力体制の内部で、最高の権威を享受していて転落した知識人を演じる「悲劇俳優」に向き合っているように感じました。

個人の信念や価値観や歴史観と民族愛が透徹しているならば、少なくとも民族間の戦争を煽るような発言はしないはずです。それほどの地位にいて、巷間で言われるような立派な哲学者だったら、何か人類の普遍性、民族の普遍性として追求すべき目標や原理について哲学的に語るべきなのに、そうではなかった。機会主義的な末端の政治家か、市井の輩《やから》が語るレベルの話をしていました。人間の悲劇ですね。何やら小説の哀れなピエロのような、そんな主人公に会った感じでした。もう古いことなので十分には思い出せないのですが。

国家政権という高い権威集団であれ、市井のやくざ集団であれ、変節者と背信者はみずから己の存在価値を否定した存在です。変節者は一時的な若干の効用価値が消えてしまえば、自分を買った相手から見捨てられるのです。そうなれば、その人間は主体的にも客観的にも破滅の運命をたどることになります。私たちはある社会の歴史と現実生活のなかで、これを確認するにいたるのです。黄長燁という人物がまさにそうでした、悲惨でしたね！　けれども、それと同時に、私たちすべてに峻厳な「人間の条件」を教えてくれる悲劇でもありました。これが重要でしょうね。

ペンで闘った半世紀の総括

姉を探して平壌へ

任軒永　一九九五年は待望の定年退職の年でした。この年に第九回丹斎《タンジェ》〔独立運動家、歴史学者である申采浩の雅号〕学術賞を受賞されましたね。同年、ＷＴＯ（世界貿易機関）が設立され、それほどありがたくない「グローバリゼーション」という言葉が一般化しました。また、アメリカの国務省が北朝鮮、イラク、シリアなど七カ国を、「テロ支援国家」に指定しています。

李泳禧　「丹斎学術賞」は、私のこれまでの研究と著作の業績に対するもので、「萬海賞《マネ》」は、仏教界では百《ペク》潭寺《タンサ》の五鉉《オヒョン》高僧が授与されました。「萬海賞」には五つの部門があり、そのうち最高の賞は「萬海実践賞」です。「萬海・韓龍雲《ハンヨンウン》先生と同じ精神で実践した」というものですが、私にとっては身に余る賞でした。朝鮮戦争の初期のことですが、北進した折に、雪の積もった極寒の雪岳山《ソラクサン》での戦闘において、私が属した九連隊の兵士らが新興寺《シヌンサ》に突入し、国宝級の貴重な仏教木版を手当たり次第に持ち出して燃やす現場に駆けつけました。そして懸命に消火に努め、木版を集めて元どおりに安置しました。それでもほぼ四分の一が灰燼に帰してしまいました。萬海賞とは別に、私の行為に対して五〇年後に、韓国の仏教界から感謝状と賞金が授与されたのですが、ありがたかったですね。

その頃、ドイツにも行きました。ドイツには二回、一回目は学術会議で、もう一回目は韓国人団体の文化行事への参加でした。それとは別に、ハンブルグ大学で「南北」の問題をテーマにした学術会議を開催したのですが、そのときに韓国側代表の一人として二回招請されました。九七年には、結婚四〇周年記念の観光旅行をし、見聞を広めるために地中海周辺の七カ国を一九日ほどかけて見て回りました。楽しくて有益な旅行でした。エジプト文明、ローマ文明、サラセン〔特に七世紀にアラビア半島に興ったイスラム帝国の通称〕文化、ヘブライ文化、ギリシャ文化などに接することのできた、本当に有益な旅行だった。私の人類・文化的知識と認識を深め、幅を広げてくれたことに感謝しています。

任　先生の書かれた「地中海旅行記」（一九九七年）を、とても興味深く拝見しました。

李　あれは短い印象記にすぎないものです。この時期に私の知的努力は南北民族の共倒れを招くことが明らかな、アメリカという国と統治勢力が企んでいる戦争の陰謀を暴き、その真相を国民に知らせる作業に集中しました。それまで私が行った研究作業がすべてそうだったように、この時期の研究と発表も孤独な戦いでした。ひとつの文章が発表されるたびに、大きな反応が起きて私を鼓舞してくれました。その文章を通じて隠されていた「真実」を知ることになった多くの方々の、温かい支援と心のこもった敬意がなければ、こうした厳しく手に余る仕事を続けることはできなかったでしょう。

それらの論文や試論のうち、代表的なものだけを選び、記録として残しておきたいものを挙げてみました。私の汗と苦悩と愛情がこもっている文章の数々です。

1945年に英米ソによるポツダム会談が開かれたツェツィーリエンホーフ宮殿を宋斗律教授とともに訪ねた。

・国家保安法のない九〇年代のために――「韓半島唯一の合法政府」の虚構
・南北朝鮮の戦争能力の比較研究――韓半島の平和の土台構築のための試み
・リリー駐韓アメリカ大使に聞く――アメリカは「光州事態」の責任を回避できない
・アメリカという社会と国家――「悪の弱者」と「善の帝国」という正邪の論理
・一九五三年に締結した「韓米防衛条約」解剖――韓米隷属関係の本質と構造
・社会主義は終わったのか？　資本主義は勝ったのか？
・修好協定に先立ち、ベトナム人民にまず謝罪せよ
・民族統一の世界史的認識
・東西ドイツ基本条約と「南北基本合意書」の比較分析
・朝米の核及びミサイル危機の軍事政治学
・いわゆる「西海北方限界線」は合法的なのか？――真実を知り主張しよう

・米国軍事同盟体制の本質と一般的な性格の研究
・北東アジア地域の平和秩序構築のための提案（英文）

そのほかに、その時々の国内問題や現象に関して、または発表機関の要請で書いた多くの社会批評、または文明批評的性格の文章をこの当時に発表しています。

任 先生、ここ山本《サンボン》（京畿道軍浦市）に引っ越しをされたのは九四年ですか？

李 はいそうです。私はここがとても好きで、アパート暮らしの利便性を初めて知りました。私よりも妻が非常に喜んでいます。私と妻はここに引っ越す前までは、ずっとシャワーも浴槽もない家で暮らしました。だから自動的にお湯の出る家で暮らしたことはありません。恥ずかしながらそれが真実です。九四年の秋にここに移り、最底限の文化生活を初めて体験したのです。私が六五歳の時です。

任 九八年一一月九日に、北朝鮮を訪問されましたね。一七日間も滞在されたのに、訪問記録を書かれなかったのが本当に惜しまれます。私は心情的には理解できる部分があるのですが、それでも先生のことは、北朝鮮側も評価していたので、他の訪問者に比べて比較的自由に動けたのではありませんか？　先生が希望されたことはみな叶えられたのでしょうか？

李 一七日間ではなく五日間です。北朝鮮ではそんな長い期間の滞在を誰にも認めてはくれません。私の立場にふさわしい広範囲な観察旅行をしたのかと尋ねられたら、私は「ノー」と答えるしかない。この旅は初めから自分が望んで行こうとしたものではなく、ハンギョレ新聞社の付属事業機関の「南北の子どもが肩を組む」という、北朝鮮の子どもたちを支援する団体が、自分たちの事業で行くための事前接触の際に、北側から「あなた方が来る時に、李泳禧先生を連れてくることはできますか？」と訊かれたそうです。そこで、私は次姉の消息を確認できる良い機会になると考えて、統一院に北側の意思を伝達し、最終的に接触許可書を受け取りました。

行ってみると北側の当局者は、まず、私を一行とは別に案内しようとしました。しかし私は、その時にも自分の身の安全のために、警戒線を身の回りに張り巡らして行動することにしました。どんな口実であれ、捕まれば煩わしい問題が起きるに決まっているからです。だから南北の政府当局に、兄と次姉の生死確認を目的にしているとはっきり告げました。そして、常に私の周辺にハンギョレ新聞社の社長か誰かがいるように配慮しました。私は文益煥《ムンイックァン》牧師のような楽天主義者ではなく、勇気もない人間だからです。ただ、冷徹な現実感覚で判断して行動する人間なのです。兄は休戦後の五七年に腸チフスで亡くなり、次姉は私が平壌《ピョンヤン》を訪問した五年前に、六五歳で亡くなっていることを確認しました。次姉の息子にあたる甥には、平壌の高麗ホテルで会ってきました。解放前、その彼が二歳の時に会って以来の再会を果たすことができました。

新聞記者や活動家だったら、一週間ばかり平壌を見て、さまざまな視察記録やエピソードについて書くでしょう。しかし、私が書くとすれば、私の立場に相応する北朝鮮社会の本質的な問題とか、執権者たちの哲学とか、経済構造や現実社会のことを遠近法で把握し、高い視点に立って書いた文章になるのでしょうが、まったくそんな文章が書けるような旅行ではなかったのです。任在慶《イムジェギョン》氏は、私がただ見たことの印象だけでも書けば意味があるのではないかと言ってくれましたが、私はどんな文章であれ、深みがなく核心に触れない文章や、皮相な観察に終わる文章は書きたくなかったのです。それが先ほどの質問に対する回答になるでしょうね。

「意識」のない知識は死んだ知識

任軒永　一九九九年六月、西海交戦〔黄海上で韓国と北朝鮮の海軍が交戦し韓国側に死者が出た〕で、南と北はとても緊張していました。こうしたときにじっとしている先生ではありませんね。論文「『北方限界線』は合法的な軍事境界線であるのか?」〔邦訳、『朝鮮半島の新ミレニアム』に収録〕を通じて、国際法を隅々まで

1998年11月、53年前に別れた長兄と次姉の生死を確認するため平壌を訪れた。二人はすでに亡くなっており次姉の息子に会うことができた。

調べて検討した後に、北方限界線はまったく根拠がないことを指摘されました。そして、その内容を麗水《ヨス》でそのまま講義されました。「参与社会アカデミー」が麗水市と一年契約で著名人を講演者として招き、公務員と市民に講義をする企画の一環でした。

李泳禧　私は永く韓国社会で迷信のように信じられてきた「虚偽」と、さまざまな大小の政治的・思想的偶像の仮面を剝ぐ仕事をしましたが、この論文もそのうちの一つです。西海上での衝突が起きた際に、あまりにも韓国国内の反応が情けない状態だったので、どうしても書かねばならないと思って書いた論文です。

私は常に知識人に言いたいことがあります。これまでも実際そのように話してきました。知識がどんなに沢山あっても、「意識」がなければその知識は死んだも同然の知識である。国際法を何十年学んでいても、博士号を幾つ持っていても、何の「懐疑」も抱かず、ただ政府が言う通りに「知識化」するならば、永遠に無知な者として残るだけなのだ。

これが大勢の教授・専門家・博士号所有者への批判です。西海交戦で北韓が「韓国領海を侵犯した」とか、「大韓民国が主権を侵害された」とか、そんな大騒ぎをしていました。そしてソウル大学法学部長という方が書いたものを見ると、実に情けないこと極まりなかった。だから私が真実を明らかにする論文を、また書かねばならないと決心したのです。非常に苦労して書きました。

休戦協定に調印した際に作成した中国人民義勇軍代表、朝鮮人民軍代表と国連軍代表が署名した地図（海図）があります。私はすでに六〇年代に、いわゆる「西海北方限界線」というものが、不法だという事実を知っていました。私のその論文に出ていますが、「北方限界線」なるものは、次のような事情で作られたものです。李承晩《イスンマン》は休戦に反対だったのに、アメリカが主導して休戦が成立したことが不満で、再び戦争を始めることのできる口実と方法を探しました。そこで考え出したのが「韓国軍が北朝鮮を攻撃すれば、北朝鮮と中国義勇軍が反撃するだろう。そして、戦闘が拡大すれば、アメリカがいくら嫌でもまた参戦してくれるだろう。そうなれば、第二の朝鮮戦争に拡大しないわけにはいかなくなる」というものだったのです。戦争の再発を利用し、鴨緑江《アムノッカン》まで北進統一をしようとしたのです。それで黄海道《ファンヘド》沿岸を引き続き攻撃しました。

ところが、アイゼンハワー大統領は休戦協定を速やかに締結し、米軍を家族のもとに送り返すと公約して当選したので、休戦協定を急いで締結しようと全力を尽くしました。李承晩大統領は引き続き紛争を引き起こし、休戦が成立した後にも、休戦協定を破ろうと考えていたからです。休戦協定の締結後もずっとそうでした。アイゼンハワーは李承晩を逮捕して大韓民国政府を解体し、白善燁《ペクソンヨプ》陸軍参謀総長に軍政を宣布させ、李承晩政権を完全に崩壊させて、休戦協定を順守する新政府を樹立するために、クーデターの準備までしたのです。韓国海軍が二度と黄海道を侵犯することができないように、国連司令部は韓国の軍艦が北朝鮮の黄海道海岸まで、これ以上は上って行けないように一本の線を引きました。いわゆる「西海北方限界線」というものです。これは休戦協定で引かれた線ですが、アメリカはこの線は北朝鮮を対象にしたものではなく、韓国海軍の「出入禁止線」だとして、国連軍司令部の内部規定として韓国政府と韓国軍に示したものと説明しました。この事実が最も重要で、私がすでに六〇年代に知っていたこの過程を知る知識人はほとんどいないようです！

ところで、韓国の法学者、政治学者、専門家らはこうした背景も知らずに、また休戦協定違反であるとも知らずに、「領海侵犯」とか、「侵略」とか叫んでいますが、北方限界線という言葉だけでも分かるじゃないですか。「北方限界線」というのは、南側の軍艦であれ、某国の物体であれ、「北側にこれ以上入ってはならない」と設定した線なのです。もし、北側から南側に移動しようとする軍艦や物体が、南側にこれ以上進んではならないと規定した線であれば、当然「南方限界線」と言わねばならない。小学校低学年くらいの知識でも理解できることで、名称だけでもこの問題の核心が明らかなのに、韓国の著名な知識人でも、これを理解していない。それで私が徹底的な考証のうえに、精密かつ詳細な論文を書きました。

朝鮮戦争に関するアメリカ政府の最高級の極秘文書は、一巻で三〇〇〇ページ、全七巻もあるのですが、このうち三巻がこの問題を扱っています。それを全部読んで書きました。後日、麗水《ヨス》の講義を聞いた聴衆の一人がひどく驚いて、信じたくないのか検察に告発しました。しかし、検察は私に何の措置もしなかった。なぜならば、起訴をするためには私の論文が虚偽だとか、何らかの弱点を見つけなければならないのに、論駁する余地がなかったのでしょう。私が先ほど列挙した論文は、その発表当時は大抵その手の無知な反共主義者から、何度か告発されました。けれども今回はどうすることもできなかった。

任　二〇〇〇年には、『朝鮮半島の新ミレニアム――分断時代の神話を超えて』（邦訳、社会評論社）の出版記念会がありましたね。

李　そうです。東京で開きました。日本人の研究者、ジャーナリスト、民団系と朝鮮総連系の人々などが一堂に会しました。私の論文と時論を集めた日本語版は、これまでに二冊出版されていますが、有能な翻訳者が私の同意を得て翻訳したものです。一冊は一九八五年に出た『分断民族の苦悩』（御茶の水書房）で、もう

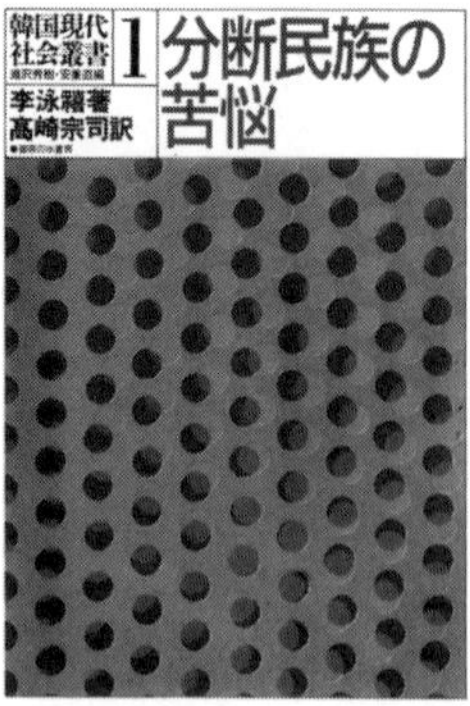

日本で翻訳出版された２冊の著書、『分断民族の苦悩』（御茶の水書房）と『朝鮮半島の新ミレニアム』（社会評論社）。

一冊は出版記念会をした『朝鮮半島の新ミレニアム』です。七〇年代からおよそ三〇年にわたり韓国の激動期に発表した私の文章が、そのつど、日本の新聞や雑誌に翻訳発表されていたので、日本人と在日同胞の読者がかなりいるようです。出版記念会に行くとみんな喜んでくれました。本当に文章を書いた甲斐があったと思いました。

修理山麓での散策で回想した半生

任軒永　先生、健康についてのお話をしましょう。一時、お身体の調子が良くなくてとてもご苦労されたと知り、みんなが心配していました。

李泳禧　私はあまり健康ではないのです。数十年にわたり研究と執筆を続けるなかで、何度もくり返された逮捕と懲役のせいでもあるでしょう。九回の連行、五回の起訴または起訴猶予、三回の懲役と続いたので、健康に良いはずがありません。八〇年の光州《クァンジュ》大虐殺のときにも投獄されましたが、釈放後に肝臓・胆のうの腫瘍切除手術で「腑抜け」状態になってしまいました。零下十数度の刑務所生活では慢性気管支炎になり、歯はいつも歯科のお世話になっています。文章を書くストレスのために二〇〇〇年に脳出血で倒れ、右半身が麻痺しています。これは中風ですよ。四年ほど経ったので、ずいぶん良くなりはしたものの、今でも右側の足、手、指がうまく動きません。どうにかこうにか歩くことはできるので、それだけでも助かります。もっと大変なことになる可能性もあったのですから。いつも感謝の気持ちで毎日を送っています。

任　そんな逆境のなかでも、先生はいつも屈することなく耐えてこられました。

李　連行されるたびに、零下十数度の寒さにとても苦労しました。あげくの果てに慢性気管支炎になり、痛みがいっそう増しました。冷たい空気がちょっと肺に入っても息ができないほどなのです。それでも食事・薬・転地療養などは効果があるようで、近頃はとても良くなっています。

高血圧のせいで脳出血になりましたが、その前から飲酒を止めて十数年になり、同時に気管支炎に良くない煙草はすっかり止めました。もともと私は意志薄弱ですが、止めなければ死ぬと思ったので、「仕方なく」止めたのです。生命と交換するわけにはいかないでしょう。赤ワイン一杯が脳神経の患者には良いと言われて、ワインを一杯だけ飲んでいます。

任　先生が脳出血で突然入院されたのが、二〇〇〇年の一一月一六日でした。残念ながら先生の元気な姿を、これからはもう見ることはできなくなったのかと、胸が張り裂けそうに思いましたが、わずか一年で淑明《スクミョン》女子大学の統一問題研究所の学術セミナーで、「脱分断に向かう新しい転換時代の論理と想像力」というテーマで問題提起をされたので、私たちはすっかり驚いてしまいました。

李　そうでしたか？　二〇〇一年のニューヨークの世界貿易センタービルの崩壊と、自己反省を知らないアメリカのブッシュ政権の二〇〇三年のイラク侵略をテレビで観ながら、心の底から怒りが沸いてきました。私としては、もはや文章を書くことは不可能で、さらに何かすることもできないので、ただただ、もどかしい思いをするばかりです。辛うじて反戦の訴えを漢詩に託して、新聞に寄せた程度です。

任　デモの現場に何回も来られたので、みんな驚きました。

李　何回もではなく、一、二回です。私が顔を出せば力になると頼まれたからです。もう、野外の大衆集会には出て行く気力がありません。これからは私のような老人は免除する理解と雅量がなければいけませんね。私が育てた後進の研究者や後輩たちがいまは全国のどこにもいるし、どの分野でも指導的な役割を果たしているので、いまや私がなすべき責任は、なくなったようなものでしょう。

任　その問題は別の場に譲るとして、先生の健康問題に話を戻しましょう。

李　湿気と寒さ、このどちらも私の持病には良くないので、一昨年の冬にタイのノンカイという田舎に行きました。かなりの田舎ですが、空気が良いので行ったのです。当時、気管支炎が再発し、病院からは心臓も良くないと診断されました。ノンカイはバンコクから東北方向に七〇キロほど行ったところです。韓国人はいないし、韓国がどこにあるかも知らないタイ人が住む田舎です。ところがヨーロッパの人々には少しは知られているのか、ヨーロッパの老人が冬を過ごすのに人気のある土地でした。温暖で気候が良く、物価はとても安いので快適に過ごしてきました。梅雨の季節にも我慢できなくなり、海外に出かけました。

任　二〇〇三年の夏は梅雨があまりにも長く、インドネシアのバリ島で療養されましたね？　そのせいかとても健康そうに見えます。根気よく朝の運動をされているのは知っていますが、今でも山に登っておられるのですか？

李　バリ島にはゴルフバックを担いで、札束を持って行ったのではなく、鄭東一《チョントンイル》という漢陽《ハニャン》大学の後輩が、バリの田舎、そこの海辺の椰子林で小さな保養所を営んでいます。韓国の梅雨は私の健康に良くないので、ありがたいことにいくらでも気楽に休んでくださいと招かれたので、二、三回行きました。

ここ山本《サンボン》は修理《スリ》山《サン》に沿っており、私の健康にとても良いようです。私と妻はここに落ち着いた日から修理山に魅せられて、朝食前にせっせと山歩きをしました。中風になってからは「垂直運動」はあきらめて、山の中腹に消防道路〔火事の時に退避し、消防車が通れるようにした道路〕があるので、そこをゆっくり「水平移動」による散策をします。道路がとてもきれいなのです。三時間かけて四キロほど歩きます。

任　それくらいでしたら運動としては十分でしょう。また、運転もされるのですか？

李　運転するというほどではないのですが。神経科の主治医が中枢神経と手足の物理的運動機能を一致させて、筋肉運動を助けるために、自動車の運転を少しずつしてみなさいと勧めてくれました。三級の障害者シールを貼った車を、主に異常のない左足と左腕を使って、不自由な右側の足と腕・手を補助的に利用しながら、町内をゆっくり動きまわる程度です。右足と右手は補助の役割だけです。それでも私はありがたいことだと思っています。これから体の調子も徐々に良くなるでしょう。

任　肉類はたくさん召しあがりますか？　どんな食べ物がお好きですか？

李　私は昔から酒を飲む時しか肉を食べなかった。強い酒、特に白乾児《ベガル》が好きだったから、飲むとなれば肉を食べました。私は菜食主義者ではないが、肉類はもともとあまり好きではなかった。今でも肉類はそれほど多くは食べません。

任　お目にかかってみると、とても良くなられたように見えます。旅行にも行かれるようになり、晩年になって計画されたことを実行されているようですね。特別に考えていらっしゃることは何でしょうか？

李　私は、ひとつうらやましく思うことがあります。自分の本職ではなしに、続けてきた趣味の生活に没頭して老後を過ごすことです。そのようにしている方々を見ると、とてもうらやましく思います。美術とか、音楽とか、木彫刻とか、何でもかまわない。ところが、私は残念ながらそのような才能がありません。私は若い頃には木工細工が趣味でした。机、椅子、ベッド、その他の家具などを自分で作ったり、修繕したりしました。二人の息子も幼い頃には、私と一緒にいろいろな物を作り、今でもそうしたことにはかなり器用です。木工細工をするのは、頭を使って暮らす「インテリ」は、せめて肉体的な生産技術を趣味にでも持てば、人間の肉体と精神をバランス良く発達させることができると考えたからです。何よりも頭脳労働をするインテリが肉体労働に対して優越感を持ったり、肉体労働者を蔑視したりする、好ましくない心理と思想を是正してくれるからです。いまはもう年老いて力もなくなったので、できなくなってしまいました。

これまでの活動が極度の知的追求の作業だったので、これからは少し情緒的な生活をしたいですね。この数年間は東洋の古典をあれこれ読んでいます。永い歳月にわたり買い求めて積んで置いただけで、これまで読むことのできなかった心穏やかな本を、懐かしい気持ちで広げています。特定の問題や部門に限定することなく、思いつくまま、気の向くままに選んで読んでいます。それも必ず一冊全部を読まなければならないとか、どこまで読むという心配をせずに、悠々自適に読むのです。

任　映画やテレビはご覧になりますか？

李　映画は、とても有名な傑作だったら、妻と観に行くこともあります。文化的教養と思って観ます。たまには音楽会やオペラにも一緒に行き、家では主にクラシック音楽を楽しんでいます。

しかし、テレビの「娯楽番組」には楽しみも安らぎも感じることはできません。大衆文化としてのテレビ番組からは、私は情緒的な安らぎを得ることはありません。テレビの画面で、大人も若者も、飛んで跳ねて大声を張り上げ、狂ったように身体を揺する仕草は見るに耐えない。そう言えば、かつての大衆運動において、大声で騒ぎ立てる場面にも我慢ができなかったのを覚えています。何か静かに情緒的な感動を与えてくれる、そんな芸術や文化だけが生活の潤いになり、喜びを与えてくれます。私が好んで見るテレビ番組は「動物の王国」「野生の神秘」と、人間的・社会的なドキュメンタリーものです。画面に現代的な人間があまり現れない方が望ましい。私が年齢を重ねたからでしょうね。「旧世代」の典型的な嗜好パターンなのでしょう。

イギリスに「A man's ability to stand noise is in reverse proportion to one's intelligence」ということわざがあります。「騒音を我慢できる能力は、その人の知的（精神的）水準と反比例する」という意味です。大音響と身振りの狂乱、こんなものは教養・理性・知性的側面の欠如を意味するだけです。もちろん、イギリス上層階級の知識人の人間観から出てきた言葉でしょうが、いずれにせよ、目的が明らかな社会的意思表示であるとか、社会正義のために他の方法がない弱者の生存の叫びではない、平常の状況や一般文化的表現としては、それが演劇であれ、音楽であれ、道端の商売であれ、学校行事であれ、私は騒々しいことには耐えられない。だから努めて、騒がしい所を避けるようにしています。私は人間の行為において節制を美徳と見なしていますが、それは、人々がそれぞれ、他人のことを配慮し、みずからを節制することで、美しい人間的徳性・和合と平和が花開くと思うからです。

韓国の女性たちが、大人・子ども・学生は言うまでもなく、ホームドラマや社会ドラマでも、さらには愛情ドラマでさえ、やたら声を張り上げ、額に青筋を立てて、顔をしかめて交わす言葉は、仇敵同士が用いる憎悪と呪いに満ちた表現そのものですね。男たちの場面では、アメリカ社会を描いた映画にも負けず、荒々しく暴力的で、血を見ることを勇敢と錯覚している。わが国の男と女がいつから、あのように道徳知らずで、とげとげしくなってしまったのか、若者や学生が好むシーンは、例外なく節度を知らない修羅場と幼稚な振る舞いばかりです。韓国人はみんな白痴になったのでしょうか、テレビの娯楽番組の制作者が無能なのか、私が老いたせいなのか。

さもなければ、アメリカ式資本主義の消費第一主義文化の必然的な産物なのか。テレビ視聴料と広告収入を最大化するために、人間の心情をこれほどまでに荒廃・堕落させねばならないのか、私にはさっぱり分かりません。いわゆる「文化」という名のもとに日常化した、このような情緒、趣味、意識、価値観、人間関係からつくり出される韓国社会の反道徳、人間疎外、利己主義、犯罪の日常化のあれこれを観ながら、私は鳥肌が立つ思いです。こうした人間のタイプと社会が、それでも北の地の人間と社会よりも「優越」しているとでも言いたいのでしょうか？ 考えれば考えるほど分からなくなってしまうのです。だから私は余生があまり残っていないことを、むしろ祝うべきこととさえ思って生きています。

任　先生、小説を書かれるお考えはありませんか？ 実は先生の書かれた「D検事と李教授の一日」という作品を、八〇年代の優れた小説に推薦し、京郷《キョンヒャン》新聞社が出版した『八〇年代問題小説集』に収録したことがありました。それで私は冗談で「作家会議に入られたらいかがですか？」と申し上げたことを思い出しました。後に作家会議に入られましたね？

李　「D検事と李教授の一日」は、『八億人との対話』『転換時代の論理』『偶像と理性』などが反共法に抵触し、公安検事の尋問を受けた日々の実話を、そのまま描写した作品ですが、それが発表されると、文壇からはかなり好意的な反応があったようです。私はそんな反応は予想もせずに、そうなるだろうと期待もしていなかった。フィクションや誇張した表現ではなく、実際に私を尋問する黄《ファン》という公安検事と、囚人服を着て手を縛られて、その前に座っている私との対話と、室内の雰囲気をあるがままに描いたものです。任さんが紹介された反応や評価には感謝しますが、京郷新聞社の『八〇年代問題小説集』は見ていないので……。

私自身は「D検事と李教授の一日」を小説として考えたことはありません。実はかなり前に、私の少年・青年時代の実録『歴程』に収録された、私の朝鮮戦争参戦の初日から除隊までの七年間の軍隊体験を描いた

「戦争と人間」〔邦訳、『分断民族の苦悩』に収録〕を発表したときに、文学評論家の柳宗鎬《ユジョンホ》氏が口を極めて称賛した作品評をどこかに書いてくれました。「数多くの作家と文学者が朝鮮戦争を体験しているが、いまだに立派な戦争文学作品が発表されていなかったのは、われわれ文学者の恥である。アマチュアがこのような優れた作品を発表したのは驚くべきことだ」というものでした。ありがたいことです。

任　先生の社会科学的な文章には、魯迅の影響が感じられます。文章のなかでこのように機知を発揮する部分を見ると、魯迅の文章と似ているという気がします。

2003年、師として敬愛する魯迅の故郷である紹興と、北京、上海を訪ねた。

李　私の書物に収録された魯迅に関する文章でも何度か言及しましたが、私が文章を書く精神というか、心がけというか、そうしたものはまさに魯迅を見習ったものです。文章を書く技法、文章の美しさ、内部で燃える怒りを抑えながら、時には正攻法で、時には比喩、隠喩、風刺、ユーモア、諧謔、洒落などを交えて、相手を攻撃する洗練された文章手法を、魯迅から多く学びました。

　病気が少し良くなり、旅行が可能になった二〇〇三年に、遅きに失した感はありましたが、長年の念願だった魯迅の故郷を訪ねました。北京にある魯迅の旧家と魯迅記念館は数年前に訪ねているので、今回は上海の魯迅記念館と蔣介石ファッショ政権の魔手を避けて隠れ住んだ家など、作品に登場する場所をいくつか訪ね、故郷の紹興にも行きました。身体が不自由なので、中国人民大学の博士課程にいる崔萬元君の旅費を私が負担して一緒に行き、四泊五日で魯迅先生の足跡を踏査する旅行をしました。じつに有益で楽しい旅でした。

　私は魯迅の作品を通じて、彼の昔の家が父親の時代になって没落した大地主だったことは知ってはいましたが、現場で見学した旧家は少し誇張して言うと、ソウルの景福宮に匹敵するほど大きくて、本当に驚きました。中国各地で金満家、権勢家、大地主らの旧家を観光客に公開しているので、大体の大きさは推測していましたが、実際に訪ねてみると、魯迅の旧家はとてつもなく大きなものでした。建物の構造と空間的配置が迷宮のように複雑になっていて、案内者なしに訪ねて行ったら、帰りの道を探し出すのは不可能なほどでした。そんな王宮のような邸宅と農地が、父親の長い病気のために積もり積もった借金で、他人の手に渡ってしまったのです。

これに関する話を書いた作品『故郷』を読むと、往時の土豪の家運が傾いていく様子と、権勢と財産の無常観を感じます。「魯迅記念館」は大々的な拡張・増築工事が盛んに行われていました。魯迅の作品に出てくる馴染みの場所、哀愁が漂う場所などを隅々まで歩きました。そして自分の故郷に帰ったような温かさと情愛を感じました。また行きたいですね。作品を通して魯迅の足取りと感情の推移をすべて知っているので、そこで彼に会うような錯覚さえ感じました。それと同時に、泣いている自分に気がつきました。彼の故郷は魯迅の幼い頃の農村ではなく、現代的な都市に変貌しており、それが私には少し物足りなさを感じさせたのです。

変わることなく、その場を守って

任軒永　私も魯迅の生家を訪ねたことがありますが、入口からも情感の湧くところでした。再び現実に戻りますが、先生のお元気そうな姿を拝見して、私どもとしては本当にうれしく思っております。どうぞ、これからも健康に留意されて、旅行や余暇を楽しまれ、大勢の後輩の鑑《かがみ》になる晩年を送ってくださるようにお願いいたします。

李泳禧　鑑になるような人生が、私に残っているのでしょうか？　いずれにせよ、解放後六〇年に近い荒々しい人生を送り、少しは静かに心を落ち着けて自分の生涯を振り返ってみる、そんな機会が与えられただけ

연세대학원신문
94호 월간
밀레니엄 특집호
YONSEI GRADUATE SCHOOL MONTHLY NEWSPAPER
1면 연세대학원신문
기획 특집
교수·대학원생 설문조사　20세기 가장 영향력있는 학자 및 저작은 무엇인가
학자 리영희 · 프로이트, 저작엔 『해방전후사의 인식』 으뜸 꼽혀

『延世大学院新聞』は、20 世紀で最も影響力のあった韓国の学者として李泳禧を選び、最も影響力のあった著書としては、『解放前後史の認識』を選んだ。

でも幸せなことだと思っています。

　私の波瀾に満ちた人生を振り返りながら、ひとつ満足することは、私の人生は無駄ではなかったという自負心で、これは重要なことです。その理由はいろいろありますが、例を挙げれば、「延世《ヨンセ》大学院新聞」が一九九九年末に、「二〇世紀を送り二一世紀を迎える特集号」において「二〇世紀の人文科学分野に影響を与えた学者と著作」を発表しました。それは教授と大学院生を対象にアンケート調査を実施し「現在の我が国の学界全般に大きな影響を与えた」学者と著書を国内と外国に分けて「それぞれ三点ずつ推薦せよ」と募った結果でした。そして五人の国内の学者が選定されましたが、第一位が李泳禧でした。私は新聞を見ていぶかしく思いながらも驚きました。外国の学者としてはフロイトが一位でした。

　私に対する一致した意見は「七〇～八〇年代の韓国変革運動の中心にあり、暴力的な時代状況に立ち向かって闘い、七〇年代の冷戦主義的社会の雰囲気に新しい視点を持ち込んだ」というものでした。そのほかにも、世紀が変わる九九年の時点で各機関が類似の世論調査を実施しましたが、どの場合もほぼ似たような結果が出ていました。それらを見ながら、私は名誉なことでうれしくもあり、本当にその価値にふさわしい業績を残したのかと反省もしてみました。何よりも大衆はごまかされない、歴史的評価は一個人の人生より長く残るとの思いに粛然としました。

　今回のこの『対話』によって、後輩や後学の方々に近況を伝えることができ、また、一方では『歴程』に収めた六一年までの伝記に続く、それ以後の私の生き方を紹介することができました。この自伝は私の誕生から七五歳までの、ちょうど四分の三の世紀を対象としています。ここまで到達することができて、身いっぱいに感慨無量を味わっています。

残念ながら手が麻痺して文章が書けないので、これまで考えていながらも、それを書き表すことができませんでした。少なからぬ人々が『歴程』の続編を読んでみたいと感想を寄せられ、書くようにと勧められたこともあり、出版社が印税をあらかじめ提示して依頼してきたのに、応えることができませんでした。

九〇年代の後半からは、文章を書くことに対する心の葛藤が深まり、失意と彷徨を味わいました。また、変化する情勢のなかで、自分の位置をうまく設定できなかったこともありました。そのため、何か書く気にはなれなかったのです。大勢の方々と出版社の要望に沿うことができなかったのは、文章が書けない身体の具合だけでなく、私の自己反省が伝記を書くのを妨げたためでもありました。

『歴程』が出た八〇年代初頭に、私が韓国と社会に対して、一定の先駆的役割を果たしてきたのは事実でしょう。けれども、光州《クワンジュ》民主抗争の後には、わが大衆の意識が進展して、国民生活と民族問題の国家的危機、社会的不条理全般に対する知識人・青年・大学生・労働者の問題意識と認識能力の水準が、私を乗り越える思いがするほど発展しました。

六〇年から八〇年代にわたる私の文章と書籍と言葉、そして私の行動に啓蒙されて「意識化」された後輩と後学の方々の力量は驚くほど大きくなっています。私の役割はすべてやり終えました。残った役割は、私が変わることなくこの場に、この姿で立っていることだけという気がしています。この国、この社会の変化と精神を見守りながら、もしも要求があれば、いくつかの言葉をかけることだけで十分でしょう。「知足則不殆」（小欲を行ずる者は、心則ち担然として、憂畏する所無し）という聖賢の教えは、いままさに私に与えられた言葉と思うようになりました。だから自伝のようなものは断りました。

任　李泳禧先生、長時間ありがとうございました。不自由なお体にもかかわらず、思い出しづらいことを一つひとつ、丁寧に記憶をたどり、たくさんの話をお聞かせ下さったことに感謝いたします。また、私も個人的にこうした機会を持つことができて光栄に思っております。

訳者あとがき

本書は、李泳禧・任軒永の対談集『対話――ある知識人の生と思想』(ハンギル社、二〇〇五年三月)を日本語に訳したものである。原書は四六判、七四八頁の浩瀚な書物であるが、ここでは省略をせずに全文を翻訳のうえ収録した。任軒永氏ご自身が、本書の「日本語版に寄せて」で、書名の「対話」がエッカーマンの『ゲーテとの対話』に由来することを明かにされているが、対談集とはいえ、任軒永氏は主に李泳禧氏がその生涯と思想を語るうえでの聞き役、いわばエッカーマンの役割を務められている。

対談の主人公、李泳禧氏(一九二九〜二〇一〇)は、韓国の民主化時代を代表する知識人、論客のひとりであり、日本語に翻訳された書籍や論文もあるので、日本でも比較的知られている。とりわけ韓国で広く畏敬の対象になっているのは、単なる新聞記者、専門研究者の職務にとどまることなく、朴正熙、全斗煥ら軍事政権の独裁政治に対し、果敢で手厳しい批判を一貫して加えてきたからである。生涯、硬骨のジャーナリストとしての信条を貫き、恣意的な権力行使に抗ってこられた。しかも、その批判の背景には、陸軍通訳将校、通信社・新聞社勤務、大学教授などを歴任された幅広い経験と、多忙な勤務のなかで韓国の外交と国内政策、アメリカの対外戦略、東アジアの近現代史、「第三世界」の動向、激動の現代中国などについて、独自の視点と取材力で蓄積された深みのある調査・研究があった。韓国におけるジャーナリズムのみならず、外交問題・国際関係論の専門研究者として大きな地歩を築かれた人物である。

本書においても詳しく語られているように、『転換時代の論理』(一九七四)、『偶像と理性』(一九七七)、『八億人との対話』(一九七七)、『ベトナム戦争』(一九八五)などの著書は、七〇、八〇年代の韓国社会で国家権力に抵抗し、民主化・自主外交の確立を求める人々のバイブルのような役割を果たした。

国家権力の側にすれば、抵抗勢力に大きな影響力を持つ李泳禧氏は、目の上のたん瘤のようなもので、最大の排除対象者だった。このため、李泳禧氏は身を置いたメディアやアカデミズムの世界から何度も追放され、幾たびも刑務所暮らしを強いられた。だが苛酷な権力の弾圧も、李泳禧氏の頑強な信念を抑え込むことはできなかった。

そして民主化を求める人々の粘り強い闘いは、光州民主化抗争（一九八〇）、六月民主抗争（一九八七）という大きな犠牲を払いながら、軍事独裁政権を退陣に追い込み、さらに朴槿恵大統領の弾劾罷免（二〇一八～一九）へと、歴史の歯車を大きく前進させた。

＊＊＊＊

本書に収録された対談において、李泳禧氏は植民地（青少年）時代の思い出を手始めに、海洋大学時代、中学校教師から朝鮮戦争への従軍、メディアでの活動とスクープの数々、大学での研究活動、獄中経験、著書執筆の経緯、読書のあれこれ、宗教観、新聞「ハンギョレ」創刊のエピソード、「北」の硬直した体質について、さらには家族生活、妻子に寄せる深い愛情などを縦横に語っている。

最近は韓国においても、植民地時代を知る者の数が少なくなっているが、韓国現代史の生き証人のような李泳禧氏から、ほぼ七〇年にわたる波乱に満ちた体験談をうかがえるのは、読者側からすればありがたくて感謝すべきことである。歴史書をいくら読んでも理解できない、時代の空気、現場のリアルな描写、人間関係の機微などが生き生きと伝わってくる。

例えば、「居昌良民虐殺事件」当時の米軍と韓国軍の統制をめぐる関係や、米軍の軍服のお下がりを自慢げに着て歩く韓国軍将校の姿、無用となった巨済捕虜収容所の施設や備品を韓国に買い取らせようとする休戦後の米軍など、通訳将校として朝鮮戦争の現場に立ち会った人間ならではの貴重な証言を聞くことができる。

また民主化運動の時代においては、李泳禧氏を取り調べる担当検事とのやり取りもまた鮮明な記憶として語られる。この場面を後に李氏は「D検事と李教授の一日」という短篇小説仕立てで発表したのだが、この小説の出来映えがまた見事だったので、対談中に文学評論家である任軒永氏が絶賛し、李泳禧氏に作家との「兼業」(?)を勧めて「作品」を「韓国代表作家文学選集」へ収録したいと申し出るなど、過去と現在を自由に往来しながら、李先生の文筆の冴えを語り合う二人のやり取りも興味深い。

ここで語られた内容は波瀾万丈、人間関係の振幅、意外性、回想の起承転結などもしっかり考えられていて、李泳禧という稀有の人格の生きてきた歴史がくっきり浮かび上がってくる。任軒永氏の問いかけに、李泳禧氏は柔らかな語り口で懇切に答えている。予想されるような堅さや気むずかしさはなく、暖かい人間味を味わうことができる。

原書が刊行されてからすでに八年ほどになるが、韓国ではいまだに大型書店やネット書店において好調な売れ行きを持続し、すでに四〇刷に迫っており、いまも新たな読者が絶えないという。

こうした李泳禧氏の輝かしい業績を記念し、言論の自由のために闘う後進の人々を顕彰するために、「李泳禧賞」も設立されている。ちなみに、二〇一五年の第三回李泳禧賞は、李泳禧氏も創刊に関わった「ハンギョレ」新聞の主筆を務めた金孝淳氏の『祖国が棄てた人びと』(邦訳、明石書店、二〇一八年刊)が受賞している。

＊＊＊＊＊

本書が刊行されるまでには前史がある。かねてハンギル社代表の金彦鎬氏から「自伝」の執筆を依頼されていた李泳禧氏は、これを承諾していたが、二〇〇〇年一一月、突然、自宅で執筆中に脳出血に襲われた。先生は半身不随状態になり、約束した自伝の執筆は不可能になってしまった。窮余の策として採用されたのが「対談形式」を採用することで、李先生も体の負担が少ないのでこれに同意された。

そして対談相手に任軒永氏（文学評論家、植民地歴史博物館長）を依頼することになり、そこでの対談内容をまとめて一冊にすることが決まった。

李泳禧先生は、罹病後は治療に専念すると言明されていたが、その後も各方面からの要請で各地に足を運ばれ、啓蒙・警世的な発言をされる機会は途絶えることはなかった。リハビリ治療と公開の場への出席の多忙な日々を縫って、「対談」の収録は二〇〇四年に分散して李泳禧宅で行われた。

しかし残念なことに、お身体が不本意な条件のもとに行われた対談だったためか、詳しく内容を読んでいくと、バランスが欠けていたり、語られているものに重複や濃淡があったりして、くどく感じられる場面も見受けられる。しかし、それは先生の身体条件の反映で、ある時期の先生の実像でもある。ハンギル社編集部は対談内容を尊重し、それを忠実に活字化し、対話の雰囲気を伝えている。本訳書においても、なるべく「語り」の臨場感を活かすように努めた。

注目すべきは、李泳禧氏は本書において、これまでの韓国リベラル左派の「通説」や「歴史認識」とは、かなり異なる大胆な発言や指摘をされていることである。読者はきっと「目から鱗」の思いをすることだろう。だから、この対談を読むことで、われわれの韓国認識の幅が広まり、深みが増すことは確かである。日韓両国の復古的勢力が意図的に排外的ナショナリズムを煽っている時期だけに、李泳禧先生の歯に衣を着せぬ鋭利な発言に耳を傾け、歴史的事実を再認識する契機とし、東アジアの未来に向けて想像力を豊かに育てていきたい。

＊＊＊＊＊

わたしは李泳禧先生に、数回お目にかかったことがある。晩年には『李泳禧著作集』に揮毫もしていただいた。いまそのページを確かめてみると、署名がふらつき何やら心許ない。永年ペンを持つお仕事をされ、名筆家としても知られていた先生だけに、手元不如意になられ、さぞかし口惜しい思いをされたことだろう。その当時すでに『対話』(原書)が出て二、三年が経過していたので、「日本でも『対話』が出版できるように努力してみます」と、わたしなりの一存で申し上げたこともあった。懐かしい思い出である。

あれから一二年もの歳月が流れた。やっと大勢の方々からのサポートを得て、この日本語版が世に出ることになった。対談相手の任軒永先生からは、日本語版の前書きのために日本の読者への手紙を書いていただきながら、随分お待たせしてしまった。ハンギル社の金彦鎬代表と編集部の方々、翻訳出版の支援をしてくれた韓国文学翻訳院とK-BOOK振興会、韓国政治の研究者の立場で原稿に目を通していただいた長澤裕子さんなど、多くの方々のお世話になった。明石書店編集部の(前)担当の森本直樹氏、(現)担当の関正則氏には、本づくりの上で細やかな配慮をしていただいた。

皆さまのお骨折りのおかげで、このように立派な内容の書物を完成させることができました。出版にあたり深く感謝申し上げます。

翻訳者を代表して　舘野　晳

二〇一九年六月

学とドイツ連邦教会社会科学研究所（FEST）共同招聘教授（1学期）。『ベトナム戦争——30年ベトナム戦争の展開と終結』（トゥレ）を刊行。日本語版『分断民族の苦悩』（御茶の水書房）を刊行。

1987年（59歳）『逆説の弁証——統一と戦後世代とわたし』（トウレ）を刊行。アメリカ・バークレー大学アジア学科の準教授に任用され、「韓民族現代政治運動史」を講義（1987年8月～88年3月）。

1988年（60歳） 現代史資料研究所理事長。『ハンギョレ新聞』創刊、同紙の理事及び論説顧問に就任。光州民主化運動に対するアメリカの責任問題で、リリー駐韓アメリカ大使とメディア紙上で公開論争を展開。「南北韓戦争遂行能力の比較研究」（『漢陽大学論文集』）発表。自伝的エッセイ『歴程』（創作と批評社）を刊行。翻訳『核危機の構造と韓半島』（共編著、創作と批評社）を刊行。

1989年（61歳） 駐韓外国人言論人協会から「言論自由賞」（Press Freedom Award）を受賞。『ハンギョレ新聞』創刊一周年記念北朝鮮訪問取材の企画によって国家保安法違反の嫌疑で、国家安全企画部に拘束・起訴される。第1審で懲役1年6ヶ月、資格停止1年、執行猶予2年の宣告をされ、160日ぶりに釈放。その後、赦免・復権される。還暦を迎えて『華甲記念文集』を上梓。

1990年（62歳）『自由人、自由人——李泳禧教授の世界認識』（汎友社）を刊行。

1991年（63歳） 新書版『人間万事塞翁が馬』（汎友社）刊行。

1994年（66歳）『鳥は左右の翼で羽ばたく』（トゥレ）を刊行。

1995年（67歳） 漢陽大学校を定年退職（満65歳）、同大学言論情報大学院待遇教授として講義。

1998年（70歳） 53年前に別れた長兄と次姉の生死を確認するため、北朝鮮当局の個別招請で北朝鮮を訪問。二人は死亡しており甥とだけ会う。『スフィンクスの鼻』（カッチ）を刊行。

1999年（71歳）「晩春統一賞」（文一煥牧師記念事業会）を受賞。『洞窟のなかの独白』（ナナム）を刊行。『半世紀の神話——休戦線の南北には天使も悪魔もいない』（サミン）を刊行。

2000年（72歳）「萬海賞」（実践部門）を受賞。『半世紀の神話』の日本語翻訳版『朝鮮半島の新ミレニアム』（社会評論社）を刊行。東京で出版記念会を開く。11月、執筆中に脳出血で右半身が麻痺。すべての公的活動と執筆活動を中断する。以後、健康回復に専念。

2005年（77歳） 自伝的対談『対話——ある知識人の生と思想』（対談者：任軒永氏、ハンギル社）を刊行。（満75歳）

2006年（78歳）『李泳禧著作集』（全12巻、ハンギル社）を刊行。

2010年（82歳） 肝不全により死去。（12月5日、満81歳）

1962年（34歳） 政治部記者として中央庁と外務部に出入りする。長女・美晶が生まれる。

1964年（36歳） 次男・建碩が生まれる。『朝鮮日報』政治部に移る。11月「国連総会、「南北」同時招請案の関係記事」で、拘束・起訴される。同年12月、不拘束で釈放されたが、第1審で懲役1年執行猶予。第2審で宣告猶予の判決。

1965年（37歳） 『朝鮮日報』の外信部長に就任。

1967年（39歳） 雑誌『創作と批評』、『政経研究』などに本格的に国際時評の寄稿を始める。

1969年（41歳） ベトナム戦争と韓国軍派兵に関する批判的立場のため、朴正熙政権の圧力で「朝鮮日報社」を退社（第1次メディア強制解職）。

1970年（42歳） 「合同通信社」の外信部長に就任。

1971年（43歳） 軍部独裁・學園弾圧反対「64名知識人宣言」で、「合同通信社」を解職される（第2次メディア強制解職）。

1972年（44歳） 漢陽大学校新聞放送学科の助教授に任用。アムネスティ・インターナショナル韓国支部創設の発起人となる。

1974年（46歳） 漢陽大学校附属「中国問題研究所」設立。「民主回復国民会議」の理事に就任。『転換時代の論理』（創作と批評社）刊行。

1976年（48歳） 第1次教授再任用法により、教授職から強制解任される（第1次教授職強制解職）、失業者となる。

1977年（49歳） 『偶像と理性』（ハンギル社）を刊行。『八億人との対話――現地で見た中国大陸』（翻訳・注解、創作と批評社）刊行。『転換時代の論理』『偶像と理性』『八億人との対話』の内容が反共法違反の嫌疑で拘束・起訴、懲役2年の刑を宣告される。拘束・起訴された12月27日に、母親が他界する（86歳）。

1979年（51歳） 10月26日、朴正熙大統領が暗殺される。

1980年（52歳） 光州教導所から満期出所。赦免・復権され、解職後4年ぶりに教授職に復帰する。5月16日「光州騒乱背後操縦者」のひとりに仕立てられ拘束。7月。釈放と同時に漢陽大学校教授職から再び解職（第2次教授職強制解職）。

1982年（54歳） 『中国白書』（翻訳・注解、チョンエウォン）を刊行。

1983年（55歳） 『10億人の国――毛沢東以後の中国大陸』（翻訳・注解、トゥレ）を刊行。

1984年（56歳） 基督教社会問題研究所主管の「各級学校教科書反統一的内容是正研究会」指導事件で再拘束・起訴されたが、2カ月ぶりに釈放（反共法違反嫌疑）。漢陽大学校に解職後4年ぶりに第2次復帰。『分断を越えて』（ハンギル社）を刊行。『80年代の国際情勢と韓半島』（東光）を刊行。

1985年（57歳） 東京大学社会科学研究所客員教授（1学期）。ハイデルベルグ大

李泳禧年譜（年齢は数え年）

1929年（1歳） 12月2日、平安北道雲山郡北鎮面で、父・李根国（平昌李）、母・崔晞姐（鉄原崔）の間に生まれる。以後、隣の朔州郡外南面大館洞で育つ。

1936年（8歳） 大館公立普通学校に入学。

1942年（14歳） 日本人主体で、少数の朝鮮人だけが入学を認められた甲種5年制中学校である京城公立工業学校へ入学。

1945年（17歳） 同校4年生のとき、勤労動員を忌避して帰郷し、故郷で解放（8.15）を迎える。

1946年（18歳） 再びソウルに上京し、国立海洋大学に入学（航海科2期生）。

1947年（19歳） 両親と弟・明禧の4名で38度線を越えて南下。

1950年（22歳） 海洋大学を卒業した後に、慶尚北道安東の安東公立中学（高等）校の英語教師として勤務。朝鮮戦争が勃発すると直ちに入隊し、大韓民国陸軍中尉となり「国連軍連絡将校団」に勤務。

1953年（25歳） 休戦と同時に施行された「最前方戦闘地長期服務将校の後方交流」に伴い、馬山陸軍軍医学校に配属となる。一般兵と将校は休戦で除隊したが、特殊兵科の将校の除隊は全面的に認められず、さらに3年間の服務をする。

1954年（26歳） 釜山の陸軍第5管区司令部に転属、対住民事業を総括する民事部管財課に配属され、アメリカ軍と国連軍が使用した土地・施設・建物などを接収する業務に就く。

1956年（28歳） 坡平尹氏の長女・英子と群山で結婚。

1957年（29歳） 満7年間の軍隊勤務を終えて、大韓民国陸軍少領で除隊。除隊と同時に入社試験を受け、ソウルの「合同通信社」に入社、記者（外信部）生活が始まる。

1959年（31歳） 父親が高血圧で亡くなる。（享年65歳、ソウル）

1959～60年 フルブライト奨学交流計画に基づき、アメリカのノースウェスタン大学で新聞学を学ぶ。

1959～61年 『ワシントンポスト』の通信員として活動（匿名で寄稿する）。

1960年（32歳） 4・19革命で李承晩政権が崩壊し、民主党政府が樹立される。4・19革命当時、デモ隊と戒厳軍の間の衝突を防ぐために努力する。

1961年（33歳） 朴正熙陸軍少将の5・16クーデター勃発。「国家再建最高会議」が樹立され、軍部政権が掌握。朴正熙国家再建最高会議議長の最初のアメリカ訪問に随行記者として渡米。朴・ケネディ会談の合意内容に関する報道で随行途中に召還される。長男・建一が生まれる。アメリカの進歩的評論誌『ニューリパブリック』に韓国の政治状況について寄稿する。

柳宗鎬（ユ・ジョンホ） 557
柳世熙（ユ・セヒ） 336
柳達永（ユ・ダルヨン） 222
ユ・チェチャン 472
ユ・テハ 146
ユーゴー、ヴィクトル 61, 398, 399
陸英修（ユク・ヨンス） 351, 354
尹伊桑（ユン・イサン） 283, 466, 467, 469-471
ユング 28, 183
尹静慕（ユン・ジョンモ） 306
尹東柱（ユン・ドンジュ） 357
尹炯斗（ユン・ヒョンドウ） 317, 356, 431
尹潽善（ユン・ボソン） 212, 221, 222, 224, 225, 351
尹奉吉（ユン・ボンギル） 172
ヨハネ・パウロ二世 394, 482
廉武雄（ヨム・ムウン） 243, 311, 435
ラスキ、H. J. 156

ラ行

ラッセル、バートランド 279, 308, 396
リード、ジョン 293, 342
李秀成 342
リム、ポール 487
劉少奇 340
梁啓超 297
廖沫沙 305
リリー、ジェームズ 496-502, 545
リンカーン 168, 219
リンドレー 297, 342
ルーズベルト 36, 68, 87, 88, 91, 456
ルクセンブルク、ローザ 208, 293
ルソー、J.J. 389, 398, 399
ルナン 94, 389
レーガン大統領 231, 489, 508
レーニン 188, 315, 481, 506
老子 361, 432
魯迅 11, 69, 71, 185, 186, 187, 189, 293, 298, 318, 343, 420, 493, 521, 557, 558
ロストウ、W. 229, 230
ロック、ジョン 389

ワ行

和田春樹 324, 446, 522

538, 552
ブッチャー、ロイド　286, 289
ブラウニング、ロバート　80
ブラッドレー　506
プラトン　398
フランツ、ファノン　60, 187
ブラント、ヴィリー　284
フリードマン　292
ブルーノ、ジョルダーノ　389, 394
フルシチョフ　92, 150, 488, 528
ブレットナー　404
フロイト　29, 117, 183, 390, 559
フロスト、ロバート　80
ヘーゲル　403
ベートーベン　69, 398
白仁燁（ペク・イニョプ）76
白基範（ペク・ギポム）259
白基琓（ペク・キワン）350, 536
白善燁（ペク・ソニプ）549
白楽晴（ペク・ナクチョン）181, 211, 243, 306-308, 310, 311, 352, 361, 364, 365, 370, 371, 431, 435
白石（ペクソク）18
ベリヤ、ラヴレンチー　528
ヘンダーソン、グレゴリー　197-199, 226, 227, 283
ポー、エドガー・アラン　61, 80
ホー・チ・ミン　228, 266, 268, 270-273, 308, 348, 351, 394, 454, 456, 457, 540
細井和喜蔵　292
ホッジ　89
ホブソン　292
許文道（ホ・ムンド）249
ホワイト、A. D.　385
洪景来（ホン・ギョンネ）23
洪世和（ホン・セファ）474
洪性宇（ホン・ソンウ）371, 432, 513
洪蘭坡（ホン・ナンパ）164, 165

マ行

マイヤー、E.　426
マグサイサイ　204
マクナマラ　269, 274, 276, 309, 459
マクノートン　459
マグルーダー　212
マッカーサー　89, 94, 220, 506
マルクス　11, 155, 156, 158, 173, 174, 191, 293, 353, 370, 372, 390, 394, 400, 446, 473, 474, 527
マルコス　204, 519
マレンコフ　528
マンデラ　482, 537
三浦梧楼　19
美濃部亮吉　512
明成皇后（ミョンソンファンフ）19
ミル、ジョン・スチュワード　398
ミルズ、ライト　156
閔昌基（ミン・チャンギ）312
閔暎（ミン・ヨン）306
ムッソリーニ　62, 352
文益煥（ムン・イクファン）478, 508, 511, 512, 547
ムン・ソクジュン　263
文富軾（ムン・ブシク）419, 420
メイスン少佐　102-104, 109, 110, 112, 114
メイヤー、エドワード　533
モア、トマス　292, 402
毛沢東　91, 94, 228, 293, 297, 303, 305, 306, 313, 317, 338-340, 342, 346, 348, 349, 389, 401, 436, 437, 441, 449, 459, 506, 523
モース、J. R.　19
モーパッサン　317, 399
毛允淑（モ・ユンスク）35
モロトフ　528
モンテーニュ　398

ヤ行

安江良介　444, 511, 512
梁性佑（ヤン・ソンウ）346, 347
楊平（ヤン・ピョン）489
兪仁浩（ユ・インホ）361, 489
兪京熙（ユ・ギョンヒ）376
劉相徳（ユ・サンドク）439

論介（ノンゲ） 108

ハ行

ハーディ、トーマス 80
バーネット、R. 308
ハーブロック 160
パーレビ 204, 508
ハーン、ラフカディオ 81
ハイルブローナー 292
バエズ、ジョーン 459
河吉鍾（ハ・ギルジョン） 323
朴京穆（パク・キョンモク） 145
朴婉緒（パク・ワンソ） 306
朴権相（パク・クォンサン） 146, 163
朴冠淳（パク・クワンスン） 364
朴啓周（パク・ケジュ） 80
パク・サンファン 472
朴重基（パク・ジュンギ） 361
朴潤培（パク・ユンベ） 323, 368
朴鍾哲（パク・ジョンチョル） 481
朴信子（パク・シンジャ） 282, 283, 404
朴錫武（パク・ソンム） 361
朴處遠（パク・チョウォン） 373
朴正子（パク・チョンジャ） 259
朴正熙（パク・チョンヒ） 12, 31, 36, 118, 119, 126, 140, 148, 154, 161, 182, 183, 184, 202, 206, 207, 209, 213-232, 236, 239-242, 249, 253, 256, 258, 290, 295, 299, 300, 302, 303, 307, 314, 319, 322, 324, 325, 326, 333-335, 346, 350-353, 361, 368, 372, 378, 380-384, 395, 403, 404, 407, 410-414, 428, 432, 446, 447, 484, 500, 534
朴定陽（パク・チョンヤン） 170
朴泰俊（パク・テジュン） 306
パク・トゥフォン 371
朴斗秉（パク・トビョン） 147, 220
朴炯圭（パク・ヒョンギュ） 359, 395, 478
朴玄埰（パク・ヒョンチェ） 359, 361, 508
朴興植（パク・フンシク） 20
パク・ホソン 472
朴範珍（パク・ボムジン） 249
朴榮漢（パク・ヨンハン） 455
朴容萬（パク・ヨンマン） 176
パスカル 398
バティスタ、フルヘンシオ 173, 174, 200
パトナム 112
咸世雄（ハム・セウン） 395, 478
咸錫憲（ハム・ソクホン） 56, 157, 222
ハリマン、A. 456, 457
バルザック 399
韓基岳（ハン・キアク） 263
韓相龍（ハン・サンヨン） 20
韓勝憲（ハン・スンホン） 356, 359, 378, 431, 513
韓雪野（ハン・ソルャ） 262, 263
韓昌愚（ハン・チャンウ） 177
韓東錫（ハン・ドンソク） 102, 106
韓洪九（ハン・ホング） 263
韓龍雲（ハン・ヨンウン） 378, 544
韓完相（ハン・ワンサン） 418, 539
方応謨（パン・ウンモ） 21, 262, 263
皮千得（ピ・チョンドク） 235
日高一輝 397
ヒックス、J. R. 156
ヒトラー 55, 61, 184, 203, 302, 451, 462, 473, 537
ピノチェット 394
ビュァリ、J. B. 295, 385
玄基榮（ヒョン・ギヨン） 306
玄鎭健（ヒョン・ジンゴン） 315, 316
邊衡尹（ピョン・ヒョンユン） 361
ビン、ラーディン 395
黄仁喆（ファン・インチョル） 371, 431
黄相九（ファン・サング） 371, 372
黄長燁（ファン・ジャンヨプ） 541-543
黄順元（ファン・スンウォン） 65
黄晳暎（ファン・ソギョン） 243, 306, 323, 324, 435, 455, 508
黄燦鎬（ファン・チャンホ） 81
潘佩珠（ファン・ボイチャウ） 317
フォンダ、ジェーン 459
フセイン 395, 508
ブッシュ大統領 218, 388, 395, 459, 486,

張錫仁（チャン・ソクイン） 30
張志楽（チャン・チナク） 180, 181
張勉（チャン・ミョン） 231, 410
張龍（チャン・リョン） 332
チャン・ヨンス 380
朱耀翰（チュ・ヨハン） 177, 250, 262, 263
趙奎東（チョ・ギュドン） 176
趙光祖（チョ・グァンジョ） 541
曺在千（チョ・ジェチョン） 175
趙準熙（チョ・ジュンヒ） 371, 431
趙廷來（チョ・ジョンネ） 77, 306, 435
趙昇爀（チョ・スンヒョク） 438
趙成晩（チョ・ソンマン） 497
趙世熙（チョ・セヒ） 306
趙世衡（チョ・セヒョン） 146, 417
趙世鉉（チョ・セヒョン） 163
趙省三（チョ・ソンサム） 431
趙泰一（チョ・テイル） 306, 361
趙炳玉（チョ・ビョンオク） 178, 262
曺奉岩（チョ・ボンアム） 159, 207, 210, 224
趙英來（チョ・ヨンレ） 513
チョムスキー 279, 308
丁一権（チョン・イルグォン） 248, 256
鄭敬謨（チョン・ギョンモ） 511, 512
鄭寛宇（チョン・グァンウ） 163
千寛宇（チョン・グァンウ） 326
鄭春溶（チョン・ジュンヨン） 371
銭鎮漢（チョン・ジンハン） 194
全泰壱（チョン・テイル） 319, 320
鄭泰基（チョン・テギ） 259
全斗煥（チョン・ドファン） 12, 119, 126, 146, 152, 183, 209, 221, 231, 232, 300, 325, 333, 392, 395, 404, 411, 412, 414, 431, 432, 441, 446, 447, 489, 496, 501, 503
鄭道泳（チョン・ドヨン） 162, 255, 301, 431
鄭東一（チョン・ドンイル） 553
金炳鏞（チョン・ビュンヨン） 371
田炳淳（チョン・ビョンスン） 77
チョン・ビョンセン 380
鄭範九（チョン・ボング） 472
全琫準（チョン・ボンジュン） 342
丁若鏞（チョン・ヤギョン） 199
鄭然権（チョン・ヨングォン） 215
鄭淵珠（チョン・ヨンジュ） 369
鄭龍鉉（チョン・ヨンヒョン） 148
デイヴィス、アンジェラ 459
ディケンズ、チャールズ 80
ディドロ 389
大院君（テウォングン） 22
デカルト 47, 422
デュマ 61, 399
テンニエス、F. 293, 402
ドイッチャー、アイザック 293
ドイル、コナン 61
鄧小平 91, 93, 338, 340, 344, 436, 438, 508, 519, 539
鄧拓 305
ドーデー 399
トクヴィル 178
ドゴール 219, 272, 453, 454, 457
ドストエフスキー 116, 399
ドッブ、M. 156
伴野朗 93
トランプ大統領 12
トルストイ、レフ 116, 397
トロツキー 293, 506

ナ行

中曽根康弘 231, 452
ナセル 150, 162, 327
ナポレオン 468, 506
南載熙（ナム・ジェヒ） 249, 258
南廷賢（ナム・ジョンヒョン） 306, 320
ニクソン 258, 308, 337, 533, 535
新渡戸稲造 88
ネルー 398
ノース、オリバー 489
野口遵 35, 36
盧泰愚（ノ・テウ） 182, 232, 481, 491, 519, 522
盧武鉉（ノ・ムヒョン） 209, 218, 365

シュスティコフ　89
シュワルナゼ　534
蔣介石　68, 87, 89, 91, 204, 318, 341, 429, 430, 459, 519, 538, 557
ショーペンハウアー　47
ショーロホフ　385
ジョンソン、リンドン・ベインズ　288, 289, 456
申翼熙（シン・イッキ）　178
申庚林（シン・ギョンニム）　243, 306
申相楚（シン・サンチョ）　74, 75, 338
愼重穆（シン・ジュンモク）　102
申性模（シン・ソンモ）　102
愼達子（シン・ダルジャ）　106
申采浩（シン・チェホ）　543
申東曄（シン・ドンヨプ）　306, 309-311
愼洪範（シン・ホンボム）　259
末川博　295
スカラピーノ、ロバート　181
鈴木大拙　88
スターリン　68, 87, 89, 91, 94, 128, 150, 188, 339, 346, 488, 519, 528
ストーン、Ｉ．Ｆ．94
ストロング、アンナ・ルイーズ　342
スノー、エドガー　219, 342
スハルト　204
世宗大王　21, 290
ソ・ガンテ　380
徐廷柱（ソ・ジョンジュ）　47, 56
徐東九（ソ・ドング）　279
徐東求（ソ・トング）　417
徐南同（ソ・ナムドン）　415
鮮于煇（ソヌ・フイ）　252-254, 261-263, 264, 303-305
鮮于泳（ソヌ・ヨン）　249
ソルジェニーツィン　189
ソロー、ヘンリー、D．80
ソロシー少佐　113, 115
宋基元（ソン・キウォン）　306
孫基禎（ソン・キジョン）　315
宋基淑（ソン・キスク）　306, 380
ソン・ギョンシク　380
宋建鎬（ソン・ゴノ）　334, 359, 361, 415, 492
宋志英（ソン・ジヨン）　353
宋斗律（ソン・ドゥユル）　466
成來運（ソン・ネウン）　380
成裕普（ソン・ユボ）　369

タ行

ダーヴィン　389, 401
竹内好　420
ダンハム、B．385
チェ・ヨンソプ　249
崔一男（チェ・イルナム）　306
崔済愚（チェ・ジェウ）　432
崔時亨（チェ・シヒョン）　432
崔俊基（チェ・ジュンギ）　541
崔錫采（チェ・ソクチェ）　263
崔昌学（チェ・チャンハク）　20, 21
崔哲教（チェ・チョルギョ）　370
崔斗善（チェ・ドゥソン）　163
崔徳新（チェ・ドクシン）　220
崔徳新（チェ・ドクシン）　102, 104-106
崔夏林（チェ・ハリム）　306
蔡鉉國（チェ・ヒョングク）　323
崔秉烈（チェ・ビョンニョル）　249
崔鳳潤（チェ・ボンユン）　486
崔萬元（チェ・マンウォン）　557
蔡明新（チェ・ミョンシン）　452
崔旻（チェ・ミン）　474
崔洌（チェ・ヨル）　370
チトー　287
池学淳（チ・ハクスン）　351, 361, 395, 403
チャーチル　68
車仁錫（チャ・インソク）　336
チャウシェスク　287
チャップリン　398, 399
張壱淳（チャン・イルスン）　319, 359, 395, 432
張乙炳（チャン・ウルビョン）　356
張基榮（チャン・キヨン）　226
張俊河（チャン・ジュナ）　30, 31, 157, 222, 350, 351

金鍾泌（キム・ジョンピル） 182, 241, 247, 418
金新朝（キム・シンジョ） 263
金洙暎（キム・スヨン） 303, 304, 305, 306, 309, 310, 311, 315, 316,
金承鈺（キム・スンオク） 243, 306
金昇均（キム・スンギュン） 326
金世均（キム・セギュン） 81
金世鎭（キム・セジン） 477
金素月（キム・ソウォル） 34, 35
金聖東（キム・ソンドン） 306
金在俊（キム・ジェジュン） 326, 353
金昌龍（キム・チャンリョン） 196
金晋均（キム・チンギュン） 439
金鎭洪（キム・チンホン） 430
金大中（キム・デジュン）182, 209, 259, 260, 319, 324, 386, 404, 411, 413, 415, 417, 418, 439, 447
金東仁（キム・ドンイン） 29, 55
金東吉（キム・ドンギル） 416, 418
金東成（キム・ドンソン） 147
金東椿（キム・ドンチュン） 106
金南植（キム・ナムシク） 472
金日元（キム・イルウォン） 380
金在成（キム・ジェソン） 80
金学俊（キム・ハクジュン） 249, 259
金八峰（キム・パルボン） 55
金炳翼（キム・ビョンイク） 356
金炯旭（キム・ヒョンウク） 224, 253, 254
金玄玉（キム・ヒョンオク） 301, 302, 310
金炳傑（キム・ビョンゴル） 41, 352
金炳坤（キム・ビョンゴン） 380, 381
金炳魯（キム・ビョンノ） 360
金炯元（キム・ヒョンウォン） 263
金富謙（キム・ブギョム） 370
金鳳宇（キム・ボンウ） 370
金泳三（キム・ヨンサム） 180, 182, 209, 215, 370, 404, 411, 413, 417, 491, 538, 539
金蓮俊（キム・ヨンジュン） 353, 442
金容兌（キム・ヨンテ） 249
金永南（キム・ヨンナム） 534
金潤煥（キム・ユンファン） 249
キング、マーティン・ルーサー 168
権五琦（クォン・オギ） 215
権淳赫（クォン・スンヒョク） 82
クラウゼヴィッツ 506
クリントン、ビル 460, 538, 539
ゲーテ 69, 218, 389, 393, 398, 464
ケストラー、A. 66
ケネディ 161, 203, 206, 214, 215, 216, 217, 218, 219, 221, 225, 226, 229, 230, 232, 258
ゲバラ、チェ 150, 174
厳復 297
高銀（コ・ウン） 181, 306, 359, 387, 418, 431, 435
高明植（コ・ミョンシク） 163
高永復（コ・ヨンボク） 45
ゴ・ディン・ジエム 204, 228, 266, 267
孔子 290, 291
高宗 19
洪秀全 342
康有為 297
小林多喜二 292
コペルニクス 389, 394
ゴーリキ 45
コール、G. D. H. 156
ゴルバチョフ 91, 92, 436, 469, 481, 490, 519-533
コールリッジ、サミュエル・テイラー 80
近藤邦康 446
コンラッド、ジョゼフ 80, 81

サ行

坂本義和 181
サミュルソン 292
サルトル 157, 279, 301, 308
シェークスピア 79
始皇帝 203
沈錬燮（シム・ヨンソプ） 215
釈迦（シャカ） 386-388
周恩来 340, 349, 438
朱熹 49

任在慶（イム・ジェギョン） 399, 431, 491, 492, 513, 547
林賑澤（イム・ジンテク） 243
林秀卿（イム・スギョン） 508
林采正（イム・チェジョン） 356
林昌榮（イム・チャンヨン） 487
林芳鉉（イム・バンヒョン） 146
任芳鉉（イム・バンヒョン） 163
林炳稷（イム・ビョンジク） 220
イエイツ、ウィリアム・バトラー 80
イエス 386, 388-393, 395-397, 432
イーデン、アンソニー 457
伊東勉 11
伊藤成彦 471
伊藤博文 87, 153
印明鎮（イン・ミョンジン） 418
ヴァイツゼッカー 451, 452
ヴァニーニ、ルチリオ 389
ヴァン・フリート 121, 135
ヴィルヘルム六世 468
ウェーバー、マックス 203
ウェールズ、ニム 87, 180, 181, 342
ヴェルレーヌ 282
ヴォルテール 11, 389
エスターブルク 161, 216
エッカーマン 11, 293, 398
エマーソン、ラルフ・ワルド 80
エルズバーグ、ダニエル 269, 270
エンゲルス 156, 293, 353
オ・スガプ 472
呉益慶（オ・イッキョン） 102, 104, 106, 107
呉東振（オ・ドンジン） 28
オーウェル、ジョージ 66
大江健三郎 181
大塚久雄 296
岡倉天心 88
オットー、ブラウン 342

カ行

カー、E. H. 293
カーライル、トマス 80
カストロ 150, 173, 174, 200, 228, 281, 313
カダフィ、ムアンマル 327
カミングス、ブルース 94, 95, 427
ガリレイ、ガリレオ 389, 394, 482
ガルブレイス 292
河上肇 292
姜萬吉（カン・マンギル） 439
姜英勲（カン・ヨンフン） 56, 65, 140, 213
カント、I. 47, 473
ガンジー、マハトマ 312, 398
キーツ、ジョン 80
岸信介 256, 258
ギッシング、ジョージ 80
ギボン、エドワード 389
キム・カンヨン 371
キム・ジョンナム 499
キム・ヨンドク 361
金日成（キム・イルソン） 91-94, 271, 285, 287, 348, 349, 444, 448, 449, 512, 538, 539
金寅浩（キム・インホ） 163
金彦鎬（キム・オノ） 8, 356, 364, 519
金銀淑（キム・ウンスク） 419
金敬琢（キム・ギョンタク） 41, 43
金庚煥（キム・ギョンファン） 261, 289, 313
金九（キム・グ） 20, 76, 137, 164, 165, 172, 204
金観錫（キム・グァンソク） 370
金槿泰（キム・グンテ） 365, 366
金相浹（キム・サンヒョプ） 337, 338
金相賢（キム・サンヒョン） 317, 356, 431
金載圭（キム・ジェギュ） 231
金在瑾（キム・ジェグン） 75
金在春（キム・ジェチュン） 220
金芝河（キム・ジハ） 243, 306, 319-323, 331, 350, 351, 370, 375, 382
金正日（キム・ジョンイル） 542
金宗元（キム・ジョンウォン） 102, 106, 107
金宗瑞（キム・ジョンソ） 21
金正男（キム・ジョンナム） 361, 370, 371
金廷漢（キム・ジョンハン） 306, 309, 311, 492

人名索引

ア行

アイゼンハワー　160, 201, 206, 266, 272, 424, 457, 549
アーヴィング、ワシントン　80
アグニュー　325
アジェンデ　281, 394
アチソン　90, 92
安倍晋三　12
阿部達一　56
デニスン、アルフレッド　80
アレン、H.　19, 20
安益泰（アン・イクテ）　58
安在鴻（アン・ジェホン）　262
安重根（アン・ジュングン）　87
安秉直（アン・ビョンジク）　448
アンドロポフ　427
李日洙（イ・イルス）　279
李源京（イ・ウォンギョン）　163
李応魯（イ・ウンノ）　284
李御寧（イ・オリョン）　303, 304, 306
李康洙（イ・ガンス）　431
イ・ガンチョル　380
李起鵬（イ・キブン）　177, 178, 198, 263
イ・キヤン　282-284
李光洙（イ・グァンス）　35, 55-57, 80, 185-187, 262, 263, 307
李健介（イ・コンゲ）　440
李箱（イ・サン）　80
李相玉（イ・サンオク）　145
李相斗（イ・サンドゥ）　356
李載虎（イ・ジェホ）　477
李時英（イ・シヨン）　306
イ・ジョンシク　249
李鍾賛（イ・ジョンチャン）　140
李壽仁（イ・スイン）　431
李舜臣（イ・スンシン）　108
李承晩（イ・スンマン）　5, 12, 32, 78, 93, 99, 106, 130, 146-148, 154, 155, 157, 159-165, 169, 174-178, 183, 194, 195, 197-207, 210, 215, 216, 221-225, 228, 231, 239, 250, 263, 266, 312, 329, 392, 395, 410, 411, 413, 431, 440, 442, 462, 472, 473, 484, 486, 492, 500, 535, 549
李承薫（イ・スンフン）　21
イ・チャホン　249
李哲承（イ・チョルスン）　123
李退渓（イ・テゲ）　541
李兌栄（イ・テヨン）　39
李度珩（イ・ドヒョン）　261
イ・ドンイク　249
李東元（イ・ドンウォン）　251, 253, 256
李敦明（イ・ドンミョン）　359-362
李韓烈（イ・ハンニョル）　480, 481
李効再（イ・ヒョジェ）　181
李孝石（イ・ヒョソク）　80
李炳注（イ・ビョンジュ）　45, 298-303, 310, 315, 316, 491, 492,
李丙璘（イ・ビョンリン）　326, 359, 360
李徽載（イ・フィジェ）　42, 43
李恢成（イ・フェソン）　181
李富榮（イ・ブヨン）　356
李浩哲（イ・ホチョル）　306, 350, 361
李奉昌（イ・ボンチャン）　172
李萬燮（イ・マンソプ）　215
李文永（イ・ムンヨン）　418
李夢龍（イ・モンニョン）　464
李庸岳（イ・ヨンアク）　18
李用煕（イ・ヨンヒ）　260, 265
李完用（イ・ワンヨン）　19
芮春浩（イェ・チュンホ）　418
林慶来（イム・キョンネ）　262

［翻訳者紹介］

舘野 晳（たての・あきら）
韓国関係の出版物の企画・執筆・翻訳・編集に従事。日本出版学会会員、K−文学を読む会会員。中国大連生まれ。法政大学経済学部卒。著書：『韓国式発想法』（NHK出版）、共著書：『韓国の出版事情』（出版メディアパル）。編著書：『韓国・朝鮮と向き合った36人の日本人』『韓国の暮らしと文化を知るための70章』（明石書店）、翻訳書：『韓国の政治裁判』（サイマル出版会）、『分断時代の法廷』（岩波書店）、『ある弁護士のユーモア』（東方出版）、『がん患者はがんでは死なない』（情報センター出版局）、『哭きの文化人類学』（勉誠出版）、『朝鮮引揚げと日本人』（明石書店）、『韓国の文化遺産巡礼』（CUON）など。

二瓶喜久江（にへい・きくえ）
元、貿易促進団体勤務。K−文学を読む会会員。法政大学文学部卒。共著書：『韓国の暮らしと文化を知るための70章』（明石書店）、『韓国・朝鮮の知を読む』（CUON）。

［著者紹介］

李泳禧（リ・ヨンヒ）

1929年、平安北道の雲山郡北鎮面で誕生。1950年に国立海洋大学を卒業後、慶尚北道安東市の安東中（高等）学校の英語教師として勤務中に朝鮮戦争が勃発。直ちに陸軍に入隊し1957年まで服務した。1957年から1964年まで合同通信社外信部記者、1964年から1971年まで朝鮮日報と合同通信社の外信部長を歴任。1972年から漢陽大学の文理学部教授兼中国問題研究所の研究教授として在職中に朴正熙政権により1976年に解職される。1980年3月に復職したが、同年夏、全斗煥政権により再び解職され、1984年の秋に復職した。1985年に日本の東京大学社会科学研究所と西ドイツのハイデルベルクのドイツ連邦教会社会科学研究所で、それぞれ一学期ずつ共同研究に参加した。1987年にアメリカのバークレー大学の正式副教授として招聘され、『平和と紛争』特別講座を担当し、講義を行った。1995年に漢陽大学の教授を定年退職した後、1999年まで、同大学の言論情報大学院待遇教授を歴任した。2000年末に脳出血で倒れ、回復後は著述活動を自制しながらも持続的な社会参加と進歩的発言を続け、対談形式の自叙伝『対話』（2005）を完成した。2010年12月5日、肝不全で死去。

著書に『転換時代の論理』（1974）、『偶像と理性』（1977）、『分断を越えて』（1984）、『80年代の国際情勢と朝鮮半島』（1984）、『ベトナム戦争』（1985）、『逆説の弁証』（1987）、『歴程』（1988）、『自由人』（1990）、『人間万事塞翁が馬』（1991）、『鳥は左右の翼で飛ぶ』（1994）、『スフィンクスの鼻』（1998）、『半世紀の神話』（1999）など、日本語に翻訳された『分断民族の苦悩』（1985）、『朝鮮半島の新ミレニアム』（2000）がある。編訳書には『8億人との対話』（1977）、『中国白書』（1982）、『10億人の国』（1983）。晩年には、主要著書と未発表の原稿を集大成した『李泳禧著作集』（全12巻、2006）がまとめられ、『対話』（2005）、『希望』（2011）とともにハンギル社から刊行された。

任軒永（イム・ホニョン）

1941年、慶尚北道の義城生まれ。中央大学国語国文学科、同大学院を卒業した。1966年に『現代文学』から文学評論家として登壇し、1972年から1974まで中央大学などで講義をし、1974年の緊急措置の際に文学人事件で投獄された。『月刊読書』『ハンギル文学』『韓国文学評論』など、各文芸誌の編集主幹として働き、1979年から1983年まで「南民戦」事件で服役した。1998年に復権し、中央大学国語国文学科教授を経て、現在、民族問題研究所所長及び植民地歴史博物館館長、文学評論家としても活躍している。『韓国現代文学思想史』『変革運動と文学』など20冊余りの著書がある。

世界人権問題叢書 101

対話　韓国民主化運動の歴史

行動する知識人・李泳禧の回想

2019年8月15日　初版第1刷発行

著者　李　泳　禧
　　　任　軒　永
訳者　舘　野　晳
　　　二　瓶　喜久江
発行者　大　江　道　雅
発行所　株式会社 明石書店

〒101-0021 東京都千代田区外神田 6-9-5
電話　03（5818）1171
FAX　03（5818）1174
振替　00100-7-24505
http://www.akashi.co.jp

装丁　明石書店デザイン室
組版　朝日メディアインターナショナル株式会社
印刷・製本　モリモト印刷株式会社

（定価はカバーに表示してあります）　ISBN978-4-7503-4872-8

金石範評論集Ⅰ　文学・言語論
金石範著　イ・ヨンスク監修　姜信子編　◎3600円

36人の日本人　韓国・朝鮮へのまなざし
舘野晳編著　◎2000円

日本と朝鮮　比較・交流史入門
近世、近代そして現代
原尻英樹、六反田豊、外村大編著　◎2600円

日本の朝鮮植民地化と親日「ポピュリスト」
一進会による対日協力の歴史
ユミ・ムン著　赤阪俊一、李慶姫、徳間一芽訳　◎6500円

共同研究　安重根と東洋平和
東アジアの歴史をめぐる越境的対話
李洙任、重本直利編著　◎5000円

評伝　尹致昊
「親日」キリスト者による朝鮮近代60年の日記
木下隆男著　◎6600円

韓国原爆被害者　苦痛の歴史
広島・長崎の記憶と証言
鄭根埴編　晋珠採録　市場淳子訳　◎3500円

朝鮮民主主義人民共和国の法制度と社会体制
朝鮮民主主義人民共和国基本法令集付
大内憲昭著　◎9200円

北朝鮮　首領制の形成と変容
金日成、金正日から金正恩へ
鐸木昌之著　◎2800円

朝鮮民主主義人民共和国の人口変動
人口学から読み解く朝鮮社会主義
文浩一著　◎8000円

朝鮮植民地支配と言語
三ツ井崇著　◎5700円

朝鮮近代の歴史民族誌
慶北尚州の植民地経験
板垣竜太著　◎6000円

朝鮮時代の女性の歴史
家父長的規範と女性の一生
奎章閣韓国学研究院編著　李淑仁責任企画　小幡倫裕訳　◎8000円

朝鮮王朝儀軌
儒教的国家儀礼の記録
韓永愚著　岩方久彦訳　◎15000円

歴史教科書　在日コリアンの歴史【第2版】
在日本大韓民国民団中央民族教育委員会企画
『歴史教科書　在日コリアンの歴史』作成委員会編　◎1400円

写真で見る在日コリアンの100年
在日韓人歴史資料館図録
在日韓人歴史資料館編著　◎2800円

〈価格は本体価格です〉